Die zivilrechtliche Verantwortlichkeit von Ratingagenturen nach deutschem, europäischem und US-amerikanischem Recht

Göttinger Schriften zum Wirtschaftsrecht

Herausgegeben von Olaf Deinert, Torsten Körber, Rüdiger Krause, Gerald Spindler und Andreas Wiebe

Band 12

André Dumont du Voitel

Die zivilrechtliche Verantwortlichkeit von Ratingagenturen nach deutschem, europäischem und US-amerikanischem Recht

PETER LANG

Bibliografische Information der Deutschen Nationalbibliothek
Die Deutsche Nationalbibliothek verzeichnet diese Publikation in der Deutschen Nationalbibliografie; detaillierte bibliografische Daten sind im Internet über http://dnb.d-nb.de abrufbar.

Zugl.: Göttingen, Univ., Diss., 2017

D 7
ISSN 2192-2438
ISBN 978-3-631-74654-7 (Print)
E-ISBN 978-3-631-75294-4 (E-PDF)
E-ISBN 978-3-631-75295-1 (EPUB)
E-ISBN 978-3-631-75296-8 (MOBI)
DOI 10.3726/b13842

Peter Lang – Berlin · Bern · Bruxelles · New York · Oxford · Warszawa · Wien

Diese Publikation wurde begutachtet.

www.peterlang.com

Inhaltsverzeichnis

Literaturverzeichnis ... xvii

Vorwort ... xxxix

A. Einleitung ... 1

B. Gang der Arbeit ... 3

C. Ratings, Ratingagenturen und Ratingverfahren ... 5

I. „Rating“ – Begriff und Bedeutung ... 5

II. Geschäftsmodell und Arbeitsweise ... 6
1. Ratingobjekte und Ratingarten ... 9
2. Ratinginhalt ... 12
a) Benotung ... 12
b) Bewertungsinhalt ... 14
3. Das Ratingverfahren ... 15

III. Funktionen und Bedeutung von Ratings ... 19
1. Perspektive der Investoren ... 19
2. Bedeutung für die Kapitalmärkte ... 23
3. Perspektive der Emittenten ... 24
4. Regulatorische Verwendung von Ratings ... 28

IV. Konflikte in der Ratingbranche ... 31
1. Das Oligopol auf dem Ratingmarkt ... 32
a) Marktstruktur ... 32
b) Risiken der oligopolistischen Marktstruktur ... 36
2. Finanzierungsstruktur ... 38
a) Einnahmequellen und Finanzierungsrealität ... 38
b) Kritik an der Finanzierungsrealität ... 41
aa) Vorteile des *issuer pays*-Modells ... 41
bb) Konfliktpotenziale ... 42
(1) Qualitätsbedenken ... 42
(2) Interessenkonflikte ... 43
(3) Gegenargumente ... 45

c) Ergebnis 47
3. *Lock-in*-Effekte 47

V. Zusammenfassung 49

D. Hoheitliches Regulierungsbedürfnis des Ratingwesens 51

I. Nicht-hoheitliche Regulierung der Ratingbranche durch den Reputationsmechanismus 52
1. Wirkungsweise des Reputationsmechanismus 54
2. Schwächen des Reputationsmechanismus 56

II. Scheitern nicht-hoheitlicher Regulierungsmechanismen 59
1. Sichtbarwerdung des Scheiterns 60
2. Unverändertes Oligopol 66
3. Ergebnis: Ungeeignetheit nicht-hoheitlicher Regulierungsmechanismen 67

III. Hoheitliche Regulierung des Ratingwesens auf europäischer Ebene 67
1. Die Regulierung von Ratingagenturen durch die Rating-Verordnung 68
a) Wesentliche Regelungsinhalte der Rating-Verordnung 70
aa) Verhaltens- und Organisationspflichten für Ratingagenturen 71
bb) Aufsichtsbezogene Vorschriften 76
(1) Registrierung 76
(2) Aufsicht 77
b) Wesentliche Neuerungen durch die zweite Reform-Verordnung 78
2. Zusammenfassung 82

IV. Hoheitliche Regulierung des Ratingwesens durch *private enforcement* 83
1. *Private enforcement* in der Ratingregulierung 85
2. Haftungsrelevante Vorfragen 87
a) Ratings als Meinungsäußerungen 87
b) Fehlerhaftigkeit eines Ratings 91
c) Mögliche Schadenskonstellationen 93
d) Sonderfall: Umverteilungsschäden 95

V. Zusammenfassung 97

E. *Private Enforcement* von Ratingagenturen durch Art. 35a Rating-Verordnung 99

I. Anspruchsinhalt und -voraussetzungen des Art. 35a Rating-Verordnung 100
1. Parteien des Haftungsanspruchs 100
a) Anspruchsteller 100
b) Anspruchsgegner 101
aa) In der Europäischen Union registrierte Agenturen 102
bb) Die US-amerikanischen „*Big Three*" 103
2. Haftungsbegründender Tatbestand 104
a) Zuwiderhandlung nach Anhang III der Rating-Verordnung 105
aa) Der Katalog aus Anhang III der Rating-Verordnung 105
bb) Relevanz der einzelnen Verhaltenspflichten 106
b) Auswirkung auf das Rating 109
aa) Kausalität zwischen Zuwiderhandlung und Ratingergebnis 109
bb) Kausalität der Zuwiderhandlung für die Ratingabgabe 109
c) Verschulden der Ratingagentur 114
d) Vorliegen eines Vermögensschadens 115
e) Kausale Herbeiführung des Vermögensschadens 115
f) Resümee 117
3. Haftungsausschluss: „Qualifiziertes Mitverschulden" 117
a) Konzeptionelle Bedenken gegen die Ausschlusstatbestände 118
b) Haftungsausschluss zulasten der Anleger 119
aa) Regelungsinhalt 119
bb) Konsequenzen 122
c) Haftungsausschluss zulasten der Emittenten 124
d) Ergebnis 126
4. Beschränkung der Haftung im Voraus 126
5. Interne und externe Normlücken 128
a) Interne Lücken 129
b) Externe Lücken 130
c) Konsequenzen für die Auslegung und Auslegungszuständigkeit 132
aa) Auslegung des Sekundärrechts 133
bb) Auslegung und Auslegungszuständigkeit hinsichtlich der internen und externen Lücken 135
(1) Externe Lücken der Norm 135
(2) Interne Lücken der Norm 137

cc) Beschränkte Anwendung des Prinzips der unionsrechtskonformen Auslegung ... 139
dd) Ergebnis ... 143
d) Abkehr vom Prinzip autonomer Auslegung ... 143
e) Zweifel an der Gesetzgebungskompetenz des EU-Gesetzgebers ... 145
aa) Zuständigkeit der Europäischen Union gemäß Art. 288 Abs. 1, 114 AEUV ... 145
(1) Betroffenheit des Binnenmarkts im Sinne von Art. 26 AEUV ... 146
(2) Vorliegen einer Harmonisierungsmaßnahme ... 147
(3) Alternative Kompetenznorm des Art. 352 AEUV ... 151
(4) Ergebnis ... 153
bb) Verletzung des Verhältnismäßigkeitsprinzips ... 153
cc) Ergebnis ... 155
6. Zusammenfassung ... 156

II. Subsidiär anwendbares Recht und Gerichtsstand für den Anspruch aus Art. 35a Rating-Verordnung ... 156
1. Ermittlung des subsidiär anzuwendenden nationalen Rechts ... 157
a) Vertragliches oder außervertragliches Schuldverhältnis ... 157
b) Anzuwendendes Recht bei außervertraglichen Schuldverhältnissen ... 159
aa) Freie Rechtswahl der Parteien nach Art. 14 Rom-II-Verordnung ... 159
bb) Kollisionsrechtliche Bestimmung des anzuwendenden Rechts nach Art. 4 Abs. 1 Rom-II-Verordnung ... 161
(1) Anknüpfung an den Schadensort ... 161
(a) Schadensort bei reinen Vermögensschäden ... 162
(b) Schadensort bei geschädigten Emittenten ... 164
(c) Schadensort bei geschädigten Anlegern ... 164
(d) Zwischenergebnis ... 167
(2) Einheitliche Anknüpfung an den Sitz der Ratingagentur? ... 167
(3) Ergebnis ... 171
cc) Engere Verbindung zu einem anderen Staat: Art. 4 Abs. 3 Rom-II-Verordnung ... 171
(1) Freie Rechtswahl gemäß Art. 3 Rom-I-Verordnung ... 173

(2) Kollisionsrechtliche Bestimmung nach Art. 4 ff. Rom-I-Verordnung ... 174
(a) Ratingverträge mit Emittenten ... 174
(b) Abonnementsverträge mit Investoren ... 176
(aa) Unternehmerische Investoren ... 176
(bb) Abonnementsverträge als Verbraucherverträge ... 176
(c) Zusammenfassung ... 178
(3) Unterschiedliche Behandlung der Haftungskonstellationen aufgrund des Art. 4 Abs. 3 Rom-II-Verordnung ... 179
(a) Bedenken gegen die unterschiedliche Behandlung der Haftungsfälle ... 179
(b) Einheitliche Handhabung der Haftungsfälle über Art. 4 Abs. 3 S. 1 Rom-II-Verordnung? ... 180
(c) Differenzierte Behandlung der Haftungsfälle ... 183
c) Ergebnis ... 184
2. Ermittlung des Gerichtsstands für Klagen aus Art. 35a Rating-Verordnung ... 185
a) Unionsrechtliche Zuständigkeitsbestimmung nach der Brüssel-Ia-Verordnung ... 185
aa) Grundsatz: Maßgeblichkeit des Beklagtensitzes ... 186
bb) Vorrangige Gerichtsstandvereinbarung ... 187
cc) Maßgeblichkeit des Schadensorts gemäß Art. 7 Nr. 2 Brüssel-Ia-Verordnung ... 188
dd) Kein Akzessorietätszwang vertraglicher und nicht-vertraglicher Anspruchsdurchsetzung ... 189
b) Ergebnis ... 190

III. Beweislastverteilung und Beweiserleichterungen bei der Haftung aus Art. 35a Rating-Verordnung ... 191
1. Die Beweislastverteilung bei Art. 35a Rating-Verordnung ... 192
2. Mögliche Formen der Beweis- und Darlegungserleichterungen ... 195
a) Nachweis von Tatsachen aus der Sphäre der Ratingagentur ... 196
aa) Grundsätze des Anscheinsbeweises ... 196
bb) Freie Beweiswürdigung gemäß § 286 ZPO ... 198
cc) Sekundäre Behauptungs- und Beweislast des Anspruchsgegners ... 200

(1) Anwendung der Grundsätze auf die Haftung nach Art. 35a Rating-Verordnung ... 202
(2) Einschränkungen der Anwendung ... 202
(3) Folge der Anwendung der Grundsätze ... 205
dd) Auskunftsanspruch aus § 242 ZPO ... 206
(1) Voraussetzungen eines Auskunftsanspruchs gemäß § 242 BGB ... 207
(2) Anwendung auf die Haftung aus Art. 35a Rating-Verordnung ... 209
(a) Vorliegen einer rechtlichen Sonderverbindung ... 209
(b) Entschuldbare Unkenntnis der Anspruchsteller von betroffenen Umständen ... 210
(c) Unschwer mögliche Auskunftserteilung seitens der Ratingagentur ... 212
(aa) Einwand des Schutzes von Geschäftsgeheimnissen ... 212
(bb) Einwand der Selbstbezichtigung ... 213
(d) Ergebnis ... 214
(3) Praxistauglichkeit der Geltendmachung des Auskunftsanspruchs ... 214
ee) Zusammenfassung ... 215
b) Nachweis von Tatsachen aus der Sphäre der Anspruchsteller ... 216
aa) Anscheinsbeweis wegen genereller Anlagestimmung ... 217
bb) Vermutung des aufklärungsrichtigen Verhaltens ... 222
cc) Freie Überzeugung gemäß § 287 ZPO ... 225
dd) Entgangener Gewinn gemäß § 252 BGB ... 229
ee) Zusammenfassung ... 231
3. Zusammenfassende Würdigung der Beweissituation von Klägern im Rahmen des Anspruchs aus Art. 35a Rating-Verordnung ... 232
IV. Eignung des Art. 35a Rating-Verordnung zum *private enforcement* ... 232
1. Anhaltspunkte für eine funktionierende Verhaltenssteuerung der Ratingagenturen durch Art. 35a Rating-Verordnung ... 233
2. Zweifel an der Eignung des Haftungstatbestands zur Verhaltenssteuerung ... 234
3. Zusammenfassung ... 238

V. Reformüberlegungen zu Art. 35a Rating-Verordnung 238
1. In der Literatur diskutierte Reformierungsansätze 238
a) Einführung einer Haftungshöchstgrenze 239
b) Beweislastumkehrung zugunsten der Geschädigten 240
2. Weitere Reformüberlegungen 243
3. Fazit und Ausblick 246

F. *Private Enforcement* in der Ratingregulierung nach deutschem Zivilrecht 249

I. Haftung gegenüber Emittenten 250
1. Haftung gegenüber Emittenten bei *solicited ratings* 250
a) Ansprüche aus der Verletzung des Ratingvertrags 250
aa) Rechtliche Qualifizierung des Ratingvertrags 250
(1) Der Ratingvertrag als Werkvertrag 251
(2) Der Ratingvertrag als typengemischter Vertrag 253
(3) Keine Übereinstimmung mit anderen Vertragstypen des BGB 254
bb) Mangelhaftigkeit des Ratings: Pflichtverletzung 255
cc) Vertretenmüssen der Ratingagentur 260
dd) Sonstige Anspruchsvoraussetzungen und -grenzen 260
(1) Gesetzliche und vertragliche Haftungsausschlüsse 260
(2) Weitere Gewährleistungsvoraussetzungen 263
ee) Zwischenergebnis 263
b) Deliktische Haftung beim *solicited rating* 264
c) Zusammenfassung 264
2. Haftung gegenüber Emittenten bei *unsolicited ratings* 264
a) Deliktische Haftung 265
aa) Haftung gemäß § 823 Abs. 1 BGB 265
(1) Verletzung des Rechts am eingerichteten und ausgeübten Gewerbebetrieb 266
(2) Verletzung des allgemeinen Persönlichkeitsrechts 272
(3) Fazit 273
bb) Haftung gemäß § 824 BGB 274
cc) Haftung gemäß § 826 BGB 277
dd) Haftung gemäß § 823 Abs. 2 BGB 278
b) Zusammenfassung 279
3. Ergebnis 280

II. Haftung gegenüber Anlegern ... 280
1. Haftung gegenüber Anlegern bei Bestehen eines Abonnementsvertrags ... 281
a) Ansprüche aus der Verletzung des Abonnementsvertrags ... 281
aa) Rechtsnatur des Bezugs- und Abonnementsvertrags ... 281
(1) Kaufvertragliche Qualifizierung ... 282
(2) Keine anderweitige Typenmischung ... 283
bb) Gewährleistungsrechtliche Haftung ... 284
cc) Verletzung von Nebenpflichten gemäß § 241 Abs. 2 BGB ... 288
dd) Weitere Anspruchsvoraussetzungen ... 288
b) Ergebnis ... 289
2. Haftung gegenüber dem allgemeinen Anlegerpublikum ... 289
a) Dritthaftung aus konkludentem Auskunftsvertrag ... 290
b) Dritthaftung aus *culpa in contrahendo* gemäß § 311 Abs. 3 BGB ... 293
aa) Regelungsinhalt der schuldrechtlichen Dritthaftung aus § 311 Abs. 3 BGB ... 294
bb) Anwendung auf Ratingagenturen ... 296
(1) Inanspruchnahme eines besonderen Maßes an Vertrauen ... 296
(2) Unmittelbares wirtschaftliches Eigeninteresse ... 301
(3) Auskunftshaftung des Experten ... 302
cc) Zwischenergebnis ... 303
c) Dritthaftung aus den Grundsätzen des Vertrags mit Schutzwirkung zugunsten Dritter ... 303
aa) Voraussetzungen der Rechtsfigur ... 305
bb) Anwendung der Grundsätze auf den Ratingvertrag ... 306
(1) Typische Leistungsnähe der Investoren ... 307
(2) Einbeziehungsinteresse der Emittenten ... 308
(3) Erkennbarkeit für die Ratingagentur ... 310
(4) Schutzwürdigkeit der Anleger ... 311
(5) Bestimmbarkeit der einzubeziehenden Dritten: Keine uferlose Haftung ... 312
(6) Widerspruch zu evidentem Parteiwillen ... 316
cc) Ergebnis ... 318
d) Dritthaftung aus Geschäftsführung ohne Auftrag ... 318
e) Deliktische Ansprüche ... 319
aa) Dritthaftung gemäß § 826 BGB ... 320
bb) Dritthaftung gemäß § 823 Abs. 2 BGB ... 321

f) Zusammenfassung 324
3. Ergebnis 324

III. Die Haftung von Ratingagenturen gemäß § 823 Abs. 2 BGB i.V.m. Anhang III der Rating-Verordnung 324
1. Schutzgesetzqualität der Rating-Verordnung 325
a) Schutzgesetzdogmatik im Kapitalmarktrecht 326
b) Ausgewählte kapitalmarktrechtliche Bestimmungen 329
aa) §§ 31 ff. WpHG 330
bb) § 32 KWG 334
cc) Zusammenfassende Wertung 337
c) Subsumtion der Rating-Verordnung unter den Schutzgesetzbegriff 338
aa) Ausschluss der Haftung nach § 823 Abs. 2 BGB durch Art. 35a Abs. 5 Rating-Verordnung? 338
bb) Qualifizierung des Anhang III der Rating-Verordnung als Schutzgesetz 341
(1) Individualschützender Charakter 341
(a) Gewichtung der Regulierungsziele 341
(b) Etwaige Entbehrlichkeit des individualschützenden Charakters 344
(2) Einfügung in das haftpflichtrechtliche Gesamtsystem 346
(a) Identifizierung des Verschuldensmaßstabs 346
(b) Fahrlässigkeitshaftung für reine Vermögensschäden 348
(c) Eigenhaftung von Vertretern 351
(d) Subsidiarität der Schutzgesetzhaftung 352
d) Zwischenergebnis 353
2. Weitere Anspruchsvoraussetzungen 353
3. Beweislast 354
4. Zusammenfassung 357

IV. Ergebnis für das *private enforcement* nach deutschem Zivilrecht 357

G. Die Zivilrechtliche Haftung von Ratingagenturen gegenüber Anlegern nach US-amerikanischem Recht 361

I. Die Rechtslage im US-amerikanischem Recht 361
1. *Securities fraud*: Section 10(b) SE Act i.V.m. Rule 10b-5 364
a) *Untrue statement of a material fact* 365

b) *Scienter* ... 368
aa) Verschuldensmaßstab ... 368
bb) Beweislast und Substantiierung ... 370
c) *Reliance* und kausaler Schaden ... 373
d) Zusammenfassung ... 377
2. Weitere kapitalmarktrechtliche Haftung ... 377
a) Haftung aus sec. 11 Securities Act ... 378
aa) Ratingagenturen als Experten im Sinne von sec. 11(a)(4) Securities Act ... 378
bb) Ratingagenturen als *underwriter* im Sinne von sec. 11(a)(5) Securities Act ... 380
cc) Zwischenergebnis ... 381
b) Haftung aus sec. 18(a) SE Act ... 381
c) Ergebnis ... 383
3. *Third-party beneficiary theory* ... 383
4. *Tort Law* ... 385
a) Sec. 552 Restatement (Second) of Torts ... 385
b) *Negligent misrepresentation* nach *Common Law* ... 389
c) Zusammenfassung ... 393
5. Class Actions ... 393
6. Fazit für die Haftungsrechtslage ... 397
II. Der besondere Schutz der Meinungsäußerungs- und Pressefreiheit durch das *First Amendement* ... 398
1. Inhalt und sachlicher Schutzbereich des *First Amendment* ... 399
2. Einbeziehung von Ratingagenturen und Ratings in den Schutzbereich des *First Amendment* ... 401
3. Auswirkungen auf die privatrechtliche Haftung von Ratingagenturen ... 404
a) Der Schutz reiner Meinungsäußerungen ... 405
b) Anwendung eines erhöhten Verschuldensmaßstabs: „*actual malice*“ ... 408
aa) Der *actual malice*-Standard ... 408
bb) *Matters of public interest and concern* ... 410
cc) Ratings als *Commercial speech* ... 411
dd) Folgen für die Haftung von Ratingagenturen ... 415
c) Auswirkungen auf das *pretrial discovery*-Verfahren ... 416
aa) Wesen der *pretrial discovery* ... 417
bb) Relevanz für die vorliegende Betrachtung ... 420
cc) *First Amendment*-Schutz der Ratingagenturen ... 421
4. Zusammenfassende Bewertung ... 422

III. Vergleich der zivilrechtlichen Verantwortlichkeit von Ratingagenturen gegenüber Anlegern nach europäischem und US-amerikanischem Recht 425
1. Der Stellenwert der Meinungsäußerungs- und Pressefreiheit 425
2. Materiell-rechtlicher Haftungsrahmen 427
3. Der Umgang mit der Beweislast und Beweisschwierigkeiten 428
4. Realisierungswahrscheinlichkeit der Haftung 430
5. Fazit 431

H. Schlussbetrachtung 433

Literaturverzeichnis

Achleitner, Ann-Kristin/Everling, Oliver (Hrsg.), Handbuch Ratingpraxis, 1. Auflage, Wiesbaden 2004 (zitiert: Bearbeiter in: Achleitner/Everling, Handbuch Ratingpraxis, S.).

Achleitner, Ann-Kristin/Everling, Oliver (Hrsg.), Rechtsfragen im Rating – Grundlagen und Implikationen von Ratings für Agenturen, Investoren und geratete Unternehmen, 1. Auflage, Wiesbaden 2005 (zitiert: Bearbeiter in: Achleitner/Everling, Rechtsfragen im Rating, S.).

Ackermann, Ulrich/Jäckle, Joachim, Ratingverfahren aus Emittentensicht, in: BB 2006, S. 878–884.

Amort, Matthias, Haftung und Regulierung von Ratingagenturen, in: EuR 2013, S. 272–285.

Anders, Klaas, Beim Glasauge des Propheten, in: derFreitag vom 28.09.2007, abrufbar unter: http://www.freitag.de/autoren/der-freitag/beim-glasauge-des-propheten (zuletzt abgerufen am: 06.10.2017).

Andrieu, Patrick, Ratingagenturen in der Krise, Frankfurt am Main 2010.

Arendts, Martin, Die Nachforschungspflichten des Anlageberaters über die von ihm empfohlene Kapitalanlage, in: DStR 1997, S. 1649–1653

Arntz, Marthe-Marie, Die Haftung von Ratingagenturen gegenüber fehlerhaft bewerteten Staaten und Unternehmen, in: BKR 2012, S. 89–95.

—: Strengere Regeln für Ratings: Die neue Verordnung über Ratingagenturen, in: ZBB 2013, S. 318–329.

Asmussen, Jörg, Rating-Agenturen und Finanzaufsicht, in: BFuP 2005, S. 246–255.

Assmann, Heinz-Dieter, Der Inhalt des Schadensersatzanspruchs fehlerhaft informierter Kapitalanleger, in: Medicus, Dieter/Mertens. Hans-Joachim/Nörr, Knut Wolfgang/Zöllner, Wolfgang (Hrsg.), Festschrift für Hermann Lange zum 70. Geburtstag am 24. Januar 1992, Stuttgart 1992, S. 345–372.

Assmann, Heinz-Dieter/Schütze, Rolf, Handbuch des Kapitalanlagerechts, 4. Auflage, München 2015.

Association of Corporate Treasurers, Association for Financial Professionals, Association Francaise des Tresoriers d'Enterprise, Rating Agency Code of Standard Practices, 03/2005, abrufbar unter: https://www.treasurers.org/ACTmedia/cspfinal_mar05.pdf (zuletzt abgerufen am: 06.10.2017).

Bachmann, Gregor/Casper, Matthias/Schäfer, Carsten/Veil, Rüdiger (Hrsg.), Steuerungsfunktionen des Haftungsrechts im Gesellschafts- und Kapitalmarktrecht, 1. Auflage, Baden-Baden 2007.

Bachmann, Gregor, Die Societas Europaea und das europäische Privatrecht, in: ZEuP 2008, S. 32–58.

Bahr, Christian von, Entwicklungen und Entwicklungstendenzen im Recht der Verkehrs(sicherungs)pflichten, in: JuS 1988, S. 169–174.

Balzli, Beat/Schiessl, Michaela/Schulz, Thomas, Trio Infernale, in: DER SPIEGEL, Nr. 47 (2009), S. 72–79.

Bamberger, Heinz Georg/Roth, Herbert, Kommentar zum Bürgerlichen Gesetzbuch, Band 2, 3. Auflage, München 2012.

Bannier, Christina/Behr, Patrick/Güttler, André, Rating opaque borrowers: Why are Unsolicited Ratings lower? in: Working paper series//Frankfurt School of Finance & Management, No. 133, November 2009, abrufbar unter: http://www.econstor.eu/bitstream/10419/30175/1/614142490.pdf (zuletzt abgerufen am: 06.10.2017) (zitiert: Bannier/Behr/Güttler, unsolicited ratings, S.).

Barnert, Thomas, Deliktischer Schadensersatz bei Kursmanipulation de lege lata und de lege ferenda – zugleich eine Besprechung zu den Urteilen LG Augsburg vom 24.09.2001 = WM 2001, 1944 und LG Augsburg vom 09.01.2002 = WM 2002, 592, in: WM 2002, S. 1473–1483.

Barth, Marcel, Schadensberechnung bei Haftung wegen fehlerhafter Kapitalmarktinformation, Frankfurt am Main 2006.

Baseler Ausschuss für Bankenaufsicht, Credit Ratings and Complementary Source of Credit Quality Information, BIS Working Papers Nr. 3, August 2000, abrufbar unter www.bis.org/publ/bcbs_wp03.pdf (zuletzt abgerufen am: 06.10.2017) (zitiert: Basler Ausschuss für Bankenaufsicht, Credit Ratings, S.).

Bauer, Denise A., Strengere Anforderungen für Ratingagenturen nach der neuen ÄnderungsVO“, in: BB 2013, S. 363–365.

Bauerfeind, Tobias, Die aufsichtliche Abkehr von externen Ratings in der europäischen Bankenaufsicht, in: WM 2015, S. 1743–1748.

Baumbach, Adolf/Hopt, Klaus, Handelsgesetzbuch mit GmbH & Co., Handelsklauseln, Bank- und Börsenrecht, Transportrecht (ohne Seerecht), 37. Auflage, München 2016.

Baumbach, Adolf/Lauterbach, Wolfgang/Albers, Jan/Hartmann, Peter, Zivilprozessordnung – Kommentar, 75. Auflage, München 2017.

Bavli, Chekdar, Die Macht der Ratingagenturen und ihre Rolle in der Finanzkrise 2008, Hamburg 2012 (*Bavli*, Macht der Ratingagenturen, S.).

—: Ratingagenturen vor und nach der Finanzkrise 2007/08, Hamburg 2011 (zitiert: *Bavli*, Ratingagenturen, S.).

Becker, Florian, Die Regulierung von Ratingagenturen, in: DB 2010, S. 941–945.

Benders, Rolf, Ratingagenturen: Moody’s Gewinn bricht ein in: Handelsblatt vom 30.10.2008, S. 30.

Berenson, Alex, Enron's Collapse: The Rating Agencies, in: The New York Times vom 29.01.2001, abrufbar unter: http://www.nytimes.com/2001/11/29/business/enron-s-collapse-rating-agencies-debt-rankings-finally-fizzle-but-deal-fizzled.html (zuletzt abgerufen am: 06.10.2017).

Berger, Klaus Peter/Ryborz, Stefan, Die Haftung von Ratingagenturen zwischen Kompensation und Verhaltenssteuern, in: WM 2014, S. 2241–2249.

Berger, Prof. Dr. Klaus Peter/Stemper, Dr. Marthe-Marie, Haftung von Ratingagenturen gegenüber Anlegern, in: WM 2010, S. 2289–2295.

Blaurock, Dr. Uwe, Neuer Regulierungsrahmen für Ratingagenturen, in: EuZW 2013, 608–611.

—: Verantwortlichkeit von Ratingagenturen – Steuerung durch Privat- oder Aufsichtsrecht, in: ZGR 2007, S. 603–653.

Blickle, Robert, Die Regulierung von Ratingagenturen durch die Europäische Union, Hamburg 2013.

Blumberg, Noemi/Wirth, Johanna/Litsoukov, Nikita, The Liability of Credit Rating Agencies to Investors: A Review of the Current Liability Regime and Recent SEC Proposals, in: The Journal of Structured Finance, Winter 2011, S. 34–48.

Böcking, David, Gegen die US-Dominanz: Die Rating-Zwerge greifen an", abrufbar unter: http://www.spiegel.de/wirtschaft/unternehmen/ratingagenturen-wie-scope-machen-us-firmen-konkurrenz-a-1004692.html (zuletzt abgerufen am: 06.10.2017).

—: Verzerrte Noten: Wie Ratingagenturen ihrem Heimatland helfen", abrufbar unter: http://www.spiegel.de/wirtschaft/soziales/rating-agenturen-bevorzugen-laut-studie-ihre-heimatlaender-a-942936.html (zuletzt abgerufen am: 06.10.2017).

Bognanni, Massimo, Anleger können in Deutschland gegen Ratingagenturen klagen, in: Handelsblatt-online vom 16.01.2013, abrufbar unter: http://www.handelsblatt.com/finanzen/steuern-recht/recht/bgh-urteil-anleger-koennen-in-deutschland-gegen-ratingagenturen-klagen/7644100.html (zuletzt abgerufen am: 06.10.2017).

Bolt, Jan, Der Zugang zum Recht in den Vereinigten Staaten von Amerika, Frankfurt am Main 2010.

Boos, Karl-Heinz/Fischer, Reinfried/Schulte-Mattler, Hermann, Kreditwesengesetz, 5. Auflage, München 2016 (zitiert: Bearbeiter in: Boos/Fischer/Schulte-Mattler, Kreditwesengesetz, §, Rn.).

Brabänder, Bernd, Subprime-Krise: Die Rolle der Rating-Agenturen, in: Die Bank 08/2008, S. 9–15.

Braun, Tobias, Die Regulierung der Ratingagenturen im Kontext der weltweiten Finanz- und Wirtschaftskrise – Eine ordonomische Untersuchung, Berlin 2013 (zitiert: Braun, Regulierung der Ratingagenturen, S.).

Bremer, Jan, EU-Konsultationen zu Ratingagenturen, in: NZG 2011, S. 100.

Buck-Heeb, Petra, Kapitalmarktrecht, 9. Auflage, München 2017.

Bundesanstalt für Finanzdienstleistungsaufsicht, Jahresbericht 2007, abrufbar unter: http://www.bafin.de/SharedDocs/Downloads/DE/Jahresbericht/dl_jb_2007.pdf;jsessionid=ADF33154880622B10EAD75349FED8289.1_cid372?__blob=publicationFile&v=6 (zuletzt abgerufen am: 06.10.2017).

—: Jahresbericht 2008, abrufbar unter: http://www.bafin.de/SharedDocs/Downloads/DE/Jahresbericht/dl_jb_2008.pdf;jsessionid=ADF33154880622B10EAD75349FED8289.1_cid372?__blob=publicationFile&v=7 (zuletzt abgerufen am: 06.10.2017).

Bürgers, Tobias/Körber, Torsten (Hrsg.), Aktiengesetz, 4. Auflage, Heidelberg (u. a.) 2017 (zitiert: Bearbeiter in: Bürgers/Körber, §, Rn.).

Büschgen, Hans E./Everling, Oliver (Hrsg.), Handbuch Rating, 1. Auflage, Wiesbaden 1996 (zitiert: Bearbeiter in: Büschgen/Everling, Handbuch Rating (1996), S.).

—: Handbuch Rating, 2. Auflage, Wiesbaden 2007 (zitiert: Bearbeiter in: Büschgen/Everling, Handbuch Rating, S.).

Buschmeier, Andreas, Ratingagenturen – Wettbewerb und Transparenz auf dem Ratingmarkt, 1. Auflage, Wiesbaden 2011 (zitiert: Buschmeier, Ratingagenturen, S.).

Calliess, Christian/Ruffert, Matthias (Hrsg.), EUV/AEUV – Das Verfassungsrecht der Europäischen Union mit Europäischer Grundrechtecharta, Kommentar, 4. Auflage, München 2016 (zitiert: Bearbeiter in: Calliess/Ruffert, Art., Rn.).

Canaris, Claus-Wilhelm, Die Vermutung aufklärungsrichtigen Verhaltens und ihre Grundlagen, in: Häuser, Franz/Hammen, Horst/Heinrichs, Joachim/Steinbeck, Anja/Siebel, Ulf/Welter, Reinhard, Festschrift für Walther Hadding zum 70. Geburtstag am 8. Mai 2004, Berlin 2004, S. 3–24.

—: Schutzgesetze – Verkehrspflichten – Schutzpflichten, in: Canaris, Claus-Wilhelm/Diederichsen, Uwe (Hrsg.), Festschrift für Karl Larenz zum 80. Geburtstag am 23. April 1983, München 1983, S. 27–110.

—: Schutzwirkungen zugunsten Dritter bei ‚Gegenläufigkeit' der Interessen, in: JZ 1995, S. 441–446.

Casper, Matthias, Der Lückenschluß im Statut der Europäischen Aktiengesellschaft, in: Habersack, Matthias/Hommelhoff, Peter/Hüffer, Uwe/Schmidt, Karsten (Hrsg.), Festschrift für Peter Ulmer zum 70. Geburtstag am 2. Januar 2003, Berlin 2003, S. 51–72.

Committee of European Securities Regulators (CESR), Frequently Asked Questions regarding the EU Regulation on Credit Rating Agencies: Common Positions agreed by CESR Members, 2nd version updated in May 2010, 4. Juni 2010, abrufbar unter: http://www.esma.europa.eu/system/files/10_521.pdf (zuletzt abgerufen am: 06.10.2017).

—: Guidance on common standards for assessment of compliance of credit rating methodologies with the requirements set out in Article 8.3, 30.08.2010, CESR/10–945 (zitiert: CESR, Guidance of common standards, 30.08.2010 (CESR/10–945).

—: Report to the European Commission on the compliance of credit rating agencies with the IOSCO code, Dezember 2006, CESR/06–545, abrufbar unter: https://www.esma.europa.eu/sites/default/files/library/2015/11/06_545.pdf (zuletzt abgerufen am: 06.10.2017).

—: Second Report to the European Commission on the compliance of credit rating agencies with the IOSCO Code and The role of credit rating agencies in structured finance, 19.05.2008, CESR/08–277, abrufbar unter: http://www.cmvm.pt/pt/Cooperacao/esma/DocumentosESMACESR/Documents/CESR_08_277.pdf (zuletzt abgerufen am: 06.10.2017).

—: Technical advice to the European Commission on possible measures concerning credit rating agencies, 30.03.2005., CESR/05–139b, abrufbar unter: http://www.cmvm.pt/pt/Cooperacao/esma/DocumentosESMACESR/Documents/05139b.pdf (zuletzt abgerufen am: 06.10.2017).

—: The Role of Credit Rating Agencies in structured finance – Consultation Paper, Februar 2008, abrufbar unter: https://www.esma.europa.eu/sites/default/files/library/2015/11/08_036.pdf (zuletzt abgerufen am: 06.10.2017).

Coffee, John C., Ratings Reform: The Good, the Bad and the Ugly, in: 1 Harvard Business Law Review 2011, S. 231–278.

—: The Role and Impact of Credit Rating Agencies on the Subprime Credit Markets, Testimony before the Senate Banking Committee, 26. September 2007, abrufbar unter: http://www.banking.senate.gov/public/_cache/files/d1c0419e-d84a-4b43-b02d-4e246e2dbec7/33A699FF535D59925B69836A6E068FD0.acf75b1.pdf (zuletzt abgerufen am: 06.10.2017) (zitiert: Coffee, Stellungnahme, S.).

Däubler, Wolfgang, Unternehmensrating – Ein Rechtsproblem?, in: BB 2003, S. 429–435.

—: Wer kontrolliert die Ratingagentur?, in: NJW 2003, S. 1096–1097.

Dauner-Lieb, Barbara/Langen, Werner (Hrsg.), Bürgerliches Gesetzbuch, Schuldrecht, Band 2, 2. Auflage, Baden-Baden 2012 (zitiert: Bearbeiter in: Dauner-Lieb/Langen, §, Rn.).

De Larosière Group, Report on the High-Level Group of financial supervision in the EU, 25.02.2009, abrufbar unter: http://ec.europa.eu/internal_market/finances/docs/de_larosiere_report_en.pdf (zuletzt abgerufen am: 06.10.2017) (zitiert: De Larosière Group, Report vom 25.02.2009, S.).

Deats, Caleb, Talk that isn't cheap: Does the First Amendment protect Credit Rating Agencies' faulty methodologies from regulation?, in: 110 Columbia Law Review (2010), S. 1818–1864.

Deipenbrock, Gudula, Aktuelle Rechtsfragen zur Regulierung des Ratingwesen, in: WM 2005, S. 261–268.

—: Ausgewählte Rechtsaspekte einer ‚Anerkennung' von Ratingagenturen im Rahmen der Umsetzung der Basel II-Übereinkunft in europäisches Recht, in: WM 2006, S. 2237–2242.

—: Das europäische Modell einer Regulierung von Ratingagenturen – aktuelle praxisrelevante Rechtsfragen und Entwicklungen, in: RIW 2010, S. 612–618.

—: Der us-amerikanische Rechtsrahmen für das Ratingwesen – ein Modell für die europäische Regulierungsdebatte?, in: WM 2007, S. 2217–2222.

—: Die notwendige Schärfung des Profils – das reformierte europäische Regulierungs- und Aufsichtsregime für Ratingagenturen, in: WM 2011, S. 1829–1835.

—: Die zweite Reform der europäischen Regulierungs- und Aufsichtsregimes für Ratingagenturen – Zwischenstation auf dem Weg zu einer dritten Reform?", in: WM 2013, S. 2289–2295.

—: Externes Rating – ‚Heilsversprechen für internationale Finanzmärkte'?, in: BB 2003, S. 1849–1854.

—: ‚Mehr Licht?!' – Der Vorschlag einer europäischen Verordnung über Ratingagenturen, in: WM 2009, 1165–1174

—: Was ihr wollt oder der Widerspenstigen Zähmung? – Aktuelle Entwicklungen der Regulierung von Ratingagenturen im Wertpapierbereich, in: BB 2005, S. 2085–2090.

Dittrich, Fabian, The Credit Rating Industry, Competition and Regulation, Köln 2007.

Dreher, Meinrad/Ballmaier, Christoph, Die Nutzung externer Ratings durch Versicherungsunternehmen", in: WM 2015, S. 1357–1370.

Dutta, Anatol, Die Haftung amerikanischer Ratingagenturen in Europa – Die Rolle des internationalen Privatrecht, in: IPrax 2014, S. 33–41.

—: Die neuen Haftungsregeln für Ratingagenturen in der Europäischen Union: Zwischen Sachrechtsvereinfachung und europäischem Entscheidungseinklang, in: WM 2013, S. 1729–1736.

Ebenroth, Carsten/Daum, Thomas, Die rechtlichen Aspekte des Ratings von Emittenten und Emissionen, in: WM 1992, Sonderbeilage Nr. 5, S. 1–23.

Ebenroth, Carsten/Dillon, Thomas, The international rating game: an analysis of the liability of rating agencies in Europe, England and the United States, in: 24 Law and Policy in International Business 1993, S. 783–834.

Ebke, Werner, Abschlussprüfer, Bestätigungsvermerk und Drittschutz, in: JZ 1998, S. 991–997.

Eisen, Matthias, Haftung und Regulierung internationaler Ratingagenturen, Frankfurt am Main 2007 (zitiert: Eisen, Haftung und Regulierung, S.).

Ekkenga, Jens, Fragen der deliktischen Haftungsbegründung bei Kursmanipulationen und Insidergeschäften, in: ZIP 2004, S. 781–793.

Elzer, Oliver, Urteilsanmerkung zu BGH, Beschluss vom 13.12.2012 – III ZR 282/11, in: FD-ZVR 2013, 341922.

Emmenegger, Susan, Die Regulierung von Ratingagenturen, in: SZW 2006, S. 32–41.

Engert, Andreas/Groh, Gunnar, Internationaler Kapitalanlegerschutz vor dem Bundesgerichtshof", in: IPrax 2011, S. 458–469.

Erbs, Georg/Kohlhaas, Max/Ambs, Friedrich (Hrsg.), Strafrechtliche Nebengesetze, 215. Ergänzungslieferung, München 2017 (zitiert: Bearbeiter in: Erbs/Kohlhaas, Strafrechtliche Nebengesetze, §, Rn.).

European Banking Authority (EBA), European Insurance and Occupational Pensions Authority (EIOPA) and European Securities and Markets Authority (ESMA), Final report on mechanistic references to credit ratings in the ESA's guidelines and recommendations, 06.02.2014, JC 2014/004, abrufbar unter: http://www.eba.europa.eu/documents/10180/534414/JC+2014+004+%28Final+Report+Mechanistic+References+to+Credit+Ratings%29.pdf (zuletzt abgerufen am: 06.10.2017).

European Securites and Markets Authority (ESMA), Role of the Credit Rating Agencies – ESME's report to the European Commission, Juni 2008, abrufbar unter: http://ec.europa.eu/internal_market/securities/docs/agencies/report_040608_en.pdf (zuletzt abgerufen am: 06.10.2017) (zitiert: ESME, Role of the Credit Rating Agencies, Juni 2008, S.).

Everling, Oliver, Bestimmungsgründe des längerfristigen Ratings, in: Die Bank 1991, S. 608–612.

—: Credit Rating durch internationale Agenturen: Eine Untersuchung zu den Komponenten und instrumentalen Funktionen des Rating, Wiesbaden 1991 (zitiert: Everling, Credit Rating, S.).

—: Credit Rating für Geldmarktpapiere, in: Die Bank 1992, S. 78–82.

—: Ratingagenturen weltweit, in: Die Bank 1991, S. 151–156.

—: Rating – Chance für den Mittelstand nach Basel II, 1. Auflage, Wiesbaden 2001 (zitiert: Bearbeiter in: Everling, Rating – Chance für den Mittelstand, S.).

Everling, Oliver/Leker, Jens/Bielmeier, Stefan, Credit Analyst, 2. Auflage, München 2012 (zitiert: Bearbeiter in: Everling/Leker/Bielmeier, Credit Analyst, Kap., S.).

Everling, Oliver/Schmidt-Bürgel, Jens, Kapitalmarktrating: Perspektiven für die Unternehmensfinanzierung, 1. Auflage, Wiesbaden 2005 (zitiert: Bearbeiter in: Everling/Schmidt-Bürgel, Kapitalmarktrating, S.).

Fama, Eugene, Efficient Capital Markets: A Review of Theory and Empirical Work, in: 25 The Journal of Finance (1970), No. 2, S. 383–417.

Ferrari, Franco/Kieninger, Eva-Maria/Mankowski, Peter/Otte, Karsten/Saenger, Ingo/Schulze, Götz/Staudinger, Ansgar (Hrsg.), Internationales Vertragsrecht – Kommentar, 2. Auflage, München 2012 (zitiert: Bearbeiter in: Ferrari/Kieninger/Mankowski, Art., Rn.).

Ferri, Giovanni/Lacitignola, Punziana, Does Europe Need Its Own Rating Agencies?, Southern Europe Research in Economic Studies, Working Paper No. 0033, Juli 2010, abrufbar unter: http://core.kmi.open.ac.uk/download/pdf/6250604.pdf (zuletzt abgerufen am: 06.10.2017).

Fezer, Karl-Heinz, Markenrecht, 4. Auflage, München 2009 (zitiert: Bearbeiter in: Fezer, §, Rn.).

Finn, Markus, Zur Haftung des Sachverständigen für fehlerhafte Wertgutachten gegenüber Dritten, in: NJW 2004, S. 3752–3754.

Fischer zu Cramburg, Ralf, Neue europäische Behörde zur Überwachung von Ratingagenturen, in: NZG 2010, S. 699.

Fischer, Sandra, Haftungsfragen des Ratings, Hamburg 2007 (zitiert: Fischer, Haftungsfragen, S.).

Fitch Ratings, Code of Conduct, August 2014, abrufbar unter: https://www.fitchratings.com/web_content/credit_policy/code_of_conduct.pdf (zuletzt abgerufen am: 06.10.2017).

—: Definitions of Ratings and other forms of opinions, Dezember 2014, abrufbar unter: https://www.fitchratings.com/web_content/ratings/fitch_ratings_definitions_and_scales.pdf (zuletzt abgerufen am: 06.10.2017).

Fleischer, Holger, Aktuelle Entwicklungen der Managerhaftung, in: NJW 2009, S. 2337–2343.

—: Das Gesetz zur Unternehmensintegrität und Modernisierung des Anfechtungsrechts, in: NJW 2003, S. 3525–3530.

—: Der Inhalt des Schadensersatzanspruchs wegen unwahrer oder unterlassener unverzüglicher Ad-hoc-Mitteilungen, in: BB 2002, S. 1869–1874.

—: Empfiehlt es sich, im Interesse des Anlegerschutzes und zur Förderung des Finanzplatzes Deutschland das Kapitalmarkt- und Börsenrecht neu zu regeln?, Gutachten für den 64. Deutschen Juristentag, München 2002.

—: Gesetz und Vertrag als alternative Problemlösungsmodelle im Gesellschaftsrecht, in: ZHR 168 (2004), S. 673–707.

Forschner, Julius, Die Haftung von Ratingagenturen, in: JSE 2012, S. 5–20.

Frenz, Walter/Ehlenz, Christian, Rechtsangleichung über Art. 114 AEUV und Grenzen gem. Art. 5 EUV nach Lissabon, in: EuZW 2011, S. 623–626.

Fuchs, Andreas/Dühn, Matthias, Deliktische Schadensersatzhaftung für fehlerhafte Ad-hoc-Mitteilungen – zugleich Besprechung des Urteils des OLG München, BKR 2002, 1096, in: BKR 2002, S. 1063–1071.

Fuchs, Andreas/Gehring, Kai, The Home Bias in Souvereign Ratings, Discussion Papers No. 552, Universität Heidelberg, Dezember 2013.

Gerke, Wolfgang/Mager, Ferdinand, Die Macht der Ratingagenturen? – Der Fall ThyssenKrupp AG, in: BFuP 2005, S. 203–214.

Gietzelt, Manuel/Ungerer, Johannes, Die neue zivilrechtliche Haftung von Ratingagenturen nach Unionsrecht, in: GPR 2013, S. 333–346.

Gleißner, Werner/Füser, Karsten, Leitfaden Rating: Basel II: Rating-Strategien für den Mittelstand, München 2002.

Gola, Peter/Schumerus, Rudolf, Bundesdatenschutzgesetz, 12. Auflage, München 2015 (zitiert: Bearbeiter in: Gola/Schumerus, §, Rn.).

Grabitz, Eberhard/Hilf, Meinhard/Nettesheim, Martin (Hrsg.), Das Recht der Europäischen Union, 58. Ergänzungslieferung, München 2016 (Bearbeiter in: Grabitz/Hilf/Nettesheim, Art., Rn.).

Großfeld, Bernhard, Rechnungslegung als Unternehmensverfassung, in: NZG 2003, S. 841–849.

Grote, Ralf, Das neue Statut der Europäischen Aktiengesellschaft zwischen europäischem und nationalem Recht, Göttingen 1990.

Grützner, Thomas/Jakob, Alexander (Hrsg.), Compliance von A–Z, 1. Auflage 2010, München 2010.

Gündling, Heike/Everling, Oliver, Rating als Methode der Finanzanalyse, in: die Bank 1994, S. 727–731.

Haar, Brigitte, Civil liability of credit rating agencies after CRA 3 – regulatory all-or-nothing approaches between immunity and over-deterrence", in: SAFE white paper series Nr. 1, 2013, abrufbar unter: http://papers.ssrn.com/sol3/papers.cfm?abstract_id=2198293 (zuletzt abgerufen am: 06.10.2017) (zitiert: Haar, civil liability (2013), S.).

—: Haftung für fehlerhafte Ratings von Lehman-Zertifikaten – Ein neuer Baustein für ein verbessertes Regulierungsdesign im Ratingsektor?, in: NZG 2010, S. 1281–1285.

—: Law and Finance – Kapitalmarktentwicklung in interdisziplinärer Perspektive, in: JZ 2008, S. 964–974.

—: Nachhaltige Ratingqualität durch Gewinnabschöpfung? – Zur Regulierung und ihrer Implementierung im Ratingsektor, in: ZBB 2009, S. 177–187.

—: Neues zur Haftung von Ratingagenturen im Zuge der zweiten Novelle der Rating-Verordnung (CRA III)?, in: Der Betrieb 2013, S. 2489–2496.

Habbe, Julia Sophia/Köster, Anna-Elisabeth, Neue Anforderungen an Vorstand und Aufsichtsrat von Finanzinstituten, in: BB 2011, S. 265–268.

Habersack, Matthias, Rechtsfragen des Emittenten-Ratings, in: ZHR 169 (2005), S. 185–211.

Halfmeier, Axel, Die Haftung von Ratingagenturen gegenüber Anlegern: Von Sidney lernen?, in: VuR 2014, S. 327–334.

Hay, Peter, US-amerikanisches Recht, 6. Auflage, München 2015.

Heim, Gerhard, Rating-Handbuch für die Praxis – Basel II als Chance für Mittel- und Kleinbetriebe, Berlin 2006.

Hennrichs, Joachim, Haftungsrechtliche Aspekte des Ratings, in: Festschrift für Walther Hadding zum 70. Geburtstag, Berlin 2004, S. 875–891.

Hein, Jan von, Deliktischer Kapitalanlegerschutz im europäischen Zuständigkeitsrecht, in: IPrax 2005, S. 17–23.

Heitmann, Stefan, High-Yield-Anleihen – Eine Untersuchung der Rechtsfragen von High-Yield-Anleihen deutscher Unternehmensemittenten, 1. Auflage. Baden-Baden 2007.

Hellgardt, Alexander, Kapitalmarktdeliktsrecht, Tübingen 2008.

Herfurth, Sebastian, Die Regulierung von Ratingagenturen unter Basel II, 1. Auflage, Köln 2010.

Heuser, Annette, Neue Regeln für die Ratingriesen, in: Internationale Politik 2012, S. 102–107.

Hill, Claire A., Rating Agencies behaving badly: The Case of Enron, 35 Connecticut Law Review 2002–2003, S. 1145–1155.

—: Regulating the Rating Agencies, Washington University Law Review (2004), Vol. 82, S. 43–94.

Hirschmann, Stefan, Rating Oligopol wackelt nicht, in: die bank online, abrufbar unter: http://www.die-bank.de/news/rating-oligopol-wackelt-nicht-6108/ (zuletzt abgerufen am 06.10.2017).

Hirte, Heribert/Möllers, Thomas (Hrsg.), Kölner Kommentar zum WpHG, 2. Auflage, Köln 2014 (zitiert: Bearbeiter in: Kölner Kommentar, §, Rn.).

Hock, Martin, Hohe Hürden für Newcomer in Europa, FAZ-online vom 12.01.2015, abrufbar unter: http://m.faz.net/;s=9aL1TGXqW5dJGVnrjd6LP39/aktuell/finanzen/anleihen-zinsen/rating-agenturen-hohe-huerden-fuer-newcomer-in-europa-13365370.html (zuletzt abgerufen am 06.10.2017).

Hohl, Julia, Die US-amerikanische Sammelklage im Wandel, Berlin 2008 (zitiert: Hohl, Die US-amerikanische Sammelklage im Wandel, S.).

Hök, Götz-Sebastian, Discovery-proceedings als Anerkennungshindernis, Göttingen 1993 (zitiert: Hök, Discovery-proceedings, S.).

Holzborn, Timo/Israel, Alexander, Das Anlegerschutzverbesserungsgesetz – die Veränderungen im WpHG, VerkProspG und BörsG und ihre Auswirkungen, in: WM 2004, S. 1948–1956.

Hopt, Klaus J./Wohlmannstetter, Gottfried (Hrsg.), Handbuch Corporate Governance von Banken, 1. Auflage, München 2011 (zitiert: Bearbeiter in: Hopt/Wohlmannstetter, Hdb. Corporate Governance, S.).

Hopt, Klaus, Dritthaftung für Testate, in: NJW 1987, S. 1745–1746.

—: Grundsatz- und Praxisprobleme nach dem Wertpapierhandelsgesetz – insbesondere Insidergeschäfte und Ad-hoc-Publizität, in: ZHR 159 (1995), S. 135–163.

Hunt, John Patrick, Credit Rating Agencies and the 'Worldwide Credit Crisis': The Limits of Reputation, the Insufficiency of Reform, and a Proposal for Improvement, in: Columbia Business Law Review 2009, S. 109–209.

Husisian, Gregory, What Standards should govern the world's shortest editroals: an analysis of bond rating liability, in: 75 Cornell Law Review (1990), S. 411–461.

Hüßtege, Rainer/Mansel, Heinz-Peter, Bürgerliches Gesetzbuch, Band 6, Rom-Verordnungen, Kommentar, 2. Auflage, Baden-Baden 2015 (zitiert: Bearbeiter in: Hüßtege/Mansel, Art., Rn.).

International Organization of Securities Commissions (IOSCO), A Review of Implementation of the IOSCO Code of Conduct Fundamentals for Credit Rating Agencies, März 2009, abrufbar unter: http://www.fsa.go.jp/inter/ios/20090318-2/03.pdf (zuletzt abgerufen am: 06.10.2017) (zitiert: IOSCO, Review of Implementation, 03/2009, S.).

—: Code of Conduct Fundamentals for Credit Rating Agencies, Dezember 2004, abrufbar unter: http://www.iosco.org/library/pubdocs/pdf/IOSCOPD180.pdf (zuletzt abgerufen am: 06.10.2017) (zitiert: IOSCO, Code of Conduct Fundamentals for Credit Rating Agencies, 12/2004, S.).

—: Code of Conduct Fundamentals for Credit Rating Agencies, revised, Mai 2008, abrufbar unter: http://www.iosco.org/library/pubdocs/pdf/IOSCOPD271.pdf (zuletzt abgerufen am: 06.10.2017) (zitiert: IOSCO, Code of Conduct Fundamentals for Credit Rating Agencies, 05/2008, S.).

—: Consultation Report on the Role of Credit Rating Agencies in structured finance markets, März 2008, abrufbar unter: http://www.fsa.go.jp/inter/ios/20080328/04.pdf (zuletzt abgerufen am: 06.10.2017) (zitiert: IOSCO, consultation report, 03/2008, S.).

—: Report on Subprime Crisis – Final Report, Mai 2008, abrufbar unter: http://www.iosco.org/library/pubdocs/pdf/IOSCOPD273.pdf (zuletzt abgerufen am: 06.10.2017) (zitiert: IOSCO, report on subprime crisis, 05/2008, S.).

—: Report on the activities of Credit Rating Agencies, September 2003, abrufbar unter: http://www.fsa.go.jp/inter/ios/20030930/05.pdf (zuletzt abgerufen am: 06.10.2017) (zitiert: IOSCO, Report on the activities of Credit Rating Agencies, 09/2003, S.).

—: Review of Implementation of the IOSCO Code of Conduct Fundamentals for Credit Rating Agencies, Februar 2007, abrufbar unter: http://www.betterregulation.com/external/Consultation%20report%20-%20Review%20of%20implementation%20of%20the%20IOSCO%20Fundamentals%20of%20a%20Code%20of%20Conduct%20for%20Credit%20Rating%20Agencies.pdf (zuletzt abgerufen am: 06.10.2017) (zitiert: IOSCO, Review of Implementation, 02/2007, S.).

—: Statement of Principles regarding the activities of Credit Rating Agencies, September 2003, abrufbar unter: http://www.iosco.org/library/pubdocs/pdf/IOSCOPD151.pdf (zuletzt abgerufen am: 06.10.2017) (zitiert: IOSCO: Statement of Principles regarding the activities of Credit Rating Agencies, 09/2003, S.).

—: The Role of Credit Rating Agencies in structured finance markets – Final Report, Mai 2008, abrufbar unter: http://www.iosco.org/library/pubdocs/pdf/

IOSCOPD270.pdf (zuletzt abgerufen am: 06.10.2017) (zitiert: IOSCO, The Role of Credit Rating Agencies – final report, 05/2008, S.).

Jobst, Stefan/Kapoor, Sunny, Paradoxien im Ratingsektor – Vertrauendürfen und Vertrauenmüssen von Vorstand, Aufsichtsrat und Abschlussprüfer auf Ratings erworbener Finanzprodukte, in: WM 2013, S. 680–689.

Jauernig, Othmar (Hrsg.), Bürgerliches Gesetzbuch mit Allgemeinem Gleichbehandlungsgesetzt: Kommentar, 15. Auflage, München 2014 (zitiert: Bearbeiter in: Jauernig, BGB, §, Rn.).

Jungmichel, Tim, Basel II und die möglichen Folgen, in: WM 2003, S. 1201–1209.

Junker, Abbo, Die Rom II-Verordnung: Neues Internationales Deliktsrecht auf europäischer Grundlage, in: NJW 2007, S. 3675–3682.

—: Discovery im deutsch-amerikanischen Rechtsverkehr, Heidelberg 1987.

Kassebohm, Kristian, Die Kostenentscheidung bei der Stufenklage, in: NJW 1994, S. 2728–2733.

Kiehling, Hartmut, Eine Einführung in die Kapitalmarkttheorien, in: DStR 1992, S. 476–482.

Kiethe, Kurth, Internationale Tatzuständigkeit bei unerlaubter Handlung – die Problematik des Vermögensschadens, in: NJW 1994, S. 222–227.

Kindhäuser, Urs/Neumann, Ulfried/Paeffgen, Hans-Ulrich (Hrsg.), Nomos Kommentar zum Strafgesetzbuch, 4. Auflage, Baden-Baden 2013 (zitiert: Bearbeiter in: NK-StGB, §, Rn.).

Koch, Jens, § 311 Abs. 3 BGB als Grundlage einer vertrauensrechtlichen Expertenhaftung, in: AcP 204 (2004), S. 59–80.

—: Haftungsbeschränkungen bei der Abgabe von Third Party Legal Opinions, in: WM 2005, S. 1208–1216.

Kontogeorgou, Margarita, Externes Rating und Anlegerschutz im Spiegel der neuen Verordnung (EU) Nr. 462/2013, in: DStR 2014, S. 1397–1404.

Korth, Peter, Dritthaftung von Ratingagenturen, 1. Auflage, Baden-Baden 2010.

Krumnow, Jürgen/Gramlich, Ludwig/Lange, Thomas/Dewner, Thomas, Gabler Bank Lexikon, 13. Auflage, Wiesbaden 2002.

Kumpan, Christoph, Regulierung von Ratingagenturen – ein anreizorientierter Ansatz, in: Grundmann, Stefan/Haar, Brigitte/Merkt, Hanno/Mülbert, Peter/Wellenhofer Marina (Hrsg.), Festschrift für Klaus J. Hopt zum 70. Geburtstag am 24. August 2010 – Unternehmen, Markt und Verantwortung, Band 2, Berlin 2010.

Kümpel, Siegfried/Wittig, Arne, Bank- und Kapitalmarktrecht, 4. Auflage, Köln 2011 (zitiert: Bearbeiter in: Kümpel/Wittig, Bank- und Kapitalmarktrecht, Rn.).

Lächler, Christoph/Oplustil, Krzysztof, Funktion und Umfang des Regelungsbereichs der SE-Verordnung, NZG 2005, S. 381–387.

Lampe, Alexander, Die Regulierung von Ratingagenturen, Hamburg 2010 (zitiert: Lampe, Regulierung, S.).

Larenz, Karl, Anmerkung zu BGH, Urteil vom 25.04.1956 – VI ZR 34/55, in: NJW 1956, S. 1193–1194.

–: Lehrbuch des Schuldrechts, Erster Band – Allgemeiner Teil, 14. Auflage, München 1987.

Larenz, Karl/Canaris, Claus-Wilhelm, Lehrbuch des Schuldrechts, Zweiter Band – Besonderer Teil, 2. Halbband, 13. Auflage, München 1994.

Lehmann, Matthias, Vorschlag für eine Reform der Rom-II-Verordnung im Bereich der Finanzmarktdelikte, in: IPrax 2012, S. 399–405.

Leible, Stefan/Engel, Andreas, Der Vorschlag der EG-Kommission für eine Rom-II-Verordnung – Auf dem Weg zu einheitlichen Anknüpfungsregeln für außervertragliche Schuldverhältnisse in Europa, in: EuZW 2004, S. 7–17.

Leible, Stefan/Müller, Michael, Die Bedeutung von Websites für die internationale Zuständigkeit in Verbrauchersachen, in: NJW 2011, S. 495–497.

Lemke, Rudolf, Haftungsrechtliche Fragen des Ratingwesens – ein Regelungsproblem?, Frankfurt am Main 2000 (zitiert: Lemke, Ratingwesen, S.).

Lenenbach, Markus, Kapitalmarktrecht und kapitalmarktrelevantes Recht, 2. Auflage, Offenburg 2010.

Lerch, Marcus, Ratingagenturen im Visier des europäischen Gesetzgebers, in: BKR 2010, 402–408.

Liegsalz, Andreas, Die US-amerikanische Class Action im Lichte der ökonomischen Analyse des Rechts, Hamburg 2012 (zitiert: Liegsalz, Die US-amerikanische Class Action, S.).

Lorenz, Pia, OLG Frankfurt verurteilt Ratingagentur – Unternehmensbewertung ‚verantwortungslos oberflächlich', in: Legal Tribune Online vom 14.04.2015, abrufbar unter: http://www.lto.de/recht/nachrichten/n/olg-frankfurt-a-m-urt-24-u-82-14-ratingagentur-unternehmensbewertung-scoring-unterlassung/ (zuletzt abgerufen am: 06.10.2017).

Lorenz, Stephan, Auskunftsansprüche im Bürgerlichen Recht, in: JuS 1995, S. 569–575.

Lorenz, Werner, Die allgemeine Grundregel betreffend das auf die außervertragliche Schadenshaftung anzuwendende Recht, in: von Caemmerer (Hrsg.), Vorschläge und Gutachten zur Reform des deutschen internationalen Privatrechts der außervertraglichen Schuldverhältnisse, Tübingen 1983, S. 97–159.

Lutter, Marcus, Bankenkrise und Organhaftung, in: ZIP 2009, S. 197–201.

Luttermann, Claus/Vahlenkamp, Jörg, Wahrscheinlichkeitsurteile im Insolvenzrecht und internationale Bewertungsstandards (Ratingagenturen), in: ZIP 2003, S. 1629–1637.

Luttermann, Claus/Wicher, Corinna, Rechtsordnung für Unternehmensanleihen: Vertragsrecht, Hybridformen und Standardisierung, in: ZIP 2005, S. 1529–1535.

Mählmann, Thomas, Do bond issuers shop for a better credit rating?, Beitrag zum Workshop des Basler Ausschusses für Bankenaufsicht, Juni 2006, abrufbar unter: http://www.bis.org/bcbs/events/rtf06maehlmann.pdf (zuletzt abgerufen am: 06.10.2017).

Maier-Reimer, Georg, Schutzgesetze – Verhaltensnormen, Sanktionen und ihr Adressat, in: NJW 2007, S. 3157–3162.

Medicus, Dieter, Bürgerliches Recht: Eine nach Anspruchsgrundlagen geordnete Darstellung zur Examensvorbereitung, 25. Auflage, München 2015.

Meyer, Marc, Rechtsfragen des externen Rating, Marburg 2006.

Meyke, Rolf, Plausibilitätskontrolle und Beweis, in: NJW 2000, S. 2230–2235.

Möllers, Thomas M. J., Auf dem Weg zu einer neuen europäischen Finanzmarktaufsichtsstruktur – Ein systematischer Vergleich der Rating-VO (EU) 1060/2009 mit der geplanten ESMA-VO, in: NZG 2010, S. 285–290.

—: Konkrete Kausalität, Preiskausalität und uferlose Haftungsausdehnung – ComROAD I–VIII, in: NZG 2008, S. 413–416.

—: Regulierung von Ratingagenturen, in: JZ 2009, S. 861–916.

—: Von Standards zum Recht – auf dem Weg zu einer Regulierung der Ratingagenturen in Europa und den USA, in: ZJS 2009, S. 227–235.

Möllers, Thomas/Niedorf, Charis, Regulation and Liability of Credit Rating Agencies – A More Efficient European Law?, in: ECFR 2014, S. 333–363.

Möllers, Thomas/Rotter, Klaus (Hrsg.), Ad-hoc-Publizität – Handbuch der Rechte und Pflichten von börsennotierten Unternehmen und Kapitalanlegern, München 2003 (zitiert: Bearbeiter in: Möllers/Rotter, Ad-hoc-Publizität, §, Rn.).

Möllers, Thomas/Wecker, Christine, Regulierung von Ratingagenturen in der europäischen Union, in: ZRP 2012, S. 106–109.

Moody's Investor Services, Code of professional conduct, Dezember 2015, abrufbar unter: https://www.moodys.com/uploadpage/Mco%20Documents/Documents_professional_conduct.pdf (zuletzt abgerufen am: 06.10.2017).

—: Rating Symbols and Definitions, Juni 2016, abrufbar unter: https://www.moodys.com/researchdocumentcontentpage.aspx?docid=PBC_79004 (zuletzt abgerufen am: 06.10.2017).

Mühl, Thomas, Die zivilrechtliche Verantwortlichkeit von Ratingagenturen und Banken für fehlerhafte Ratings, Dresden 2007.

Mülbert, Peter, Finanzregulierung – Welche Regelungen empfehlen sich für den deutschen und europäischen Finanzsektor?, in: JZ 2010, S. 834–843.

Müller, Dr. Michael F. Deliktsgerichtsstand am Erfolgsort bei reinen Vermögensschäden – Anmerkung zum Urteil des EuGH vom 16.06.2016, in: NJW 2016, S. 2167–2170.

Müller-Glöge, Rudi/Preis, Ulrich/Schmidt, Ingrid (Hrsg.), Erfurter Kommentar zum Arbeitsrecht, 15. Auflage, München 2015 (zitiert: Bearbeiter in: Erfurter Kommentar, §/Art., Rn.).

Münchener Kommentar zum Aktiengesetz (zitiert: Bearbeiter in: Münchener Kommentar, AktG, §, Rn), Band 2, 4. Auflage, München 2014.

—: Band 3, 3. Auflage, München 2013.

—: Band 6, 3. Auflage, München 2011.

—: Band 7, 3. Auflage, München 2012.

Münchener Kommentar zum Bürgerlichen Gesetzbuch (zitiert: Bearbeiter in: Münchener Kommentar, BGB, §, Rn.), Band 1, 7. Auflage, München 2015.

—: Band 2, 7. Auflage, München 2016.

—: Band 3, 7. Auflage, München 2016.

—: Band 4, 6. Auflage, München 2012.

—: Band 5, 6. Auflage, München 2013.

—: Band 10, 6. Auflage, München 2015.

Münchener Kommentar zum Handelsgesetzbuch (zitiert: Bearbeiter in: Münchener Kommentar, HGB, §, Rn.), Band 6 – Bankvertragsrecht, 3. Auflage, München 2014.

Münchener Kommentar zum Strafgesetzbuch (zitiert: Bearbeiter in: Münchener Kommentar, StGB, §, Rn.), Band 5, 2. Auflage, München 2014.

Münchener Kommentar zur Zivilprozessordnung (zitiert: Bearbeiter in: Münchener Kommentar, ZPO, §, Rn.), Band 1, 4. Auflage, München 2013.

—: Band 3, 4. Auflage, München 2013.

Müssig, Peter, Falsche Auskunftserteilung und Haftung, in: NJW 1989, S. 1697–1704.

Nagy, Theresa, Credit Rating Agencies and the First Amendment: Applying Constitutional Journalistic Protections to Subprime Mortgage Litigation, in: 94 Minnesota Law Review (2009), S. 140–167.

Norris, Floyd, After Two-Year Drop in Markets, Calender turns in Note of Hope, in: The New York Times vom 01.01.2002, abrufbar unter: http://www.nytimes.com/2002/01/01/business/markets-stocks-bonds-after-two-year-drop-markets-calendar-turns-note-hope.html (zuletzt abgerufen am: 06.10.2017).

o.V., Anleger dürfen Ratingagenturen verklagen, FAZ-online vom 17.01.2013, abrufbar unter: http://www.faz.net/aktuell/finanzen/aktien/bgh-urteil-anleger-duerfen-ratingagenturen-verklagen-12028203.html (zuletzt abgerufen am: 06.10.2017).

—: Dante gegen Ratingagentur, FAZ-online vom 05.02.2014, abrufbar unter: http://www.faz.net/aktuell/wirtschaft/eurokrise/italien/italien-will-hunderte-milliarden-dante-gegen-ratingagentur-12785954.html (zuletzt abgerufen am 06.10.2017).

—: Parmalat: Büros der Ratingagentur S & P durchsucht, in: Die Welt vom 23.01.2004, abrufbar unter: http://www.welt.de/print-welt/article288335/Parmalat-Bueros-der-Rating-Agentur-S-amp-P-durchsucht.html (zuletzt abgerufen am: 06.10.2017).

—: Peking und Putin gründen Ratingagentur, FAZ-online vom 03.06.2014, abrufbar unter: http://www.faz.net/aktuell/wirtschaft/neue-allianz-peking-und-putin-gruenden-ratingagentur-12970084.html (zuletzt abgerufen am: 06.10.2017).

—: Personen: Enron-Chef hofft auf Freilassung, in: Börsen-Zeitung vom 10.05.2013, S. 16.

—: US-Ratingagenturen stufen Russland herunter, Zeit-online vom 21.03.2914, abrufbar unter: http://www.zeit.de/wirtschaft/2014-03/russland-kreditwuerdigkeit-herabgestuft (zuletzt abgerufen am: 06.10.2017).

—: Krise erwischt die Bonitätsprüfer, in: Handelsblatt vom 03.09.2007, S. 24.

Odendahl, Tim, Internationales Deliktsrecht der Rom-II-VO und die Haftung für reine Vermögensschäden, Frankfurt am Main 2012.

Ohly, Ansgar/Sosnitza, Olaf, Gesetz gegen den unlauteren Wettbewerb mit Preisgabenverordnung: Kommentar, 6. Auflage, München 2014 (zitiert: Bearbeiter in: Ohly/Sosnitza, UWG, §, Rn.).

Orgel, Marc, Class Arbitration, Tübingen 2013 (zitiert: Orgel, Class Arbitration, S.).

Ott, Claus, Die Haftung von Wirtschaftsprüfern gegenüber Anlegern am Kapitalmarkt, in: Festschrift für Hans-Bernd Schäfer zum 65. Geburtstag, Wiesbaden 2008, S. 171–191.

Palandt, Otto (Begr.), Bürgerliches Gesetzbuch, 76. Auflage, München 2017 (zitiert: Palandt/Bearbeiter, §, Rn.).

Partnoy, Frank, The Paradox of Credit Rating Agencies, in: Levich, Richard/Manjoni, Giovanni/Reinhart, Carmen (Hrsg.), Ratings, Rating Agencies and the global Financial System, The New York University Salomon Center Series on Financial Markets and Institutions, Vol. 8, Boston 2002, S. 65–84.

Peters, Andreas C., Die Haftung und Regulierung von Rating-Agenturen, 1. Auflage, Baden-Baden 2001.

Peters, Kai, Angemessene Informationsbasis als Voraussetzung pflichtgemäßen Vorstandshandelns, in: AG 2010, S. 811–817.

Pfeiffer, Axel, Hätte Columbus gewusst, was aus seiner ‚discovery' wird – Das ‚discovery'-Verfahren im amerikanischen Patentverletzungsprozess, in: GRUR Int. 1999, S. 598–605.

Pfingsten, Andres, Stichwort: Rating, in: BKR 2001, S. 139–143.

Pinto, Arthur R., Control and Responsibility of Credit Rating Agencies in the United States, 54 American Journal of Comparative Law (2006), S. 341–356.

Pukropski, Tobias, Regulierung von Ratingagenturen als Reaktion auf die Finanzkrise, Berlin 2013.

Reichling, Peter/Bietke, Daniela/Henne, Antje, Praxishandbuch Risikomanagement und Rating: Ein Leitfaden, 2. Auflage, Wiesbaden 2007.

Rengeling, Hans-Werner/Middeke, Andreas/Gellermann, Martin (Hrsg.), Handbuch des Rechtsschutzes in der Europäischen Unions, 3. Auflage, München 2014 (zitiert: Bearbeiter in: Rengeling/Middeke/Gellermann, Handbuch des Rechtsschutzes in der EU, §, Rn.).

Richter, Malte, Die Verwendung von Ratings zur Regulierung des Kapitalmarkts, Frankfurt am Main, 2008 (zitiert: Richter, Verwendung von Ratings, S.).

—: Ratings oder Credit Spreads – mögliche Anknüpfungspunkte für eine Kapitalmarktregulierung, WM 2008, S. 960–966.

Rimon, Neda von, Ratings in Deutschland und den USA: Rechtsrahmen und Haftung, Göttingen 2014.

Rinze, Jens Peter/Klüwer, Arne Cornelius, Securitization – praktische Bedeutung eines Finanzierungsmodells, in: BB 1998, S. 1697–1704.

Rohe, Matthias/Lischek, Jan, Haftung für bankinterne Ratings, in: WM 2006, S. 1933–1940.

Roth, Hans-Peter, Regierungsentwurf eines Gesetzes zur Verringerung der Abhängigkeit von Ratings, in: GWR 2014, S. 317–320.

Ruffert, Matthias, Schlüsselfragen der Europäischen Verfassung der Zukunft: Grundrechte – Institutionen – Kompetenzen – Ratifizierung, in: EuR 2004, S. 165–201.

Ruhwedel, Peter (Hrsg.), Haftung von Ratingagenturen, KCU-Schriftenreihe Band 2, Essen 2013 (zitiert: Bearbeiter, in: Ruhwedel, Haftung von Ratingagenturen, S.).

Saenger, Ingo (Hrsg.), Zivilprozessordnung – Handkommentar, 6. Auflage, Baden-Baden 2015 (zitiert: Bearbeiter in: Saenger, §, Rn.).

Sauer, Knut, Haftung für Falschinformation des Sekundärmarktes, Frankfurt am Main 2004.

Schack, Haimo, Einführung in das US-amerikanische Zivilprozessrecht, 4. Auflage, München 2011.

Schäfer, Frank, Sind die §§ 31 ff. WpHG n.F. Schutzgesetze i.S.v. § 823 Abs. 2 BGB?, in: WM 2007, S. 1872–1879.

Schäfer, Hans-Bernd, Haftung für fehlerhafte Wertgutachten aus wirtschaftswissenschaftlicher Perspektive, in: AcP Vol. 202 (2002), S. 808–840.

Schaub, Peter/Schaub, Michael, Ratingurteile als Entscheidungsgrundlage für Vorstand und Abschlussprüfer, in: ZIP 2013, S. 656–666.

Schimansky, Herbert/Bunte, Herman-Josef/Lwowski, Hans-Jürgen, Bankrechts-Handbuch, Band II, 5. Auflage, München 2017 (zitiert: Bearbeiter in: Schimansky/Bunte/Lwowski, Bankrechts-Handbuch, §, Rn.).

Schlick, Wolfgang, Die aktuelle Rechtsprechung des III. Zivilsenats des BGH Kapitalanlagerecht – Teil II, in: WM 2014, S. 633–639.

Schmidt, Karsten/Lutter, Marcus (Hrsg.), Aktiengesetz Kommentar, II. Band, 3. Auflage, Köln 2015 (zitiert: Bearbeiter in: Schmidt/Lutter, §, Rn.).

Schmidt, Karsten, Bankrott oder Bewährung des § 823 Abs. 2 BGB? – Gedanken aus Anlass der Neufassung von § 33 GWB, in: Heldrich, Andreas/Prölss, Jürgen/Koller, Ingo (Hrsg.), Festschrift für Claus-Wilhelm Canaris zum 70. Geburtstag, Band I, München 2007.

—: Kapitalmarktrecht, Kartellrecht und deliktsrechtlicher Drittschutz – Wirtschaftsrechtliche Nagelproben des Schutzgesetzprinzips nach § 823 Abs. 2 BGB, in: Grundmann, Stefan/Kirchner, Christian/Raiser, Thomas/Schwintowski, Hans-Peter/Weber, Martin/Windbichler, Christine (Hrsg.), Unternehmensrecht zu Beginn des 21. Jahrhunderts – Festschrift für Eberhard Schwark zum 70. Geburtstag, München 2009, S. 753–769.

Schneider, Christian, Erfüllungszwang bei Gewinnzusagen – verfassungsmäßig?, in: BB 2002, S. 1653–1658.

Schroeter, Ulrich G.,

—: Die regulatorische Verwendung von Ratings an deutschen Börsensegmenten für „Mittelstandsanleihen": Bestandsaufnahme und Bewertung, in: ZIP 2016, S. 703–708.

—: Ratings – Bonitätsbeurteilungen durch Dritte im System des Finanzmarkt-, Gesellschafts- und Vertragsrechts, 1. Auflage, Tübingen 2014.

Schuler, Moritz, Regulierung und zivilrechtliche Verantwortlichkeit von Ratingagenturen, Frankfurt am Main 2012 (zitiert: Schuler, Regulierung und Verantwortlichkeit, S.).

Schultes, Philipp, Regulierung und Haftung von Ratingagenturen – Die Neuregulierung nach der 2. Änderungsverordnung zur Ratingverordnung, prozessuale Durchsetzbarkeit einer Haftung und ein Vergleich zum australischen Recht, 1. Auflage, Göttingen 2015.

Schulze, Reiner (Hrsg.), Bürgerliches Gesetzbuch Handkommentar, 8. Auflage, Baden-Baden 2014 (Bearbeiter in: Schulze, BGB, §, Rn.).

Schwarcz, Steven, Private Ordering of Public Markets: The Rating Agency Paradox, in: University of Illinois Law Review (2002), S. 1–28.

Schwark, Eberhard/Zimmer, Daniel, Kapitalmarktrechts-Kommentar, 4. Auflage, München 2010 (zitiert: Bearbeiter in: Schwark/Zimmer, Kapitalmarktrechtskommentar, §, Rn.).

Schwarze, Jürgen (Hrsg.), EU-Kommentar, 3. Auflage, Baden-Baden 2012 (zitiert: Bearbeiter in: Schwarze, Art., Rn.).

Schweinitz, Oliver von, Die Haftung von Ratingagenturen, in: WM 2008, S. 953–959.

Schwintowski, Hans-Peter (Hrsg.), Bankrecht, 4. Auflage, Köln 2014 (zitiert: Bearbeiter in: Schwintowski, Bankrecht, §, Rn.).

Securities and Exchange Commission (SEC), Summary Report of Issues identified in the Commission Staff's Examinations of Select Credit Rating, Juli 2008, abrufbar unter: http://www.sec.gov/news/studies/2008/craexamination070808.pdf (zuletzt abgerufen am: 06.10.2017) (zitiert: SEC, Summary Report, 07/2008, S.).

Seitz, Claudia, Public over Private Enforcement of Competition Law? Zugleich Besprechung von AG Bonn, Beschluss vom 18.01.2012, 51 Gs 53/09, in: GRUR-RR 2012, S. 137–142.

Shulman, Zachary, Fraud-on-the-Market Theory After Basic Inc. v. Levinson, in: 74 Cornell Law Review (1989), S. 964–991.

Siebel, Dr. Ulf/Gebauer, Dr. Stefan, Prognosen im Aktien- und Kapitalmarktrecht – Lagebericht, Zwischenbericht, Verschmelzungsbericht, Prospekt usw., in: WM 2001, S. 118–134.

Simitis, Spiros (Hrsg.), Bundesdatenschutzgesetz, 8. Auflage, Baden-Baden 2014 (zitiert: Bearbeiter in: Simitis, §, Rn.).

Simon, Herbert, A Behavioural Model of Rational Choice, in: The Quarterly Journal of Economics, Vol. 69, Nr. 1 (Februar 1955), S. 99–118.

Skreta, Vasiliki/Vedkamp, Laura, Ratings Shopping and Asset Complexity: A Theory of Ratings Inflation, New York University, Stern School of Business, Februar 2009, abrufbar unter: http://pages.stern.nyu.edu/~lveldkam/pdfs/ratings.pdf (zuletzt abgerufen am: 06.10.2017) (zitiert: Skreta/Vedkamp, Ratings Shopping, S.).

Spickhoff, Andreas, Die Tatortregel im neuen Deliktskollisionsrecht, in: IPrax 2000, S. 1–8.

—: Gesetzesverstoß und Haftung, Köln (u. a.) 1998.

Spindler, Gerald, Die internationale deliktsrechtliche Zuständigkeit für Informationsdelikte (unrichtige Bankauskünfte), in: IPrax 2001, S. 153–155.

—: Finanzanalyse vs. Finanzberichterstattung: Journalisten und das AnSVG, in: NZG 2004, S. 1138–1147.

—: Finanzmarktkrise und Wirtschaftsrecht, in: AG 2010, S. 601–617.

—: Haftung für fehlerhafte und unterlassene Kapitalmarktinformationen – ein (weiterer) Meilenstein, in: NZG 2012, S. 575–579.

—: Kapitalmarktreform in Permanenz: Das Anlegerschutzverbesserungsgesetz, in: NJW 2004, S. 3449–3454.

—: Kausalität im Zivil- und Wirtschaftsrecht, in: AcP 2008, S. 283–344.

—: Neuregelungen des Kapitalmarkt- und Börsenrechts zum Anlegerschutz? – zur gesellschafts- und wirtschaftsrechtlichen Abteilung des 64. Deutschen Juristentags, in: DStR 2002, S. 1576–1587.

—: Organhaftung in der AG – Reformbedarf aus wissenschaftlicher Perspektive, in: AG 2013, S. 889–904.

—: Persönliche Haftung der Organmitglieder für Falschinformationen des Kapitalmarktes, in: WM 2004, S. 2089–2098.

—: Sonderprüfung und Pflichten eines Bankvorstands in der Finanzmarktkrise – Anmerkung zu OLG Düsseldorf, Beschl. v. 9.12.2009–6 W 45/09 – IKB, in: NZG 2010, S. 281–285.

Spindler Gerald/Stilz, Eberhard (Hrsg.) (zitiert: Bearbeiter in: Spindler/Stilz, §, Rn.), Kommentar zum Aktiengesetz, Band 1, 3. Auflage, München 2015.

—: Kommentar zum Aktiengesetz, Band 2, 3. Auflage, München 2015.

Spindler, Gerald/Klöhn, Lars, Fehlerhafte Informationen und Software – Die Auswirkungen der Schuld- und Schadensrechtsreform, in: VersR 2003, S. 273–282.

Spindler, Gerald/Schuster, Fabian, Recht der elektronischen Medien – Kommentar, 3. Auflage, München 2015 (zitiert: Bearbeiter in: Spindler/Schuster, §, Rn.).

Stackmann, Nikolaus, Böses Erwachen – die gesetzliche Haftung für fehlgeschlagene Kapitalanlagen, in: NJW 2013, S. 1985–1989.

Stadler, Astrid, Der Schutz des Unternehmensgeheimnisses im deutschen und U.S.-amerikanischen Zivilprozess und im Rechtshilfeverfahren, Tübingen 1989.

Standard & Poor's Global Ratings, Ratings Definitions, Mai 2016, abrufbar unter: https://www.standardandpoors.com/en_EU/delegate/getPDF?articleId=1663724&type=COMMENTS&subType=REGULATORY (zuletzt abgerufen am: 06.10.2017).

—: Code of Conduct, Mai 2016, abrufbar unter: https://www.standardandpoors.com/en_EU/delegate/getPDF?articleId=1663812&type=COMMENTS&subType=REGULATORY (zuletzt abgerufen am: 06.10.2017).

Staudinger, Julius von (Begr.), Kommentar zum Bürgerlichen Gesetzbuch mit Einführungsgesetz und Nebengesetzen EGBGB/IPR – Einleitung zur Rom I-VO; Art. 1–10 Rom I-VO (Internationales Vertragsrecht I), 12. Auflage, Berlin 2011 (zitiert: Staudinger/Bearbeiter, Art./§, Rn.).

Steindorff, Ernst, EG-Vertrag und Privatrecht, 1. Auflage, Baden-Baden 1996.

Steinrötter, Björn, Zuständigkeits- und kollisionsrechtliche Implikationen des europäischen Haftungstatbestands für fehlerhaftes Rating, in: ZIP 2015, S. 110–115.

Stemper, Marthe-Marie, Marktmissbrauch durch Ratingagenturen?, in: WM 2011, S. 1740–1747.

—: Rechtliche Rahmenbedingungen des Ratings, 1. Auflage, Baden-Baden 2010 (zitiert: Stemper, Rahmenbedingungen, S.).

Streinz, Rudolf (Hrsg.), EUV/AEUV – Vertrag über die Europäische Union und Vertrag über die Arbeitsweise der Europäischen Union, 2. Auflage, München 2012 (zitiert: Bearbeiter in: Streinz, Art., Rn.).

Strobl, Günter/Xia, Han, The Issuer-Pays Rating Model and Ratings Inflation: Evidence from Corporate Credit Rating, 2012, abrufbar unter: http://www.frankfurt-school.de/clicnetclm/fileDownload.do?goid=000000401336AB4 (zuletzt abgerufen am: 29.06.2016) (zitiert: Strobl/Xia, Issuer Pays Model, S.).

Strunz-Happe, Anne, Ein Ordnungsrahmen für Rating-Agenturen – Bericht über die internationalen und nationalen Bestrebungen, in: BFuP 2005, S. 231–245.

—: Externe Ratingagenturen – Marktregulierung durch Basel II – Vorgaben zur Anerkennung als ECAI und die aufsichtsrechtliche Behandlung von externen Ratings, in: WM 2004, S. 115–120.

Stübinger, Malte, Teilnehmerhaftung bei fehlerhafter Kapitalmarktinformation in Deutschland und den USA, Tübingen 2015.

Stuwe, Alexander/Weiß, Mirko/Philipper, Jürgen, Ratingagenturen: Sind sie notwendig, überflüssig, notwendiges Übel oder schädlich?, 1. Auflage, Bonn 2012.

Sullivan, Timothy M., Federal Preemption and the Rating Agencies: Eliminating State Law Liability to Promote Quality Ratings, 94 Minnesota Law Review (2010), S. 2136–2166.

Summers, David M., Third Party Beneficiaries and the Restatement (Second) of Contracts, 67 Cornell Law Review (1982), S. 880–899.

Taeger, Jürgen, Anmerkung zu BGH, Urteil vom 28.01.2014 – VI ZR 156/13, in: MMR 2014, S. 489–494.

The Financial Crisis Inquiry Commission, The Financial Crisis Inquiry Report, Washington, 2011, abrufbar unter: http://www.gpo.gov/fdsys/pkg/GPO-FCIC/pdf/GPO-FCIC.pdf (zuletzt abgerufen am: 06.10.2017) (zitiert: Financial Crisis Inquiry Commission, Report, S.).

Thiele, Wolfram, Die zivilrechtliche Einordnung des Rating im deutschen Recht, Aachen 2005 (zitiert: Thiele, Einordnung des Rating, S.).

Vetter, Erberhard, Rechtsprobleme des externen Ratings, in: WM 2004, S. 1701–1712.

Von der Groeben, Hans/Schwarze, Jürgen/Hatje, Armin (Hrsg.), Europäisches Unionsrecht, 7. Auflage, Baden-Baden 2015 (zitiert: Bearbeiter in: von der Groeben/Schwarze/Hatje, Art., Rn.).

Wagner, Gerhard, Die Haftung von Ratingagenturen gegenüber dem Anlegerpublikum, in: Jung, Peter/Lamprecht, Phillip/Blasek, Katrin/Schmidt-Kessel, Martin (Hrsg.), Einheit und Vielheit im Unternehmensrecht – Festschrift für Uwe Blaurock zum 70. Geburtstag, Tübingen 2013, S. 467–496.

—: Die neue Rom-II-Verordnung, in: IPrax 2008, S. 1–17.

—: Grundstrukturen des Europäischen Deliktsrechts, in: Zimmermann, Reinhard (Hrsg.), Grundstrukturen des Europäischen Deliktsrechts, 1. Auflage, Baden-Baden 2003, S. 189–340.

—: Prävention und Verhaltenssteuerung durch Privatrecht – Anmaßung oder legitime Aufgabe?, in: AcP Vol. 206 (2006), S. 352–476.

Weller, Marc-Philippe, Die Dogmatik des Anlageberatungsvertrags – Legitimation der strengen Rechtsprechungslinie von Bond bis Ille./. Deutsche Bank, in: ZBB 2011, S. 191–199.

Wildmoser, Gerhard/Schiffer, Jan/Langoth, Bernd, Haftung von Ratingagenturen gegenüber Anlegern?, in: RiW 2009, S. 657–668.

Witte, Johannes/Henke, Jessica, Status quo der Regulierung nach der neuen Rating-ÄnderungsVO, in: DB 2013, S. 2257–2260.

Witte, Jürgen/Hrubesch, Boris, Rechtsschutzmöglichkeiten beim Unternehmensrating, in: ZIP 2004, S. 1346–1354.

Wojcik, Karl-Philipp, Zivilrechtliche Haftung von Ratingagenturen nach europäischem Recht, in: NJW 2013, 2385–2390.

Zentraler Kreditausschuss, Stellungnahme des Zentralen Kreditausschuss zur Tätigkeit von Rating-Agenturen und ihrer möglichen Regulierung, 14. August 2003, abrufbar unter: https://die-dk.de/media/files/030815_ZKA-Stn_Rating-Agenturen.pdf (zuletzt abgerufen am: 06.10.2017) (zitiert: ZKA-Stellungnahme, S.).

Zimmer, Daniel, Verschärfung der Haftung für fehlerhafte Kapitalmarktinformationen, in: WM 2004, S. 9–21.

Vorwort

Die vorliegende Arbeit wurde im Juli 2016 abgeschlossen und im Mai 2017 von der Juristischen Fakultät der Georg-August-Universität zu Göttingen als Dissertation angenommen. Großer Dank gebührt meinem Doktorvater, Herrn Prof. Dr. Gerald Spindler, für die wohlwollende Betreuung meiner Arbeit, die ständige Gesprächsbereitschaft und die wertvollen Denkanstöße. Herrn Prof. Dr. Spindler wie auch Herrn Prof. Dr. Torsten Körber bin ich zudem für die zügige Begutachtung der Dissertation sehr zu Dank verpflichtet. Danken möchte ich ferner den Herausgebern für die Aufnahme der Arbeit in die Schriftenreihe „Göttinger Schriften zum Wirtschaftsrecht".

Ebenfalls danken möchte ich Frau Ingrid Floerke vom Lehrstuhl meines Doktorvaters für ihre immer freundliche Hilfe in verschiedenen Angelegenheiten. Weiterhin möchte ich Herrn Rechtsanwalt Dr. Detlef Koch für seine vielfältige Unterstützung in der Anbahnung und dem Fortkommen der Dissertation sehr herzlich danken. Auch Frau Rechtsanwältin Antonia Reitter möchte ich meinen herzlichen Dank für ihren immer wertvollen Rat aussprechen. Großer Dank gebührt schließlich meinen Eltern, meiner Schwester, meiner Frau und meinem Sohn. Ihnen ist diese Arbeit gewidmet.

A. Einleitung

Ratingagenturen und ihre Ratings – allen voran die der drei größten Agenturen *Moody's Investor Services, Standard & Poor's* und *Fitch Ratings* – stehen seit vielen Jahren im Fokus diverser nationaler Gesetzgeber und Rechtsordnungen, nachdem das traditionsreiche Geschäft um die Prognose der Bonität von Kreditnehmern und Emittenten wegen prominenter Einzelfälle schwerwiegender Ratingfehler großer Agenturen öffentliche Aufmerksamkeit erregt und das vorherrschende Bild von externen Ratings als verlässliche und auch regulatorisch bedenkenlos verwendbare Experteneinschätzungen verstärkt Risse bekommen hat.[1] Die Ratings der großen renommierten Agenturen sind dadurch vom Werkzeug der aufsichtsrechtlichen Kontrolle Dritter mehr und mehr selbst zum Gegenstand kritischer Betrachtung und regulatorischer Kontrolle geworden. Ausschlaggebend für diese vor allem im US-amerikanischen und europäischen Raum nachvollziehbare Entwicklung war zuletzt das eklatante Fehlverhalten der großen Ratingagenturen vor und während der internationalen Finanzkrise 2007/2008, an deren Ausbruch die Agenturen eine erhebliche Mitschuld trugen.[2] Wurde im Vorfeld der Finanzkrise noch häufig über Vorzüge und Nachteile – das *Ob* – einer hoheitlichen Regulierung von Ratingagenturen diskutiert,[3] stellen sich aus heutiger Sicht spätestens in Folge der Erkenntnisse aus der Finanzkrise nur noch Fragen der konkreten Rahmenbedingungen – dem *Wie* – einer Regulierung. Den Unionsgesetzgeber etwa haben eben diese Einsichten aus der Finanzkrise dazu veranlasst, seinen *wait and see-approach*[4] im Hinblick auf die markteigene Qualitätsregulierung in der Ratingbranche endgültig aufzugeben und stattdessen ein vergleichsweise umfangreiches Aufsichtsregime für Ratingagenturen im EU-Raum in Gestalt der Verordnung (EG) Nr. 1060/2009 vom 16.09.2009[5] zu entwerfen, dem zuletzt nach zweiter Reformierung auch ein zivilrechtlicher

---

1 Zu nennen sind vor allem die Fälle „Enron", „Parmalat" und „Worldcom" zu Beginn der 2000er Jahre – hierzu unten D. II. 1. – die regelmäßig zu konkreten gesetzgeberischen Reaktionen vornehmlich in den USA geführt haben, siehe hierzu *Hill*, 35 Connecticut Law Review (2002–2003), S. 1145 (1154); *Richter*, Verwendung von Ratings, S. 107.

2 Siehe den *Financial Crisis Inquiry Commission*, Report, S. XXV: „*This crisis could not have happened without the rating agencies*"; sowie den Vorschlag der Kommission der Europäischen Gemeinschaften für eine Verordnung des Europäischen Parlaments und des Rates über Ratingagenturen vom 12.11.2008 (KOM(2008) 704), S. 2.

3 Vgl. etwa *Dittrich*, Credit Rating Industry, S. 125; *Husisian*, 75 Cornell Law Review (1990), S. 411 (425 ff.); *Lemke*, Ratingwesen, S. 125; *Schwarcz*, Univ. of Illinois Law Review 2002, S. 1 (14); *von Randow* in: Büschgen/Everling, Handbuch Rating (1996), S. 558.

4 *Blaurock*, ZGR 2007, S. 603 (639).

5 ABlEU Nr. L 302 vom 17.11.2009; nachfolgend im Text: „Rating-Verordnung", in den Fußnoten „Rating-VO".

Haftungstatbestand zulasten von Ratingagenturen und zugunsten von Anlegern und Emittenten als Regulierungswerkzeug hinzugefügt wurde.[6]

Dass sich die Bedenken gegen die nachhaltige Qualität der Ratingtätigkeit im Nachgang zur Finanzkrise 2007/2008 nicht erledigt haben, zeigt die immer noch anhaltende Kritik an der Ratingbranche und ihren prominenten Vertretern. So wurde den Agenturen in der auf die Finanzkrise folgenden Euro-Krise 2010 erneut signifikantes Fehlverhalten im Hinblick auf die Bonitätsbewertung einzelner Staaten vorgeworfen.[7] Auch wegen der stark amerikazentrischen Prägung der Ratingbranche, die auf dem dortigen Geschäftssitz der großen Agenturen beruht, werden – vor allem aus dem europäischen Raum – immer wieder Bedenken und Einwände gegen die Arbeit der *Big Three* formuliert.[8] Daneben ist insbesondere das traditionelle Oligopol der drei großen Agenturen, die den Ratingmarkt im Wesentlichen beherrschen, Gegenstand nicht abreißender Diskussionen um die Qualität der Ratingtätigkeit und die bedenkliche Macht der großen Agenturen.[9] Ein Ende der Debatte um die Regulierung von Ratingagenturen und die rechtliche Kontrolle qualitätsbedrohender Einflüsse ist daher in naher Zukunft nicht zu erwarten.

Eine Verhaltenssteuerung von Ratingagenturen kann dabei unter anderem durch privatrechtliche Haftung – *private enforcement* – erreicht werden. Spürbare Haftungsrisiken als Folge eigenen Fehlverhaltens und sorgfaltswidriger Ratingtätigkeit bei Inanspruchnahme durch Investoren und Emittenten lassen disziplinierende Wirkungen und in der Konsequenz die Vermeidung drittschädigenden Fehlverhaltens erwarten.[10] Diese Regulierung von Ratingagenturen durch *private enforcement* ist der zentrale Betrachtungsgegenstand der vorliegenden Arbeit. Es soll analysiert werden, wie sich *private enforcement* in der Ratingregulierung fruchtbar machen lässt und wie die zivilrechtliche Verantwortlichkeit von Ratingagenturen in einzelnen, näher zu untersuchenden Rechtsordnungen ausgestaltet ist und sich durchsetzen lässt. Abschließend sollen die Chancen und Grenzen der Verhaltensregulierung von Ratingagenturen durch *private enforcement* in den untersuchten Rechtsordnungen beurteilt werden.

---

6 Art. 35a Rating-VO, eingefügt durch Art. 1 Nr. 22 der Verordnung (EU) Nr. 462/2013, ABlEU Nr. L 146/1 vom 31.05.2013.

7 Hierzu *Schroeter*, Ratings, S. 48 f. m.w.N.

8 Vgl. grundsätzlich *Stuwe/Weiß/Philipper*, Ratingagenturen, S. 9; zu entsprechenden Vorwürfen insbesondere aus Russland o.V. Zeit Online, http://www.zeit.de/wirtschaft/2014-03/russland-kreditwuerdigkeit-herabgestuft (abgerufen am 06.10.2017); *Triebe*, FAZ, http://www.faz.net/aktuell/finanzen/gruendung-beschlossen-russland-will-eine-eigene-ratingagentur-aufbauen-13732717.html (abgerufen am: 06.10.2017).

9 Siehe ausführlich unter C. IV. 1.; Habersack, ZHR 169 (2005), S. 185 (186) („*immenses Machtpotential*").

10 Vgl. *Schuler*, Regulierung und Verantwortlichkeit, S. 159; *Wagner*, AcP Vol. 206 (2006), S. 352 (358 f., 426).

B. Gang der Arbeit

Die nachfolgenden Betrachtungen sollen zunächst mit der Darlegung der Grundlagen der Ratingtätigkeit beginnen. Zu diesem Zweck werden im ersten Teil der vorliegenden Arbeit die wesentlichen Begrifflichkeiten der Ratingtätigkeit – mithin der genaue Gegenstand der Betrachtung – sowie die Arbeitsweise und das Geschäftsmodell der Ratingagenturen skizziert.[11] In diesem Zusammenhang werden auch die wesentlichen Funktionen, die Ratings gegenüber Emittenten, Investoren und den die Ratings regulatorisch nutzenden Gesetzgebern erfüllen, erläutert und die Konfliktfelder der Ratingbranche identifiziert werden.[12] Dies soll verdeutlichen, auf welche Weise die Qualität der Ratingtätigkeit bedroht wird.

In dem sich anschließenden zweiten Teil der Arbeit soll das Bedürfnis nach einer hoheitlichen Regulierung der Ratingbranche herausgearbeitet werden, indem das Versagen nicht-hoheitlicher, markteigener Qualitätsregulierung der Ratingtätigkeit nachgezeichnet und belegt wird.[13] Als für die vorliegende Arbeit wichtigstes Beispiel hoheitlicher Regulierung des Ratingwesens wird sodann die europäische Rating-Verordnung eine gesonderte Betrachtung erfahren, wobei deren wesentliche Regelungsinhalte dargestellt und insbesondere ihre zweite Reformierung in den Blick genommen werden soll.[14] Die Einführung eines konkreten Haftungstatbestands in Gestalt von Art. 35a Rating-Verordnung in die europäische Ratingregulierung im Zuge dieser zweiten Reformierung gibt hiernach Anlass, die Regulierung von Ratingagenturen durch *private enforcement* im Allgemeinen näher zu beleuchten.[15]

In der Folge soll die Eignung einzelner Haftungsregime zur Verhaltenssteuerung von Ratingagenturen untersucht werden: Im dritten Teil der Arbeit steht zunächst eben jener Art. 35a Rating-Verordnung im Mittelpunkt der Betrachtung, der einer kritischen Analyse unterzogen werden soll. Dabei soll die Regelung sowohl hinsichtlich ihrer materiell-rechtlichen Inhalte[16] als auch ihrer methodischen Schwächen[17] und ihrer fraglichen formellen Unionsrechtskonformität[18] untersucht werden. Auch die praktische Durchsetzbarkeit des neuen Haftungstatbestands wird ausführlich zu thematisieren sein.[19]

Im vierten Teil der Arbeit soll die Möglichkeit der Inanspruchnahme von Ratingagenturen durch Investoren und Emittenten nach deutschem Zivilrecht geprüft

11 Unter C. I. und II.
12 Unter C. III. und IV.
13 Unter D. I. und II.
14 Unter D. III.
15 Unter D. IV.
16 Unter E. I. 1.-4. und II.
17 Unter E. I. 5.
18 Unter E. I. 5. e).
19 Unter E. III.

werden.[20] Da das deutsche Zivilrecht keine mit Art. 35a Rating-Verordnung vergleichbare Regelung kennt, richtet sich die Haftung von Ratingagenturen nach den allgemeinen Bestimmungen. In diesem Zusammenhang wird wiederholt aufzuzeigen sein, inwieweit sich die Vorgaben der Rating-Verordnung und die Implementierung des Art. 35a Rating-Verordnung auf das deutsche Haftungsregime auswirken und dieses beeinflusst haben.[21]

Zuletzt, im fünften Teil der Arbeit, wird die Haftung von Ratingagenturen auf Basis des US-amerikanischen Rechts analysiert werden, wobei sich diese Betrachtung auf die Verantwortlichkeit gegenüber Investoren beschränkt. Auch das US-amerikanische Recht kennt keinen spezifischen Haftungstatbestand, der nur gegenüber Ratingagenturen Wirkung entfaltet, so dass die Untersuchung kapitalmarktrechtlicher und allgemein deliktsrechtlicher Ansprüche von Bedeutung sein wird.[22]

Mit dem US-amerikanischen, dem unionsrechtlichen und dem deutschen Haftungsregime für Ratingagenturen soll die vorliegende Betrachtung die Rechtsordnungen wichtiger Schauplätze internationaler Kapitalmärkte erfassen. Die nachfolgenden Untersuchungen dienen dem Zweck, die Frage zu beantworten, ob Ratingagenturen hier einem spürbaren Haftungsdruck ausgesetzt sind, der sich disziplinierend auf die Ratingtätigkeit auswirkt und mithin als sachgerechtes Werkzeug der Verhaltenssteuerung eingesetzt werden kann. Dadurch soll die in der rechtswissenschaftlichen Literatur schon seit einigen Jahren behandelte Thematik der Haftung von Ratingagenturen[23] ergänzt und fortentwickelt werden.

---

20 Unter F.

21 Hierzu gehören die Auswirkungen auf die vertragliche Haftung gegenüber Emittenten (unter F. I. 1.) und Anlegern (unter F. II. 1.) sowie auf die außervertragliche Haftung gegenüber beiden Gruppen (unter F. I. 2. und II. 2.) und hier insbesondere die fragliche Schutzgesetzqualität der Rating-VO (unter F. III.).

22 Unter G. I.

23 Zu den – soweit ersichtlich – ersten tiefer gehenden Auseinandersetzungen aus der deutschen rechtswissenschaftlichen Literatur gehört der Aufsatz von *Ebenroth/Daum*, WM 1992, Sonderbeilage Nr. 5, S. 2 ff.

C. Ratings, Ratingagenturen und Ratingverfahren

Um die rechtliche Untersuchung von Ratingagenturen und Ratings in ihren Beziehungen zu Anlegern und Emittenten anstellen zu können, sollen zunächst die zugrunde liegenden Begrifflichkeiten dargelegt (unter I.), die Arbeitsweise und das Geschäftsmodell von Ratingagenturen untersucht (unter II.), die Funktionen von Ratings für die Kapitalmärkte und ihre Teilnehmer (unter III.) und die wesentlichen Konfliktbereiche der Ratingtätigkeit – aus denen sich ein grundsätzliches Bedürfnis der Ratingbranche nach Regulierung ergeben wird – erörtert werden (VI.).

I. „Rating" – Begriff und Bedeutung

Ratingagenturen geben „Ratings" als „bonitätsmäßige Einstufung" von Emittenten, regelmäßig Unternehmen, Banken, Versicherungen oder Staaten,[24] in ein „Klassifikationssystem" ab.[25] Der Begriff des Ratings ist kein originär oder rein juristischer, sondern wurde und wird in zahlreichen anderen Disziplinen und Fachbereichen verwendet, so z.B. in der Psychologie, Soziologie[26] und Betriebswirtschaft[27]. Ganz generell kann als Rating jede Form eines „durch eine Zeichenfolge ausgedrückte[n] Urteil[s] einer Beurteilungsinstanz" gelten.[28] In der rechtswissenschaftlichen Literatur sind vereinzelte eigene Definitionen aufgestellt worden, denen gemein ist, dass Ratings Aussagen in Form von Meinungsäußerungen über die zukünftige Fähigkeit und Bereitschaft eines Emittenten zur vollständigen und rechtzeitigen Tilgung der ihm durch die Emission entstandenen Zahlungspflichten seien.[29] Ähnliche Beschreibungen verwenden die Ratingagenturen auch selbst.[30] Mit der Rating-

24 Zu den verschiedenen Emittententypen bei *Templin* in: Everling/Leker/Bielmeier, Credit Analyst, Kap. 4.1, S. 274.

25 So die Begriffsmerkmale nach der Definition des Duden; geratet werden können jegliche Formen von Leistungen, wie z.B. Versicherungen, Hotels u.v.m., *Wambach/Kirchner/Wunderlich* in: Achleitner/Everling, Handbuch Ratingpraxis, S. 169 f.

26 Vgl. die eingehende Annäherung an den Begriff bei *Everling*, Credit Rating, S. 22 ff.

27 Hierzu *Krumnow/Gramlich/Lange/Dewner*, Gabler Bank Lexikon, S. 1086 f.; vgl. auch *Pfingsten*, BKR 2001, S. 139.

28 *Everling*, Credit Rating, S. 23.

29 So etwa *Däubler*, BB 2003, S. 429; ähnlich auch *Berblinger* in: Büschgen/Everling, Handbuch Rating (1996), S. 31; *Everling*, Die Bank 1991, S. 151; *ders.*, aaO., S. 608; *Habersack*, ZHR 169 (2005), S. 185 (195); *Peters*, Haftung und Regulierung, S. 28; *Vetter*, WM 2004, S. 1701 (1702).

30 Siehe etwa die Definition von *Moody's Investor Services*, die Ratings als "*an opinion from MIS regarding the credit worthiness of an entity, a debt or financial obligation, debt security, preferred share or other financial instrument, or of an issuer of financial*

Verordnung existiert nunmehr eine Legaldefinition auf europarechtlicher Ebene, wonach Ratings als Bonitätsurteile in Bezug auf ein Unternehmen, einen Schuldtitel oder eine finanzielle Verbindlichkeit, eine Schuldverschreibung, eine Vorzugsaktie oder ein anderes Finanzinstrument oder den Emittenten derartiger Schuldtitel, finanzieller Verbindlichkeiten, Schuldverschreibungen, Vorzugsaktien oder anderer Finanzinstrumente, das anhand eines festgelegten und definierten Einstufungsverfahrens für Ratingkategorien abgegeben wird, legaldefiniert sind.[31] Ratingagenturen sind sodann diejenigen Rechtspersönlichkeiten, deren Tätigkeit die gewerbsmäßige Abgabe von Ratings umfasst.[32] Ratings treffen im Übrigen keine Aussage zu dem Unternehmenswert eines Emittenten an sich, sondern „nur" über das Kreditrisiko einer Beteiligung oder Anlage.[33]

II. Geschäftsmodell und Arbeitsweise

Ratingagenturen und verwandte Geschäftsmodelle[34] lassen sich in den USA bis in das 19. Jahrhundert zurückverfolgen und haben vor allem im Laufe des 20. Jahrhunderts den entscheidenden Bedeutungszuwachs erlebt,[35] da im Zuge des hohen

---

obligation, debt security, preferred share or other financial instrument, issued using an established and defined ranking system of rating categories" definieren, siehe Moody's. Code of Conduct, 12/2015, S. 4; *Fitch Ratings* und *Standard & Poor's* verwenden ähnliche Definitionen.

31 Art. 3 Abs. 1 lit. a) Rating-VO. Daneben wurden auch Ratingausblicke („*Outlooks*") mit Ratings im regulatorischen Anwendungsbereich gleichgestellt, siehe hierzu auch *Bauer*, BB 2013, S. 363; *Braun*, Regulierung von Ratingagenturen durch die EU, S. 7; für „begrüßenswert" befunden von *Deipenbrock*, WM 2013, S. 2289 (2292).

32 Art. 3 Abs. 1 lit. b) Rating-VO.

33 *Herfurth*, Regulierung unter Basel II, S. 64.

34 Vorläufer der Ratingagenturen waren die Kreditauskunfteien (*mercantile rating agencies*), die über die Bonität einzelner Kaufleute berichteten und die entsprechenden Informationen an interessiertes Publikum verkauften, hierzu *Thiele*, Einordnung des Rating S. 9, mit dem Hinweis, dass diese Kreditauskunfteien noch heute vereinzelt die Muttergesellschaften der heutigen Ratingagenturen darstellen: *Dun and Bradstreet* bei *Moody's* (bis 2000, heute eigenständig), *McGraw-Hill* bei *Standard & Poor's*; siehe auch *Lemke*, Ratingwesen, S. 9 m.w.N. *Fitch Ratings* steht dagegen im Mehrheitsbesitz von *Famalac S.A.*; zu weiteren Vorläufern der Ratingagenturen siehe zusammenfassend *Richter*, Verwendung von Ratings, S. 43; *Schroeter*, Ratings, S. 41 f. m.w.N.

35 Pioniere des Ratingwesens sind *Henry Varnum Poor* mit der Veröffentlichung der Werke „*History of the Railroads and Canals of the United States*" (1860) sowie „*Manual of the Railroads of the United States*" (ab 1868) und *John Moody* mit den Veröffentlichungen „*Moody's Manual of Industrial and Corporation Securities*" (1900) und „*Moody's Analyses of Railroad Investments*" aus dem Jahre 1909, die sich auf Informationen und Einschätzungen über die Kreditwürdigkeit von Eisenbahnbauunternehmen in den USA bezogen; zur Ratinghistorie *Asmussen*, BFuP 2005, S. 246; *Eisen*, Haftung

Wirtschaftswachstums in den USA zu Beginn des 20. Jahrhunderts der Bedarf auf Seiten von Industrieunternehmen an einer Finanzierung über Kapitalmärkte stetig anstieg, was wiederum auf Seiten von Investoren das Bedürfnis nach Bonitätsinformationen über diese Unternehmen erhöhte.[36] Aus diesem Bedürfnis entwickelte sich das in seinen Grundzügen bis heute praktizierte Geschäftsmodell von Ratingagenturen, Unternehmen, einzelne Anleihen oder ähnliche Schuldtitel gegen Zahlung eines Entgelts durch interessierte Anleger oder – später – durch den Emittenten hinsichtlich ihrer Bonität fachkundig zu bewerten. Seit den 1920er Jahren verzeichnete das Ratinggeschäft insoweit ein rasantes Wachstum bis nahezu zur Unverzichtbarkeit dieser Dienstleistung.[37] Im europäischen Raum hat die Ratingbranche für den Handel an Kapitalmärkten erst in den späten 1990er Jahren einen vergleichbaren Bedeutungszuwachs erfahren.[38] Die Gründe für die weltweit stetig gestiegene Prominenz von Ratings ist im historischen Rückblick

---

und Regulierung, S. 89 ff.; *Everling*, Credit Rating, S. 74 ff.; *Hill*, Washington University Law Review (2004), S. 43 (46 ff.); *Pukropski*, Regulierung von Ratingagenturen, S. 12 ff.; *Rosset*, in Ruhwedel: Haftung von Ratingagenturen, S. 3.

36 *Everling*, Credit Rating, S. 74; den Einfluss der Wirtschaftskrise der 1930er Jahre auf das Geschäftsmodell der Ratingagenturen hervorhebend *Everling*, Die Bank 1991, S. 151 (152); siehe auch *Peters*, Haftung und Regulierung, S. 41; zur gestiegenen Insolvenzhäufigkeit als Ursache für das Bedürfnis nach Ratings *Everling*, Credit Rating, S. 62 ff.

37 Vgl. *Schroeter*, Ratings, S. 43; die Entwicklung des Ratinggeschäfts wurde in den USA zudem früh dadurch befeuert, dass bereits in den 1930er Jahren seitens US-amerikanischer Aufsichtsbehörden des Kapitalmarkt- oder Bankenaufsichtsrechts damit begonnen wurde, auf Ratings privatrechtlicher Agenturen für die aufsichtsrechtliche Kontrollen Dritter Bezug zu nehmen und sie hierfür zu verwenden, hierzu *Braun*, Regulierung der Ratingagenturen, S. 21 f.; *Deipenbrock*, WM 2009, S. 1165 (1167). Ursache dessen war die große Depression, die eine stärkere Bankenaufsicht erforderte, vgl. *Everling*, Credit Rating, S. 79; *derselbe*, S. 204 ff. generell zur Bedeutung von Ratings im US-amerikanischen Aufsichtsrecht; in den 1970er Jahren begann die US-amerikanische Börsenaufsicht (Securities and Exchange Commission) zudem damit, Ratingagenturen vereinzelt als *Nationally Recognized Statistical Rating Organizations* („NRSRO") anzuerkennen, damit die Ratings zu wertpapierrechtlichen Zwecken verwendet werden durften, siehe *Asmussen*, BFuP 2005, S. 246; *Deipenbrock*, WM 2009, S. 1165 (1167); *Jobst/Kapoor*, WM 2013, S. 680.

38 Vgl. *Bavli*, Ratingagenturen, S. 38; ausführlich *Peters*, Haftung und Regulierung, S. 43 f.; in Deutschland ist *Moody's Investor Service* seit 1991 mit einem Frankfurter Büro vertreten, *Standard & Poor's* und *Fitch Ratings* sind 1992 und 1999 nachgezogen, *Witte/Bultmann* in: Achleitner/Everling, Rechtsfragen im Rating, S. 93; die Gründe für diese Divergenz zur Bedeutung der Ratingpraxis im Vergleich zu den USA liegen mutmaßlich in der erst spät gewandelten Finanzierungspraxis europäischer, vor allem mittelständischer Unternehmen über klassische Bankkredite sowie in der freiwilligen Beschränkung auf die übersichtlicheren nationalen Kapitalmärkte, die die Dienstleistung der Ratingagenturen nicht erforderte sowie in der nur schrittweisen Deregulierung und Liberalisierung des Kapitalmarkts, vgl. *Assmann* in: FS-Lange,

im Wesentlichen in der gewachsenen Bedeutung und der stufenweisen Globalisierung und Internationalisierung der Kapitalmärkte[39] und der Liberalisierung nationalen Kapitalmarktrechts[40] zu sehen. Damit einher gingen eine wachsende Kreativität der Verbreifung und Strukturierung von Finanzprodukten und der Diversifikation von Anlagen sowie eine generelle Zunahme von Finanzinnovationen, die das Bedürfnis nach einer sachkundigen Bewertung und Einschätzung der Anlageprodukte intensiviert haben.[41] Diese Entwicklungen haben zu einer Disintermediation[42] geführt, da die Kapitalbeschaffung durch Bankkredite an Bedeutung verlor und die Banken folglich als Risikovermittler wegfielen.[43] Von den weltweit ca. 400 aktiven Ratingagenturen[44] beherrschen heute die sogenannten „Big Three" – *Moody's Investors Service*[45], *Standard & Poor's*[46] und *Fitch Ratings*[47] – wegen ihrer Größe, ihrer Marktmacht und Bedeutung heute den Ratingmarkt.[48]

Nachfolgend werden nun die wichtigsten ratingbezogenen Begrifflichkeiten erläutert, der Aussageinhalt von Ratings dargestellt und das zugrunde liegende Ratingverfahren skizziert.

S. 345; *Everling* in: Büschgen/Everling, Handbuch Rating (1996), S. 10; *Kontogeorgou*, DStR 2014, S. 1397; *Richter*, Verwendung von Ratings, S. 24; *Schroeter*, Ratings, S. 46.

39 *Assmann* in: FS-Lange, S. 345; *Everling* in: Büschgen/Everling, Handbuch Rating (1996), S. 10; *Kontogeorgou*, DStR 2014, S. 1397; *Richter*, Verwendung von Ratings, S. 24; *Schroeter*, Ratings, S. 46.

40 Vgl. *Everling*, Credit Rating, S. 69 f.; *derselbe* in: Büschgen/Everling, Handbuch Rating (1996), S. 12.

41 Zu diesen Ursachen des Bedeutungszuwachses von Ratings ausführlich *Richter*, Verwendung von Ratings, S. 23, 25 ff.

42 Grundsätzlich *Everling*, Credit Rating, S. 69; *derselbe* in: Büschgen/Everling, Handbuch Rating (1996), S. 13.

43 Hierzu näher *Korth*, Dritthaftung, S. 39.

44 So *Heuser*, IP 2012, S. 102 (105).

45 *Moody's Investors Service* gilt als weltweit erste Ratingagentur unter Verweis auf das von John Moody 1909 eingeführte Ratingsystem, siehe *Berblinger* in: Büschgen/Everling, Handbuch Rating (1996), S. 25; *Everling*, Die Bank 1991, S. 151 (152).

46 *Standard & Poor's* entsprang im Jahre 1941 der Fusion des Verlags von *Henry Varnum Poor* (*Poor's Publishing Company*), durch den die vorgenannten Werke veröffentlicht wurden, mit der Ratingagentur *Standard Statistics Bureau*, siehe *Everling*, Die Bank 1991, S. 151 f.

47 Auf das im Jahre 1913 gegründete *Fitch Ratings* gehen die bis heute mehr oder weniger gleich gebliebenen Notenskalen zurück, die 1922 initiiert worden sind, so *Everling*, Die Bank 1991, S. 151 (152); *Schroeter*, Ratings, S. 540.

48 Es handelt sich bei diesen Ratingagenturen um private, gewinnorientierte und hochprofitable Unternehmen, siehe *Heuser*, IP 2012, S. 102; *Peters*, Haftung und Regulierung, S. 39; *Wildmoser/Schiffer/Langoth*, RiW 2009, S. 657; zur Marktstruktur unter C. IV. 1.

1. Ratingobjekte und Ratingarten

Die von den Ratingagenturen abgegebenen Ratings treten in unterschiedlicher Gestalt auf, je nachdem welches Ratingobjekt ihnen zugrunde liegt oder auf welchen Umständen es beruht. Für die vorliegende Arbeit sind dabei nur externe Ratings einer Ratingagentur von Bedeutung.[49] Objekt eines externen Ratings kann entweder der Emittent eines Finanzinstruments, also eine Rechtspersönlichkeit, die Wertpapiere begibt oder zu begeben beabsichtigt[50], sein (sog. *„issuer rating“*[51]) oder um das von ihm emittierte Finanzinstrument, also um Wertpapiere, Geldmarktinstrumente etc.[52] (sog. *„issue rating“*[53]). Während die Bewertung des Emittenten sich auf dessen wirtschaftliche Gesamtsituation und seine Zukunftsaussichten bezieht,[54] wobei vor allem nicht nachrangige, aber ungesicherte Verbindlichkeiten die entscheidende Rolle spielen,[55] ist Aussageinhalt beim *issue rating* die Qualität und Ausfallwahrscheinlichkeit des konkreten Finanztitels.[56] Dabei können beide Bewertungen unterschiedlich ausfallen, ein einzelnes Finanzinstrument also schlechter oder besser bewertet werden als das emittierende Unternehmen.[57] Bei *issue ratings* differenzieren die großen Agenturen bei ihrer Bewertung zudem zwischen *„short*

---

49 In Abgrenzung zu internen Ratings, also Bonitätsurteilen, die Kreditinstitute intern – also unveröffentlicht – zur Einschätzung ihrer Kreditnehmer anfertigen, um eine Kreditentscheidung zu fällen, einen Kredit zu preisen oder um aufsichtsrechtlichen Vorgaben Genüge zu tun; vgl. *Blaurock*, ZGR 2007, S. 603 (604); *Eisen*, Haftung und Regulierung, S. 58; *Gleißner/Füser*, Leitfaden Rating, S. 11; *Güttler/Wahrenburg* in: Büschgen/Schmidt-Bürgel, Kapitalmarktrating, S. 56; *Stemper*, Rahmenbedingungen, S. 33; ein übersichtlicher Vergleich zwischen internen und externen Ratings bei *Sultze* in: Everling, Rating – Chance für den Mittelstand, S. 34 f.; zur Frage möglicher Haftung für interne Ratings ausführlich *Rohe/Lischek*, WM 2006, S. 1933 ff.

50 Art. 3 Abs. 1 lit. s) der Rating-VO i.V.m. Art. 3 Abs. 1 lit. h) der Richtlinie 2003/71/EG; vgl. grundsätzlich *Everling*, Credit Rating, S. 31 ff.

51 Siehe auch *Everling*, Die Bank 1991, S. 151 (153).

52 Art. 3 Abs. 1 lit. k) der Rating-VO i.V.m. Anh. I Abschnitt C der Richtlinie 2004/39/EG; vgl. grundsätzlich *Everling*, Credit Rating, S. 31 ff.

53 Vgl. *Buschmeier*, Ratingagenturen, S. 156 f.; *Everling*, Credit Rating, S. 54 f.; *Fischer*, Haftungsfragen, S. 10; *Lampe*, Regulierung, S. 37; *Peters*, Haftung und Regulierung, S. 29; *Schuler*, Regulierung und Verantwortlichkeit, S. 28; *Stemper*, Rahmenbedingungen, S. 34 ff.; *Strunz-Happe*, WM 2004, S. 115 (117 f.); *Vetter*, WM 2004, S. 1701 (1702). Für Investoren dürften die *issue ratings* insgesamt die größere Bedeutung besitzen, so *Everling*, Credit Rating, S. 34; *Peters*, Ratingagenturen, S. 29.

54 *Richter*, Verwendung von Ratings, S. 51.

55 *Everling*, Die Bank 1992, S. 78 (80).

56 Dabei sind vor allem die Konditionen der Anleihe zu untersuchen: Besicherung, Verzinsung, Laufzeit, Tilgungsmodalitäten usw., siehe *Everling*, Die Bank 1991, S. 608 (609).

57 *Everling*, Credit Rating, S. 31; *Fischer*, Haftungsfragen, S. 10.

term"- und „*long term*"-Finanztiteln, d.h. zwischen Anleihen mit einer Laufzeit von bis zu einem Jahr und Anleihen mit längerer Laufzeit.[58]

Daneben muss im Hinblick auf den Emittenten als Bewertungsobjekt zwischen unternehmensbezogenen und länderbezogenen Ratings (sog. *souvereign ratings*) unterschieden werden. Letztere betreffen die Bonitätsbeurteilung ganzer Staaten, sowie regionaler und lokaler Gebietskörperschaften eines Staates[59] und ihrer Fähigkeit, Schulden termingerecht tilgen zu können.[60] Die Ratings entfalten dabei nicht nur unmittelbare Wirkung beispielsweise für Staatsanleihen, sondern können sich auch mittelbar auf die Einschätzung der Bonität eines inländischen Unternehmens auswirken.[61]

Bezüglich des Verfahrens zur Gewinnung eines Ratings wird zwischen einer beauftragten (*solicited rating*) und einer initiativ erfolgenden Bewertung (*unsolicited rating*) des Emittenten oder Finanzprodukts unterschieden. Beim *solicited rating* wird die Ratingagentur aktiv, weil sie vom Emittenten hierzu im Wege eines konkreten und entgeltlichen Auftrags veranlasst wird. Es besteht mithin zwischen Ratingagentur und Emittent eine vertragliche Beziehung in Gestalt eines Ratingvertrags. Beim *unsolicited rating* wird die Agentur dagegen von sich aus tätig, wobei es sich dabei häufig um nicht beauftragte Folgeratings von ursprünglichen *solicited ratings* handelt.[62] Davon abgesehen geben Ratingagenturen *unsolicited ratings* auch zum Zwecke einer breiten Marktabdeckung und zur Steigerung des Informationsgehalts einzelner Ratings – mithin für sog. informationelle Netzwerkeffekte ab.[63] Die Unterscheidung zwischen beauftragtem und nicht beauftragtem Rating ist sowohl wegen der rechtlichen Betrachtung (bestehendes Vertragsverhältnis zwischen Agentur und Emittent) als auch im Hinblick auf die Aussagekraft des Ratings von Bedeutung. Denn während die Agentur bei einem beauftragten Rating vom Emitten-

---

58 Vgl. grundsätzlich *Bavli*, Macht der Ratingagenturen, S. 13; *Berblinger* in: Büschgen/Everling, Handbuch Rating (1996), S. 35 f.

59 Siehe Art. 3 Abs. 1 lit. v) der Rating-VO.

60 Vgl. *Buschmeier*, Ratingagenturen, S. 158; *Richter*, Verwendung von Ratings, S. 79; der Trend zu *souvereign ratings* begann in den USA der 1970er Jahre, als Staaten vermehrt damit anfingen, am Kapitalmarkt Geld zu leihen, um mit dem gewonnen Kapital die eigene Wirtschaft anzukurbeln, *Heuser*, IP 2013, 102 (103).

61 So auch *Fischer*, Haftungsfragen, S. 11; *von Rimon*, Ratings in Deutschland und USA, S. 64; zum sog. „*Top-Down-Approach*", dass ein Unternehmen nicht besser bewertet wird als das Land seines Sitzes vgl. *Blaurock*, ZGR 2007, S. 603 (611). Der Effekt der Begrenzung der Notenstufe für Emittenten durch das jeweilige Landesrating wird „*souvereign ceiling*" genannt, hierzu *Behrenwaldt* in: Büschgen/Everling, Handbuch Rating (1996), S. 302; *Gündling/Everling*, Die Bank 1994, S. 727 (731); *Schuler*, Regulierung und Verantwortlichkeit, S. 30; *Witte/Hrubesch*, ZIP 2004, S. 1346 (1348).

62 *Ebenroth/Daum*, WM 1992, Sonderbeilage Nr. 5, S. 2 (8); *Möllers*, JZ 2009, S. 861 (865).

63 Vgl. *Fischer*, Haftungsfragen, S. 61; *Krämer* in: Achleitner/Everling, Handbuch Ratingpraxis, S. 707; siehe auch *Eisen*, Haftung und Regulierung, S. 107 f., der darauf hinweist, dass die großen Agenturen diesen Effekt wegen ihrer Marktmacht nicht mehr nötig haben; so auch *Krämer* in: Achleitner/Everling, Handbuch Ratingpraxis, S. 699.

ten mit internen Unterlagen und Informationen versorgt wird, sind die Bewertungsgrundlagen bei einem *unsolicited rating*, das nicht auf Betreiben eines Emittenten erfolgt, regelmäßig ungenauer.[64] Es bleibt bei einem „Blick von außen" auf öffentlich zugängliche oder bekannte Informationen.[65] Regelmäßig wird in diesen Fällen das Rating etwas schlechter ausfallen, um etwaige Informationsdefizite auszugleichen, da die Agentur mangels Zusammenarbeit mit dem Emittenten möglicherweise relevante, aber ihr unbekannt bleibende Informationen nicht berücksichtigen konnte.[66] Diese Charakteristika sind immer wieder Ausgangspunkt für Kritik an der Praxis von *unsolicited ratings*, insbesondere wegen ihrer fraglichen Informationsqualität[67] und ihres Missbrauchspotenzials[68]. Vorzüge der *unsolicited ratings* sind allerdings,

---

64 Vgl. hierzu *Eisen*, Haftung und Regulierung, S. 106 f.; *Everling*, Credit Rating, S. 55; *Lampe*, Regulierung, S. 47; *Schuler*, Regulierung und Verantwortlichkeit, S. 33; *Stemper*, WM 2011, S. 1740 (1741).

65 *Blaurock*, ZGR 2007, S. 603 (606); *Ebenroth/Daum*, WM 1992, Sonderbeilage Nr. 5, S. 2 (8); *Habersack*, ZHR 169 (2005), S. 185 (199). Öffentliche Unternehmensinformationen ergeben sich beispielsweise aus dem Handelsregister, Bekanntmachungen, aus Medien, Bilanzen sowie gesellschaftsrechtlichen und wertpapierrechtlichen Pflichtveröffentlichungen, hierzu ausführlich *Noack* in: Achleitner/Everling, Rechtsfragen im Rating, S. 32 ff.

66 *Bannier/Behr/Güttler*, Unsolicited Ratings, S. 22 f.; *Buschmeier*, Ratingagenturen, S. 178; *Eisen*, Haftung und Regulierung, S. 107; *Peters*, Haftung und Regulierung, S. 48 (Fn. 244); vgl. auch *Lerch*, BKR 2010, S. 402 (404) mit dem Hinweis auf den zweifelhaften Wert der *unsolicited ratings*, da die öffentlich zugänglichen Informationsquellen im effizienten Markt bereits eingespeist sind *(Efficient Capital Markets Hypothesis)*, hierzu grundlegend *Fama*, Journal of Finance, Vol. 25 (1970), No. 2, S. 383 ff.; *Kiehling*, DStR 1992, S. 476; *Heinke* in: Büschgen/Schmidt-Bürgel, Kapitalmarktrating, S. 164; zum damit in Zusammenhang stehenden Modell des *homo oeconomicus* auch *Simon*, Quarterly Journal of Economics, Vol. 69 Nr. 1 (1955) S. 99; a.A. *Möllers*, JZ 2009, S. 861 (866), der keinen Hinweis darauf sieht, dass *unsolicited ratings* wesentlich schlechter ausfallen; vgl. auch *Schuler*, Regulierung und Verantwortlichkeit, S. 79 und *Schwarcz*, University of Illinois Law Review (2002), S. 1 (17), die die Ursache in den schlechter ausfallenden Noten darin sehen, dass von vorne herein Emittenten mit schlechter Bonität unbeauftragt geratet werden, da solche mit guter Bonität bereits ein Rating beauftragt haben.

67 Siehe hierzu *Habersack*, ZHR 169 (2005), S. 185 (199); *Lampe*, Regulierung, S. 47; *Lerch*, BKR 2010, S. 402 (404); *Möllers*, JZ 2009, S. 861 (866); *Schmidt* in: Büschgen/Everling, Handbuch Rating (1996), S. 268; *Stemper*, Rahmenbedingungen, S. 104; *von Rimon*, Ratings in Deutschland und USA, S. 40. Aus der vermeintlichen „Doppelverwertung" bereits öffentlich bekannter Informationen durch *unsolicited ratings* resultieren Fragen im Zusammenhang mit der Erklärung der Existenz von Ratings, vgl. *Heinke/Steiner* in: Büschgen/Everling, Handbuch Rating, S. 659; *Richter*, Verwendung von Ratings, S. 68 f.; kritisch *Schroeter*, Ratings, S. 75 ff., allerdings nur in Bezug auf *solicited ratings*.

68 Die für gewöhnlich schlechter ausfallenden Ratings ließen sich etwa als Drohmittel gegenüber Emittenten zur Erlangung lukrativer Aufträge oder Erzwingung der Zu-

dass sich vor allem kleinere Ratingagenturen hierüber profilieren können[69] und sich zudem die – noch zu behandelnden – vielfältigen Interessenkonflikte, die bei *solicited ratings* bestehen,[70] bei unbeauftragten Ratings nicht auswirken können, weswegen *unsolicited ratings* auch positiv zu bewerten sind.[71]

Schließlich ist für die vorliegende Betrachtung von Bedeutung, dass Ratingagenturen ihre einmal abgegebenen Ratings auch überwachen und in festen Zyklen – zumeist jährlich – sowie bei relevanten Veränderungen von Umständen Anpassungen ihrer Ratings, sogenannte *up-* oder *downgradings*, vornehmen.[72]

2. Ratinginhalt

Mit einem Rating ist in erster Linie die dem Emittenten oder dem Finanzinstrument verliehene konkrete Ratingnote gemeint, die durch ein bestimmtes Notensymbol ausgedrückt wird. Daneben ist der konkrete Bewertungsinhalt für das Verständnis eines Ratings von Bedeutung.

a) Benotung

Das Rating wird als Bonitätsurteil in Form einer Note schlüssig zusammengefasst und gibt für den betroffenen Emittenten seine Wertigkeit und Zuverlässigkeit für den Kapitalmarkt im Rahmen einer formalen Bewertungsskala wieder.[73] Jeder Zensur ist eine bestimmte Definition zugeordnet, weswegen sich aus dem Zusammen-

---

sammenarbeit einsetzen, so *Blaurock*, ZGR 2007, S. 603 (647); *Buschmeier*, Ratingagenturen, S. 178; *Emmenegger*, SZW 2006, S. 32 (36); *Everling*, Die Bank 1992, S. 78 (82); *Lerch*, BKR 2010, S. 402 (404); *Stemper*, Rahmenbedingungen, S. 382 f.; vgl. auch *Bottini*, 30 San Diego Law Review (1993), S. 579 (599); a.A. *Richter*, Verwendung von Ratings, S. 79. Auch die intransparente Auswahl von Emittenten, die unbeauftragt bewertet werden, nährt den Verdacht auf den missbräuchlichen Einsatz von *unsolicited ratings*, so *Emmenegger*, SZW 2006, S. 32 (36).

69 *Lampe*, Regulierung, S. 49; *Lemke*, Ratingwesen, S. 123; *Lerch*, BKR 2010, S. 402 (404); wegen dieser Vorteile auch vom „ambivalenten Charakter" auftragsloser Ratings sprechend *Habersack*, ZHR 169 (2005), S. 185 (198); *IOSCO*, Report on the activities of Credit Rating Agencies, 09/2003, S. 15; a.A. *Stemper*, Rahmenbedingungen, S. 104, da Anleger den *unsolicited ratings* nicht das gleiche Vertrauen entgegen bringen, weshalb kleinere Agenturen hierdurch kaum an Marktakzeptanz gewinnen.

70 Siehe unten C. IV. 2. und 3.

71 Vgl. *Blaurock*, ZGR 2007, S. 603 (647); *Korth*, Dritthaftung, S. 77; als „weiterführendes" Modell bezeichnet von *Möllers*, JZ 2009, S. 861 (865) unter Verweis auf die Marktlücke, konkret mit der völligen Unabhängigkeit werben zu können; *derselbe*, ZJS 2009, S. 227 (231); *unsolicited rating*s können außerdem der Praxis des *rating shopping* entgegen wirken, *Schwarcz*, University of Illinois Law Review (2002), S. 1 (17).

72 *Schuler*, Regulierung und Verantwortlichkeit, S. 32.

73 Zur Bewertungsskala auch *Eisen*, Haftung und Regulierung, S. 60; *Everling*, Credit Rating, S. 38 ff.

spiel von Symbol, Definition und bewertetem Objekt der Informationsgehalt für den Ratingnutzer ergibt.[74] Je besser die Bonität oder je geringer die prognostizierte Ausfallwahrscheinlichkeit desto besser fällt das Rating in seiner Benotung aus.[75] Gerade diese Reduzierung auf eine Notenstufe ist es, was potentiellen Investoren einen bequemen und schnellen Vergleich verschiedener Investitionsobjekte ermöglicht.[76] Die Noten der großen drei Agenturen entsprechen grundsätzlich dem amerikanischen Schulbewertungssystem mit der Note „A“ als höchster Bewertungskategorie[77] – also in Relation zu vergleichbaren Emittenten oder Emissionen geringes Ausfallrisiko anzeigend – und reicht bis zur Note „C“ oder „D“, was Zahlungsverzug oder Insolvenz des Emittenten bedeuten kann. Innerhalb dieser Notenstufen werden zusätzliche Verstärkungen oder Abschwächungen der Wertigkeit durch Erweiterungen der Notensymbole vorgenommen, wie „AAA“ oder durch Modifikationen der Einzelnoten wie „+/-“-Symbolen, die die relative Stellung des Ratingobjekts im jeweiligen Notenbereich darstellen.[78]

Im Wesentlichen erfolgen die Benotungen der drei großen Agenturen nach dem folgenden Schema: Die Agentur *Moody's Investors Service* vergibt für Langzeitanleihen Noten zwischen „Aaa“ und „C“[79] und für Kurzzeitanleihen Symbole zwischen der Bestnote „P-1“ bis „P-3“ und „NP“.[80] *Standard & Poor's* verwendet Großbuchstaben als Symbole und vergibt bei Langzeitprodukten Noten zwischen „AAA“ und „D“, bei kurzfristigen Anleihen „A-1“ bis „D“.[81] *Fitch Ratings* bewertet die Objekte bei *long terms* mit Noten zwischen „AAA“ und „D“, bei *short terms* mit „F-1+“ über „F-3“ bis „D“.[82] Die zugehörigen Definitionen zu den einzelnen Notenstufen werden von

---

74 *Everling*, Credit Rating, S. 35.

75 *Däubler*, BB 2003, S. 429; *Ebenroth/Daum*, WM 1992, Sonderbeilage Nr. 5, S. 2 (3); *Speicher* in: Everling, Rating – Chance für den Mittelstand, S. 16; tabellarische Übersicht zum Verhältnis von Note und Ausfallwahrscheinlichkeit bei *Gleißner/Füser*, Leitfaden Rating, S. 25.

76 So auch *Berger/Stemper*, WM 2010, S. 2289 (2291); Der Verzicht auf „schwammige Formulierung des Bonitätsurteils im Prosastil“, *Everling* in: Büschgen/Everling, Handbuch Rating (1996), S. 11.

77 Emittenten dieser Kategorie „*haben in der Regel einen dauerhaft gesicherten Zugang zu Geld- und Kapitalmärkten und verfügen über eine größere Anzahl bisher ungenutzter Finanzierungsfaszilitäten [...], die im Falle eines Liquiditätsengpasses ohne Schwierigkeiten [...] in Anspruch genommen werden könnten.*“, *Everling*, Die Bank 1992, S. 78.

78 *Everling*, Die Bank 1991, S. 608.

79 *Moody's Rating Symbols & Definitions*, Juni 2016, S. 5, wonach Aaa beispielsweise bedeutet: “Obilagtions are judged to be of the highest quality, subject to the lowest level of credit risk”, und „C“: “Obligations [...] are typically in default”.

80 *Moody's Rating Symbols & Definitions*, Juni 2016, S. 6.

81 *Standard & Poor's Ratings Definitions*, Mai 2016, S. 5 f., wobei „AAA“ bedeutet: “The obligator's capacity to meet its financial commitment [...] is extremely strong”, und „D“: “an obligation rated 'D' is in default”.

82 *Fitch*, Definitions of Ratings and other forms of opinions, Dezember 2014, S. 20, Einzelheiten auf S. 9 ff.

den Ratingagenturen offen gelegt, sind allerdings insgesamt recht vage gehalten,[83] was sich vor allem bei nahe beieinander liegenden Notenstufen zeigt: Es ist kaum nachvollziehbar, worin z. B. bei den Bestnoten AA+ und AAA – also *high* und *highest quality* – der genaue Bewertungs- und Bonitätsunterschied liegt.[84]

Die Finanzbranche unterteilt die Ratingkategorien grundsätzlich in sogenannte „*investment grades*"[85] und „*non-investment-grades*"[86], letzteres auch „*sub-investment-grade*", „*speculative grade*"[87] oder „*Junk-Bonds*"[88] genannt. Letztere bildet im Übrigen ein eigenes Marktsegment für Spekulationsinvestitionen („*High Yield*" Bereich).[89] Regelmäßig wird unter *investment grades* eine Benotung bis zur Stufe „BBB" (bzw. „Baa" bei Moody's) bzw. entsprechender Pendants anderer Agenturen verstanden.[90]

b) Bewertungsinhalt

Ratings bewerten durch die vorstehend beschriebene Benotung eines Emittenten oder eines emittierten Finanzinstruments dessen Bonität. Grundsätzlich gilt: Je besser die Benotung des Emittenten oder Finanztitels desto geringer wird das Ausfallrisiko der Anlage prognostiziert. Dabei ist darauf hinzuweisen, dass Gegenstand des Ratings alleine die Bonität des Emittenten oder des Finanzinstruments ist, dieses jedoch keine Aussage über generelle Markt- oder absolute Ausfallrisiken trifft.[91] Das bedeutet, dass ein mit der Bestnote versehenes Produkt nicht absolut

---

83 *Däubler*, BB 2003, S. 429 (431); *Everling*, Credit Rating, S. 304; *Schuler*, Regulierung und Verantwortlichkeit, S. 81; *Witte/Hrubesch*, ZIP 2004, S. 1346 (1347); vgl zudem zum „Verwirrungspotenzial" der Ratingskalen *Schroeter*, ZIP 2016, S. 703 (708).

84 So auch *von Rimon*, Ratings in Deutschland und USA, S. 51; ähnlich *Däubler*, BB 2003, S. 429 (431); zur „fehlenden Trennschärfe" zwischen einzelnen Notenstufen auch *Everling*, Credit Rating, S. 40 ff.; siehe auch *Lutter*, ZIP 2009, S. 197 (199), der darauf hinweist, dass das AAA-Rating eines strukturierten Finanzprodukts einen anderen Wertgehalt hat als dasjenige eines haftenden Unternehmens; vgl. zu Vorschlägen einer Klassifizierung der Notenstufen *Möllers*, ZJS 2009, S. 227 (231).

85 Eine Note, bei der selbst konservative Anleger ein Investment noch für vertretbar halten würden, *Hill*, Washington University Law Review (2004), S. 43; *Richter*, Verwendung von Ratings, S. 108.

86 *Everling*, Credit Rating, S. 38 f., 49; dies hat seinen Ursprung in den bankrechtlichen Regelungen in den USA der 1930er Jahre, hierzu *Korth*, Dritthaftung, S. 20.

87 So bei *Blaurock*, ZGR 2007, S. 603 (604); *Everling*, Credit Rating, S. 38 f.

88 Vgl. *Däubler*, NJW 2003, S. 1096; *Lampe*, Regulierung, S. 38.

89 *Templin* in: Everling/Leker/Bielmeier, Credit Analyst, Kap. 4.1., S. 275; generell zum Begriff und zur Bedeutung von High-Yield-Anleihen siehe *Heitmann*, High-Yield-Anleihen, S. 30 ff.

90 Vgl. *Herfurth*, Regulierung unter Basel II, S. 56; *Hill*, Washington University Law Review (2004), S. 43 (44); *Korth*, Dritthaftung, S. 20; *Stemper*, Rahmenbedingungen, S. 81.

91 Siehe hierzu *Dittrich*, Credit Rating Industry, S. 9; *Eisen*, Haftung und Regulierung, S. 54 m.w.N; *Everling*, Credit Rating, S. 220; *Lampe*, Regulierung, S. 39; *Peters*, Haftung

sicher, sondern in seinem Anlagerisiko nur relativ betrachtet ausfallsicherer ist als ein schlechter benotetes.[92] Ebenso wenig stellen Ratings Anlageempfehlungen dar.[93] Ein gutes Rating in Bezug auf die Kreditwürdigkeit des Emittenten signalisiert aber ein relativ geringeres Anlagerisiko für Investoren und bedeutet damit für den Emittenten eine günstigere, weil niedriger zu verzinsende Kapitalbeschaffungsmöglichkeit.[94] Dahingegen muss der schwach bewertete Emittent das erhöhte Risiko der Anlage mit entsprechendem Zinsaufschlag zugunsten der Anleger ausgleichen,[95] wobei schon kleine Unterschiede in der Benotung, gerade auch im Hinblick auf eine spätere Korrektur (*up-* oder *downgrading*), signifikante Unterschiede für die finanzielle Mehrbelastung des Emittenten bedeuten können.[96]

3. Das Ratingverfahren

Zu beleuchten ist sodann auch der Prozess, durch den die Ratingagenturen zu den zuvor beschrieben Endnoten gelangen. Der exakte Ablauf des Ratingprozesses ist in seinen Details von Agentur zu Agentur unterschiedlich[97] und von Ratingobjekt, Initiative und anderen Umständen abhängig. Alleine dass die Bewertung vor dem Hintergrund unterschiedlicher Risikokategorien wie Branchen- und Unternehmensrisiken zu erfolgen hat, ist den Verfahren stets gemein.[98] Die verschiedenen Rating-

---

und Regulierung, S. 28; *Schroeter*, Ratings, S. 16; allerdings kommt das Rating von kurzfristigen Finanztiteln der Einschätzung eines absoluten Risikos sehr nahe, vgl. *Everling*, Die Bank 1992, S. 78 (79).

92 *Vetter*, WM 2004, S. 1701 (1703); deswegen fließen z.B. auch das allgemeine Inflationsrisiko oder generelle Marktrisiken, die für alle Emissionen gleichermaßen gelten, nicht ins Rating mit ein, vgl. *Lemke*, Ratingwesen, S. 25; *Thiele*, Einordnung des Rating S. 17.

93 So auch *Meyer-Parpart* in: Büschgen/Everling, Handbuch Rating (1996), S. 114; *Richter*, Verwendung von Ratings, S. 94: „*[Ein Rating] kann die Entscheidung beeinflussen, aber nicht ersetzen*"; *Schroeter*, Ratings, S. 17.

94 *Blaurock*, ZGR 2007, S. 603 (604 f.); *Fischer*, Haftungsfragen, S. 12; *Jobst/Kapoor*, WM 2013, S. 680; *Lampe*, Regulierung, S. 32; *Lemke*, Ratingwesen, S. 21; *Rinze/Klüwer*, BB 1998, S. 1697 (1699); *Speicher* in: Everling, Rating – Chance für den Mittelstand, S. 16; *Witte/Hrubesch*, ZIP 2004, S. 1346 (1347); vgl. konkretes Beispiel für die Zinshöhe bei *Stemper*, Rahmenbedingungen, S. 90 (Fn. 321).

95 *Fischer*, Haftungsfragen, S. 14; *Lemke*, Ratingwesen, S. 21; *Lerch*, BKR 2010, S. 402 (403); zu Studien und Statistiken über die Validität dieser These ausführlich *Templin* in: Everling/Leker/Bielmeier, Credit Analyst, Kap. 4.1, S. 282 ff.

96 Ausführlich hierzu *Eisen*, Haftung und Regulierung, S. 68 f.; *Everling*, Credit Rating, S. 276 ff.

97 *Peters*, Haftung und Regulierung, S. 31; eine Darstellung des wesentlichen Verfahrensablaufs der drei großen Agenturen findet sich bei *Dimitrakopoulos/Spahr* in: Achleitner/Everling, Handbuch Ratingpraxis, S. 213 ff.; zum Prozess bei *unsolicited ratings Everling*, Credit Rating, S. 119 ff.

98 Hierzu ausführlich *Berblinger* in: Büschgen/Everling, Handbuch Rating (1996), S. 64 ff.; *Braun*, Regulierung von Ratingagenturen durch die EU, S. 9 ff.; *von Rimon*, Ratings in Deutschland und USA, S. 63 ff.

prozesse sollen hier indes nicht in ihren Einzelheiten vertieft werden. Vielmehr sind der abstrakte wesentliche Ablauf eines solchen Verfahrens bei *solicited issuer ratings* und seine Grundlagen zu skizzieren.

Auslöser des Ratingprozesses sind der Antrag des Emittenten und die Annahme der Ratingagentur zur Erstellung eines Bonitätsurteils. Hierzu benötigt die Agentur sodann zunächst entsprechende Grundlageninformationen über das betroffene Unternehmen. Im Fall des *solicited ratings* versorgt der Auftraggeber die Agentur bzw. das von ihr gebildete Analyseteam[99] mit Informationen, insbesondere im Hinblick auf den Unternehmensgegenstand, seine Strategie und Zukunftsplanung sowie mit relevanten Daten wie Jahresabschlüssen, Finanzplänen etc.[100] Daneben wird sich die Ratingagentur selbst Informationen zusammenstellen, die für die Beurteilung von Bedeutung sind.[101] Dabei kann sie sich auf öffentlich zugängliche Inhalte – Publikationen, Handbücher, Presseerzeugnisse, Analysen etc. – stützen.[102] Gerade die „großen Drei" können darüber hinaus regelmäßig auch auf umfangreiche Datensätze zu den jeweiligen Unternehmen zurückgreifen, die zum Teil weit in die Vergangenheit reichen, und auf dieser Basis Analysen erstellen.[103] Außerdem werden neben quantitativen Daten zu Unternehmenszahlen auch Aspekte wie besondere Branchenverhältnisse oder die Wettbewerbssituation (Geschäfts- und Finanzrisiken) berücksichtigt.[104] Auch landes- und staatsspezifische Risiken und Verhältnisse fließen in die zu verwendenden Daten mit hinein.[105] Zentraler Bestandteil des Ratingverfahrens sind stets die Gespräche zwischen

---

99 Das Analyseteam wird im Hinblick auf die „passende" Spezialisierung auf Branche, Wirtschaftszweig, Herkunftsland etc. zusammengestellt, vgl. *Schuler*, Regulierung und Verantwortlichkeit, S. 29; *Stemper*, Rahmenbedingungen, S. 45 m.w.N.

100 Vgl. grundsätzlich *Ackermann/Jäckle*, BB 2006, S. 878 (882); *Ebenroth/Daum*, WM 1992 Sonderbeilage Nr. 5, S. 2 (4); *Everling*, Credit Rating, S. 114; *Jobst/Kapoor*, WM 2013, S. 680; *Richter*, Verwendung von Ratings, S. 54 ff. *Stemper*, WM 2011, S. 1740 (1741); *Stuwe/Weiß/Philipper*, Ratingagenturen, S. 11; *Thiele*, Einordnung des Rating, S. 12.

101 Eine kurze Übersicht am Beispiel der Münchener RS Rating Services AG bei *Gleißner/Füser*, Leitfaden Rating, S. 49.

102 *Ackermann/Jäckle*, BB 2006, S. 878 (882); *Peters*, Haftung und Regulierung, S. 31; ausführlich zu den einfließenden Kriterien auch *Stemper*, Rahmenbedingungen, S. 60 ff.

103 *Heuser*, IP 2013, S. 102 (105).

104 *Everling*, Credit Rating, S. 144 ff.; *Fischer/Holzkämper* in: Büschgen/Schmidt-Bürgel, Kapitalmarktrating, S. 83; *Lampe*, Regulierung, S. 41; siehe auch eine Übersicht über einbezogene Faktoren bei *Ebenroth/Daum*, WM 1992, Sonderbeilage Nr. 5, S. 2 (4). Ausführlich zu den Kriterien auch *Berbrlinger* in: Büschgen/Everling, Handbuch Rating (1996), S. 65 ff.; *Schmidt-Bürgel* in: Büschgen/Schmidt-Bürgel, Kapitalmarktrating, S. 144 ff.

105 Hierzu genauer *Berblinger* in: Büschgen/Everling, Handbuch Rating (1996), S. 64, 69; *Everling*, Credit Rating, S. 140 ff.; *Peters*, Haftung und Regulierung, S. 31 f.; *Stemper*, Rahmenbedingungen, S. 60 ff.

dem Analyseteam der Agentur und der Unternehmensführung des Emittenten.[106] Hierin werden die gesammelten Informationen erörtert und die Unternehmensentwicklung, -strategie und die wirtschaftlichen Hintergründe mit dem Emittenten besprochen.[107]

Es ist hinsichtlich des Informationsmaterials zwischen den *„hard facts"* wie Umsatzentwicklung, Cashflow, Gewinne und Verluste, Sicherheiten, Konzernstruktur, Eigenkapitalquote etc.[108] und den *„soft facts"* zu unterscheiden.[109] Zu Letzterem sind etwa Unternehmenskultur, Qualität des Managements[110], Unternehmensorganisation[111], *Corporate Governance* sowie andere subjektive Eindrücke der internen Struktur und Qualität des Emittenten, die nicht unmittelbar quantifizierbar sind, zu zählen.[112] Solche *soft facts* können regelmäßig nur bei *solicited ratings* in Zusammenarbeit mit dem Emittenten ermittelt werden, da anderenfalls kein Zugang zu derart vertraulichen und internen Informationen besteht und entsprechende Eindrücke nicht gewonnen werden können.[113] Die Gewichtung der *hard* und *soft facts* ist von Agentur zu Agentur unterschiedlich und hängt von dem konkreten Ratingobjekt und der Ratingart sowie von den Verfahrensgrundsätzen der bewertenden Ratingagentur ab.[114] Nach vollständiger Datensammlung und Auswertung besitzen die

---

106 *Everling*, Credit Rating, S. 113; *Dimitrakopoulos/Spahr* in: Achleitner/Everling, Handbuch Ratingpraxis, S. 213; *Speicher* in: Everling, Rating – Chance für den Mittelstand, S. 13.

107 *Berblinger* in: Büschgen/Everling, Handbuch Rating (1996), S. 61 f.

108 Vgl. *Everling*, Die Bank 1991, S. 608 ff.

109 Vgl. *Buschmeier*, Ratingagenturen, S. 150 f.; *Jobst/Kapoor*, WM 2013, S. 680; gelegentlich auch „qualitative" und „quanitative" Kriterien, so bei *Blaurock*, ZGR 2007, S. 603 (604); *Däubler*, BB 2003, S. 429 (430); eine zunehmende Bedeutung der *soft facts* erkennend: *Witte/Hrubesch*, ZIP 2004, S. 1346 (1348); kritisch zu den *„soft facts"* wegen ihrer starken subjektiven Prägung *Däubler* NJW 2003, S. 1096 (1097).

110 Deren Prüfung einen nicht zu unterschätzenden Stellenwert besitzt, hierzu ausführlich *Berblinger* in: Büschgen/Everling, Handbuch Rating (1996), S. 63; *Everling*, Credit Rating, S. 148 f.; Zu den Qualitätsfaktoren des Managements können z. B. Führungsstil, Qualifikationen, Kompetenzen etc. gehören, ausführlich *Heim*, Rating-Handbuch, S. 108 ff.

111 Hier kann insbesondere die Konzernstruktur eine Rolle spielen: Eine schwache Tochtergesellschaft kann aufgewertet werden bei einer starken Muttergesellschaft, während die starke Tochter kaum besser geratet werden wird als die schwache Mutter, *Ebenroth/Daum*, WM 1992, Sonderbeilage Nr. 5, S. 2 (4); *Thiele*, Einordnung des Rating, S. 15 f.; ausführlich hierzu auch *Meyer-Parpart* in: Büschgen/Everling, Handbuch Rating (1996), S. 147 f.

112 *Buschmeier*, Ratingagenturen, S. 153; *Speicher* in: Everling, Rating – Chance für den Mittelstand, S. 11; *Eigermann* in: Everling, Rating – Chance für den Mittelstand, S. 344 f.

113 *Blaurock*, ZGR 2007, S. 603 (604); *Jobst/Kapoor*, WM 2013, S. 680.

114 *Wambach/Kirchner/Wunderlich* in: Achleitner/Everling, Handbuch Ratingpraxis, S. 171.

Agenturen nicht selten ein höheres Informationsniveau als es beispielsweise der Aufsichtsrat des Emittenten hat.[115]

Das letztendlich zu treffende Urteil ergeht aufgrund einer finalen Bewertung des gesammelten Informationsmaterials und der Präsentation und Aufbereitung desselbigen durch die involvierten Analysten[116] und wird von einem intern aus eigenen Mitarbeitern und Experten gebildeten Ausschuss oder Komitee verhandelt und schließlich abgegeben, wobei die zumeist aus fünf bis sieben Personen bestehende[117] personelle Zusammensetzung dieses Ausschusses dem Emittenten meist nicht bekannt gemacht wird.[118] Das Verfahren kann insgesamt bis zu zehn Wochen oder drei Monate dauern.[119] Die Berechnungsmethoden, die letztlich zur Gewinnung einer konkreten Endnote auf Grundlage der verwendeten Informationen eingesetzt wird, sind das Geschäftsgeheimnis der Agenturen und daher weitgehend unebkannt; zu dessen Offenlegung dürfen sie grundsätzlich auch nicht gezwungen werden.[120] Insbesondere die Frage, welcher Stellenwert der Gewichtung von *soft facts* eingeräumt wird, hat dabei maßgeblichen Einfluss auf die Notengewinnung.[121] Der Einbezug solcher „weicher" Kriterien in die Bonitätsbewertung führt freilich auch dazu, dass die Ratingnote nicht anhand eines rein mathematisch-statistischen Berechnungssystems gewonnen werden kann, wodurch die Fachkenntnis, Erfahrung und Intuition der involvierten Analysten an Bedeutung gewinnt.[122]

Das auf Grundlage des vorbeschriebenen Prozesses letzten Endes gefundene Bonitätsurteil wird vor der Veröffentlichung mit dem Emittenten besprochen und kann gegebenenfalls noch korrigiert werden.[123] Häufig steht dem Emittenten bei Erstratings sogar ein letztes Vetorecht zu, mit dem er die Veröffentlichung des Ratings verhindern kann.[124] Die Publikation des Ergebnisses umfasst auch eine

---

115 *Gündling/Everling*, Die Bank 1994, S. 727 (729); *Lampe*, Regulierung, S. 43. Aus diesem Umstand erklären sich Bedenken wegen eventuellen Insiderhandels von Analysten, vgl. grundsätzlich *Däubler* BB 2003, S. 429 (431).

116 Vgl. *Everling*, Credit Rating, S. 116 f.; *Dimitrakopoulos/Spahr* in: Achleitner/Everling, Handbuch Ratingpraxis, S. 214.

117 So *Everling*, Credit Rating, S. 97.

118 Siehe *Buschmeier*, Ratingagenturen, S. 165; *Däubler*, NJW 2003, S. 1096 (1097); *Lampe*, Regulierung, S. 40; *Vetter*, WM 2004, S. 1701 (1702).

119 *Buschmeier*, Ratingagenturen, S. 165; *Peters*, Haftung und Regulierung, S. 30.

120 Siehe Erwägungsgrund Nr. 25 zur Rating-VO; zur Thematik auch *Everling*, Credit Ratings, S. 292; *Haar*, DB 2013, S. 2489 (2492).

121 *Schuler*, Regulierung und Verantwortlichkeit, S. 31.

122 Vgl. *Stemper*, Rahmenbedingungen, S. 57 f.

123 Vgl. *Blaurock*, ZGR 2007, S. 603 (605); *Gündling/Everling*, Die Bank 1994, S. 727 (729); *Herfurth*, Regulierung unter Basel II, S. 58; *Lampe*, Regulierung, S. 41; *Thiele*, Einordnung des Rating, S. 12.

124 *Mühl*, Zivilrechtliche Verantwortlichkeit von Ratingagenturen, S. 20; *Thiele*, Einordnung des Rating, S. 29;.

Begründung oder Kommentierung, die die wichtigsten Bewertungsparameter und -Ergebnisse nennt und (mehr oder weniger) ausführlich erläutert.[125] Zudem finden sich darin regelmäßig auch die *Outlooks* über die prognostizierte zukünftige Entwicklung des Ratings, der sich auf unterschiedlich lange Zeiträume beziehen kann.[126]

Da bei *solicited ratings* häufig langfristige oder zumindest auf längere Zeit angelegte Geschäftsbeziehungen zwischen der Agentur und dem emittierenden Unternehmen bestehen, kann es später in unterschiedlichen Abständen zu Folgeratings auf Grundlage laufender Überwachung („*watchlist*")[127] kommen, die zu den schon angesprochenen Herauf- oder Herabstufungen führen können (*up-/downgradings*).[128]

III. Funktionen und Bedeutung von Ratings

Die in Ratings enthaltene Leistung ist in vielerlei Hinsicht für die Kapitalmärkte und ihre Teilnehmer – neben Anlegern und Emittenten auch andere Kreditnehmer, Regierungen, Versicherungsunternehmen oder Kreditinstitute[129] – von Bedeutung. Sie sind aus Sicht der Kapitalmarktteilnehmer nicht nur praktisch, sondern für ein effizientes Funktionieren der (inter-)nationalen Kapitalmärkte nahezu unverzichtbar.[130] Die genauen Ratingfunktionen werden nachfolgend näher beleuchtet.

1. Perspektive der Investoren

Anleger erlangen von Ratings zumeist im Rahmen eines Abonnementsvertrags, durch Anlageberatung, durch Presseveröffentlichungen oder im Wege elektronischer Informationsdienste Kenntnis.[131] Aus ihrer Perspektive erfüllen Ratings in erster Linie eine Informationsvermittlungsfunktion, da die auf Kapitalmärk-

---

125 *Schnabel* in: Büschgen/Everling, Handbuch Rating (1996), S. 315; *Schroeter*, Ratings, S. 27; *Thiele*, Einordnung des Rating., S. 13.

126 *Buschmeier*, Ratingagenturen, S. 165; *Lampe*, Regulierung, S. 45.

127 Hierzu *Blaurock*, ZGR 2007, S. 603 (606); *Ebenroth/Daum*, WM 1992, Sonderbeilage Nr. 5, S. 2 (4); *Eisen*, Haftung und Regulierung, S. 104 ff; *Fischer*, Haftungsfragen, S. 48 f.; *Bottini*, 30 San Diego L.Rev. 1993, S. 579 (580) weist auf die Entwicklung hin, dass noch in den 1980er Jahren ein einmal abgegebenes Rating für ein Finanzprodukt stabil blieb, heute dagegen deutlich kürzere Halbwertszeiten besitzt.

128 *Stemper*, Rahmenbedingungen, S. 53 ff.; *Vetter*, WM 2004, S. 1701 (1702 f.).

129 Vgl. Erwägungsgrund Nr. 1 zur Rating-VO (EG) 1060/2009.

130 *Strunz-Happe* in: Achleitner/Everling, Rechtsfragen im Rating, S. 18.

131 Siehe zu den Publikationsformen ausführlich *Everling*, Credit Rating, S. 100 ff.; *Hennrichs* in: FS-Hadding, S. 875 (877).

ten naturgemäß[132] herrschende Informationsasymmetrie[133] zwischen Emittenten und Investoren, die in dem mangelnden Zugang von Anlegern zu Informationen über Zustand, Zukunftsaussichten, Risiken und Kreditwürdigkeit des potentiellen Anlageobjekts, d. h. über das Ausmaß des Anlagerisikos, begründet ist (*Prinzipal-Agenten*-System[134]), überwunden wird. Ratingagenturen schalten sich als Informationsintermediäre zwischen Investor und Emittenten.[135] Ihre Ratings versetzen Investoren in die Lage, eine risikoadäquate und rationale Anlageentscheidung zu treffen[136] – gegebenenfalls ohne auch nur die „geringste Kenntnis von der Bonität konkurrierender Anlageprodukte" zu haben[137] –, indem sie eine fundierte Einschätzung der Bonität eines Emittenten oder seiner Emission als objektiver Dritter abgeben und dabei durch die Reduzierung auf ein einfaches Notensystem verständlich bleiben. Da Investitionsentscheidungen regelmäßig gerade aufgrund einer prognostizierten positiven Zukunftsaussicht des jeweiligen Finanzprodukts getroffen werden,[138] besteht auch ein großer Bedarf an dieser Form der Informationsvermittlung, insbesondere weil vergleichbare Dienstleistungen wie Kreditwürdigkeitsprüfungen oder Unternehmensbewertungen im Rahmen einer *due dilligence* die Gegenwart oder Vergangenheit betreffen, das anlegerseits herrschende Bedürfnis nach Zukunftsprognosen aber erst durch Ratings

---

132 Ohne dass es hier einer Vertiefung bedürfte, dass eine effiziente Informationsverteilung auf dem Kapitalmarkt vermutlich nicht herrscht; anders die neoklassische Finanzierungstheorie, hierzu nur *Richter*, Verwendung von Ratings, S. 63 f., 68 f.; die neoklassische Finanzierungstheorie kann daher die Existenz von Ratings auch nicht erklären, so *Heinke/Steiner* in: Büschgen/Everling, Handbuch Rating, S. 659.

133 *Blaurock*, EuZW 2013, S. 608; *Lerch*, BKR 2010, S. 402 (403); vgl. auch *Ebenroth/Daum*, WM 1992, Sonderbeilage Nr. 5, S. 2; *Lampe*, Regulierung, S. 29; *Wagner*, FS-Blaurock, S. 467 (468); die Situation ist insofern identisch mit der Informationsasymmetrie bei Kreditvergabe durch Banken, hierzu *Steiner/Starbatty* in: Achleitner/Everling, Handbuch Ratingpraxis, S. 19 f.

134 Hierzu *Braun*, Regulierung der Ratingagenturen, S. 51 ff.; *Dittrich*, Credit Rating Industry, S. 9; *Heldt-Sorgenfrei* in: Everling/Leker/Bielmeier, Credit Analyst, Kap. 1.1, S. 7 ff. (zu verschiedenen Erscheinungsformen des Prinzipal-Agent-Systems in der Finanzbranche); *Richter*, Verwendung von Ratings, S. 65.

135 *Blaurock*, ZGR 2007, S. 603 (609); *Dittrich*, Credit Rating Industry, S. 9; *Fischer*, Haftungsfragen, S. 18; *Jobst/Kapoor*, WM 2013, S. 680; *Lampe*, Regulierung, S. 30; *Lerch*, BKR 2010, S. 402 (403); *Möllers*, ZJS 2009, S. 227; *Schwarcz*, University of Illinois Law Review (2002), S. 1 (12); *Wagner*, FS-Blaurock, S. 467 (468); *Wojcik*, NJW 2013, S. 2385.

136 *Ebenroth/Daum*, WM 1992, Sonderbeilage Nr. 5, S. 1 (6); *Everling*, Credit Rating, S. 34; *Strunz-Happe*, BFuP 2005, S. 231.

137 *Wagner*, FS-Blaurock, S. 467 (469) unter Hinweis, dass dieser Idealzustand von den Ratingagenturen nicht erfüllt wird.

138 *Berger/Stemper*, WM 2010, S. 2289 (2290); *Peters*, Haftung und Regulierung, S. 26; v. a. im Hinblick auf Aktionäre auch *Siebel/Gebauer*, WM 2001, S. 118 (121).

befriedigt wird,[139] um den Zielkonflikt zwischen Sicherheit und Rendite einer Anlage[140] zufriedenstellend lösen zu können. Ratings bieten zudem Orientierung und Vergleichbarkeit bei der Vielzahl verschiedenartiger Investitionsmöglichkeiten, ohne dass sich Anleger wirtschaftlich nachteilig in der Fülle von Informationen einarbeiten müssten.[141] Da es bei der unmittelbaren Kapitalbeschaffung an den Kapitalmärkten überdies an einem Risikovermittler, wie es die Finanzinstitute bei den klassischen Bankkrediten sind,[142] fehlt, werden Ratings auch zur Überwindung dieses Zustands der Disintermediation[143] benötigt, indem der Wegfall des Risikovermittlers ausgeglichen wird.[144]

Den Informationsstand, den Ratings zu vermitteln in der Lage sind, können sich Investoren dabei selbst bei hypothetischer Offenlegung aller investitionsrelevanten Faktoren durch Emittenten nicht oder nicht in gleicher Effizienz aneignen: Privaten Investoren fehlte es schlicht an der notwendigen Fachkenntnis, sich ein valides Bild von ihrem Anlagerisiko zu machen.[145] Aber auch für institutionelle Anleger würde die Ratingleistung nicht obsolet, da diese zwar die erforderliche Fachkenntnis besitzen, sich jedoch der zeitliche und finanzielle Aufwand für vielzählige Boni-

139 *Fischer*, Haftungsfragen, S. 9; *Forschner*, JSE 2012, S. 5 (6).

140 Diese beiden Ziele „schließen einander zwar nicht aus, stehen jedoch grundsätzlich miteinander in Konflikt", wie *Behrenwaldt* in: Büschgen/Everling, Handbuch Rating (1996), S. 293 feststellt; ebenso *Eisen*, Haftung und Regulierung, S. 63 ff.

141 *Ebenroth/Daum*, WM 1992, Sonderbeilage Nr. 5, S. 2 (6); *Fischer*, Haftungsfragen, S. 17; *Lampe*, Regulierung, S. 30 f.; *Möllers*, JZ 2009, S. 861; *Richter*, Verwendung von Ratings, S. 97; unter Verweis darauf, dass die Vergleichbarkeit auch davon abhängig ist, dass die Agenturen ihren Bewertungen einheitliche Standards zugrunde legen: *Schuler*, Regulierung und Eigenverantwortlichkeit, S. 50; liegen mehrere Ratings desselben Objekts vor, können zudem „Durchschnittsratings" ermittelt werden, siehe *Müller* in: Büschgen/Everling, Handbuch Rating (1996), S. 390.

142 Hierzu *Basler Ausschuss für Bankenaufsicht*, Credit Ratings, S. 11; *Everling*, Credit Rating, S. 69; *Richter*, Verwendung von Ratings, S. 22.

143 Begriff anschaulich dargelegt bei *Schuler*, Regulierung und Verantwortlichkeit, S. 37 f.

144 Vgl. *Everling*, Credit Rating, S. 69; *Mertz/Hagenstein* in: Büschgen/Schmidt-Bürgel, Kapitalmarktrating, S. 189; dabei hat die Verschiebung in der Finanzierungspraxis vom vergleichsweise unattraktiven Bankkredit hin zur Ausgabe verbriefter Forderungen durch Emittenten im Übrigen nicht etwa zu einem Bedeutungsverlust der Finanzinstitute geführt, denn diese haben nunmehr die Möglichkeit, ihre Liquidität durch das Auftreten als Investor zu sichern, was eine Entlastung der Bindung des Eigenkapitals zur Folge hat, vgl. *Fischer*, Haftungsfragen, S. 14; *Speicher* in: Everling, Rating – Chance für den Mittelstand, S. 16.

145 So auch *Ebenroth/Daum*, WM 1992, Sonderbeilage Nr. 5, S. 2 (6); *Eisen*, Haftung und Regulierung, S. 64; *Fischer*, Haftungsfragen, S. 16; *Jobst/Kapoor*, WM 2013, S. 680 (681); *Peters*, Haftung und Regulierung, S. 26; *Schuler*, Regulierung und Verantwortlichkeit, S. 50.

tätsprüfungen in dem Ausmaß, das die Ratingagenturen anbieten, angesichts der Vielzahl und Komplexität der Finanzinstrumente und der nationalen regulatorischen Vorgaben für sie wirtschaftlich nicht rentieren kann.[146] Da sie gleichwohl verpflichtet sind, ihre Anlageentscheidungen insbesondere auch durch den Abgleich verschiedener Investitionsalternativen vernunftbasiert zu treffen,[147] entfalten Ratings auch für diese Gruppe folglich einen erheblichen Mehrwert.

Das Informationsgefälle zwischen Investoren und Emittenten hat ferner durch die immer weiter angestiegene Komplexität verschiedener Finanzinstrumente und -innovationen stetig zugenommen.[148] Die Ursache hierfür liegt in der starken Vernetzung und Globalisierung der Finanz- und Kapitalmärkte als Orte der Renditesteigerung und Mittelbeschaffung für nahezu jedes beliebige Unternehmen, jenseits nationaler, sprachlicher oder regulativer Grenzen.[149] Die hieraus hervorgegangene Kreativität der Verbriefung von Forderungen („*Securitization*“[150]) und anderer Produkte[151] zu einem am Markt platzierbaren Wertpapier hat zu einer für Außenstehende meist nur noch schwer durchschaubaren Strukturierung der Anlageobjekte geführt.[152] Dabei ist diese Kreativität und Komplexität von Finanzinstrumenten durch die Existenz und die breite Rezeption von Ratings zugleich noch befördert worden, da sie selbst komplizierte Finanzinstrumente handelbar machen.[153] Das Informations- und Aufklärungsbedürfnis von Investoren können Ratings daher ei-

---

146 *Bavli*, Ratingagenturen, S. 39; *Berblinger* in: Büschgen/Everling, Handbuch Rating (1996), S. 23; *Everling*, Credit Rating, S. 66; *Herfurth*, Regulierung unter Basel II, S. 66; *Peters*, Haftung und Regulierung, S. 26; *Pilny* in: Achleitner/Everling, Rechtsfragen im Rating, S. 420; *Serfling* in: Büschgen/Everling, Handbuch Rating, S. 728; *Anders*, derFreitag vom 28.09.2007 fasst es so zusammen: „*Ratingagenturen leben von der Unübersichtlichkeit des Geschäfts*“.

147 *Eisen*, Haftung und Regulierung, S. 65; *Lampe*, Regulierung, S. 31; *Richter*, Verwendung von Ratings, S. 26.

148 So auch *Habersack*, ZHR 169 (2005), S. 185 (186).

149 *Everling*, Credit Rating, S. 66; zu dieser Entwicklung auch *Schuler*, Regulierung und Verantwortlichkeit, S. 36 f.; *Lemke*, Ratingwesen, S. 10 ff.

150 Hierzu ausführlich *Eisen*, Haftung und Regulierung, S. 66 f. Relevant sind insoweit vor allem die *asset backed securities* (ABS); hierzu ausführlich *Steiner/Starbatty* in: Achleitner/Everling, Handbuch Ratingpraxis, S. 26 f.; *Rinze/Klüwer*, BB 1998, S. 1697 ff.; *Schwarcz*, University of Illinois Law Review (2002), S. 1 (18); ABS sind besonders komplex und verlangen anlegerseits daher umso mehr nach Aufklärung; ebenfalls hierzu *Lemke*, Ratingwesen, S. 15 f.

151 Siehe *Schuler*, Regulierung und Verantwortlichkeit, S. 40, z.B. „*swap*-Geschäfte“, „Nullkuponanleihen“ und Derivate.

152 *Behrenwaldt* in: Büschgen/Everling, Handbuch Rating (1996), S. 294; die Informationsasymmetrien sind bei verbrieften Wertpapieren evident größer, vgl. auch *Eisen*, Haftung und Regulierung, S. 66; *Peters*, Haftung und Regulierung, S. 26; *Schuler*, Regulierung und Verantwortlichkeit, S. 38 ff.; *ZKA-Stellungnahme*, S. 3.

153 *Everling*, Credit Rating, S. 68; *Schwarcz*, University of Illinois Law Review (2002), S. 1 (19).

nerseits befriedigen; sie tragen aber auch zur Verfestigung der Informationsasymmetrien bei.

Durch die Überwindung auch sprachlicher Barrieren erhalten Anleger zudem die Möglichkeit unbeschränkter Teilnahme am internationalen Finanz- und Kapitalmarkt.[154] Dies hat für die Bedeutungszunahme der Ratingagenturen eine entscheidende Rolle gespielt, da gerade die Überwindung nationaler Grenzen nur mithilfe von Ratings umgesetzt werden konnte, ohne die eine Anlage in unbekannte ausländische Finanztitel und Anleihen von ausländischen, unbekannten Unternehmen für viele Investoren zu riskant geblieben wäre.[155]

Ratingagenturen können daher insgesamt für Waffengleichheit zwischen Emittent und Anleger auf teilweise intransparenten und insgesamt komplexen Kapitalmärkten sorgen.[156] Sie bewirken damit auch individuellen Vermögensschutz von Anlegern durch die Vermeidung der Eingehung ungewollter Anlagerisiken.

2. Bedeutung für die Kapitalmärkte

Die Beseitigung oder Relativierung bestehender Informationsasymmetrien auf den Kapitalmärkten ist auch für die überindividuelle Funktionalität und Stabilität der Kapitalmärkte von hohem Wert. Denn die volkswirtschaftlichen Ziele des Kapitalmarkts[157] sind am ehesten in einem Wirtschaftsumfeld zu erreichen, in dem die Marktteilnehmer das relative Risiko einer Anlage einschätzen können und die fehlende Motivation für Emittenten, auch negativ wirkende Informationen preiszugeben, überwunden wird.[158] Ratings können für diese adäquate Risikoeinschätzung sorgen, dadurch Investitionsausfälle verhindern und demzufolge die sinnvolle Allokation eingebrachten Kapitals zum produktivsten Verwender ermöglichen.[159]

Ohne Ratings bestünde die Gefahr der Austrockung der Märkte durch „*adverse selection*“[160]. Emittenten müssten in Ermangelung der Überwindung der Informationsasymmetrien für ihre Emissionen einen Risikozins- oder Misstrauens-

---

154 Vgl. *Everling*, Credit Rating, S. 304; *Everling/Trieu* in: Büschgen/Everling, Handbuch Rating, S. 97 nennen das Rating daher auch eine „internationale Sprache“; *Fischer*, Haftungfragen, S. 17; *Peters*, Haftung und Regulierung, S. 27.

155 Für *Everling*, Die Bank 1991, S. 151 ist es gar der „*wichtigste Impuls für das wachsende Interesse an den Dienstleistungen von Ratingagenturen*“ gewesen, dass der Bedarf an „*Informationen über im Ausland domizilierenden Emittenten*“ bestand.

156 *Forschner*, JSE 2012, S. 5 (6); *Richter*, Verwendung von Ratings, S. 92.

157 Diese sind grundsätzlich in dem Gelingen der Transformation privater Ersparnisse in Investitionskapital zu sehen, vgl. *Richter*, Verwendung von Ratings, S. 6.

158 *Lerch*, BKR 2010, S. 402 (403).

159 *Lampe*, Regulierung, S. 29; *Lemke*, Ratingwesen, S. 20; *Rosset* in: Ruhwedel, Haftung von Ratingagenturen, S. 6; *Schuler*, Regulierung Verantwortlichkeit, S. 46; *Vetter*, WM 2004, S. 1701.

160 *Paul* in: Büschgen/Everling, Handbuch Rating (1996), S. 385; *von Randow* in: Büschgen/Everling, Handbuch Rating (1996), S. 547.

aufschlag anbieten,[161] der sich am durchschnittlichen Anlagerisiko orientieren würde. Für Emittenten mit überdurchschnittlicher Bonität und geringem Ausfallrisiko wäre es vor diesem Hintergrund unwirtschaftlich, einen insoweit unangemessen hohen, weil am Durchschnitt orientierten Zinsaufschlag zu zahlen, so dass sie von der Kapitalbeschaffung an den Finanzmärkten absehen würden. Dies hätte zur Folge, dass dem Kapitalmarkt nur vermeintlich bonitätsschwächere Emittenten verblieben, was zur sukzessiven Steigung des durchschnittlichen Ausfallrisikos führen müsste. Geldgeber würden in der Folge wegen zu häufiger Ausfälle und unattraktiver Investitionsobjekte ihr Geld abziehen oder gar nicht erst investieren.[162]

Ratings ermöglichen und erleichtern zudem auch den Handel auf Sekundärmärkten,[163] deren Funktionalität wiederum wesentliche Voraussetzung für den Liquiditätsschutz von Anlegern ist.[164] Schließlich senken Ratings die Informationsbeschaffungskosten auf ein effizientes Niveau,[165] da Investoren die Informationen nicht einzeln erwerben müssen.[166]

3. Perspektive der Emittenten

Für Emittenten haben Ratings in erster Linie unmittelbare Auswirkungen auf die Höhe ihrer Kapitalbeschaffungskosten und ihre generellen Zugangsmöglichkeiten zu Kapitalmärkten – insbesondere zu internationalen Märkten – zum angemessenen und bestmöglichen Preis.[167] Diese Teilnahme an (internationalen) Kapitalmärkten ermöglicht Emittenten die immer wichtiger werdende Erweiterung des Kreises potenzieller Geldgeber und flexible Beschaffungsmöglichkeiten von Fremdkapital

---

161 *Richter*, Verwendung von Ratings, S. 69; *Schuler*, Regulierung und Verantwortlichkeit, S. 51.

162 Vgl. *Lampe*, Regulierung, S. 29 m.w.N.

163 *Herfurth*, Regulierung unter Basel II, S. 66: *Stemper*, Rahmenbedingungen, S. 82, 87.

164 Richter, Verwendung von Ratings, S. 17.

165 *Eisen*, Haftung und Regulierung, S. 73; *Husisian*, 75 Cornell Law Review (1990), S. 411 (419); *Schmidt* in: Büschgen/Everling, Handbuch Rating (1996), S. 268; *Stemper*, Rahmenbedingungen, S. 80; zu den verschiedenen Markttheorien im Hinblick auf die Einspeisung von Informationen siehe *Kiehling*, DStR 1992, S. 476.

166 Durch die Bündelung und Veröffentlichung der relevanten Information wird zudem die dauernde und ineffiziente Reproduktion immer gleichen Wissens durch einzelne Anleger vermieden, *Lampe*, Regulierung, S. 30.

167 Vgl. *Chen* in: Everling, Rating – Chance für den Mittelstand, S. 87; *Ebenroth/Daum*, WM 1992, Sonderbeilage Nr. 5, S. 2 (4); *Eisen*, Haftung und Regulierung, S. 71; *Everling*, Credit Rating, S. 65; *Lemke*, Ratingwesen, S. 10 ff.; *Schnabel* in: Büschgen/Everling, Handbuch Rating (1996), S. 308; *Stemper*, Rahmenbedingungen, S. 84; *Berblinger* in: Büschgen/Everling, Handbuch Rating (1996), S. 48 nennt das Rating den „Reisepass“ für internationale Kapitalmärkte.

abseits des Bankkredits.[168] Ratingagenturen sind aus der Perspektive von Emittenten dabei *Gatekeeper* der Märkte,[169] steht und fällt der erfolgreiche Marktzugang doch vor allem mit den damit verbundenen Kosten.[170]

Die wichtigste Funktion von Ratings aus Emittentensicht ist dementsprechend die Ermöglichung eines optimalen *„Pricing"* der Emissionen: Weil sich der erzielbare Emissionspreis und die hiermit verbundenen Finanzierungskosten an der von Investoren wahrgenommenen Bonität des Emittenten oder der Ausfallwahrscheinlichkeit seines Finanzinstruments bemessen, erleichtern Ratings die Preisfindung, da sie die Außenwahrnehmung dieser Bonität sichtbar machen – gegebenenfalls freilich als *self-fulfilling prophecy*[171] – und die marktgerechte Preisfindung im Abgleich mit vergleichbaren Emissionen ermöglichen.[172] Ratings gestatten folglich das Erzielen des höchstmöglichen Emissionspreises bei geringstmöglicher Verzinsung.[173] Damit werden Kapitalbeschaffungskosten für den Emittenten kalkulierbar und auf ein effizientes Niveau gesenkt.[174] Wegen dieses erheblichen Einflusses von Ratings auf die wirtschaftliche Performance von Emittenten, haben sie in der internen unternehmerischen Entscheidungswelt mittlerweile eine prominente Stellung eingenommen, da eine Vielzahl zu treffender unternehmerischer Entscheidungen maßgeblich und hauptsächlich an ihren möglichen Auswirkungen auf das jeweilige Unternehmensrating gemessen werden.[175] Für Emittenten mit guter Bonität

---

168 *Ackermann/Jäckle*, BB 2006, S. 878 (879); *Everling*, Credit Rating, S. 260; *Lampe*, Regulierung, S. 33; *Peters*, Haftung und Regulierung, S. 23 ff.; *Schuler*, Regulierung und Verantwortlichkeit, S. 46.

169 Schließlich erwarten Anleger schlicht das Vorliegen eines Ratings und sehen anderenfalls eher von einer Investition ab, siehe *Ackermann/Jäckle*, BB 2006, S. 878 (880); *Stemper*, Rahmenbedingungen, S. 83; *Wildmoser/Schiffer/Langoth*, RiW 2009, S. 657 (658); ansonsten läge der Verdacht nahe, der Emittent könne sich ein Rating nicht leisten, so *Everling*, Credit Rating, S. 267; *derselbe* in: Büschgen/Everling, Handbuch Rating (1996); jedenfalls sind Emissionen ohne Rating regelmäßig „teurer", *Blaurock*, ZGR 2007, S. 603 (609); *Jäckle/Ackermann* in: Büschgen/Everling, Handbuch Rating, S. 388.

170 *Blaurock*, ZGR 2007, S. 603 (609); *Däubler*, BB 2003, S. 429; *Eisen*, Haftung und Regulierung, S. 50 (Fn. 23), 71; *Everling* in: Büschgen/Everling, Handbuch Rating (1996), S. 9; *Gerke/Mager*, BFuP 2005, S. 203; *Haar*, NZG 2010, S. 1281 (1283); *Lemke*, Ratingwesen, S. 18; *Lerch*, BKR 2010, S. 402 (403); *Peters*, Haftung und Regulierung, S. 152; *Rosset* in: Ruhwedel, Haftung von Ratingagenturen, S. 5 f.; *Wildmoser/Schiffer/Langoth*, RiW 2009, S. 657 (658).

171 *Heldt-Sorgenfrei* in: Everling/Leker/Bielmeier, Credit Analyst, Kap. 1.1, S. 19.

172 Zur Preisfindung zugunsten des Emittenten ausführlich *Everling*, Credit Rating, S. 256 ff.; *Lemke*, Ratingwesen, S. 19 f.; *Schuler*, Regulierung und Verantwortlichkeit, S. 46 f.

173 *Lemke*, Ratingwesen, S. 19 f.

174 Vgl. *Braun*, Regulierung der Ratingagenturen, S. 54 ff.

175 *Großfeld*, NZG 2003, S. 841 (842); von der Orientierung unternehmerischer Entscheidungen an ihren Ratingsauwirkungen abratend: *Schmidt* in: Büschgen/Everling, Handbuch Rating (1996), S. 270 f.

sind Ratings vor diesem Hintergrund wichtig, um ebendiese gute Bonität nach außen glaubwürdig sichtbar zu machen; sie sind ein Vehikel, um den Kapitalmärkten positive Unternehmensinformationen zu erkennen zu geben, ohne dabei sensible Daten oder Unternehmensgeheimnisse veröffentlichen zu müssen.[176] Während sich die Teilnahme am Kapitalmarkt für überdurchschnittlich solvente Emittenten also als lukrative Alternative zum Bankkredit und als Maßnahme des Finanzmarketings darstellt, wird sie für bonitätsschwache Unternehmen zur nahezu einzigen Kapitalbeschaffungsmöglichkeit, da ihnen die traditionellen Wege über Bakkredite nicht oder nur in unattraktiver Form offen stehen.[177]

Emittenten sind darüber hinaus auf Ratings angewiesen, um bestimmte Investorengruppen ansprechen zu können, da insbesondere institutionelle Investoren Wertpapiere häufig nur bei Vorliegen eines bestimmten Ratings in ihr Portfolio aufnehmen dürfen.[178] Publikumsfonds oder Pensionskassen (z.B. auch Versorgungswerke) sehen in ihren Satzungen oder Anlagebedingungen zudem regelmäßig vor, dass Investitionen nur in Finanzinstrumente mit bestimmten Ratings erfolgen dürfen, oder setzen zumindest hohe Anforderungen an die Anlage in ein nicht geratetes Produkt.[179] Es findet sich hier regelmäßig die Bedingung der Investition in ein Produkt nur mit *investment grade* oder des zwingenden Verkaufs beim Verlust der entsprechenden Notenstufe.[180] Erfolgt dann ein *downgrading*, das zur Einschätzung der Anlage als *non-investment grade* führt, sind diese institutionellen Anleger gezwungen, die Anleihe abzustoßen, auch wenn sie die Gründe für die Herabstufung selbst nicht teilen.[181]

Im Übrigen können Ratings ganz grundsätzliche positive Impulse auf den Emittenten ausüben. Die durch Folgeratings drohenden Abstufungen wirken disziplinierend auf die Unternehmensführung, da ein gutes Rating nicht leichtfertig verspielt werden soll; zugleich kann ein schwaches Rating zur Verbesserung der unternehmerischen Leistung anspornen.[182] Die mit dem (beauftragten) Rating-

---

176 Vgl. *Everling*, Credit Rating, S. 266; *Richter*, Verwendung von Ratings, S. 89; *Schmidt* in: Büschgen/Everling, Handbuch Rating (1996), S. 268; *Stemper*, Rahmenbedingungen, S. 79; *Schroeter*, Ratings, S. 53; *von Rimon*, Ratings in Deutschland und USA, S. 52 („Sprachrohre").

177 Zum Bankkredit *Fischer*, Haftungsfragen, S. 14.

178 Siehe hierzu unten C. III. 4.

179 *Andrieu*, Ratingagenturen in der Krise, S. 32; *Bavli*, Macht der Ratingagenturen, S. 18; *Eisen*, Haftung und Regulierung, S. 70; *Heitmann*, High-Yield-Anleihen, S. 34; *Mühl*, Zivilrechtlichte Verantwortlichkeit von Ratingagenturen, S. 8; *ZKA-Stellungnahme*, S. 3.

180 *Habersack*, ZHR 169 (2005), S. 185 (186); *Lampe*, Regulierung, S. 32; *Stemper*, Rahmenbedingungen, S. 85; *Witte/Hrubesch*, ZIP 2004, S. 1346 (1347); vgl. auch *Schuler*, Regulierung und Verantwortlichkeit, S. 48.

181 *Gerke/Mager*, BFuP 2005, S. 203 (212 f.); vgl. auch *Templin* in: Everling/Leker/Bielmeier, Credit Analyst, Kap. 4.1, S. 275.

182 *Ackermann/Jäckle*, BB 2006, S. 878 (881); *Eisen*, Haftung und Regulierung, S. 72 unter Hinweis auf das Risiko, dass sich Unternehmen nur noch nach den Vorgaben

prozess einhergehende Offenlegung auch sensibler Unternehmensinformationen und die notwendige Selbstbetrachtung der eigenen Unternehmenssituation kann in diesem Zusammenhang auch erkenntnisfördernd sein und einen selbstreinigenden Prozess oder schlicht Anhaltspunkte für die Verbesserung der unternehmerischen Performance als Nebeneffekt mit sich bringen.[183] Zudem geht von einer positiven Bonitätsnote, gerade wenn sie von einer der drei großen Agenturen stammt, auch ein entsprechender Werbeeffekt aus.[184] Ein gutes Rating wirkt wie ein Gütesiegel[185] und sendet ein „eindeutiges Bonitätssignal"[186] nach außen. Es erleichtert die werbemäßige Kommunikation nach außen (die Finanzkommunikation[187]) und überwindet Sprach- und Informationsbarrieren.[188] Dies kann so weit führen, dass von einem guten Rating eines Finanzinstruments auch eine positive Ausstrahlungswirkung auf ein anderes Produkt desselben Emittenten ausgeht, so dass Investoren diesem vertrauen, ohne dass es eines eigenen Ratings hierfür bedarf (sog. „Schattenrating").[189] Der Werbeeffekt kann sich auch abseits der Kapitalbeschaffung auszahlen, beispielsweise indem das Ansehen des Emittenten generell steigt und sich das Vertrauen in die Bonität auch im Verhältnis zu Dritten, z.B. Lieferanten, Geschäftspartnern oder auch den eigenen Arbeitnehmern positiv auswirkt.[190]

---

der Agenturen ausrichten; *Schnabel* in: Büschgen/Everling, Handbuch Rating (1996), S. 315; *Stemper*, Rahmenbedingungen, S. 95.

183 Insbesondere durch die intimen Managementgespräche, *Everling*, Credit Rating, S. 253 ff.; *Fischer*, Haftungsfragen, S. 15; *Lemke*, Ratingwesen, S. 18 unter Verweis auf einen „Prozess kritischer Reflexion"; *Schnabel* in: Büschgen/Everling, Handbuch Rating (1996), S. 316 spricht von Spiegelwirkung des Ratings; *Speicher* in: Everling, Rating – Chance für den Mittelstand, S. 9; *Wieselhuber* in: Achleitner/Everling, Handbuch Ratingpraxis, S. 631.

184 *Blaurock*, ZGR 2007, S. 603 (608); *Dimitrakopoulos/Spahr* in: Achleitner/Everling, Handbuch Ratingpraxis, S. 212; *Fischer*, Haftungsfragen, S. 13; *Lemke*, Ratingwesen, S. 18 f., der von „Imagewirkung" spricht; *Schnabel* in: Büschgen/Everling, Handbuch Rating (1996), S. 314.

185 *Güttler/Wahrenburg* in: Büschgen/Schmidt-Bürgel, Kapitalmarktrating, S. 58. Alleine, dass eine Emission überhaupt durch eine der großen Agenturen geratet wird, ist für sich genommen schon ein Qualitätssignal, so *Coffee*, Stellungnahme, S. 89.

186 *Everling* in: Büschgen/Everling, Handbuch Rating (1996), S. 12.

187 Hierzu *Berblinger* in: Büschgen/Everling, Handbuch Rating (1996), S. 49 f.

188 *Stemper*, Rahmenbedingungen, S. 91 f. m.w.N.

189 Vgl. hierzu *Arendts*, DStR 1997, S. 1649 (1652); *Lemke*, Ratingwesen, S. 19; *Templin* in: Everling/Leker/Bielmeier, Credit Analyst, Kap. 4.1, S. 286 f.; ob es sich für den Emittenten lohnt, sich auf ein Schattenrating zu verlassen, lässt sich berechnen: *Skreta/Vedkamp*, Ratings Shopping, S. 7 ff.

190 So *Fischer*, Haftungsfragen, S. 15; *Gleißner/Fuser*, Leitfaden Rating, S. 17; *Witte/Bultmann* in: Achleitner/Everling, Rechtsfragen im Rating, S. 93; *Witte/Hrubesch*, ZIP 2004, S. 1346 (1348).

Insgesamt erfüllen Ratings für Emittenten daher diverse wichtige Funktionen, so dass den Kosten für ein *solicited rating* auch ein nicht unerheblicher Mehrwert gegenübersteht.

4. Regulatorische Verwendung von Ratings

Die Tätigkeit von Ratingagenturen ist mit der Zeit auch in den Fokus von Gesetzgebung und Aufsichtsbehörden gerückt, wodurch ihnen auch regulatorische und aufsichtsrechtliche Funktionen verliehen worden sind.[191] Die große Bedeutung, die die Abgabe von Ratings für moderne Kapitalmärkte besitzt, ist damit nicht nur die Folge einer starken Nachfrage seitens der Marktakteure, sondern auch das Resultat gesetzgeberischer Mitwirkung an der Manifestation der Abhängigkeit der Märkte von Ratingagenturen.[192] Auch wenn es keine gesetzliche Pflicht zum Rating gab oder gibt, wurde die Bedeutung von Ratings durch ihre aufsichtsrechtliche Indienstnahme sowie auch durch ihren Bedeutungszuwachs in der Rechtsprechung[193] weiter verfestigt.[194]

Konkret geht es vorliegend um Formen der ratingbasierten Regulierung von Kapitalmarktteilnehmern.[195] Dabei werden Ratings der großen Agenturen verwen-

---

191 *Schroeter*, ZIP 2016, S. 703 (704); dies insbesondere in den USA bereits seit den 1930er Jahren sowie auch durch den deutsche Gesetzgeber und zahlreiche andere nationale Rechtsordnungen, vgl. den kurzen Überblick bei *Richter*, WM 2008, S. 960.

192 *Witte/Bultmann* in: Achleitner/Everling, Rechtsfragen im Rating, S. 94; in der regulatorischen Indienstnahme von Ratings sieht die sog. *Regulatory License Theory* die Ursache für die breite Wahrnehmung von Ratings, hierzu grundlegend *Partnoy* in: Levich/Majnoni/Reinhart, Ratings, S. 65 ff., der es auf die Formel bringt: "*Put simply, credit ratings are important because regulations say they are*".

193 Vgl. in der deutschen Rechtsprechung vor allem die Bond-Entscheidung, *BGHZ* 123, S. 126, in der entschieden wurde, dass zur vollständigen Prüfung und Einschätzung eines Anlageobjekts durch die beratende Bank auch die Einholung von Informationen über aktuelle Ratings des Objekts gehören; die *Bond*-Entscheidung ist vor allem wegen des erstmals aufgestellten Grundsatzes einer „anlage- und objektgerechten" Aufklärung des Anlegers diskutiert worden, vgl. etwa *Weller*, ZBB 2011, S. 191 (192); hierzu auch *Arendts*, DStR 1997, S. 1649 (1652); *Eisen*, Haftung und Regulierung, S 143 ff.; *Herfurth*, Regulierung unter Basel II, S. 68; *Rotter/Kremer* in: Achleitner/Everling, Rechtsfragen im Rating, S. 331 ff.; *Witte/Hrubesch*, ZIP 2004, S. 1346 (1347) verweisen zudem auf *OLG Nürnberg* ZIP 1998, S. 380 für die Beratung eines Kunden, der eine sichere Anlage wünscht: Die Bank muss hier auf das Fehlen eines externen Ratings hinweisen; ausführlich zur Bankenhaftung bei fehlerhafter Aufklärung *Ebenroth/Koos* in: Büschgen/Everling, Handbuch Rating (1996), S. 502 ff.; *Everling/Trieu* in: Büschgen/Everling, Handbuch Rating, S. 106; *Forschner*, JSE 2012, S. 5 (10); *van Look* in: Büschgen/Everling, Handbuch Rating (1996), S. 523 ff.

194 *Berblinger* in: Büschgen/Everling, Handbuch Rating (1996), S. 50.

195 Grundsätzlich zur Bedeutung der regulatorischen Indienstnahme *Partnoy* in: Levich/Majnoni/Reinhart, Ratings, S. 65 f.

det, um gesetzliche Risikotatbestände für andere, ihrerseits beaufsichtigte Kapitalmarktakteure zu definieren, so dass diese sich für die Erfüllung ihrer Pflichten an externen Ratings orientieren dürfen.[196] Aufsichtsrechtliche Folgen werden damit unmittelbar an die Ratings privater Ratingagenturen geknüpft und Ratingagenturen zu Quasi-Aufsichtsorganen umfunktioniert. Zu nennen ist insoweit vor allem die regulatorische Indienstnahme von Ratings in der Bankenaufsicht. Relevante Rechtsgrundlagen sind der Basel II-[197] und Basel III-Akkord[198]. Durch den Basel-II-Kanon sind die Anforderungen für die Unterlegung von Kreditrisiken mit Eigenmitteln der Banken unter Bezugnahme auf (externe) Ratings zur Bestimmung des Risikogewichts neu geregelt worden.[199] Grundsätzlich muss der Umfang der Eigenmittelunterlegung einer Kreditsumme – die Eigenmittelquote – durch eine Bewertung des Kreditrisikos ermittelt werden, wofür nach Standardansatz auf Ratings externer Agenturen zurückgegriffen werden kann.[200] Je besser das Rating

196 *Richter*, Verwendung von Ratings, S. 95; schon Anfang der 1990er Jahre ist mit der Kapitaladäquanzrichtlinie die Möglichkeit für Kreditinstitute geschaffen worden, externe Ratings für ihre aufsichtsrechtlichen Pflichten zu verwenden, *Asmussen*, BFuP 2005, S. 246 (248).

197 Basel II umschreibt die im Juni 2004 vom Baseler Ausschuss für Bankenaufsicht veröffentlichte Vereinbarung „International Convergence of Capital Measurement and Capital Standards", die durch europäische Richtlinien umgesetzt wurden; vgl. hierzu *Lampe*, Regulierung, S. 36.; zum Regelungsvorgänger Basel I siehe *Eisen*, Haftung und Regulierung, S. 75; *Schroeter*, Ratings, S. 102 ff., der auch darauf hinweist, dass „entgegen einer verbreiteten Wahrnehmung" insoweit auch vor Basel-II schon eine regulatorische Indienstnahme stattgefunden hat.

198 Basel III ist die Kurzfassung für die im Dezember 2010 erstmals veröffentlichten Reformvorschläge des Baseler Ausschusses für Bankenaufsicht: „Ein globaler Regulierungsrahmen für widerstandsfähigere Banken und Bankensysteme". Basel III ist durch die Richtlinie 2013/36/EU und die Verordnung (EU) Nr. 575/2013 umgesetzt worden. Kernpunkt des Vorschlags und der Regelung ist eine Verschärfung der Eigenkapitalvorschriften, hierzu grundsätzlich *Winterfeld* in: Schimansky/Bunte/Lwowski, Bankrechts-Handbuch, 4. Auflage 2011, § 124a, Rn. 111 ff.; *Fischer* in: Boos/Fischer/Schulte-Mattler, Kreditwesengesetz, Einf., Rn. 102 ff.

199 Siehe Richtlinien 2006/48/EG (hervorgegangen aus Richtlinie 2000/12/EG) und 2006/49/EG (hervorgegangen aus Richtlinie 93/6/EWG) maßgeblich im KWG und SolvV umgesetzt; hierzu *Gann/Rudolph* in: *Hopt/Wohlmannstetter*, Hdb. Corporate Governance, S. 606 f.; *Heldt-Sorgenfrei* in: Everling/Leker/Bielmeier, Credit Analyst, Kap. 1.1, S. 5 ff.; *Deipenbrock*, WM 2005, S. 261 (267); *dieselbe*, WM 2009, S. 1165 (1168); *Jungmichel*, WM 2003, S. 1201, 1202 ff.; *Strunz-Happe*, WM 2004, S. 115 (116 f.); *von Schweinitz*, WM 2008, S. 953.

200 Vgl. Art. 80, 81 i.V.m. Anh. VI Teil 1 der Richtlinie 2006/48/EG sowie beispielshaft Anh. I Teil A. Ziff. 8 lit. i) und ii) der Richtlinie 2006/49/EG; hierzu *Blaurock*, ZGR 2007, S. 603 (611); *Fischer*, Haftungsfragen, S. 8 f.; zur genauen Ermittlung der Eigenkapitalquote siehe *Eisen*, Haftung und Regulierung, S. 76 ff.; *Heim*, Rating-Handbuch, S. 30 ff.

ausfällt, desto geringer ist die Eigenmittelquote.[201] Externe Ratings dürfen demnach zur Risikobewertung herangezogen werden und üben unmittelbaren Einfluss auf die Unterlegung der Forderungen mit Eigenmitteln der Bank und somit auch auf die Bankenstabilität aus.[202] Verschlechtert sich die Bonität eines Kreditschuldners später, kann die Eigenkapitalquote des Kredits steigen. Die hierdurch entstehenden Mehrkosten der Bank werden regelmäßig durch flexible Zinssätze abzusichern versucht.[203] Die Indienstnahme von Ratingagenturen war und ist dabei für den Gesetzgeber kostengünstig und scheinbar anlegerfreundlich.[204] Allerdings treten die aufsichtsrechtlichen Folgen völlig unabhängig von der Qualität der zugrunde gelegten externen Ratings ein.[205] Diese hat der Gesetzgeber schlicht vorausgesetzt.[206] Ratings sind dadurch zum „öffentlichen Gut"[207] und Ratingagenturen zur zuverlässigen Bewertungsinstanzen geadelt worden.[208]

Dies gilt auch nach Umsetzung von Basel III und der damit seit dem 1. Januar 2014 einhergegangenen Außer-Kraft-Setzung der Basel II-Richtlinien sowie nach der zweiten Reform der Rating-Verordnung im Grunde weiterhin fort. Auch nach Basel III bleibt die Bezugnahme auf externe Ratings weiterhin möglich und auch praktisch relevant, denn nach wie vor kann für die Risikogewichtung auf das Bonitätsurteil externer Agenturen zurückgegriffen werden.[209] Zu Basel III und der Rating-Verordnung gehört allerdings auch, dass nach dem Willen des EU-Gesetzgebers die Verwendung externer Ratings generell an Bedeutung verlieren soll.[210] Hieran zeigt sich, wie der bedenkenlose aufsichtsrechtliche Umgang mit Ratings als ordnungspolitisches Problem zurückgekehrt ist, indem der durch die Gesetzgebung

---

201 Berechnungsbeispiele bei *Schroeter*, Ratings, S. 115 m.w.N.

202 *Emmenegger*, SZW 2006, S. 32 (33) bezeichnet Basel II als den „internationalen Durchbruch" des Ratings als „aufsichtsrechtliche Determinante".

203 Vgl. insoweit zu sog. *„Rating triggers" Blaurock*, ZGR 2007, S. 603 (611); *Lampe*, Regulierung, S. 33 f.; *ZKA-Stellungnahme*, S. 4; *Luttermann/Wicher*, ZIP 2005, S. 1529 (1532); die Folgen dieser Trigger können auch in vorzeitigen Rückzahlungsverpflichtungen oder nachträglicher Bestellung weiterer Sicherheiten etc. liegen, vgl. *Richter*, Verwendung von Ratings, S. 96.

204 *Lemke*, Ratingwesen, S. 114, der auf den Charakter publizierter Ratings als öffentliches Gut hinweist.

205 Vgl. *Richter*, Verwendung von Ratings, S. 208, der den Regulierungsbedarf der Ratingbranche daraus herleitet, dass anderenfalls *„die Ratings jeder Agentur sofort regulatorisch verwendbar"* wären.

206 *Lerch*, BKR 2010, S. 402 (404, 407).

207 *Asmussen*, BFuP 2005, S. 246 (248).

208 Es „verleiht den Ratingagenturen den Anschein von unumstößlicher Objektivität und fördert damit die unkritische Ratingakzeptanz.", *Stuwe/Weiß/Philipper*, Ratingagenturen, S. 12; siehe auch *Partnoy* in: Levich/Majnoni/Reinhart, Ratings, S. 65 f.

209 Art. 113 Abs. 1 S. 3 der VO (EU) 575/2013: *„Zur Ermittlung der Bonität können die Bonitätsbeurteilungen von ECAI [...] herangezogen werden"*.

210 Zur Rating-VO unten D. III.; zu Basel III siehe Erwägungsgründe Nr. 70–72 der Richtlinie 2013/36/EU; *Bauerfeind*, WM 2015, S. 1743 (1745).

mit-verursachte übermäßige Rückgriff auf Ratings nunmehr zur Legitimationsgrundlage für die Kontrolle und Aufsicht der Agenturen und Ratingverwender instrumentalisiert wird.[211] An der nun bekämpften Abhängigkeit der internationalen Finanzmärkte von der Arbeit der Ratingagenturen haben Gesetzgebung und Rechtsprechung aber entscheidend mitgewirkt.[212]

Die regulatorische Indienstnahme von Ratings ist im Übrigen nicht auf Kreditinstitute beschränkt. Bestimmte institutionelle Investoren etwa unterliegen gleichfalls ratingbasierenden Beschränkungen; sie dürfen gewisse Finanzinstrumente nur bei Vorliegen eines der Höhe nach bestimmten Ratings in ihr Portfolio aufnehmen und müssen entsprechende Kontrollen des zulässigen Risikospektrums im Anlageportfolio durchführen.[213] Mit dieser Indienstnahme von Ratings für aufsichtsrechtliche Zwecke hat der Gesetzgeber eine künstliche Nachfrage nach Ratings kreiert,[214] eine gefährliche Abhängigkeit von der Ratingbranche geschaffen und die Basis für das bisweilen blinde Vertrauen von Investoren in Ratings mit-verursacht.[215] Ratingagenturen erfüllen damit neben rein marktbezogenen auch regulatorische Funktionen.

IV. Konflikte in der Ratingbranche

In der Praxis der Ratingtätigkeit haben sich nach und nach diverse Missstände und Fehlentwicklungen offenbart, die massive Zweifel an der Objektivität und Qualität von Ratings der großen Agenturen hervorgerufen haben. Wegen der teilweise verheerenden Folgen (fehlerhafter) Ratings für Unternehmen und Investoren sowie für die Funktionsfähigkeit der Kapitalmärkte sind die Arbeitsweise und das Geschäftsmodell der Agenturen mit der Zeit immer mehr ins Zentrum der Aufmerksamkeit gerückt. Im Folgenden soll ein Überblick über die wesentlichen Konfliktbereiche der Ratingbranche, namentlich das herrschende Oligopol auf dem Ratingmarkt (unter 1.), die asymmetrische Finanzierungsstruktur (unter 2.) und das Entstehen von *Lock-in-*

---

211 Siehe Erwägungsgrund Nr. 1 zur Rating-VO (EG) 1060/2009; ebenfalls *Asmussen*, BFuP 2005, S. 246 (248), der die Agenturen als „Opfer" ihrer eigenen guten Arbeit sieht; *Bauerfeind*, WM 2015, S. 1743 (1745); *Forschner*, JSE 2012, S. 5 (9).

212 So auch *Deipenbrock*, WM 2013, S. 2289 (2295); *Forschner*, JSE 2012, S. 5 (9); *„nicht der Markt, sondern das Recht selbst erzeugt damit Regulierungsbedarf"*, *von Randow* in: Büschgen/Everling, Handbuch Rating (1996), S. 564.

213 Vgl. insoweit für entsprechende aufsichtsrechtliche Regulierung auch in Deutschland *Richter* WM 2008, S. 960, 961; *v. Schweinitz*, WM 2008, S. 953 (Fn. 5); ebenso Darstellung bei *Schuler*, Regulierung und Verantwortung, S. 61 f.; vgl. zu Wertpapiergeschäften mit der Europäischen Zentralbank *Stuwe/Weiß/Philipper*, Ratingagenturen, S. 11.

214 Oder auch „erzwungene Nachfrage", so *Andrieu*, Ratingagenturen in der Krise, S. 31.

215 *von Randow* in: Büschgen/Everling, Handbuch Rating (1996), S. 564; ähnlich *Richter*, Verwendung von Ratings, S. 208.

Effekten (unter 3.), gegeben werden.[216] Teilweise hat der europäische Gesetzgeber bereits versucht, einigen dieser Missstände des Ratingmarkts entgegen zu treten;[217] größtenteils sind die Konflikte aber immer noch virulent. Aus den nachfolgend erörterten Konfliktfeldern wird sich später das grundsätzliche Regulierungsbedürfnis der Ratingtätigkeit – auch durch privatrechtliche Haftung – herleiten lassen.

1. Das Oligopol auf dem Ratingmarkt

Eines der zentralen Konfliktfelder der Ratingbranche ist das herrschende Oligopol auf dem Markt der Anbieter von Ratings.

a) Marktstruktur

Der Markt der Ratingagenturen ist oligopolistisch[218] strukturiert: Die beiden amerikanischen Agenturen *Moody's Investors Service* und *Standard & Poor's* sowie das britische *Fitch Ratings* sind die markt- und branchenbestimmenden „großen Drei", die gemeinsam um die 85–95 % der weltweiten Marktanteile an Emittentenratings besetzen,[219] wobei *Moody's Investors Service* und *Standard & Poor's* gemeinsam etwa 80 % der weltweiten Ratings erstellen und *Fitch Ratings* etwa 10–15 % zugeschrieben

---

216 Als Konfliktfeld zu nennen – jedoch nachfolgend nicht im Einzelnen besprochen – sind auch die wirtschaftlichen Verflechtungen zwischen Ratingagenturen und Emittenten, etwa durch kapital- oder wertpapiermäßige Beteiligungen, Mitarbeiterwechsel oder wechselseitige Besetzungen in Aufsichts- oder Kontrollorganen; vgl. zu diesem Konfliktfeld *Blaurock*, ZGR 2007, S. 603 (643); *Däubler*, BB 2003, S. 429 (431); *Everling*, Credit Rating, S. 96; *Habersack*, ZHR 169 (2005), S. 185 (196); *Lampe*, Regulierung, S. 177 ff.; zur Qualifikation der im Rahmen des Ratingprozesses erlangten Informationen als Insiderinformationen ausführlich *Stemper*, WM 2011, S. 1740 (1742 f.). Derartige Beteiligungen und Verstrickungen sind in der internationalen Wirtschafts- und Finanzwelt alltäglich, so auch *Stemper*, Rahmenbedingungen, S. 239.

217 Zu den entsprechenden Regelungsinhalten der Rating-VO und ihrer Reformen unten D. III. 1. a) und b).

218 *Deipenbrock*, WM 2005, S. 261 (262); *Ebenroth/Daum*, WM 1992, Sonderbeilag Nr. 5, S. 2 (6); *Everling* in: Büschgen/Everling, Handbuch Rating (1996), S. 6; wegen der Marktmacht von Moody's und Standard & Poor's auch „duales Monopol" bezeichnet, siehe *Eisen*, Haftung und Regulierung, S. 83; *Däubler*, BB 2003, S. 429 (430) mag wegen des geringeren Marktanteils von Fitch nur „in etwas freundlicherer Färbung" von einem „Dreigestirn" sprechen.

219 Die genaue Bezifferung des Marktanteils wird unterschiedlich vorgenommen: aktuelle Analysen der ESMA ergeben einen Marktanteil von zusammen 87 %, siehe *Hirschmann*, die bank online, http://www.die-bank.de/news/rating-oligopol-wackelt-nicht-6108/ (abgerufen am: 06.10.2017); bei *Korth*, Dritthaftung, S. 19: 85 %; Bei *Blaurock*, ZGR 2007, S. 603 (606), *Eisen*, Haftung und Regulierung, S. 81; *Habersack*, ZHR 169 (2005), S. 185 (187); *Lampe*, Regulierung, S. 45 und *Vetter*, WM 2004, S. 1701 (1703): 90–95 %; *von Schweinitz*, WM 2008, S. 953: 80 %. Unklar ist in

werden.[220] Wegen dieser Umstände wird und muss zwangsläufig von einer marktbeherrschenden Stellung der drei großen Agenturen oder gar von „absolutistischen Marktverhältnissen“[221] gesprochen werden.[222] Als Marktführer unter den Führenden wird überwiegend *Moody's Investors Service* angesehen.[223] Aus europäischer Sicht nimmt im Übrigen das britische *Fitch Ratings* trotz des geringeren Marktanteils eine wichtige Stellung ein, da ein großer Teil ihrer Ratingobjekte aus Europa stammt.[224] Die großen drei Agenturen sind dabei auf ihrem Gebiet zwar Konkurrenten, aber bereits die Tatsache, dass Emittenten häufig mindestens zwei Ratings unterschiedlicher Agenturen zur Steigerung der Aussagekraft und des Werbeeffekts veranlassen[225] oder dies bei Emissionen eines gewissen Volumens marktüblich ist[226] oder sie hierzu gar gesetzlich gezwungen sein können,[227] verdeutlicht, dass sich die Agenturen nicht zwingend im Wege stehen müssen und sich durchaus gegenseitig ergänzen können.[228] Ihnen ist ein geradezu symbiotisches Miteinander möglich.[229]

---

diesen Darstellungen gelegentlich, worauf genau sich der „Marktanteil“ bezieht, hierzu *Stuwe/Weiß/Philipper*, Ratingagenturen, S. 15.

220 *Habersack*, ZHR 169 (2005), S. 185 (187); *Möllers*, JZ 2009, S. 861 (Fn. 5); *Rosset* in: Ruhwedel, Haftung von Ratingagenturen, S. 3; noch exakter (40 % S&P, 39 % Moody's und 14 % Fitch) unter Bezugnahme auf Veröffentlichungen von Fitch bei *Emmenegger*, SZW 2006, S. 32 (33); Von 47 % (Standard&Poor's), 32 % (Moody's) und 16 % (Fitch) sprechen *Stuwe/Weiß/Philipper*, Ratingagenturen, S. 15.

221 *Däubler*, NJW 2003, S. 1096 (1097); *Eisen*, Haftung und Regulierung, S. 82.

222 *Coffee*, Stellungnahme, S. 3; zur Frage ob Marktbeherrschung i.S.v. § 18 GWB vorliegt bejahend *Eisen*, Haftung und Regulierung, S. 289 ff.; *Schuler*, Regulierung und Verantwortlichkeit, S. 67; *Witte/Hrubesch*, ZIP 2004, S. 1346 (1349); verneinend *Lemke*, Ratingwesen, S. 87.

223 So etwa *Eisen*, Haftung und Regulierung, S. 81; anders *Stuwe/Weiß/Philipper*, Ratingagenturen, S. 14, nach denen *Standard & Poor's* mit 47 % Marktführer ist.

224 *Mählmann*, Beitrag zum Workshop des Baseler Ausschusses für Bankenaufsicht, S. 4.

225 *Däubler*, BB 2003, S. 429 (439); *Dittrich*, Credit Rating Industry, S. 74 f.; *Eisen*, Haftung und Regulierung, S. 82; *von Schweinitz*, WM 2008, S. 953; teilweise werden bei prominenten Emittenten oder Emissionen mit einem hohen Volumen sogar drei Ratings in Auftrag gegeben, so *Jäckle/Ackermann* in: Büschgen/Everling, Handbuch Rating, S. 390.

226 *Ackermann/Jäckle*, BB 2006, S. 878 (879); *von Schweinitz*, WM 2008, S. 953; in Bezug auf das Volumen der Emission *von Rimon*, Ratings in Deutschland und USA, S. 55.

227 *Everling* in: Büschgen/Everling, Handbuch Rating (1996), S. 8; nach Art. 8c) Abs. 1 der Rating-VO müssen strukturierte Finanzprodukte mittlerweile von zwei Agenturen unabhängig voneinander bewerten werden.

228 *Fischer*, Haftungsfragen, S. 21; *Schroeter*, Ratings, S. 546; zumal üblicherweise bei „Doppelratings“ zwei der drei großen Agenturen beauftragt werden, um den beabsichtigten Informations- und Werbeeffekt zu generieren, hierzu *Dittrich*, Credit Rating Industry, S. 76.

229 *Eisen*, Haftung und Regulierung, S. 83 (Fn. 212) zitiert John Rutherford, ehemaliger CEO von Moody's, nach ZKredW 2003, S. 563: *„Unser Verhältnis ist wie das von*

Neben den großen Drei existiert eine Vielzahl kleinerer Agenturen, die sich häufig nur national bzw. regional oder auf bestimmte Branchen oder Märkte ausrichten.[230] Die genaue Anzahl der weltweit agierenden Agenturen wird mit Schätzungen von etwa 70 bis hin zu 400 völlig unterschiedlich hoch veranschlagt.[231] Bei der – mittlerweile – zuständigen europäischen Aufsichtsbehörde *European Securities and Markets Authority* (ESMA) sind gegenwärtig jedenfalls 39 Ratingagenturen registriert und vier zertifiziert.[232]

Die Oligopolbildung auf dem Ratingmarkt beruht im Wesentlichen auf der historisch gewachsenen Stellung der *Big Three* im Sinne eines gelernten Vertrauens auf der Basis treffsicherer Ratings in der Vergangenheit,[233] dessen Aufkündigung eine

---

Coca-Cola und Pepsi, nur geben wir unsere Budgets nicht aus, um uns zu bekämpfen."; a.A. *Schuler*, Regulierung und Verantwortlichkeit, S. 82, der einen „qualitativen Verdrängungswettbewerb" sieht; ebenso *von Rimon*, Ratings in Deutschland und USA, S. 29, die von einem „starken Wettbewerb" spricht und auf Agenturwechsel der Deutschen Post und Heidelberg Cement verweist.

230 *Everling* in: Büschgen/Everling, Handbuch Rating (1996), S. 6; *Fischer*, Haftungsfragen, S. 37; *Gleißner/Füser*, Leitfaden Rating, S. 44 f.; *Habersack*, ZHR 169 (2005), S. 185 (187); *Stemper*, Rahmenbedingungen, S. 101; eine kurze Charakterisierung diverser international agierender Ratingagenturen jenseits der großen Drei findet sich bei *Everling/Trieu* in: Büschgen/Everling, Handbuch Rating, S. 99 ff.

231 *Basler Ausschuss für Bankenaufsicht*, Credit Ratings, S. 14 (zwischen 130–150); *Herfurth*, Regulierung unter Basel II, S. 55 (weit über 100); *Stemper*, Rahmenbedingungen, S. 100 spricht ebenfalls von über 100 Agenturen; *Peters*, Haftung und Regulierung, S. 37 von ca. 70; den – soweit ersichtlich – höchsten Wert von weltweit etwa 400 agierenden Agenturen nennt *Heuser*, IP 2012, S. 102 (105).

232 Stand: 16.07.2017; die ESMA veröffentlicht gemäß Art. 18 Abs. 3 S. 1 der Rating-VO in regelmäßigen Abständen eine Liste der registrierten Agenturen, siehe http://www.esma.europa.eu/page/List-registered-and-certified-CRAs (zuletzt abgerufen am: 06.10.2017); die Anzahl täuscht etwas, da es sich bei den registrierten Agenturen teilweise nur um die Niederlassungen der großen Drei handelt, hierzu auch *Deipenbrock*, WM 2013, S. 2289 (2290 f.); von den 39 registrierten Agenturen sind daher „nur" 25 nicht Teil der Konzerne der großen Drei. Mit der Feri EuroRating Services AG ist am 29.03.2017 eine Ratingagentur entregistriert worden.

233 So auch *Blaurock*, ZGR 2007, S. 603 (607); *Dittrich*, Credit Rating Industry, S. 21; ebenfalls zu nennen ist der Einfluss, den die US-amerikanische Rechtslage auf die Bildung des Oligopols ausgeübt hat, indem die *SEC* in den 1970er Jahren damit begann, Ratingagenturen für aufsichtsrechtliche Zwecke als *Nationally Recognized Statistical Rating Organization* anzuerkennen und dadurch vornehmlich die Marktmacht der bereits etablierten Agenturen zu festigen, vgl. *Asmussen*, BFuP 2005, S. 246; *Blickle*, Regulierung von Ratingagenturen durch die EU, S. 72; *Coffee*, Stellungnahme, S. 3 f.; *Eisen*, Haftung und Regulierung, S. 83, 168 ff.; siehe auch *Balzli/Schiessl/Schulz*, Der Spiegel Nr. 47 (2009), S. 72 (75). Ähnlich wettbewerbsfeindlich gestaltete sich unlängst noch die Rechtslage in Deutschland nach §§ 52 f. SolvV a.F., hierzu *Buschmeier*, Ratingagenturen,

massenhafte Verhaltensänderung an internationalen Kapitalmärkten voraussetzte, die nicht zu erwarten ist, insbesondere da nicht einmal die internationale Finanzkrise 2007/2008[234] die Marktstellung der großen Drei nachhaltig beeinflusst hat, obwohl ihnen eine erhebliche Mitschuld vorgeworfen wird.[235] Die Marktmacht basiert schlicht darauf, dass es sich bei den großen Drei um die Begründer und Pioniere dieses Geschäftsbereichs handelt.[236] Dass die Vormachtstellung so stark mit der Historie der Branche verknüpft ist, liegt darin begründet, dass der Wert von Ratings untrennbar mit dem Vertrauen verbunden ist, das der abgebenden Agentur anlegerseits entgegen gebracht wird,[237] da Ratingnutzer nicht die Möglichkeit haben oder die Fähigkeit besitzen, die Plausibilität und Richtigkeit eines abgegebenen Ratings im Vorhinein sicher zu beurteilen. Somit sind sie gezwungen, dem Rating Glauben zu schenken. Dies wird nur bei einer marktbekannten und etablierten Agentur der Fall sein, die einen entsprechenden *track record*[238] – die dokumentierte Statistik der Treffsicherheit bei früheren Ratings – aufweisen kann und sich dieses Vertrauen in der Vergangenheit erarbeitet hat.[239] Zudem waren die *Big Three* durch ihren frühen Markteintritt die Ersten, die ein enorm breites Spektrum an Emittenten und Emissionen abgedeckt haben, d.h. die „ganze Bandbreite des Ratings"[240] anbieten und sich hierdurch einen entsprechend großen Vorsprung in ihrem Angebotsportfolio erarbeiten konnten. Auf Seiten von Investoren ist schließlich auch kein Interesse an einer Ausweitung des Ratingmarktes zu erkennen, da der Mehrwert von Ratings verloren ginge, wenn eine Vielzahl von Ratinganbietern unterschiedliche Noten

---

S. 159; *Deipenbrock*, WM 2006, S. 2237; *Wildmoser/Schiffer/Langoth*, RiW 2009, S. 657 (659).

234 Die globale Banken- und Finanzkrise als Teil der Weltwirtschaftskrise, die gemeinhin in ihrem Beginn auf den Sommer 2007 datiert wird, wird in dieser Arbeit verkürzt als „Finanzkrise 2007/2008" bezeichnet.

235 Hierzu näher D. II. 1. und 2.

236 Ebenso *Blaurock*, ZGR 2007, S. 603 (607); *Dittrich*, Credit Rating Industry, S. 21; *Schuler*, Regulierung und Verantwortlichkeit, S. 68; ähnlich sah es auch das Europäische Parlament, siehe den *Bericht über die Rolle und Methoden von Rating-Agenturen* (2003/2081 (INI)) vom 28.01.2004, S. 9.

237 *Eisen*, Haftung und Regulierung, S. 84; *Fischer*, Haftungsfragen, S. 22; *Möllers*, ZJS 2009, S. 227; *Peters*, Haftung und Regulierung, S. 37; Ratingagenturen sind daher Vertrauensintermediäre, hierzu ausführlich *Korth*, Dritthaftung, S. 40 ff. unter Verweis auf und Analyse des Begriffs des Vertrauensintermediärs bei *Coleman*, Foundations of Social Theory, Cambridge, MA, 1990.

238 Zum Begriff siehe *Lampe*, Regulierung, S. 46 m.w.N.; *Möllers*, JZ 2009, S. 861 (862); *ZKA-Stellungnahme*, S. 5.

239 *Basler Ausschuss für Bankenaufsicht*, Credit Ratings, S. 12; *Blaurock*, ZGR 2007, S. 603 (607); *Deipenbrock*, WM 2005, S. 261 (262); *Fischer*, Haftungsfragen, S. 22; *Rinze/Klüwer*, BB 1998, S. 1697 (1700); *Schuler*, Regulierung und Verantwortlichkeit, S. 68 f.; *Stemper*, Rahmenbedingungen, S. 104; zudem veröffentlichen die Agenturen im Internet regelmäßig sog. „*default reports*".

240 *Serfling* in: Büschgen/Everling, Handbuch Rating, S. 719.

und Einschätzungen abgeben würden und Ratingnutzer wieder zu einer vertieften Auseinandersetzung der Informationen gezwungen wären.[241]

b) Risiken der oligopolistischen Marktstruktur

Angesichts der herrschenden Marktstrukturen ist es für konkurrierende Agenturen beinahe unmöglich, in den Markt einzudringen und das Oligopol aufzulockern, da sie sich das Vertrauen der Branche in ihre Ratings, das sie für eine Erschütterung der Marktstruktur benötigen würden, nur schwerlich erarbeiten können.[242] Emittenten beauftragen hauptsächlich die international etablierten Agenturen, um den Ratingnutzen voll ausschöpfen zu können.[243] Ein neuer Wettbewerber muss stets einkalkulieren, dass die Phase der Entwicklung hin zu einer ausreichenden Akzeptanz in der Branche wirtschaftlich nur mit großen Anstrengungen zu leisten ist und für eine nicht unerhebliche Zeit kaum Aussicht auf Gewinnerzielung bietet.[244] Zudem gründen die etablierten Agenturen ihre Ratings maßgeblich auf Datensätzen von über Jahren und Jahrzehnten gesammelten Informationen über die betroffenen Unternehmen, Branchen und Märkte.[245] Der Aufbau einer solchen Informationsbasis ist für neuere Agenturen ebenso mit Schwierigkeiten und Risiken verbunden.[246] Für kleinere oder unbekannte Agenturen bleiben faktisch nur Emittenten aus regionalen mittelständischen Bereichen übrig, für die die Beauftragung einer der großen Agenturen finanziell nicht darstellbar ist.[247] Echte Marktlücken bestehen hingegen nicht.[248] Auch Sprach-, Kultur- oder Wissensbarrieren, die überwunden

---

241 So *Schroeter*, Ratings, S. 537.

242 *Blaurock*, ZGR 2007, S. 603 (607); *ESME*, Role of Credit Rating Agencies, S. 11; *Haar*, JZ 2008, S. 964 (970); *Lampe*, Regulierung, S. 46; aA *Lerch*, BKR 2010, S. 402 (407) m.w.N.

243 Anderenfalls müssen Emittent sich womöglich sogar die Frage gefallen lassen, weswegen nicht auf eine anerkannte und etablierte Agentur zurückgegriffen wurde, wenn die Emission misslingt; dies könnte in letzter Konsequenz sogar Haftungsrelevanz entfalten, siehe auch *Herfurth*, Regulierung unter Basel II, S. 165.

244 *Fischer*, Haftungsfragen, S. 25, 40; *Heuser*, IP 2012, S. 102 (105).

245 Vgl. insoweit zum Ratingverfahren nur *Eisen*, Haftung und Regulierung, S. 97 ff.

246 *Haar*, JZ 2008, S. 964 (970); *Heuser*, IP 2012, S. 102 (105); *Lampe*, Regulierung, S. 46.

247 Vgl. *Kirchmair* in: Everling, Rating – Chance für den Mittelstand, S. 182; *ZKA-Stellungnahme*, S. 6; vgl. zur Arbeit regionaler Agenturen auch *Strunz-Happe*, WM 2004, S. 115 (115 f.); *Mühl*, Zivilrechtliche Verantwortlichkeit von Ratingagenturen, S. 33 sieht denn auch für kleinere Ratingagenturen auf dem Gebiet der Mittelstandsratings eine positive Prognose.

248 A.A. *Lerch*, BKR 2010, S. 402 (404) hinsichtlich der Besetzung geographischer Nischen; siehe auch *Blaurock*, ZGR 2007, S. 603 (606) m.w.N. der darauf hinweist, dass – bis dato – in den Niederlanden, Belgien und Griechenland keine einheimischen Agenturen existierten; eine Auswahl deutscher Agenturen findet sich bei *ZKA-Stellungnahme*, S. 5; zuletzt wird der Erfolg einiger kleinerer Agenturen hervorgehoben, in Deutschland etwa die Ratingagentur *Scope*; gleichwohl ist eine ech-

werden müssten, sind nicht zu erkennen, da auch länderspezifische Besonderheiten idealiter in den Ratings der großen Drei bereits mit bedacht wurden.[249]

Das Oligopol birgt indes erhebliche Risiken für die ordnungsgemäße Ratingtätigkeit. In erster Linie ist diesbezüglich das offenkundige Wettbewerbsdefizit auf dem Ratingmarkt zu bemängeln,[250] welches Anlass zur Sorge gibt, dass Fortentwicklungen und Verbesserungen etwa der Methodologie der Ratingerstellung nicht in genügendem Maße vorgenommen werden[251] und innovative Kräfte zur (Weiter-) Entwicklung unterdrückt werden.[252] Nicht einmal im Binnenverhältnis der drei großen Agenturen herrscht nennenswerter Wettbewerb. Zudem verleiht das Oligopol den Agenturen eine bedenkliche Marktmacht, die Missbrauchsrisiken, etwa zur Nötigung von Emittenten zur Fortsetzung oder Erweiterung der Zusammenarbeit[253] oder zur Durchsetzung beliebiger Preisbedingungen[254], hervorruft. Darüber hinaus ist die Marktkonzentration gefährlich, da die drei großen Agenturen mit ihren Ratings ganze Herdenbewegungen bei Investoren auslösen können.[255] Schließlich führt das Oligopol zu einer starken US-amerikanische Prägung der Ratingbranche, die immer wieder zu dem Vorwurf einer bevorzugten und milden Behandlung der USA als Heimatland führt.[256] Untersuchungen haben ergeben, dass es die beiden US-amerikanischen Marktführer in der Vergangenheit trotz erheblicher Haushaltskrisen in den USA bei der Bestnote für die Vereinigten Staaten beließen, obwohl

---

te Erosion nicht zu erkennen, weswegen Skepsis weiterhin angebracht ist, ähnlich auch *Hock*, FAZ-online, http://m.faz.net/;s=9aL1TGXqW5dJGVnrjd6LP39/aktuell/finanzen/anleihen-zinsen/rating-agenturen-hohe-huerden-fuer-newcomer-in-europa-13365370.html (abgerufen am 06.10.2017).

249 *Fischer*, Haftungsfragen, S. 17; auf den Vorwurf mangelnden Verständnisses der amerikanischen Agenturen für den europäischen Markt verweisend *Lampe*, Regulierung, S. 47 f.

250 *Däubler*, BB 2003, S. 429 (430); *Rosset* in: Ruhwedel, Haftung von Ratingagenturen, S. 3; a.A. *Lemke*, Ratingwesen, S. 122, der strukturellen Wettbewerb sieht.

251 *Blaurock*, ZGR 2007, S. 603 (607); *Deipenbrock*, WM 2011, S. 1829; *Emmenegger*, SZW 2006, S. 32 (35); *Lerch*, BKR 2010, S. 402 (404), der die Wettbewerbssituation als „suboptimal" bezeichnet.

252 *ESME*, Role of Credit Rating Agencies, S. 11.

253 So etwa *Dittrich*, Credit Rating Industry, S. 110; *Däubler*, BB 2003, S. 429 (431) sieht gar die Gefahr des Ratingeinsatzes ausschließlich zur bewussten Schädigung eines Emittenten; in Bezug auf Banken bei downgradings *Stuwe/Weiß/Philipper*, Ratingagenturen, S. 9.

254 *Emmenegger*, SZW 2006, S. 32 (35); *Fischer*, Haftungsfragen, S. 21; *Jäckle/Ackermann* in: Büschgen/Everling, Handbuch Rating, S. 389 f.

255 *Stuwe/Weiß/Philipper*, Ratingagenturen, S. 16; siehe auch *Blickle*, Regulierung von Ratingagenturen, S. 107.

256 Vgl. zuletzt etwa *Böcking*, spiegel-online, http://www.spiegel.de/wirtschaft/soziales/rating-agenturen-bevorzugen-laut-studie-ihre-heimatlaender-a-942936.html (abgerufen am: 06.10.2017); grundsätzlich *Stuwe/Weiß/Philipper*, Ratingagenturen, S. 9.

bei vergleichbaren Konstellationen signifikant schlechtere Urteile für Fremdstaaten vergeben wurden.[257] Dieser Vorwurf ist auch auf andere Agenturen und Sachverhalte übertragbar.[258]

Insgesamt bedroht das herrschende Oligopol mithin die Ratingqualität und stellt ein besonderes Konfliktfeld der Branche dar, welches folgerichtig eines der zentralen Objekte regulativer Eingriffe des europäischen Gesetzgebers darstellt.[259]

2. Finanzierungsstruktur

Neben der oligopolistischen Marktstruktur ist es vor allem das seit den 1970er Jahren von den Ratingagenturen praktizierte Finanzierungsmodell, das zu erheblichen Konflikten und Qualitätsrisiken führt.

a) *Einnahmequellen und Finanzierungsrealität*

Ratingagenturen können sich verschiedenartig refinanzieren. Zu ihren potenziellen Kunden gehören neben Emittenten und Anlegern (private wie institutionelle) auch

---

257 *Fuchs/Gehring*, Home Bias in Souvereign ratings, S. 36. Dort wird u. a. ausgeführt: "*Our results show substantial variation across agencies. Specifically, four agencies provide significantly better ratings to their home country than what would be justified by their assessments of the economic and political fundamentals of other sovereigns. Moreover, five agencies assign significantly better ratings to those countries in which homecountry Banks possess higher foreign claims, and six out of nine agencies are affected by cultural distance as measured by linguistic differences or common language.*"; zum Verdacht der bevorzugten Bewertung – auch bezüglich Unternehmen –, um Konkurrenten zu schwächen, siehe *Däubler*, NJW 2003, S. 1096 (1097).

258 *Fuchs/Gehring*, Home Bias in Souvereign Ratings, S. 36 f.; unlängst bemängelte auch der italienische Rechnungshof das fehlende kulturelle Verständnis der Agenturen für die besonderen Eigenheiten der Einzelstaaten, o.V., FAZ, http://www.faz.net/aktuell/wirtschaft/eurokrise/italien/italien-will-hunderte-milliarden-dante-gegen-ratingagentur-12785954.html (abgerufen am: 06.10.2017); daneben wird auch die Gefahr bewusster, politisch motivierter Herabstufung anderer Länder diskutiert, beispielsweise wenn eine aus US-amerikanischer Sicht ungeliebte politische Strömung droht, an Einfluss zu gewinnen, *Däubler*, BB 2003, S. 429 (431); siehe zuletzt zu entsprechenden Vorwürfen aus Russland, o.V. Zeit Online, http://www.zeit.de/wirtschaft/2014-03/russland-kreditwuerdigkeit-herabgestuft (abgerufen am 06.10.2017). Nicht zuletzt als Reaktion auf solche Bedenken ist es zu verstehen, wenn mittlerweile etwa Russland und China eine gemeinsame Ratingagentur gründen wollen, o.V., FAZ, http://www.faz.net/aktuell/wirtschaft/neue-allianz-peking-und-putin-gruenden-ratingagentur-12970084.html (abgerufen am 06.10.2017); gegenwärtig will Russland eine eigene Ratingagentur gründen, *Triebe*, FAZ, http://www.faz.net/aktuell/finanzen/gruendung-beschlossen-russland-will-eine-eigene-ratingagentur-aufbauen-13732717.html (abgerufen am: 06.10.2017).

259 Hierzu unten D. III. 1. aa) und b).

Aktienkäufer und Wertpapierdienstleister.[260] Die gängige und heute herrschende Bezahlungsmethode ist indes das sog. *issuer pays*-Modell[261], im Rahmen dessen der bewertete Emittent eine Gebühr für das erstellte Rating als vertraglich vereinbarte Gegenleistung entrichtet.[262] Die Gebühr richtet sich dabei grundsätzlich nach dem Volumen des Auftrags[263] und hängt der Höhe nach vor allem von der Marktmacht der großen drei Agenturen ab, die sich ihre besondere Stellung als Vertrauensintermediäre für das Anlegerpublikum entsprechend gut bezahlen lassen.[264]

Daneben schließen die Agenturen auch Abonnementsverträge mit Investoren ab, durch die diese die Bonitätsauskünfte in Form von gedruckten Publikation oder über elektronische Datenzugänge erhalten. In diesem Fall werden die Ratings unmittelbar durch Anleger als Informationsmaterial gekauft (*investor pays*-Modell[265]), wohingegen beim *issuer pays*-Modell eine Dienst- oder Werkleistung[266] für den Emittenten im Mittelpunkt steht. Letzteres ermöglicht freilich die anschließend weitgehend kostenlose Veröffentlichung der Ratings,[267] worin nicht zuletzt eine der Hauptursachen für die enorm gewachsene Bedeutung der Bonitätsnoten zu sehen ist.[268] Zudem ist das durch die Emittenten finanzierte Modell für die Ratingagenturen

---

260 Vgl. *Blaurock*, ZGR 2007, S. 603 (608).

261 Im Unterschied zum sogenannten *subscriber pays* oder *investor pays*-Modell, bei dem die Investoren eine Vergütung zahlen. Dies wird für die Ratingbranche jedoch mittlerweile als nicht praktikabel angesehen, vgl. *Lerch*, BKR 2010, S. 402 (406); dennoch als Modell für überlegenswert gehalten von *Schwarcz*, University of Illinois Law Review (2002), S. 1 (16 f.); *Spindler*, AG 2010, S. 601 (610) unter Verweis auf damit einher gehende Probleme besonderen Informationsvorsprungs des zahlenden Investors.

262 *Eisen*, Haftung und Regulierung, S. 86; *Fischer*, Haftungsfragen, S. 38; *Korth*, Dritthaftung, S. 20.

263 *Eisen*, Haftung und Regulierung, S. 88.

264 *Fischer*, Haftungsfragen, S. 21; laut *Anders*, derFreitag vom 28.09.2007 beginnt die Preisskala bei zumindest 25.000 US-Dollar und steigt mit Komplexität und Volumen des Ratings; *Everling*, Die Bank 1992, S. 78 (82) sieht Gebühren bis zu 125.000 US-Dollar.

265 Hierzu ausführlich *Schroeter*, Ratings, S. 36 f.; zu den verschiedenen Geschäftsmodellen hinsichtlich kostenloser und kostenpflichtiger Veröffentlichung siehe *Peters*, Haftung und Regulierung, S. 40 f.

266 Zur Qualifizierung vgl. *Krämer* in: Achleitner/Everling, Handbuch Ratingpraxis, S. 700 f.; *Witte/Hrubesch*, ZIP 2004, S. 1346 (1349); siehe zudem unten F. I. 1. a) aa).

267 *Buschmeier*, Ratingagenturen, S. 171; *Habersack*, ZHR 169 (2005), S. 185 (195 f.); was nicht zuletzt durch die in den 1970er Jahren aufkommende Fotokopie sowieso eine unaufhaltsame Entwicklung gewesen wäre, vgl. *Balzli/Schiessl/Schulz*, Der Spiegel Nr. 47 (2009), S. 72 (75); *Eisen*, Haftung und Regulierung, S. 87; *Lampe*, Regulierung, S. 49; *Richter*, Verwendung von Ratings, S. 61.

268 *Lampe*, Regulierung, S. 49, 172; anders wäre auch ihre aufsichtsrechtliche Indienstnahme nicht möglich gewesen, *Herfurth*, Regulierung unter Basel II, S. 65; ebenso im Hinblick auf die Übernahme wichtiger Kapitalmarktfunktionen *Lemke*, Ratingwesen, S. 115.

deutlich lukrativer.[269] Das *issuer pays*-Modell hat daher auch historisch betrachtet ab den 1970er Jahren das ursprünglich herrschende *investor pays*-Modell mehr oder weniger vollständig abgelöst.[270] Es macht heute ca. 90 % der Einnahmen aus, was dessen Bedeutung für den Ratingsektor widerspiegelt.[271] An diesem Verhältnis kann nachvollzogen werden, wie sehr sich das Geschäftsmodell der Ratingagenturen von der reinen Anlegeraufklärung hin zu den Bedürfnissen der Emittenten als Abnehmer und Käufer der Ware Rating entwickelt hat. Emittenten sind nicht mehr nur das Objekt einer Bewertung zugunsten von Anlegern, sondern mit eigenen wirtschaftlichen Interessen an dieser Leistung beteiligt. Daher haben sich zwangsläufig auch die Markt- und Leistungsinteressen der Beteiligten verschoben,[272] so dass von einer asymmetrischen Vergütungsstruktur zu sprechen ist.

Schließlich erbringen Ratingagenturen auch entgeltliche Beratungs- und Dienstleistungen,[273] sog. Nebenleistungen („*ancillary services*"), wie beispielsweise Marktprognosen oder Preisanalysen,[274] durch die sie weitere Einnahmen generieren können. Diese Form von Beratungsleistungen – *rating advisory* – ist nicht unkritisch zu sehen. Beratungsleistungen haben in der Vergangenheit häufig die zu bewertenden Emittenten oder ihre Finanzinstrumente selbst betroffen, beispielsweise im Hinblick auf eine ratingorientierte Optimierung des Finanzmanagements des Unternehmens oder auch konkreter Beratung und Betreuung bei der Strukturierung eines verbrieften Finanzinstruments.[275] Die Agenturen bewerteten also letztlich Objekte, an deren Performance, Entstehung und/oder Strukturierung sie selbst – parallel

269 *Lampe*, Regulierung, S. 49, 174.

270 *Eisen*, Haftung und Regulierung, S. 87; *Emmenegger*, SZW 2006, S. 32 (35); *Hill*, Washington University Law Review (2004), S. 43 (50); *Schuler*, Regulierung und Verantwortlichkeit, S. 70 (Fn. 332); *Schroeter*, Ratings, S. 36, 44 f.; *Stemper*, Rahmenbedingung, S. 109; zum Penn-Central-Bankrott als Wendepunkt der Finanzierung *von Randow* in: Büschgen/Everling, Handbuch Rating (1996), S. 553.

271 *Lampe*, Regulierung, S. 49, 170; *Lerch*, BKR 2010, S. 402 (405); *Schuler*, Regulierung und Verantwortlichkeit, S. 70 („weit über 80 %"); *ZKA-Stellungnahme*, S. 9 (85–90 %).

272 *Deipenbrock*, WM 2011, S. 1829 (1831); *Eisen*, Haftung und Regulierung, S. 89, der in Fn. 244 zutreffend auf den Widerspruch zur Firmierung als „*Moody's Investors Service*" hinweist.

273 Wie etwa Studien, Risikomessungen, Managementberatung etc.; ein Überblick bei *Lampe*, Regulierung, S. 50; *Stuwe/Weiß/Philipper*, Ratingagenturen, S. 13. In Betracht kommt auch das *Rating Advisory* durch externe Berater: dann können sich die Interessenkonflikte daraus ergeben, dass eine enge Zusammenarbeit zwischen Agentur und externem Berater erfolgt, beispielsweise durch Provisionsabreden oder Exklusivverträge, hierzu *Schulze-Heuling/Lehrke* in: Achleitner/Everling, Handbuch Ratingpraxis, S. 123 f.

274 Siehe Anh. I Abschn. B Nr. 4 der Rating-VO.

275 Vgl. hierzu *Emmenegger*, SZW 2006, S. 32 (35 f.); *Eisen*, Haftung und Regulierung, S. 66 in Bezug auf die beinahe unverzichtbare Beratung bei *asset backed securites*-Transaktionen; *Haar*, NZG 2010, S. 1281 (1282); *Rinze/Klüwer*, BB 1998, S. 1697

zum eigentlichen Ratingverfahren[276] – maßgeblich beteiligt waren. Hierdurch sind bedenkliche Verflechtungen zwischen Agentur und Emittent oder Ratingobjekt entstanden, die freilich berechtigte Zweifel an der Objektivität ihrer Arbeit begründet haben.[277] Der EU-Gesetzgeber versucht dieser Form von Beratungsleistungen im Vorfeld des Ratingprozesses wegen des offensichtlichen Interessenkonflikts[278] vermehrt einen Riegel vorzuschieben.[279] Sogenannte Nebendienstleistungen bleiben aber grundsätzlich auch weiterhin erlaubt, was begriffliche Abgrenzungsschwierigkeiten mit sich bringt.[280] Indirekte Beratung und entsprechende Umgehungen von Beratungsverboten sind daher immer noch virulente Problemkreise.[281]

b) Kritik an der Finanzierungsrealität

Die generell mit dem *issuer pays*-Modell einher gehende bzw. die bei *solicited ratings* immanente finanzielle Beziehung zwischen Agentur und Emittent und die Verschiebung der Leistungsinteressen von der Anlegeraufklärung hin zur Dienstleistung zugunsten des Emittenten führt insgesamt zu einem Missstand in der Branche. Dies muss allerdings differenziert betrachtet werden:

aa) Vorteile des issuer pays*-Modells*

Richtigerweise ist anzuführen, dass das *issuer pays*-Modell auch Vorteile mit sich bringt. Die mit dem *issuer pays*-Modell einhergehende enge Beziehung zum Emittenten verbessert die Qualität von Ratings, da diese auf einer breiteren Informations-

(1699), wonach die ABS-Transaktionen bis ins Detail mit den Agenturen abgestimmt sind; *Schuler*, Regulierung und Verantwortlichkeit, S. 73.

276 *Blaurock*, ZGR 2007, S. 603 (649); wobei die Leistungen gelegentlich auch von Schwesterunternehmen der Agenturen durchgeführt wurden, siehe *von Rimon*, Ratings in Deutschland und USA, S. 36.

277 *CESR*, Technical advice to the European Commission on possible measures concerning credit rating agencies, 03/2005, S. 67.

278 *Lampe*, Regulierung, S. 175; *Möllers*, JZ 2009, S. 861 (864); *derselbe*, ZJS 2009, S. 227 (229 f.); *Witte/Hrubesch*, ZIP 2004, S. 1346 (1351); hinsichtlich der daraus resultierenden Regulierungsbedürftigkeit siehe *Habersack*, ZHR 169 (2005), S. 185 (196).

279 Nach Art. 6 Abs. 1 i.V.m. Anh. I Abschn. B Nr. 4 und 5 dürfen Beratung und Rating nicht mehr im Zusammenhang stehen. Dies betrifft insbesondere die besonders praxisrelevante Beratung zur Strukturierung verbriefter Finanzinstrumente.

280 Hierzu *Deipenbrock*, WM 2009, S. 1165 (1171); *Möllers*, JZ 2009, S. 861 (865); *Stemper*, Rahmenbedingungen, S. 265 f.; ebenso unklar kann es sein, wo die Grenze verläuft zwischen eigenständigen Beratungsleistungen und denjenigen Gesprächen und Rücksprachen, die zum Ratingverfahren *lege artis* dazugehören, hierzu *Blaurock*, ZGR 2007, S. 603 (640); *Lampe*, Regulierung, S. 175.

281 *Bauer*, BB 2013, S. 363 (364); zur Frage, ob z.B. die Praxis des *„rating assessment service“* ebenfalls vom Verbot der Ratingverordnung umfasst ist siehe *Stemper*, Rahmenbedingungen, S. 267; zum *„rating picking“* ebenfalls *Stemper*, Rahmenbedingungen, S. 110 f.

basis erarbeitet werden können.[282] Es fließen mittelbar auch Informationen in die Märkte, die andernfalls unbekannt geblieben wären. Die Ratings werden insgesamt fundierter und qualitativ hochwertiger.[283] Ebenfalls nicht unerwähnt bleiben darf, dass das *issuer pays*-Modell wegen der Refinanzierung durch Emittenten – wie erwähnt – die kostenlose und unbeschränkte Veröffentlichung der Ratings zugunsten des allgemeinen Anlegerpublikums möglich macht.[284] Dies ist für die Zwecke des Abbaus bestehender Informationsasymmetrien und des Anlegerschutzes von unschätzbarem Wert.

bb) Konfliktpotenziale

Das *issuer pays*-Modell birgt jedoch enorme Konfliktpotenziale, die aus der engen Verbindung zwischen Ratingagentur und Emittent herrühren. Es handelt sich daher um ein ganz zentrales Konfliktfeld der Ratingbranche wenngleich es angesichts der Finanzierungsrealitäten der Agenturen wohl unumkehrbar scheint.[285]

(1) Qualitätsbedenken

Zunächst wird der vorgenannte positive Effekt aus dem Umstand, dass die Informationen, die zur Bewertungsgrundlage des Ratings werden, zu weiten Teilen vom bewerteten Objekt – dem Unternehmen – selbst stammen, in gewisser Weise wieder relativiert, da Ratings hierdurch nie „besser" sein können als vom Emittenten erhaltenen Informationen,[286] ggf. also auch dessen Fehler übernommen, d. h. womöglich auch lücken- oder fehlerhafte Unterlagen, beispielsweise von Abschlussprüfern, für das Ratingverfahren verwendet werden.[287] Die gleiche Befürchtung resultiert

---

282 *Schuler*, Regulierung und Verantwortlichkeit, S. 82.

283 *Schuler*, Regulierung und Verantwortlichkeit, S. 82, der von einer „gründlicheren Prüfung und Bewertung" durch das *issuer pays*-Modell spricht; *von Rimon*, Ratings in Deutschland und USA, S. 40.

284 *Schroeter*, Ratings, S. 37 f.; wobei anzumerken ist, dass die Umstellung auf das *issuer pays*-Modell eher unfreiwilligen Ursprungs ist und eine Rückkehr im Informationszeitalter des Internets kaum möglich scheint; das *issuer pays*-Modell „ermöglicht" daher die kostenfreie Veröffentlichung zwar, ist aber eigentlich nur eine Reaktion darauf, dass eine Beschränkung der Publizität schon seit Erfindung des Kopiergeräts schwerlich durchzusetzen ist, vgl. *Eisen*, Haftung und Regulierung, S. 87.

285 Vgl. z. B. *Bremer*, NZG 2011, S. 100, der keine „sinnvolle Alternative" sieht; zu alternativen und trotzdem erfolgreichen *investor pays*-Modellen (*Egan Jones Ratings, Financial Health Ratings*) aber *Strobl/Xia*, Issuer Pays Rating Model, S. 6 ff.; zu dem Versuch der US-amerikanischen Börsenaufsicht SEC, das *issuer pays*-Modell abzuschaffen siehe *Balzli/Schiessl/Schulz*, Der Spiegel Nr. 47 (2009), S. 72 (74).

286 So auch *Blaurock*, ZGR 2007, S. 603 (644); *Lerch*, BKR 2010, S. 402 (404); *Schwarcz*, University of Illinois Law Review (2002), S. 1 (6).

287 Was den Regelfall darstellt, da eine Verifizierung nicht stattfindet, so *Blaurock*, ZGR 2007, S. 603 (644).

aus der Überlegung, dass Emittenten ihren Informationsvorsprung zu ihrem Vorteil nutzen, indem sie etwa negative Informationen zurückhalten und der Agentur gar nicht erst offenbaren.[288]

(2) Interessenkonflikte

Die Hauptproblematik des *issuer pays*-Modells besteht allerdings in dem unverkennbaren Abhängigkeitspotenzial und den immanenten Interessenkonflikten der Bezahlungsstruktur: Die Rolle der Ratingagenturen als neutrale Informations- und Vertrauensintermediäre leidet massiv unter einem Finanzierungsmodell, das die Vergütung ausgerechnet durch diejenige Partei vorsieht, zu der im Verhältnis zu Dritten – Anlegern – gerade Neutralität und Objektivität geschaffen werden soll.[289] Denn so wie der zahlende Emittent am günstigen Ausgang des Ratings, hat die Agentur ein natürliches Interesse am zufriedenen Kunden. Sie ist daher gefährdet, ihre Tätigkeit an den Interessen der sie bezahlenden Kunden zu orientieren. Damit sind bei Ratings, die *de facto* nur für die Zwecke des Emittenten hergestellt werden, etwa die erfolgreiche Produktplatzierung am Markt zu geringstmöglichen Kosten, die Anreize für Agentur und Emittent identisch.[290] Die kurzfristigen Einnahmen und die Gewinnung weiterer Marktanteile können für die Agentur attraktiver wirken, als es das Risiko langfristigen Vertrauensverlusts bei Anlegern wegen nicht akkurater Ratings disziplinierend ist.[291] Dieser Konflikt kann so weit führen, dass die Agenturen – so der Vorwurf vor allem bei strukturierten Finanzprodukten – sogar Papiere bewerten, die zu bewerten sie nach Kenntnis- und Erfahrungsstand gar nicht fähig und imstande sind,[292] oder dass sie zur Gewinnung eines neuen Kunden besonders gefällige Erst- oder Initiativratings abgeben, damit der betroffene Emittent in Zukunft mit dieser ihr vermeintlich wohl gesonnenen Agentur weiter zusammen arbeitet.[293] Generell steht ein Wettbewerb unter den Agenturen um das

288 *Richter*, Verwendung von Ratings, S. 86, der jedoch auf die Erfahrung und den Informationsschatz der großen Agenturen hinweist.

289 Vgl. *Blaurock*, ZGR 2007, S. 603 (643); *Emmenegger*, SZW 2006, S. 32 (35); *Habersack*, ZHR 169 (2005), S. 185 (195); *Lerch*, BKR 2010, S. 402 (405); *Möllers*, JZ 2009, S. 861 (863); *derselbe*, ZJS 2009, S. 227 (231); *Peters*, Haftung und Regulierung, S. 159; *Spindler*, AG 2010, S. 601 (610); *Stuwe/Weiß/Philipper*, Ratingagenturen, S. 8; für *Heldt-Sorgenfrei* in: Everling/Leker/Bielmeier, Credit Analyst, Kap. 1.1, S. 13 ist es die „Wurzel" diverser Interessenkonflikte.

290 *Heldt-Sorgenfrei* in: Everling/Leker/Bielmeier, Credit Analyst, Kap. 1.1, S. 13.

291 *Deipenbrock*, WM 2011, S. 1829 (1831); *dieselbe* WM 2013, S. 2289 (2294); zum Reputationsmechanismus als Regulierungsart unten D. I.

292 *Balzli/Schiessl/Schulz*, Der Spiegel Nr. 47 (2009), S. 72 (76); *Lerch*, BKR 2010, S. 402 (408); *Wildmoser/Schiffer/Langoth*, RiW 2009, S. 657 (661).

293 Sog. „*sweetheart deals*", Begriff bei *Schmidt* in: Büschgen/Everling, Handbuch Rating (1996), S. 269; mit Beispielen aus der Praxis *Emmenegger*, SZW 2006, S. 32 (35); *Stemper*, Rahmenbedingungen, S. 111 (Fn. 424); auch die Rechtsprechung benennt diesen Interessenkonflikt, siehe *OLG Düsseldorf*, ZIP 2010, S. 28 (30): „*[Es] liegt auf*

gefälligste Rating für einen Emittenten zu befürchten, um den Zuschlag für eine dauerhafte Geschäftsbeziehung zu erhalten („*Race to the bottom*").[294] Freilich enden solche Abhängigkeiten bei späteren Folgeratings nicht mehr. Das Gegenteil ist der Fall, denn Folgeratings sind finanziell wenig attraktiv für die Agenturen, gleichzeitig aber dazu geeignet, den Kunden zu verärgern.[295]

Hier wird auch das Phänomen des „*rating shopping*"[296] virulent. Gemeint ist die Beauftragung mehrerer Agenturen durch interessierte Emittenten. Den Zuschlag für das tatsächliche Verfahren erhält diejenige Agentur mit der günstigsten Prognose oder es wird nur das positivste Rating veröffentlicht.[297] Der Anreiz für die Agenturen, das Rating so weit wie möglich zu schönen, um den Auftrag zu erhalten, ist groß und offensichtlich.[298] Es sind die Emittenten, die die ratende Agentur aussuchen und nicht umgekehrt.[299]

Zugleich verliert die Anlegerschaft im *issuer pays*-Modell als mögliches Korrektivorgan an Einfluss. Soweit die Agenturen finanziell vom Anlegerpublikum weitgehend unabhängig sind, da insbesondere Abonnementsgebühren nur einen kleinen Teil der Refinanzierung ausmachen, besitzt der drohende Wegfall von Abonnenten wegen Schlechtleistungen keine disziplinierende Wirkung im Hinblick auf einen qualitativen Wettbewerb.[300] Dies intensiviert die Risiken der bestehenden Anreizstrukturen.

---

der Hand, dass Ratingagenturen als privatwirtschaftlich organisierte Unternehmen, die aufgrund eines konkreten entgeltlichen Auftrages Bewertungen u. a. für Finanzprodukte des jeweiligen Auftraggebers abgeben und bereits im Vorfeld die Auftraggeber bei der Gestaltung der Modelle beraten, nicht wirklich objektiv beurteilen."

294 Vgl. *Lampe*, Regulierung, S. 171; *Peters*, Haftung und Regulierung, S. 157; *Stemper*, Rahmenbedingungen, S. 111; a.A. *Richter*, Verwendung von Ratings, S. 78; dafür, dass die Absenkung der Ratinganforderungen zur Marktanteilsgewinnung bei der einen und entsprechenden Verlusten bei anderen Ratingagenturen führen können, gibt es bzgl. der großen drei Agenturen Beispiele aus den frühen 1990er Jahren, die *von Randow* in: Büschgen/Everling, Handbuch Rating (1996), S. 551 aufzeigt.

295 So auch *Coffee*, Stellungnahme, S. 5.

296 Hierzu *Berblinger* in: Büschgen/Everling, Handbuch Rating (1996), S. 52; *Mählmann*, Beitrag zum Workshop des Baseler Ausschusses für Bankenaufsicht, S. 2 f.; *Pfingsten*, BKR 2001, S. 139 (141); *von Randow* in: Büschgen/Everling, Handbuch Rating (1996), S. 564; zum *rating shopping* bei „Mittelstandsanleihen" *Schroeter*, ZIP 2016, S. 703 (707 f.).

297 Allerdings kann es hinsichtlich der Außenwirkung riskant sein, ein bereits ermitteltes Rating nicht zu veröffentlichen, da Investoren bei Kenntnis dieses Umstands darauf schließen würden, dass es schlechter ausfiel als erwartet, vgl. generell *Everling*, Credit Rating, S. 53.

298 *Braun*, Regulierung der Ratingagenturen, S. 101; *Schuler*, Regulierung und Verantwortlichkeit, S. 76; a.A. *Lemke*, Ratingwesen, S. 124, der hierin nur einen Ausdruck (nach unten) modifizierter Bewertungskriterien sieht.

299 *Deipenbrock*, WM 2011, S. 1829 (1831).

300 So *Stemper*, Rahmenbedingungen, S. 114 f. in Bezug auf die asymmetrische Verfügungsstruktur.

(3) Gegenargumente

Dem Vorwurf der finanziellen Abhängigkeit der Agenturen von den sie bezahlenden Emittenten und einem damit einher gehenden Interessenkonflikt wird – abgesehen von dem Hinweis auf einen funktionierenden Reputationsmechanismus[301] – in der Literatur im Wesentlichen mit zweierlei Argumenten begegnet: Zum einen wird darauf verwiesen, dass gerade wegen der Marktmacht der etablierten Agenturen ihre Unabhängigkeit gesichert und sie gegen den Einfluss ihrer Kunden folglich immun seien.[302] Zum anderen sei wegen der Vielzahl von Emittenten nicht zu befürchten, dass der Verlust einiger Kunden ein ausreichend starkes Druckmittel für die Agentur wäre, um diese interessengeleitet agieren zu lassen.[303]

Beide Argumente sind jedoch nicht überzeugend und können den Vorwurf des Interessenkonflikts nicht beseitigen: Mit der besonderen Marktmacht der großen Agenturen zu argumentieren, ist dabei schon deshalb bedenklich, weil diese nachweislich problematische und konfliktbehaftete Marktstruktur[304] nicht als argumentativer Steigbügelhalter zur Rechtfertigung des *issuer pays*-Modells herhalten sollte, wenn zugleich weitgehend Einigkeit darüber besteht, dass ein diversifizierterer Ratingmarkt erstrebenswert ist.[305] Dies gilt umso mehr, als das *issuer pays*-Modell das Oligopol sogar noch verfestigt, indem es den Marktzugang für neue oder andere Ratingagenturen erschwert. Wegen der Bedeutung der Reputation der jeweiligen Ratingagentur sind Emittenten nämlich regelmäßig nicht bereit, einer unbekannten Agentur für ihr Rating eine Vergütung zu bezahlen.[306] Dies erschwert die Finanzierung konkurrierender, kleiner Agenturen massiv. Sie sind mehr oder weniger auf *unsolicited ratings* angewiesen und refinanzieren

301 Hierzu unten D. I. 1.

302 So etwa *Eisen*, Haftung und Regulierung, S. 378; *Schroeter*, Ratings, S. 547 f.; *Schuler*, Regulierung und Verantwortlichkeit, S. 82; etwas zurückhaltender *Rotter/Kremer* in: Achleitner/Everling, Rechtsfragen im Rating, S. 334.

303 Vgl. *Asmussen*, BFuP 2005, S. 246 (247 f.); *Emmenegger*, SZW 2006, S. 32 (35); *Lemke*, Ratingwesen, S. 118; *Richter*, Verwendung von Ratings, S. 71 f.; *Schuler*, Regulierung und Verantwortlichkeit, S. 82; der dabei allerdings zwischen gewöhnlichen Emissionen und strukturierten Anleihen unterscheidet; ebenso *Stemper*, Rahmenbedingungen, S. 111 f.; *von Randow* in: Büschgen/Everling, Handbuch Rating (1996), S. 554; *ZKA-Stellungnahme*, S. 9.

304 Zu den Bedenken zuvor unter C. IV. 1.; siehe auch *Kruse* in: Achleitner/Everling, Rechtsfragen im Rating, S. 12.

305 Vgl. etwa Erwägungsgrund Nr. 55 zur Rating-VO; *Möllers/Wecker*, ZRP 2012, S. 106 (109); in einem Marktumfeld mit mehreren Anbietern müssten die Agenturen sodann in einen verstärkten Wettkampf um die Emittenten als Kunden eintreten, was im *issuer pays*-Modell einen nicht zu leugnenden Anreiz zu besonderer Gefälligkeit böte, so auch *Eisen*, Haftung und Regulierung, S. 378; ähnlich *Serfling* in: Büschgen/Everling, Handbuch Rating, S. 735 f.

306 *Fischer*, Haftungsfragen, S. 39; *Lampe*, Regulierung, S. 49.

sich hauptsächlich durch Abonnementszahlungen von Investoren.[307] Schließlich ließe sich die Argumentation sogar in ihr Gegenteil kehren: Erweist sich die Marktposition der großen Agenturen als derart unerschütterlich, stünde ein Macht- und Marktanteilsverlust selbst bei fehlerhaften und interessengeleiteten Ratings nicht ernsthaft zu befürchten, so dass es für die großen Agenturen im auch keine hinreichende Disziplinierung zur Abwehr monetärer Anreize und zur Aufrechterhaltung unabhängiger und sorgfältiger Ratingtätigkeit gäbe.[308] Die Begebung in eine gewisse Abhängigkeit vom Emittenten wird immerhin durch enorme Gewinne, Marktanteile und der Erschließung neuer Geschäftsfelder entsprechend vergütet.[309] Das Oligopol ist vor diesem Hintergrund zumindest als ambivalent zu bezeichnen.[310]

Auch der Hinweis auf die Vielzahl zahlender Emittenten, die die Agenturen wirtschaftlich unabhängig mache und eine interessengeleitete Indienstnahme durch einzelne Emittenten ausschließe, verfängt im Ergebnis nicht. Hier wird schon übersehen, dass ausgerechnet auf dem besonders lukrativen und zugleich besonders konfliktbehafteten Markt der strukturierten Finanzprodukte ein solches Überangebot an Emittenten gar nicht besteht, somit Bedenken gegen Kundengefälligkeit gerade nicht ausgeräumt werden können.[311] Aber auch bei „klassischen" Ratings überzeugt das vorgenannte Argument nicht, denn es sind nicht einzelne Emittenten, die einen Interessenkonflikt begründen; es ist das gesamte Geschäftsmodell im *issuer pays*-System, das Abhängigkeiten schafft und zu einer generellen Verschiebung des Tätigkeitsschwerpunkts von der Anlegeraufklärung zu einem an den Bedürfnissen des Emittenten orientierten Ratingverfahren führt. In der Summe aller Einzelbeziehungen ist die Begebung in eine wechselseitige Abhängigkeit selbstverständlich auch für die Ratingagenturen lukrativ und attraktiv. In Frage sollte folgerichtig auch nicht stehen, ob sich die Ratingagenturen den Verlust bzw. die Nicht-Gewinnung einiger weniger Emittenten angesichts der Vielzahl ihrer Kunden leisten können, sondern ob sie es sich in diesem Finanzierungsmodell werden leisten können, sich generell jeglichen Zuwendungen in der Gesamtheit aller ihrer Kundenbeziehungen zu verschließen, obwohl sie sich faktisch ausschließlich durch diese finanzieren und die finanziellen Reize groß sein können. Symptomatisch für die Verschiebung des Tätigkeitsschwerpunkts ist insoweit die verbreitete Praxis des *rating shopping*.[312]

---

307 *Lampe*, Regulierung, S. 49; Beispiele sind Egan Jones Ratings oder Financial Health Ratings) hierzu. *Strobl/Xia*, Issuer Pays Rating Model, S. 6 ff.

308 Hinsichtlich der Gefahr des Machtmissbrauchs ebenso *Buschmeier*, Ratingagenturen, S. 179.

309 *Deipenbrock*, WM 2011, S. 1829 (1831).

310 Oder „paradox", wie *Eisen*, Haftung und Regulierung, S. 378 es formuliert.

311 *Schuler*, Regulierung und Verantwortlichkeit, S. 72.

312 Auch *Schuler*, Regulierung und Verantwortlichkeit, S. 75 f. sieht im *rating shopping* eine Ursache für mangelnde Qualität der Ratings, führt diese Praxis aber nicht auf die asymmetrische Vergütungsstruktur zurück, die er für unbedenklich hält, vgl. ebenda S. 74.

Insgesamt sind die zuvor beschriebenen Konfliktpotenziale wegen des *issuer pays*-Modells daher besonders virulent.

c) *Ergebnis*

Die Ratingbranche unterliegt nach alledem wegen des *issuer pays*-Modells einem nicht zu leugnenden Interessenkonflikt. Dieser ist dem praktizierten Bezahlmodell immanent und kann durch regulatives Eingreifen allenfalls in seinen Auswirkungen und Symptomen gedämpft werden, nicht aber anders als durch eine völlige Umstellung des Bezahlmodells beseitig werden.[313] Die Erreichung der kapitalmarktbezogenen Zwecke von Ratings wird wegen der Verwässerung des Informationsgehalts erheblich in Zweifel gezogen.[314]

3. *Lock-in*-Effekte

Ein Symptom der beiden wesentlichen Konfliktherde des Ratingwesens – die oligopolistische Marktstruktur und das *issuer pays*-Modell – ist in den sog. „*Lock-in*-Effekten"[315] zu beobachten, denen der EU-Gesetzgeber mittlerweile zu begegnen versucht.[316] Unter dem *Lock-in*-Effekt wird im Ratingzusammenhang das Phänomen verstanden, dass ein Emittent, der eine vertragliche Beziehung zu einer Ratingagentur unterhält, faktisch an diese gebunden ist, da ein Wechsel zu einer anderen Agentur zu Misstrauen beim Anlegerpublikum führen würde und somit die Gefahr des Abzugs von Kapitalmitteln bestünde.[317] Dies rührt daher, dass für Außenstehende regelmäßig keine vernünftigen Gründe für einen Agenturwechsel erkennbar sind, weswegen darauf geschlossen wird, dass von der bisherigen Agentur ein *down-*

313 So auch *Deipenbrock*, WM 2013, S. 2289 (2293); *Möllers*, ZJS 2009, S. 227 (231).

314 So auch *Heinke/Steiner* in: Büschgen/Everling, Handbuch Rating, S. 695; *Stuwe/Weiß/Philipper*, Ratingagenturen, S. 8.

315 Mit dem Begriff ist im Allgemeinen die Verfestigung einer Vertragsbeziehung oder eines technischen Standards gemeint, weil die Kosten für einen Wechsel oder eine Veränderung größer sind als der Nutzen, vgl. *Dittrich*, Credit Rating Industry, S. 81; *Stemper*, Rahmenbedingungen, S. 106.

316 Siehe die Rotationspflicht für das Rating von Wiederverbriefungen nach Art. 6b der Rating-VO, Erwägungsgrund Nr. 12 zur VO (EU) 462/2013 (2. Reform-VO). Hiervon ausgenommen sind nach Art. 6b Abs. 5 kleine Ratingagenturen, da hierdurch die Marktdiversifizierung nicht behindert werden soll, vgl. Erwägungsgrund Nr. 32 der Rating-VO; zu diesen Reforminhalten unten D. III. 1. b).

317 *Blaurock*, EuZW 2012, S. 608 (609); *Dittrich*, Credit Rating Industry, S. 81; *Lerch*, BKR 2010, S. 402 (403); dagegen weist *Schmidt* in: Büschgen/Everling, Handbuch Rating (1996), S. 269 darauf hin, dass wegen des „akzeptierten Sachverhalts", dass zwei Ratings für eine Bonitätseinschätzung eingeholt werden, Wechselbewegungen zwischen den Agenturen möglich sind und auch geschehen. Bei nur drei gleichwertigen Anbietern sind diese Wanderbewegungen m. E. jedoch stark eingegrenzt, weswegen *Lock-in*-Effekte keinesfalls ausgeschlossen sind.

grading drohte, welchem durch den Wechsel der Ratingagentur mutmaßlich zuvor gekommen werden sollte.[318] Solange der drohende Schaden durch einen Wechsel größer ist als die mit dem Verbleib verbundenen Kosten und Nachteile, ist der Emittent an „seine" Agentur gebunden.

Die Ursachen dieses *Lock-in*-Effekts sind in einem Zusammenspiel der gegebenen Marktstruktur und des *issuer pays*-Modells zu sehen: Zum einen kann es nur in einem System, in dem der Emittent der zahlende Kunde der Agentur ist, zu einem solchen Verfestigungseffekt kommen, da es anderenfalls schon an einer *Lock-in*-fähigen Vertragsbeziehung fehlen würde. Im *issuer pays*-Modell mit wenigen etablierten Ratingagenturen sind es zudem die Emittenten, die sich die Agenturen aussuchen,[319] weswegen aus Sicht der Investoren die Frage nach der Wechselmotivation überhaupt erst aufkommen kann. Zugleich spiegeln die *Lock-in*-Effekte bestehende Zweifel an der Unabhängigkeit der Agenturen: Dass ein Agenturwechsel Zweifel an der Bonität eines Emittenten säen kann, beruht nur darauf, dass Investoren zumindest die Möglichkeit eines gefälligeren Ratings durch eine andere Agentur – *rating shopping* – in Betracht ziehen und dies mangels alternativer erkennbarer Wechselmotivation auch konkret vermuten.

Zum anderen liegt die Ursache dafür, dass keine andere Wechselmotivation erkennbar ist, wiederum im Oligopol der drei führen Agenturen begründet, denn in einem Markt mit nur wenigen gleichwertig etablierten Anbietern ist ein qualitativ besseres Rating durch die zwei Wettbewerber nicht zu erwarten.[320] Dies gilt insbesondere im Verhältnis zwischen den beiden großen Agenturen *Moody's Investors Service* und *Standard & Poor's*, die nicht in einer nennenswerten qualitativen Konkurrenz zueinander zu stehen scheinen.[321] Investoren können sich daher einen Wechsel der Ratingagentur auf vermeintlich gleichem Qualitätsniveau jedenfalls nicht damit erklären, dass der Emittent zu einer „besseren" Agentur wechseln wollte.[322]

Die Risiken bestehender *Lock-in*-Effekte sind darin zu erkennen, dass das Oligopol der großen Drei weiter gefestigt und den Ratingagenturen eine zusätzliche bedenklich starke Machtposition zuteilwird.[323] Da es im *issuer pays*-Modell – wie gezeigt[324] – grundsätzlich nahe liegt, konsensual mit dem Emittenten zusammen zu ar-

318 Mithin der Verdacht, dass *rating shopping* betrieben wird, so *Dittrich*, Credit Rating Industry, S. 81; *Lerch*, BKR 2010, S. 402 (403).

319 *Deipenbrock*, WM 2011, S. 1829 (1831).

320 *Dittrich*, Credit Rating Industry, S. 81; *Lerch*, BKR 2010, S. 402 (403).

321 Hierzu oben C. IV. 1. a).

322 Dies gilt erst recht, wenn nicht zu einer der drei etablierten Agenturen gewechselt wird, sondern zu einer vergleichsweise unbekannten, so auch *Dittrich*, Credit Rating Industry, S. 81 f., der zudem darauf hinweist, dass ein *Lock-in*-Effekt nur dann nicht besteht, wenn von einer weniger renommierten Agentur zu einer der großen Drei gewechselt wird; vgl. auch *Stemper*, Rahmenbedingungen, S. 106.

323 *Stemper*, Rahmenbedingungen, S. 106.

324 Siehe oben C. IV. 2. b) bb) (2).

beiten und gefällige Ratings oder interessengerechte Leistungen anzubieten, wirken sich *Lock-in*-Effekte zudem dahin gehend nachteilig aus, dass gelernte Abhängigkeiten und Routinen zwischen den Parteienaufrecht perpetuiert und überwindbar gemacht werden, die die Objektivität und Neutralität der Akteure gefährden und somit die Qualität der Ratings beeinträchtigen können.[325] Ferner fördern *Lock-in*-Effekte die bereits beschriebene Praxis des *rating shopping* bei Erstratings, da es für die Ratingagenturen umso verlockender ist, den Erstzuschlag für ein Rating zu erhalten, um eine *Lock-in*-anfällige Geschäftsbeziehung aufzubauen.

V. Zusammenfassung

Auf Grundlage der in diesem Kapital getätigten Auseinandersetzung mit Ratings und Ratingagenturen lässt sich in einem ersten Schritt festhalten, dass die Ratings anerkannter Ratingagenturen heute eine nahezu unverzichtbare Leistung für Emittenten und Investoren darstellen und die Agenturen als Gatekeeper der (internationalen) Finanzmärkte fungieren. Sie bauen Informationsasymmetrien ab, ermöglichen eine sinnvolle Kapitalallokation und sind geeignet, wirtschaftliche Nachteile und Risiken bei Anlegern und Emittenten zu verringern. Zudem erfüllen sie auch aufsichtsrechtliche Funktionen zum Zwecke des Markt- und Anlegerschutzes. Der Markt der Anbieter solcher Ratings besteht aus einem dualen Monopol oder Oligopol drei großer Akteure. Aus diesem Umstand und aus der Tatsache, dass sich Ratingagenturen hauptsächlich durch die Emittenten, die oder deren Emissionen sie bewerten, finanzieren, resultieren diverse Konflikte und Gefährdungstatbestande für Qualität, Neutralität und Objektivität der Ratings. Es wird sich daher im Folgenden die Frage stellen, ob der Ratingmarkt sich in hinreichendem Ausmaße selbst reguliert oder ob und wie eine (hoheitliche) Regulierung stattfinden kann bzw. muss.

---

325 Diese Gefahr sah der EU-Gesetzgeber, siehe Erwägungsgrund Nr. 33 zur Rating-VO sowie Nr. 11 zur VO (EU) 462/2013 (2. Reform-VO).

D. Hoheitliches Regulierungsbedürfnis des Ratingwesens

Da das Ratingwesen einerseits eine äußerst bedeutende Dienstleistung auf modernen Kapitalmärkten darstellt, andererseits aber zugleich Marktumstände und Charakteristika aufweist, die geeignet sind, die Informationsqualität[326] von Ratings massiv in Zweifel zu ziehen, ergibt sich ein erkennbares Bedürfnis nach effektiven Regulierungsmechanismen. Denn es darf nicht hingenommen werden, dass ein Produkt, das für den wirtschaftlichen Schutz von Anlegern, die Finanzierung und Kapitalbeschaffung durch Unternehmen und Staaten, die Funktionalität der Kapitalmärkte sowie für diverse aufsichtsrechtliche Kontrollregularien eine derart überragende Rolle spielt und dem ein dementsprechend großes Gefährdungspotenzial innewohnt, erheblichen Anreizen für die Vernachlässigen qualitativer Sorgfaltspflichten unterliegt.[327] Ein Regulierungsbedürfnis erwächst dabei schon aus dem aufsichtsrechtlichen Rückgriff auf externe Ratings im Kapitalmarkt- und Bankaufsichtsrecht.[328] Da die Ratingagenturen hier als Quasi-Aufsichtsbehörden agieren und da bestimmte Anleger ihre Investitionsentscheidungen vom Vorliegen konkreter Ratingnoten abhängig machen müssen,[329] wird offensichtlich, dass auch die Qualität der Ratings selbst sicher gestellt sein muss.

Insgesamt stellt sich daher nicht die Frage, *ob* das Ratingwesen der Regulierung bedarf, sondern nur *auf welche Weise* dies zu geschehen hat – insbesondere ob es eines hoheitlichen Eingriffs bedarf. Dabei sind selbstregulierende Mechanismen des Marktes grundsätzlich vorzugswürdig, da sie öffentliche Kosten senken, pragmatische Lösungen ermöglichen und die Sachkunde der Marktteilnehmer unmittelbar einbeziehen können.[330] Dies kann jedoch nur unter dem Vorbehalt ihrer Effektivität gelten. Versagen selbstregulierende Kräfte bei der Eindämmung der erläuterten Kon-

---

326 In Bezug auf Ratings bedeutet Qualität die „nachhaltige Fähigkeit der Agentur, Zahlungsprobleme von Schuldverschreibungen über längere Zeiträume zutreffend zu antizipieren, siehe *Berblinger* in: Büschgen/Everling, Handbuch Rating (1996), S. 25; zur Frage der Messung der Qualität eines Ratings vgl. *Andrieu*, Ratingagenturen in der Krise, S. 58 ff.

327 Vgl. *Spindler*, DStR 2002, S. 1576, 1582, der – allerdings in Bezug auf die Ablehnung jeglicher Haftung von Ratingagenturen – von einem „Unbehagen" spricht angesichts der möglichen Wirkungen „unsorgfältig erstellter Rating-Recherche".

328 Vgl. *Leker/Botterweck* in: Büschgen/Everling, Handbuch Rating, S. 591; *Witte/Bultmann* in: Achleitner/Everling, Rechtsfragen im Rating, S. 111.

329 Zur regulatorischen Verwendung von Ratings oben C. III. 4.

330 Siehe zu den Vorteilen der Selbstregulierung auch *Richter*, Verwendung von Ratings, S. 206; zudem ist der Staat grundsätzlich auch nicht die „bessere Ratingagentur", so zutreffend *Becker*, DB 2010, S. 941 (942).

fliktpotenziale, ist ein legislatives Eingreifen angezeigt, schließlich sind Rechtsgüter von Verfassungsrang betroffen.[331]

Ziel dieses Kapitels ist es zunächst, das Bedürfnis für ein hoheitliches Regulierungsregime nachzuzeichnen, indem der wichtigste nicht-hoheitliche Regulierungsmechanismus – der Reputationsmechanismus – betrachtet wird (nachfolgend unter I.) und sodann dessen Scheitern anhand konkreter Beispiele gezeigt wird (unter II.). Hiernach ist das für diese Arbeit wichtige Regulierungsregime des europäischen Gesetzgebers als relevantes Beispiel hoheitlicher Regulierung in den Blick zu nehmen (unter III.). Schließlich wird das Werkzeug der Verhaltenssteuerung in Gestalter privatrechtlicher Haftung, welches auch Einzug in die europäische Regulierung erhalten hat, gesondert herausgestellt und dessen mögliche Fruchtbarmachung in der Ratingbranche aufgezeigt werden (unter IV.).

I. Nicht-hoheitliche Regulierung der Ratingbranche durch den Reputationsmechanismus

Die Überlegung, dass sich die Ratingbranche womöglich selbst reguliert und Qualitätsausfälle verhindern kann, speist sich im Wesentlichen aus dem sogenannten Reputationsmechanismus.[332] Der daneben prominenteste, wenn auch nicht einzige Ansatz zur freiwilligen Selbstregulierung der Ratingagenturen ist der IOSCO-Verhaltenskodex.[333] Hierbei handelt es sich um den von der IOSCO[334] erstmals im

---

331 Aus deutscher Perspektive etwa Art. 12 und 14 GG; so auch *Witte/Bultmann* in: Achleitner/Everling, Rechtsfragen im Rating, S. 110 f. unter Verweis auf BVerfGE 81, 242 (255); *Witte/Hrubesch*, ZIP 2004, S. 1346 (1352); vgl. auch *Lampe*, Regulierung, S. 148 ff.; *Peters*, Haftung und Regulierung, S. 153.

332 Grundsätzlich hierzu *Dittrich*, Credit Rating Industry, S. 21 ff.; *Husisian*, 75 Cornell Law Review (1990), S. 411 (426); *Schwarcz*, University of Illinois Law Review (2002), S. 1 (14).

333 Zu nennen sind etwa auch der *Code of Standard Practices for Participants in the Credit Rating Process* der *Association of Corporate Treasurers* (United Kingdom), *Association for Financial Professionals* (USA) und *Association Francaise des Tresoriers d'Enterprise* (Frankreich), 03/2005; sowie die Empfehlungen des Rating Cert e. V. bzw. 1999 hieraus hervorgegangenen dem Bundesverband der Ratinganalysten und Ratingadvisor, hierzu m.w.N. *Herfurth*, Regulierung unter Basel II, S. 252; weitere Beispiele bei *Stemper*, Rahmenbedingungen, S. 146 f.; eine Übersicht über nationale Aktivitäten der Ratingregulierung auch bei *Leker/Botterweck* in: Büschgen/Everling, Handbuch Rating, S. 598 ff.

334 *International Organisation of Securities Commissions*; die IOSCO ist der 1983 gegründete Zusammenschluss von nationalen Börsen- und Wertpapieraufsichtsbehörden zum Zwecke der Schaffung und Festlegung von Standards und Richtlinien für den Wertpapierhandel sowie von Zulassungskriterien für Kapitalmarktakteure, vgl. *Heidelbach* in: Schwark/Zimmer, Kapitalmarktrechtskommentar, § 20 WpHG, Rn. 9; *Schuler*, Regulierung und Verantwortlichkeit, S. 85. Die Mitglieder der IOSCO regulieren nach eigenen Angaben mehr als 95 % der weltweiten Kapitalmärkte.

Dezember 2004 veröffentlichten Verhaltenskodex für Ratingagenturen[335], der im Jahre 2008 noch einmal erweitert und verschärft wurde.[336] In Gestalt nicht rechtsverbindlicher[337], sondern freiwillig einzuhaltender Vorgaben[338] („*soft law*“[339]) wurde

---

Zu ihren Mitgliedern gehört auch die deutsche Bundesanstalt für Finanzdienstleistungsaufsicht. Ziel des Zusammenschlusses ist die Schaffung möglichst weit reichender hoher Standards auf internationalen Wertpapiermärkten, siehe *Richter*, Verwendung von Ratings, S. 40.

335 *IOSCO*, Code of Conduct Fundamentals for Credit Rating Agencies, 12/04; zuvor hatte sich die IOSCO im September 2003 mit einem Bericht zu den Aktivitäten von Ratingagenturen und einer Stellungnahme hierzu erstmals mit der Ratingbranche beschäftigt, siehe *IOSCO*, Report on the activities of Credit Rating Agencies, 09/2003 und *IOSCO*, Statement of Principles regarding the activities of Credit Rating Agencies, 09/2003, S. 1 ff.; zu den Hintergründen auch *Blaurock*, ZGR 2007, S. 603 (638); *Deipenbrock*, BB 2005, S. 2085 (2086); *Kruse* in: Achleitner/Everling, Rechtsfragen im Rating, S. 5.

336 *IOSCO*, Code of Conduct Fundamentals for Credit Rating Agencies, 05/2008; dem ging ein Konsultationsbericht des technischen Komitees der IOSCO aus dem März 2008 voraus, der Consultation Report, 03/2008, sowie ein Abschlussbericht, siehe *IOSCO*, The Role of Credit Rating Agencies – final report, 05/2008; nach *Deipenbrock*, WM 2009, S. 1165 (1166) „spiegelten" die Änderungen des Kodex die damalige Kritik an den Agenturen im Zusammenhang mit der *subprime*-Krise wieder; hierzu auch *Pukropski*, Regulierung von Ratingagenturen, S. 148; *Schuler*, Regulierung und Verantwortlichkeit, S. 94.

337 *Habersack*, ZHR 169 (2005), S. 185 (193); *Schuler*, Regulierung und Verantwortlichkeit, S. 94. Die Vorgaben sind auch nicht indirekt verbindlich, etwa indem eine Haftung gegenüber Dritten bei einem Verstoß gegen den Kodex greifen könnte, da die Agenturen dies regelmäßig vertraglich ausschließen, siehe etwa *Moody's*, Code of Conduct, 12/2015, S. 2 (Fn. 2); *Standard & Poor's*, Code of Conduct, 05/2016, S. 8 f.; *Fitch*, Code of Conduct, 08/2014, S. 15 (Ziff. 4.1); *von Rimon*, Ratings in Deutschland und USA, S. 69 f. wirft die Frage auf, ob eine haftungsrechtliche Relevanz durch die Veröffentlichung der Kodizes im Wege einer Analogie der §§ 170, 717 BGB zu erwägen ist, was jedoch fernliegend ist und im Ergebnis auch abgelehnt wird. Auch die Herstellung einer Verbindlichkeit, wie sie in § 161 AktG vorgesehen ist, besteht nicht; ebenfalls auf die Parallele zu § 161 AktG hinweisend *Habersack*, ZHR 169 (2005), S. 185 (194); vgl. auch *Eisen*, Haftung und Regulierung, S. 175; zur mittelbaren Verbindlichkeit von § 161 AktG *Goette* in: Münchener Kommentar, AktG, § 161, Rn. 88, 98.

338 Ein „*comply or explain*“-Ansatz, siehe Ziff. 4.1 des *IOSCO*, Code of Conduct Fundamentals for Credit Rating Agencies, 05/2008; vgl. *Strunz-Happe*, BFuP 2005, S. 231 (238); *Pressemitteilung der Europäischen Kommission vom 12.11.2008*, Memo/08/691, S. 4. Die regulierende Wirkung sollte aus der Gefahr von Ansehensverlusten bei Nicht-Befolgung resultieren, hierzu *Richter*, Verwendung von Ratings, S. 41, 208; *Schroeter*, Ratings, S. 697. Außerdem sollte die Sorge vor einer gesetzlichen Normieren der noch freiwilligen Vorgaben die Agenturen disziplinieren, *Ackermann/Jäckle*, BB 2006, S. 878 (884).

339 *Lemke* in: Achleitner/Everling, Rechtsfragen im Rating, S. 130.

hierin die Qualität und Integrität des Ratingprozesses, die Überwachung und Anpassung abgegebener Ratings, die Unabhängigkeit der Agenturen, die Vermeidung von Interessenkonflikten sowie die Transparenz des Ratingverfahrens und der Umgang mit vertraulichen Informationen zu regulieren versucht.[340] Allerdings hat die Praxisrelevanz des IOSCO-Kodex zumindest im EU-Raum durch die – noch darzustellende[341] – Rating-Verordnung nahezu jegliche Bedeutung verloren.[342] Eine Auseinandersetzung mit dem Verhaltenskodex als weiteres Beispiel nicht-hoheitlicher Regulierung ist daher aus heutiger Sicht nicht mehr erforderlich. Eine nennenswerte verhaltenssteuernde Wirkung ging von dem Kodex – trotz weitgehender Übernahme der Vorgaben in agentureigene Verhaltenskodizes[343] – im Übrigen auch nicht aus, wofür im Wesentlichen die fehlende Verbindlichkeit der Vorgaben verantwortlich gemacht wird.[344] Dabei hätte er theoretisch eine flexible und individuelle Umsetzung der Verhaltensstandards[345] ermöglicht und den freien Wettbewerb nicht oder geringfügiger als ein rechtsverbindliches Regime beeinträchtigt.[346]

1. Wirkungsweise des Reputationsmechanismus

Zu besprechen ist allerdings der Reputationsmechanismus als mögliche nicht-hoheitliche Regulierung.[347] Ausgehend von der Prämisse, dass der Wert eines

---

340 *IOSCO*, Code of Conduct Fundamentals for Credit Rating Agencies, 12/2004, Ziff. 1–3; hierzu ausführlich auch *Blaurock*, ZGR 2007, S. 603 (643 ff.); *Leker/Botterweck* in: Büschgen/Everling, Handbuch Rating, S. 593 f.

341 Siehe unten D. III. 1.

342 So auch *Deipenbrock*, WM 2009, S. 1165 (1166); *von Rimon*, Ratings in Deutschland und den USA, S. 68; nach dem Willen des europäischen Gesetzebers soll die Umsetzung des IOSCO-Kodex gleichwohl weiterhin betrieben und auch durch die ESMA überprüft werden, so Erwägungsgrund Nr. 8 der Rating-VO.

343 So stellten es entsprechende Untersuchungen der IOSCO dar, siehe *IOSCO*, Review of Implementation, 02/2007, S. 8 f.; *IOSCO*, Review of Implementation, 03/2009, S. 7 ff.

344 Siehe zu dieser Kritik etwa *Blaurock*, ZGR 2007, S. 603 (651 f.); *Habersack*, ZHR 169 (2005), S. 185 (193 f.); *Lampe*, Regulierung, S. 211; *Leker/Botterweck* in: Büschgen/Everling, Handbuch Rating, S. 594; *Pressemitteilung der Europäischen Kommission vom 12.11.2008*, Memo/08/691, S. 4; *Richter*, Verwendung von Ratings, S. 202 f.; *Schroeter*, Ratings, S. 697; *Schuler*, Regulierung und Verantwortlichkeit, S. 95 ff., 103; *Stemper*, Rahmenbedingungen, S. 158 ff.; *von Rimon*, Ratings in Deutschland und USA, S. 71; *Witte/Hrubesch*, ZIP 2004, S. 1346 (1353).

345 So auch *Deipenbrock*, BB 2005, S. 2085 (2086); *Strunz-Happe*, BFuP 2005, S. 231 (239); vgl. auch *Lampe*, Regulierung, S. 200.

346 So auch *Blaurock*, ZGR 2007, S. 603 (648); entsprechend positiv wurde er anfangs auch aufgenommen, vgl. *Deipenbrock*, BB 2005, S. 2085 (2090) („erster Meilenstein"); *Habersack*, ZHR 169 (2005), S. 185 (193); *Strunz-Happe*, BFuP 2005, S. 231 (236 ff.).

347 Ebenfalls regulierend wirken kann der disziplinierende Einfluss der Kunden der Ratingagenturen (Emittenten), die ihrerseits kein Interesse an einer Noteninflation

Ratings vor allem davon abhängig ist, dass die jeweilige Ratingagentur Marktakzeptanz besitzt und ihr seitens des Anlegerpublikums Vertrauen in die Sorgfalt und Treffsicherheit ihrer Arbeit entgegengebracht wird, ist eben dieses Vertrauen des Ratingpublikums das zentrale Kapital der Agenturen.[348] Ratings stoßen wegen des undurchsichtigen Produktionsprozesses und des Prognosecharakters zunächst einmal auf ein natürliches Misstrauen beim Anlegerpublikum.[349] Aus diesem rationalen Grundmisstrauen kann sich nur befreien, wer wegen zuverlässiger Arbeit in der Vergangenheit über genügendes Renommee verfügt und wem deswegen qualitativ hochwertige Arbeit zugetraut und zugeschrieben wird.[350] Im Ratingmarkt herrscht daher zugespitzt formuliert kein Wettbewerb um die Qualität einzelner Ratings („Wer macht das beste Rating?"), sondern um die beste Reputation beim Anlegerpublikum.[351] Dies bedeutet folgerichtig, dass ein Verlust von Reputation einen Verlust von Marktanteilen zur Konsequenz haben müsste, da sich das Anlegerpublikum von der jeweiligen Agentur abwenden und somit der Marktwert der jeweiligen Ratings sinken würde.[352] Emittenten würden dann nicht oder nicht mehr in demselben Umfang bereit sein, hohe Vergütungen zu zahlen.[353] Sie müssten

---

besitzen können, da es auch den Aussagewert ihrer eigenen Benotung schmälert – vgl. hierzu *Eisen*, Haftung und Regulierung, S. 227; *Lemke*, Ratingwesen, S. 118; *Herfurth*, Regulierung unter Basel II, S. 73; *Richter*, Verwendung von Ratings, S. 72; *von Randow* in: Büschgen/Everling, Handbuch Rating (1996), S. 555 –, sowie der eigenen Ratingkonkurrenz, die ein ureigenes Interesse an der Aufdeckung von Fehlleistungen des Wettbewerbers besitzt – hierzu *Husisian*, 75 Cornell Law Review (1990), S. 411 (425 f.); *Möllers/Wecker*, ZRP 2012, S. 106; beide Mechanismen sind jedoch zahnlos, da Emittenten auf Ratingagenturen angewiesen sind und keinen spürbaren Druck aufbauen und vor Kritik sogar zurückschrecken können – vgl. *Asmussen*, BFuP 2005, S. 246 (247); *Däubler*, BB 2003, S. 429 (430); *Stemper*, Rahmenbedingungen, S. 114; *Witte/Hrubesch*, ZIP 2004, S. 1346 (1352) – und die Ratingkonkurrenz im oligopolistischen Markt ebenfalls nur eingeschränkt regulierend wirken kann, vgl. *Lampe*, Regulierung, S 139 f.

348 *Basler Ausschuss für Bankenaufsicht*, Credit Ratings, S. 12; *Husisian*, 75 Cornell Law Review (1990), S. 411 (426), mit dem oft zitierten Satz: "*simply put, the bond rating agency sells its reputation along with every rating.*"; *Lemke* in: Achleitner/Everling, Rechtsfragen im Rating, S. 128 nennt die Reputation auch die „Geschäftsgrundlage" der Agenturen.

349 *Wieselhuber* in: Achleitner/Everling, Handbuch Ratingpraxis, S. 634.

350 *Dittrich*, Credit Rating Industry, S. 21; *Lemke*, Ratingwesen, S. 116; *ders.* in: Achleitner/Everling, Rechtsfragen im Rating, S. 128.

351 Ähnlich auch *Schuler*, Regulierung und Verantwortlichkeit, S. 308, wonach die „Nachfrage nach den Ratings [...] weniger durch die Qualität einzelner Bewertungen bestimmt" wird, sondern durch „die Reputation der sie anbietenden Ratingagentur".

352 *Berblinger* in: Büschgen/Everling, Handbuch Rating (1996), S. 45; *Lampe*, Regulierung, S. 137.

353 Vgl. Darstellung bei *Peters*, Haftung und Regulierung, S. 155, 157; Emittenten müssten bei dem Rating einer nur geringfügig akzeptierten Ratingagentur eine

selbst bei guter Ratingnote eine höhere Risikoprämie bezahlen, um die niedrigere Reputation der Agentur auszugleichen.[354]

Reputation verspielt eine Ratingagentur, wenn sie durch Fehlleistungen Zweifel an der Qualität ihrer Arbeit aufkommen lässt und damit riskiert, von Anlegern nicht mehr als geeignete Bewertungsinstanz wahrgenommen zu werden.[355] Rationale Konsequenz dessen ist es, Fehlleistungen – oder deren Bekanntwerden – zu verhindern, um keine Reputation zu verspielen.[356] Auf diesen Überlegungen beruht das Konzept markteigener Verhaltenssteuerung durch den Reputationsmechanismus.[357]

2. Schwächen des Reputationsmechanismus

Freilich fußt dieser Effekt auf einer effizienten Kontrolle der Ratingqualität durch die Anlegerschaft als Überwachungsinstanz. Denn die Gefahr eines Reputationsverlustes setzt voraus, dass der Vertrauensgeber (Investoren) von dem Missbrauch oder der Enttäuschung seines Vertrauens überhaupt Kenntnis erlangt sowie dass ein Zusammenhang zwischen einem Investitionsausfall und einer fehlerhaften Bonitätsprognose erkannt wird.[358] Folglich muss eine effektive Überwachung der Ausfallquote geschehen.[359] Dass dies stattfindet oder Investoren überhaupt mög-

höhere Risikoprämie zahlen, so *Jäckle/Ackermann* in: Büschgen/Everling, Handbuch Rating, S. 399; vgl. auch die Untersuchung zu Auswahlkriterien von Emittenten bei Ratingagenturen bei *Becker/Grunert* in: Achleitner/Everling, Handbuch Ratingpraxis, S. 101, aus der sich die besondere Bedeutung einer hervorragenden Reputation der Agentur ergibt.

354 *Schmidt* in: Büschgen/Everling, Handbuch Rating, S. 269.

355 *Dittrich*, Credit Rating Industry, S. 89; diese Anleger wenden sich dann anderen Informationsquellen zu, *Berblinger* in: Büschgen/Everling, Handbuch Rating (1996), S. 45; *Peters*, Haftung und Regulierung, S. 157; *Schmidt* in: Büschgen/Everling, Handbuch Rating (1996), S. 269.

356 Vgl. *Haar*, JZ 2008, S. 964 (970). Folgerichtig sollten sich die Agenturen nicht nur jedweden falschen Anreizen verschließen, sondern sogar permanent in Qualitätssicherung und -Steigerung investieren, um durch treffsichere und vertrauenswürdige Ratings beim Anlegerpublikum zu punkten, so *Richter*, Verwendung Ratings, S. 208, der einen „signifikanten Druck" für die Agenturen erkennt, „höchstmögliche Qualität sicherzustellen"; *Schwarcz*, University of Illinois Law Review (2002), S. 1 (14); *von Randow* in: Büschgen/Everling, Handbuch Rating (1996), S. 555.

357 Das Funktionieren des Reputationsmechanismus hervorhebend *Lemke*, Ratingwesen, S. 115 ff.; *Schuler*, Regulierung und Verantwortlichkeit, S. 313; *Thiele*, Einordnung des Rating, S. 5, 8, 152; *Witte/Hrubesch*, ZIP 2004, S. 1346 (1348).

358 Vgl. *Lampe*, Regulierung, S. 137 f.

359 Die Ausfallquote betrifft dabei das Verhältnis zwischen eingeschätzter und tatsächlich eingetretener Bonitäts- und Zahlungsausfälle, hierzu grundsätzlich *Reichling/Bietke/Henne*, Praxishandbuch Risikomanagement, S. 77.

lich ist, steht jedoch in Zweifel.[360] Zwar werden insofern einzelne private Anleger, die sich bei einer Investition auf ein mangelhaft erstelltes Rating mit guter Note verlassen haben und daraufhin mit ihrer Anlage ausgefallen sind, die Fehlerhaftigkeit des Ratings schnell am eigenen Leibe spüren;[361] jedoch dürfte es sich dabei nur um punktuelle Wahrnehmungen handeln. Die Hoffnungen ruhen daher weitgehend auf institutionellen Anlegern, welche den Ratingmarkt beobachten, die Treffsicherheit der Agenturen *ex post* anhand des *track records* prüfen und entsprechende Erkenntnisse auch publik machen können.[362] Zudem ist im Falle der Bewertung eines Emittenten oder Finanzinstruments durch mehrere Agenturen ein unmittelbarer Abgleich der jeweiligen Noten möglich, wodurch ebenfalls eine einfache Kontrolle erfolgen kann.[363] Besonders krasse Fehlleistungen finden zudem auch ein mediales Echo.[364] Allerdings leidet die Fähigkeit Außenstehender zur Plausibilitätskontrolle massiv unter der grundsätzlichen Intransparenz der Ratingtätigkeit[365] und der stark eingeschränkten fachlichen, zeitlichen und personellen Möglichkeiten auch institutioneller Investoren zur fundierten und breiten Ratingüberprüfung, so dass erhebliche Zweifel an der Wirksamkeit des Mechanismus aufkommen.[366] Eine qualifizierte und auf die unterschiedlichen Ratingobjekte bezogene Ausfallberechnung, wird durch die vorgenannten Betrachtungsweisen

---

360 Die fehlende Kontrollmöglichkeit durch Investoren insoweit als Schwachstelle des Reputationsmechanismus benennend *Richter*, Haftung und Regulierung, S. 159; ebenfalls zweifelnd *Lampe*, Regulierung, S. 138; *Stemper*, Rahmenbedingungen, S. 114; *von Randow* in: Büschgen/Everling, Handbuch Rating (1996), S. 554. Hinzu kommen *„Free-Rider-Probleme"*, wenn sich die Investoren darauf verlassen, dass ein anderer die notwendigen Prüfungen vornehmen wird, mit dem Ergebnis, dass letztlich keiner die Prüfungen vornimmt, hierzu *Braun*, Regulierung der Ratingagenturen, S. 111.

361 So auch *Berblinger* in: Büschgen/Everling, Handbuch Rating (1996), S. 52; für grob fehlerhafte Ratings ebenso *Deipenbrock*, WM 2005, S. 261 (263); a.A. *Richter*, Verwendung von Ratings, S. 75.

362 So *Lampe*, Regulierung, S. 46; *Lemke*, Ratingwesen, S. 119 f.; *Schuler*, Regulierung und Verantwortlichkeit, S. 312, der zwar keine individuelle, aber eine kollektive Kontrolle der Ratingqualität sieht; *Speicher* in: Everling, Rating – Chance für den Mittelstand, S. 10; *von Randow* in: Büschgen/Everling, Handbuch Rating (1996), S. 554.

363 *Stemper*, Rahmenbedingungen, S. 97.

364 Vgl. *Deipenbrock*, WM 2005, S. 261 (263).

365 Hierzu auch *Everling*, Credit Rating, S. 137 f.; *Habersack*, ZHR 169 (2005), S. 185 (197); *Serfling* in: Büschgen/Everling, Handbuch Rating, S. 734. Der Marktakzeptanz hat die Intransparenz des Ratinggeschäfts indes nicht geschadet, wie *Dimitrakopoulos/Spahr* in: Achleitner/Everling, Handbuch Ratingpraxis, S. 221 zurecht feststellen.

366 Siehe auch *Lampe*, Regulierung, S. 138; *Peters*, Haftung und Regulierung, S. 157 f.; *von Randow* in: Büschgen/Everling, Handbuch Rating (1996), S. 554; ebenso zweifelnd *Stemper*, Rahmenbedingungen, S. 114.

nicht sicher geleistet.[367] Es besteht daher ein vergleichsweise großer Spielraum für die Ratingagenturen, in denen sie sich gewisse Sorgfaltswidrigkeiten zu ihren Gunsten erlauben können, solange diese nicht derart auffällig und offenkundig sind, dass sie entsprechende Aufmerksamkeit bei den Ratingnutzern hervorrufen.[368]

In Zweifel zu ziehen ist die Wirkungsweise des Reputationsmechanismus im Übrigen auch wegen der oligopolistischen Marktstruktur der Ratingbranche.[369] Die Mechanismen beruhen auf der Bestrafung von Schlechtleistungen durch Ratingnutzer, die jedoch in einem Oligopol mit nur drei etablierten Anbietern in ihren Sanktionierungsmöglichkeiten stark eingeschränkt sind. Dies wird besonders deutlich, wenn allen drei großen Agenturen dieselben Fehlleistungen vorzuwerfen sind, da eine „Bestrafung" durch Abwendung in diesem Falle faktisch unmöglich ist.[370] Dies gilt für Emittenten als Kunden[371] gleichermaßen wie für Anleger.

Hinzu kommt, dass diverse Schlechtleistungen der Ratingagenturen durch den Reputationsmechanismus nicht sanktioniert werden, da sie Anleger nicht negativ betreffen und mithin „reputationsneutral"[372] sind. Zu nennen sind hier fehlerhaft zu negativ ausfallende Ratingnoten[373] sowie Ratings, die nicht nachfrageorientiert, sondern zur aufsichtsrechtlichen Verwendung abgegeben werden.[374]

Schließlich haftet dem Reputationsmechanismus die Schwäche der Abstraktheit der Gefahren etwaiger zukünftiger Ansehensverluste an, die bei hinreichend kon-

---

367 *ESME*, Role of Credit Rating Agencies, S. 12; *Peters*, Haftung und Regulierung, S. 158; vgl. zum Vorschlag konkreter Veröffentlichungen *Coffee*, Stellungnahme, S. 12 f.

368 Auch *Braun*, Regulierung der Ratingagenturen, S. 99 verweist auf diverse Möglichkeiten für Ratingagenturen, „unauffällige Übertreibungen bei ihren Ratings" vorzunehmen; *Peters*, Haftung und Regulierung, S. 157 f. äußert ebenfalls große Zweifel daran, dass ein Reputationsverlust bei nur geringfügig oder gelegentlich fehlerhaften Ratings zu erwarten ist.

369 Siehe zuvor C. IV. 1. b); grundsätzlich ebenso *Deipenbrock*, WM 2011, S. 1829 (1831); *Haar*, NZG 2010, S. 1281 (1284); *Habersack*, ZHR 169 (2005), S. 185 (191); *Kumpan* in: FS-Hopt, S. 2157 (2163); *Rinze/Klüwer*, BB 1998, S. 1697 (1701); *Stemper*, Rahmenbedingungen, S. 108 f.; vgl. auch *Heldt-Sorgenfrei* in: Everling/Leker/Bielmeier, Credit Analyst, Kap. 1.1, S. 13; *Wieselhuber* in: Achleitner/Everling, Handbuch Ratingpraxis, S. 634.

370 So auch *Lampe*, Regulierung, S. 145.

371 Von Emittenten geht kein" nennenswerter wirtschaftlicher Druck" aus, so *Stemper*, Rahmenbedingungen, S. 114.

372 *Lampe*, Regulierung, S. 140.

373 Die Anlegern typischerweise keinen Schaden bescheren, siehe auch *Witte/Bultmann* in: Achleitner/Everling, Rechtsfragen im Rating, S. 96; *Witte/Hrubesch*, ZIP 2004, S. 1346 (1348).

374 *Eisen*, Haftung und Regulierung, S. 373; zu dieser Problematik auch *von Randow* in: Büschgen/Everling, Handbuch Rating (1996), S. 559, 563 f.

kreten Anreizen kurzfristiger finanzieller Vorteile oder Gewinnsteigerungen in ihrer disziplinierenden Wirkung häufig zurückstehen werden.[375] Derartige Anreize bestehen im *issuer pays*-Modell zuhauf.[376]

II. Scheitern nicht-hoheitlicher Regulierungsmechanismen

Die zuvor angesprochenen Ansätze einer nicht-hoheitlichen Regulierung des Ratingwesens – allen voran des Reputationsmechanismus – dürfen aus heutiger Sicht nicht zuletzt wegen der angesprochenen Schwächen als gescheitert angesehen werden.[377] In der vorliegenden Arbeit kann daher auf die Diskussion um Vorzüge und Nachteile hoheitlicher und nicht-hoheitlicher Kontrollsysteme verzichtet werden.[378] Diese Diskussion über das „Ob" einer Regulierung ist überholt.[379] Es muss lediglich aufgezeigt werden, wie das Scheitern nicht-hoheitlicher Regulierungsmechanismen sichtbar geworden ist und worin die Ursachen hierfür liegen. Dabei wird zum Beleg des Scheiterns im Wesentlichen auf das Fehlverhalten der großen Agenturen vor und während der internationalen Finanzkrise 2007/2008 (unter 1.) sowie auf das nach wie vor unveränderte Oligopol der großen drei Agenturen (unter 2.) abzustellen sein.

---

375 *Braun*, Regulierung der Ratingagenturen, S. 102 bzgl. *rating shopping*-Anreizen; vgl. auch *Deipenbrock*, WM 2011, S. 1829 (1831); *Heldt-Sorgenfrei* in: Everling/Leker/Bielmeier, Credit Analyst, Kap. 1.1, S. 13; *Haar*, JZ 2008, S. 964 (969); *Kumpan* in: FS-Hopt, S. 2157 (2162); allgemein für Finanzintermediäre und Emittenten auch *von Randow* in: Büschgen/Everling, Handbuch Rating, S. 555.

376 So auch *Blaurock*, ZGR 2007, S. 603 (643); *Emmenegger*, SZW 2006, S. 32 (35); *Habersack*, ZHR 169 (2005), S. 185 (195); *Kumpan* in: FS-Hopt, S. 2157(2162); *Stemper*, Rahmenbedingungen, S. 109 ff.

377 So hat es auch die Europäische Kommission erkannt, siehe die *Pressemitteilung der Europäischen Kommission vom 12.11.2008*, Memo/08/691, S. 4 sowie den Vorschlag der Kommission der Europäischen Gemeinschaften für eine Verordnung des Europäischen Parlaments und des Rates über Ratingagenturen vom 12.11.2008 (KOM(2008) 704), S. 3; Zweifel an der Wirksamkeit der selbstregulierenden Mechanismen wurden auch von *Bremer*, NZG 2011, S. 100; *Deipenbrock*, WM 2005, S. 261 (263); *dieselbe* WM 2013, S. 2289 (2293); *Dreher/Ballmaier*, WM 2015, S. 1357 (1359); *Habersack*, ZHR 169 (2005), S. 185 (191) geäußert.

378 Vorliegend wird das hoheitliche Regulierungsbedürfnis bejaht. Gegen eine Regulierung sprachen sich vor allem noch aus: *Dittrich*, Credit Rating Industry, S. 125; *Husisian*, 75 Cornell Law Review (1990), S. 411 (425 ff.); *Lemke*, Ratingwesen, S. 125; *Richter*, Verwendung von Ratings, S. 88; *Schuler*, Regulierung und Verantwortlichkeit, S. 315; *Schwarcz*, Univ. of Illinois Law Review 2002, S. 1 (14); *von Randow* in: Büschgen/Everling, Handbuch Rating (1996), S. 558 („*Besorgnisse [zerstreuen sich], dass Marktkräfte allein nicht genügen könnten, um den einzelnen Anbietern hinreichende Leistungsanreize zu vermitteln, verständliche und verlässliche Ratings zu erstellen*").

379 So schon *Witte/Bultmann* in: Achleitner/Everling, Rechtsfragen im Rating, S. 112.

1. Sichtbarwerdung des Scheiterns

Zweifel an der Wirkungsmacht der Selbstregulierung haben zunächst singuläre, gleichwohl prominente Einzelfälle besonders auffälliger Fehlleistungen der großen Ratingagenturen gesät.[380] Zu nennen sind insoweit vor allem die Fälle Thyssen-Krupp AG[381], Enron[382], Worldcom und Parmalat[383], die in der rechtswissenschaftlichen Literatur bereits ausführlich thematisiert wurden und daher vorliegend keine tiefer gehende Auseinandersetzung mehr erfahren müssen. Regelmäßig waren es eben solche Einzelfälle, die legislative Maßnahmen und gesetzgeberischen Prüfungen im Hinblick auf die Tätigkeit der Ratingagenturen ausgelöst haben.[384]

---

380 Beispiele bei *Wildmoser/Schiffer/Langoth*, RIW 2009, S. 657 (660) (Fn. 33); zu nennen ist auch das Fehlverhalten der Ratingagenturen während der „Asienkrise" 1997/1998, hierzu *Richter*, Verwendung von Ratings, S. 111 ff.

381 Der Fall ThyssenKrupp AG meint das *downgrading* um zwei Stufen auf unter *investment grade*-Niveau, das *Standard & Poor's* am 21. Februar 2003 für Unternehmensanleihen der ThyssenKrupp AG vorgenommen hat; hierzu ausführlich *Ackermann/Jäckle*, BB 2006, S. 878 (884); *Braun*, Regulierung von Ratingagenturen durch die EU, S. 23; *Däubler*, NJW 2003, S. 1096; *Gerke/Mager*, BFuP 2005, S. 203 (204 ff.); *Kruse* in: Achleitner/Everling, Rechtsfragen im Rating, S. 4; *Leker/Botterweck* in: Büschgen/Everling, Handbuch Rating, S. 591; *Stemper*, Rahmenbedingungen, S. 398; *Strunz-Happe*, BFuP 2005, S. 231 (232); *Vetter*, WM 2004, S. 1701.

382 Der Fall Enron bezieht sich auf die Bewertungen des seinerzeit größten gleichnamigen Energiekonzerns, der noch bis vier Tage vor der Eröffnung des Insolvenzverfahrens von allen großen Agenturen Ratings im *investment grade*-Bereich vorweisen konnte, obwohl die Bonitätsschwächen sowie auch Bilanzbetrügereien zu diesem Zeitpunkt bereits weitgehend publik waren; hierzu ausführlich *Ackermann/Jäckle*, BB 2006, S. 878 (883); *Coffee*, Stellungnahme, S. 5; *Däubler*, NJW 2003, S. 1096 (1097); *Eisen*, Haftung und Regulierung, S. 48 f.; *Hill*, 35 Connecticut Law Rev. (2002–2003), S. 1145 (1148); *Luttermann/Vahlenkamp*, ZIP 2003, S. 1629 (1636); *Pukropski*, Regulierung von Ratingagenturen, S. 19; *Richter*, Verwendung von Ratings, S. 107 f.; *Strunz-Happe*, BFuP 2005, S. 231 (232); *Vetter*, WM 2004, S. 1701; siehe aus der Presse auch *Anders*, derFreitag vom 28.09.2007; *Berenson*, New York Times vom 29.11.2001; *Norris*, New York Times vom 01.01.2002; *o.V.*, Börsen-Zeitung vom 10.05.2013, S. 16; entlastend argumentierend *Dittrich*, Credit Rating Industry, S. 128; *Hill*, 35 Connecticut Law Review (2002–2003), S. 1145 (1150 f.).

383 Zu den Fällen Worldcom und Parmalat siehe *Anders*, derFreitag vom 28.09.2007; *Eisen*, Haftung und Regulierung, S. 49; *Luttermann/Vahlenkamp*, ZIP 2003, S. 1629 (1636); *o.V.*, Die Welt vom 23.01.2014; *Stemper*, Rahmenbedingungen, S. 211; *Witte/Hrubesch*, ZIP 2004, S. 1346 (1351); vgl. auch *Brabänder*, Die Bank 08/2008, S. 9 (10); *Everling*, Credit Rating, S. 308.

384 So war der Fall *Enron* mit ausschlaggebend für die ersten Prüfungen durch die Europäische Kommission, so *Mitteilung der Kommission über Ratingagenturen vom 11.03.2006*, ABlEU Nr. C 59/2, S. 1; siehe auch *Stemper*, Rahmenbedingungen, S. 211 (Fn. 871); gleiches gilt für die Veranlassung der SEC zur Prüfung der Rolle der Agenturen in den Vereinigten Staaten, siehe *CESR*, Technical advice to the

Das Scheitern nicht-hoheitlicher Regulierung ist jedoch spätestens mit dem erwiesenen systematischen Fehlverhalten der großen Ratingagenturen vor und in der Finanzkrise 2007/2008 sichtbar geworden.[385] Den Agenturen wird hier vorgeworfen, höchst fragwürdige und viel zu optimistische Ratings für strukturierte Finanzprodukte[386] aus dem im Zentrum der Krise stehenden *subprime*-Hypothekensegment und für krisenbetroffene Banken, vor allem Investmentbanken[387], abgegeben zu haben, namentlich Ratings für *asset backed securities* (ABS), *(residential/commercial) mortage backed securities* (RMBS/CMBS[388]) und tranchierten ABS[389], den *collateralized debt obligations* (CDO),[390] und hiernach kein ordnungsgemäßes *Monitoring*

European Commission on possible measures concerning credit rating agencies, S. 67; mit dem nach der Enron-Krise erlassenen *Sarbanes-Oxley-Act* hatte sie sogar unmittelbare gesetzgeberische Folgen, *Coffee*, Stellungnahme, S. 2; *Richter*, Verwendung von Ratings, S. 107; ein *„something should be done – mantra"* entstand nach Enron, so *Hill*, 35 Connecticut Law Review (2002–2003), S. 1145 (1154).

385 Zu den Hintergründen der Finanzkrise – auch mit Bezug zu Ratingagenturen – siehe *BaFin*, Jahresbericht 2007, S. 9 ff.; *dieselbe*, Jahresbericht 2008, S. 11 ff.; *Deipenbrock*, WM 2009, S. 1165; *Financial Crisis Inquiry Commission*, Report, S. 1 ff.; *Korth*, Dritthaftung, S. 38 ff.; *Lutter*, ZIP 2009, S. 197; *Möllers*, JZ 2009, S. 861; *ders.*, ZJS 2009, S. 227; *Pukropski*, Regulierung von Ratingagenturen, S. 71 ff.; *Wildmoser/Schiffer/Langoth*, RIW 2009, S. 657 (661); vgl. auch *CESR*, Second Report to the European Commission on the compliance of credit rating agencies with the IOSCO Code and The role of credit rating agencies in structured finance, 05/2008; *ESME*, Role of Credit Rating Agencies, Juni 2008, S. 9 f.

386 Grundsätzlich zum Begriff *Pilny* in: Achleitner/Everling, Rechtsfragen im Rating, S. 441. Der Begriff der strukturierten Finanzprodukte wird nicht einheitlich verwendet und ist auch nicht legaldefiniert, *Brabänder*, Die Bank 08/2008, S. 9 (12).

387 Zu nennen ist hier der besonders prominente Fall „Lehman Brothers": Die im September 2008 in die Insolvenz geratene Investmentbank sowie ihre deutsche Tochtergesellschaft besaßen noch bis drei Tage vor Insolvenzeröffnung ein *Standard & Poor's*-Rating der Note A, vgl. *Berger/Stemper*, WM 2010, S. 2289; *Wildmoser/Schiffer/Langoth*, RIW 2009, S. 657 (660).

388 Wertpapiere, deren verbriefte Ansprüche durch grundpfandrechtlich gesicherte Forderungen ihrerseits gesichert sind, hierzu *SEC*, Summary Report, 07/2008, S. 6; *Wagner* in: FS-Blaurock, S. 467 (469) nennt sie *„Finanzprodukte, die [...] im Grunde lediglich den erwarteten Zahlungsstrom aus den Darlehensrückzahlungsansprüchen"* verbriefen.

389 Die Tranchierung, also Aufteilung und Neustrukturierung des Forderungsportfolios in verschiedene Risikoklassen dient der Risikoabsicherung, aber auch der Ermöglichung der Investition in unterschiedliche Risikoklassen, spricht also verschiedene Anlegertypen direkt an, hierzu auch *Pilny* in: Achleitner/Everling, Rechtsfragen im Rating, S. 442 f.

390 *Deipenbrock*, WM 2009, S. 1165 (1166); *IOSCO*, The Role of Credit Rating Agencies – final report, 05/2008, S. 2; ausführlich zu CDOs siehe *Financial Crisis Inquiry Commission*, Report, S. 128; *SEC*, Summary Report, 07/2008, S. 7, aus dem auch das Zitat stammt: "*Rating agencies continue to create an even bigger monster – the*

ihrer Ratings betrieben zu haben, so dass die Immobilienmarktkrise und ihre frühen Warnsignale nicht erkannt oder völlig unterschätzt wurden.[391] Den großen Ratingagenturen wird daher eine nicht unerhebliche Mitschuld an der internationalen Finanzkrise zugeschrieben.[392] Durch die zunächst sehr positiven Ratingnoten haben die großen Ratingagenturen aus den krisenbehafteten strukturierten Finanzprodukten äußerst attraktive Anlageobjekte gemacht,[393] in die zu investieren sich Anleger im Vertrauen auf die Richtigkeit der Ratings und in Ermangelung anderweitiger Entscheidungsgrundlagen[394] ermutigt fühlten.[395] Wegen der besonderen Bedeutung der Ratings in diesem Anlagesegment wird häufig davon gesprochen, dass Investoren nicht die Produkte, sondern vielmehr „das Rating kauften"[396]. Damit haben die Agenturen den zentralen Krisenmarkt der strukturierten Finanzinstrumente ganz maßgeblich befeuert. Im Rückblick steht außer Zweifel, dass die positiven Ratingnoten für strukturierte Finanzinstrumente – welche die großen Agenturen in großer Zahl vergeben haben[397] – in erheblichem Umfang grob fehlerhaft waren, deutlich zu optimistisch ausgefallen und nicht auf Basis hinreichender Informations- und

---

CDO market. Let's hope we are all wealthy and retired by the time this house of cards falters", zitiert nach *SEC*, summary report, 07/2008, S. 12 (Fn. 8).

391 *Financial Crisis Inquiry Commission*, Report, S. 212.

392 "*This crisis could not have happened without the rating agencies*", *Financial Crisis Inquiry Commission*, Report, S. XXV.

393 *Financial Crisis Inquiry Commission*, Report, S. 146; *Pukropski*, Regulierung von Ratingagenturen, S. 101; vgl. auch *Halfmeier*, VuR 2014, S. 327.

394 Vgl. *BaFin*, Jahresbericht 2007, S. 16; *CESR*, Second Report to the European Commission on the compliance of credit rating agencies with the IOSCO Code and The role of credit rating agencies in structured finance, 05/2008, S. 21, 22; *IOSCO*, The Role of Credit Rating Agencies – final report, 05/2008, S. 8; dagegen stehen Investoren bei Unternehmensanleihen auch andere Informationsquellen zur Verfügung, so auch *Brabänder*, Die Bank 08/2008, S. 9; in diesem Zusammenhang wurde auch die fehlende Kennzeichnung von Ratings für strukturierte Finanzprodukte kritisiert, siehe etwa *ESME*, Role of Credit Rating Agencies, Juni 2008, S. 13; *Pressemitteilung der Europäischen Kommission vom 12.11.2008*, Memo/08/691, S. 4.

395 *Pressemitteilung der Europäischen Kommission vom 12.11.2008*, Memo/08/691, S. 2; *Stellungnahme des Europäischen Wirtschafts- und Sozialausschusses vom 21.06.2012*, ABlEU C 181/68, S. 2.

396 "*The Holders of the securities [...] just 'bought the rating'*", *ESME*, Role of Credit Rating Agencies, Juni 2008, S. 9.

397 „*Die Agenturen schmissen mit AAA geradezu um sich*", *Balzli/Schiessl/Schulz*, Der Spiegel Nr. 47 (2009), S. 72 (76); vgl. auch *De Larosière Group*, Report vom 25.02.2009, S. 9. *Moody's Investor Service* beispielsweise hat in den Jahren 2000 bis 2007 ca. 45.000 Papiere aus dem Hypothekensegment mit seiner Bestnote „AAA" bewertet, siehe *Financial Crisis Inquiry Commission*, Report, S. XXV. Über 80 % der Wertpapiere aus dem *subprime*-Sektor wurden zu dieser Zeit von den großen Agenturen mit „AAA" und äquivalenten Bestnoten ausgestattet, siehe *ESME*, Role of Credit Rating Agencies, Juni 2008, S. 9 m.w.N.

Erfahrungsgrundlagen und sachgerechter Methodik abgegeben worden sind.[398] Den Ratingagenturen ist es nicht gelungen, „die in komplizierten Finanzinstrumenten enthaltenen Risiken richtig zu bewerten“[399]. Die generellen Marktrisiken wurden dabei völlig unterschätzt und nicht adäquat abgebildet, da offenbar von optimalen Marktbedingungen ausgegangen und diese auch für längerfristige Prognosen zur Grundlage gemacht wurden.[400] Die unzureichende Datenbasis und das Fehlen historischer oder irgendwelcher Erfahrungswerte im Umgang mit den neuartigen Verbriefungen taten ihr Übriges, um die Prognosen zu verfälschen.[401] Dabei handelte es sich nicht um vereinzelte Ratingfehler, sondern um ein systemisches Versagen.[402] Dies hat nicht nur zu eklatanten individuellen Anlageschäden geführt,[403] sondern in einer Kettenreaktion die internationale Finanzkrise mit verursacht.

---

398 Vgl. *Braun*, Regulierung der Ratingagenturen, S. 10 ff.; *De Larosière Group*, Report vom 25.02.2009, S. 9; *ESME*, Role of Credit Rating Agencies, Juni 2008, S. 11 f.; *Haar*, DB 2013, S. 2489 spricht etwa von „haarsträubenden Sorgfaltsmängeln und Nachlässigkeiten“ im Zuge der Finanzkrise; *Möllers*, ZJS 2009, S. 227 (228); *Möllers/Niedorf*, ECFR 2014, S. 333 (336); *Pukropski*, Regulierung von Ratingagenturen, S. 108 m.w.N.; *Schaub/Schaub*, ZIP 2013, S. 656 (661); *Wildmoser/Schiffer/Langoth*, RIW 2009, S. 657 (661).

399 *Pressemitteilung der Europäischen Kommission vom 12.11.2008*, Memo/08/691, S. 2.

400 Vgl. *Deipenbrock*, WM 2011, S. 1829; *Möllers*, JZ 2009, S. 861 (867); *Ress/Ukrow* in: Grabitz/Hilf/Nettesheim, Art. 63 AEUV, Rn. 464; *SEC*, Summary Report, 07/2008, S. 35.

401 *BaFin*, Jahresbericht 2007, S. 16; *Brabänder*, Die Bank 08/2008, S. 9 (10); *IOSCO*, The Role of Credit Rating Agencies – final report, 05/2008, S. 8; *Lutter*, ZIP 2009, S. 197 (198); vgl. auch *SEC*, Summary Report, 07/2008, S. 35; *Stemper*, Rahmenbedingungen, S. 336. Aus dem SEC, Summary Report, 07/2008, S. 12 stammt auch das mittlerweile berühmte Zitat eines Ratinganalysten aus einer internen E-Mail-Korrespondenz: *"It could be structured by cows and we would rate it."*; ähnliche Beispiele bei *Haar*, civil liability (2013), S. 2.

402 Anders ist nicht zu erklären, weswegen Ende 2007 und Anfang 2008 der Großteil der für strukturierte Finanzprodukte abgegebenen Ratings drastisch zurückgestuft werden musste, hierzu *Stemper*, Rahmenbedingungen, S. 336; mit Einzelbeispielen und Vorjahresvergleichen auch *Andrieu*, Ratingagenturen in der Krise, S. 81; siehe auch *ESME*, Role of Credit Rating Agencies, Juni 2008, S. 14. Alleine *Moody's Investor Service* musste 83 % seiner „AAA“-Ratings für derartige Produkte später herabsetzen, weil sie sich als „falsch“ herausgestellt hatten, siehe *Financial Crisis Inquiry Commission*, Report, S. XXV.

403 Wobei nicht unerwähnt bleiben darf, dass ein sorgloses, fast blindes Vertrauen in Ratings auch zu offensichtlich unvernünftigen Anlegerentscheidungen geführt hat, so auch *Brabänder*, Die Bank 08/2008, S. 9 (11); *Bremer*, NZG 2011, S. 100; *Deipenbrock*, RIW 2010, S. 612 (613); *Financial Crisis Inquiry Commission*, Report, S. XXV; *IOSCO*, Report on Subprime Crisis, 05/2008, S. 13; siehe auch *CESR*, Second Report to the European Commission on the compliance of credit rating agencies with the IOSCO Code and The role of credit rating agencies in structured finance, 05/2008, S. 23; *IOSCO*, The Role of Credit Rating Agencies –

Die Kehrseite dieses Fehlverhaltens war sodann das sorgfaltswidrige *Monitoring* der Ratings, durch das die originär zu positiven Ratings trotz eindeutiger Krisensignale infolge des Abfalls des Immobilienmarktes und entgegen der Warnungen von Finanzexperten[404] lange Zeit aufrecht erhalten und somit auf die veränderten Marktumstände nicht adäquat reagiert wurde.[405] Unzureichende Marktbeobachtung sowie vor allem auch personelle Engpässe, die Vielzahl der abgegebenen Ratings überwachen und den Markt analysieren zu können, waren die Ursachen für dieses fehlerhafte *Monitoring*.[406] Spätere Korrekturversuche misslangen sodann insoweit, als dass bei einer Vielzahl von Anlageobjekten plötzlich krasse Herabstufungen zeitgleich vorgenommen und die Krise dadurch noch verstärkt wurde.[407] Die rigide Anpassung vorhandener Ratings an die eklatant verschlechterte Bonitätslage war eine zwar überfällige, aber in dieser Form zu extreme Reaktion, die für das internationale Krisenmanagement nicht zuträglich war und zu Panikreaktionen bei Investoren geführt hat.[408]

In diesem Fehlverhalten ist das konkrete Versagen selbstregulierender Marktmechanismen, insbesondere des Reputationsmechanismus, final sichtbar geworden, da kurzfristige finanzielle Anreize stärker wirkten als die abstrakten Risiken langfristigen Reputationsverlustes bei sorgfaltswidriger Ratingtätigkeit.[409] Ratings

---

final report, 05/2008, S. 8; *Pressemitteilung der Europäischen Kommission vom 12.11.2008*, Memo/08/691, S. 2.

404 *Berger/Stemper*, WM 2010, S. 2289; *Wildmoser/Schiffer/Langoth*, RIW 2009, S. 657 (660).

405 *Becker*, DB 2010, S. 941 (942); *Deipenbrock*, WM 2009, S. 1165; *Financial Crisis Inquiry Commission*, Report, S. 212; *Möllers*, JZ 2009, S. 861 (862); *o.V.*, Handelsblatt vom 03.09.2007, S. 24; *Pressemitteilung der Europäischen Kommission vom 12.11.2008*, Memo/08/691, S. 2; *Ress/Ukrow* in: Grabitz/Hilf/Nettesheim, Art. 63 AEUV, Rn. 464; *Serfling/Badack/Jeiter* in: Büschgen/Everling, Handbuch Rating (1996), S. 648; *Wagner* in: FS-Blaurock, S. 467 (469); ähnlich ist es auch im Erwägungsgrund Nr. 10 der Rating-VO festgehalten.

406 *Brabänder*, Die Bank 08/2008, S. 9 (10); *CESR*, Second Report to the European Commission on the compliance of credit rating agencies with the IOSCO Code and The role of credit rating agencies in structured finance, 05/2008, S. 29; *Pressemitteilung der Europäischen Kommission vom 12.11.2008*, Memo/08/691, S. 3; *SEC*, Summary Report, 07/2008, S. 21.

407 *Möllers*, JZ 2009, S. 861 (862). Im Jahre 2008 wurden etwa 91 % der US-amerikanischen CDO-Papiere einem *downgrading* unterzogen, siehe *Financial Crisis Inquiry Commission*, Report, S. 148. Die einzelnen Abstufungen umfassten teilweise mehrere Notenstufen auf einmal und konnten im Extremfall einen Verlust der Bestnote „AAA" auf *non-investment*-Niveau bedeuten, siehe *BaFin*, Jahresbericht 2007, S. 19.

408 Vgl. *Financial Crisis Inquiry Commission*, Report, S. 226.

409 So auch *Halfmeier*, VuR 2014, S. 327; *Heldt-Sorgenfrei* in: Everling/Leker/Bielmeier, Credit Analyst, Kap. 1.1, S. 13; *CESR*, Second Report to the European Commission on the compliance of credit rating agencies with the IOSCO Code and The role of credit rating agencies in structured finance, 05/2008, S. 22; *CESR*, Role of Rating

strukturierter Finanzinstrumente wurden und werden nämlich deutlich besser bezahlt als gewöhnliche Anleihe- und Emittentenratings.[410] Gleichzeitig standen die Ratingagenturen auf dem Verbriefungsmarkt unter ungleich größerem Druck als bei gewöhnlichen Anleihen, da für die Verbriefung und Emission strukturierter Wertpapiere eine deutliche geringere Zahl von Emittenten als Kunden in Betracht kam,[411] so dass die Agenturen faktisch von einigen wenigen Investmentbanken abhängig waren.[412] Dementsprechend waren die Verlockungen zur Abgabe von Ratings trotz mangelnder Kenntnisse und Erfahrungswerte besonders groß und die Motivation zu Gefälligkeiten gegenüber Emittenten – bishin zu einem symbiotischen, gar kollusiven Miteinander aus erfolgreicher Wertpapierplatzierung und positiver Ratingnote – besonders virulent.[413] In dem Zielkonflikt zwischen der Einhaltung von Sorgfaltsstandards und kurzfristigen Einnahmen haben sich die großen Ratingagenturen gegen die Sorgfalt entschieden.[414] Dass hiernach auch kein ordnungsgemäßes *Monitoring* betrieben wurde, beruht ebenfalls auch wirtschaftlichen Erwägungen. Monitoring wird typischerweise schlechter bezahlt, ist zugleich aber

---

Agencies Consultation Paper, 02/2008, S. 9; vgl. auch *BaFin*, Jahresbericht 2007, S. 59; *Financial Crisis Inquiry Commission*, Report, S. 146; *Möllers*, JZ 2009, S. 861 (867); *Pukropski*, Regulierung von Ratingagenturen, S. 101; siehe auch *De Larosière Group*, Report vom 25.02.2009, S. 9.

410 Vgl. *Financial Crisis Inquiry Commission*, Report, S. 149; *IOSCO*, The Role of Credit Rating Agencies – final report, 05/2008, S. 12; *Stemper*, Rahmenbedingungen, S. 112. Für derartige Ratings liegen die Gebühren bisweilen zwei- bis dreimal so hoch wie bei gewöhnlichen Ratingobjekten, siehe *CESR*, Second Report to the European Commission on the compliance of credit rating agencies with the IOSCO Code and The role of credit rating agencies in structured finance, 05/2008, S. 21; *Stemper*, Rahmenbedingungen, S. 112 (siehe auch dort Fn. 429 zur Berechnung).

411 *CESR*, Second Report to the European Commission on the compliance of credit rating agencies with the IOSCO Code and The role of credit rating agencies in structured finance, 05/2008, S. 22; *Schuler*, Regulierung und Verantwortlichkeit, S. 72.

412 *Stemper*, Rahmenbedingungen, S. 112; ähnlich stellt es *auch* CESR, Role of Credit Rating Agencies Consultation Paper, 02/2008, S. 10 fest. Die Abhängigkeit zeigt sich auch in der Vergütungsstruktur: Im Krisenjahr 2007 setzte sich nahezu 50 % des Betriebseinkommens der Ratingagenturen aus den Gebühren für Ratings für verbriefte Wertpapiere zusammen, siehe *CESR*, Second Report to the European Commission on the compliance of credit rating agencies with the IOSCO Code and The role of credit rating agencies in structured finance, 05/2008, S. 21.

413 *CESR*, Role of Credit Rating Agencies Consultation Paper, 02/2008, S. 9; *CESR*, Second Report to the European Commission on the compliance of credit rating agencies with the IOSCO Code and The role of credit rating agencies in structured finance, 05/2008, S. 36; *Stemper*, Rahmenbedingungen, S. 110 f.

414 Vgl. *Benders*, Handelsblatt vom 29.10.2008, S. 30; siehe auch *Financial Crisis Inquiry Commission*, Report, S. 212: "*The [issuer pays] model [...] seriously undermined the quality and integrity of those ratings*"; *Pressemitteilung der Europäischen Kommission vom 12.11.2008*, Memo/08/691, S. 3.

besonders aufwendig.[415] Zudem besitzt die mit der Ratingüberwachung verbundene Gefahr von *downgradings* das Potenzial zur Verärgerung des betroffenen Kunden,[416] was es angesichts der beschriebenen Marktstruktur jedoch zu vermeiden galt.

Die Finanzkrise 2007/2008 ist damit ein anschauliches Beispiel für das Scheitern markteigener Regulierung der Ratingagenturen und hat zugleich das Gefährdungspotenzial systematisch sorgfaltswidriger Ratingtätigkeit aufgezeigt.

2. Unverändertes Oligopol

Daneben ist das Scheitern nicht-hoheitlicher Regulierungsmechanismen auch daran zu erkennen, dass das Oligopol auf dem Ratingmarkt bis heute quasi unverändert und unerschüttert fortbesteht.[417] Wie dargestellt,[418] müsste der Reputationsmechanismus derart funktionieren, dass Schlechtleistungen der Agenturen zu einem Ansehensverlust führen, Zweifel an der Fähigkeit der Agentur zur Abgabe treffsicherer Bonitätsprognosen säen und sie schließlich mit einer Abkehr von Anlegern bestraft werden. Die Voraussetzungen für eine nachhaltige Erosion des bestehenden Oligopols nach Maßgabe des Reputationsmechanismus hätten spätestens mit den Vorgängen während der Finanzkrise 2007/2008 vorgelegen. Diese sorgfaltswidrige Ratingtätigkeit darf auch als weitläufig bekannt gelten, wurde sie doch medial thematisiert[419], wissenschaftlich und politisch besprochen[420] und in das kollektive Gedächtnis aufgenommen. Gleichwohl ist ein nachhaltiger Vertrauens- und Marktanteilsverlust der großen Drei nicht erkennbar und unmittelbar nach den Fehlleis-

---

415 *Dittrich*, Credit Rating Industry, S. 128; *ESME*, Role of Credit Rating Agencies, Juni 2008, S. 3, 13.

416 "*No one is made happier by a downgrading and many are outraged*", wie es *Coffee*, Stellungnahme, S. 5 auf den Punkt bringt; schon geringfügige *downgradings* können sich finanziell empfindlich auswirken, hierzu grundsätzlich *Eisen*, Haftung und Regulierung, S. 68 f.; *Everling*, Credit Rating, S. 276 ff.

417 „Bis heute dominieren" die großen Drei, so *Möllers/Wecker*, ZRP 2012, S. 106; ebenso *Deipenbrock*, WM 2011, S. 1829; *Dutta*, IPrax 2014, S. 33 (34); erwähnenswert scheint die Marktsituation in Asien, wo kleinere, nationale Agenturen teilweise bis zu 90 % des Marktanteils unter sich ausmachen, hierzu *Ferri/Lacitignola*, Does Europe need ist own Rating Agencies?, S. 4 f. Ein ambitionierter Ratingneustart aus Deutschland ist die Ratingagentur *Scope*, hierzu *Böcking*, spiegel-online, http://www.spiegel.de/wirtschaft/unternehmen/ratingagenturen-wie-scope-machen-us-firmen-konkurrenz-a-1004692.html (abgerufen am 06.10.2017); deutlich kritischer zu den Erfolgschancen neuer Agenturen jedoch *Hock*, FAZ-online, http://m.faz.net/;s=9aL1TGXqW5dJGVnrjd6LP39/aktuell/finanzen/anleihen-zinsen/ratingagenturen-hohe-huerden-fuer-newcomer-in-europa-13365370.html (abgerufen am 06.10.2017).

418 Siehe oben unter D. I. 1.

419 Siehe etwa *Balzli/Schiessl/Schulz*, Der Spiegel Nr. 47 (2009), S. 72 (76).

420 Vgl. etwa *BaFin*, Jahresbericht 2007, S. 16; *Financial Crisis Inquiry Commission*, Report, S. XXV; *Pukropski*, Regulierung von Ratingagenturen, S. 101 ff.

tungen im Rahmen der Finanzkrise auch nicht eingetreten. Das Oligopol mit einem Marktanteilsverhältnis von ca. 80 % zugunsten von *Moody's Investor Service* und *Standard & Poor's* und 15 % zugunsten von *Fitch Ratings* besteht bis heute unverändert fort.[421] Auch deshalb muss das Scheitern entsprechender selbstregulierender Mechanismen erkannt werden.[422]

3. Ergebnis: Ungeeignetheit nicht-hoheitlicher Regulierungsmechanismen

Es ist nach alledem festzuhalten, dass nicht-hoheitliche Regulierungsmechanismen aus heutiger Sicht als gescheitert anzusehen sind. Damit ist angesichts der erheblichen Risiken, die von fehlerhaften und sorgfaltswidrigen Ratings ausgehen können, das hoheitliche Regulierungsbedürfnis der Ratingbranche zu bejahren.[423] Ein gesetzgeberisches Eingreifen war und ist daher angezeigt und gerechtfertigt.[424]

III. Hoheitliche Regulierung des Ratingwesens auf europäischer Ebene

Das Bedürfnis nach einer hoheitlichen Regulierung hat im Nachgang zur Finanzkrise 2007/2008 auch der EU-Gesetzgeber erkannt. Zuvor hatte man es lange Zeit noch vermieden, regulativ in die Ratingbranche einzugreifen und wollte den Markt grundsätzlich seiner selbst überlassen,[425] wobei auf die zuvor besprochenen selbstregulierenden Mechanismen vertraut wurde.[426] Dieser „*wait and see-approach*"[427] hat mit Beginn der internationalen Finanzkrise 2007/2008 auf dem amerikanischen

---

421 *Deipenbrock*, WM 2013, S. 2289 (2292); *dieselbe*, WM 2011, S. 1829; *Möllers/Wecker*, ZRP 2012, S. 106; bzgl. *Standard & Poor's* ebenso *Halfmeier*, VuR 2014, S. 327.

422 Ähnlich *Deipenbrock*, WM 2011, S. 1829.

423 Ein Regulierungsbedürfnis ebenfalls bejahend *Blaurock*, ZGR 2007, S. 603 (651); *Däubler*, NJW 2003, S. 1096 (1097); *Ebenroth/Daum*, WM 1992, Sonderbeilage Nr. 5, S. 2 (21); *Habersack*, ZHR 169 (2005), S. 185 (190, 210); *Peters*, Haftung Regulierung, S. 161; *Witte/Hrubesch*, ZIP 2004, S. 1346 (1353).

424 So sah es dann auch der europäische Gesetzgeber, siehe Vorschlag der Kommission der europäischen Gemeinschaften für eine Verordnung über Ratingagenturen vom 12.11.2008 (KOM(2008) 704), S. 6.

425 Siehe *Stemper*, Rahmenbedingungen, S. 211.

426 Zur gesetzgeberischen Entwicklung siehe *Mitteilung der Kommission über Ratingagenturen vom 11.03.2006*, ABlEU Nr. C 59/2; *Pressemitteilung der Europäischen Kommission vom 12.11.2008*, Memo/08/691, S. 2; *Deipenbrock*, WM 2013, S. 2289; *dieselbe*, WM 2007, S. 2217; *dieselbe*, BB 2005, S. 2085 (2089); *Stemper*, Rahmenbedingungen, S. 214 ff.; *CESR*, Technical advice to the European Commission on possible measures concerning credit rating agencies, S. 49 f.

427 *Blaurock*, ZGR 2007, S. 603 (639).

subprime-Markt einen „Paradigmenwechsel“[428] hin zur umfassenden hoheitlichen Regulierung von Ratingagenturen erfahren.[429] Auslösende Erkenntnis für die neue Regulierungsbereitschaft der Europäischen Union war vor allem die vorbeschriebene Erkenntnis, dass die Ratingagenturen besonders bei strukturierten Finanzinstrumenten grob fehlerhafte Ratings abgegeben hatten.[430] Auch die unzureichende Anpassung fehlerhafter Ratings an veränderte Marktumstände wurde identifiziert.[431] Ein regulatives Eingreifen auf supranationaler Ebene war dabei auch sinnvoll, da vor dem Hintergrund der global agierenden Agenturen und internationalisierten Kapitalmärkte singuläre nationale Aufsichtsregime Umgehungen („*forum shopping*“) möglich gemacht und die jeweiligen nationalen Finanzmärkte geschwächt hätten.[432] Das hieraus hervorgegangene Regulierungsregime ist für die vorliegende Arbeit von zentraler Bedeutung, insbesondere weil es seit seiner zweiten Reformierung einen konkreten Haftungstatbestand zulasten von Ratingagenturen beinhaltet.[433]

1. Die Regulierung von Ratingagenturen durch die Rating-Verordnung

Zum gegenwärtigen Zeitpunkt wird die Tätigkeit von Ratingagenturen auf europäischer Ebene maßgeblich durch die Verordnung (EG) Nr. 1060/2009 – die Rating-Verordnung – reguliert.[434] Die Verordnung ist am 07.12.2009 in Kraft getreten[435] und seitdem zweimal durch Änderungsverordnungen entscheidend reformiert worden: Die erste Reformierung durch die Reformverordnung (EU) Nr. 513/2011 vom 11. Mai 2011 zur Änderung der Verordnung (EG) Nr. 1060/2009 über Ratingagenturen, die am 31. Mai 2011 in Kraft getreten ist,[436] erfolgte plan- und erwartungsgemäß[437]

---

428 So *Deipenbrock*, WM 2009, S. 1165.

429 *Assmann* in: Assmann/Schütze, Handbuch des Kapitalanlagerechts, § 1, Rn. 79; *Gietzelt/Ungerer*, GPR 2013, S. 333 (335).

430 Vgl. *Arbeitsdokument der Kommissionsdienststellen zum Vorschlag für eine Verordnung über Ratingagenturen vom 12.11.2008* (SEK (2008) 2746), S. 4; vgl. auch *Schuler*, Regulierung und Verantwortlichkeit, S. 21.

431 Vorschlag der Kommission der Europäischen Gemeinschaften für eine Verordnung des Europäischen Parlaments und des Rates über Ratingagenturen vom 12.11.2008 (KOM(2008) 704), S. 2.

432 So auch *Blaurock*, ZGR 2007, S. 603 (652); *Habersack* ZHR 169 (2005), S. 185 (194); *Lerch*, BKR 2010, S. 402 (405); *Vetter*, WM 2004, S. 1701 (1712).

433 Art. 35a Rating-VO; hierzu ausführlich unten ab E.

434 Siehe hierzu auch das deutsche Ausführungsgesetz vom 14.06.2010 (BGBl. I Nr. 32 vom 18.06.2010, S. 786).

435 Art. 41 Abs. 1 Rating-VO.

436 ABlEU L 145/30 vom 31.05.2011 (1. Reform-VO).

437 Schon in Erwägungsgrund Nr. 51 der Rating-VO hieß es, dass noch keine „langfristige Lösung“ erfolgt sei; vor allem der Larosière-Bericht aus dem Februar 2009, in dem die Aufsichtsstruktur kritisiert und eine einheitliche Aufsichtsbehörde gefordert wurde, war ausschlaggebend für die 1. Reformverordnung, wie sich

nur unwesentlich nach Erlass des „Basisrechtsakts"[438] der Erst-Verordnung. Den maßgeblichen Anlass für die erste Reform bildete die Umstrukturierung der europäischen Finanzaufsicht,[439] weshalb die erste Reform-Verordnung nur im Zusammenhang mit der Verordnung (EU) Nr. 1095/2010 zur Errichtung einer europäischen Aufsichtsbehörde (Europäische Wertpapier- und Marktaufsichtsbehörde)[440] zu verstehen ist, die zu einem Reformpaket zählt, das die europäischen (Finanz-)Aufsichtsbehörden grundlegend neu geordnet hat. Die erste Reform-Verordnung zur Rating-Verordnung ist mithin im Wesentlichen eine institutionelle und weniger eine materielle Reform gewesen.[441] Vorliegend von Bedeutung ist insoweit, dass die ESMA als neue Wertpapier- und Marktaufsichtsbehörde seit dem 1. Januar 2011 die Nachfolgebehörde des CESR und damit auch für die Ratingaufsicht zuständig geworden ist.[442] Mit dieser Strukturreform ging die grundlegende Entscheidung des EU-Gesetzgebers einher, die Aufsicht auch auf dem Gebiet des Ratingwesens mehr oder weniger vollumfänglich auf die ESMA als einheitliche und zentrale Aufsichtsbehörde zu übertragen, nachdem die Aufsicht zuvor nationalen Aufsichtsbehörden

---

aus Erwägungsgrund Nr. 1 der 1. Reform-VO ergibt; siehe den *De Larosière Group*, Report vom 25.02.2009, S. 20.

438 *Deipenbrock*, WM 2013, S. 2289.

439 *Deipenbrock*, WM 2011, S. 1829; *dieselbe*, WM 2013, S. 2289 (2290); *Möllers/Wecker*, ZRP 2012, S. 106 (107).

440 Sog. ESMA-VO, ABlEU L 331/84 vom 15.12.2010; Ziel der ESMA ist nach Art. 1 Abs. 5 S. 1 und 2 lit. a) bis f) vor allem, das öffentliche Interesse durch Gewährleistung eines stabilen und effektiven Finanzsystems zu schützen und hierbei unter anderem das Funktionieren des Binnenmarkts zu verbessern, die Integrität der Finanzmärkte zu gewährleisten sowie den Verbraucherschutz zu stärken; vgl. auch Erwägungsgrund Nr. 35 der 1. Reform-VO; zum Aufbau und Konzeptionierung der ESMA siehe auch *Deipenbrock*, WM 2011, S. 1829 (1832 f.); *Fischer zu Cramburg*, NZG 2010, S. 699.

441 *Deipenbrock*, WM 2011, S. 1829 (1820); *dieselbe*, RIW 2010, S. 612 (617); vgl. auch *Schultes*, Regulierung und Haftung von Ratingagenturen, S. 47 f.

442 Art. 1 Abs. 2, 8 Abs. 1 lit. l) der VO (EU) 1095/2010; *Deipenbrock*, WM 2011, S. 1829 (1830); *Möllers/Wecker*, ZRP 2012, S. 106 (107). Die ESMA gehört zu den drei europäischen Aufsichtsbehörden (ESAs), die mit anderen Einrichtungen, namentlich dem Europäischen Ausschuss für Systemrisiken (ESRB) – Verordnung (EU) Nr. 1092/2010, ABlEU L 331/1 vom 15.12.2010 – und dem Gemeinsamen Ausschuss der Europäischen Aufsichtsbehörden – siehe hierzu auch *Deipenbrock*, WM 2011, S. 1829 (1830) – zum Europäischen System der Finanzaufsicht (ESFS) verbunden wurden. siehe Art. 2 Abs. 2 der VO (EU) 1095/2010 (ESMA-VO); zum Aufsichtssystem ESFS auch *Mülbert*, JZ 2010, S. 834 (839). Zu den ESAs gehören außerdem die Europäische Bankenaufsichtsbehörde (EBA) – siehe Verordnung (EU) Nr. 1093/2010, ABlEU L 331/12 vom 15.12.2010 (EBA-VO) – und die Europäische Aufsichtsbehörde für das Versicherungswesen und die betriebliche Altersvorsorge (EIOPA) – siehe Verordnung (EU) Nr. 1094/2010, ABlEU L 331/48 vom 15.12.2010 (EIOPA-VO).

der Mitgliedsstaaten obliegen sollte.[443] Erwähnenswert im Hinblick auf die erste Reformierung ist zudem die Einfügung des Anhang III zur Rating-Verordnung – eines umfassenden Verhaltenspflichtenkatalogs für Ratingagenturen, der für den später eingefügten Haftungstatbestand relevant wird.[444]

Die zweite Reform der Rating-Verordnung erfolgte sodann durch die Verordnung (EU) Nr. 462/2013[445], die am 20. Juni 2013 in Kraft getreten ist. Im Folgenden werden nun zunächst die wesentlichen Regelungsinhalte der Rating-Verordnung aufgezeigt (unter a)) und dabei die vorgenannte zweite Reform in ihren Regelungsschwerpunkten näher beleuchtet (unter b)).

a) Wesentliche Regelungsinhalte der Rating-Verordnung

Mit der Rating-Verordnung ist ein umfassender Pflichten- und Verhaltenskatalog für Ratingagenturen zur Verbesserung und Gewährleistung der Qualität ihrer Tätigkeit und der institutionelle Rahmen für die regulatorische Aufsicht über Ratingagenturen geschaffen worden.[446] Die Rating-Verordnung entfaltet dabei unmittelbare Geltung in allen Mitgliedsstaaten,[447] jedoch nur für Ratings, die von Agenturen abgegeben werden, die in der Union auch registriert sind.[448] Dabei sollte kein Zwang

443 *Deipenbrock*, WM 2011, S. 1829 (1832) nennt es den „zweiten Paradigmenwechsel" nach der Abkehr vom Grundsatz der Selbstregulierung des Ratingwesens.

444 Hierzu ausführlich unten E. I. 2.

445 ABlEU Nr. L 146/1 vom 31.05.2013; der Vollständigkeit wegen ist auch auf die Delegierte Verordnung (EU) Nr. 272/2012 der Kommission vom 7. Februar 2012 zu verweisen, durch die Rating-VO in Bezug auf die Gebühren, die die ESMA erheben darf, ergänzt wurde, ABlEU L 90/6 vom 28.03.2012; sowie auf Delegierte Verordnung (EU) Nr. 447/2012, ABlEU L 140/14 vom 30.05.2012 zur Festlegung technischer Regulierungsstandards für die Normgerechtheit der Ratingmethoden; und Delegierte Verordnung (EU) Nr. 946/2012, ABlEU L 282/23 vom 16.10.2012 zu Verfahrensvorschriften bzgl. auferlegter Geldbußen.

446 *Deipenbrock*, WM 2013, S. 2289 (2290).

447 Art. 288 Abs. 2 AEUV; einer Umsetzung bedarf es daher grundsätzlich nicht, allerdings sind durch die zweite Reform-Verordnung im deutschen Recht einige Anpassungen des Kreditwesengesetzes, des Kapitalanlagegesetzes, des Versicherungsaufsichtsgesetzes und des Wertpapierhandelsgesetzes erforderlich geworden, siehe BT-Drucksache 18/1774 vom 18.06.2014, S. 2. Daneben haben das Europäische Parlament und der Rat parallel die Richtlinie 2013/14/EU vom 21. Mai 2013 (ABlEU Nr. L 145/1 vom 21.05.2013) verabschiedet, die der Umsetzung der mit der zweiten Reformverordnung 462/2013 festgelegten Ziele der Verringerung der Abhängigkeit von Ratings dient. Diese Richtlinie ist durch den deutschen Gesetzgeber mittlerweile im Gesetz zur Verringerung der Abhängigkeiten von Ratings vom 10.12.2014 (BGBl. I S. 2085) umgesetzt worden; siehe hierzu auch *Kontogeorgou*, DStR 2014, S. 1397; *Roth*, GWR 2014, S. 317.

448 Art. 2 Abs. 1 Rating-VO; hierdurch wurde die Verbindung zur Umsetzung von Basel II geschaffen, da nur die nach der Rating-Verordnung registrierten Agenturen auch als externe Agentur (ECAI) im Sinne der – damals geltenden – Richt-

zur Einholung eines Ratings oder zur Investition nur in Finanztitel mit einem bestimmten Rating normiert,[449] sondern nur die Tätigkeit der Agenturen reguliert werden. Die wesentlichen Regelungsinhalte der Rating-Verordnung können in die Gruppe der Verhaltens- und Organisationspflichten und in die Gruppe der aufsichtsbezogenen Vorschriften aufgeteilt werden.

aa) Verhaltens- und Organisationspflichten für Ratingagenturen

Die Rating-Verordnung normiert einen umfassenden Katalog an Verhaltens- und Organisationspflichten für Ratingagenturen, dessen Ähnlichkeit zu den Vorgaben des IOSCO-Kodexes nicht zu verkennen ist.[450] Eine dezidierte Auseinandersetzung mit allen Einzelpflichten ist dabei vorliegend nicht angebracht;[451] es soll allerdings anhand der wesentlichen Regelungsinhalte ein Überblick über das herrschende *public enforcement* für Ratingagenturen gewährt werden. Die Vorgaben betreffen im Wesentlichen die Unabhängigkeit von Ratingagenturen, mithin die Abwehr von Interessenkonflikten,[452] den Einsatz von Ratinganalysten und Mitarbeitern,[453] die Ratingmethodik und das Ratingverfahren[454] sowie die Abgabemodalitäten, Transparenz und Kommunikation bei der Ratingveröffentlichung.[455] Grundsätzlich gilt, dass die Rating-Verordnung die Richtlinien zunächst eher abstrakt formuliert[456] und in Anhang I und III zur Rating-Verordnung weiter konkretisiert und spezifiziert.

Hinsichtlich der betrieblichen und unternehmerischen Organisation zur Vermeidung von Interessenkonflikten werden Ratingagenturen dazu verpflichtet, mehr oder minder konkrete Vorgaben aus Anhang I Abschnitt A und B der Rating-

---

linie 2006/48/EG anerkannt wurden, siehe diesbezüglich heute Art. 135 Abs. 1 der VO (EU) 575/2013. Eine ECAI ist gemäß Art. 4 Abs. 1 Nr. 98 der Verordnung eine nach der Rating-VO „zugelassene oder zertifizierte Ratingagentur oder eine Zentralbank, die Bonitätsbeurteilungen abgibt, die von der Anwendung der genannten Verordnung ausgenommen sind." Die Rating-VO sollte insoweit das Anerkennungsverfahren für externe Ratingverfahren (ECAI) jedoch nicht ersetzen, sondern ergänzen, siehe Erwägungsgrund Nr. 44 der Rating-VO.

449 Erwägungsgrund Nr. 3 und 4 der Rating-VO; die Registrierung dürfte jedoch gerade für die großen drei Agenturen alternativlos sein.

450 In Erwägungsgrund Nr. 8 der Rating-VO wird auf den Kodex auch konkret Bezug genommen und dessen weitere Einhaltung auf freiwilliger Basis angemahnt; dennoch ist die Rating-VO teilweise bewusst konkreter als der IOSCO-Kodex, vgl. hierzu etwa *Deipenbrock*, WM 2009, S. 1165 (1170).

451 Es kann auf die Befassung in der rechtswissenschaftlichen Literatur, etwa bei *Schultes*, Regulierung und Haftung von Ratingagenturen, S. 36 ff.; *von Rimon*, Ratings in Deutschland und USA, S. 81 ff., verwiesen werden.

452 Siehe Art. 6, 6a und 6b sowie Anhang I Abschnitt A und B der Rating-VO.

453 Siehe Art. 7 und Anhang I Abschnitt C der Rating-VO.

454 Siehe Art. 8 und Anhang I Abschnitt D der Rating-VO.

455 Siehe Art. 10, 11, 11a und 12 sowie Anhang I Abschnitt E der Rating-VO.

456 Siehe Titel II der Rating-VO.

Verordnung umzusetzen und einzuhalten.[457] Diese dienen der in Art. 6 Abs. 1 der Rating-Verordnung abstrakt formulierten Pflicht, „erforderliche Schritte" zu unternehmen, um bestehende oder potenzielle Interessenkonflikte und Geschäftsbeziehungen von einer Einflussnahme auf die Abgabe von Ratings fernzuhalten. Hervorzuheben sind insbesondere die Pflichten zur Installierung diverser interner, aber unabhängiger „Kontrolleinheiten"[458] oder Verbote zur Abgabe von Ratings bei bestimmten Sachverhalten, die auf einen Interessenkonflikt hindeuten – etwa wenn die Agentur die betroffenen Emissionen selbst hält oder eine kapitalmäßige Verstrickung zum Emittenten besteht.[459] Zudem sollen potenzielle Interessenkonflikte für Dritte sichtbar gemacht werden, indem die Namen der bewerteten Unternehmen, von denen die Agentur mehr als 5 % ihrer Jahreseinnahmen erhält, veröffentlicht werden müssen.[460] Erwähnenswert ist daneben auch die Rotationspflicht für Ratings für Wiederverbriefungen, wonach ein Ratingvertrag über Wiederverbriefungen, denen Aktiva desselben Originators zugrunde liegen, nicht länger als vier Jahre andauern darf.[461] Hiernach greift eine höchstens vierjährige Sperrfrist mit Ausnahme des *Monitoring* bereits abgegebener Ratings.[462] Dies dient der Vermeidung von *Lock-in*-Effekten[463] und fördert zudem den Wettbewerb zum Zwecke der Auflockerung des herrschenden Oligopols.

Bezüglich der Vorgaben für Ratinganalysten und Mitarbeiter formuliert die Verordnung zunächst das Ziel, dass selbige über angemessene Kenntnisse und Erfahrungen für die ihnen zugewiesenen Aufgaben verfügen müssen und zudem keine persönlichen Interessenkonflikte – etwa wegen Verstrickungen mit Emittenten oder Emissionen – bestehen dürfen.[464] Für den Einsatz von Ratingmitarbeitern greift ferner ein eigenes Rotationssystem, sodass nicht die gleichen Mitarbeiter die immer gleichen Objekte betreuen.[465] Erwähnenswert ist auch die Vorgabe, dass Rating eines Emittenten, zu dem ein Ratinganalyst nach Abgabe eines Ratings gewechselt ist, rückblickend überprüft werden müssen[466] – eine unmissverständliche Reaktion auf

---

457 Art. 5 Abs. 2 der Rating-VO i.V.m. Anhang I Abschn. A und B.

458 Etwa zur Einrichtung von Verwaltungs- oder Aufsichtsorganen, einer Compliance-Funktion und einer Überprüfungsstelle, siehe Anhang I Abschnitt A Abs. 1, 5, 9 Rating-VO.

459 Siehe Anhang I Abschnitt B Abs. 3 Rating-VO.

460 Anhang I Abschnitt B Abs. 2 Rating-VO; ein klarer Angriff gegen das *issuer pays*-Modell, so auch *Braun*, Regulierung der Ratingagenturen, S. 104.

461 Art. 6b Abs. 2 Rating-VO.

462 Art. 6b Abs. 3 und 4 Rating-VO.

463 Hierzu oben C. IV. 3.

464 Siehe Art. 7 Abs. 1 und 2 Rating-VO; zur Gefahr verbotenen Insiderhandels *Stemper*, WM 2011, S. 1740 (1745).

465 Art. 7 Abs. 4 i.V.m. Anhang I Abschnitt C Abs. 8 Rating-VO; wobei *Stemper*, Rahmenbedingungen, S. 258 richtigerweise die Bedeutung individueller Rotation im Vergleich zu einer Team-Rotation betont.

466 Anhang I Abschnitt C Abs. 6 Rating-VO.

die Finanzkrise 2007/2008, bei der die hohe Personalfluktuation zwischen Agenturen und Investmentbanken kritisiert wurde.[467] Das Vorgehen des Unionsgesetzegbers im Hinblick auf die Mitarbeiter und Ratinganalysten selbst ist konsequent, denn gerade in individuellen Beziehungen können sich abstrakte Interessenkonflikte realisieren.[468]

Einen weiteren wichtigen Regelungsgegenstand stellen sodann die Vorgaben hinsichtlich der Ratingmethodik dar.[469] Dazu gehört die Pflicht zur Offenlegung, welche Methoden, Modelle und grundlegenden Annahmen eine Agentur bei ihren Ratingtätigkeiten verwendet.[470] Dies fördert die Transparenz des Ratingwesens und stärkt die Position von Ratingnutzern, insbesondere von Investoren, zur Plausibilitätskontrolle. Freilich finden diese Offenlegungen ihre Grenzen in der Preisgabe von Geschäftsgeheimnissen, welche der Unionsgesetzgeber – zu Recht – unangetastet lassen will.[471] Abgrenzungsschwierigkeiten sind dabei indes vorprogrammiert.[472] Die verwendeten Methoden müssen daneben streng, systematisch und beständig sein und dabei einer ständigen Validierung unterliegen.[473] Die Agenturen sind zudem verpflichtet, geeignete Verfahren umzusetzen, die sicherstellen, dass ihre Ratings auf einer gründlichen Analyse aller Informationen basieren und dass diese Informationen von ausreichend guter Qualität sind.[474] Auch ein dauerhaftes *Monitoring*

---

467 *Wagner* in: FS-Blaurock, S. 467 (469); grundsätzlich hierzu auch *ESME*, Role of the Credit Rating Agencies, Juni 2008, S. 16; zu Interessenkonflikten, wenn Analysten ihren ehemaligen (oder zukünftigen) Arbeitgeber bewerten, siehe *Stemper*, Rahmenbedingungen, S. 296.

468 Ähnlich auch *Andrieu*, Ratingagenturen in der Krise, S. 118; *Blickle*, Regulierung von Ratingagenturen, S. 37; *Stemper*, Rahmenbedingungen, S. 235; *Strunz-Happe* in: Achleitner/Everling, Rechtsfragen im Rating, S. 20; kritisch *Braun*, Regulierung der Ratingagenturen, S 106 f.; vgl. auch *Becker*, DB 2010, S. 941 (943 f.).

469 Wobei fraglich bleibt, inwieweit sich die staatliche Aufsicht anmaßen kann, Ratingmethoden und -Modelle vorzugeben oder zu bewerten; treffend dazu *Stemper*, Rahmenbedingungen, S. 228, ob eine *„staatliche Behörde den Aufwand eines genügend qualifizierten Mitarbeiterstabs, der das komplexe Ratinggeschäft durchschaut, stemmen könnte"*.

470 Art. 8 Abs. 1 Rating-VO.

471 Siehe Erwägungsgrund Nr. 25 der Rating-VO; kritisch zur Preisgabe von Geschäftsgeheimnissen *Blaurock*, ZGR 2007, S. 603 (645); *Richter*, Verwendung von Ratings, S. 202; *Stemper*, Rahmenbedingungen, S. 394; a.A. *Lampe*, Regulierung, S. 180.

472 Ebenso kritisch *Bauer*, BB 2013, S. 363; kritisch dazu, die Methoden als Geschäftsgeheimnis zu behandeln, da sich der Wettbewerb am *track record* und nicht am verwendeten System misst *Lampe*, Regulierung, S. 180; a.A. *Blaurock*, ZGR 2007, S. 603 (645), der ein Hindernis für Wettbewerb und Innovation sieht; ebenso *Richter*, Verwendung von Ratings, S. 202.

473 Art. 8 Abs. 3 Rating-VO.

474 Art. 8 Abs. 2 Rating-VO. Für eine gewisse Präzisierung der abstrakt gehaltenen Anforderungen und Begriffsauslegung haben die durch den CESR später festgelegten Richtlinien gesorgt, siehe *CESR*, Guidance of common standards, 30.08.2010

abgegebener Ratings gehört nunmehr ausdrücklich zu den methodischen Pflichten europäischer Ratingagenturen.[475] Stellt eine Agentur Fehler in ihrer Methodik oder ihren Modellen fest oder will sie ihre diesbezüglichen Methoden verändern, muss sie dies frühzeitig und transparent kommunizieren, ankündigen und mit der ESMA abklären.[476]

Schließlich treffen Ratingagenturen diverse Vorgaben zu den Modalitäten der Abgabe und Veröffentlichung von Ratings und deren Kommunikation. Hierzu gehören etwa Kennzeichnungspflichten für *unsolicited ratings* oder Ratings von strukturierten Finanzinstrumenten.[477] Diese dienen der Verdeutlichung spezifischer Gefahren dieser Ratings bzw. Emissionen.[478] Sämtliche Ratings sind im Übrigen stets unterschiedslos und rechtzeitig bekannt zu geben;[479] auch ein etwaiger Abbruch eines Verfahrens ist einschließlich einer Begründung publik zu machen.[480] Zur Veröffentlichung eines Ratings gehört auch die Angabe etwaiger Vorbehalte wegen der Qualität der verfügbaren Informationen über das Ratingobjekt.[481] Ist die Ratingagentur angesichts der Umstände nicht in der Lage, ein glaubwürdiges Rating zu erbringen, muss sie auf die Abgabe gänzlich verzichten.[482] Die Agenturen trifft auch die Pflicht zur umfassenden Dokumentation und Aufbewahrung eines jeden Ratingvorgangs, mithin der verwendeten Verfahren, Methoden, Aufzeichnungen, Analysen etc., so dass im Nachhinein ggf. der gesamte „Prüfungspfad" einer Ratingtätigkeit nachvollzogen werden kann.[483] Erwähnenswert ist ferner, dass Ratings mindestens zwölf Stunden vor ihrer Veröffentlichung dem Emittenten dargelegt werden müssen, so dass dieser rechtzeitig auf etwaige Fehler hinweisen kann und

---

(CESR/10–945); zum Inhalt ausführlicher *von Rimon*, Ratings in Deutschland und USA, S. 90 f.

475 Art. 8 Abs. 5 S. 1 Rating-VO.

476 Siehe Art. 8 Abs. 6 und 7 Rating-VO; positiv bewertet von *Blaurock*, EuZW 2013, S. 608 (610).

477 Art. 10 Abs. 3 und 5 Rating-VO; dies kann beispielsweise durch ein kleines Symbol am Ende der Note geschehen, siehe *CESR*, FAQ regarding EU regulation of Credit Rating Agencies vom 04.06.2010, S. 9 f.; die Kennzeichnungspflicht ist ebenfalls eine Reaktion auf die entsprechende Kritik an Ratingagenturen, vgl. *De Larosière Group*, Report vom 25.02.2009, S. 20; *Möllers*, JZ 2009, S. 861 (868).

478 *Blickle*, Regulierung von Ratingagenturen, S. 98; *Schroeter*, Ratings, S. 766, der wiederum kritisch zur Kennzeichnungspflicht steht, aaO., S. 763.

479 Art. 10 Abs. 1 S. 1 Rating-VO.

480 Art. 10 Abs. 1 S. 2 Rating-VO.

481 Anhang I Abschnitt D Abs. 4 Rating-VO.

482 Anhang I Abschnitt D Abs. 4 Rating-VO; im Idealfall nimmt eine Ratingagentur den Auftrag bei ungenügender Informationsgrundlage gar nicht erst an, vgl. *Gündling/Everling*, Die Bank 1994, S. 727 (728).

483 Anhang I Abschn. B Abs. 7 ff. der Rating-VO; dokumentiert und aufbewahrt müssen dabei allerdings nicht sämtliche Notizen und Vorgänge, sondern nur der Ratingprozess als solcher; zur Abgrenzung und zur Begriffsentwicklung siehe *Stemper*, Rahmenbedingungen, S. 277.

die Ratingagentur etwaige Kritikpunkte würdigen und berücksichtigen kann.[484] Dieses Prinzip der *„fair presentation“*[485] hat also auch in die EU-Gesetzgebung Einzug gefunden. Zum Komplex der besseren Kommunikation gehören schließlich auch die Vorgaben zur regelmäßigen Veröffentlichung von agenturbezogenen Informationen, etwa ein Verzeichnis aller Nebendienstleistungen,[486] die Vergütungsgrundsätze für Mitarbeiter oder ihren internen Verhaltenskodex.[487] Größere Transparenz schafft sodann auch die neu eingeführte europäische Ratingplattform, auf die Ratingagenturen ihre Ratings über die ESMA einstellen müssen und die auf einer Website veröffentlicht werden.[488] Die Agenturen müssen hier sämtliche Ratinginformationen, also das Rating selbst, den Ratingtyp sowie Tag und Uhrzeit der Veröffentlichung mitteilen.

Besondere Aufmerksamkeit erlangen in der Rating-Verordnung vor allem Ratings für strukturierte Finanzinstrumente,[489] was eine unverkennbare Reaktion auf die Erkenntnisse aus der Finanzkrise 2007/2008 darstellt.[490] Zu nennen sind insoweit besondere Informationspflichten bei der Abgabe von derartigen Ratings sowie die Pflicht zur Einholung mindestens zweier Ratings für strukturierte Finanzinstrumente.[491] Diese Informations- und Veröffentlichungspflichten fördern kleinere Agenturen, die sich vor allem über *unsolicited ratings* zu profilieren versuchen, denn durch die Offenlegung wesentlicher Informationen zu den strukturierten Wertpapieren können sie diese in ihre auftragslosen Ratings einbeziehen.[492]

Das gesamte Regelungswerk zu den Verhaltens- und Organisationspflichten von Ratingagenturen ist insgesamt eine sichtbare Reaktion darauf, dass nach den Erkenntnissen der Finanzkrise an der Gewährleistung der dauerhaften Qualität im Ratingwesen massive Zweifel entstanden sind. Die wesentlichen Konfliktfelder –

---

484 Anhang I Abschn. D Teil 1 Abs. 3 der Rating-VO.

485 Vgl. *Habersack*, ZHR 169 (2005), S. 185 (197). Dabei geht es im Wesentlichen darum, die Qualität der Ratings zu gewährleisten, indem eine fundierte Gegendarstellung durch den Emittenten möglich ist oder auf sachliche Fehler hingewiesen werden kann, um keine fehlerhaften Informationen auf den Kapitalmärkten zu verbreiten.

486 Dabei sind Beratungsleistungen gemäß Anhang I Abschnitt B Abs. 4 der Rating-VO untersagt; die Erbringung von „Nebendienstleistungen“ wie Marktprognosen und Preisanalysen ist jedoch auch weiterhin möglich; zu Lücken des Verbots der Beratungsleistungen auch *Stemper*, Rahmenbedingungen, S. 264; ebenfalls kritisch *Bauer*, BB 2013, S. 363 (364); *von Rimon*, Ratings in Deutschland und USA, S. 82.

487 Art. 11 i.V.m. Anhang I Abschnitt E der Rating-VO.

488 Art. 11a Rating-VO; hierzu *Arntz*, ZBB 2013, S. 318 (324); kritisch *Deipenbrock*, WM 2013, S. 2289 (2293).

489 Siehe Art. 8c, 8c, Anhang I Abschnitt D Teil II, Abschnitt A Abs. 2 und 9 der Rating-VO.

490 Vgl. *Stemper*, Rahmenbedingungen, S. 336.

491 Art. 8b Abs. 1 und 8c Abs. 1 Rating-VO.

492 Auch wenn dem zuzugeben ist, dass hiermit die Grenzen zwischen *solicited* und *unsolicited ratings* zu verschwimmen drohen, hierzu *von Rimon*, Ratings in Deutschland und USA, S. 98 m.w.N.

issuer pays-Modell, Beratungspraxis, Interessenkonflikte oder mangelnde Transparenz – wurden als Ursachen der Qualitätsmängel konkret in den Blick genommen und einer gewissen Reglementierung zugeführt.[493]

bb) Aufsichtsbezogene Vorschriften

Da die Rating-Verordnung originär als *public enforcement* aufgezogen wurde, beinhaltet die zweite Säule des Regelungswerks die Aufsichtsstruktur. Diese ist aufzuteilen in die Registrierungspflicht und die Ratingaufsicht.

(1) Registrierung

Um im Unionsraum Ratings abgeben zu können, muss mit und seit In-Kraft-Treten der Rating-Verordnung eine Registrierung erfolgen, sofern die Ratingagentur eine Rechtspersönlichkeit mit Sitz in der EU darstellt und Ratings zum Zwecke der Veröffentlichung oder als ECAI abzugeben gedenkt.[494] Eine registrierte Agentur muss dabei für die gesamte Dauer ihrer Registrierung die Voraussetzungen erfüllen und relevante Änderungen in ihrer Struktur oder Organisation anzeigen.[495] Der Antrag auf Registrierung ist an die ESMA zu richten und muss die in Anhang II zur Rating-Verordnung genannten Angaben enthalten,[496] darunter etwa die Eigentums- und Organisationsstruktur, Fachkenntnisse des Personals, Beschreibung der Verfahren und Methoden zur Ratingabgabe oder Geschäftspläne. Die ESMA prüft daraufhin den Antrag auf Registrierung auf der Grundlage der Einhaltung der in dieser Verordnung festgelegten Voraussetzungen durch die Ratingagentur.[497] Eine einmal erteilte Registrierung kann bei Wegfall der Voraussetzungen widerrufen werden.[498] Über die registrierten Agenturen wird ein Verzeichnis geführt und im Internet veröffentlicht.[499] Die Registrierungspflicht ist die konsequente formelle Einrahmung des zuvor beschriebenen Aufsichtsregimes. Hervorzuheben ist hierbei, dass die Registrierung nicht etwa daran geknüpft wurde, ob eine Ratingagentur als zuverlässig oder vertrauensvoll gilt – was sich erfahrungsgemäß an ihrer Reichweite und

---

493 Vgl. auch *Becker*, DB 2010, S. 941 (943); *Stemper*, Rahmenbedingungen, S. 234.

494 Art. 14 Abs. 1 Rating-VO; eine nicht in der Union ansässige Agentur unterliegt keiner Registrierungspflicht, muss sich aber in der EU niederlassen und registrieren, wenn sie ihre Ratings für aufsichtsrechtliche Zwecke verwendbar machen will, siehe Art. 4 Abs. 1 Rating-VO; zu diesem Konzept „indirekter Regulierung" unten E. I. 1. b) bb).

495 Art. 14 Abs. 3 Rating-VO.

496 Art. 15 Abs. 1 S. 2 i.V.m. Anhang II Rating-VO.

497 Art. 16 Abs. 1 Rating-VO; *Deipenbrock*, WM 2009, S. 1165 (1173) spricht von einem „antragstellerfreundlichen" Verfahren; vgl. auch *Möllers*, NZG 2010, S. 285 (287); *Stemper*, Rahmenbedingungen, S. 226.

498 Art. 20 Abs. 1 Rating-VO.

499 http://www.esma.europa.eu/page/List-registered-and-certified-CRAs (abgerufen am: 06.10.2017).

Reputation gemessen und eine Privilegierung der großen drei Agenturen bedeutet hätte[500] – sondern daran, dass sie den Verhaltens- und Organisationspflichten der Rating-Verordnung entspricht oder entsprechen kann.

(2) Aufsicht

Die Aufsicht über die Ratingagenturen und die Einhaltung der Vorgaben obliegt grundsätzlich der ESMA.[501] Daneben müssen die Mitgliedsstaaten national zuständige Behörden benennen,[502] die mit der ESMA gegebenenfalls zusammenarbeiten oder von der ESMA verliehene Aufgaben erfüllen müssen.[503] Die Aufsicht der ESMA beinhaltet dabei vor allem die Einhaltung der Verwendung geeigneter Ratingmethodik durch die Ratingagenturen.[504] Allerings gilt hier grundsätzlich ein *hands-off-approach*, wonach eine Einflussnahme auf Ratings selbst und ihre Erstellung nicht stattfinden darf.[505] Die ESMA kann jedoch relevante Informationen auf Basis diverser Ermittlungsbefugnisse einholen, etwa über Informationsersuchen, Prüfungen vor Ort oder allgemeine Untersuchungsmaßnahmen.[506] Werden Verstöße festgestellt, darf die ESMA zu Aufsichtsmaßnahmen greifen, etwa die Registrierung widerrufen, Verbote aussprechen, Beseitigungsanordnungen erlassen oder öffentliche Bekanntmachungen tätigen.[507] Das Aufsichtsregime wird komplettiert durch die Sanktionsmöglichkeiten des Art. 36a und 36b Rating-Verordnung. Demnach entscheidet die ESMA bei festgestellten vorsätzlichen oder grob fahrlässigen Verstößen gegen die Rating-Verordnung über die Verhängung von Geldbußen von bis zu EUR 750.000,00.[508] Zudem können Zwangsgelder auferlegt werden.[509] Die ESMA soll etwaige Geldbußen oder Zwangsgelder auch öffentlich bekanntmachen.[510] Das letzte Wort über die verhängten Sanktionen steht im Streitfalle dem Europäischen Gerichtshof zu.[511]

Insgesamt wird hiermit ein konsistentes Aufsichtsregime gebildet, welches als klassisches hoheitliches Regulierungsrecht, mithin als *public enforcement* bezeichnet werden kann.

---

500 Wie es sich etwa bei der Umsetzung von Basel II in § 53 S. 1 Nr. 7a) SolvV gezeigt hat, hierzu oben C. III. 4.

501 Art. 21 Abs. 1 Rating-VO; Ausnahmen finden sich etwa in Art. 25a Rating-VO für die Aufsicht über die Einhaltung der Vorgaben aus Art. 8b und 8c Rating-VO.

502 Art. 22 Abs. 1 Rating-VO; dies ist in Deutschland die BaFin, siehe § 17 Abs. 1 WpHG.

503 Art. 21 Abs. 2 und 3, Art. 26, 30 Abs. 1 Rating-VO.

504 Art. 22a Abs. 1 Rating-VO.

505 Siehe Art. 23 Abs. 1 Rating- VO und Erwägungsgrund Nr. 23 der Rating-VO; vgl. auch *Deipenbrock*, WM 2013, S. 2289 (2294).

506 Siehe etwa Art. 23b, 23c und 23d Rating-VO.

507 Siehe Art. 24 Rating-VO.

508 Art. 36a Abs. 1, 2 lit. a) Rating-VO.

509 Art. 36b Rating-VO.

510 Art. 36d Abs. 1 Rating-VO.

511 Art. 36e Rating-VO.

b) Wesentliche Neuerungen durch die zweite Reform-Verordnung

Ein besonderes Augenmerk soll auf die zweite Reformierung der Rating-Verordnung gelegt werden, durch die diese noch einmal eine neue Prägung erhalten hat.[512] Dazu ist allen voran die Implementierung des für die vorliegende Arbeit besonders relevanten Haftungstatbestands zu zählen; daneben hat die zweite Reformierung weitere Schwerpunkte gesetzt, die nachfolgend dargestellt werden sollen. Anhand dieser Regelungsinhalte kann auch nachvollzogen werden, weshalb sich der EU-Gesetzgeber – schon frühzeitig[513] – zu einer erneuten Überarbeitung der Rating-Verordnung entschlossen hat. Die wichtigsten Regelungsbereiche der zweiten Reform sind die Relativierung des übermäßigen Rückgriffs auf Ratings, die Bekämpfung des herrschenden Oligopols, die Kontrolle von Länderratings sowie die Einfügung des zivilrechtlichen Haftungstatbestands – wobei Letzterer als wesentlicher Betrachtungsgegenstand an späterer Stelle eingehend analysiert wird.[514]

Ein ganz wesentliches Anliegen des EU-Gesetzgebers in der zweiten Reform-Verordnung war zunächst die Verringerung des übermäßigen Rückgriffs von Ratingnutzern und Marktakteuren auf Ratings.[515] Erstmals adressiert die Rating-Verordnung nicht nur die Ratingtätigkeit selbst, sondern auch die ratingbasierte Regulierung Dritter durch Indienstnahme von Ratings.[516] Im Zentrum stehen die neu eingefügten Art. 5a bis 5c der Rating-Verordnung, wonach sich die in Art. 4 Abs. 1

512 Fortgesetzte Erkenntnisse aus der Euro-Schuldenkrise und ihren Entwicklungen haben den EU-Gesetzgeber zu dieser zweiten Reform bewegt, siehe *Arntz*, ZBB 2013, S. 318 (319); *Roth*, GWR 2014, S. 317. Der Vollständigkeit wegen ist auch auf die Delegierte Verordnung (EU) Nr. 272/2012 der Kommission vom 7. Februar 2012 zu verweisen, durch die die Rating-VO in Bezug auf die Gebühren, die die ESMA erheben darf, ergänzt wurde, ABlEU L 90/6 vom 28.03.2012; sowie auf Delegierte Verordnung (EU) Nr. 447/2012, ABlEU L 140/14 vom 30.05.2012 zur Festlegung technischer Regulierungsstandards für die Normgerechtheit der Ratingmethoden; und Delegierte Verordnung (EU) Nr. 946/2012, ABlEU L 282/23 vom 16.10.2012 zu Verfahrensvorschriften bzgl. auferlegter Geldbußen. Ausführlich zum Gesetzgebungsverfahren und den einzelnen Reformierungsinhalten *Schultes*, Regulierung und Haftung von Ratingagenturen, S. 58 ff.

513 Siehe etwa die *Mitteilung der Kommission an das Europäische Parlament, den Europäischen Wirtschafts- und Sozialausschuss und die Europäische Zentralbank über die Regulierung der Finanzdienstleitungen für nachhaltiges Wachstum vom 02.06.2010*, KOM(2010) 301, S. 5.

514 Siehe unten ab E.

515 Siehe etwa Erwägungsgründe Nr. 8 und 9 der 2. Reform-VO; *Arntz*, ZBB 2013, S. 318 (320). Das blinde Vertrauen in Ratings ohne eigene Sachprüfung gehörte schließlich zu den Ursachen, durch die es zur Blase der strukturierten Finanzprodukte gekommen ist, vgl. *Brabänder*, Die Bank 08/2008, S. 9 (11); *Deipenbrock*, RIW 2010, S. 612 (613); *Financial Crisis Inquiry Commission*, Report, S. XXV; *IOSCO*, Report on Subprime Crisis, 05/2008, S. 13.

516 *Deipenbrock*, WM 2013, S. 2289 (2291); zur regulatorischen Verwendung siehe oben C. III. 4.

Rating-Verordnung genannten Einrichtungen – mithin insbesondere Kreditinstitute, Versicherungen und Wertpapierunternehmen – nicht mehr ausschließlich auf externe Ratings verlassen dürfen, sondern eigene Risikobewertungen vornehmen müssen,[517] wobei sie hinsichtlich der Angemessenheit dieser Bewertungsverfahren der Aufsicht unterliegen.[518] Auch die europäischen Aufsichtsbehörden EBA, EIOPA und die ESMA werden hinsichtlich der regulatorischen Ratingverwendung in die Verantwortung genommen.[519] Ferner soll die Europäische Kommission das gesamte Unionsrecht prüfen und bis zum 1. Januar 2020 sämtliche nicht notwendigen Bezugnahmen auf Ratings zu aufsichtsrechtlichen Zwecken zu streichen, sofern alternative geeignete Bewertungsmodelle für Kreditrisiken gefunden werden.[520] Das erklärte Ziel ist es, sämtliche Automatismen für die Verwendung von Ratings zu beseitigen.[521]

Daneben zielt die zweite Reform verstärkt auf das Oligopol der großen Drei. So finden sich in der Rating-Verordnung nun diverse Änderungen, die die Zugangsbarrieren von kleineren Akteuren zum Ratingmarkt auflockern oder die die Ratingnutzer zur Inanspruchnahme von Ratings alternativer Agenturen anhalten sollen. Zu nennen ist die bereits angesprochene Rotationspflicht für Ratings von Wiederverbriefungen.[522] Durch diese Rotation kann die Flexibilität des Markts gefördert werden, indem anderen (kleineren) Ratingagenturen die Chance gegeben wird, von Emittenten beauftragt zu werden, da sie ohnehin zu einem Wechsel gezwungen sind.[523] Zudem werden *Lock-in*-Effekte bekämpft,[524] denn die Rotationspflichten

---

517 Die vergleichsweise unkomplizierte Verwendung externer Ratings gestattete den Kreditinstituten die Vernachlässigung des Aufbaus und der Entwicklung eigener, interner Bewertungsmethoden, hierzu auch *Deipenbrock*, WM 2013, S. 2289 (2294); gleichwertige interne Methoden zu entwickeln, ist freilich leichter gesagt als getan, schließlich fehlt es den Betroffenen häufig an der fachlichen und personellen Kompetenz; interne Ratings sind daher nicht per se besser als externe; ähnlich kritisch *Arntz*, ZBB 2013, S. 318 (321); *Stuwe/Weiß/Philipper*, Ratingagenturen, S. 11 f.; *von Rimon*, Ratings in Deutschland und USA, S. 78; siehe auch *Gleißner/Fuser*, Leitfaden Rating, S. 58.

518 Art. 5a Abs. 1 und 2 Rating-VO; gemäß Art. 25a Rating-VO übernehmen die sektoralen Aufsichtsbehörden die entsprechende Aufsicht; hierzu auch *Arntz*, ZBB 2013, S. 318 (320 f.).

519 Art. 5b Abs. 1 Rating-VO.

520 Art. 5c Rating-VO.

521 Erwägungsgrund Nr. 9 der 2. Reform-VO.

522 Art. 6b Rating-VO; der Wille zur Förderung von kleineren Ratingagenturen zeigt sich zusätzlich auch in Art. 6b Abs. 5 Rating-Verordnung, der die Rotationspflicht für Agenturen ausnimmt, die weniger als 50 Mitarbeiter auf Gruppenebene beschäftigen oder einen unter EUR 10 Mio. liegenden Jahresumsatz erzielen, ebenso *Arntz*, ZBB 2013, S. 318 (322); *von Rimon*, Ratings in Deutschland und USA, S. 85.

523 So auch *Bauer*, BB 2013, S. 363 (364); *Blaurock*, EuZW 2013, S. 608 (609).

524 So auch Erwägungsgrund Nr. 12 der 2. Reform-VO; ebenso *Blaurock*, EuZW 2013, S. 608 (609).

sind nicht nur eine Reaktion auf die oligopolistische Marktstruktur, sondern auch auf Interessenkonflikte, die durch allzu festgefahrene und langjährige Vertragsbeziehungen entstehen können.[525] Durch die Beschränkung der Rotationspflicht auf Wiederverbriefungen ist man jedoch insgesamt von dem vorherigen Kommissionsvorschlag abgewichen, denn hierin wurde noch eine generelle Abkühlungsphase für jegliche Vertragsratings gefordert.[526] Daneben werden kleinere Agenturen auch dadurch gefördert, dass ein Emittent, der zwei oder mehr Ratingagenturen für die Bewertung einer Emission zu beauftragen beabsichtigt, prüfen soll, ob nicht eine kleinere Agentur mit einem Gesamtmarktanteil[527] von nicht mehr als 10 % mandatiert werden kann.[528] Wird hiervon trotz Einholung zweier Ratings abgesehen, ist dies zu dokumentieren.[529] Die Europäische Kommission hat zu diesem Komplex im Übrigen – entsprechend der in Art. 39b Abs. 3 Rating-Verordnung statuierten Pflicht – am 5. Mai 2014 Bericht über die Möglichkeit der Schaffung eines Netzes kleinerer Agenturen und deren etwaiger finanzieller Förderung erstattet;[530] dies wurde jedoch vorerst verworfen.[531]

---

525 Siehe den Vorschlag für eine Verordnung des Europäischen Parlaments und des Rates zur Änderung der Verordnung (EG) Nr. 1060/2009 über Ratingagenturen vom 15.11.2011, KOM(2011) 747, S. 9; sowie auch Erwägungsgrund Nr. 12 der 2. Reform-VO; ebenso *Arntz*, ZBB 2013, S. 318 (326); *Blaurock*, EuZW 2013, S. 608 (609); *Möllers*, JZ 2009, S. 861 (865); *Witte/Henke*, DB 2013, S. 2257 (2258); kritisch hierzu *Blickle*, Regulierung von Ratingagenturen, S. 47 f.; *von Rimon*, Ratings in Deutschland und USA, S. 86 m.w.N.

526 Vorschlag für eine Verordnung des Europäischen Parlaments und des Rates zur Änderung der Verordnung (EG) Nr. 1060/2009 über Ratingagenturen vom 15.11.2011, KOM(2100) 747, S. 9, 30; so auch *von Rimon*, Ratings in Deutschland und USA, S. 85 (Fn. 409). Als Gründe für die Abschwächung der Rotationspflicht wird u. a. genannt, dass ein zu häufiger Wechsel die Kontinuität und Aussagekraft der Ratings bedrohen könnte, vgl. Erwägungsgrund Nr. 13 der 2. Reform-VO; kritisch zur Abweichung vom Reformvorschlag auch *Deipenbrock*, WM 2013, S. 2289 (2293).

527 Dieser ist nach Art. 8c Abs. 3 Rating-VO anhand des mit Rating- und Nebendienstleistungen auf Gruppenebene erzielten Jahresumsatz zu ermitteln.

528 Art. 8d Abs. 1 Rating-VO.

529 Der EU-Gesetzgeber hat hier bewusst einen *comply or explain*-Ansatz gewählt; kritisch *Möllers/Niedorf*, ECFR 2014, S. 333 (341 ff.).

530 *Bericht der Kommission an den Rat und das Europäische Parlament über die Realisierbarkeit eines Netzes kleinerer Ratingagenturen vom 05.05.2014*, COM(2014) 248.

531 Die Konsultation von Vertretern kleinerer Ratingagenturen hatte ergeben, dass gegen ein integriertes Netzwerk kleinerer Agenturen erhebliche Bedenken bestehen. Auch ein kooperatives Netzwerk wurde tendenziell abgelehnt. Vielmehr wurde auf einen regelmäßigen Austausch mit der Kommission und ggf. weitere europäische Umsetzungsakte Wert gelegt, vgl. *Bericht der Kommission an den Rat und das Europäische Parlament über die Realisierbarkeit eines Netzes kleinerer Ratingagenturen vom 05.05.2014*, COM(2014) 248, S. 5 ff.

Einen besonderen Fokus hat der EU-Gesetzgeber daneben auf die Abgabe von Länderratings gelegt.[532] Dies ist dem Umstand geschuldet, dass sich in der der Finanzkrise nachgeschalteten Euro-Krise vor allem die Abgabe von Länderratings, insbesondere *downgradings* der *souvereign ratings,* als besonders krisenbeschleunigend herausgestellt haben.[533] Zudem ist die Bonität von Ländern unter den Eindrücken der Finanzkrise 2007/2008 – so die verbreitete Kritik – durch die Ratingagenturen vielfach zu streng bewertet worden, wodurch sich deren Kapitalaufnahmefähigkeit massiv verschlechtert hat.[534] Wegen der äußerst sensiblen Auswirkungen von Länderratings auf Staatsfinanzen,[535] die gerade im Euroraum zu Kettenreaktionen auch für andere Mitgliedsstaaten führen können, sind Länderratings ein konkreter Regelungsgegenstand der zweiten Reform geworden.[536] Zu nennen sind insoweit vor allem die Vorgaben zur Überprüfung aller Länderratings innerhalb eines Intervalls von höchstens sechs Monaten.[537] Hierdurch können vor allem kurzfristige politische Maßnahmen schnellere Berücksichtigung in den Ratings finden. Zudem müssen Länderratings gemäß Art. 8a Abs. 1 S. 1 Rating-Verordnung in einer Weise abgegeben werden, die gewährleistet, dass die Eigenheiten des betroffenen Mitgliedsstaats untersucht wurden. Im Vorfeld eines Ratings dürfen ferner keine Mitteilungen über mögliche Änderungen der Länderratings gemacht werden, wenn sie auf Informationen des Ratingobjekts beruhen und dieses der Offenlegung nicht zugestimmt hat oder ihr wegen berechtigter Gründe widersprechen durfte.[538] Daneben geht es dem Unionsgesetzgeber vor allem um die Kontrolle über die Zeitpunkte der Ratingabgabe, da die sporadisch erfolgenden Ratingveröffentlichungen zu schwer beherrschbaren Auswirkungen auf den Finanzmärkten geführt haben. Nunmehr müssen die Ratingagenturen zum Ende eines jeden Jahres einen Zeitplan veröffentlichen und der EMSA übermitteln, aus dem hervorgeht, zu welchen Zeitpunkten sie angeforderte und nicht angeforderte Länderratings abzugeben gedenkt.[539] *Unso-*

---

532 Zugleich ist in Art. 3 Abs. 1 lit. v) eine Legaldefinition von Länderratings eingefügt worden, wonach solche vorliegen bei Bewertung eines Staates oder einer regionalen oder lokalen Gebietskörperschaft. Alternativ bei der Bewertung eines Finanzinstruments welches von einem Staat oder einer regionalen oder lokalen Gebietskörperschaft eines Staates oder einer Zweckgesellschaft solcher Körperschaften emittiert wird.

533 Vgl. *Schroeter*, Ratings, S. 48 f. m.w.N.; a.A. bei *Braun*, Regulierung von Ratingagenturen durch die EU, S. 28, der die Ratingagenturen insofern nur als die „Überbringer schlechter Nachrichten“ ansieht; generell zur Kritik an souvereign ratings *Forschner*, JSE 2012, S. 5 (6); *Schroeter*, Ratings, S. 516 f.; kritisch auch *Däubler*, BB 2003, S. 429 (431).

534 *Roth*, GWR 2014, S. 317; zur Kritik auch *Schroeter*, Ratings, S. 48 f. m.w.N.

535 Hierzu *Stuwe/Weiß/Philipper*, Ratingagenturen, S. 16.

536 So auch *Roth*, GWR 2014, S. 317 (318).

537 Art. 8 Abs. 5 Rating-VO, ergänzt durch Art. 1 Ziff. 10 der 2. Reform-VO.

538 Art. 8a Abs. 2 Rating-VO.

539 Art. 8a Abs. 3 Rating-VO.

licited souvereign ratings sind hierbei auf die Höchstzahl von drei Ratings pro Jahr begrenzt. Zudem dürfen die Ratings zur Verringerung des Volatilitätsrisikos nur nach Handelsschluss und mindestens eine Stunde vor Öffnung der Handelsplätze im Unionsraum publizieren.[540] In diesen Regelungen zeigt sich der Wunsch der EU-Länder nach Kontrolle der sie selbst betreffenden Länderratings. Dieser Wille ist zwar nachvollziehbar, jedoch nicht frei von Konflikten.[541] Es liegt der Verdacht nahe, dass hier politische Entscheidungen vor ungewünschter Kritik geschützt und in ihren erhofften Erfolgen nicht gefährdet werden sollen.[542] Daneben stoßen die gewählten Maßnahmen auch inhaltlich auf Bedenken, führen etwa die Regeln zu Veröffentlichungszeitpunkt doch womöglich dazu, dass es zu eklatanten Kurseinbrüchen und Marktbewegungen zu den vorher festgelegten Zeitpunkten kommt, zu denen die Länderrating geballt publiziert werden. Ferner müssen die Ratings an Aussagekraft einbüßen, wenn außerhalb der Veröffentlichungszeitpunkte Entwicklungen geschehen, die eigentlich auf die Ratingnote Einfluss nehmen würden. Diese können von den Agenturen nicht unverzüglich umgesetzt werden.[543]

Das – aus Sicht der vorliegenden Arbeit – Herzstück der neu reformierten Rating-Verordnung ist indes Art. 35a – ein zivilrechtlicher Haftungstatbestand gegenüber Ratingagenturen wegen fehlerhafter Ratings zugunsten von Anlegern und Emittenten.[544] Damit hat der Unionsgesetzgeber dem zuvor als *public enforcement* ausgestalteten regulatorischen Aufsichtsrecht ein *private enforcement*[545] hinzugefügt. Dies ist eine entscheidende Weichenstellung in der Regulierungsfrage der Ratingbranche. Beide Regelungstypen sollen parallel zueinander bestehen, weswegen der Schadensersatzanspruch auch völlig ohne Einfluss auf die aufsichtsrechtlichen Maßnahmen der ESMA bleibt.[546]

2. Zusammenfassung

Damit sind die wesentlichen Regelungsinhalte der Rating-Verordnung in der Gestalt, in der sie durch die zweite Reform-Verordnung eingeführt wurden,[547] behandelt worden. Diese zweite Reform hat die Rating-Verordnung in materieller Hinsicht

540 Vgl. Erwägungsgrund Nr. 42 der 2. Reform-VO.
541 Ebenfalls kritisch *Blaurock*, EuZW 2013, S. 608 (611).
542 So auch *Schroeter*, Ratings, S. 519 f. unter besonderem Verweis auf die Doppelrolle von Staaten als Rechtssetzer und Kapitalnachfrager.
543 Ebenso *von Rimon*, Ratings in Deutschland und USA, S. 99.
544 Hierzu ausführlich unten ab E.
545 Zum Begriff unten D. IV.
546 Art. 35a Abs. 6 Rating-VO.
547 Der Vollständigkeit wegen sei erwähnt, dass die Rating-VO zuletzt noch durch die Richtlinie 2014/51/EU vom 16. 04.2014, ABlEU Nr. L 153/1 vom 22.05.2014, geändert wurde, indem Art. 2 Abs. 3 Rating-VO zum Zwecke der Harmonisierung der Zuständigkeits- und Kompetenzregelungen für die europäischen Aufsichtsbehörden gestrichen wurde; siehe Erwägungsgrund Nr. 40 der vorgenannten Richtlinie.

noch einmal entscheidend intensiviert und erweitert, insbesondere indem sie dem umfangreichen *public enforcement* ein *private enforcement* hinzugefügt hat. Dabei sind die Reaktionen auf die Rating-Verordnung unterschiedlich ausgefallen.[548] Hervorgehoben und weitgehend geteilt wird zwar die Notwendigkeit eines hoheitlichen Eingreifens auf den Ratingmarkt.[549] Die konkrete Ausgestaltung der Rating-Verordnung wird indes vereinzelt kritisiert, da die Vorgaben zu pauschal gehalten seien.[550] Daneben wird die – mutmaßlich der Geschwindigkeit der Umsetzungsakte geschuldete – sprachliche und übersetzungstechnische Ungenauigkeit der Verordnungstexte bemängelt.[551] Zudem würden nicht alle Problemkreise in der geeigneten und erforderlichen Weise und Effektivität adressiert.[552] Insbesondere die Zweifel an einer wirksamen Bekämpfung der Konflikte des *issuer pays*-Modells und des Oligopols verstummen nicht,[553] wobei eine Beseitigung der aus dem *issuer pays*-Modell resultierenden Konflikte nur durch die Umstellung auf andere Finanzierungsmodelle denkbar ist, anderenfalls immer nur die Symptome, nicht aber das zugrunde liegende Problem angegangen wird.[554] Vereinzelt wird auch die – sicherlich nicht unberechtigte – Kritik geäußert, dass und ob die ESMA die personellen und sachlichen Ressourcen besitzt, um jedweden denkbaren Verstoß gegen die Bestimmungen der Rating-Verordnung zu bemerken und zu ahnden.[555]

IV. Hoheitliche Regulierung des Ratingwesens durch *private enforcement*

In der vorliegenden Arbeit liegt das besondere Augenmerk auf der Regulierung von Ratingagenturen durch privatrechtliche Haftung (*private enforcement*). *Private enforcement* meint die zwangsweise Durchsetzung von gewünschtem Verhalten durch die Mittel des Privatrechts, typischerweise des Haftungsrechts, und bildet

---

548 Grundsätzlich positiv beispielsweise bei *Deipenbrock*, WM 2009, S. 1165 (1173 f.); dagegen überwiegend kritisch etwa *Amort*, EuR 2013, S. 272 (282).

549 Für *Deipenbrock*, WM 2013, S. 2289 markierte schon die *Enron*-Pleite einen endgültigen Regulierungsbedarf.

550 Vgl. zur Kritik *Deipenbrock*, WM 2009, S. 1165 (1174); *Möllers*, JZ 2009, S. 861 (871).

551 Vgl. *Deipenbrock*, WM 2013, S. 2289 (2291); *Schroeter*, Ratings, S. 832.

552 Siehe beispielsweise *Braun*, Regulierung der Ratingagenturen, S. 99, 106, 112, 113.

553 Etwa *Amort*, EuR 2013, S. 272 (282); *Deipenbrock*, WM 2013, S. 2289 (2293); *Stemper*, Rahmenbedingungen, S. 302, 420.

554 Auch *Braun*, Regulierung der Ratingagenturen, S. 35 ff., 114 kritisiert insoweit, dass die Rating-Verordnung die Rahmenbedingungen des Ratingmarkts unberührt lässt und nur Verhaltenspflichten auferlegt; er führt dies vor allem auf die Semantik der öffentlichen Diskussion zurück, in der weniger strukturelle Defizite besprochen werden, sondern vor allem die moralische Verwerflichkeit des Handelns im Mittelpunkt stand.

555 *Braun*, Regulierung der Ratingagenturen, S. 104; in diesem Zusammenhang ist auch die Kritik an den Kosten der hoheitlichen Aufsicht angebracht, aaO., S. 115.

den Gegenpart zu *public enforcement*, das die zwangsweise Verhaltensdurchsetzung mit den Mitteln des öffentlichen Rechts zum Gegenstand hat.[556] *Private enforcement* beinhaltet es, dass die Zuwiderhandlung gegen bestimmte Verhaltenspflichten einen haftungsbegründenden Tatbestand erfüllt und der Zuwiderhandelnde zum Ausgleich des Schadens gegenüber einem geschädigten Dritten verpflichtet wird.[557] Solange die hierdurch drohenden Nachteile die Konformitätskosten ökonomisch überwiegen, ist eine präventive Verhaltenssteuerung anzunehmen, da der Normadressat vernünftigerweise einen Haftungsfall vermeiden wollen wird.[558] Daneben bewirkt die Haftung auch eine faire Kompensation erlittener Schäden.[559] Etwaige, vereinzelt formulierte Bedenken gegen die Verfassungsmäßigkeit von *private enforcement*-Vorschriften[560] überzeugen im Ergebnis – im Einklang mit der Rechtsprechung des Bundesverfassungsgerichts[561] – nicht.[562] Im nachfolgenden Abschnitt sollen zunächst die Fruchtbarmachung privatrechtlicher Haftung in der Ratingregulierung beleuchtet werden (unter 1.) sowie einige Vorfragen geklärt werden, die in der haftungsrechtlichen Auseinandersetzung mit Ratings immer wieder kehren und daher „vor die Klammer" gezogen werden können (unter 2.). Auf dieser Basis kann später die privatrechtliche Veranwortlichkeit von Ratingagenturen – und mithin die Qualität der entsprechenden Ratingregulierung – nach den verschiedenen, hier untersuchten Rechtsordnungen geprüft werden.

---

556 Die Begriffe *public* und *private enforcement* sind vor allem aus dem Kartellrecht bekannt, vgl. etwa *Grützner/Jakob*, Compliance von A–Z, Private Enforcement; *Seitz*, GRUR-RR 2012, S. 137; im Ratingzusammenhang *Schroeter*, Ratings, S. 831 f.; *Steinrötter*, ZIP 2015, S. 110, der auch den Terminus *„regulation through litigation"* nennt; *Wojcik*, NJW 2013, S. 2385.

557 Im Ratingzusammenhang *Eisen*, Haftung und Regulierung, S. 266; *Krimphove* in: Achleitner/Everling, Rechtsfragen im Rating, S. 67 f.

558 *Magnus* in: Dauner-Lieb/Langen, vor § 249, Rn. 11; *Wagner* in: Münchener Kommentar, BGB, vor § 823, Rn. 45; *Wagner*, AcP Vol. 206 (2006), S. 352 (454); im Ratingzusammenhang *Schuler*, Regulierung und Verantwortlichkeit, S. 159; *Wagner*, AcP Vol. 206 (2006), S. 352 (358 f., 426); nicht diskutiert wird vorliegend, ob die Verhaltensprävention eine eigenständige Zielrichtung des Haftungsrechts oder nur dessen – nicht unerwünschter – Nebeneffekt ist; für Letzteres tritt etwa *Larenz*, Lehrbuch des Schuldrechts Bd. I, § 27 I, S. 423 f. ein.

559 *Larenz*, Lehrbuch des Schuldrechts Bd. I, § 27 I, S. 424; *Magnus* in: Dauner-Lieb/Langen, vor § 249, Rn. 8; *Schroeter*, Ratings, S. 777; *Schulze* in: Schulze, BGB, vor § 249, Rn. 2; *Wagner* in: Münchener Kommentar, BGB, vor § 823, Rn. 43.

560 Siehe etwa *Schneider*, BB 2002, S. 1653 (1656 f.) am Beispiel des *private enforcement* von § 661a BGB wegen des Verbots der Doppelbestrafung, Art. 20, 103 GG.

561 *BVerfG* NJW 1973, S. 1221 (1226).

562 Siehe etwa *Wagner*, AcP Vol. 206 (2006), S. 352 (433); vgl. auch *Blickle*, Regulierung von Ratingagenturen durch die EU, S. 116; *Magnus* in: Dauner-Lieb/Langen, vor § 249, Rn. 11; *Wagner* in: Münchener Kommentar, BGB, vor § 823, Rn. 48 ff.; aus der Rechtsprechung auch *BGH* NJW 2003, S. 3620 (3621) bzgl. der Verfassungskonformität der verhaltenssteuernden Norm des § 661a BGB.

1. *Private enforcement* in der Ratingregulierung

Privatrechtliche Haftung kann nach dem Vorgesagten in erster Linie ein Werkzeug der Verhaltenssteuerung sein, fördert jedoch zugleich auch den im Kapitalmarktrecht immer und in der Ratingregulierung besonders virulenten Schutz der Anleger vor Vermögensschäden[563] und besorgt den Ausgleich individueller Schäden. Zugleich werden Aufsichtsbehörden entlastet und private Durchsetzungsinteressen sinnvoll instrumentalisiert. Damit können im Gegensatz zur Regulierung durch *public enforcement* zugleich öffentliche wie private Interessen geschützt werden. Mit Art. 35a Rating-Verordnung existiert nunmehr ein konkretes Haftungsinstrument auf europäischer Ebene, das als *private enforcement* eigenständig neben die rein aufsichtsrechtlichen Bestimmungen der Rating-Verordnung tritt[564] und deshalb Veranlassung dazu gibt, sich der Verhaltenssteuerung von Ratingagenturen über *private enforcement* näher zu widmen.

Private enforcement ist im Zusammenhang mit der Kontrolle von Ratingagenturen nicht unumstritten. Bedenken werden hauptsächlich dahingehend formuliert, dass eine Haftung insbesondere gegenüber dem allgemeinen Anlegerpublikum zu weitreichend sei und existenzgefährdendes Potenzial für die Agenturen besitze.[565] Zudem könnten Ratingagenturen zur Haftungsvermeidung geneigt sein, sog. "*defensive ratings*" abzugeben, also nur noch besonders zurückhaltende Bewertungen zu veröffentlichen.[566] Dies würde sich nicht nur generell negativ auf die kapitalmarktbezogene Zweckerfüllung von Ratings, sondern vor allem zum Nachteil kleinerer oder mittelständischer Emittenten und risikobehafteter Emissionen auswirken.[567] Ferner bestehe die Gefahr, dass die Agenturen die Mehrkosten und Risiken der Haftung auf die Ratingkunden abwälzen, so dass die verhaltenssteuernde Wirkung der Haftung fraglich bleibe.[568]

---

563 Siehe insoweit den Erwägungsgrund Nr. 75 der Rating-VO.

564 Siehe Art. 35a Abs. 6 Rating-VO.

565 Vgl. etwa *Blickle*, Regulierung von Ratingagenturen durch die EU, S. 124 f.; *Coffee*, 1 Harvard Business Law Review (2011), S. 231 (252); *Deipenbrock*, BB 2003, S. 1849 (1854).

566 Siehe *Coffee*, 1 Harvard Business Law Review (2011), S. 231 (252); *Fleischer*, Gutachten für den 64. Deutschen Juristentag (2002), F 141; *Husisian*, 75 Cornell Law Review (1990), S. 411 (434).

567 Vgl. *Bottini*, 30 San Diego Law Review (1993), S. 579 (609, Fn. 182); *Coffee*, 1 Harvard Business Law Review 2011, S. 231 (252); *Fleischer*, Gutachten für den 64. Deutschen Juristentag (2002), F 141; *Husisian*, 75 Cornell Law Review (1990), S. 411 (438); ähnlich *von Randow* in: Büschgen/Everling, Handbuch Rating (1996), S. 559.

568 Hierzu *Husisian*, 75 Cornell Law Review (1990), S. 411 (435 f.); *Lemke*, Ratingwesen, S. 107; dagegen hält *Vetter*, WM 2004, S. 1701 (1709) es für „ökonomisch sinnvoll", wenn Emittenten mittelbar die Versicherungskosten tragen; generell zur Problematik der Versicherbarkeit von Haftungsfällen für die Verhaltenssteuerung, *Schuler*, Regulierung und Verantwortlichkeit, S. 165 ff.

Im Ergebnis sind diese Bedenken jedoch zurückzuweisen. Zunächst steht dem existenzgefährdenden Haftungspotenzial zulasten der in die Haftung genommenen Agenturen auf der anderen Seite auch ein enormes Schadenspotenzial auf Seiten der Ratingnutzer gegenüber, so dass die grundsätzliche privatrechtliche Verantwortlichkeit für Fehlverhalten durchaus vertretbar erscheint.[569] Geschehnisse wie in der internationale Finanzkrise 2007/2008, an denen die Ratingagenturen eine Mitschuld tragen,[570] dürften die Schutzwürdigkeit der Agenturen insoweit relativiert haben. Das Risiko, dass die Ratingagenturen nur noch *„defensive ratings"* abgeben könnten, lässt daneben außer Betracht, dass ein Haftungsregime idealiter auch gegenüber Emittenten griffe, denen ebenfalls ein ordnungsgemäß erstelltes Rating geschuldet würde,[571] und das mithin auch sorgfaltswidrig zu defensive Ratings sanktionierte.[572] Ratingagenturen müssten eine zu konservative Ratingtätigkeit aus haftungsrechtlicher Sicht genauso fürchten wie eine zu Wohlwollende.[573] Auch die Annahme, die Agenturen könnten besonders riskante Ratings zur Vermeidung von Haftungsrisiken gänzlich unterlassen, überzeugt angesichts der Erkenntnisse aus der Finanzkrise 2007/2008 nicht, die gezeigt hat, dass es gerade die schwierigen und daher lukrativen Ratings sind, die die Agenturen im Zweifel nicht unterlassen werden[574] – schleßlich können sie sich diese typischerweise auch besser bezahlen lassen.[575] Alles in allem überwiegen nicht zuletzt angesichts des Versagens markteigener Regulierungs-

---

569 Ähnlich *Spindler*, DStR 2002, S. 1576 (1582), bei dem ein „Unbehagen" verbliebe angesichts der Wirkungen eines unsorgfältig erstellten Ratings für Unternehmen und Anleger, wenn eine Verantwortlichkeit der Ratingagenturen gänzlich ausschiede; siehe auch *Wagner* in: FS-Blaurock, S. 467 (488): *„wenn hohe Schäden drohen, dann sind strikte Sorgfaltsmaßnahmen nicht nur gerechtfertigt, sondern erwünscht."*

570 Hierzu oben D. II. 1.

571 *Habersack*, ZHR 169 (2007), S. 185 (207); *Korth*, Dritthaftung, S. 119; *von Rimon*, Ratings in Deutschland und USA, S. 208; zu den Leistungspflichten aus dem Ratingvertrag näher unten F. I. 1. a) bb).

572 *Vetter*, WM 2004, S. 1701 (1709).

573 So auch *Eisen*, Haftung und Regulierung, S. 375 f., der dies eine „haftungsrechtlichen Zwickmühle" nennt; *Habersack*, ZHR 169 (2005), S. 185 (207) spricht von der „Haftungszange"; *Schroeter*, Ratings, S. 779 (Fn. 16) macht es von der Wahrscheinlichkeit der Durchsetzung durch die jeweilige Seite abhängig, inwieweit die Ratingagentur die Haftung fürchten muss; daneben schätzt *Vetter*, WM 2004, S. 1701 (1709) das Risiko der Inanspruchnahme durch den wirtschaftlich regelmäßig stärkeren Emittenten sogar als größer als die Inanspruchnahme durch anonyme Investoren ein, was zusätzlich gegen die Gefahr von *defensive ratings* sprechen würde.

574 So aber *Bottini*, 30 San Diego Law Review (1993), S. 579 (609, Fn. 182); *Coffee*, 1 Harvard Business Law Review (2011), S. 231 (252); *Fleischer*, Gutachten für den 64. Deutschen Juristentag (2002), F 141; *Husisian*, 75 Cornell Law Review (1990), S. 411 (348).

575 Ähnlich *Lerch*, BKR 2010, S. 402 (408).

mechanismen[576] die Vorteile einer Verhaltenssteuerung durch *private enforcement*. Wegen der theoretisch großen Zahl potenzieller Anspruchsteller bei Schäden auf den Kapitalmärkten[577] besteht grundsätzlich auch ein erhebliches Haftungsrisiko, von dem deshalb in der Tat disziplinierende Effekte zu erwarten sind.[578] Freilich hängt die verhaltenssteuernde Wirkung privater Haftung final von der materiellen Rechtslage und der Durchsetzbarkeit etwaiger Ansprüche ab.

2. Haftungsrelevante Vorfragen

Da die Ratingagenturen gegenüber Emittenten und Investoren zu ordnungsgemäßem und sorgfältigem Handeln und zur Abgabe möglichst treffsicherer Ratings angehalten werden sollen, beziehen sich die in dieser Arbeit untersuchten Haftungskonstellationen auf die Verantwortlichkeit von Ratingagenturen gegenüber eben diesen Emittenten und Anlegern.[579] Bevor einzelne Haftungsregime beleuchtet werden können, sind jedoch zunächst einige für jedwedes *private enforcement* wichtige Aspekte „vor die Klammer" zu ziehen. Dazu zählt die grundsätzliche Klärung der Frage, ob Ratings als Meinungsäußerungen einzustufen sind und daher gegebenenfalls unter besonderen verfassungsrechtlichen Schutz stehen, der sich auch in der privatrechtlichen Haftung auswirken kann (unter a)), sowie wann ein Rating als „falsch" gelten und mithin überhaupt haftungsrelevant sein kann (unter b)); ebenso vorab zu besprechen ist, welche Arten von Vermögensschäden bei Ratingnutzern eintreten und im Wege verhaltenssteuernder Haftung vermieden werden könnten (unter c)). Zuletzt soll sich der Sonderproblematik reiner Umverteilungsschädigen gewidmet werden (unter d)).

a) Ratings als Meinungsäußerungen

Die Frage, ob Ratings eine Meinungsäußerung oder eine Tatsachenbehauptung darstellen, ist für die hiesige Betrachtung unumgänglich, denn der mit Meinungsäußerungen verbundene verfassungsrechtliche Schutz prägt die zivilrechtliche Haftung unabhängig von der jeweils untersuchten Rechtsordnung mitunter entscheidend.[580]

---

576 Hierzu oben D. II. 3.

577 *Eisen*, Haftung und Regulierung, S. 266.

578 So auch *Stemper*, Rahmenbedingungen, S. 161.; siehe auch *Blickle*, Regulierung von Ratingagenturen durch die EU, S. 119; *Haar*, NZG 2010, S. 1281 (1282).

579 Anderweitige ratingrelevante Konstellationen wie Prospekthaftung oder Anlageberatungshaftung sind dagegen nicht Gegenstand dieser Arbeit.

580 Im deutschen Zivilrecht gilt dies insbesondere für die deliktische Haftung, z. B. im Rahmen von § 824 BGB oder § 823 Abs. 1 BGB – hierzu unten F. I. 2. a) aa) und bb) – dies maßgeblich vor dem Hintergrund der sogenannten Stiftung-Warentest-Rechtsprechung wegen der Betonung des Schutzes der Meinungsäußerung, vgl. v. a. BGHZ 65, S. 325 (328) (Warentest II); BGH NJW 1987, S. 2222 (Warentest IV); NJW 1989, S. 1923 (Warentest V); WM 1997, S. 1765 (Warentest VI); für die Übertragung der Grundsätze dieser Rechtsprechung auf Ratingagenturen grundsätzlich

Dabei wird dies vorliegend zunächst aus der Perspektive deutschen Verfassungsrechts geprüft werden, wohingegen die US-amerikanische (Verfassungs-)Rechtslage an späterer Stelle näher beleuchtet wird.[581] Die Agenturen selbst berufen sich stets darauf, dass ihre Ratings „nur" Meinungsäußerungen sind und weisen regelmäßig in ihren Veröffentlichungen oder ihren Verhaltenskodizes auch darauf hin.[582] Freilich ist die eigene Sichtweise der Agenturen für die rechtliche Betrachtung keineswegs bindend.

Eine Meinungsäußerung unterscheidet sich von einer Tatsachenbehauptung in erster Linie durch ihren Charakter als Stellungnahme und Äußerung des Dafürhaltens[583] und dabei insbesondere durch die fehlende Zugänglichkeit für einen Wahrheitsbeweis. Tatsachen dagegen sind Ereignisse oder Zustände der Gegenwart oder der Vergangenheit, die einem Wahrheitsbeweis zugänglich sind.[584] Auf Grundlage dieser Definitionen sind Ratings als Einschätzungen darüber, ob ein Emittent in der Zukunft solvent und zahlungswillig sein wird, als Meinungsäußerung einzustufen, da die Prognosen nicht – *ex ante* – auf ihre Richtigkeit hin bewiesen werden können, handelt es sich doch um in der Zukunft liegende Ereignisse.[585] Zudem enthalten Ratings unverkennbar subjektive Elemente des Meinens und Dafürhaltens, da sie Gesamtbetrachtungen und -Bewertungen der zugrunde liegenden Informationen in Gestalt einer Endnote darstellen[586] und keine rein rechnerischen Ergebnisse,

---

Thiele, Einordnung des Ratings, S. 3 ff., *Peters*, Haftung und Regulierung, S. 66 f.; *Witte/Hrubesch*, ZIP 2004, S. 1346 (1350); a.A. *Däubler*, BB 2003, S. 429 (432); *Schuler*, Regulierung und Verantwortlichkeit, S. 217 f.; *Schroeter*, Ratings, S. 862 f.; zu den grundlegenden Unterschieden zwischen der Arbeit von Ratingagenturen und der Stiftung Warentest und deren Auswirkung auf die Diskussion über eine Regulierung der Branche siehe *Habersack*, ZHR 169 (2005), S. 191.

581 Siehe unten G. II.

582 Etwa *Moody's*, Code of Conduct, 12/2015, S. 4: "*A credit Rating is an opinion from MIS regarding the creditworthiness of an entity [...] or of an issuer [...]*"; oder auch *Fitch*, Code of Conduct, S. 3: "*Credit Ratings are opinions on the relative ability of an entity to meet financial commitments*".

583 Hierzu nur *BVerfG*, NJW 1992, S. 1439 (1440).

584 Vgl. *BVerfG* NJW 1996, S. 1529 (1530); NJW 1992, S. 1439 (1440); *BGH* NJW 2006, S. 830 (836); zur Kritik an dieser Definitionshermeneutik vgl. *Wagner* in: Münchener Kommentar, BGB, § 824, Rn. 16 f. m.w.N.

585 Ebenso *Arntz*, BKR 2012, S. 89 (93); *Blaurock*, ZGR 2007, S. 603 (627); *Ebenroth/Daum*, WM 1992, Sonderbeilage Nr. 5, S. 2 (10); *Eisen*, Haftung und Regulierung, S. 305; *Everling*, Die Bank 1992, S. 78 (80); *Forschner*, JSE 2012, S. 5 (8); *Habersack*, ZHR 169 (2005), S. 185 (200); *Oellinger* in: Achleitner/Everling, Rechtsfragen im Rating, S. 358; *Peters*, Haftung und Regulierung, S. 53; *Rohe/Lischek*, WM 2006, S. 1933 (1934); *Thiele*, Einordnung des Rating, S. 3; *Vetter*, WM 2004, S. 1701 (1704); *von Schweinitz*, WM 2008, S. 953; *Wagner* in: Münchener Kommentar, BGB, § 824, Rn. 24; *Witte/Hrubesch*, ZIP 2004, S. 1346 (1350); a.A. bei *Schuler*, Regulierung und Verantwortlichkeit, S. 205.

586 So *Ebenroth/Daum*, WM 1992, Sonderbeilage Nr. 5, S. 2 (10); *Lemke*, Ratingwesen, S. 50. vgl. auch *BGH* NJW 2011, S. 2204 (2206) zu einer Bonitätsbewertung und *KG* WM 2006, S. 1432 in Bezug auf Ratings.

anderenfalls sich die Dienstleistung eines Ratings in der Zusammenfassung von Fakten erschöpfen würde, was evident nicht der Fall ist.[587] Aus diesem Grund können Ratings verschiedener Agenturen für denselben Emittenten auch unterschiedlich ausfallen.[588] Dieses subjektive Moment tritt prägend und bestimmend neben das objektiv-analytische Element von Ratings.[589]

Richtigerweise beinhalten Ratings jedoch auch Tatsachenbehauptungen, da sie u. a. auf *hard facts* beruhen, die wiederum dem Wahrheitsbeweis zugänglich sind. Implizite oder ausdrückliche Behauptungen in Bezug auf Umsatzzahlen, Liquidität, Zahlungsmoral in der Vergangenheit u. Ä. sind Zustände und Ereignisse der Gegenwart oder Vergangenheit, weswegen die Bewertungen auch Tatsachenbehauptungen enthalten können.[590] Wenn die zu betrachtende Äußerung – wie hier – sowohl Elemente der Stellungnahme als auch Tatsachenäußerungen beinhaltet, kommt es auf den Schwerpunkt, den Kern oder die Prägung der Aussage an, um sie in ihrem Rechtscharakter zuweisen zu können.[591] Grundsätzlich können die im Rating enthaltenen tatsächlichen Behauptungen den insgesamt stark subjektiven Charakter jedoch nicht aufheben. Ihr Schwerpunkt liegt auch bei Zugrundelegung tatsächlicher Elemente, etwa aktueller Kennzahlen des Emittenten, in der subjektiven Zukunftsprognose hinsichtlich einer möglichen Ausfallwahrscheinlichkeit.[592]

Eine Differenzierung ist allerdings für besondere Ratingtypen vorzunehmen, bei denen der inhaltliche Schwerpunkt der Äußerung ausnahmsweise dem Tatsachen- und nicht dem Meinungselement zuzuordnen ist.[593] Hierzu gehören erstens negative Ratings für kurzfristige Anleihen bei unmittelbar bevorstehenden Fäl-

---

587 *Wambach/Kirchner/Wunderlich* in: Achleitner/Everling, Handbuch Ratingpraxis, S. 171.

588 *Peters*, Haftung und Regulierung, S. 53.

589 Anders wohl *Deipenbrock*, BB 2003, S. 1849 (1850), die in der Betonung des hohen Anspruchs der Agenturen, eine objektive Analyse zu tätigen, einen Widerspruch zum subjektiven Charakter des Ratings sieht. Allerdings betonen die Agenturen durchaus gerade auch ihre subjektive Bonitätseinschätzung als Alleinstellungsmerkmal.

590 *Wagner* in: Münchener Kommentar, § 824, BGB, Rn. 23; *Everling*, Credit Rating, S. 288 führt aus, dass es gerade Voraussetzung für den hohen Informationsgehalt von Ratings ist, dass sie aktuell sind, also zutreffende Informationen über die aktuelle Bonität eines Emittenten enthalten.

591 Vgl. nur BVerfG NJW 1983, S. 1415 (1416), wonach der Schutz der Meinungsfreiheit nur dann verkürzt ist, wenn sich vermischte Tatsachen- und Meinungsäußerungen nicht trennen lassen und das tatsächliche Element maßgebend ist; siehe auch *BGH* NJW 2006, S. 830 (836).

592 So auch *Ebenroth/Daum*, WM 1992, Sonderbeilage Nr. 5, S. 2 (10); *Thiele*, Einordnung des Ratings, S. 3.

593 Vgl. *BGH* NJW 1976, S. 620 (621) in Bezug auf Testberichte: „*Es kann durchaus sein, dass ein Testbericht je nach seinem schwerpunktmäßigem Inhalt und der Verselbständigung seiner zugrundegelegten Umstände – jedenfalls überwiegend – rechtlich als tatsächliche Behauptung zu behandeln ist.*"

ligkeitszeitpunkten sowie zweitens *downgradings*, die einzig auf einer aku gegenwärtigen tatsächlichen Verschlechterung der finanziellen Situation des Emittenten beruhen: Bei einer Bonitätseinschätzung für einen kurzfristigen Zeitraum kann der Aussage, der Emittent könne einen zeitlich sehr nahe liegenden Rückzahlungstermin nicht einhalten oder befinde sich womöglich gegenwärtig schon in Zahlungsschwierigkeiten, eine gewisse Tatsachenqualität kaum abgesprochen werden, da hierin die Behauptung einer gegenwärtigen finanziellen Schieflage enthalten oder diese sogar konkrete oder gar einzige Grundlage für die Prognose ist.[594] Diese Tatsachenqualität zeigt sich auch in den konkreten Symboldefinitionen bei negativen Ratings für *short-term*-Anleihen: *Standard & Poor's* etwa findet hierfür die Bestimmung: "*A short-term-obligation rated D is in default [...]. The Rating D also will be used upon the filing of a bankruptcy petition [...]*".[595] Hier ist das Endergebnis des Ratingprozesses eine Behauptung von Zuständen der Gegenwart (oder sehr nahen Zukunft) dergestalt, dass sich der Schuldtitel womöglich derzeit schon im Ausfallstadium befindet.[596] Gleiches gilt für *downgradings* eines Emittenten, wenn deren Ursache in einer gegenwärtigen Verschlechterung der tatsächlichen wirtschaftlichen Situation liegt, wodurch nachweisbare Tatsachenbehauptungen prägend in das Rating mit einfließen.[597] Eine ausschließlich tatsachenbezogen erfolgende Anpassung eines Ratings enthält schwerpunktmäßig eine Tatsachenäußerung, da sie nach außen wie die (tatsächliche) Behauptung der

594 Vgl. *Blaurock*, ZGR 2007, S. 603 (628) Fn. 129; *Mühl*, Zivilrechtliche Verantwortlichkeit von Ratingagenturen, S. 100; *Peters*, Haftung und Regulierung S. 54; *Schuler*, Regulierung und Verantwortlichkeit, S. 206; *Thiele*, Einordnung des Rating, S. 9; vgl. generell für Testberichte *BGH* NJW 1976, S. 620 (621);.a.A. *Eisen*, Haftung und Regulierung, S. 306; *von Rimon*, Ratings in Deutschland und USA, S. 168.

595 *Standard & Poor's Ratings Definitions*, Mai 2016, S. 5. Auch die Symboldefinitionen negativer Ratings bei *long-term-obligations* spiegeln diesen Effekt, etwa bei *Moody's Investors Service*, wonach die Benotung „Ca" bedeutet: "*Obligations rated Ca are [...]likely in, or very near, default [...]*", während „C" bedeutet: "*Obligations rated Ca are [...]typically in default [...]*", siehe *Moody's Rating Symbols & Definitions*, Juni 2106, S. 5; vergleichbare Definitionen führen auch die anderen großen Agenturen.

596 Ebenso unter Verweis auf die Notendefinitionen der Ratingagenturen *Peters*, Haftung und Regulierung, S. 54.

597 So auch *Peters*, Haftung und Regulierung, S. 54; *Schuler*, Regulierung und Verantwortlichkeit, S. 205, der Ratings allerdings generell einen Tatsachencharakter zuweist und der für die Ermittlung des Tatsachencharakters auf den durchschnittlichen Anleger abstellt, was jedoch außer Betracht lässt, dass vor allem institutionelle Anleger wohl um den Prognosecharakter durchaus wissen können und nach *BGH* NJW 2006, S. 830 (836) auch auf ein „verständiges und an wirtschaftlichen Fragen interessiertes Publikum" abzustellen ist. Ähnlich *Rosset* in: Ruhwedel, Haftung von Ratingagenturen, S. 5; zur problematischen Qualifizierung eines „durchschnittlichen Anlegers" siehe *Oellinger* in: Achleitner/Everling, Rechtsfragen im Rating, S. 361 f.

Wahrheit oder des Bestehens des jeweiligen Umstands wirkt.[598] Im Übrigen sind Ratings als Meinungsäußerung zu qualifizieren.

b) *Fehlerhaftigkeit eines Ratings*

Zentraler Anknüpfungspunkt für die privatrechtliche Haftung von Ratingagenturen ist sodann die Frage nach dem potenziell haftungsrelevanten Fehlverhalten von Ratingagenturen. Im Mittelpunkt der Verhaltenssteuerung von Ratingagenturen steht die Vermeidung „falscher“ Ratings, so dass zu fragen ist, wann Ratings „falsch“ sind. Mit dieser Fokussierung auf „falsche“ Ratings ist die zentrale Schwierigkeit der Haftungsbetrachtung bereits ausgesprochen: Da Ratings nach der hier und in der rechtswissenschaftlichen Literatur überwiegend vertretenen Ansicht grundsätzlich Meinungsäußerungen und keine Tatsachenbehauptungen darstellen,[599] können sie nicht im tatsächlichen Sinne falsch sein.[600] Insbesondere darf die „Falschheit“ eines Ratings nicht aus einem *ex-post*-Vergleich zwischen der Prognose und ihrem späterem Eintritt oder Nicht-Eintritt geschlossen werden,[601] denn einer Prognose wohnt die Möglichkeit ihres Nicht-Eintritts naturgemäß inne.[602] Den Ratingagenturen ist insoweit ein relativ weiter Bewertungsspielraum hinsichtlich ihrer Notengewinnung zuzugestehen.[603] Ein nur ex-post „falsches“ Rating kann demnach keine Haftung auslösen.

Als fehlerhaft kann ein Rating nur dann bezeichnet werden, wenn es bereits im Zeitpunkt seiner Erstellung und Veröffentlichung – *ex ante* – nicht oder nur schwer *vertretbar* war oder es – im Falle von *up-* oder *downgradings* – ein bestehendes (ggf. ursprünglich ordnungsgemäß erstelltes) Rating fortgelten lässt, obwohl es (mittlerweile) nicht oder nur schwer vertretbar ist.[604] Dem muss aus haftungsrechtlicher

---

598 Vgl. *Mühl*, Zivilrechtliche Verantwortlichkeit von Ratingagenturen, S. 100 f.

599 Zuvor unter D. IV. 2. a).

600 *Krämer* in: Achleitner/Everling, Handbuch Ratingpraxis, S. 702; *Schroeter*, Ratings, S. 514 (Fn. 7), 796; ebenso *Vetter*, WM 2004, S. 1701 (1704).

601 So auch *Arntz*, BKR 2012, S. 89 (94); *Fischer*, Haftungsfragen, S. 54; *Kumpan* in: FS-Hopt, S. 2157 (2170); *Lemke* in: Achleitner/Everling, Handbuch Ratingpraxis, S. 723; *Habersack*, ZHR 169 (2005), S. 185 (200); *Rohe/Lischek*, WM 2006, S. 1933 (1934); *Schroeter*, Ratings, S. 797; *Stemper*, Rahmenbedingungen, S. 178; *von Schweinitz*, WM 2008, S. 953 (957).

602 *Däubler*, BB 2003, S. 429 (432); *Hennrichs* in: FS-Hadding, S. 875 (888); *Lampe*, Regulierung, S. 95; *Meyer*, Rechtsfragen des Rating, S. 80; *Thiele*, Einordnung des Ratings, S. 34; *Stemper*, Rahmenbedingungen, S. 179; *Schuler*, Regulierung und Verantwortlichkeit, S. 178.

603 So auch *Hennrichs* in: FS-Hadding, S. 875 (880); *Peters*, Haftung und Regulierung, S. 75; *Schuler*, Regulierung und Verantwortlichkeit, S. 179.

604 Hier zeigt sich die Parallele zur Stiftung-Warentest-Rechtsprechung des BGH, in der eine Verletzungshandlung nur dann erkannt wird, wenn die *„aus den durchgeführten Untersuchungen gezogenen Schlüsse als nicht mehr vertretbar erscheinen“*, *BGH* NJW 1976, S. 620 (622).

Sicht ein Fehlverhalten in und während der Erstellung, Berechnung, Korrektur oder der Kommunikation des jeweiligen Ratings zugrunde liegen.[605] Haftungsrelevante Fehler einer Ratingagentur können sich daher nur aus dem der Notenvergabe vorgeschalteten Ratingprozess oder der Ratingkommunikation ergeben.[606] Als solche in Betracht kommen zunächst Sorgfalts- und Pflichtverstöße während der Phase der Informationsbeschaffung und -Sammlung in Bezug auf das jeweilige Ratingobjekt, beispielsweise indem für die Bonitätsbewertung relevante Informationen übersehen oder nicht eingearbeitet werden oder indem fehlerhaftes oder unzureichendes Material nicht ausreichend geprüft wird und dem Rating gleichwohl zugrunde gelegt wird.[607] Des Weiteren können Verstöße in der Auswertung der Informationen, den angestellten Berechnungen und der verwendeten Methodik in Betracht kommen,[608] etwa weil diese mangelhaft oder für das konkrete Bewertungsobjekt sachlich ungeeignet sind. Hierunter sind nach den Erkenntnissen aus der Finanzkrise vor allem auch solche Sorgfaltswidrigkeiten zu fassen, die sich aus Gefälligkeiten gegenüber dem Auftraggeber und aus dem von Gewinnstreben beeinflussten Willen zum Rating trotz unzureichender Datengrundlage oder ungeeigneter Berechnungsmethoden ergeben.[609] Schließlich können Fehler auch in der Ratingkommunikation geschehen, beispielsweise weil es unterlassen wird, den Emittenten vor der Veröffentlichung anzuhören oder etwaige Hinweise und Korrekturen zu beachten.[610] Zuletzt sind vor allem verspätete Ratingkorrekturen – insbesondere *downgradings* – eine haftungsrelevante Fehlerquelle, wenn ratingrelevante Informationen und Veränderungen nicht oder nicht innerhalb eines angemessenen Zeitraums erkannt und in das bestehende Rating eingearbeitet werden, sodass ein – jetzt – fehlerhaftes Rating aufrecht erhalten wird.[611]

Inwieweit die vorstehenden Handlungen auch haftungsrelevante Pflichtverstöße gegenüber Anlegern oder Emittenten sein können, muss durch Auslegung

605 Vgl. *Kumpan* in: FS-Hopt, S. 2157 (2170); *Rohe/Lischek*, WM 2006, S. 1933 (1934); *Schroeter*, Ratings, S. 800 f.; *von Schweinitz*, WM 2008, S. 953 (957); *Wagner* in: FS-Blaurock, S. 467 (474) spricht insoweit von der Verletzung „prozeduraler Sorgfaltsstandards".

606 *Blaurock*, ZGR 2007, S. 603 (628); *Däubler* BB 2003, S. 429 (432); *Lemke* in: Achleitner/Everling, Rechtsfragen im Rating, S. 122; *von Schweinitz*, WM 2008, S. 953 (957).

607 *Blaurock*, ZGR 2007, S. 603 (628); *Habersack*, ZHR 169 (2005), S. 185 (201); *Fischer*, Haftungsfragen, S. 64; *Schuler*, Regulierung und Verantwortlichkeit, S. 185; Prüfungspflichten haben jedoch ihre Grenzen, insbesondere dann, wenn die Agenturen gezielt getäuscht sollen, so auch *Habersack*, ZHR 169 (2005), S. 185 (201); *Peters*, Haftung und Regulierung, S. 100.

608 *Fiala/Kohrs* in: Achleitner/Everling, Rechtsfragen im Rating, S. 345.

609 Hierzu oben D. II. 1.

610 *Fischer*, Haftungsfragen, S. 75.

611 Ebenso *Fischer*, Haftungsfragen, S. 62; *Peters*, Haftung und Regulierung, S. 102; *Schuler*, Regulierung und Verantwortlichkeit, S. 187; *Wildmoser/Schiffer/Langoth*, RIW 2009, S. 657 (664).

des jeweiligen positiven Rechts bestimmt oder aus vertraglich vereinbarten Anforderungen geschlossen werden.[612] Im deutschen Recht sind Sorgfaltsmaßstäbe und Verhaltenspflichten regelmäßig aus § 241 Abs. 2 BGB[613], aus Schutzgesetzen im Sinne des § 823 Abs. 2, aus § 276 BGB sowie aus Verkehrssicherungspflichten zu entnehmen. Auf europarechtlicher Ebene gibt die Rating-Verordnung nunmehr einen konkreten Verhaltenskatalog vor, der im EU-Raum unmittelbare Verbindlichkeit besitzt und auf die vertraglichen und außervertraglichen Pflichten ausstrahlt.[614]

Um ein Rating sodann als „falsch" bezeichnen zu können, muss sich der Verfahrens- oder Sorgfaltsfehler auch im Ratingergebnis konkret bemerkbar gemacht haben.[615] Die gezogene Schlussfolgerung muss wegen der verfälschenden Wirkung des jeweiligen Fehlverhaltens in ihrem Ergebnis als nicht oder schwerlich vertretbar gelten können,[616] die zukünftige Bonität also sorgfaltswidrig zu hoch oder zu niedrig einschätzen. Die Kausalität zwischen dem Sorgfaltsverstoß im Ratingprozess und dem späteren Ratingergebnis ist dabei ein mitunter schwieriger Scheidepunkt in der Haftung von Ratingagenturen.[617]

Ratings entfalten nach alledem Haftungsrelevanz, wenn sie infolge eines Verhaltens- oder Verfahrensfehlers im Vorfeld der Ratingabgabe – ex ante – als sachlich nicht mehr vertretbare Prognose anzusehen sind. Wenn im folgenden Text zur Vereinfachung von einem falschen oder fehlerhaften Rating gesprochen wird, ist eine solche Unvertretbarkeit gemeint und soll nicht auf ein anderweitiges Begriffsverständnis dahin gehend, Ratings könnten als Meinungsäußerung tatsächlich „falsch" sein, hingedeutet werden.

c) Mögliche Schadenskonstellationen

Sodann stellt sich die Frage, welche Formen von Vermögensschäden bei Emittenten oder Anlegern durch fehlerhafte Ratings ausgelöst werden können. Diese bestimmen den Umfang der Kompensationswirkungen der Haftung und zugleich auch das potenzielle ökonomische Risiko für Ratingagenturen, mithin das regulative Potenzial der Haftung.

Ob und wie sich fehlerhafte Ratings vermögensschädigend auf die potenziellen Anspruchsteller auswirken können, hängt davon ab, ob das jeweilige Rating sorg-

---

612 Denkbar wäre freilich auch eine Herleitung aus dem IOSCO Code of Conduct, hierzu *Schroeter*, Ratings, S. 808; dafür plädiert auch *Schuler*, Regulierung und Verantwortlichkeit, S. 180.

613 Hierzu etwa *Eisen*, Haftung und Regulierung, S. 223 f.

614 Zu den Ausstrahlungswirkungen im Rahmen vertraglicher Haftung unten F. I. 1. a) bb) und II. 1. a) bb) und im Rahmen deliktischer Haftung unten F. I. 2. a) aa) (1) und cc).

615 *Schroeter*, Ratings, S. 809.

616 Vgl. *BGH* NJW 1976, S. 620 (622).

617 Ähnlich *Blaurock*, ZGR 2007, S. 603 (628); *Hennrichs* in: FS-Hadding, S. 875 (883).

faltswidrig zu positiv oder zu negativ ausgefallen ist: Ein sorgfaltswidrig zu gut ausfallendes Rating vermittelt ein unzutreffend geringes Anlagerisiko. Für Anleger resultiert hieraus ein Schadenspotenzial, wenn sie sich wegen der vermeintlich guten Bonität zu der jeweiligen Investition entschließen, später aber ganz oder teilweise mit ihrer Anlage ausfallen, weil der zu positiv bewertete Emittent die Anlage oder die Zinsen letztlich nicht bedienen konnte.[618] In diesem Falle muss geltend gemacht werden können, dass der betroffene Anleger die Investition nicht getätigt hätte, wenn die Emission in zutreffender Weise schlechter bewertet worden wäre.[619] Dies kommt insbesondere dann in Betracht, wenn zwischen dem fehlerhaften und dem eigentlich sachgerechten Rating die Schwelle des *investment* und *non-investment grade* liegt.[620] Daneben können Anleger auch einen Schaden aus der Differenz, die sich aus der potenziell erzielbaren höheren Rendite ergibt, die zu erwirtschaften möglich gewesen wäre, wenn die Anlage sachgerecht schlechter bewertet worden wäre[621] oder aus Kursverlusten erleiden, wenn das betroffene Wertpapier nach Bekanntwerden der fehlerhaften Bonitätseinschätzung unter dem Ausgabepreis weiter veräußert wird oder zuvor ein unangemessen hoher Erwerbspreis gezahlt wurde.[622] Auch entgangene anderweitige Anlagegewinne, die im Zuge der vermeintlich sichereren Anlage nicht realisiert wurden, sind grundsätzlich als denkbarer Schaden zu berücksichtigen.[623]

Für Emittenten wird in einer solchen Konstellation zu positiver Ratingnoten regelmäßig kein bezifferungsfähiger Schaden in Betracht kommen.[624] Sie werden dagegen von fehlerhaft zu schlecht ausfallenden Ratings betroffen: Ihre Kapitalbeschaffungskosten können sich signifikant erhöhen, wenn sie das schwache Rating durch entsprechend höhere Zinsen am Markt ausgleichen oder gar von der Emission absehen müssen.[625] Die Differenz zum tatsächlich sachgerechten Zins

---

618 *Eisen*, Haftung und Regulierung, S. 337; *Schuler*, Regulierung und Verantwortlichkeit, S. 223 f.

619 Vgl. *Assmann* in: FS-Lange, S. 345 (351); *Mühl*, Zivilrechtliche Verantwortlichkeit von Ratingagenturen, S. 41 f.; ausführlich hierzu *Korth*, Dritthaftung, S. 173 ff.

620 Zu entsprechenden Vermutungen im Rahmen des prozessualen Nachweises unten E. III. 2. a) aa) und b) bb).

621 *Eisen*, Haftung und Regulierung, S. 337; *Korth*, Dritthaftung, S. 189 ff.; *Meyer*, Rechtsfragen des Rating, S. 60.

622 *Eisen*, Haftung und Regulierung, S. 338; *Korth*, Dritthaftung, S. 189; *Wagner* in: FS-Blaurock, S. 467 (495).

623 *Assmann* in: FS-Lange, S. 345 (361) unter Bezugnahme auf *BGH* WM 1983, S. 1387 (1388 ff.); siehe auch *Korth*, Dritthaftung, S. 177; *Mühl*, Zivilrechtliche Verantwortlichkeit von Ratingagenturen, S. 126.

624 So auch *Schroeter*, Ratings, S. 798 mit Verweis auf dennoch erhobene Schadensersatzklagen in den USA.

625 *Blaurock*, ZGR 2007, S. 603 (629); *Meyer*, Rechtsfragen des Rating, S. 60; *Peters*, Haftung und Regulierung, S. 49 f.; *Plück/Kühn* in: Achleitner/Everling, Rechtsfragen im Rating, S. 244; *Schuler*, Regulierung und Verantwortlichkeit, S. 167, 272.

ist hier ein möglicher Schaden.[626] Der ratingbedingte Absprung von Kunden oder die Aufkündigung bestehender Vertragsverhältnisse sind ebenfalls denkbare Vermögensschäden.[627] Zudem ist es naheliegend, dass bei einem sachgerecht besseren Rating insgesamt zahlreichere Investitionen erfolgt wären und der Emittent insoweit entgangene Einnahmen zu verzeichnen hat.[628] Denkbar ist auch der Ersatz des Minderwerts der Leistung der Ratingagentur im Hinblick auf die gezahlte Vergütung.[629] Daneben können weitere Nachteile wie beispielsweise Ruf- und Imageschäden[630] oder Nachteile aus *rating trigger*-Klauseln in Drittverträgen eintreten.[631] Dagegen wirkt sich diese Konstellation zu schlecht ausfallender Ratings regelmäßig nicht zum Nachteil von Anlegern aus.[632]

Insgesamt gelten diese Überlegungen auch von fehlerhaften oder sorgfaltswidrigen *up*- oder *downgradings*: Unterlässt die Ratingagentur ein gebotenes *up*- oder *downgrading* kann es zu den gleichen Schadensfolgen wie beim Erstrating kommen, da Investoren ihre Anlage im Vertrauen auf das Fortgelten des vorherigen Ratings nicht abstoßen, obwohl dies angesichts des gebotenen *downgradings* tunlich sein könnte,[633] oder aber da Emittenten eine weitergehend höhere Zinsbelastung haben, weil das gebotene *upgrading* nicht erfolgt. Nimmt die Ratingagentur dagegen im umgekehrten Falle ein *up*- oder *downgrading* vor und stellt sich dies als objektiv fehlerhaft dar, kann es zu Schäden beim zu Unrecht abgestuften Emittenten kommen[634] oder aber Anleger erleiden Nachteile wegen des nicht gebotenen Vertrauens in die durch *upgrading* vermeintlich gestiegene Anlagesicherheit.

d) Sonderfall: Umverteilungsschäden

Nicht unerwähnt bleiben soll im Zusammenhang mit der Betrachtung potenzieller Schadensposten, dass die Kompensation von Anlegerschäden kritisch gesehen wird,

---

626 *Eisen*, Haftung und Regulierung, S. 245; *Mühl*, Zivilrechtliche Verantwortlichkeit von Ratingagenturen, S. 39 f.; *Peters*, Haftung und Regulierung, S. 82; *Wagner* in: FS-Blaurock, S. 467 (474).

627 *Peters*, Haftung und Regulierung, S. 83.

628 Vgl. *Peters*, Haftung und Regulierung, S. 83.

629 Grundsätzlich *Assmann* in: FS-Lange, S. 345 (355).

630 *Meyer*, Rechtsfragen des Rating, S. 60; diese sind freilich schwer zu beziffern; *Peters*, Haftung und Regulierung, S. 82 weist insoweit auf die Ersatzfähigkeit von Werbe- oder Imagekampagnen zur Rehabilitation des Emittenten hin.

631 *Plück/Kühn* in: Achleitner/Everling, Rechtsfragen im Rating, S. 244; *Schuler*, Regulierung und Verantwortlichkeit, S. 273; *von Rimon*, Ratings in Deutschland und USA, S. 164.

632 *Witte/Bultmann* in: Achleitner/Everling, Rechtsfragen im Rating, S. 96; *Witte/Hrubesch*, ZIP 2004, S. 1346 (1348).

633 Vgl. *Krämer* in: Achleitner/Everling, Handbuch Ratingpraxis, S. 711.

634 *Eisen*, Haftung und Regulierung, S. 236; zu denken ist hier vor allem an Verträge des Emittenten mit Dritten, die Bezugnahmen auf eine konkrete Ratingnote haben (etwa *rating triggers*), so auch *Schuler*, Regulierung und Verantwortlichkeit, S. 273.

wenn es sich um Schäden auf Sekundärmärkten handelt.[635] Auf den Primärmärkten ist die Schadenskompensation volkswirtschaftlich unbedenklich.[636] Wird das betroffene fehlerhaft bewertete Wertpapier jedoch auf Sekundärmärkten weiter veräußert, kommt es „nur" zu Umverteilungsschäden: Dem Verlust des Erwerbers eines Wertpapiers wegen des aufgrund der fehlerhaften Ratinginformationen zu hohen Marktpreises steht ein äquivalenter Gewinn des Veräußerers gegenüber.[637] Die Verluste werden mithin nur umverteilt und sind volkswirtschaftlich neutral.[638] Eine gleichwohl erfolgende Kompensation birgt folglich die Gefahr einer Übermaßhaftung, die keine ökonomisch sinnvollen, weil überbordende Leistungsanreize setzt.[639] Auf Grundlage dieser Überlegungen wird die Möglichkeit der Herausnahme derartiger Konstellationen aus dem Haftungsstatut auch im Zusammenhang mit Ratingagenturen diskutiert.[640]

Freilich wäre dies jedenfalls mit deutschem Haftungsrecht *de lege lata* nur schwerlich vereinbar. Die individuelle Schadensposition des Anlegers auf dem Sekundärmarkt, die seine kausalen Vermögensnachteile nach §§ 249 ff. BGB erfasst, wird durch eine gesamtgesellschaftliche oder volkswirtschaftliche Betrachtungsweise nicht gemindert.[641] Würde ihm die Haftung verwehrt, geriete er zum Objekt volkswirtschaftlicher Berechnungen zulasten seiner individuellen Kompensation.[642] Auch

---

635 Zu Sekundärmärkten prägnant *Fleischer*, Gutachten für den 64. Deutschen Juristentag (2002), F 94.

636 Vgl. insoweit *Ott* in: FS-Schäfer, S. 171 (178 f.).

637 Grundsätzlich *Haar*, NZG 2010, S. 1281 (1284); *dieselbe*, civil liability (2013), S. 16; *Dutta*, IPrax 2014, S. 33 (35); *Ott* in: FS-Schäfer, S. 171 (179); *Schäfer*, AcP Vol, 202 (2002), S. 808 (814); *Wagner* in: FS-Blaurock, S. 467 (484); allgemein für den Bereich des Wettbewerbsrechts *Wagner* in: Zimmermann, Grundstrukturen des Europäischen Deliktsrechts, S. 237 f.

638 Ein „Nullsummenspiel", *Ott* in: FS-Schäfer, S. 171 (179); *Schäfer*, AcP Vol. 202 (2002), S. 808 (814); zurecht wird darauf hingewiesen, dass auch dies nicht völlig zutrifft, da bei Schäden am Sekundärmarkt zumindest mittelbar auch wegen eines potenziellen Vertrauensverlustes der Anleger in die Integrität der Märkte die volkswirtschaftlichen Interessen betroffen sein können, vgl. *Fleischer*, Gutachten für den 64. Deutschen Juristentag (2002), F 100; *Haar*, DB 2013, S. 2489 (2495); *Wagner* in: Münchener Kommentar, BGB, § 826, Rn. 15.

639 *Haar*, NZG 2010, S. 1281 (1284); *dieselbe*, DB 2013, S. 2489 (2495).

640 Hierfür plädiert beispielsweise *Haar*, NZG 2010, S. 1281 (1284); dagegen vertritt *Wagner* in: FS-Blaurock, S. 467 (492) die Ansicht, dass dem Problem am ehesten durch eine betragsmäßige Haftungsbeschränkung zu begegnen ist; dem schließt sich später auch *Haar*, DB 2012, S. 2489 (2495) an; ähnlich *Fleischer*, Gutachten für den 64. Deutschen Juristentag (2002), F 106.

641 So auch *Ott* in: FS-Schäfer, S. 171 (180).

642 Hier verweist *Wagner* in: FS-Blaurock, S. 467 (484) darauf, dass Anleger häufig gar kein Interesse an einer Kompensation haben könnten, weil sie selbst auch wechselnd als „lachender Verkäufer" eines zu teuer verkauften Wertpapiers auftreten würden und diesen Mehrerlös nur ungern später „im Wege des Schadens-

die Grundsätze der Vorteilsausgleichung gelten nur bei eigenen, adäquat kausal zugeflossenen Vorteilen aufgrund des schädigenden Ereignisses, nicht aber bei adäquat kausalen Vorteilen Dritter.[643] Zudem bestünden Zweifel am Bestehen effektiver Leistungsanreize, wenn ein derart großer Teil denkbarer Haftungskonstellationen aus dem Verantwortlichkeitsbereich von Ratingagenturen heraus genommen würde.[644]

Insgesamt mag die Thematik daher aus ökonomischer Perspektive zu berechtigten Diskussionen führen. Sie kann sich jedoch auf die rechtliche Betrachtung der Haftungskonstellationen nicht auswirken. Um eine unbillige Verwehrung individueller Schadenskompensation zu verhindern, sind Schäden auf den Sekundärmärkten folglich ebenso zu berücksichtigen.

V. Zusammenfassung

In diesem Abschnitt wurde nachgezeichnet, dass es – angesichts der zuvor besprochenen Konfliktfelder der Ratingbranche[645] – einer Regulierung des Ratingwesens bedarf, die aus dem Markt selbst heraus nicht geleistet wird.[646] Dies haben spätestens die internationale Finanzkrise 2007/2008 sowie die Tatsache, dass das Oligopol der großen Drei trotz erwiesener systematischer Schlechtleistungen bis heute mehr oder weniger unverändert fortbesteht, gezeigt.[647] Daraus folgt, dass ein hoheitliches Eingreifen in die Ratingbranche grundsätzlich angebracht und vertretbar ist. Das im europäischen Rechtsraum wichtigste Regulierungsinstrument stellt seit September 2009 die Rating-Verordnung dar, ein ursprünglich als reines *public enforcement* ausgestaltetes Regulierungsregime, das sei seiner zweiten Reformierung nunmehr auch ein *private enforcement* als Regulierungswerkzeug enthält. Die Verhaltenssteuerung von Ratingagenturen durch die Mittel privatrechtlicher Haftung ist dabei der wesentliche Betrachtungsgegenstand der vorliegenden Arbeit und soll anhand verschiedener Haftungsregime näher beleuchtet werden. Grundlage dieser Betrachtungen sind die zuvor skizzierten grundsätzlichen Haftungskonstellationen gegenüber Anlegern und Emittenten im Hinblick auf fehlerhafte Ratings und mögliche Schadenskonstellationen.[648]

ersatzes wieder vergüten" wollen würden. Dies lässt m. E. außer Betracht, dass hier nicht die Haftung des Veräußerers eines Wertpapiers, sondern die Dritthaftung der Ratingagentur in Rede steht.

643 *Oetker* in: Münchener Kommentar, BGB, § 249, Rn. 232.

644 Ähnlich *Wagner* in: FS-Blaurock, S. 467 (492).

645 Hierzu oben C. IV.

646 Siehe oben D. II. 3.

647 Siehe oben D. II. 1. und 2.

648 Siehe zuvor unter D. IV. 2. b) und c).

E. *Private Enforcement* von Ratingagenturen durch Art. 35a Rating-Verordnung

Im folgenden Kapitel soll die Haftungsvorschrift des Art. 35a der Rating-Verordnung als europarechtliches *private enforcement* zur flankierenden Durchsetzung der aufsichtsrechtlichen Regularien, die den Agenturen in der Rating-Verordnung auferlegt wurden, umfassend analysiert werden. Dabei kann die politische Bedeutung dieses Haftungstatbestands als völlige Umkehr der unionsgesetzgeberischen Haltung von reiner Selbstregulierung der Ratingbranche hin zu einem umfassenden Aufsichtsregime,[649] komplettiert und ergänzt durch die Schaffung einer zivilrechtlichen Verantwortlichkeit für fehlerhafte Ratings, kaum unterschätzt werden.[650] Der Haftungstatbestand des Art. 35a Rating-Verordnung markiert insoweit den (vorläufigen) Höhepunkt einer Regulierungsentwicklung, die in ihrer Ausprägung durch privatrechtliche Haftung in der deutschen Rechtswissenschaft schon seit über 20 Jahren diskutiert wird,[651] indem erstmals ein unmittelbar an Ratingagenturen adressierter eigener Haftungstatbestand geschaffen wurde.[652] Ob die Norm tatsächlich zu einer effektiven Stärkung der Verhaltenssteuerung und Qualitätssicherung geeignet ist, wird nun zu prüfen sein.

Hierzu soll die Norm nachfolgend zunächst hinsichtlich ihrer materiell-rechtlichen Inhalte untersucht und auseinandergesetzt werden (unter I.). Wegen der – ausführlich zu besprechenden – Verweisungen des Art. 35a Rating-Verordnung in nationales Recht der Mitgliedsstaaten muss sodann geprüft werden, wie das subsidiär anzuwendende nationale Recht und die jeweilige gerichtliche Zuständigkeit in den verschiedenen Haftungskonstellationen zu ermitteln sind (unter II.). Des Weiteren werden die Beweislastverteilung im Rahmen der Haftung nach Art. 35a Rating-Verordnung und mögliche Relativierungen der Beweislast unter Zugrundelegung deutschen Prozessrechts umfassend erörtert werden (unter III.). Sodann wird ein Urteil darüber gefällt werden können, inwieweit sich Art. 35a Rating-Verordnung

---

649 Zur Entwicklung des Umgangs des EU-Gesetzgebers mit der Haftungs- und Regulierungsfrage siehe oben D. III. 1.

650 Ebenso die Bedeutung hervorhebend: *Schroeter*, Ratings, S. 831 („entscheidende Neuausrichtung"); *Witte/Henke*, DB 2013, S. 2257 (2259) („aufsehenerregende Neuerung").

651 Soweit ersichtlich sind die typischen Ratingkonstellationen in dieser Form erstmals von *Ebenroth/Daum*, WM 1992, Sonderbeilage Nr. 5, S. 2 ff. ausführlich behandelt worden; daneben ist auch *Müssig*, NJW 1989, S. 1697 zu nennen, der generell die Expertenhaftung für Auskunftserteilung im Wirtschaftsverkehr untersucht hat.

652 Zum Singularitätscharakter eines solchen Haftungstatbestands auch *Gietzelt/Ungerer*, GPR 2013, S. 333 (336); zum Gesetzgebungsverfahren *Haar*, DB 2013, S. 2489 (2493).

zum *private enforcement* von Ratingagenturen eignet (unter IV.). Auch möglichen Reformüberlegungen wird Raum gegeben werden (unter V.).

I. Anspruchsinhalt und -voraussetzungen des Art. 35a Rating-Verordnung

Zunächst sollen der genaue Anspruchsinhalt des Art. 35a Rating-Verordnung dargelegt und die Haftungsvoraussetzungen erörtert werden. Zu untersuchen sind insoweit die potenziellen Anspruchsparteien (unter 1.), der haftungsbegründende Tatbestand (unter 2.), die Haftungsausschlüsse (unter 3.), mögliche Haftungsbeschränkungen (unter 4.) sowie – im Besonderen – die diversen internen und externen Normlücken (unter 5.).

1. Parteien des Haftungsanspruchs

Parteien eines Anspruchs aus Art. 35a Rating-Verordnung sind Ratingagenturen auf der einen und Emittenten oder Anleger auf der anderen Seite.

a) Anspruchsteller

Anspruchsteller des Art. 35a Rating-Verordnung können sowohl Anleger als auch Emittenten sein. Unter einem Emittenten versteht die Rating-Verordnung eine Rechtspersönlichkeit, die Wertpapiere begibt oder zu begeben beabsichtigt.[653] Der Begriff des Anlegers ist dagegen nicht legaldefiniert. Er fiele damit grundsätzlich unter diejenigen Begrifflichkeiten, die gemäß Art. 35a Abs. 4 S. 1 Rating-Verordnung im Einklang mit dem jeweils geltenden nationalen Recht auszulegen und anzuwenden wären.[654] Dass es hier einmal zu begrifflichen Schwierigkeiten kommt, steht allerdings nicht zu erwarten.

In Art. 35a Rating-Verordnung wird bewusst nicht zwischen Investoren, die einen Abonnementsvertrag mit einer Agentur unterhalten, und dem allgemeinen Anlegerpublikum unterschieden.[655] Beide Gruppen sind uneingeschränkt anspruchsberechtigt. Gleichermaßen wird auch bei Emittenten nicht zwischen betroffenen *solicited* und *unsolicited ratings* unterschieden. Die Haftung tritt daher gegebenenfalls neben etwaige vertragliche Ansprüche von Investoren oder Emittenten und dient mithin erkennbar nicht nur dem Zwecke, etwaige außervertragliche Haftungslücken zu

---

653 Art. 3 Abs. 1 lit. s) Rating-VO i.V.m. Art. 2 Abs. 1 lit. h) der Richtlinie 2003/71/EG, ABlEU Nr. L 345, S. 64.

654 So auch *Dutta*, WM 2013, S. 1729 (1731); zum anwendbaren nationalen Haftungsstatut unten E. II. 1.

655 Erwägungsgrund Nr. 32 der 2. Reform-VO: „[...] *alle Anleger und Emittenten, unabhängig davon, ob eine vertragliche Beziehung zwischen ihnen und einer Ratingagentur besteht, [sollten] die Möglichkeit haben, bei einem Verstoß gegen die [Rating-VO] Schadensersatz zu verlangen*“.

schließen. Der EU-Gesetzgeber hat nämlich auch bei vertraglichen Verbindungen Durchsetzungsschwierigkeiten bei der Schadensgeltendmachung erkannt und daher von einer Ausklammerung von Abonnenten oder Emittenten mit Ratingverträgen bewusst abgesehen.[656]

Anleger und Emittenten können sich ferner gleichermaßen sowohl gegen Emissions- als auch gegen Emittentenratings mithilfe von Art. 35a Rating-VO zur Wehr setzen. Eine in der deutschen Rechtsprechung vertretene Auffassung, wonach Anleger einen Schaden nur aufgrund von Emissions-, nicht aber von Emittentenratings geltend machen können,[657] ist schlechterdings nicht vertretbar. Der Wortlaut des Haftungstatbestands aus Art. 35a Abs. 1 UAbs. 1 Rating-Verordnung spricht allgemein von der Haftung für Ratings, was gemäß Art. 3 Abs. 1 lit. a) Rating-Verordnung beide Ratingtypen umfasst. Dass der EU-Gesetzgeber hier ein anderweitiges, betroffene Anleger schlechter stellendes Begriffsverständnis besessen haben könnte, ist dem Wortlaut, den Erwägungsgründen und der Gesetzgebungshistorie an keiner Stelle zu entnehmen; es verstieße im Gegenteil evident gegen den anlegerschützenden Zweck der Haftungsnorm, Investoren in ihrer Schadloshaltung auf Emissionsratings zu begrenzen. Auch aus dem Blickwinkel der Verhaltenssteuerung von Ratingagenturen ergibt eine solche Lesart keinen Sinn und kann keinesfalls der Intention des EU-Gesetzgebers entsprechen, würde grob fahrlässiges und vorsätzliches Fehlverhalten von Ratingagenturen ausgerechnet bei den wichtigen und aussagekräftigen Emittentenratings gegenüber Anlegern nicht sanktioniert werden.

Unterschiede im Hinblick auf Anleger oder Emittenten als Anspruchsteller ergeben sich schließlich nur und erst aus den besonderen anspruchsbegrenzenden Voraussetzungen, wie sie in den an späterer Stelle näher erörterten Art. 35a Abs. 1 UAbs. 2 und 3 Rating-Verordnung vorgesehen sind.[658]

b) Anspruchsgegner

Tauglicher Anspruchsgegner des Haftungstatbestands sind Ratingagenturen, also Rechtspersönlichkeiten, deren Tätigkeit die gewerbsmäßige Abgabe von Ratings umfasst.[659] Welche jedoch hierunter konkret fallen, bedarf näherer Untersuchung.

---

656 Betont wurden insoweit die Durchsetzungsschwierigkeiten für Emittenten trotz Vorliegen eines Ratingvertrags, da nicht alle denkbaren Schäden von der vertraglichen Haftung gedeckt seien, vgl. Erwägungsgrund Nr. 32 der 2. Reform-VO.

657 So *LG Düsseldorf*, Urteil v. 17.03.2017–10 O 181/15 unter Bezugaufnahme auf den Wortlaut aus Art. 35a Abs. 1 UAbs. 2 Rating-VO; soweit hierin für Anleger in der Tat nur die Rede von Emissionsratings ist, bezieht sich dies keinesfalls auf die Grundhaftung für fehlerhafte Ratings zugunsten von Investoren insgesamt. Vielmehr wäre gar eine anlegerfreundliche Lesart vorzunehmen, wonach der Ausschlussgrund aus Art. 35a Abs. 1 UAbs. 2 Rating-VO nur bei Emissions-, nicht jedoch bei Emittentenratings zulasten von Anlegern greift.

658 Unten E. I. 3.; hierzu auch *Wojcik*, NJW 2013, S. 2385 (2387).

659 Art. 3 Abs. 1 lit. b) Rating-VO.

aa) In der Europäischen Union registrierte Agenturen

Gemäß Art. 2 Abs. 1 Rating-Verordnung gilt selbige nur für Ratings, die von in der Union registrierten Ratingagenturen abgegeben werden. Dementsprechend können auch nur solche Agenturen in den Geltungsbereich des Art. 35a Rating-Verordnung fallen und taugliche Anspruchsgegner sein.[660] Einer Registrierungspflicht unterliegen nur Ratingagenturen mit Sitz in der Union, die Ratings für die Zwecke des Art. 2 Abs. 1 Rating-Verordnung abgeben wollen.[661] Gegenwärtig registriert sind in der Union 43 Ratingagenturen, darunter vier zertifizierte Agenturen mit Sitz in Drittländern.[662] Dabei bestehen die 40 Agenturen mit Sitz in einem Mitgliedsstaat zu weiten Teilen aus Tochtergesellschaften und Niederlassungen der großen drei Ratingagenturen – namentlich 17 der registrierten Agenturen.

Fraglich ist, ob auch solche Agenturen in den Anwendungsbereich von Art. 35a Rating-Verordnung fallen, die zwar in der EU ansässig, jedoch pflichtwidrig nicht registriert sind. Dies würde dem reinen Wortlaut des Art. 2 Abs. 1 Rating-Verordnung, der nur registrierte Agenturen nennt, eigentlich widersprechen. Allerdings knüpft die Haftung aus Art. 35a Rating-Verordnung – wie noch ausführlich behandelt werden wird[663] – an Verstöße gegen die Vorgaben aus Anhang III der Rating-Verordnung an, darunter in Abschnitt I Nr. 54 gerade auch der Verstoß gegen die Registrierungspflicht selbst. Daher müssen grundsätzlich auch pflichtwidrig nicht registrierte Agenturen potenzielle Anspruchsgegner sein können, da die Registrierungspflicht ansonsten haftungstechnisch unsanktioniert bliebe und leer liefe.[664] Die Rating-Verordnung beansprucht mithin entgegen des reinen Wortlauts des Art. 2 Abs. 1 auch Geltung für pflichtwidrig nicht registrierte Agenturen, solange sie ihren Sitz in der Union haben und Ratings zu den Zwecken des Art. 2 Abs. 1 Rating-Verordnung abgeben.

---

660 So verkürzend auch *Berger/Ryborz*, WM 2014, S. 2241 (2245).

661 Art. 14 Abs. 1 Rating-VO; mit „Sitz" ist der satzungsmäßige Sitz gemeint, Art. 3 Abs. 1 lit. c) Rating-VO.

662 Stand: 16.07.2017, siehe http://www.esma.europa.eu/page/List-registered-and-certified-CRAs (zuletzt abgerufen am: 06.10.2017); Zertifizierungen betreffen Ratingagenturen mit Sitz in Drittländern, die Ratings für Unternehmen oder Finanzinstrumente aus Drittländern abgeben; diese können unter bestimmten Voraussetzungen auch ohne Übernahme im Sinne von Art. 4 Abs. 3 Rating-VO verwendet werden; die Agenturen selbst sind dann keine tauglichen Anspruchsgegner, vgl. *Dutta*, WM 2013, S. 1729 (1732).

663 Unter E. I. 2. a).

664 Ebenso *Dutta*, WM 2013, S. 1729 (1732); *Schultes*, Regulierung und Haftung von Ratingagenturen, S. 306; auch *Halfmeier*, VuR 2014, S. 327 (333) spricht neben den registrierten auch von den „registrierungspflichten" Agenturen. Etwas anderes gilt, wenn man in der Registrierungspflicht keine haftungsrelevante Pflicht sieht, da diese sich nicht „auf ein Rating auswirken" kann; dies gehört zu der Problematik des Kausalitätsbegriffs im Rahmen des haftungsbegründenden Tatbestands und wird unten unter E. I. 2. b) ausführlich beleuchtet.

bb) Die US-amerikanischen „Big Three"

Hieran schließt sich unweigerlich die Frage an, wie mit Ratings der großen US-amerikanischen Agenturen *Standard & Poor's*, *Moody's Investor Service* und *Fitch Ratings*[665] – stellvertretend generell für in Drittländern sitzende Ratingagenturen – umzugehen ist. Diese sind wegen ihres Sitzes außerhalb der Europäischen Union nicht registriert und folglich von Art. 35a Rating-Verordnung nicht unmittelbar erfasst, obwohl gerade deren Ratings aus regulatorischer Sicht von erheblicher Relevanz sind. Es bestünde insoweit die Gefahr eines faktischen Leerlaufs der Vorgaben aus der Rating-Verordnung ausgerechnet gegenüber den größten Vertretern der Ratingbranche. Die Rating-Verordnung löst dieses Dilemma im Wege „indirekter Regulierung"[666]: Nach Art. 4 Abs. 1 Rating-Verordnung dürfen institutionelle Investoren im EU-Raum für aufsichtsrechtliche Zwecke nur Ratings einer in der Union registrierten Ratingagentur verwenden. Folglich könnten die Ratings von Agenturen aus Drittländern, vor allem der größten Ratingagenturen der Welt, im EU-Raum nicht für aufsichtsrechtliche Zwecke in Anspruch genommen werden. Dadurch werden sie indirekt zur Gründung von Niederlassungen im Unionsraum genötigt und der EU-aufsichtsrechtlichen Kontrolle zugeführt;[667] diese Taktik scheint aufgegangen zu sein angesichts der zahlreich gegründeten europäischen Niederlassungen der großen Ratingagenturen[668]

Sodann gestattet Art. 4 Abs. 3 Rating-Verordnung den in der Union registrierten Agenturen unter bestimmten Voraussetzungen auch die Übernahme von Ratings einer Agentur aus einem Drittland, so dass insbesondere die europäischen Niederlassungen der US-Agenturen deren Ratings übernehmen und diese für aufsichtsrechtliche Verwendungszwecke fruchtbar machen können. Dies werden sie auch machen – wenn sie nicht ohnehin ein eigenes Rating abgeben –, da die Ratings ihrer US-amerikanischen Muttergesellschaften im EU-Raum anderenfalls nicht für aufsichtsrechtliche Zwecke verwendet werden könnten.[669] Zu den für eine solche

---

665 *Fitch Ratings* hat Hauptsitze sowohl in den USA (New York City) als auch in Europa (London) und fällt daher genau genommen nicht unter diese Problematik.

666 Begriff bei *Dutta*, IPRax 2014, S. 33 (34).

667 Vgl. *Dutta*, WM 2013, S 1729 (1732); *derselbe*, IPRax 2014, S. 33 (34) spricht deshalb auch von einem „Niederlassungszwang".

668 *Dutta*, IPRax 2014, S. 33 (34); so handelt es sich nach der von der ESMA regelmäßig aktualisiert veröffentlichten Liste registrierter Agenturen derzeit bei 17 Ratingagenturen um Tochteragenturen der großen Drei, siehe http://www.esma.europa.eu/page/List-registered-and-certified-CRAs (abgerufen am: 06.10.2017).

669 Art. 2 Abs. 1, 4 Abs. 1 Rating-VO; ebenso *Dutta*, WM 2013, S 1729 (1732). Die US-Agenturen haben mithin die Wahl, ob sie ihre Ratings von ihren EU-Niederlassungen übernehmen lassen und sich in das entsprechende Haftungsrisiko begeben wollen oder ob sie es beim „außereuropäischen Rating" belassen und auf dessen aufsichtsrechtliche Verwendung im EU-Raum verzichten. Die jeweils im Einzelfall ökonomisch sinnvollere Variante wird gewählt werden, vgl. *Schroeter*, Ratings, S. 839 f.

Übernahme von Ratings erforderlichen Voraussetzungen gehört es unter anderem, dass die jeweils zugrunde liegende Ratingtätigkeit ganz oder teilweise von einer Ratingagentur durchgeführt wurde, die derselben Gruppe angehört wie die übernehmende Agentur.[670] Mit der Übernahme der Ratings nach Art. 4 Abs. 3 Rating-Verordnung geht sodann die volle Verantwortlichkeit der übernehmenden, in der Union registrierten Agentur für das betroffene Rating und das dem Rating zugrunde liegende Verfahren einher.[671] Etwaige Fehler muss sich die übernehmende Agentur vollständig zurechnen lassen, denn das im Sinne von Art. 4 Abs. 3 Rating-Verordnung übernommene Rating wird so behandelt, als wäre es von der unionsansässigen, registrierten Agentur selbst abgebeben worden.[672] Damit werden auch die Ratings der in Drittstaaten ansässigen Agenturen haftungsrelevant, wenn sie von den im EU-Raum registrierten Niederlassungen übernommen werden. Die EU-Aufsicht gewinnt hierdurch die indirekte Kontrolle über die eigentlich aus Drittländern stammenden wichtigen Ratings der großen Ratingagenturen, wenngleich die eigentlichen Urheber freilich immer noch nicht betroffen werden.[673]

Im Ergebnis bleiben nur solche Ratings von Art. 35a Rating-Verordnung unberührt, die von einer Agentur aus einem Drittland abgegeben und dabei nicht von einer in der Union registrierten Agentur übernommen wurden oder die wegen vorhandener Zertifizierung gemäß Art. 5 Abs. 1 Rating-Verordnung auch ohne Übernahme im EU-Raum verwendet werden dürfen.[674]

2. Haftungsbegründender Tatbestand

Der haftungsbegründende Tatbestand des Art. 35a Rating-Verordnung sieht nach seinem Absatz 1 die folgenden Tatbestandsvoraussetzungen vor: Es bedarf zunächst einer Zuwiderhandlung der Ratingagentur, wie sie in Anhang III der Rating-Verordnung aufgeführt sind (nachfolgend unter a)); diese Zuwiderhandlung muss sich auf ein Rating ausgewirkt haben (unter b)); die Zuwiderhandlung muss grob

670 Art. 4 Abs. 3 lit. a) Rating-VO; der Begriff der „Gruppe von Ratingagenturen" ist in Art. 3 Abs. 1 lit. m) Rating-VO sogar legaldefiniert und erfasst ausdrücklich auch Mutter- und Tochtergesellschaften mit Sitz in Drittländern; die weiteren Voraussetzungen für die Ratingübernahme aus Art. 4 Abs. 3 lit. b)-h) Rating-VO sollen überdies sicherstellen, dass die erstellende Ratingagentur aus dem Drittland gleichwertigen qualitativen Maßstäben genügt und hierüber beaufsichtigt wird.

671 Art. 4 Abs. 5 Rating-VO; die Verantwortlichkeit betrifft über Anhang III Abschnitt I Nr. 1 auch einen Verstoß gegen die Übernahmebestimmungen selbst.

672 Art. 4 Abs. 4 UAbs. 1 Rating-VO.

673 Hierzu auch *Gietzelt/Ungerer*, GPR 2013, S. 333 (339); *Dutta*, IPRax 2014, S. 33 (34) weist darauf hin, dass dies von Nachteil sein kann, wenn die europäische Tochteragentur finanziell schlechter ausgestattet ist als die US-Mutteragentur; zum US-amerikanischen Haftungsregime gegenüber US-Agenturen unten G. I.

674 Vgl. *Dutta*, WM 2013, S. 1729 (1732), der hierin auch einen Beleg dafür sieht, dass es dem EU-Gesetzgeber weniger um Schadenskompensation und Ausgleich als vielmehr um Handlungsregulierung ging; *derselbe*, IPrax 2014, S. 33 (40).

fahrlässig oder vorsätzlich geschehen sein (unter c)) und schließlich zu einem Vermögensschaden beim Anspruchsteller geführt haben (unter d) und e)).

a) Zuwiderhandlung nach Anhang III der Rating-Verordnung

Das ausschlaggebende, die Haftung nach Art. 35a Rating-Verordnung begründende Verhalten ist das Begehen einer der in Anhang III zur Rating-Verordnung aufgeführten Zuwiderhandlungen durch eine Ratingagentur. Damit ist die zentrale Anspruchsvoraussetzung, die Verletzungshandlung, gewissermaßen aus der Norm ausgelagert.

aa) Der Katalog aus Anhang III der Rating-Verordnung

Anhang III der Rating-Verordnung stellt eine enumerative Auflistung von Einzelverstößen gegen die Vorgaben aus der Rating-Verordnung dar. Die Liste ist erstmals in der 1. Reform-Verordnung eingefügt und durch die 2. Reform-Verordnung ergänzt worden. Sie diente ursprünglich der Herausarbeitung von Verstößen im Sinne der Art. 24 Abs. 1 und Art. 36a Abs. 1 Rating-Verordnung, die aufsichtsrechtlich zu ahnden waren sind.[675] Bei den Verhaltensregeln des Anhang III handelt es sich mithin originär um *public enforcement*.[676] Die Entscheidung, für die zivilrechtlichen Haftungsfolgen ebenfalls auf den Katalog des Anhang III zu verweisen und damit eine den aufsichtsrechtlichen Eingriffsnormen wesensgleiche Ausgestaltung zu wählen, lag aus Perspektive des EU-Gesetzgebers indes nahe; es unterstreicht zudem das regulative Element des Haftungstatbestands.[677]

In Anhang III der Rating-Verordnung sind insgesamt 96 einzelne, in drei Abschnitte geteilte Zuwiderhandlungen aufgeführt, namentlich Verstöße im Zusammenhang mit Interessenkonflikten, organisatorischen oder operationellen Anforderungen,[678] Verstöße im Zusammenhang mit Aufsichtstätigkeiten[679] und Verstöße im Zusammenhang mit Vorschriften zur Offenlegung.[680] Der Katalog betrifft damit nahezu das gesamte Spektrum der in der Rating-Verordnung normierten Verhaltens- und Organisationsregeln, die der EU-Gesetzgeber zur Verbesserung und Absicherung der Ratingqualität aufgestellt hat. Die Struktur der einzelnen Zuwiderhandlungen ist dabei fast durchgehend identisch: Es wird auf eine Norm aus

---

675 Art. 24 Abs. 1 Rating-VO regelt dabei die Befugnis der Aufsichtsbehörde, gewisse Aufsichtsmaßnahmen – etwa den Widerruf der Registrierung der Ratingagentur – vorzunehmen, während Art. 36a Rating-VO die Verhängung von Geldbußen betrifft.

676 Vgl. *Wagner* in: FS-Blaurock, S. 467 (472).

677 *Berger/Ryborz*, WM 2014, S. 2241 (2246); *Dutta*, WM 2013, S. 1729 (1733); *Schroeter*, Ratings, S. 841; *Wagner* in: FS-Blaurock, S. 467 (472).

678 Anhang III Abschnitt I. Rating-VO, der mit 62 Einzelpflichten umfangreichste Abschnitt.

679 Anhang III Abschnitt II. Rating-VO.

680 Anhang III Abschnitt III. Rating-VO.

der Rating-Verordnung Bezug genommen und deren meist positive Verhaltensregel negiert und hierdurch als Zuwiderhandlung definiert.[681] Neben den Normen aus der Rating-Verordnung selbst wird auch auf die Vorschriften aus Anhang I (betreffend die Pflichten zur Wahrung der Unabhängigkeit und Vermeidung von Interessenkonflikten) Bezug genommen, die ihrerseits schon eine Spezifizierung der weitgehend pauschal gehaltenen Regelungen der Rating-Verordnung darstellen.[682]

bb) Relevanz der einzelnen Verhaltenspflichten

Die einzelnen Verhaltenspflichten sind – schon wegen ihrer ursprünglichen Verwendung für die aufsichtsrechtliche Regulierung -- von unterschiedlichem Gewicht und unterschiedlicher Relevanz für den Haftungstatbestand und das *private enforcement.*

Im Wesentlichen sind es zunächst die folgenden Zuwiderhandlungen des Anhang III, die von Bedeutung für Art. 35a Rating-Verordnung sind, da sie sich theoretisch vermögensschädigend auf Dritte auswirken können: Eine Zuwiderhandlung stellt es dar, wenn eine Ratingagentur nicht sicherstellt, dass die unmittelbar an der Ratingtätigkeit beteiligten Mitarbeiter über angemessene Kenntnisse und Erfahrungen verfügen.[683] Weiterhin handelt sie der Rating-Verordnung zuwider, wenn sie keine geeigneten Verfahren umsetzt, um sicherzustellen, dass die abgegebenen Ratings auf einer gründlichen Analyse aller Informationen basieren, sowie wenn sie ungeeignete, qualitativ minderwertige oder andere, den Vorgaben des Art. 8 Abs. 2 Rating-Verordnung nicht entsprechende Informationen zugrunde legt.[684] Ebenso hervorzuheben ist die Zuwiderhandlung, die in der Missachtung der Verwendung systematischer und beständiger Methoden, die regelmäßig validiert und durch Rückvergleiche und historische Erfahrungswerte überprüft werden, liegt.[685] Auch mangelhafte und unterlassene Ratingüberprüfung, etwa bei geänderten Ratingmethoden oder entdeckten Fehlern, stellt eine relevante haftungsbegründende Zuwiderhandlung dar.[686] Ferner ist auch die Durchführung eines Ratingverfahrens trotz fehlender verlässlicher Daten über das Bewertungsobjekt – insbesondere bei strukturierten Finanzinstrumenten – mithin bei offenen Fragen, ob die Ratingagentur überhaupt ein „glaubwürdiges Rating" erbringen kann, eine haftungsbegründende Pflichtverletzung.[687]

Diese Zuwiderhandlungen entsprechen im Wesentlichen denjenigen Vorwürfen, die den Ratingagenturen in der Vergangenheit, etwa im Zusammenhang mit der

681 Vgl. auch *Wagner* in: FS-Blaurock, S. 467 (472).
682 Hierzu bereits oben D. III. 1. a) aa).
683 Anhang III Abschnitt I Nr. 27 Rating-VO.
684 Anhang III Abschnitt I Nr. 42 und 42a Rating-VO; dies auch hervorhebend *Dutta*, WM 2013, S. 1729 (1733).
685 Anhang III Abschnitt I Nr. 43 Rating-VO.
686 Vgl. Anhang III Abschnitt I Nr. 48–49a und Abschnitt II Nr. 3c Rating-VO.
687 Anhang III Abschnitt I Nr. 51 Rating-VO.

Finanzkrise 2007/2008, gemacht wurden.[688] Sie besitzen daher eine evidente Praxisrelevanz und stellen das Herzstück der Verweisung des Art. 35a Rating-Verordnung in deren Anhang III dar. Freilich ergeben sich im Einzelfall nicht unerhebliche Auslegungsschwierigkeiten, etwa wenn zu beurteilen ist, welcher Kenntnis- und Erfahrungsstand der Ratinganalysten noch als angemessen anzusehen ist, wo die Grenzen einer gründlichen Informationsanalyse zu ziehen sind oder wann einer Ratingagentur die Abgabe eines glaubwürdigen Ratings nicht mehr möglich ist.[689] Zudem sind die Vorgaben trotz des offensichtlich nahen Bezugs zu einem konkreten Ratingverfahren immer noch vergleichsweise abstrakt, was die Anspruchsdarlegung und gerichtliche Überprüfbarkeit für einen konkreten Ratingfall erschwert.[690]

Daneben hat die pauschale Verweisung auf die – eigentlich dem *public enforcement* dienenden – Zuwiderhandlungen des Anhang III auch zur Folge, dass einige Verhaltensvorgaben in Bezug genommen werden, die sich denklogisch niemals haftungsrelevant auswirken können.[691] Dies ist dem Umstand geschuldet, dass aus aufsichtsrechtlicher Sicht jede Verletzung einer der Organisations- oder Verhaltenspflichten einen sanktionsfähigen Verstoß darstellt, während die zivilrechtliche Haftung die hypothetisch mögliche kausale Betroffenheit eines Dritten durch eine der Verletzungshandlungen voraussetzt. Infolge der pauschalen Verweisung gänzlich irrelevante Zuwiderhandlungen des Anhang III sind vor diesem Hintergrund etwa Verstöße gegen Aufzeichnungs- und Aufbewahrungspflichten, wenn eine Ratingagentur im Falle des Widerrufs ihrer Registrierung die Aufzeichnungen ihrer Ratingtätigkeit pflichtwidrig nicht weitere drei Jahre aufbewahrt.[692] Gleiches gilt für die Zuwiderhandlung gegen die Pflicht, sich angemessen und ausreichend vor Diebstahl oder Missbrauch von Aufzeichnungen zu schützen,[693] oder wenn ausnahmsweise die Nicht-Abgabe eines Ratings als pflichtwidrig zu gelten hat, was denklogisch nicht zur Haftung wegen eines abgegebenen Ratings führen kann.[694] Auch

---

688 Hierzu ausführlich oben D. II. 1.

689 Vgl. etwa zur Auslegung der Pflicht zur angemessenen Informationsbasis *von Rimon*, Ratings in Deutschland und USA, S. 102 ff.; grundsätzlich auch *Schroeter*, Ratings, S. 841.

690 Vgl. *Schroeter*, Ratings, S. 844; ebenfalls an der Justiziabilität zweifelnd *Berger/Ryborz*, WM 2014, S. 2241 (2246).

691 So auch *Schroeter*, Ratings, S. 842 ff.; *Wagner* in: FS-Blaurock, S. 467 (489 f.); *Wojcik*, NJW 2013, S. 2385 (2387).

692 Anhang III Abschnitt I Nr. 26 Rating-VO; vgl. auch andere Aufbewahrungspflichten in Anhang III Abschnitt II Nr. 2 und 3 Rating-VO; ebenso *Dutta*, WM 2013, S. 1729 (1733).

693 Anhang III Abschnitt I Nr. 29 Rating-VO.

694 Vgl. Anhang III Abschnitt I Nr. 44 Rating-VO, wonach eine Zuwiderhandlung begangen wird, wenn eine Ratingagentur die Abgabe eines Ratings aus dem Grund ablehnt, dass das Unternehmen zuvor von einer anderen Ratingagentur bewertet wurde; Voraussetzung der Haftung ist aber ein abgegebenes Rating, so auch *Dutta*, WM 2013, S. 1729 (1733).

bestimmte Dokumentationspflichten, die nicht im Zusammenhang mit einem konkreten Ratingverfahren stehen, sind offensichtlich nicht geeignet, einen auf einem späteren Rating basierenden Schaden bei einem Dritten herbeizuführen.[695] Zuletzt sind von dieser haftungstechnischen Irrelevanz auch Zuwiderhandlungen betroffen, die nur das Verhältnis der Ratingagentur zur Aufsichtsbehörde, etwa den ordnungsgemäßen Informationsaustausch, betreffen oder die eine unerlaubte Gebührenerhebung oder fehlende solide Buchführung sanktionieren.[696] Die In-Bezugnahme solcher Zuwiderhandlungen, die sich bei praxisnaher Betrachtung nicht ernsthaft haftungsrechtlich bemerkbar machen können, durch die den aufsichtsrechtlichen Eingriffsbefugnissen aus Art. 24 Abs. 1 und Art. 36a Abs. 1 Rating-Verordnung nachgeahmte Verweisung auf Anhang III ist eine vom EU-Gesetzgeber offenbar in Kauf genommene Ungenauigkeit zum Wohle einer bequemeren Lösung.[697] Nur auf den ersten Blick scheint hieraus kein Nachteil zu entstehen, sind doch die für eine zivilrechtliche Haftung irrelevanten Zuwiderhandlungen aus Anhang III schlicht außen vor zu lassen. Es wird sich jedoch noch in der weiteren Analyse zeigen, dass aus der pauschalen Verweisung auch Unklarheiten in Bezug auf die Reichweite und den Umfang des Haftungsschutzes von Anspruchstellern resultieren.[698] Der völlig undifferenzierte Zugriff auf Anhang III darf daher insgesamt als nicht glücklich bezeichnet werden.

Zwischen den beiden vorgenannten Gruppen von Zuwiderhandlungen steht die Vielzahl der restlichen, in Anhang III aufgelisteten Zuwiderhandlungen. Hierbei handelt es sich weitgehend um solche, bei denen es zwar nicht faktisch ausgeschlossen ist, dass sie – ihre Beweisbarkeit einmal unterstellt – einen Ersatzanspruch begründen können, sich jedoch bei praxisnaher Betrachtung eine tatsächliche kausale Auswirkung der jeweiligen Zuwiderhandlung auf ein Rating und das Vermögen eines Dritten nur schwerlich vorstellen lässt.[699] Exemplarisch zu nennen sind etwa die unzureichende Einrichtung und Überwachung von Aufsichts- und Kontrollorganen,[700] die nachlässige oder unzureichende Vermeidung von Interessenkonflikten,[701] die ungenügende Verhinderung von Verflechtungen zwischen Agentur und Bewertungsobjekt[702] oder generell die pflichtwidrige Unternehmensorganisation der Ratingagentur.

---

695 Vgl. etwa Anhang III Abschnitt I Nr. 45 Rating-VO.

696 Vgl. Anhang III Abschnitt II Nr. 5–8, Abschnitt III Nr. 5 sowie Abschnitt I Nr. 53 und Abschnitt I Nr. 12 Rating-VO; hierzu auch *Schroeter*, Ratings, S. 842.

697 *Gietzelt/Ungerer*, GPR 2013, S. 333 (340) halten diesen Gleichlauf denn auch grundsätzlich für begrüßenswert.

698 Hierzu näher unten E. I. 2. b) bb) und e).

699 Man benötige hier vereinzelt „viel Phantasie", um sich einen Haftungsfall vorzustellen, so *Dutta*, WM 2013, S. 1729 (1733).

700 Vgl. etwa Anhang III Abschnitt I Nr. 1.– 3, 6 Rating-VO; *Schroeter*, Ratings, S. 843 hält diese Pflichten dagegen für gänzlich irrelevant.

701 Vgl. etwa Anhang III Abschnitt I Nr. 4, 15, 19 Rating-VO.

702 Vgl. etwa Anhang III Abschnitt I Nr. 22, 22a Rating-VO.

b) *Auswirkung auf das Rating*

Die Zuwiderhandlung im Sinne des Anhang III der Rating-Verordnung muss sich nach dem Wortlaut des Art. 35a Abs. 1 UAbs. 1 Rating-Verordnung auf das Rating ausgewirkt haben. Damit ist grundsätzlich die Kausalität zwischen der Zuwiderhandlung und dem abgegebenen Rating oder, soweit die Zuwiderhandlung einen Verstoß gegen Überwachungs- und Anpassungspflichten betrifft, zwischen Zuwiderhandlung und dem (unterlassenen) *up*- oder *downgrading* gemeint.[703]

aa) *Kausalität zwischen Zuwiderhandlung und Ratingergebnis*

Typischerweise wird das Merkmal der Auswirkung auf das Rating als der kausale Zusammenhang zwischen der Zuwiderhandlung auf der einen und dem Rating*ergebnis* – also der Endnote – auf der anderen Seite verstanden werden.[704] Dies beinhaltet folglich eine Art mathematisch-rechnerische Schlussfolgerung, wonach sich der jeweilige Verfahrensfehler auf die Berechnung der Endnote des Ratings verfälschend ausgewirkt haben muss. Unproblematisch sind die Auslegung und das Verständnis von diesem Tatbestandsmerkmal daher bei denjenigen Zuwiderhandlungen in der Auflistung des Anhang III, die unmittelbar das Ratingverfahren oder dessen Ausgestaltung betreffen, namentlich also die Anforderungen an die Verwendung geeigneter Methoden, die Zugrundelegung systematischer und beständiger Verfahren, der Einsatz fachlich geeigneter Mitarbeiter oder die Verwendung und Auswertung geeigneter und sachbezogener Informationen.[705] Die Kausalität wird dadurch zu belegen sein, dass das Rating in seinem Ergebnis anders ausgefallen wäre, wenn die jeweilige Zuwiderhandlung hinweg gedacht würde.[706] Umgekehrt kann von einer Auswirkung auf das Rating nicht gesprochen werden, wenn anzunehmen ist, dass das Rating auch ohne die Zuwiderhandlung gleichermaßen ausgefallen wäre.

bb) *Kausalität der Zuwiderhandlung für die Ratingabgabe*

Fraglich ist allerdings, wie das Tatbestandsmerkmal der Auswirkung auf ein Rating zu verstehen und auszulegen ist bei Zuwiderhandlungen, die die Art und Weise der Ratingveröffentlichung oder die Befugnis zur Ratingabgabe an sich, auf eine bestimmte Weise oder zu einer bestimmten Zeit betreffen. Derartige Zuwiderhandlungen beeinflussen zwar nicht das Ratingergebnis im Sinne der Endnote, besitzen aber dennoch ein nicht zu leugnendes Schadenspotenzial und rufen ein Regulierungsbedürfnis hervor.

---

703 Diese Pflichten als besonders praxisrelevant hervorhebend *Schroeter*, Ratings, S. 844 f.

704 So etwa *Berger/Ryborz*, WM 2014, S. 2241 (2246); *Dutta*, WM 2013, S. 1729 (1733); *Schultes*, Regulierung und Haftung von Ratingagenturen, S. 308; *Schroeter*, Ratings, S. 841; *Wojcik*, NJW 2013, S. 2385 (2387).

705 Vgl. *Wojcik*, NJW 2013, S. 2385 (2387).

706 *Dutta*, WM 2013, S. 1729 (1733).

Gemeint sind hier insbesondere die folgenden Zuwiderhandlungen im Sinne des Anhang III: Verstöße gegen die Vorschriften zur Übernahme der Ratings von Ratingagenturen aus Drittländern nach Art. 4 Abs. 3 Rating-VO, mithin ein unzulässig übernommenes Rating;[707] die Ratingabgabe trotz eines sich aus dem Rotationsprinzip für Ratings von Widerverbriefungen ergebenden Verbots;[708] die Abgabe eines Ratings, das nicht mit den von der Ratingagentur veröffentlichten Ratingmethoden übereinstimmt;[709] die Suggestion bei der Veröffentlichung eines Ratings, die ESMA hätte dem jeweiligen Rating eine Art Gütesiegel verliehen;[710] der Verstoß gegen die Registrierungspflicht;[711] ein Verstoß gegen die Vorgaben zum Zeitpunkt und der Art und Weise der Veröffentlichung von Länderratings;[712] ein Verstoß gegen die Offenlegung von zusätzlichen Ratinginformationen wie geänderte Ratingmethoden oder erbrachte Nebendienstleistungen;[713] die unterlassene Bereitstellung von zusätzlichen Informationen zu einem Rating;[714] und zuletzt ein Verstoß gegen die Pflicht zur besonderen Kennzeichnung von Ratings für strukturierte Finanzinstrumente und für *unsolicited ratings.*[715]

Diesen Zuwiderhandlungen ist gemein, dass sie allesamt nicht den Ratingprozess in Form der Berechnung und Erstellung der Ratingnote betreffen, sondern entweder das „Ob" der Ratingabgabe, mithin die Befugnis zur Abgabe an sich (z.B. fehlerhafte Übernahme von Fremdratings, Abgabe trotz Verboten, Abgabe trotz pflichtwidrig fehlender Registrierung der Agentur), oder das „Ob" der Ratingabgabe zu einem bestimmten Zeitpunkt (Verstoß gegen die zeitlichen Vorgaben für Länderratings) oder die Art und Weise der Ratingveröffentlichung (unzulässige Berufung auf die ESMA, unzureichende Zusatzinformationen bei der Veröffentlichung, Verstoß gegen Kennzeichnungspflichten). Ein Verstoß gegen diese Arten von Verhaltenspflichten kann sich nicht „auf das Rating" im Sinne seines Berechnungsergebnisses auswirken, sondern tritt auch dann ein, wenn die abgegebene Bonitätsprognose inhaltlich nicht zu beanstanden ist.[716] Gleichwohl dürfen sie haftungsrechtlich nicht außer Acht bleiben, da sie ein unverkennbares Schadenspotenzial besitzen: Kennzeichnet eine Ratingagentur z.B. ein *unsolicited rating* oder das Rating eines strukturierten Finanzinstruments pflichtwidrig nicht, so könnten sich Anleger zur Investition entschließen, obwohl sie im Wissen darum, dass es sich um ein *unsolicited rating* oder eines für ein strukturiertes Finanzinstrument handelte, die Investition wegen der Risiken derartiger

707 Anhang III Abschnitt I Nr. 1–2 Rating-VO.
708 Anhang III Abschnitt I Nr. 26a–26b Rating-VO.
709 Anhang III Abschnitt I Nr. 42b Rating-VO.
710 Anhang III Abschnitt I Nr. 52 Rating-VO.
711 Anhang III Abschnitt I Nr. 54 Rating-VO.
712 Anhang III Abschnitt I Nr. 55–57, 61–62 Rating-VO.
713 Anhang III Abschnitt II Nr. 3b, Abschnitt III Nr. 2 Rating-VO.
714 Anhang III Abschnitt III Nr. 6 Rating-VO.
715 Anhang III Abschnitt III Nr. 8–10 Rating-VO.
716 Ähnlich, allerdings unter anderweitiger Einteilung der Verhaltenspflichten *Schroeter*, Ratings, S. 842 ff.

Investitionen nicht getätigt hätten. Fallen sie später mit ihrer Anlage aus, beruht der Schaden gegebenenfalls auch auf diesem Ratingfehler, selbst wenn die Ratingnote selbst nicht zu beanstanden war.[717] Ein ähnliches Beispiel lässt sich mit einem Verstoß gegen die Registrierungspflicht bilden: Die pflichtwidrige Nicht-Registrierung wirkt sich nicht per se auf ein einzelnes Rating aus, denn auch eine nicht registrierte Ratingagentur kann ein vertretbares Rating abgeben; gleichwohl könnte aus Investorensicht geltend gemacht werden, dass das Rating nie hätte abgegeben werden dürfen[718] oder dass die Investition in das geratete Objekt nicht erfolgt wäre, wenn bekannt gewesen wäre, dass die Agentur pflichtwidrig nicht registriert ist und mithin auch nicht auf ihre Fähigkeiten hin kontrolliert wurde.[719] Gleiches gilt für Verstöße gegen die Vorgaben zur Übernahme von Ratings (Art. 4 Abs. 3 Rating-Verordnung), wenn ein (sachlich nicht zu beanstandendes) Rating nicht hätte übernommen werden dürfen und sich Anleger gleichwohl hierauf – im Nachhinein zu ihrem Schaden – verlassen haben.[720]

Auch Emittenten können betroffen sein: Länderratings, die unter Verstoß gegen die zeitlichen Vorgaben zu deren Abgabe veröffentlicht werden, besitzen unter Umständen enormes Schadenspotenzial für den jeweiligen Staat.[721] Dieses Schadenspotenzial existiert gänzlich unabhängig davon, ob das Rating in der Sache zu beanstanden ist oder nicht, da das Fehlverhalten den Zeitpunkt und nicht den Inhalt des Ratings betrifft und die entsprechenden Vorgaben der Rating-Verordnung die Emittenten auch vor dem Zeitpunkt und nicht vor dem Inhalt der Ratings schützen sollen.[722]

Es ist fraglich, ob sich diese Fälle der Zuwiderhandlungen im Sinne der Norm „auf ein Rating auswirken", oder ob sie wegen ihres fehlenden Einflusses auf das Rating*ergebnis* nicht für den Haftungstatbestand heranzuziehen sind. Dies ist im Wege einer Auslegung der Norm zu ermitteln.[723] In der bislang vorliegenden rechts-

717 Denkbar ist etwa, dass die Emission gerade wegen der typischen Unzulänglichkeiten von *unsolicited ratings* oder Ratings von strukturierten Finanzinstrumenten zu positiv bewertet wurde, wovor die Kennzeichnung dieser Ratings Investoren gerade warnen soll.

718 Siehe Art. 14 Abs. 1, Art. 2 Abs. 1 Rating-VO.

719 Die Konstellation ist vergleichbar mit derjenigen bei § 32 KWG, der Erlaubnispflicht für Bankgeschäfte, bei der – über den Umweg des § 823 Abs. 2 BGB – auch schadensweise geltend gemacht werden kann, dass das Geschäft bei Kenntnis vom Fehlen der Erlaubnis nicht getätigt worden wäre, hierzu *Fischer* in: Boos/Fischer/Schulte-Mattler, Kreditwesengesetz, § 32, Rn. 30 ff.; hierzu auch unten F. III. 1. b) bb).

720 Angedeutet auch von *Dutta*, WM 2013, S. 1729 (1733).

721 Sinn und Zweck dieser Zeitbestimmung ist es gerade, drastische Marktreaktionen zu vermeiden und vorhersehbare Veröffentlichungstermine für die Staaten festzulegen, so dass diese sich hierauf einstellen können, vgl. Erwägungsgrund Nr. 42 der 2. Reform-VO.

722 Zu den Regelungsinhalten betreffend Länderratings siehe oben D. III. 1. b).

723 Die Reichweite der Kausalitätsbeziehung und ihrer Bezugsobjekte ist Teil des Sekundärrechts und autonom nach europäischen Grundsätzen auszulegen, hierzu ausführlich unten E. I. 5. c) aa).

wissenschaftlichen Literatur zu Art. 35a Rating-Verordnung wird, soweit ersichtlich, eine Reduzierung des Kausalitätsbegriffs auf das Ratingergebnis vorgenommen.[724] Für dieses enge Begriffsverständnis spricht die Definition des Art. 3 Abs. 1 lit. a) Rating-Verordnung, wonach ein Rating als Bonitätsurteil bezeichnet wird, also als ein Ergebnis in Form einer Ratingnote. Auch in den Erwägungsgründen zur 2. Reform-Verordnung wird die Ersatzfähigkeit von Schäden aufgrund einer „das Ratingergebnis beeinflussende[n] Verletzung" der Rating-Verordnung erwähnt.[725] Hiernach könnten folglich nur diejenigen Vorgaben aus Anhang III der Rating-Verordnung Auswirkungen auf ein Rating haben, die den rechnerischen oder organisatorischen Vorgang der Ergebnisbildung betreffen.

Für ein weites Begriffsverständnis, das nicht nur auf falsche Ratingergebnisse abstellt, spricht dagegen zum einen, dass die Abgabe zum Ratingbegriff durchaus zugehörig ist.[726] Zum anderen zeigt die Gesetzgebungshistorie das zutreffende Begriffsverständnis auf, der nämlich zu entnehmen ist, dass die Fixierung auf ein fehlerhaftes Ratingergebnis im Verlaufe des Gesetzgebungsverfahrens weitgehend aufgegeben worden ist: Im Kommissionsvorschlag wurde noch eine Kausalitätsvermutung für den Fall vorgesehen, dass sich das unter Verstoß gegen Anhang III entstandene Rating von demjenigen Rating, das ohne die Zuwiderhandlung abgegeben worden wäre, unterscheidet.[727] Dies zeigte noch eine konkrete Bezugnahme auf die Relevanz des Ratingergebnisses, da auf Basis dieses Kausalitätsverständnisses Zuwiderhandlungen, wie etwa der Verstoß gegen die Registrierungspflicht oder gegen Zeitvorgaben bei Länderratings, nicht hätten erfasst werden können.[728]

---

724 So etwa *Berger/Ryborz*, WM 2014, S. 2241 (2246); *Dutta*, WM 2013, S. 1729 (1733); *Gietzelt/Ungerer*, GPR 2013, S. 333 (341); *Schultes*, Regulierung und Haftung von Ratingagenturen, S. 308; *Schroeter*, Ratings, S. 841; *Wojcik*, NJW 2013, S. 2385 (2387); diskutiert wird die Auslegung des Ratingbegriffs allerdings regelmäßig nur zur Klärung der Frage, ob mit Rating auch das Ratingverfahren gemeint sein könnte; der britische Gesetzgeber hat indes in seinem Ausführungsgesetz zur zweiten Reform-VO das Verständnis an den Tag gelegt, dass der Begriff der Auswirkung („*Impact*") als Auswirkung auf die Ratingkategorie – und mithin das Ratingergebnis – definiert wurde, siehe Nr. 5 des The Credit Rating Agencies Regulations 2013 vom 25.07.2013, abrufbar unter http://www.legislation.gov.uk/uksi/2013/1637/pdfs/uksi_20131637_en.pdf (abgerufen am: 06.10.2017).

725 Erwägungsgrund Nr. 32 der 2. Reform-VO.

726 Dies zeigt die Legaldefinition aus Art. 3 Abs. 1 lit. a) Rating-Verordnung, wonach ein Rating ein Bonitätsurteil ist, „das anhand eines festgelegten und definierten Einstufungsverfahrens für Ratingkategorien *abgegeben* wird" sowie auch Art. 2 Abs. 1 und 2 Rating-Verordnung, wonach die Abgabe eines Ratings der Beginn des Geltungsanspruchs der Rating-Verordnung ist und Ratings, die nicht zur Veröffentlichung gedacht sind, vom Anwendungsbereich ausschließt.

727 Art. 35a Abs. 2 Rating-VO nach dem Vorschlag für eine Verordnung des Europäischen Parlaments und des Rates zur Änderung der Verordnung (EG) Nr. 1060/2009 über Ratingagenturen vom 15.11.2011, KOM(2011) 747, S. 37.

728 So auch *Wojcik*, NJW 2013, S. 2385 (2387).

Dass der entsprechende Absatz aus dem Kommissionsvorschlag später gestrichen wurde, spiegelt jedoch den Willen zu einer Öffnung des Kausalitätsbegriffs und einer Erweiterung des Anwendungsbereichs wieder.[729] Gleiches gilt für die im Kommissionsvorschlag noch vorhandene unmissverständliche Formulierung in Erwägungsgrund Nr. 24, wonach ausdrücklich „Verletzungen, die das Ratingergebnis nicht beeinflussen, [...] keine zivilrechtlichen Haftungsansprüche auslösen" sollten.[730] Ausgerechnet diese Formulierung ist jedoch – bei ansonsten nahezu identischer Übernahme der Formulierung des betroffenen Erwägungsgrunds – ausdrücklich nicht übernommen worden.[731] Auch dies dokumentiert den gesetzgeberischen Willen zur Abkehr eines entsprechenden Kausalitäts- und Haftungsverständnisses. Dass es dem Unionsgesetzgeber bei der „Auswirkung" der Zuwiderhandlung nicht (mehr) nur auf das Ratingergebnis ankommt, zeigt zudem auch der weitergehende Wortlaut des Art. 35a Abs. 1 UAbs. 1 Rating-Verordnung: Für die – später gesondert zu untersuchende[732] – Kausalität zum Vermögensschäden stellt die Haftungsnorm bemerkenswerter Weise darauf ab, dass ein Schaden „aufgrund der Zuwiderhandlung" eingetreten ist und nicht etwa aufgrund eines (fehlerhaften) Ratings.[733] Hieraus und aus dem erkennbar zu Tage tretenden Willen des EU-Gesetzgebers, eine effektive Einhaltung der Verhaltenspflichten im Wege des *private enforcements* zu erreichen, ist im Ergebnis zu folgern, dass der Zuwiderhandlung als Verletzungstatbestand eine ungleich wichtigere Rolle zukommen sollte als es für das Ratingergebnis in Form einer vermeintlich falschen Note der Fall ist.[734] Daher ist es auch im Ergebnis nicht unverhältnismäßig oder unangemessen, wenn Ratingagenturen auch bei einem inhaltlich korrekten Ratingergebnis zu Verantwortung gezogen werden könnten,[735] sondern die konsequente Anwendung der Bestimmungen der Rating-Verordnung, da die Verhaltenspflichten nicht nur die Qualität des Ratingergebnisses gewährleisten, sondern auch die der Verfahrens- und Abgabemodalitäten regeln sollen.

---

729 Dies zeigt auch *Wojcik*, NJW 2013, S. 2385 (2387) auf, sieht jedoch i.E. wegen der Definition des Ratingbegriffs in Art. 3 Abs. 1 lit. a) Rating-VO dennoch nur das Ratingergebnis als maßgeblich an.

730 Vorschlag für eine Verordnung des Europäischen Parlaments und des Rates zur Änderung der Verordnung (EG) Nr. 1060/2009 über Ratingagenturen vom 15.11.2011, KOM(2011) 747, S. 23 f. (Erwägungsgrund Nr. 24).

731 Vgl. Erwägungsgrund Nr. 32 der 2. Reform-VO.

732 Unten E. I. 2. e).

733 Vgl. auch *Dutta*, WM 2013, S. 1729 (1734).

734 Beispielhaft ist insoweit auch auf Erwägungsgrund Nr. 18 der Rating-VO zu verweisen, wonach eine Ratingagentur, die Ratings aus einem Drittland übernimmt, „voll und uneingeschränkt verantwortlich" sein soll für die Erfüllung der für die Übernahme von Ratings festgelegten Voraussetzungen; ein Verstoß gegen die Übernahmeformalien wird sich jedoch typischerweise nicht auf das (bereits existente) Ratingergebnis auswirken; trotzdem konstatiert die Rating-VO die volle Verantwortlichkeit für Verstöße.

735 So aber *Gietzelt/Ungerer*, GPR 2013, S. 333 (341).

Das Merkmal der „Auswirkung auf ein Rating" dient mithin nur der Aussonderung solcher Zuwiderhandlungen, die mit dem Rating denklogisch niemals in einem Zusammenhang stehen können, wie etwa fehlende Buchführung oder Verstöße gegen Dokumentationspflichten. Nach der hier vertretenen Auffassung können sich folglich auch solche Pflichtverstöße, die nur die Abgabe- und Veröffentlichungsbefugnisse und -Modalitäten betreffen, „auf das Rating" auswirken.[736] Die Verletzung einer Verhaltenspflicht, die das Ratingergebnis verändert, wird gleichwohl praxisrelevanter sein und betrifft den „Normalfall" der typischerweise diskutierten und zugrunde gelegten Sachverhalte.

c) Verschulden der Ratingagentur

Der Verschuldensmaßstab für die Haftung einer Ratingagentur ist auf grobe Fahrlässigkeit und vorsätzliches Handeln beschränkt. Dies soll dem Umstand Rechnung tragen, dass es angesichts der Komplexität der Ratingvorgänge, der Eigenheit von Ratings als Expertenurteile und der eingeschränkten Möglichkeit, ein Rating tatsachengleich als richtig oder falsch zu behandeln, unangemessen wäre, Ratingagenturen wegen jeder einfachen Fahrlässigkeit der unbegrenzten Haftung gegenüber einem potenziell unbeschränkten Kreis von Anspruchstellern auszusetzen.[737] Daneben dürften insbesondere Bedenken gegen eine gänzlich unbeschränkte deliktische Haftung für reine Vermögensschäden ausschlaggebend gewesen sein.[738] Die Begriffe des Vorsatzes und der groben Fahrlässigkeit gehören zu denjenigen Regelungsbestandteilen, die nach dem jeweils anwendbaren nationalen Recht auszulegen sind.[739]

---

736 Ähnliches erkennt auch *Dutta*, WM 2013, S. 1729 (1733): *„Verletzt die Ratingagentur dagegen ihre Verhaltenspflichten bei der Übernahme eines Ratings einer drittstaatlichen Agentur, dann kann es nicht darauf ankommen, dass sich der Pflichtenverstoß auf den Inhalt des Ratings auswirkt; vielmehr muss es ausreichen, dass das Rating übernommen wurde*". Diese Schlussfolgerung trifft zu, allerdings bleibt offen, weswegen *Dutta* dies nicht generell und auch etwa für den Verstoß gegen die Registrierungspflicht annimmt, bei dem es auch nicht auf den Inhalt des Ratings, sondern schon auf die unerlaubte Abgabe ankommen muss; auch *Gietzelt/Ungerer*, GPR 2013, S. 333 (340) zählen diesen Pflichtverstoß – ohne nähere Begründung – zu denen, die „aus Haftungssicht von größerer Bedeutung" sind und erklären es gleichwohl an späterer Stelle für „nicht gerecht", würde die Ratingagentur bei einem Pflichtverstoß ohne Auswirkung auf das Ratingergebnis haften müssen, S. 341.

737 Vgl. Erwägungsgrund Nr. 33 der 2. Reform-VO.

738 *Dutta*, WM 2013, S. 1729 (1734), der anders lautende Begründungen daher auch als „fadenscheinig" bezeichnet.

739 Zu diesen „internen Lücken" sogleich unter E. I. 5.; zur Ermittlung des subsidiär anwendbaren nationalen Rechts unten E. II. 1.

d) *Vorliegen eines Vermögensschadens*

Weiterhin muss dem anspruchstellenden Emittenten oder Anleger ein Vermögensschaden entstanden sein. Der Begriff des Schadens fällt ebenfalls unter diejenigen Begrifflichkeiten, für deren Anwendung und Auslegung auf das jeweils anzuwendende nationale Recht abzustellen ist.[740] Nach deutschem Recht würden mithin die §§ 249 ff. BGB und der Grundsatz der Naturalrestitution greifen.[741] Typischerweise liegen die Schäden bei Anlegern in dem Ausfall ihrer Investition oder in Kurs- oder Zinsdifferenzschäden und bei Emittenten in Mehrkosten für die Kapitalaufbringung oder Kursverlusten.[742]

e) *Kausale Herbeiführung des Vermögensschadens*

Gemäß Art. 35a Rating-Verordnung ist nur derjenige Schaden eines Anlegers oder eines Emittenten ersatzfähig, der ihm aufgrund der Zuwiderhandlung gegen die Vorgaben aus Anhang III der Rating-Verordnung entstanden ist. Diese Formulierung ist beachtlich und überraschend.[743] Der EU-Gesetzgeber stellt für den ersatzfähigen Schaden nicht etwa auf das Rating selbst oder sogar das – vermeintlich fehlerhafte – Ratingergebnis ab, sondern expressis verbis auf den Pflichtverstoß. Wegen dieses auf den ersten Blick ungewöhnlichen Regelungsinhalts wird in der rechtswissenschaftlichen Literatur überwiegend angenommen, es handele sich hier um eine formulierungstechnische Ungenauigkeit, so dass es in der Sache letztlich doch ausschließlich auf die Kausalität des fehlerhaften Rating(-ergebnisses) für den Anleger- oder Emittentenschaden ankomme.[744] Die Ursächlichkeit des Ratingergebnisses für den Schaden sei in der in Art. 35a Rating-Verordnung vorgesehenen Ursächlichkeit der Zuwiderhandlung für den Schaden jedenfalls mit enthalten.[745] Auch die weiteren Anspruchsvoraussetzungen würden darauf hindeuten, dass es einzig auf den Schutz vor Schäden ankomme, die durch das Rating – und nicht nur durch die Zuwiderhandlung – angefallen sind.[746]

Allerdings gibt es in der Gesetzgebungshistorie der Haftungsnorm keinen konkreten Anhaltspunkt dafür, dass es sich hierbei tatsächlich um eine versehentlich ungenaue Formulierung gehandelt haben und „in Wirklichkeit" doch nur die Ursächlichkeit des Ratingergebnisses gemeint gewesen sein könnte; es deutet im Gegenteil die Konkretisierung des Kausalitätsbegriffs im Vergleich zu der Formulierung des Kommissionsvorschlags, die keine nähere Spezifizierung der haftungsausfüllenden

740 Hierzu näher unten E. I. 5. a).
741 *Dutta*, WM 2013, S. 1729 (1735).
742 Siehe hierzu oben D. IV. 2. c).
743 Oder „bemerkenswert", so *Dutta*, WM 2013, S. 1729 (1734).
744 *Dutta*, WM 2013, S. 1729 (1734); *Schultes*, Regulierung und Haftung von Ratingagenturen, S. 315; *Schroeter*, Ratings, S. 849, 949.
745 *Wojcik*, NJW 2013, S. 2385 (2387).
746 So *Dutta*, WM 2013, S. 1729 (1734).

Kausalität vorgesehen hatte, auf eine bewusste Entscheidung des EU-Gesetzgebers hin.[747] Der dem Wortlaut des Art. 35a Abs. 1 UAbs. 1 Rating-Verordnung zu entnehmende Wille des EU-Gesetzgebers, den Schaden von der Zuwiderhandlung abhängig zu machen, ist daher zu respektieren. Zudem spiegelt sich in der gewählten Formulierung noch einmal wieder, dass es dem EU-Gesetzgeber ganz maßgeblich auf die effektive Verhaltenssteuerung während des Ratingverfahrens ankam.[748] Auch die weiteren Anspruchsvoraussetzungen, etwa diejenigen zum qualifizierten Mitverschulden gemäß Art. 35a Abs. 1 UAbs. 2 und 3 Rating-Verordnung,[749] stehen nicht im Widerspruch zu der Kausalität zwischen Zuwiderhandlung und Schaden,[750] denn der sorgfältige Umgang mit Ratings oder die ordnungsgemäße Informationsversorgung durch Emittenten bleibt auch bei Zuwiderhandlungen, die sich nicht auf das Ratingergebnis, sondern auf die Abgabebefugnis oder -Modalität beziehen, relevant.

Die vorliegende Ausgestaltung der Kausalität ist im Ergebnis erst im Zusammenspiel mit den Erkenntnissen zur zuvor behandelten haftungsbegründenden Kausalität zu verstehen, bei der fraglich war, ob sich die Zuwiderhandlung nur auf das Ratingergebnis oder auch auf die Modalitäten der Abgabe und Veröffentlichung beziehen kann. Nach der hier vertretenen Auffassung ist Letzteres der Fall.[751] Auf Grundlage dieses Begriffsverständnisses zur haftungsbegründenden Kausalität wird nun auch die vom EU-Gesetzgeber gewählte Formulierung zur Kausalität zwischen Zuwiderhandlung und Schaden nachvollziehbar und sogar konsequent: Auch hier sollte keine Fixierung auf ein (fehlerhaftes) Ratingergebnis erfolgen, sondern die – ratingrelevante – Zuwiderhandlung für die Haftung im Mittelpunkt stehen. Erst durch diese Kausalitätsbeziehung wird gewährleistet, dass eine Zuwiderhandlung, die sich nicht auf das Rating*ergebnis* ausgewirkt hat, gleichwohl aber haftungsrelevant sein soll, von Art. 35a Rating-Verordnung auch erfasst wird. Zur gegenteiligen Auffassung gelangt man nur, wenn man schon die haftungsbegründende Kausalität ausschließlich dahingehend versteht, dass sich die Zuwiderhandlung zwingend auf das Ratingergebnis auswirken muss.[752]

In der Praxis hat diese Schadenskausalität des Art. 35a Abs. 1 UAbs. 1 Rating-Verordnung zur Folge, dass nicht nur Fälle, in denen sich ein Anleger auf ein durch die Zuwiderhandlung bedingtes fehlerhaftes Rating verlassen hat, erfasst werden,[753]

747 Ähnlich *Gietzelt/Ungerer*, GPR 2013, S. 333 (342).

748 So grundsätzlich auch *Berger/Ryborz*, WM 2014, S. 2241 (2246); *Dutta*, WM 2013, S. 1729 (1733); *Schroeter*, Ratings, S. 841; *Wagner* in: FS-Blaurock, S. 467 (472).

749 Hierzu sogleich näher unter E. I. 3.

750 So aber *Dutta*, WM 2013, S. 1729 (1734).

751 Siehe oben E. I. 2. b) bb).

752 So etwa *Berger/Ryborz*, WM 2014, S. 2241 (2246); *Dutta*, WM 2013, S. 1729 (1733); *Gietzelt/Ungerer*, GPR 2013, S. 333 (341); *Schroeter*, Ratings, S. 841; *Wojcik*, NJW 2013, S. 2385 (2387).

753 Denn freilich beruht der Schaden auch dann noch kausal auf einer Verletzungshandlung, wenn diese erst ein verfälschtes Ratingergebnis bedingt hat und dieses Rating dann den Schaden unmittelbar hervorgerufen hat, da hier nur die Kausali-

sondern auch solche, in denen sich die Zuwiderhandlung etwa auf die Befugnis zur Ratingabgabe oder auf bestimmte Abgabemodalitäten bezogen und sie gleichwohl einen Vermögensschaden verursacht hat.[754] Dass die entsprechende Schadloshaltung indes *in concreto* häufig daran scheitern wird, dass die entsprechenden Abläufe kaum einmal nachweisbar sind, ist zwar zutreffend, aber für die Dogmatik der Haftungsnorm freilich unbeachtlich.[755]

f) Resümee

Der haftungsbegründende Tatbestand des Art. 35a Rating-Verordnung setzt nach alledem eine vorsätzliche oder grob fahrlässige Zuwiderhandlung im Sinne von Anhang III der Rating-Verordnung voraus, die sich kausal auf einen Vermögensschaden von Emittent oder Anleger ausgewirkt haben muss. Dabei sind auch solche Zuwiderhandlungen haftungsrelevant, die das Ratingergebnis nicht verfälscht haben, solange sie – etwa wegen des Verstoßes gegen Kennzeichnungspflichten oder Abgabeverbote – im Zusammenhang mit einem konkreten Rating stehen und für den Vermögensschaden des Anspruchstellers kausal waren. Anspruchsgegner sind alle in der Union registrierten sowie pflichtwidrig nicht registrierte Ratingagenturen.

3. Haftungsausschluss: „Qualifiziertes Mitverschulden"

In Art. 35a Abs. 1 UAbs. 2 und 3 Rating-Verordnung sind zusätzlich Mitverschuldenstatbestände normiert, die ein sorgfaltswidriges Verhalten des Anspruchstellers bei der Schadensentstehung sanktionieren. Da hier konkrete Mitverschuldenshandlungen geregelt sind, wird vorliegend von „qualifiziertem Mitverschulden" gesprochen.[756] Für Anleger gilt, dass sie ihre Entscheidung, in ein Finanzinstrument zu investieren, auf das sich das fragliche Rating bezogen hat, nachweislich in vertretbarer Weise im Einklang mit Art. 5a Abs. 1 Rating-Verordnung oder in sonstiger Weise mit gebührender Sorgfalt getroffen haben müssen.[757] Für Emittenten gilt,

---

tätskette erweitert ist; keinesfalls muss immer eine „unmittelbare Kausalität" herrschen, wie es *Gietzelt/Ungerer*, GPR 2013, S. 333 (342) ohne nähere Begründung formulieren.

754 Pflichtverletzungen der Ratingagentur zeigen sich nach außen insoweit zwar tatsächlich „regelmäßig nur in Gestalt einer beeinflussten Ratinghöhe" – so *Schroeter*, Ratings, S. 849 –, jedoch nicht zwingend und nicht ausschließlich.

755 Dies verkennen jedoch *Gietzelt/Ungerer*, GPR 2013, S. 333 (342).

756 Diese Terminologie verwendet auch *Dutta*, WM 2013, S. 1729 (1735).

757 Art. 35a Abs. 1 UAbs. 2 Rating-VO; vertretbar, jedoch im Ergebnis nicht überzeugend erscheint es, den Ausschlusstatbestand für Anleger so zu verstehen, dass er nur bei Emissionsratings greift, da sich Emittentenratings nicht „auf ein Finanzinstrument beziehen", wie es der Wortlaut verlangt; allerdings dürfte eine verständige Auslegung aufgrund von Sinn und Zweck der Regelung zur Relativierung der Bedeutung von Ratings – welche einer Wortlautauslegung bei EU-Recht zwingend vorgeht – dafür sprechen, dass auch Emittentenratings umfasst werden, da

dass ihr Anspruch ein Rating betreffen muss, das nachweislich sie selbst oder ihre Finanzinstrumente zum Gegenstand hatte, und dass die Zuwiderhandlung nicht direkt oder indirekt auf einer irreführenden oder falschen Informierung durch den Emittenten selbst beruht.[758] Die Mitverschuldenstatbestände sind als positive Anspruchsvoraussetzungen formuliert, so dass ihr Nicht-Vorliegen zur Folge hat, dass der Anspruch insgesamt ausgeschlossen ist.

a) Konzeptionelle Bedenken gegen die Ausschlusstatbestände

Die Konzeption dieser Ausschlusstatbestände ist beachtlich und begegnet diversen Bedenken. Materiell-rechtlich handelt es sich um Fälle des Mitverschuldens, da der jeweilige Schaden (auch) auf eigenem Fehlverhalten – oder hinsichtlich des Ausschlussgrundes bei Emittenten gegebenenfalls sogar auf bewusster Irreführung – des Anspruchstellers beruhte. Der EU-Gesetzgeber hat es für die Regelung der Einwendung von Mitverschulden nicht bei einer Verweisung in nationales Recht der Mitgliedsstaaten belassen,[759] sondern sie selbst geregelt. Nach deutschem Recht wären derartige Fälle über § 254 BGB anspruchsmindernd einzuwenden gewesen.[760] Dieser Weg besitzt zwei signifikante Vorzüge: Zum einen läge die Beweislast für den aus ihrer Sicht günstigen Einwand grundsätzlich bei der Ratingagentur und hätte die Anspruchsteller diesbezüglich sachgerecht entlastet.[761] Zum anderen erlaubt § 254 BGB eine anteilige Haftungsmilderung im Verhältnis der Verschuldensbeiträge durch Quotenbildung und damit eine flexible Handhabung zur Herbeiführung von Einzelfallgerechtigkeit.[762] Beides lässt Art. 35a Rating-Verordnung nicht zu. Die Haftung ist bei Erfüllung des Mitverschuldenstatbestands vollumfänglich ausgeschlossen, wodurch schon einfache Fahrlässigkeit des Anspruchstellers genügt, um jedwede Schadloshaltung zu versagen. Zugleich sind die Anspruchsteller diesbezüglich beweisbelastet. Dies hat unter anderem zur Folge, dass Emittenten den Nachweis einer Negativtatsache, namentlich der nicht geschehenen Irreführung oder Falschinformation, führen müssen.[763]

---

nicht ersichtlich ist, weshalb diesbezüglich ein unsorgfältiger Umgang mit Ratings privilegiert werden sollte; keinesfalls vertretbar ist es jedoch mit *LG Düsseldorf*, Urteil v. 17.03.2017–10 O 181/15, anzunehmen, dass Investoren schlechthin nur bei Emissionsratings auf Basis von Art. 35a Rating-VO vorgehen können, hierzu oben E. I. 1. a).

758 Art. 35a Abs. 1 UAbs. 3 Rating-VO.

759 Zu den internen Normlücken unter E. I. 5. a).

760 Vgl. allgemein *Oetker* in: Münchener Kommentar, BGB, § 254, Rn. 2.

761 Vgl. *Palandt/Grüneberg*, § 254, Rn. 72; *Oetker* in: Münchener Kommentar, BGB, § 254, Rn. 145; zu entsprechenden Reformüberlegungen unten E. V. 2.

762 *Assmann* in: FS-Lange, S. 345 (349); *Oetker* in: Münchener Kommentar, BGB, § 254, Rn. 105.

763 Vgl. *Gietzelt/Ungerer*, GPR 2013, S. 333 (343).

Diese Konzeptionierung ist unausgewogen und unangemessen, da sie Anspruchstellern – teilweise äußerst schwierige – Nachweispflichten auferlegt, obwohl der Einwand etwaigen Mitverschuldens der beklagten Agentur zugutekommt. Zudem stößt der völlige Anspruchsverlust schon bei nur leicht fahrlässigem Mitverschulden auf erhebliche Bedenken hinsichtlich der Kompensationsfunktion der Haftung. Schon leichte Fahrlässigkeit des Anspruchstellers ist geeignet, eine vorsätzliche Zuwiderhandlung der Ratingagentur haftungstechnisch zu neutralisieren und die Schadloshaltung auszuschließen. Auch die verhaltenssteuernde Wirkung der Norm wird massiv geschwächt, da die Geltendmachung etwaiger Ansprüche durch Anspruchsteller bei vollständigem Anspruchsausschluss schon wegen geringfügigem eigenem Fehlverhalten schnell zu riskant und unökonomisch wird, so dass im Zweifel von der Geltendmachung abgesehen werden wird. Einzelne Begriffe und Wendungen der Ausschlussgründe, wie die „gebührende Sorgfalt" oder „in vertretbarer Weise verlassen", sind zwar der genaueren Auslegung auf Basis nationalen Rechts der Mitgliedsstaaten überlassen,[764] wodurch eine Einzelfallkorrektur bestehender Härten womöglich erfolgen kann; die gesamtkonzeptionellen Schwächen dieser Regelung können hierdurch jedoch nicht ausgeglichen werden.

b) Haftungsausschluss zulasten der Anleger

Der zulasten von Anlegern definierte Haftungsausschluss des Art. 35a Abs. 1 UAbs. 2 Rating-Verordnung dient der Absicherung eines wesentlichen Regelungsanliegens der Rating-Verordnung – insbesondere der 2. Reform-Verordnung[765] –, namentlich der Verringerung des übermäßigen Rückgriffs auf Ratings, wie er in den Art. 5a ff. Rating-Verordnung evident zum Vorschein kommt.[766] Demnach sollen gerade Investoren den bedenkenlosen Rückgriff auf Ratings unterlassen, da dies als eine der Fehlerquellen in und während der Finanzkrise 2007/2008 detektiert wurde.[767]

aa) Regelungsinhalt

Aus diesem Grund sollen Anleger keinen Schadensersatz erhalten können, wenn sie sich nicht an die Vorgaben aus Art. 5a Rating-Verordnung gehalten haben oder sich anderweitig nicht mit der gebührenden Sorgfalt auf das Rating verlassen ha-

---

764 Art. 35a Abs. 4 S. 1 Rating-VO.

765 Hierzu oben D. III. 1. b).

766 Siehe auch die Erwägungsgründe Nr. 2, 3, 5, 6, 9 und 28 der 2. Reform-VO, die gleichfalls die Bedeutung des Anliegens des EU-Gesetzgebers, eine Verringerung des übermäßigen Rückgriffs auf Ratings zu erreichen, belegen; hierzu auch *Blaurock*, EuZW 2013, S. 608; *Wojcik*, NJW 2013, S. 2385 (2388).

767 Siehe etwa *CESR*, Second Report to the European Commission on the compliance of credit rating agencies with the IOSCO Code and The role of credit rating agencies in structured finance, 05/2008, S. 23; *IOSCO*, The Role of Credit Rating Agencies – final report, 05/2008, S. 8.

ben. Zur Konturierung der Sorgfaltspflichten muss zwischen den verschiedenen Investorengruppen differenziert werden, namentlich zwischen institutionellen und nicht-institutionellen und hierbei zwischen privaten Kleinanlegern und professionellen Investoren. Die Verweisung auf Art. 5a Abs. 1 Rating-Verordnung betrifft nur die in Art. 4 Abs. 1 Rating-Verordnung genannten institutionellen Investoren, wie Kreditinstitute, Wertpapierfirmen, Versicherungen u. a.[768] Diese müssen hiernach zusätzlich eigene Kreditrisikobewertungen vornehmen und dürfen sich bei der Bewertung der Bonität eines Emittenten oder Finanzinstruments nicht ausschließlich oder automatisch auf Ratings stützen.[769]

Für private und nicht-institutionelle Anleger gelten diese strengen Anforderungen nicht.[770] Gleichwohl müssen sie das Rating mit „gebührender Sorgfalt" verwendet haben. Welche Anforderungen hiermit konkret einher gehen, überlässt die Rating-Verordnung der Auslegung nach nationalem Recht der Mitgliedsstaaten.[771] Professionelle – aber nicht-institutionelle – Investoren in Gestalt juristischer Personen dagegen werden sich zweckmäßiger Weise an den Grundsätzen orientieren müssen, die sich für Vorstands- und Geschäftsführungshandeln gemäß § 93 Abs. 1 S. 2 AktG aus der *Business Judgement Rule* und den hierzu entwickelten Anforderungen aus der Rechtsprechung für Investitionsentscheidungen und Ratingnutzung ergeben.[772] Hiernach gilt für Informationsbeschaffungen von Dritten grundsätzlich, dass eine sorgfältige Auswahl der Auskunftsperson, eine vollständige Informationsbeschaffung und eine Plausibilitätskontrolle der erlangten Informationen erfolgen müssen.[773] Dieser Maßstab muss auch bei der Ratingnutzung zur Entscheidung über eine Investition angewendet werden.[774] Dabei werden jedenfalls die großen drei Ratingagenturen sowie grundsätzlich alle bei der ESMA registrierten Agenturen als taugliche und verlässliche Auskunftsper-

---

768 Bei denen es sich allerdings gerade um diejenige Gruppe handelt, die noch am ehesten gegen Ratingagenturen vorgehen können, *Möllers/Niedorf*, ECFR 2014, S. 333 (347).

769 Ausführlich zu den konkret hieraus erwachsenden Anforderungen *Dreher/Ballmaier*, WM 2015, S. 1357 (1361 ff.); laut *EBA/EIOPA/ESMA*, Final report on mechanistic references to credit ratings in the ESA's guidelines and recommendations, S. 8, ist unter „automatisches Verlassen" auf Ratings zu verstehen: "*It is considered that there is sole or mechanistic reliance on credit ratings when an action or omission is the consequence of any type of rule based on credit ratings without any discretion*".

770 *Wojcik*, NJW 2013, S. 2385 (2388).

771 *Wojcik*, NJW 2013, S. 2385 (2388) plädiert hier für die sinngemäße Anwendung von Art. 5a Rating-VO als Orientierungsmaßstab.

772 Hierzu ausführlich *Jobst/Kapoor*, WM 2013, S. 680 (681 ff.); *Peters*, AG 2010, S. 811 ff.; *Schroeter*, Ratings, S. 403 ff.; *Spindler*, NZG 2010, S. 281 (283 f.); allgemein zur *Business Judgement Rule Spindler* in: Münchener Kommentar, AktG, § 93, Rn. 36 ff.; *Fleischer* in: Spindler/Stilz, § 93 AktG, Rn. 59 ff.; *Spindler*, AG 2013, S. 889 (890 ff.); siehe auch *BGH* NJW 2008, S. 3361.

773 *Jobst/Kapoor*, WM 2013, S. 680 (682).

774 *Dreher/Ballmaier*, WM 2015, S. 1357 (1358).

sonen gelten können.[775] Etwaige Bedenken im Hinblick auf deren organisatorische, personelle und qualitative Verfassung, insbesondere im Hinblick auf Interessenskonflikte,[776] sind jedenfalls im EU-Raum dadurch beseitigt worden, dass bei einer registrierten Agentur von Unternehmens- und Investorenseite davon ausgegangen werden darf, dass sie die entsprechenden (teilweise sehr strengen) Anforderungen der Rating-Verordnung erfüllt und derartige Konflikte folglich nicht (mehr) zum Tragen kommen.[777] Etwas anderes gilt nur, wenn sich aus Sicht des betreffenden Vorstands oder der Geschäftsführung konkrete Anhaltspunkte dafür ergeben, dass an den Fähigkeiten oder der Unabhängigkeit der Agentur hinsichtlich des konkreten Ratings zu zweifeln ist.[778] Die Pflicht zur vollständigen Informationsbeschaffung – mithin in der vorliegenden Konstellation das Zusammentragen aller relevanten Informationen über das Anlageobjekt[779] – wird sodann dazu führen, dass der Investor mehrere Ratings einholen und vergleichen muss sowie auch darüber hinaus gehende investitionsrelevante Informationen einbeziehen muss, da er sich keinesfalls alleine auf das Rating verlassen darf.[780] Der letzte Pflichtenkreis betrifft eine Plausibilitätskontrolle des Ratings. Diese muss bei verständiger Würdigung beinhalten, dass das Rating zumindest auf Widersprüchlichkeiten, Unvollständigkeiten oder Unklarheiten hin untersucht und geprüft werden muss.[781]

---

775 Bzgl. der großen drei Agenturen auch *Spindler*, NZG 2010, S. 281 (284); Bedenken hiergegen formulieren *Jobst/Kapoor*, WM 2013, S. 680 (682 f.); *Schaub/Schaub*, ZIP 2013, S. 656 (660); siehe auch die Entscheidung des *OLG Düsseldorf*, ZIP 2010, S. 28 ff., das diese Eignung abspricht, da sich Ratingagenturen in einem „erkennbaren Interessenkonflikt" befänden; kritisch hierzu *Habbe/Köster*, BB 2011, S. 265 (267).

776 Dies hervorhebend *OLG Düsseldorf*, ZIP 2010, S. 28 ff.

777 Entsprechend des Prüfungsumfangs bei der Registrierung gemäß Art. 16 Abs. 1 Rating-VO; ähnlich in Bezug auf das zulässige Vertrauen auf berufliche Qualifikationen *Peters*, AG 2010, S. 811 (815); zudem folgt schon aus dem Umstand, dass *solicited ratings* nicht verboten sind, sondern trotz Kenntnis des Gesetzgebers von den potenziellen Interessenkonflikten toleriert und erlaubt werden, dass es nicht per se unstatthaft sein kann, sich auf externe *solicited ratings* zu verlassen, *Dreher/Ballmaier*, WM 2015, S. 1357 (1359).

778 *Dreher/Ballmaier*, WM 2015, S. 1357 (1359); *Habbe/Köster*, BB 2011, S. 265 (267); *Schroeter*, Ratings, S. 410.

779 Insoweit sind tatsächlich alle verfügbaren Informationsquellen auszuschöpfen, so *BGH* NJW 2008, S. 3361 (3362); kritisch hierzu *Fleischer* in: Spindler/Stilz, § 93 AktG, Rn. 71a m.w.N.; *Peters*, AG 2010, S. 811 (813 f.); *Schaub/Schaub*, ZIP 2013, S. 656 (659); *Spindler*, AG 2013, S. 889 (892 f.).

780 *Schroeter*, Ratings, S. 411, der insoweit die einfache und kostenlose Einholung weiterer Ratings betont; siehe auch *Lutter*, ZIP 2009, S. 197 (199); *Forschner*, JSE 2012, S. 5 (11): *„Die Berücksichtigung der Bonitätsurteile ist nötig, aber nicht ausreichend"*.

781 *Dreher/Ballmaier*, WM 2015, S. 1357 (1360 f.); *Jobst/Kapoor*, WM 2013, S. 680 (684); allgemein hinsichtlich *„strenger Anforderungen [...] an die Plausibilitätskontrolle*

Genügt ein Unternehmen diesen Anforderungen, wird man im Ergebnis keinen Sorgfaltspflichtverstoß formulieren können („*safe harbour*“[782]).

Privatanlegern dürfen dagegen keine vergleichbar strengen oder übermäßigen Prüfpflichten auferlegt werden.[783]

bb) Konsequenzen

Mit dem Schutz von Anlegern vor fehlerhaften Ratings einerseits und dem Willen zur Verringerung des Ratingrückgriffs andererseits sind zwei sich potenziell widersprechende Regelungsziele des EU-Gesetzgebers aufeinander getroffen: Die Möglichkeit, Ratingagenturen für Vermögensschäden in Anspruch nehmen zu können, könnte auf Investorenseite nämlich zu einem laxeren und bedenkenlosen Umgang mit Ratings bei deren Prüfung und Verwendung motivieren.[784] Diese nicht zu leugnende Gefahr[785] hätte das Regelungsziel der Verringerung des Rückgriffs und bedenkenlosen Vertrauens auf Ratings womöglich konterkariert. Der EU-Gesetzgeber hat sich zur Lösung dieses Zielkonflikts zu der hier behandelten Normierung des Mitverschuldenstatbestands entschieden.

Allerdings führt dieses Regelungsmodell in der Praxis voraussichtlich zu einer Trockenlegung des Haftungstatbestands, da sich Anleger in einem kaum lösbaren Konflikt der Anspruchsdarlegung befinden:[786] Einerseits müssen sie einen kausalen Schaden nachweisen, für den es maßgeblich darauf ankommen wird, dass ein direkter Zusammenhang zwischen dem Vertrauen auf das betroffene Rating und der schädlichen Investitionsentscheidung dargelegt werden kann.[787] Andererseits muss der sorgfältige und gewissenhafte Umgang und die keinesfalls ausschließliche Verwendung des jeweiligen Ratings bewiesen werden. Dabei wird sich der Nachweis der Schadenskausalität typischerweise gerade in dem Vortrag erschöpfen, dass sich der jeweilige Anspruchsteller bei seiner Anlageentscheidung maßgeblich

der erhaltenen Auskunft“ auch *Fleischer*, NJW 2009, S. 2337 (2339); *Peters*, AG 2010, S. 811 (816); *Schaub/Schaub*, ZIP 2013, S. 656 (660 f.).

782 Zum Begriff *Fleischer*, ZHR 169 (2004), S. 673 (700), *derselbe*, NJW 2005, S. 3525 (3528).

783 Vgl. Erwägungsgrund Nr. 36 zur 2. Reform-VO; *Dutta*, WM 2013, S. 1729 (1734).

784 *Wojcik*, NJW 2013, S. 2385 (2388); ebenfalls einen „gewissen Widerspruch“ in den beiden Regelungszielen erkennend *Schroeter*, Ratings, S. 950; ähnlich *Arntz*, ZBB 2013, S. 318 (326) bezüglich der Pflicht aus Art. 6 Abs. 2 Rating-VO, dass Ratings einen Hinweis auf ihren Meinungscharakter enthalten müssen und den begrenzten Umfang ihrer Verlässlichkeit betonen sollen, welche im Widerspruch zu der Inanspruchnahme von Ratingagenturen wegen enttäuschtem Vertrauen in Ratings steht.

785 Wenngleich sie nach der hier vertretenen Auffassung bisweilen überdramatisiert und nur zur Ablehnung jeglicher Haftung von Ratingagenturen instrumentalisiert wird.

786 Ähnlich *Möllers/Niedorf*, ECFR 2014, S. 333 (347); *Wojcik*, NJW 2013, S. 2385 (2388).

787 Zu der entsprechenden Beweislast unten E. III. 1.

und prägend auf das jeweilige (fehlerhafte) Rating verlassen hat und dass gerade dieses entscheidungserhebliche Vertrauen enttäuscht wurde.[788] An dieser Stelle der Anspruchsdarlegung wird es mithin nicht zu vermeiden, sondern im Gegenteil sogar zwingend notwendig sein, die besondere Bedeutung des jeweiligen Ratings für die schädliche Investitionsentscheidung hervorzuheben. Die Darlegung der Einhaltung besonderer Sorgfalt bei der Prüfung und Nutzung des Ratings dagegen wird typischerweise zum Inhalt haben, dass mehrere Ratings zurate gezogen, weitere Informationen eingeholt wurden und eine bestmögliche Plausibilitätsprüfung des Ratings erfolgt ist.[789] Institutionelle Investoren müssen gar nachweisen, dass sie sich nicht „ausschließlich oder automatisch" auf das Rating verlassen haben und zusätzlich eigene Bewertungsmodelle angewendet haben. Bei praxisnaher Betrachtung wird es hier zu Widersprüchen mit den Behauptungen kommen, die im Rahmen des haftungsausfüllenden Kausalitätsnachweises aufgestellt werden (müssen).[790] Es dürfte für Anleger einen nahezu unlösbaren Konflikt darstellen, nachzuweisen, dass sie sich maßgeblich auf das jeweilige Rating verlassen haben, ohne sich hierbei auch nur einer geringfügigen eigenen Sorgfaltswidrigkeit hinsichtlich des Vertrauens auf eben dieses Rating schuldig gemacht zu haben.[791] Es ist völlig unklar, worin der zulässige Grad des noch haftungsrechtlich geschützten und noch nicht sanktionierten „übermäßigen" Vertrauens in ein Rating liegt. Es steht vielmehr zu vermuten, dass ein Investor, der einen kausalen Vermögensschaden schlüssig darzulegen versucht, sich zwangsläufig eines Verstoßes gegen die Sorgfaltspflichten beim Umgang mit Ratings verdächtig machen wird – und umgekehrt ein im Einklang mit Art. 5a Rating-Verordnung oder mit „gebührender Sorgfalt" bei der Ratingnutzung stehendes Verhalten häufig kein kausales Sich-Verlassen auf das jeweilige Rating wird begründen können.

In diesem Dilemma zeigt sich sodann die eklatante Unangemessenheit der Rechtsfolge der Ausschlusstatbestände, die keine anteilige Haftungsreduzierung erlauben, sondern den Schadensersatzanspruch vollumfänglich ausschließen. Korrekturen etwaiger Härten sind daher nur über den Umweg der Auslegung der Begrifflichkeiten, mithin der großzügigen Konturierung der Anforderungen an eine sorgfältige Ratingnutzung, durch nationale Gerichte möglich.[792] Der EU-Gesetzgeber scheint sich bei der vorhandenen Regelung jedenfalls in dem Zielkonflikt zwischen

788 Vgl. *Barth*, Schadensberechnung, S. 153; zur Schwierigkeit – bis hin zur Unmöglichkeit – eines solchen Nachweises auch *Wagner* in: FS-Blaurock, S. 467 (495).

789 Wie zuvor geschildert, oben E. I. 3. b) aa).

790 So auch *Schroeter*, Ratings, S. 950.

791 Vgl. *Möllers/Niedorf*, ECFR 2014, S. 333 (347), die dies auch anschaulich am Beispiel des Lehman Brothers-Haftungsfalles zeigen, S. 353; dies benennt auch *Wojcik*, NJW 2013, S. 2385 (2388), und stellt fest, dass der entsprechende Einwand der Ratingagentur im Prozess „*nicht per se anspruchsausschließend sein*" dürfe, wenngleich der Normwortlaut eine solche Beschränkung gerade nicht gestattet.

792 Damit bleiben bei praxisnaher Betrachtung letztlich nur private Kleinanleger als Anspruchsteller übrig, *Möllers/Niedorf*, ECFR 2014, S. 333 (347).

Anlegerschutz und Anlegererziehung verfangen zu haben.[793] Im Ergebnis steht eine kaum praktikable und ihren Rechtsfolgen unangemessene Regelung.

c) *Haftungsausschluss zulasten der Emittenten*

Gegenüber Emittenten als Anspruchstellern greift der Haftungsausschluss erstens dann, wenn nicht nachgewiesen wird, dass das angegriffene Rating sich auf den Emittenten oder ein von ihm emittiertes Finanzinstrument bezogen hat, und zweitens wenn die relevante Zuwiderhandlung der Ratingagentur direkt oder indirekt – aufgrund öffentlich zugänglicher Informationen – auf einer irreführenden oder falschen Information durch den Emittenten beruht.

Dabei besitzt der erste Teil dieses Ausschlussgrundes mehr oder weniger deklaratorischen Charakter, denn dass sich das jeweilige Rating auf den Emittenten bezogen haben muss, wird schon zur generellen Schlüssigkeit der Anspruchsdarlegung gehören. Dagegen ist das zweite Merkmal ungleich relevanter. Die irreführende oder falsche Informierung der Ratingagentur, also etwa die Versorgung mit geschönten Unterlagen oder das Zurückhalten nachteiliger Unternehmensinformationen, schließt, wenn es sich kausal auf die Zuwiderhandlung der Ratingagentur ausgewirkt hat, deren Haftung vollumfänglich aus.[794] Im Gegensatz zu dem Ausschlussgrund zulasten von Anlegern begegnen diese Anforderungen inhaltlich wenigen Bedenken.[795] Es ist davon auszugehen, dass ähnliche Ergebnisse auch über den Einwand des § 254 BGB erzielt würden, insbesondere da bei einer vorsätzlichen Irreführung der Ratingagentur zum Zwecke der Verbesserung der Ratingnote auch nach deutschem Zivilrecht ein vollständiger Haftungsausschluss in Frage kommen dürfte.[796]

Interessant ist indes, dass es bei einer irreführenden Informationsversorgung durch den Emittenten gegebenenfalls schon an der Zuwiderhandlung der Ratingagentur fehlen kann. Dies hängt davon ab, welche Intensität den Pflichten der Ratingagenturen zur Kontrolle und Überprüfung der von den bewerteten Emittenten übergebenen Informationen und Unterlagen zugeschrieben wird. Die Rating-Verordnung gibt den Agenturen insoweit auf, die zur Verfügung stehenden

---

793 Auch *Schroeter*, Ratings, S. 951, sieht die Lösung als „kaum geglückt" an.

794 Daraus folgt, dass wenn die Ratingagentur eine von der etwaigen Irreführung oder Täuschung des Emittenten unabhängige, sachlich anderweitige Zuwiderhandlung im Sinne des Anhang III Rating-VO begangen hat, der Haftungsausschluss nicht zum Tragen kommt, da Art. 35a Abs. 1 UAbs. 3 Rating-VO ausdrücklich auf die Kausalität der Falschinformation für die Zuwiderhandlung der Ratingagentur abstellt.

795 Siehe auch *Wojcik*, NJW 2013, S. 2385 (2388) („Billigkeitsgedanke").

796 Vgl. allgemein *Palandt/Grüneberg*, § 254, Rn. 65; dies ist allerdings die Ausnahme, da § 254 BGB grundsätzlich die quotale Verteilung vorsieht, so in ständiger Rechtsprechung *BGH* NJW-RR 2006, S. 672 (674); NJW 1998, S. 1137 (1138); NJW-RR 1995, S. 857 (858).

Informationen gründlich zu analysieren, und verpflichtet sie zur Gewährleistung, dass die den Ratings zugrunde liegenden Informationen von ausreichend guter Qualität sind und aus zuverlässigen Quellen stammen.[797] Mit diesen Vorgaben ist daher nicht mehr zu vereinen, was zur Frage des Umfangs der Prüfpflichten der Ratingagenturen in der rechtswissenschaftlichen Literatur – vor Geltung der Rating-Verordnung – noch überwiegend vertreten wurde, namentlich dass Ratingagenturen grundsätzlich auf die Vollständigkeit und Richtigkeit der ihnen zugetragenen oder der öffentlich zugänglichen Informationen über die Bewertungsobjekte vertrauen dürfen.[798] Vielmehr muss die Ratingagentur die Informationen nunmehr aktiv und gründlich prüfen. Dabei darf sie sich jedoch nach dem Willen des EU-Gesetzgebers auf von unabhängiger Seite geprüfte Abschlüsse oder sonstige öffentlich bekannt gegebene Informationen sowie auf Informationen, die durch seriöse Drittdienstleister geprüft wurden, verlassen.[799] Daneben soll auch eine nur stichprobenweise Analyse der Unterlagen genügen.[800] Für eine gezielte und mit den vorgenannten Mitteln nicht erkennbare Täuschung oder Irreführung durch Emittenten können die Agenturen daher nicht verantwortlich gemacht werden. Der Haftungstatbestand wäre schon wegen des Fehlens einer Zuwiderhandlung nicht erfüllt. Ergeben sich aus den Prüfungen allerdings Anhaltspunkte für Fehler oder Lücken, ist die Ratingagentur selbstverständlich gehalten, dem nachzugehen und gegebenenfalls sogar vom Rating abzusehen.[801] Erst wenn hieraus eine vorwerfbare Zuwiderhandlung resultiert, kommt der Tatbestand des qualifizierten Mitverschuldens des Emittenten zum Tragen.

Bedenken gegen den Ausschlussgrund ergeben sich schließlich nur in Fällen, in denen dem Emittenten eine nur fahrlässige versehentliche Falschheit der Informationsweitergabe vorzuwerfen ist und Art. 35a Abs. 1 UAbs. 3 Rating-Verordnung gleichwohl den vollständigen Verlust der Gelegenheit zur Schadloshaltung vorsieht.[802] Dies erscheint vor allem dann unangemessen, wenn der leichten Fahrlässigkeit des Emittenten eine vorsätzliche oder grob fahrlässige Verkennung der Unvollständigkeit der Informationsbasis für ein sachgerechtes Rating[803] auf Seiten der Ratingagentur gegenüber steht und diese hieraufhin ein unsachgemäß schlech-

---

797 Art. 8 Abs. 2 S. 1 und 2 Rating-VO.

798 So noch *Habersack*, ZHR 169 (2005), S. 185 (201); *Peters*, Haftung und Regulierung, S. 100; differenzierter und strenger, was die Prüfungspflichten angeht, *Hennrichs* in: FS-Hadding, S. 875 (882). Dagegen meint *von Rimon*, Ratings in Deutschland und USA, S. 103, dass nach wie vor gelte, dass Ratingagenturen sich auf die Richtigkeit der Informationen verlassen dürfen, was wegen des klaren Wortlauts des Art. 8 Abs. 2 S. 1 und 2 Rating-VO in dieser Form nicht mehr zutreffend sein kann.

799 Erwägungsgrund Nr. 35 Rating-VO.

800 Erwägungsgrund Nr. 35 Rating-VO.

801 Siehe Anhang III Nr. 51 der Rating-VO, wonach auf ein Rating zu verzichten ist, wenn die Qualität der verfügbaren Informationen nicht zufriedenstellend ist.

802 Zu den entsprechenden konzeptionellen Bedenken bereits oben E. I. 3. a).

803 Vgl. zum entsprechenden Pflichtenkreis Anhang III Nr. 51 der Rating-VO.

tes Rating abgibt, das unter Berücksichtigung der fehlenden Informationen besser ausgefallen wäre. Auch in derartigen Fällen wäre eine anteilige Quotierung der Haftung nach Verschuldensbeiträgen vorzugswürdig und sachgerecht.

d) Ergebnis

Damit erfährt der Haftungstatbestand des Art. 35a Rating-Verordnung mit den beiden Ausschlusstatbeständen empfindliche Einschränkungen hinsichtlich seiner anspruchstellerfreundlichen Durchsetzbarkeit. Diese Ausschlussgründe in Gestalt eines qualifizierten Mitverschuldens begegnen nicht unerheblichen Bedenken. Ihre größte Schwäche ist die kompromisslose Rechtsfolge des vollständigen Haftungsausschlusses, die eine einzelfallgerechte und verschuldensabhängige Quotierung der Haftung verhindert.

4. Beschränkung der Haftung im Voraus

Der Verantwortlichkeit einer Ratingagentur nach Art. 35a Rating-Verordnung kann ferner ein privatrechtlicher Haftungsausschluss entgegen stehen.[804] Gemäß Art. 35a Abs. 3 UAbs. 1 Rating-Verordnung ist eine solche Haftungsbeschränkung im Vorhinein grundsätzlich zulässig, wenn sie „angemessen und verhältnismäßig" ist[805] – was zu den auslegungsbedürftigen Begrifflichkeiten zählt, die gemäß Art. 35a Abs. 4 S. 1 Rating-Verordnung nach dem jeweils anzuwendenden nationalen Recht zu beurteilen sind[806] – und zugleich nach dem jeweils anzuwendenden nationalen Recht seinerseits ebenfalls rechtlich zulässig ist.[807] Ist dies nicht der Fall, ist die Freizeichnungsklausel unwirksam.[808] Auch dieser Regelungsinhalt des Art. 35a Rating-Verordnung ist bemerkenswert und darf als wenig gelungen bezeichnet werden.[809] Grundsätzlich muss die Regelung zum Haftungsausschluss schon deshalb Bedenken begegnen, weil sie das Anliegen der effektiven Verhaltenssteuerung durch *private enforcement* marginalisiert, indem sie den Agenturen „Hintertüren" offenlässt. Auch die regulatorische Notwendigkeit erschließt sich angesichts der generellen Haftungsbeschränkung auf grobe Fahrlässigkeit und vor-

---

804 Der Kommissionsvorschlag zu Art. 35a Rating-Verordnung hatte hierzu noch ein generelles Verbot von Haftungsausschlüssen konstatiert, was allerdings im Zuge des Gesetzgebungsverfahrens, wie andere potenziell anspruchstellerfreundliche Regelungsinhalte auch, aufgegeben worden ist, siehe den Vorschlag für eine Verordnung des Europäischen Parlaments und des Rates zur Änderung der Verordnung (EG) Nr. 1060/2009 über Ratingagenturen vom 15.11.2011, KOM(2011) 747, S. 37.

805 Art. 35a Abs. 3 UAbs. 1 Nr. a) Rating-VO.

806 Hierzu sogleich unter E. I. 5. a).

807 Art. 35a Abs. 3 UAbs. 1 Nr. b) Rating-VO.

808 Art. 35a Abs. 3 UAbs. 2 Rating-VO.

809 Ebenso *Dutta*, WM 2013, S. 1729 (1735) („etwas rätselhafte Regelung").

sätzliches Handeln der Ratingagentur nicht.[810] Es bleibt offen, weswegen es den Ratingagenturen theoretisch gestattet werden soll, sich im Vorhinein ggf. sogar von vorsätzlichem Handeln freizeichnen zu können.

Daneben wirft die Regelungskonzeption Fragen auf: Zum einen sind diese der Überprüfung einer Freizeichnungsklausel begrifflich unbestimmt[811] und durch die Verweisung in nationales Recht eines Mitgliedsstaats auch gefährdet, zu völlig unterschiedlichen Ergebnissen in den einzelnen Mitgliedsstaaten zu führen.[812] Zum anderen sind die beiden Prüfungsmerkmale redundant: Um nach dem jeweils anzuwendenden nationalen Recht bestimmen zu können, ob die betroffene Freizeichnungsklausel „angemessen“ und „verhältnismäßig“ ist, wird bei verständiger Betrachtung gerade auf diejenigen Normen des nationalen Rechts zurückzugreifen sein, die ohnehin die Rechtmäßigkeit und Wirksamkeit derartiger Bestimmungen regeln und betreffen. Die Regelung verweist daher – ohne Not und ohne erkennbaren Mehrwert – doppelt, einmal direkt und einmal indirekt, in das nationale Recht eines Mitgliedsstaats bei wohl typischerweise identischen Prüfungsgegenständen.[813]

Im Hinblick auf deutsches Zivilrecht werden Haftungsfreizeichnungen nach Art. 35a Abs. 3 UAbs. 1 Rating-Verordnung weitgehend ins Leere gehen.[814] Die entsprechende Prüfung einer Freizeichnungsklausel nach Art. 35a Abs. 3 UAbs. 1 lit. a) ist angesichts der Begrifflichkeiten der „Angemessenheit“ und „Verhältnismäßigkeit“ an den einschlägigen Bestimmungen der §§ 307 ff., 276 BGB sowie an den Rechtsgedanken aus §§ 138, 242 BGB zu orientieren.[815] Vor diesem Hintergrund scheidet eine Haftungsfreizeichnung jedenfalls für vorsätzliches Handeln nach deutschem Recht wegen § 276 Abs. 3 BGB immer aus.[816] Fraglich bleiben nur Fälle einer Freizeichnung von grober Fahrlässigkeit. In allgemeinen Geschäftsbedingungen ist eine solche gemäß § 309 Nr. 7 lit. b) BGB ebenfalls unwirksam. Dies gilt auch im unternehmerischen Verkehr.[817] In den in der Praxis wohl seltenen Fällen eines Individualvertrags mit Emittenten oder Anlegern bleibe dies dagegen grundsätzlich möglich. Eine Untersuchung der Zulässigkeit von Haftungsbegrenzungen bei leichter oder mittlerer Fahrlässigkeit ist dagegen nicht notwendig, da diese für

---

810 Anders *von Rimon*, Ratings in Deutschland und USA, S. 108, die die Regelung „im Ergebnis begrüßt“, da ansonsten „kleinere, leicht fahrlässige Fehler“ zu „hohen Schadensersatzforderungen“ hätten führen können, was wegen der Haftungsbeschränkung des Art. 35a Rating-VO jedoch gerade nicht der Fall ist.

811 Ähnlich *Dutta*, WM 2013, S. 1729 (1735).

812 Zu den Folgen dieser Problematik unten E. I. 5. c).

813 Die Wirksamkeitsfrage untersteht „damit schlicht nationalem Recht“, so *Schroeter*, Ratings, S. 847.

814 Siehe zur Wirksamkeit von Haftungsfreizeichnungsklauseln nach deutschem Recht unten F. I. 1. a) dd) (1); ähnlich auch *Gietzelt/Ungerer*, GPR 2013, S. 333 (345).

815 So auch *Berger/Ryborz*, WM 2014, S. 2241 (2247); *Schroeter*, Ratings, S. 847 i.V.m. S. 813 f.

816 Ebenso *Dutta*, WM 2013, S. 1729 (1735).

817 Siehe *Wurmnest* in: Münchener Kommentar, BGB, § 309 Nr. 7, Rn. 36.

Art. 35a Rating-Verordnung schon nicht haftungsbegründend ist. Ebenfalls keine Wirksamkeit entfalten kann eine Freizeichnung der Haftung durch einseitige – also nicht-rechtsgeschäftliche – Erklärung seitens der Ratingagentur, die das deutsche Recht nicht kennt.[818] Es ist mithin im Ergebnis bei Anwendbarkeit deutschen Zivilrechts schon wegen der Auslegung der Begriffe der Angemessenheit und Verhältnismäßigkeit nahezu ausgeschlossen, dass eine Haftungsfreizeichnung von Art. 35a Rating-Verordnung einmal wirksam sein kann.[819] Zu demselben Ergebnis gelangt man freilich erst recht bei der Prüfung des Einklangs der Freizeichnungsklausel mit deutschem Zivilrecht gemäß Abs. 3 UAbs. 1 Nr. b) des Art. 35a der Rating-Verordnung.

Der EU-Gesetzgeber hat hier eine Regelung gewählt, die weder Anspruchsteller noch Anspruchsgegner dient oder nützt, sondern nur zu Unsicherheiten der Haftungsreichweite führt und überdies durch die doppelte Verweisung in nationales Recht geeignet ist, ein völlig inkonsistentes Haftungsregime im EU-Raum zu konstruieren.[820]

5. Interne und externe Normlücken

Zuletzt soll bei der Betrachtung des Art. 35a Rating-Verordnung ausführlich auf dessen bewusst offen gelassene Regelungslücken eingegangen werden. Hierfür sind die Regelungen in Art. 35a Abs. 4 S. 1 und 2 Rating-Verordnung von Bedeutung. Demnach sind Begriffe, die in Art. 35a Rating-Verordnung genannt, aber nicht definiert werden, im Einklang mit und gemäß den einschlägigen Bestimmungen des jeweils anwendbaren nationalen Rechts auszulegen und anzuwenden. Hierbei handelt es sich um eine interne – weil aus dem Haftungstatbestand selbst erwachsende – Lücke, für deren Ausfüllung in nationales Recht der Mitgliedsstaaten verwiesen wird.[821] Daneben sollen auch solche Fragen der zivilrechtlichen Haftung einer Ratingagentur, die im Haftungstatbestand generell nicht geregelt sind, durch die Anwendung jeweils einschlägigen nationalen Rechts gelöst werden. Hierbei

818 *Dutta*, WM 2013, S. 1729 (1735).

819 Denkbar wäre die Wirksamkeit eines solchen Haftungsausschlusses eventuell dann, wenn die Ratingagentur ein gleichwertiges Surrogat liefert, etwa einen Direktanspruch gegen ihren Versicherer im Falle ihres Fehlverhaltens abtritt/begründet; dass derartige Klauseln in der Praxis existent sind, ist nicht bekannt.

820 A.A. *von Rimon*, Ratings in Deutschland und USA, S. 108, die hier eine „ausgewogene Abwägung der beiderseitigen Interessen“ erkennt, was nach der hier vertretenen Auffassung völlig außer Acht lässt, dass dieser Ausgleich bereits durch die Haftungsprivilegierung auf grobe Fahrlässigkeit/Vorsatz geschehen ist und der zusätzlichen Möglichkeit eines potenziellen Haftungsausschlusses nicht bedurft hätte.

821 Die begriffliche Trennung von internen und externen Lücken findet sich auch bei *Wojcik*, NJW 2013, S. 2385 (2389); siehe auch *Gruber* in: Münchener Kommentar, BGB, Art. 7 CISG, Rn. 34 ff. im Zusammenhang mit dem CISG.

kann von einer externen Lücke der Norm gesprochen werden, da sie die von ihr nicht berücksichtigten Regelungsgegenstände der Haftung betrifft.[822] Wie zu zeigen sein wird, führen diese Lücken zu komplexen Folgefragen der Bestimmung des subsidiär anwendbaren nationalen Rechts und schüren Zweifel an der Europarechtskonformität des Tatbestands.[823] Die Regelungstechnik wird daher zu Recht vereinzelt als problembehaftet kritisiert.[824] Nachfolgend sollen die internen und externen Normlücken näher beleuchtet (unter a) und b)) und deren Konsequenzen einerseits für die Auslegung und Auslegungszuständigkeit analysiert (unter c) und d)) und andererseits für die Europarechtskonformität des Haftungstatbestands untersucht werden (unter e)).

a) Interne Lücken

Die Verweisung in das nationale Recht eines Mitgliedsstaats hinsichtlich der Auslegung und Anwendung der zentralen Tatbestandsmerkmale der EU-Verordnung ist überraschend und ungewöhnlich. Es handelt sich dabei nicht um eine in der europäischen Regelungstechnik nicht mehr ganz ungewöhnliche Verweisung in Gestalt externer Lücken, die sich auch in anderen europäischen Rechtsakten, etwa in Art. 9 Abs. 1 lit. c) der SE-Verordnung finden,[825] sondern um interne Normlücken.[826]

Die internen Lücken des Art. 35a Rating-Verordnung betreffen diejenigen Begriffe, die die Norm für die Festlegung ihrer Tatbestandsvoraussetzung benennt, ohne sie selbst zu definieren. Dabei ist auffällig, dass in Art. 35a Rating-Verordnung gar keine Legaldefinitionen enthalten sind, weswegen theoretisch sämtliche auslegungsbedürftigen Begriffe der Norm unter diese internen Lücken fallen würden.[827] Bei verständiger Würdigung sind jedoch – entgegen des verkürzten Wortlauts im Deutschen[828] – diejenigen Begrifflichkeiten nicht lückenhaft, die zwar nicht in

---

822 *Wojcik*, NJW 2013, S. 2385 (2389).

823 Zur kollisionsrechtlichen Bestimmung unten E. II. 1.; zur Europarechtskonformität unten E. I. 5. e).

824 Vgl. etwa *Deipenbrock*, WM 2013, S. 2289 (2292) („*weitere Schicht an Komplexität*“).

825 Verordnung (EG) Nr. 2157/2001 des Rates vom 8. Oktober 2001 über das Statut der Europäischen Gesellschaft (SE), ABl. Nr. L 294 S. 1 („SE-Verordnung“).

826 Eine vergleichbare Regelungstechnik ist höchstens in Art. 7 Abs. 2 des Übereinkommens der Vereinten Nationen über Verträge über den internationalen Warenkauf vom 11. April 1980 (CISG), BGBl. 1989 II, S. 586, ber. 1990, S. 1699, zu finden; hierauf verweist auch *Dutta*, WM 2013, S. 1729 (1730).

827 Der verwirrende Wortlaut ist nur vor dem Hintergrund verständlich, dass im Kommissionsvorschlag noch Legaldefinitionen im Tatbestand vorgesehen waren, etwa für „grobe Fahrlässigkeit“, jedoch im Verlaufe des Gesetzgebungsverfahrens herausgenommen wurden, siehe den Vorschlag für eine Verordnung des Europäischen Parlaments und des Rates zur Änderung der Verordnung (EG) Nr. 1060/2009 über Ratingagenturen vom 15.11.2011, KOM(2011) 747, S. 37 f.

828 Zum aufschlussreichen Vergleich der englischen Sprachversion *Dutta*, WM 2013, S. 1729 (1730).

Art. 35a Rating-Verordnung, jedoch in den Begriffsbestimmungen aus Art. 3 definiert sind.[829] Hierzu gehören etwa die Begriffe Rating, Ratingagentur, Emittent, Ratingausblick oder Länderrating.[830] Für alle übrigen Tatbestandsmerkmale ist dagegen auf das jeweils anwendbare nationale Rechtsstatut zurückzugreifen. Beispielhaft führt Art. 35a Abs. 4 S. 1 Rating-Verordnung insoweit auf, dass Begriffe wie „,Schaden', ,Vorsatz', ,grobe Fahrlässigkeit', ,in vertretbarer Weise verlassen', ,gebührende Sorgfalt', ,Auswirkung', ,angemessen' und ,verhältnismäßig'" zu den auslegungsbedürftigen Begriffen gehören, wobei bereits an der Formulierung „Begriffe wie" deutlich wird, dass es sich nicht um eine abschließende Aufzählung handelt. Zusätzlich zu nennen wäre etwa auch die Auslegung der Begriffe der „irreführenden oder falschen Information".[831]

Diese Begriffe müssen „im Einklang" mit dem jeweils anwendbaren nationalen Recht ausgelegt und angewendet werden. Bei Anwendbarkeit deutschen Rechts sind die vorgenannten Begriffe wie folgt zu behandeln: Die Prüfung eines Schadens ist anhand der §§ 249 ff. BGB vorzunehmen und unterliegt dem Grundsatz der Naturalrestitution;[832] Vorsatz und Fahrlässigkeit richten sich grundsätzlich nach § 276 BGB, wobei Vorsatz erfordert, dass der Verletzungstatbestand für möglich gehalten und der jeweilige Erfolg zumindest billigend in Kauf genommen wurde,[833] und grobe Fahrlässigkeit einen besonders schweren Verstoß gegen die jeweilige Sorgfaltspflicht voraussetzt.[834] Die Prüfung „angemessener" oder „verhältnismäßiger" Bestimmungen geschieht – wie gezeigt – anhand der §§ 138, 242, 276 und 307 BGB.[835]

b) Externe Lücken

Die externen Lücken des Art. 35a Rating-Verordnung betreffen solche Aspekte der Haftung, die in der Norm überhaupt nicht normiert sind.[836] Die wichtigsten externen Lücken dürften insoweit Fragen der Verjährung der Haftungsansprüche sowie Fragen der Zurechnung von Handlungen und der Mithaftung Dritter darstellen. Derartige Fragestellungen sind gemäß Art. 35a Abs. 4 S. 2 Rating-Verordnung durch das jeweils anzuwendende nationale Recht zu lösen.

Nach deutschem Recht richtet sich die Verjährung etwaiger Haftungsansprüche aus Art. 35a Rating-Verordnung dabei nach den §§ 194 ff. BGB.[837] Die Ansprüche

829 So auch *Dutta*, WM 2013, S. 1729 (1730); *Schultes*, Regulierung und Haftung von Ratingagenturen, S. 302 f.
830 Siehe Art. 3 Abs. 1 lit. a), b), s), v), w) Rating-VO.
831 Im Rahmen von Art. 35a Abs. 1 UAbs. 3 Rating-VO.
832 Zu den möglichen Schäden schon oben D. IV. 2. c).
833 *Grundmann* in: Münchener Kommentar, BGB, § 276, Rn. 154 ff.
834 Im Ratingzusammenhang *Gietzelt/Ungerer*, GPR 2013, S. 333 (341).
835 Siehe oben E. I. 4.
836 Zur grundsätzlichen Üblichkeit externer Lücken in Unionsgesetzen *Dutta*, WM 2013, S. 1729 (1730); *Schroeter*, Ratings, S. 832.
837 So auch *Wojcik*, NJW 2013, S. 2385 (2389).

unterliegen somit der grundsätzlichen regelmäßigen Verjährungsfrist von drei Jahren.[838] Für den Verjährungsbeginn muss der jeweilige Gläubiger den betreffenden Sachverhalt dabei so weit überblicken und kennen – oder grob fahrlässig verkennen –, dass ihm die mögliche Entstehung eines hieraus resultierenden Anspruchs deutlich wird.[839]

Daneben sind auch Zurechnungsfragen als externe Lücken zu qualifizieren und relevant, da diese evident eine Frage der zivilrechtlichen Verantwortlichkeit betreffen, die jedoch in Art. 35a Rating-Verordnung nicht angesprochen wird.[840] Soweit Fragen der Zurechnung von Handlungen einzelner Personen zulasten der Ratingagentur in Rede stehen, ist nach deutschem Zivilrecht auf § 31 BGB analog zurückzugreifen. Hiernach ist das Verhalten von verfassungsmäßig berufenen Vertretern einer Korporation,[841] also typischerweise von Geschäftsführung und Vorstand, sowie in Erweiterung des Zurechnungstatbestands auch von solchen Personen, denen bedeutsame Funktionen des Unternehmens zur selbstständigen, eigenverantwortlichen Erfüllung zugewiesen sind,[842] also etwa von führenden oder leitenden Angestellten – Repräsentanten[843] –, ohne weiteres zurechenbar. Einer Ratingagentur über § 31 BGB analog zugerechnet werden können daher vor allem Handlungen einzelner oder mehrerer führender Ratinganalysten, Organvertreter der Aufsichts- und Verwaltungsorgane oder vergleichbarer Mitarbeiter.[844]

Schließlich greift Art. 35a Rating-Verordnung auch die Frage paralleler Mithaftung Dritter wegen der Zuwiderhandlungen aus Anhang III selbst nicht auf, so dass auch hier ergänzend auf nationales Recht zurückzugreifen ist. Demnach kann es jedenfalls nach deutschem Recht gemäß §§ 14 StGB, 9 OWiG i.V.m. Art. 35a und Anhang III Rating-Verordnung zu einer parallelen Haftung auch der vertretungsberechtigten Organe und Organmitglieder der jeweiligen Ratingagentur kommen, die gemäß § 840 Abs. 1 BGB neben den Ratingagenturen als Gesamtschuldner haften.[845]

Diese externen Lücken können zwar eine weitere Verkomplizierung der Haftungsdurchsetzung mit sich bringen und die Fragmentierung der Normanwendung

838 §§ 195, 199 Abs. 1 BGB.

839 Vgl. nur *BGH* NJW 1990, S. 176 (179) m.w.N.

840 So auch *Dutta*, WM 2013, S. 1729 (1734).

841 In analoger Anwendung insbesondere einer juristischen Person des Privatrechts, vgl. nur *Arnold* in: Münchener Kommentar, BGB, § 31, Rn. 11; *Palandt/Ellenberger*, § 31, Rn. 3.

842 *BGH* NJW 1968, S. 391 (392); VersR 1962, S. 664; vgl. auch *Palandt/Ellenberger*, § 31, Rn. 6.

843 Zur Entwicklung der Organ- zur Repräsentantenhaftung siehe *Arnold* in: Münchener Kommentar, BGB, § 31, Rn. 4 f.

844 Ähnlich *von Rimon*, Ratings in Deutschland und USA, S. 165.

845 Zu der sich hieraus ergebenden Folgeproblematik im Zusammenhang mit einer etwaigen Haftung aus § 823 Abs. 2 BGB i.V.m. der Rating-VO ausführlich unten F. III. 1. c) (2) (c).

intensivieren;[846] allerdings handelt es sich hierbei – im Gegensatz zu den vorbeschriebenen internen Lücken – um eine unionsrechtlich nicht mehr unübliche Regelungstechnik.[847]

c) *Konsequenzen für die Auslegung und Auslegungszuständigkeit*

Die vorbeschriebene Regelungstechnik interner und externer Lücken macht aus Art. 35a Rating-Verordnung eine hybride Haftungsnorm mit unions- und nationalrechtlichen Elementen. Daraus resultieren unweigerlich Fragen der Auslegungszuständigkeit und -methodik, insbesondere also ob und inwieweit die Normauslegung nur oder ausschließlich nach nationalem Recht erfolgen und final durch nationale Gerichte oder aber nach europäischen Grundsätzen und final durch den Europäischen Gerichtshof zu erfolgen hat. Bedeutsam ist vor allem, inwieweit nationale Gerichte bei Unklarheiten oder Auslegungsfragen bei der Normanwendung zur Vorlage der Sache an den Europäischen Gerichtshof gemäß Art. 267 AEUV verpflichtet sein könnten bzw. ob ein solches Vorlageverfahren überhaupt zulässig wäre. Die Frage der Auslegungskompetenz ist angesichts der diversen Regelungsmängel des Haftungstatbestands sowie zum Zwecke der Praxisnähe der Betrachtung von nicht zu unterschätzender Relevanz

Dabei ist zuvorderst die grundsätzliche Normhierarchie zu beachten, wonach Art. 35a Rating-Verordnung als europarechtliches Sekundärrecht grundsätzlichen Anwendungsvorrang vor nationalem Recht beansprucht und wegen des Verordnungscharakters auch unmittelbare innerstaatliche Anwendbarkeit besitzt.[848] Hiervon weicht Art. 35a Rating-Verordnung zum einen im Hinblick auf seine internen Lücken, für die er eine Auslegung und Anwendung „im Einklang“ mit nationalem Recht verlangt, und zum anderen hinsichtlich der externen Lücken ab.

Dem Europäischen Gerichtshof obliegt die Auslegungskompetenz jedoch nur hinsichtlich des europäischen Sekundärrechts.[849] Eine Auslegung von Begriffen nach Maßgabe des nationalen Rechts führt der Europäische Gerichtshof gerade nicht durch. Es ist daher im Hinblick auf die Auslegung von Art. 35a Rating-Verordnung zwischen den verschiedenen Tatbestandsmerkmalen zu differenzieren sowie zu analysieren, welche Reichweite die Verweisungen im Einzelnen besitzen.

---

846 Ähnlich *Deipenbrock*, WM 2013, S. 2289 (2292).

847 So auch – mit Beispielen *Dutta*, WM 2013, S. 1729 (1730).

848 Zum Anwendungsvorrang europäischen Rechts siehe nur *EuGH*, Urt. v. 15.07.1964, Rs. 6–64 – Slg. 1964, S. 1253, 1269 f.; *Gärditz* in: Rengeling/Middeke/Gellermann, Handbuch des Rechtsschutzes in der EU, § 34, Rn. 31; *Geismann* in: von der Groeben/Schwarze/Hatje, Art. 288 AEUV, Rn. 4 m.w.N.; siehe auch *Nettesheim* in: Grabitz/Hilf/Nettesheim, Art. 288 AEUV, Rn. 47 ff.

849 Art. 267 Abs. 1 lit. b) AEUV.

aa) Auslegung des Sekundärrechts

Die Auslegungskompetenz betreffend Art. 35a Rating-Verordnung liegt zweifellos beim Europäischen Gerichtshof, soweit Regelungsinhalte betroffen sind, für deren Anwendung die Norm keine Verweisungen auf nationale Rechtsstatute enthält. Insoweit handelt es sich bei der Verordnung um originär europäisches Sekundärrecht und damit um Bestandteile, die nach dem Grundsatz autonomer Auslegung von EU-Recht einheitlich und ohne Berücksichtigung nationalrechtlicher Einflüsse anzuwenden sind.[850] Nationale Gerichte sind gegebenenfalls zur Vorlage an den Europäischen Gerichtshof verpflichtet, um diese einheitliche Auslegung und das autonome Regelungsverständnis der Norm zu gewährleisten.[851]

Fraglich ist jedoch, welche Bestandteile des Art. 35a Rating-Verordnung „reines" Sekundärrecht sind. Wegen der umfassenden Verweisungen in Abs. 4 des Art. 35a Rating-Verordnung sind hiervon nur noch Bruchstücke der Norm umfasst. Tatbestandsmerkmale und Rechtsinstitute, die nicht von der Verweisung erfasst werden, sind etwa die Parteien eines Anspruchs und der Begriff des Ratings, denn diese werden in der Rating-Verordnung selbst definiert.[852] Allerdings dürfte deren Begriffsverständnis in der Praxis kaum einmal zu Unklarheiten führen.

Daneben ist die Verweisung in nationales Recht selbst noch Teil des „reinen" Sekundärrechts, so dass Abs. 4 des Art. 35a Rating-Verordnung, der die Auslegung im Einklang mit nationalem Recht oder dessen unmittelbare Anwendung anordnet, zu den Bestandteilen gehört, für die dem Europäischen Gerichtshof die Auslegungskompetenz obliegt; insbesondere die Frage, ob überhaupt eine interne oder externe Lücke der Norm vorliegt ist daher durch autonome Auslegung der Norm nach europäischen Maßstäben zu ermitteln.[853] Dies entspricht dem Verständnis bei artverwandten Verweisungstatbeständen im Unionsrecht, etwa von Art. 9 Abs. 1 lit. c) SE-Verordnung, bei denen ebenfalls zutreffend von der Vorlagefähigkeit des Verweisungsakts selbst ausgegangen wird.[854] Daher ist bei Art. 35a Rating-Verordnung etwa die Frage, ob ein Begriff des Art. 35a Rating-Verordnung, der nicht zu der konkreten Aufzählung in Abs. 4 S. 1 der Norm gehört, von der abstrakten Verweisung („Begriffe wie ...") noch umfasst und nach nationalem Recht auszulegen ist oder nicht, eine taugliche Vorlagefrage nach Art. 267 Abs. 1 lit. b) AEUV. Gleiches gilt für die externen Lücken der Norm, soweit es herauszufinden gilt, ob bestimmte „Fragen der zivilrechtlichen

---

850 Hierzu *Gaitanides* in: von der Groeben/Schwarze/Hatje, Art. 19 EUV, Rn. 43; *Mayer* in: Grabitz/Hilf/Nettesheim, Art. 19 EUV, Rn. 53.

851 Letztinstanzliche Gerichte sind grundsätzlich immer zur Vorlage verpflichtet (Art. 267 Abs. 3 AEUV), im Übrigen kann sich eine Vorlagepflicht aus dem Einzelfall ergeben, hierzu *Wegener* in: Calliess/Ruffert, Art. 267 AEUV, Rn. 28 ff.

852 Siehe Art. 3 Abs. 1 lit. a), b), s) Rating-VO.

853 Vgl. bzgl. der verwandten Vorschrift aus Art. 9 SE-VO *Casper* in: Spindler/Stilz, Art. 9 SE-VO, Rn. 9; *Schäfer* in: Münchener Kommentar, AktG, Art. 9 SE-VO, Rn. 13 m.w.N.

854 Vgl. etwa *Lächler/Oplustil*, NZG 2005, S. 381 (385) zu Art. 9 SE-VO.

Haftung“ von Art. 35a Rating-Verordnung noch erfasst oder schon Teil der externen Lücken sind.

Problematisch erscheint schließlich die Frage, inwieweit die Kausalitätsbeziehungen des Normtatbestands einer autonomen und final durch den Europäischen Gerichtshof durchzuführenden Auslegung unterliegen oder ob diese Teil der internen Lücken der Norm sind. Gemeint sind die in der vorliegenden Arbeit bereits behandelten und in ihren Bezugspunkten problematischen Kausalitätsverhältnisse, einerseits die Kausalität zwischen der Zuwiderhandlung gegen Anhang III der Rating-Verordnung und dem Rating, welche die Norm mit der „Auswirkung auf ein Rating“ umschreibt,[855] sowie andererseits die Kausalität zwischen der Zuwiderhandlung und dem Vermögensschaden des Anspruchstellers.[856] Für die Zugehörigkeit der Kausalitätsbezugspunkte zu den internen Normlücken könnte sprechen, dass Abs. 4 S. 1 der Norm gerade für den Begriff der „Auswirkung“ in nationales Recht verweist, woraus zu schließen sein könnte, dass auch das Verständnis der grundlegenden Kausalitätsbezugspunkte nach jeweils anzuwendendem nationalen Recht zu geschehen hat. Zudem findet sich in den Erwägungsgründen der zweiten Reform-Verordnung die Wendung, dass „Fragen der zivilrechtlichen Haftung einer Ratingagentur [...], darunter die Kausalität“ dem jeweiligen nationalen Recht unterliegen sollen.[857]

Allerdings überwiegen die Zweifel an einem solchen Ergebnis. Bei der Frage des Umfangs und der Bezugspunkte der Kausalitätsbeziehungen handelt es sich um Fragen der grundlegenden Haftungskonzeption, die die Reichweite und Konturierung der Haftung an sich betreffen: Versteht man etwa die haftungsbegründende „Auswirkung auf ein Rating“ nur als Bezugnahme auf ein fehlerhaftes Ratingergebnis,[858] so fallen eine Vielzahl der Pflichten aus Anhang III aus dem faktischen Anwendungsbereich der Norm hinaus und schränken somit die Reichweite des Haftungstatbestands unmittelbar ein.[859] Damit sind gesamtkonzeptionelle Fragen der vom Unionsgesetzgeber intendierten Verantwortlichkeit von Ratingagenturen und deren Regulierung durch *private enforcement* betroffen. Diese Wesensfragen des Haftungsumfangs müssen denklogisch unionsrechtlich einheitlich und nach Maßgabe dessen, was der Unionsgesetzgeber intendiert hat, verstanden und ausgelegt werden. Anderenfalls würde das nationale Recht nicht nur die Begriffsauslegung und die Normanwendung, sondern das vom Unionsgesetzgeber vorgegebene Regelungskorsett selbst verändern und gegebenenfalls massiv einschränken. Die Verweisung in nationales Recht für den Begriff der „Auswirkung“ meint bei verständiger Würdigung daher nur die Subsumtion des

---

855 Art. 35a Abs. 1 UAbs. 1 Rating-VO.

856 Zu den Auslegungsschwierigkeiten oben E. I. 2. b) und e).

857 Erwägungsgrund Nr. 35 der zweiten Reform-VO.

858 Wie es wohl überwiegend angenommen wird, siehe etwa *Berger/Ryborz*, WM 2014, S. 2241 (2246); *Dutta*, WM 2013, S. 1729 (1733); *Gietzelt/Ungerer*, GPR 2013, S. 333 (341); *Schroeter*, Ratings, S. 841; *Wojcik*, NJW 2013, S. 2385 (2387).

859 Hierzu bereits oben E. I. 2. b) bb).

Sachverhalts unter nationalrechtliche Kausalitätsbegriffe, jedoch nicht die normsystematischen Bezugspunkte für die Reichweite der Kausalitätsobjekte. Damit ist die Reichweite und der Inhalt der Kausalitätsbeziehungen jenseits der bloß begrifflichen Anwendung Teil des nicht verweisungsrelevanten Sekundärrechts im Sinne des Art. 267 Abs. 1 lit. b) AEUV.

bb) Auslegung und Auslegungszuständigkeit hinsichtlich der internen und externen Lücken

Jenseits der rein sekundärrechtlichen Regelungsinhalte ist sodann fraglich, nach welchen Maßstäben die Auslegung der Lückenbestandteile der Norm und ihrer Verweisungsgegenstände zu erfolgen hat und wem hier die finale Auslegungszuständigkeit obliegt. Dabei ist zwischen den externen Lücken (Art. 35a Abs. 4 S. 2 Rating-Verordnung) und den internen Lücken (Art. 35a Abs. 4 S. 1 Rating-Verordnung) der Norm zu differenzieren.

(1) Externe Lücken der Norm

Wie bereits ausgeführt, existieren auch in anderen unionsrechtlichen Regularien externe Lücken, so etwa in Art. 9 Abs. 1 lit. c) ii) SE-Verordnung. In Zusammenhang mit diesen externen Lücken der SE-Verordnung ist allerdings umstritten, ob die Verweisung zur Anwendung ausschließlich nationaler Auslegung und Auslegungsmethodik führt und die lückenhaften Bestandteile damit der Auslegungszuständigkeit nationaler Gerichte unterfallen oder ob eine unionsrechtliche Auslegung und Berücksichtigung einer „europafreundlichen" Anwendung nationalen Rechts mit einfließt und der Europäischen Gerichtshof insoweit die letzte Auslegungszuständigkeit besitzt.[860] Zum wohl überwiegenden Teil wird in diesem Zusammenhang vertreten, dass – soweit nationales Recht in Dienst genommen wird – dieses auch ausschließlich maßgeblich ist für die Auslegung, mithin nur die allgemeinen Regeln und die Auslegungsmethodik des jeweiligen Rechtsstatuts des Mitgliedsstaats gelten.[861] Eine „europafreundliche" Auslegung komme grundsätzlich nicht in Betracht.[862] Anderenfalls sei eine nicht sachgerechte Spaltung der Auslegung und Anwendung von nationalem Recht zu befürchten.[863] Dementsprechend liege auch die finale Auslegungskompetenz nicht beim Europäischen Gerichtshof, sondern bei den nationalen Gerichten.[864] Dies hätte, übertragen auf die externen Lücken

860 Soweit ersichtlich erstmals ausführlich behandelt von *Casper* in: FS-Ulmer, S. 51 (69 f.).

861 *Bachmann*, ZEuP 2008, S. 32 (43 f.); *Casper* in: FS-Ulmer, S. 51 (69 f.); *derselbe* in: Spindler/Stilz, Art. 9 SE-VO, Rn. 15; *Schäfer* in: Münchener Kommentar, AktG, Art. 9 SE-VO, Rn. 19.

862 *Schäfer* in: Münchener Kommentar, AktG, Art. 9 SE-VO, Rn. 19.

863 *Lächler/Oplustil*, NZG 2005, S. 381 (385).

864 *Lächler/Oplustil*, NZG 2005, S. 381 (385); ebenso *Casper* in: Spindler/Stilz, Art. 9 SE-VO, Rn. 15.

des Art. 35a Abs. 4 S. 2 Rating-Verordnung, zur Folge, dass eine entsprechend ausschließliche und autonome Anwendung des jeweils subsidiär anzuwendenden nationalen Rechts erfolgen müsste, mithin etwa bei Anwendbarkeit deutschen Rechts die Regelungen zur Verjährung oder Zurechnung von Handlungen nach § 31 BGB eigenständig anzuwenden und auszulegen wären, und deutschen Gerichten die Auslegungszuständigkeit obläge.

Dagegen richten sich Stimmen, die in dem nationalen Recht, welches nur aufgrund gemeinschaftsrechtlicher Verweisung in Dienst genommen wird, „unechtes" Unionsrecht erkennen.[865] Die unionsrechtliche Verweisung führe zu einer Verschmelzung von nationalem und europäischem Recht, so dass das nationale Recht die Rechtsnatur von Gemeinschaftsrecht erlange und dementsprechend nach europäischen Grundsätzen auszulegen sei.[866] Damit würden die von Art. 35a Rating-Verordnung nicht behandelten Fragen der zivilrechtlichen Haftung zwar nationalem Recht unterstehen, dieses jedoch aufgrund der unionsrechtlichen Verweisung zu „Quasi-Gemeinschaftsrecht" erhoben und mithin nach europäischen Grundsätzen auszulegen sein.

Im Ergebnis ist indes der erstgenannten Ansicht, die alleine das nationale Recht für maßgeblich hält, zuzustimmen. Nur diese Lesart entspricht dem Gehalt und Zweck der Verweisung in nationales Recht.[867] Mit einer solchen Vorgehensweise will der EU-Gesetzgeber dem Unionsrecht die jeweilige Auslegungshoheit gerade entziehen, sei es weil eine Einigung über die nicht geregelten Fragen auf gemeinschaftsrechtlicher Ebene nicht möglich war oder nicht gelungen ist oder sei es weil hierdurch eine (vermeintlich) einfachere Rechtsanwendung durch nationale Gerichte ermöglicht werden sollte.[868] Aus der unionsrechtlichen Verweisung den Rückschluss zu ziehen, es würde vermengtes Quasi-Gemeinschaftsrecht geschaffen, würde die Verweisungstechnik des EU-Gesetzgebers konterkarieren und scheint auch mit dem Wortlaut derartiger Verweisungen nicht vereinbar.

Haftungsrechtliche Fragen, die Art. 35a Rating-Verordnung selbst nicht behandelt, sind daher autonom nach dem jeweils subsidiär anzuwenden nationalen Recht auszulegen. Die Auslegungszuständigkeit liegt konsequenterweise auch bei den nationalen Gerichten. Eine diese externen Lücken betreffende Vorlagefrage an den Europäischen Gerichtshof – etwa über die Verjährung des Haftungsanspruchs – wäre daher gemäß Art. 267 Abs. 1 lit. b) AEUV originär unzulässig.[869]

---

865 Diese – von *Bachmann*, ZEuP 2008, S. 32 (43) als zumindest „originell" bezeichnete – These begründet *Grote*, Das neue Statut der Europäischen Aktiengesellschaft, S. 51 ff.

866 *Grote*, Das neue Statut der Europäischen Aktiengesellschaft, S. 52.

867 *Bachmann*, ZEuP 2008, S. 32 (43 f.).

868 Ähnlich *Bachmann*, ZEuP 2008, S. 32 (44).

869 Bezüglich der externen Lücken der SE-VO ebenso *Bachmann*, ZEuP 2008, S. 32 (42); *Casper* in: Spindler/Stilz, Art. 9 SE-VO, Rn. 15; *Lächler/Oplustil*, NZG 2005, S. 381 (385).

(2) Interne Lücken der Norm

Auch bezüglich der internen Normlücken ist fraglich, welche Reichweite die Verweisungen besitzen und wem die finale Auslegungskompetenz im Hinblick auf die hiervon erfassten Begriffe obliegt.[870]

Dabei ist zunächst zu untersuchen, ob die zuvor im Hinblick auf die externen Normlücken gefundenen Ergebnisse auch auf die internen Lücken übertragen werden können. Insoweit stellt sich die Frage, ob die zuvor dargelegte Auffassung, nach der bei externen Lücken einer gemeinschaftsrechtlichen Norm das in Bezug genommene nationale Recht zu „unechtem" Gemeinschaftsrecht erhoben wird,[871] auch auf interne Lücken übertragen werden kann. Dafür spricht, dass die Verweisungsobjekte, deren Auslegung und Anwendung betroffen ist, bei internen Lücken im Gegensatz zu externen Lücken dem Unionsrecht selbst entspringen. Art. 35a Abs. 1 Rating-Verordnung gibt die für die Haftung maßgeblichen Begrifflichkeiten in Gestalt der einzelnen Tatbestandsmerkmale selbst vor und verweist nur für ihre Auslegung und Anwendung in nationales Recht. Dies ist ein nicht unerheblicher Unterschied zu externen Lücken, bei denen das jeweilige Institut im betroffenen Unionsrecht selbst überhaupt nicht behandelt wird. Bei internen Lücken ließe sich daher vertreten, dass wegen der substanziellen Nähe zum Unionsrecht das nationale Recht nur zum Erfüllungsgehilfen der unionsrechtlichen Vorgaben gemacht wird, so dass es sich bei dem jeweiligen in Dienst genommenen nationalen Recht tatsächlich um vermengtes „unechtes" Gemeinschaftsrecht handelte, welches sodann nach europäischen Grundsätzen auszulegen wäre. Ein solches Ergebnis wäre freilich auch im Sinne konsistenter Verhaltenssteuerung der Ratingagenturen im EU-Raum.

Allerdings spricht der Wortlaut des Art. 35a Abs. 4 S. 1 Rating-Verordnung gegen ein solches Ergebnis: Die Bestimmung verlangt ausdrücklich die Auslegung und Anwendung der betroffenen Tatbestandsmerkmale „im Einklang" mit dem jeweils anzuwendenden nationalen Recht. Der geforderte Einklang mit nationalem Recht ist jedoch nur dann gegeben, wenn die Auslegung und Anwendung de facto anhand nationalrechtlicher Institute erfolgt und deren Maßgeblichkeit respektiert wird. So wird ein Einklang mit nationalem Recht bei der Auslegung und Anwendung des Begriffs „Schaden" etwa nur dann hergestellt, wenn der Begriff tatsächlich nach und aufgrund der §§ 249 ff. BGB subsumiert

870 Bei der, soweit ersichtlich, einzig vergleichbaren Regelung aus Art. 7 CISG (Übereinkommen der Vereinten Nationen über Verträge über den internationalen Warenkauf vom 11. April 1980 (CISG), BGBl. 1989 II, S. 586, ber. 1990, S. 1699), die ebenfalls interne Normlücken enthält, ist insoweit eine Anwendungshierarchie geregelt (Art. 7 Abs. 2 CISG), an der es bei Art. 35a Rating-VO gerade fehlt; wegen der Verschiedenheit zum UN-Einheitsrecht können hieraus jedoch keine systematischen Rückschlüsse gezogen werden; zu den internen Lücken des Art. 7 CISG insoweit näher *Gruber* in: Münchener Kommentar, BGB, Art. 7 CISG, Rn. 40.

871 *Grote*, Das neue Statut der Europäischen Aktiengesellschaft, S. 52.

und angewendet wird. Gleiches gilt auch für Begriffe wie Vorsatz oder Fahrlässigkeit (§ 276 BGB). Zudem muss auch die von Art. 35a Abs. 4 S. 1 Rating-Verordnung augenscheinlich intendierte Rangfolge beachtet werden: Nicht das nationale Recht soll im Einklang mit dem Verordnungsrecht angewandt, sondern gerade umgekehrt der Einklang der Auslegung der Verordnung mit nationalem Recht hergestellt werden. Ebenso wenig wird ein Einklang mit anderen nationalen Rechtsstatuten im Sinne einer „europafreundlichen" Anwendung gefordert.[872] Das europäische Sekundärrecht nimmt sich insoweit bewusst zurück und unterwirft sich nationalrechtlichen Vorgaben. Dies entspricht auch den Erwägungen des Unionsgesetzgebers, wie sie in den Gründen zur zweiten Reform-Verordnung festgehalten sind und wonach die in der Norm gelassenen Lücken „dem geltenden nationalen Recht [...] unterliegen" sollen.[873] Es handelt sich mithin um eine punktuelle und bewusste Umkehrung der Normenhierarchie. Eine andere Lesart würde daher auch übergehen, dass es angesichts der gewählten Verweisungstechnik offenbar gerade keinen unionseinheitlichen Konsens über die Begriffsauslegung gegeben hat und deshalb die Geltung nationalen Rechts bewusst im Vordergrund stehen sollte.[874]

Deshalb sind die zu externen Lücken gefundenen Ergebnisse[875] auch auf die hier untersuchten internen Lücken des Tatbestands zu übertragen und die Maßgeblichkeit nationalen Rechts zu betonen. Zugleich ist – anders als in der rechtswissenschaftlichen Literatur zum Teil, wenn auch ohne nähere Begründung vertreten wird[876] – keine Trennung zwischen der Auslegungsmethodik und dem Auslegungsinhalt vorzunehmen. Nationales Recht darf mithin nicht nach europarechtlicher Auslegungsmethodik angewandt werden.[877] Eine solche Aufspaltung von Auslegungsmethodik und -Inhalt führte gerade zu demjenigen Zustand, der zutreffend gegen ein gleichlautendes Verständnis bei externen Lücken, wie etwa im Rahmen von Art. 9 SE-Verordnung, eingewandt wird.[878] Zudem spricht der Wortlaut des Art. 35a Abs. 4 S. 1 Rating-Verordnung ausdrücklich von der „Auslegung" der Begriffe, was die entsprechende Methodik mit einschließen muss, um den geforderten „Einklang" mit nationalem Recht nicht zu gefährden.[879]

Dementsprechend kann auch die finale Auslegungszuständigkeit für die von den internen Lücken erfassten Begriffe nicht beim Europäischen Gerichtshof

872 Ähnlich im Zusammenhang der SE-VO erwogen und im Ergebnis abgelehnt *Casper* in: FS-Ulmer, S. 51 (69 f.).
873 Erwägungsgrund Nr. 35 der 2. Reform-VO.
874 Vgl. *Bachmann*, ZEuP 2008, S. 32 (44) zu Art. 9 SE-VO.
875 Hierzu oben E. I. 5. c) bb) (1).
876 *Dutta*, WM 2013, S. 1729 (1730); *Schroeter*, Ratings, S. 833.
877 Anders wohl *Dutta*, WM 2013, S. 1729 (1730); *Schroeter*, Ratings, S. 833.
878 Hierzu oben E. I. 5. c) bb) (1).
879 Dies sieht eigentlich auch *Schroeter*, Ratings, S. 833, der zwar keinen Verweis auf nationale Auslegungsmethodik erkennt, dies jedoch „trotz des Normwortlauts".

liegen.[880] Gemäß Art. 267 Abs. 1 lit. b) AEUV entscheidet dieser nur über die Auslegung der Handlungen der Organe, mithin über die Auslegung von Sekundärrecht.[881] Eine Auslegung von Begriffen nach Maßgabe nationaler Rechtsordnungen sowie eine Überprüfung nationalen Rechts liegt nicht in der Prüfungskompetenz des Europäischen Gerichtshofs,[882] selbst dann nicht, wenn sie in den Geltungsbereich des Unionsrechts einbezogen werden.[883] Soweit das Unionsrecht, wie hier, für die Auslegung und Anwendung der Normbestandteile ausdrücklich in nationales Recht verweist und einen Einklang mit demselben fordert, kann nichts anderes gelten. Anderenfalls würde der Europäischen Gerichtshof im Ergebnis womöglich eine Auslegung und Anwendung des Schadensbegriffs anhand der §§ 249 ff. BGB oder des Fahrlässigkeitsbegriffs anhand des § 276 Abs. 3 BGB vornehmen müssen. Eine derartige Kompetenz verleiht Art. 267 AEUV jedoch nicht.[884]

Zugleich handelt es sich bei der hier untersuchten Konstellation auch nicht um einen Fall der „überschießenden Anwendung" von Unionsrecht, bei dem Normen des Unionsrechts nach dem Willen des nationalen Gesetzgebers auf innerstaatliche Sachverhaltskonstellationen angewendet werden sollen, welche wiederum vom Europäischen Gerichtshof grundsätzlich überprüft werden können.[885] Denn vorliegend handelt es sich – quasi spiegelbildlich – um die Übertragung nationalen Rechts auf Unionsrecht nach dem Willen des Unionsgesetzgebers.

Im Ergebnis findet daher die Auslegung der zentralen Tatbestandsmerkmale des Art. 35a Rating-Verordnung, die den Haftungstatbestand in der Normanwendung „mit Leben füllen", im Einklang mit und nach Maßgabe des nationalen Rechts statt, so dass der Europäische Gerichtshof diesbezüglich keine Prüfungskompetenz nach Art. 267 Abs. 1 lit. b) AEUV besitzt.

cc) Beschränkte Anwendung des Prinzips der unionsrechtskonformen Auslegung

Die vorstehenden Ergebnisse zur Auslegung des Art. 35a Rating-Verordnung hinsichtlich seiner Aufspaltung in rein unionsrechtliche Regelungselemente[886] und interne[887] bzw. externe Lücken[888] haben gezeigt, dass der Tatbestand in sehr weiten Teilen subsidiär anzuwendenden nationalem Recht unterfällt. Fraglich ist jedoch,

---

880 So auch *Gietzelt/Ungerer*, GPR 2013, S. 333 (338).

881 *Ehricke* in: Streinz, Art. 267 AEUV, Rn. 13; *Gaitanides* in: von der Groeben/Schwarze/Hatje, Art. 267 AEUV, Rn. 18; *Wegener* in: Calliess/Ruffert, Art. 267 AEUV, Rn. 9.

882 *Ehricke* in: Streinz, Art. 267 AEUV, Rn. 14; *Gaitanides* in: von der Groeben/Schwarze/Hatje, Art. 267 AEUV, Rn. 26; *Wegener* in: Calliess/Ruffert, Art. 267 AEUV, Rn. 3.

883 *Gaitanides* in: von der Groeben/Schwarze/Hatje, Art. 267 AEUV, Rn. 26.

884 Vgl. *EuGH*, Urt. v. 12.02.1998, Rs. C-366/96 – Slg. 1998, I-593, Rn. 9; *Ehricke* in: Streinz, Art. 267 AEUV, Rn. 14.

885 Vgl. hierzu *Karpenstein* in: Grabitz/Hilf/Nettesheim, Art. 267 AEUV, Rn. 21; *Wegener* in Calliess/Ruffert, Art. 267 AEUV, Rn. 4, jeweils m.w.N.

886 Hierzu oben E. I. 5. c) aa).

887 Hierzu oben E. I. 5. c) bb) (2).

888 Hierzu oben E. I. 5. c) bb) (1).

ob und inwieweit die Anwendung nationalen Rechts eine Begrenzung durch das Prinzip unionsrechtskonformer Auslegung findet.

Das aus dem Kontext der verpflichtenden Umsetzung von Richtlinien durch die Mitgliedsstaaten erwachsende Prinzip der richtlinienkonformen Auslegung[889] von nationalem Recht wird gemeinhin auf das gesamte Unionsrecht übertragen und zum Grundsatz der unionsrechtskonformen Auslegung nationalen Rechts erhoben.[890] Demnach sollen mitgliedsstaatliche Einrichtungen, insbesondere Gerichte, das in den Anwendungsbereich des EU-Rechts fallende nationale Recht im Einklang mit den Vorgaben des Unionsrechts auslegen und anwenden.[891] Ziel ist es, die volle Wirksamkeit der jeweils betroffenen Bestimmungen des Unionsrechts herzustellen und ein unionsrechtskonformes Ergebnis zu erzielen.[892] Dies geschieht gleichwohl im Rahmen national anerkannter Auslegungsmethoden und unter Berücksichtigung des gesamten innerstaatlichen Rechts des Mitgliedsstaats.[893] Die Unionsrechtskonformität der Anwendung nationalen Rechts folgt dem System der Unionsverträge sowie der Normenhierarchie und dem Anwendungsvorrang des Unionsrechts.[894]

Das Prinzip unionsrechtskonformer Auslegung nationalen Rechts muss auch bei der Anwendung und Ausfüllung der Lücken von Art. 35a Rating-Verordnung durch nationales Recht berücksichtigt werden.[895] Allerdings sind die Besonderheiten der Regelungssystematik von Art. 35a Rating-Verordnung in den Blick zu nehmen: Die für die Frage einer unionsrechtskonformen Auslegung typische Konstellation einer nationalen Rechtsvorschrift einerseits und einer womöglich kollidierenden unionsrechtlichen Bestimmung andererseits, welche dazu führt, dass die Auslegung nationalen Rechts sich an den Wertungen und den Zielen des Unionsrechts orientieren muss, ist bei Art. 35a Rating-Verordnung genau genommen nicht gegeben. Vielmehr folgt die Anwendung nationalen Rechts hier

---

889 Art. 4 Abs. 3 EUV i.V.m. Art. 288 Abs. 3 AEUV, hierzu *Gärditz* in: Rengeling/Middeke/Gellermann, Handbuch des Rechtsschutzes in der EU, § 34, Rn. 62; *Kahl* in: Calliess/Ruffert, Art. 4 EUV, Rn. 55 ff.; *Obwexer* in: von der Groeben/Schwarze/Hatje, Art. 4 EUV, Rn. 116.

890 *Gärditz* in: Rengeling/Middeke/Gellermann, Handbuch des Rechtsschutzes in der EU, § 34, Rn. 61; *Obwexer* in: von der Groeben/Schwarze/Hatje, Art. 4 EUV, Rn. 117; *Schroeder* in: Streinz, Art. 288 AEUV, Rn. 125.

891 *EuGH* NJW 2010, S. 427 (429); *Obwexer* in: von der Groeben/Schwarze/Hatje, Art. 4 EUV, Rn. 117.

892 *EuGH*, NJW 2010, S. 427 (429); NJW 2004, S. 3547 (3549); *Obwexer* in: von der Groeben/Schwarze/Hatje, Art. 4 EUV, Rn. 117.

893 *Obwexer* in: von der Groeben/Schwarze/Hatje, Art. 4 EUV, Rn. 117.

894 *EuGH*, NJW 2010, S. 427 (429); NJW 2004, S. 3547 (3549); *Gärditz* in: Rengeling/Middeke/Gellermann, Handbuch des Rechtsschutzes in der EU, § 34, Rn. 61.

895 Vgl. auch *Casper* in: Spindler/Stilz, Art. 9 SE-VO, Rn. 15; *Schäfer* in: Münchener Kommentar, AktG, Art. 9 SE-VO, Rn. 19 hinsichtlich einer verordnungskonformen Auslegung nationalen Rechts bei Ausfüllung der externen Lücken von Art. 9 SE-VO.

erst aus dem Verweisungsakt der Norm, welche sich – jedenfalls hinsichtlich ihrer internen Lücken – zum Zwecke des „Einklangs" mit nationalem Recht selbigem punktuell unterwirft.[896] Diese Regelungssystematik darf nicht missachtet und umgangen werden, indem das Prinzip unionsrechtskonformer Auslegung im Ergebnis doch zu einer Vorrangigkeit und Maßgeblich des Unionsrechts führte; anderenfalls würde eine perplexe Wechselwirkung zwischen dem Unionsrecht aus Art. 35a Rating-Verordnung, welches nach seinem Abs. 4 S. 1 den Einklang mit nationalrechtlicher Auslegung fordert, und dem jeweiligen nationalen Recht entstehen, welches seinerseits nach dem Prinzip unionsrechtskonformer Auslegung wiederum in Einklang mit den unionsrechtlichen Vorgaben ausgelegt werden müsste. Eine solche Spirale wechselseitiger Anwendungskonformität ist praktisch nicht durchführbar.

Daher gilt es, exakt herauszuarbeiten, inwiefern das Prinzip unionsrechtskonformer Auslegung die Anwendung und Auslegung nationalen Rechts, welche Art. 35a Abs. 4 Rating-Verordnung anordnet, inhaltlich begrenzen kann. Dies kann nur im Hinblick auf die wesentlichen Wertungsentscheidungen des Haftungstatbestands der Fall sein, die im Zuge der Anwendung nationalen Rechts nicht unterlaufen werden dürfen.[897] Wesentliche Wertungsentscheidungen des Art. 35a Rating-Verordnung sind insoweit, etwa die Haftung mindestens für Vorsatz und grobe Fahrlässigkeit, die Verantwortlichkeit sowohl gegenüber Emittenten als auch gegenüber Anlegern oder die Ersatzpflicht für kausale Vermögensschäden. Folglich dürfte die Anwendung nationalen Rechts auf Art. 35a Rating-Verordnung beispielsweise weder dazu führen, dass faktisch ein strengerer als der in der Norm vorgesehene Verschuldensmaßstab gilt, etwa weil das Institut grober Fahrlässigkeit im jeweiligen Nationalrecht nicht existiert und alleine auf vorsätzliches Handeln rekurriert werden könnte;[898] noch dazu, dass die Auslegung des Begriffs der „Auswirkung" einer Zuwiderhandlung auf ein Rating nach jeweiligem nationalen Recht dahin gehend verstanden und ausgelegt wird, dass nur Auswirkungen auf das Ratingergebnis maßgeblich sind und hierdurch eine Vielzahl der Pflichten aus Anhang III keinerlei Haftungsrelevanz mehr entfalteten;[899] oder dass die Haftung ganz oder teilweise ins Leere läuft, weil das

896 Siehe zuvor E. I. 5. c) bb) (2).

897 Einen ähnlichen Zweck verfolgt der Grundsatz der Äquivalenz und Effektivität, welcher sich jedoch vornehmlich auf Verfahrensgrundsätze und -modalitäten bezieht; hierzu *EuGH*, DB 2012, S. 1903; von *Schroeter*, Ratings, S. 838, wird dieser Grundsatz im Hinblick auf die Lokalisierung des anzuwendenden Rechts in Bezug genommen.

898 Vgl. insoweit etwa zum englischen Recht, welches eine entsprechende Abstufung der Fahrlässigkeit grundsätzlich nicht kennt, *Gietzelt/Ungerer*, GPR 2013, S. 333 (338 f.).

899 Zu dieser Problematik bereits oben E. I. 2. b) bb); eine solche Sachlage besteht nunmehr allerdings im englischen Recht, da das britische Ausführungsgesetz zur zweiten Reform-Verordnung, The Credit Rating Agencies Regulations 2013 vom

jeweilige nationale Recht etwa bestimmte Formen von Vermögensschäden nicht als ersatzfähige Schäden anerkennt. In solchen Fällen würde die Auslegung und Anwendung einzelner Begriffe nach nationalem Recht eine Veränderung der Wesensentscheidungen des Haftungstatbestands herbeiführen, die nach dem Prinzip unionsrechtskonformer Auslegung nicht vertretbar sein kann. Die unmittelbare Gültigkeit und Verbindlichkeit der Verordnung schlägt dann auf das subsidiär anzuwendende nationale Recht durch[900] und muss für eine sachgerechte Ergebniskorrektur sorgen.[901]

Dies kann zur Folge haben, dass die Auslegung und Anwendung des betroffenen Begriffs nach jeweiligem nationalen Recht derart zu modifizieren ist, dass er wieder im Einklang mit den Grundentscheidungen des Haftungstatbestands steht. Gegebenenfalls erwächst dem betroffenen Mitgliedsstaat aber auch die Pflicht, für eine sachgerechte Umsetzung der Rating-Verordnung durch Erlass von nationalen Ausführungsgesetzen zu sorgen,[902] in denen die Auslegung aller oder einzelner Begriffe des Art. 35a Rating-Verordnung festgelegt wird, sollte es anderenfalls zu untragbaren Wertungsdifferenzen zwischen nationalem Recht und den Wesenszügen des Haftungstatbestands kommen.[903] Inwieweit derartige Wertungsabweichungen in den einzelnen Rechtsordnungen aller Mitgliedsstaaten vorhanden sind, vermag an dieser Stelle nicht abschließend geklärt werden.[904]

Festzuhalten ist indes, dass das Prinzip unionsrechtskonformer Auslegung innerstaatlichen Rechts hier in einer besonderen Modifikation im Hinblick auf die Wahrung der wesentlichen Grundzüge des Haftungstatbestands – seinen

---

25.07.2013, den Begriff der „Auswirkung" („*Impact*") als Beeinflussung des Ratingergebnisses definiert („*...if it results in a different rating category...*"); dies ist nach der hier vertretenen Auffassung eine Begriffsauslegung, die nicht mehr unionsrechtskonform ist und daher entsprechend abzuändern wäre.

900 Vgl. *Obwexer* in: von der Groeben/Schwarze/Hatje, Art. 4 EUV, Rn. 119.

901 Grundsätzlich *Obwexer* in: von der Groeben/Schwarze/Hatje, Art. 4 EUV, Rn. 117.

902 Eine solche Pflicht zur Ergänzung einer lückenhaften Verordnung erwächst aus Art. 291 Abs. 1 AEUV, hierzu *Ruffert* in: Calliess/Ruffert, Art. 288 AEUV, Rn. 21; *Gellermann* in: Streinz, Art. 291 AEUV, Rn. 7.

903 So ist etwa in England ein Ausführungsgesetz zur zweiten Reform-VO erlassen worden, welches – in Ermangelung eines anerkannten Instituts grober Fahrlässigkeit im britischen Recht – die Auslegung des Begriffs der groben Fahrlässigkeit definiert als „*recklessness*", siehe Nr. 4 des The Credit Rating Agencies Regulations 2013 vom 25.07.2013, abrufbar unter http://www.legislation.gov.uk/uksi/2013/1637/pdfs/uksi_20131637_en.pdf (abgerufen am: 06.10.2017).

904 Im deutschen Zivilrecht ist insoweit einzig ein – in der Literatur wohl weitgehend vertretenes – Verständnis des Begriffs der „Auswirkung auf ein Rating" problematisch, soweit hierin nur eine Bezugnahme auf ein fehlerhaftes Ratingergebnis erkannt wird; im Übrigen sind in der Anwendung der Begriffe nach deutschem Recht keine offensichtlichen Wertungswidersprüche mit dem Haftungstatbestand erkennbar.

„Regelungstorso“[905] – und der zentralen Wertungsentscheidungen des Unionsgesetzgebers zur Anwendung kommt, da der Regelungstechnik der internen und externen Lücken des Art. 35a Rating-Verordnung Rechnung getragen werden muss.

Ob die Grenze der Anwendung und Auslegung nationalen Rechts wegen eines etwaigen Verstoßes gegen das Prinzip unionsrechtskonformer Auslegung überschritten wird, kann indes grundsätzlich nicht im Rahmen eines Vorabentscheidungsverfahrens durch den Europäischen Gerichtshof geprüft werden, da dieser anderenfalls die Konformität von nationalem Recht mit Unionsrecht behandeln würde.[906] Allerdings besteht in der Praxis die Möglichkeit für die nationalen Gerichte, die Vorlagefrage derart zu formulieren, dass sie in der Sache auf die – nach Art. 267 Abs. 1 lit. b) AEUV – zulässige Auslegung europäischen Sekundärrechts zielt.[907]

dd) Ergebnis

Im Ergebnis bleibt festzuhalten, dass Art. 35a Rating-Verordnung weitgehend und mit Ausnahme nur weniger Normbestandteile „reinen“ Sekundärrechts autonom nach dem jeweils subsidiär anzuwendenden nationalen Recht der Mitgliedsstaaten auszulegen und anzuwenden ist. Der Europäische Gerichtshof besitzt hier grundsätzlich keine Auslegungszuständigkeit. Eine Begrenzung der Hoheit nationalen Rechts ergibt sich aus dem Prinzip unionsrechtskonformer Auslegung innerstaatlichen Rechts nur im Hinblick auf eine Bedrohung oder Einschränkung der wesentlichen Wertungsentscheidungen und Haftungsvorgaben des Art. 35a Rating-Verordnung. Art. 35a Rating-Verordnung ist damit eine hybride Haftungsnorm, die in der praktischen Anwendung beinahe vollständig dem jeweiligen nationalen Recht eines Mitgliedsstaats und der Auslegungszuständigkeit nationaler Gerichte unterfällt.

d) Abkehr vom Prinzip autonomer Auslegung

Mit den vorstehenden Ergebnissen zur Auslegung und Auslegungszuständigkeit der wesentlichen Tatbestandsmerkmale des Art. 35a Rating-Verordnung steht fest, dass Art. 35a Rating-Verordnung wegen der internen Normlücken zugleich eine – angesichts der Vielzahl der betroffenen Begriffe nahezu vollumfängliche – Abkehr vom Prinzip der autonomen Auslegung von EU-Recht nach ihrem spezifisch

---

905 *Schroeter*, Ratings, S. 833.

906 Eine solche Konformitätsprüfung ist von Art. 267 AEUV jedoch nicht gedeckt, hierzu *Ehricke* in: Streinz, Art. 267 AEUV, Rn. 14; *Gaitanides* in: von der Groeben/Schwarze/Hatje, Art. 267 AEUV, Rn. 26; *Wegener* in: Calliess/Ruffert, Art. 267 AEUV, Rn. 3.

907 Im Übrigen formuliert der Europäische Gerichtshof ungeeignete Fragen in der Praxis gelegentlich eigenhändig um, so dass ein tauglicher Prüfungsgegenstand behandelt wird, zu dieser Praxis m.N. aus der Rechtsprechung *Gaitanides* in: von der Groeben/Schwarze/Hatje, Art. 267 AEUV, Rn. 27.

unionsrechtlichen Sinngehalt, insbesondere also unter Berücksichtigung des vom EU-Gesetzgeber intendierten Zwecks der Norm und deren Regelungssystematik bedeutet.[908] Das Erfordernis einer einheitlichen Anwendung des Gemeinschaftsrechts soll eigentlich verhindern, dass die Besonderheiten des jeweiligen innerstaatlichen Rechts das Verständnis und die Auslegung unionsrechtlicher Begriffe verändern oder verfälschen und dies zu einer inkonsistenten renationalisierten Normanwendung führt.[909] Diesem Anliegen wird Art. 35a Rating-Verordnung mit seinen zahlreichen internen Lücken nicht gerecht, da diese eine Uniformität der Normanwendung durch konsistente Judikatur der europäischen Gerichte mangels Auslegungszuständigkeit untergraben.[910] Das Prinzip unionsrechtskonformer Auslegung begrenzt dies – wie gezeigt – nur bedingt.[911] Es ist offensichtlich, dass mit der Rückverweisung in nationales Recht eine Zersplitterung der Normanwendung und -auslegung in einzelne nationale Rechtsstatute erfolgt und kein einheitliches Normverständnis im EU-Raum geschaffen wird.[912] Eine unterschiedliche Behandlung von Begriffen wie Vorsatz und (grobe) Fahrlässigkeit oder ein divergierendes Verständnis von Kausalitätsbeziehungen in einzelnen EU-Mitgliedsstaaten[913] ist für die Gewährleistung einer einheitlichen Haftungsdurchsetzung fatal. Dieser Effekt schränkt die verhaltenssteuernde Wirkung der Norm massiv ein und birgt die Gefahr eines *forum shopping* auf Seiten der Ratingagenturen.[914] Art. 35a Rating-Verordnung ist nicht mehr als ein „Regelungstorso“[915], dessen Ausfüllung den Einzelstaaten überlassen bleibt. Angesichts des Anspruchs, mit dem der EU-Gesetzgeber die Rating-Verordnung ursprünglich angegangen ist, namentlich mit dem Ziel, einheitliche Qualitätsstandards durch harmonisierte Gemeinschaftsvorschriften zu schaffen und der Gefahr divergierender Qualitätsanforderungen und unterschiedlich hohen Anleger- und Verbraucherschutzes in den einzelnen Mitgliedsstaaten zu begegnen,[916] muss die vorliegende Regelungs-

---

908 Hierzu *Gaitanides* in: von der Groeben/Schwarze/Hatje, Art. 19 EUV, Rn. 43; *Mayer* in: Grabitz/Hilf/Nettesheim, Art. 19 EUV, Rn. 53; konkret bzgl. Art. 35a Rating-VO auch *Dutta*, WM 2013, S. 1729 (1730); *Haar*, DB 2013, S. 2489 (2494); *Wojcik*, NJW 2013, S. 2385 (2389).

909 *EuGH*, Urt. v. 10.01.1980, Az.: 69/79 – Slg 1980, S. 75, Rn. 6; ausführlich zu den Risiken uneinheitlicher Auslegung am Beispiel von Art. 7 CISG, *Gruber* in: Münchener Kommentar, BGB, Art. 7 CISG, Rn. 6 ff.

910 So auch *Steinrötter*, ZIP 2015, S. 110 (113).

911 Zuvor unter E. I. 5. c) bb) (2).

912 Daher ebenfalls kritisch *Deipenbrock*, WM 2013, S. 2289 (2292); *Gietzelt/Ungerer*, GPR 2013, S. 333 (338); *Haar*, DB 2013, S. 2489 (2494); *Schroeter*, Ratings, S. 833; *Steinrötter*, ZIP 2015, S. 110 (113); *Wojcik*, NJW 2013, S. 2385 (2389).

913 Die vorhanden ist, *Gietzelt/Ungerer*, GPR 2013, S. 333 (338) am Beispiel des englischen Rechts.

914 Ebenso *von Rimon*, Ratings in Deutschland und USA, S. 100 und Fn. 508.

915 Treffend *Schroeter*, Ratings, S. 833.

916 So ausdrücklich Erwägungsgrund Nr. 11 der Rating-VO; s.a. Erwägungsgrund Nr. 75 der Rating-VO.

form der internen Lücken nicht nur als inkonsequent, sondern sogar als schädlich bezeichnet werden.

e) Zweifel an der Gesetzgebungskompetenz des EU-Gesetzgebers

Wegen ihrer konkreten Ausgestaltung um die diversen internen Lücken der Norm[917] gibt die zweite Reformierung der Rating-Verordnung, durch die der Haftungstatbestand des Art. 35a eingefügt wurde,[918] schließlich Anlass, die Gesetzgebungskompetenz der Europäischen Union sowie einen möglichen Verstoß gegen den Verhältnismäßigkeitsgrundsatz näher zu prüfen. Beide Fragestellungen resultieren aus der angesprochenen Fragmentierung der Normanwendung.

aa) Zuständigkeit der Europäischen Union gemäß Art. 288 Abs. 1, 114 AEUV

Zunächst ist die Zuständigkeit des Unionsgesetzgebers für den Erlass der zweiten Reform-Verordnung und hier des Art. 35a Rating-Verordnung kritisch zu untersuchen. Gemäß Art. 288 Abs. 1 AEUV ist es für den Erlass von Rechtsakten wie Verordnungen erforderlich, dass eine Zuständigkeit der Union besteht. Eine solche ist nicht *per se* gegeben, sondern wird durch Art. 288 Abs. 1 AEUV als Ausprägung des Prinzips der beschränkten Einzelermächtigung vorausgesetzt.[919] Die Zuständigkeit muss sich mithin aus den Verträgen, etwa aus dem AEUV selbst, ergeben. Das Europäische Parlament und der Rat der Europäischen Union haben die zweite Reform-Verordnung „insbesondere" auf Art. 114 AEUV als Kompetenznorm gestützt. Fraglich ist, ob sich die Zuständigkeit tatsächlich aus Art. 114 AEUV herleiten lässt. Auch der juristische Dienst des Rates der Europäischen Union hat sich mit dieser Frage auseinandersetzen müssen, den Inhalt dieser Prüfungen jedoch nicht zur Veröffentlichung freigegeben.[920]

Art. 114 AEUV ist stets im Zusammenspiel mit Art. 26 AEUV zu anzuwenden.[921] Art. 26 AEUV enthält einen gesetzgeberischen Auftrag dahingehend, erforderliche Maßnahmen zu treffen, um nach Maßgabe der einschlägigen Bestimmungen der Verträge den Binnenmarkt zu verwirklichen bzw. dessen Funktionieren zu gewährleisten.[922] Art. 114 Abs. 1 S. 2 AEUV ergänzt diese Maßnahmenkompetenz um die Berechtigung, die nationalen Rechts- und Verwaltungsvorschriften der Mitgliedsstaaten unionsweit anzugleichen, soweit diese die Errichtung und das Funktio-

917 Hierzu oben E. I. 5. a).

918 Zu den Inhalten der zweiten Reform-VO oben D. III. 1. b).

919 *Geismann* in: von der Groeben/Schwarze/Hatje, Art. 288 AEUV, Rn. 16; *Schröder* in: Streinz, Art. 288 AEUV, Rn. 10.

920 Siehe das bis auf Eingangsformeln geschwärzte Gutachten des Juristischen Dienstes des Rates der Europäischen Union vom 7801/12 vom 16.03.2012, abrufbar unter: http://register.consilium.europa.eu/pdf/en/st07/st07801.en12.pdf (abgerufen am: 06.10.2017).

921 Art. 114 Abs. 1 S. 1 AEUV.

922 Art. 26 Abs. 1 AEUV.

nieren des Binnenmarkts zum Gegenstand haben. Es handelt sich insoweit um die Kompetenz des EU-Gesetzgebers, Vereinheitlichungen von nationalem Recht der Mitgliedsstaaten vorzunehmen, um eine konsistente Erreichung der Ziele des Art. 26 AEUV zu gewährleisten. In der Sache enthält Art. 114 AEUV mithin die Kompetenz zu „Harmonisierungsmaßnahmen" des EU-Gesetzgebers.[923]

Um die Zuständigkeit des EU-Gesetzgebers für den Erlass der zweiten Reform-Verordnung zu untersuchen, hat mithin eine zweigliedrige Prüfung stattzufinden:[924] Erstens ist zu analysieren, ob die Regulierung der Ratingagenturen in ihrer konkreten Ausprägung durch den Haftungstatbestand des Art. 35a Rating-Verordnung eine Angelegenheit des Binnenmarkts im Sinne des Art. 26 AEUV darstellt; zweitens gilt es, festzustellen, ob die zweite Reform-Verordnung eine Harmonisierung nationaler Rechtsvorschriften zum Inhalt hat und mithin unter die Kompetenz des Art. 114 Abs. 1 S. 2 AEUV fallen kann.

(1) Betroffenheit des Binnenmarkts im Sinne von Art. 26 AEUV

Gemäß Art. 114 Abs. 1 S. 1 AEUV gilt die hierin enthaltene Rechtsetzungskompetenz nur für die Verfolgung der Ziele des Art. 26 AEUV. Die Ziele des Art. 26 AEUV sind die Verwirklichung des Binnenmarkts sowie die Gewährleistung seiner Funktionalität. Das durch die zweite Reform-Verordnung und den in diesem Rahmen geschaffenen Art. 35a aufgegriffene Regelungsgebiet der Regulierung der Tätigkeit von Ratingagenturen müsste mithin diese Zielsetzungen betreffen.

Der Binnenmarkt umfasst einen Raum ohne Binnengrenzen, in dem der freie Verkehr von Waren, Personen, Dienstleistungen und Kapital gewährleistet ist.[925] Es handelt sich bei dessen Verwirklichung um ein zentrales und prägendes Ziel der europäischen Verträge und um ein herausragendes Charakteristikum der europäischen Einigung.[926] Dem EU-Gesetzgeber sind hierzu alle Kompetenzen übertragen, die zur Beseitigung spürbarer Wettbewerbsverzerrungen oder von Hemmnissen für die Ausübung der Binnenmarktfreiheiten beitragen.[927] Es soll ein Markt verwirklicht werden, in dem nicht die Unterschiede in den staatlichen Rahmenbedingungen über Erfolg oder Misserfolg entscheiden, sondern nur die individuelle unternehmerische Leistung.[928]

---

923 Art. 114 Abs. 4 und 5 AEUV sprechen selbst auch von Harmonisierungsmaßnahmen.

924 Entsprechend *EuGH* NJW 2014, S. 1359 (1362).

925 Art. 26 Abs. 2 AEUV; zur Historie des Begriffs *Kahl* in: Calliess/Ruffert, Art. 26 AEUV, Rn. 2 ff.

926 Siehe auch Art. 3 Abs. 3 EUV; vgl. *Bast* in: Grabitz/Hilf/Nettesheim, Art. 26 AEUV, Rn. 5; *van Vormizeele* in: von der Groeben/Schwarze/Hatje, Art. 26, Rn. 1.

927 *Bast* in: Grabitz/Hilf/Nettesheim, Art. 26, Rn. 9 unter Bezugnahme auf *EuGH*, Entscheidung vom 11.06.1991, C-300/89 – Slg. 1991, I-2867; siehe auch *EuGH*, EuR 2001, S. 62 (72 f.).

928 Treffend *Schröder* in: Streinz, Art. 26 AEUV, Rn. 24.

Der Begriff des Binnenmarkts und dessen Funktionalität findet in den EU-Verträgen diverse Konkretisierungen, die auch für die vorliegende Subsumtion entscheidend sind. So ist Bestandteil der Binnenmarktgarantie auch das Verbot des Missbrauchs einer marktbeherrschenden Stellung eines oder mehrerer Unternehmen.[929] Schon dieser Anhaltspunkt könnte vorliegend für die Betroffenheit des Binnenmarktes im Sinne von Art. 26 AEUV genügen. Eine marktbeherrschende Stellung hatten und haben die großen drei Ratingagenturen unbestreitbar inne.[930] Dass hierdurch auch der europäische Binnenmarkt nachteilig betroffen war und ist, zeigte sich etwa in dem faktischen Zwang von Emittenten zur Zusammenarbeit mit einer der großen Agenturen und deren Möglichkeit, einseitig Leistungsbestimmungen zu diktieren.[931] Zudem war und ist der freie Markt für Wettbewerber der großen Agenturen bedroht und eine Aufweichung der oligopolistischen Struktur „aus eigener Kraft" beinahe unmöglich.[932]

Auch unabhängig von einer solchen Bedrohung der Funktionalität des Binnenmarkts dient die zweite Reform-Verordnung zumindest dessen Verwirklichung. Sie betrifft evident den freien Kapitalverkehr, da die Tätigkeit von Ratingagenturen Kapitalflüsse bedingt und voraussetzt, indem sie einerseits die Kapitalbeschaffungsmöglichkeiten von Emittenten erleichtert, andererseits Informationsasymmetrien abbaut und dadurch die Investitionsintelligenz von Anlegern verbessert.[933] Eine Maßnahme zur Regulierung Ratingtätigkeit fördert mithin den freien Kapitalverkehr sowie die Dienstleistungsfreiheit und folglich auch die Ziele des europäischen Binnenmarkts.[934]

(2) Vorliegen einer Harmonisierungsmaßnahme

Art. 114 AEUV erlaubt ein Tätigwerden des EU-Gesetzgebers dann, wenn hierdurch für die Zwecke des Binnenmarkts eine Angleichung der Rechts- und Verwaltungsvorschriften der Mitgliedsstaaten erfolgt.[935] Dies umfasst auch den Erlass von Verordnungen.[936] Es setzt allerdings voraus, dass eine Angleichung überhaupt erforderlich ist[937] sowie dass eine Harmonisierung tatsächlich bezweckt ist und erreicht werden kann.

Dass ein Harmonisierungsbedürfnis im EU-Raum hinsichtlich der einheitlichen Regulierung von Ratingagenturen dabei zum Zeitpunkt des Erlasses der zweiten

929 Art. 102 Abs. 1 AEUV; hierzu auch *Schröder* in: Streinz, Art. 26 AEUV, Rn. 24.
930 Zur oligopolistischen Marktstruktur oben C. IV. 1.
931 Zu den Gefahren der herrschenden Marktstruktur oben C. IV. 1. b).
932 Hierzu bereits oben C. IV. 1. b).
933 So auch *Steinrötter*, ZIP 2015, S. 110 (111).
934 Siehe auch Erwägungsgrund Nr. 11 der Rating-VO.
935 Art. 114 Abs. 1 S. 2 AEUV.
936 *Leible/Schröder* in: Streinz, Art. 114 AEUV, Rn. 58.
937 Zum Merkmal der Erforderlichkeit *Classen* in: von der Groeben/Schwarze/Hatje, Art. 114, Rn. 72.

Reform-Verordnung grundsätzlich bestanden hat, kann kaum in Zweifel gezogen werden. Insbesondere im Hinblick auf die zivilrechtliche Verantwortlichkeit von Ratingagenturen herrschen und herrschten unterschiedliche Haftungsstatute in den Mitgliedsstaaten, sei es auf Basis spezifischen Haftungsrechts[938] oder – wie mehrheitlich – aufgrund der Inanspruchnahme des allgemeinen Privatrechts der Mitgliedsstaaten.[939] Hinzu kommt, dass es vor Erlass der zweiten Reform-Verordnung wegen des erkannten Regulierungsbedürfnisses eine spürbare Tendenz der Mitgliedsstaaten zur Kodifizierung spezifischer Haftungsvorschriften nach französischem Vorbild gab,[940] was ein Harmonisierungsbedürfnis im Sinne vorbeugender Anpassung zur Verhinderung heterogener Entwicklungen bereits hinreichend begründen kann.[941]

Die Divergenz einzelner Haftungsstatute birgt dabei auch konkrete Nachteile für die Zwecke des Binnenmarkts.[942] Unterschiedliche Regulierungs- und Haftungsregime bedingen unterschiedliche Schutzniveaus und Qualitätsanforderungen in den einzelnen Mitgliedsstaaten. Dies beeinträchtigt sowohl den Anlegerschutz hinsichtlich des Umgangs mit Ratings als auch die Qualitätssicherung bei Ratings, die zu aufsichtsrechtlichen Zwecken benutzt werden. Die Abweichung nur eines oder mehrerer Mitgliedsstaaten von einheitlichen Standards bedeutet dabei wegen der internationalen Ausrichtung der Ratingtätigkeit negative Auswirkungen auf die Regulierungseffektivität auch in allen anderen Mitgliedsstaaten.[943] Eine solche Divergenz wäre für die Zwecke von Ratings zum Abbau von Informationsasymmetrien, zur Förderung der Kapitalbeschaffung von Emittenten und der Verwendung für aufsichtsrechtliche Zwecke, mithin für den Binnenmarkt, hinderlich und potenziell schädlich.[944] Die Schaffung eines einheitlichen Haftungskonzepts traf und trifft daher durchaus auf ein vorhandenes Harmonisierungsbedürfnis zur Gewährleistung der Funktionalität des Binnen-

938 Etwa in Frankreich Art. L544-5 Code monetaire et financier.

939 Art. 114 AEUV erfordert es insoweit nicht, dass in allen Mitgliedsstaaten Rechtsvorschriften zu der betroffenen Angelegenheit bestehen, *Kahl* in: Calliess/Ruffert, Art. 114 AEUV, Rn. 22 ff.

940 So *Steinrötter*, ZIP 2015, S. 110 (111).

941 *Leible/Schröder* in: Streinz, Art. 114 AEUV, Rn. 57; *Frenz/Ehlenz*, EuZW 2011, S. 623 (625); ausführlich zur präventiven Rechtsangleichung auch *Herrnfeld* in: Schwarze, Art. 114 AEUV, Rn. 31.

942 Dass konkrete Nachteile von der Divergenz mitgliedsstaatlicher Regelungen ausgehen, ist erforderlich, da die bloße Tatsache des Bestehens abweichender Rechtsstatute für sich genommen noch keine Eingriffskompetenz des EU-Gesetzgebers schafft, vgl. *Kahl* in: Calliess/Ruffert, Art. 114 AEUV, Rn. 22 m.w.N.

943 Vgl. den Vorschlag für eine Verordnung des Europäischen Parlaments und des Rates zur Änderung der Verordnung (EG) Nr. 1060/2009 über Ratingagenturen vom 15.11.2011, KOM(2011) 747, S. 6.

944 So auch Erwägungsgrund Nr. 11 Rating-VO.

markts.[945] Gerade die Internationalität der Tätigkeit von Ratingagenturen, deren US-amerikanische Prägung wie auch die gänzlich internationalisierten Kapitalmärkte rechtfertigten und erforderten auch ein vereinheitlichtes Vorgehen der Europäischen Union.[946]

Der konkret umgesetzte Rechtsakt muss die angeführten Ziele allerdings auch tatsächlich verfolgen und für eine Harmonisierung sorgen, um auf Art. 114, 26 AEUV gestützt werden zu können.[947] Unter einer solchen Harmonisierung ist zu verstehen, dass eine Annäherung der nationalen Rechtsvorschriften an einen unionseinheitlichen Standard stattfindet.[948] Dass dies durch Art. 35a Rating-Verordnung erreicht wird, erscheint indes fraglich.

Dabei ist zunächst zu konzedieren, dass Art. 35a Rating-Verordnung zumindest ein Haftungsgerüst schafft, das einige wichtige Klarstellungen beinhaltet und einen groben Wertungsrahmen für Grund und Grenze der Haftung von Ratingagenturen setzt.[949] Dies gilt etwa für die Festlegung, dass sowohl Emittenten als auch Anleger anspruchsberechtigt sind; dass eine Haftung bei Vorsatz oder grober Fahrlässigkeit der Ratingagentur zwingend ist; dass Anknüpfungspunkt der Haftung nicht zwingend ein „falsches" Rating sein muss, sondern vorrangig eine ratingbezogene Zuwiderhandlung der Agentur ausschlaggebend sein soll sowie dass Haftungsbeschränkungen im Voraus grundsätzlich denkbar sind. Zudem legt Art. 35a Rating-Verordnung abschließend – wenn auch im Umfang nicht eindeutig[950] – fest, welche Zuwiderhandlungen haftungsbegründend sein sollen. Die Mitgliedsstaaten oder mitgliedsstaatliche Gerichte dürfen jedenfalls von diesen wesentlichen Grundentscheidungen des Art. 35a Rating-Verordnung nicht zum Nachteil der Anspruchsteller abweichen.[951] Dies sorgt für eine Art „Mindestharmonisierung"[952] im EU-Raum.

---

945 So auch *Gietzelt/Ungerer*, GPR 2013, S. 333 (336); ähnlich *Steinrötter*, ZIP 2015, S. 110 (111). Dies entsprach auch den erklärten Zielen des EU-Gesetzgebers, siehe Erwägungsgrund Nr. 75 der Rating-VO sowie Erwägungsgrund Nr. 32 der 2. Reform-VO.

946 Konkret bezüglich der Schaffung eines Haftungstatbestands *Gietzelt/Ungerer*, GPR 2013, S. 333 (336); siehe auch Erwägungsgrund Nr. 75 der Rating-VO; Vorschlag für eine Verordnung des Europäischen Parlaments und des Rates zur Änderung der Verordnung (EG) Nr. 1060/2009 über Ratingagenturen vom 15.11.2011, KOM(2011) 747, S. 6.

947 *EuGH*, EuR 2001, S. 62 (73) zur Vorgängerregelung des Art. 100a; *Frenz/Ehlenz*, EuZW 2011, S. 623 (625).

948 Vgl. *Kahl* in: Calliess/Ruffert, Art. 114, Rn. 22 m.w.N.

949 *Halfmeier*, VuR 2014, S. 327 (333) spricht nicht weniger zutreffend von einem „unteren Standard der Haftung von Ratingagenturen"; ähnlich *Schultes*, Regulierung und Haftung von Ratingagenturen, S. 316.

950 Hierzu oben E. I. 2. b).

951 Siehe insoweit zur Begrenzung der Anwendung nationalen Rechts durch das Prinzip europarechtskonformer Auslegung oben E. I. 5. c) cc).

952 *Halfmeier*, VuR 2014, S. 327 (333).

Die konkrete Ausgestaltung des Art. 35a Rating-Verordnung steht einer echten Harmonisierungswirkung allerdings erkennbar entgegen. Dies ist auf die diversen internen Lücken der Norm zurückzuführen.[953] Hiervon betroffen sind etwa die Auslegung und Anwendung von Begriffen wie Schaden, Vorsatz, grobe Fahrlässigkeit, angemessen, verhältnismäßig oder der Auswirkung auf ein Rating, die nach dem jeweils anzuwendenden nationalen Recht zu geschehen hat.[954] Hinzu kommt die Verlagerung der Verantwortlichkeit für die Festlegung des Beweis- und Substantiierungsgrades des Vortrags von Anspruchstellern auf die jeweils befassten nationalen Gerichte, wie sie hinsichtlich der „Berücksichtigung" des Umstands, dass Anspruchsteller typischerweise keinen Zugang zu Informationen aus der Sphäre der Ratingagenturen haben, vorgesehen ist.[955]

Dieses Regelungskonzept bedeutet eine Abkehr vom Prinzip unionsrechtlich autonomer Auslegung von Rechtsbegriffen[956] und verhindert somit den einheitlichen Gebrauch der haftungsentscheidenden Begriffe im EU-Raum, wie es das Prinzip autonomer Auslegung eigentlich gerade bezweckt[957] und wie er sich etwa im Wege der Judikatur der europäischen Gerichte hätte herausbilden können. Zudem orientiert sich die Auslegung des Wortlauts hierdurch nicht mehr an dem spezifisch unionsrechtlichen Sinn[958] oder an der Verwirklichung der Vertragsziele,[959] sondern an den nationalrechtlichen Auslegungsergebnissen.[960] Die zahlreichen Verweisungen durch interne Lücken führen daher im Ergebnis zu einer erheblichen Fragmentierung und nahezu vollständigen Re-Nationalisierung der Haftungsfrage. Dies betrifft nahezu sämtliche zentralen Tatbestandsmerkmale der Norm. Die Harmonisierungswirkung des Rechtsakts wird dadurch signifikant geschwächt:[961] Während in einem ersten Schritt eine unionseinheitliche Anpassung des Haftungsmaßstabs etwa auf Vorsatz und grobe Fahrlässigkeit noch hergestellt wird, wird diese Angleichung im zweiten Schritt durch die Rückverweisung der Auslegung eben jener Begriffe in mitgliedsstaatliches Recht wieder konterkariert, da keinesfalls davon ausgegangen werden kann, dass insoweit ein einheitliches Begriffsverständnis in allen Mitgliedsstaaten herrscht.[962] Im Ergebnis

953 Hierzu ausführlich oben E. I. 5. a).
954 Art. 35a Abs. 4 S. 1 Rating-VO.
955 Art. 35a Abs. 2 UAbs. 2 Rating-VO.
956 Hierzu bereits oben E. I. 5. d).
957 Vgl. *EuGH*, Urt. v. 10.01.1980, Az.: 69/79 – Slg 1980, S. 75, Rn. 6.
958 *Mayer* in: Grabitz/Hilf/Nettesheim, Art. 19 EUV, Rn. 53.
959 *Gaitanides* in: von der Groeben/Schwarze/Hatje, Art. 19 EUV, Rn. 42.
960 Letzte Korrekturinstanz ist das Prinzip unionsrechtskonformer Auslegung, hierzu oben E. I. 5. c) cc).
961 So auch *Berger/Ryborz*, WM 2014, S. 2241 (2246); *Gietzelt/Ungerer*, GPR 2013, S. 333 (336); *Haar*, DB 2013, S. 2489 (2494); *Schultes*, Regulierung und Haftung von Ratingagenturen, S. 303, 323.
962 Dies ist nicht der Fall, wie *Gietzelt/Ungerer*, GPR 2013, S. 333 (338) am Beispiel des englischen Rechts nachweisen.

gelten daher in allen Mitgliedsstaaten wieder unterschiedliche Haftungsregeln und Schutzniveaus, wobei zweifelhaft ist, ob Art. 35a Rating-Verordnung überhaupt irgedneine Veränderung der nationalrechtlichen Rahmenebdingungen der Haftung herbeiführt.[963] Daneben verweist die Norm sogar bei der für die Effektivität der Haftungsdurchsetzung – und damit der Effektivität des gesamten *private enforcement*-Konzepts – so wichtigen Frage der Beweislastverteilung und der Gewährung von Beweiserleichterungen im Ergebnis auf nationale Anwendungsmaßstäbe, so dass der identische Sachverhalt vor verschiedenen Gerichten in verschiedenen Staaten völlig unterschiedlich beurteilt werden könnte. Dies geht über gewöhnliche Prozessrisiken hinaus, da sie in diesem Fall in der Norm konkret angelegt sind und provoziert werden.[964]

Schließlich gelten auch nationale Haftungsbestimmungen, insbesondere solche, die für Anleger oder Emittenten „günstiger" ausfallen, weiter fort.[965] Damit gelten auch die eigentlich vorgegebenen Wertungsmaßstäbe wie die Haftung (erst) ab grober Fahrlässigkeit nicht zwingend konsistent in allen Mitgliedsstaaten. Dies mag aus Sicht der Anspruchsteller vorteilhaft sein, führt jedoch im Ergebnis weiter zu einer Zersplitterung des Haftungsdrucks für Ratingagenturen und damit zu unterschiedlichen Schutzniveaus in den Mitgliedsstaaten.

Die internen Lücken des Art. 35a Rating-Verordnung verhindern somit eine Harmonisierung des Haftungsregimes für Ratingagenturen in der konkreten Anwendung des Tatbestands.[966] Der Unionsgesetzgeber hat die Haftungsfrage in den Mitgliedsstaaten daher de facto nicht harmonisiert.

In Ermangelung einer tatsächlichen Harmonisierungswirkung des durch die zweite Reform-Verordnung eingefügten Art. 35a Rating-Verordnung hätte diese nicht auf Art. 114 AEUV gestützt werden dürfen.[967]

(3) Alternative Kompetenznorm des Art. 352 AEUV

Eine Zuständigkeit des Unionsgesetzgebers hätte sich dagegen subsidiär aus Art. 352 AEUV als „Auffang-Kompetenznorm"[968] – wie im sehr ähnlich gelagerten

---

963 Im deutschen Zivilrecht scheint Art. 35a Rating-Verordnung lediglich eine Konkretisierung von § 826 BGB zu sein, ähnlich *Schroeter*, Ratings, S. 848.

964 „europarechtlich verordnet", so *Steinrötter*, ZIP 2015, S. 110 (113).

965 Art. 35a Abs. 5 Rating-VO; siehe auch Erwägungsgrund Nr. 35 zur 2. Reform-VO.

966 Ebenfalls zweifelnd *Gietzelt/Ungerer*, GPR 2013, S. 333 (336); *Haar*, DB 2013, S. 2489 (2494); *Schultes*, Regulierung und Haftung von Ratingagenturen, S. 303; *Wojcik*, NJW 2013, S. 2385 (2389).

967 Tendenziell ebenso *Gietzelt/Ungerer*, GPR 2013, S. 333 (336); *Wojcik*, NJW 2013, S. 2385 (2389); dagegen die Verordnung als „gerade noch" konform mit Art. 114 AEUV bezeichnend *Steinrötter*, ZIP 2015, S. 110 (111).

968 Ähnlich *Ruffert*, EuR 2004, S. 165 (188); zu den verschiedenen Möglichkeiten, die Subsidiarität des Art. 352 AEUV begrifflich zu fassen siehe *Geiss* in: Schwarze, Art. 352 AEUV, Rn. 19.

Falle der EU-Leerverkaufsverordnung Nr. 236/2012[969] – ergeben können.[970] Nach dieser Regelung dürfen geeignete Vorschriften durch den EU-Gesetzgeber erlassen werden, wenn ein Tätigwerden der Union im Rahmen der in den Verträgen festgelegten Politikbereiche erforderlich erscheint, um eines der Ziele der Verträge zu verwirklichen.[971] Dass sich der Verordnungserlass zur Ratingregulierung im Rahmen der Politikbereiche der Verträge bewegt, ergibt sich schon aus der Betroffenheit des Binnenmarkts.[972] Dessen Verwirklichung ist auch für ein Handeln auf Basis von Art. 352 AEUV ein tauglicher Bezugsrahmen.[973] Es kann jedoch im Ergebnis dahin stehen, ob Art. 352 AEUV vorliegend einschlägig gewesen wäre, da die formelle Rechtswidrigkeit des Rechtsakts der zweiten Reform-Verordnung hierdurch nicht beseitigt würde. Eine Maßnahme auf Basis von Art. 352 AEUV muss nämlich zwingend durch einstimmigen Beschluss des Rates der Europäischen Union erlassen werden. Die Mehrheitserfordernisse an den Erlass der zweiten Reform-Verordnung entsprachen dagegen den üblichen Vorgaben des ordentlichen Gesetzgebungsverfahrens für Rechtsakte gemäß Art. 288, 289 Abs. 1 AEUV und hätten allenfalls in dritter Lesung eine qualifizierte Mehrheit im Rat der Europäischen Union erfordert.[974] Damit wären die formellen Anforderungen an ein Tätigwerden auf Basis des Art. 352 AEUV evident strenger gewesen und hätten das Ergebnis des Beschlussgegenstands grundsätzlich auch beeinflussen können. Für diese Beurteilung ist unerheblich, ob es eine solche Mehrheit politisch gegeben hätte.[975] Beruht der Rechtsakt auf einer fehlerhaft ausgewählten Rechtsgrundlage und hätte die

---

969 Die EU-Leerverkaufsverordnung Nr. 236/2012 wurde von Großbritannien im Wege der Nichtigkeitsklage gemäß Art. 263 AEUV angegriffen, u. a. wegen eines Verstoßes gegen die Kompetenzregel des Art. 114 AEUV; der EuGH hat die Verordnung allerdings in ihrer Gültigkeit bestätigt, siehe *EuGH* NJW 2014, S. 1359 (1362 f.); im Schlussantrag des Generalstaatsanwalts Jääskinen wies dieser auf eine mögliche Anwendbarkeit von Art. 352 AEUV als subsidiäre Rechtsgrundlage für die Leerverkaufsverordnung hin, siehe Schlussanträge des Generalstaatsanwalts Niilo Jääskinen vom 12.09.2013, C-270/12, Rn. 54 ff., abrufbar unter http://curia.europa.eu/juris/document/document.jsf;jsessionid=9ea7d2dc30dda593292695794e70b8d8bdd6ba82d2cb.e34KaxiLc3qMb40Rch0SaxuRaxb0?text=&docid=140965&pageIndex=0&doclang=de&mode=req&dir=&occ=first&part=1&cid=1339335 (abgerufen am: 06.10.2017).

970 Zweifelnd *Gietzelt/Ungerer*, GPR 2013, S. 333 (337); Art. 115 AEUV taugt dagegen nicht zur Kompetenznorm, da dieser seinem Wortlaut nach nur den Erlass von Richtlinien vorsieht, vgl. auch *Kahl* in: Calliess/Ruffert, Art. 115 AEUV, Rn. 9; *Leible/Schröder* in: Streinz, Art. 115 EUV, Rn. 15.

971 Art. 352 Abs. 1 S. 1 AEUV; zum Begriff der festgelegten Politikbereiche *Geiss* in: Schwarze, Art. 352 AEUV, Rn. 16.

972 Siehe zuvor oben E. I. 5. e) aa) (1).

973 *Rossi* in: Calliess/Ruffert, Art. 352 AEUV, Rn. 32.

974 Siehe Art. 294 Abs. 13 AEUV; zum Gesetzgebungsverfahren bei Rechtsakten aufgrund von Art. 114 AEUV auch *Herrnfeld* in: Schwarze, Art. 114 AEUV, Rn. 72.

975 Was im Falle der Ratingregulierung wohl anzunehmen ist.

alternativ einschlägige Kompetenznorm höhere Anforderungen an die formelle Beschlussfassung im Sinne des notwendigen Quorums für das Beschlussverfahren gestellt, ist eine formelle Rechtswidrigkeit gegeben.[976]

(4) Ergebnis

Art. 35a Rating-Verordnung durfte im Ergebnis nach der vorliegend vertretenen Auffassung nicht auf Basis von Art. 114 AEUV erlassen werden, da es sich nicht um eine Harmonisierungsmaßnahme handelte. Da auch das strengere Quorum des womöglich subsidiär einschlägigen Art. 352 AEUV im Beschlussverfahren missachtet wurde, ist die formelle Rechtswidrigkeit des Rechtsakts festzustellen. Bei beiden Feststellungen handelt es sich um Problemstellungen von praktischer Relevanz und nicht nur um rein theoretische Fragen. Ein Verstoß des EU-Gesetzgebers gegen seine Zuständigkeiten – hier konkret der Verbandszuständigkeit der Union – kann zum Inhalt einer Nichtigkeitsklage gemäß Art. 263 AEUV gemacht werden, die die (formelle) Rechtmäßigkeit der Gesetzgebungsakte, mithin gemäß Art. 288 AEUV auch von Verordnungen, zum Gegenstand hat.[977] Gleiches gilt, wenn eine Unionskompetenz zwar grundsätzlich gegeben war, jedoch – etwa wegen fehlerhafter Wahl der Kompetenznorm – das tatsächlich erforderliche Quorum bei der Beschlussfassung nicht beachtet wurde und sich hieraus eine mögliche formelle Rechtswidrigkeit ergäbe.[978] Beide Aspekte könnten auch in einem Vorabentscheidungsverfahren thematisiert werden, da alle Einwände, die im Rahmen einer Nichtigkeitsklage gemäß Art. 263 AEUV zulässig sind, auch Inhalt einer Gültigkeitsprüfung im Vorabentscheidungsverfahren sein können.[979] Damit könnte eine Ratingagentur den europäischen Haftungstatbestand in einem Zivilprozess gegen Anleger oder Emittenten angreifen und das erkennende Gericht zu einer Vorlage an den Europäischen Gerichtshof drängen.

bb) Verletzung des Verhältnismäßigkeitsprinzips

Daneben ist auch eine mögliche Verletzung des Verhältnismäßigkeitsprinzips durch den Verordnungserlass anzusprechen. Gemäß Art. 5 Abs. 4 EUV dürfen Maßnahmen

976 Vgl. *Cremer* in: Calliess/Ruffert, Art. 263 AEUV, Rn. 91 m.w.N.; *Ehricke* in: Streinz, Art. 263 AEUV, Rn. 82; siehe auch *Gaitanides* in: von der Groeben/Schwarze/Hatje, Art. 263, Rn. 127.

977 *Cremer* in: Calliess/Ruffert, Art. 263, Rn. 87; *Gaitanides* in: von der Groeben/Schwarze/Hatje, Art. 263, Rn. 117; dies umfasst auch einen Verstoß gegen das Verhältnismäßigkeitsprinzip des Art. 5 Abs. 4 EUV, *Dörr* in: Grabitz/Hilf/Nettesheim, Art. 263, Rn. 162.

978 *Cremer* in: Calliess/Ruffert, Art. 263, Rn. 91; *Gaitanides* in: von der Groeben/Schwarze/Hatje, Art. 263, Rn. 127.

979 *Wißmann* in: Erfurter Kommentar, Art. 267 AEUV, Rn. 13; zu den unterschiedlichen Zielsetzungen der beiden Verfahren und ihrer Abgrenzung *Gaitanides* in: von der Groeben/Schwarze/Hatje, Art. 267 AEUV, Rn. 37 f.

der Union inhaltlich wie formal nicht über das zur Erreichung der Ziele der Verträge erforderliche Maß hinausgehen. Verhältnismäßig ist eine Maßnahme grundsätzlich dann, wenn sie die Eignung und die Erforderlichkeit besitzt, die verfolgten Ziele zu erreichen.[980] Vorliegend ist insbesondere die Erforderlichkeit der Maßnahme in Bezug auf die zweite Reform-Verordnung und ihren Art. 35a Rating-Verordnung fraglich. Für die Untersuchung der Erforderlichkeit einer Maßnahme ist vor allem die Intensität der Beeinträchtigung und Beschränkung mitgliedsstaatlicher Autonomie in Abwägung zu bringen.[981] Zu prüfen ist daher, ob es eine gleichermaßen effektive Maßnahme mit geringerer Eingriffsintensität in die Rechtsetzungshoheit der Mitgliedsstaaten gegeben hätte.[982] Dabei hat gerade die Wahl des zu erlassenden Rechtsakts aus dem Katalog der zur Verfügung stehenden Maßnahmen unter dem Gesichtspunkt der Verhältnismäßigkeit zu erfolgen.[983] Es muss dasjenige Rechtsinstrument gewählt werden, das bei gleich bleibender Effektivität die Mitgliedsstaaten am meisten schont.[984] Grundsätzlich gilt dabei, dass das Mittel der Verordnung im Sinne von Art. 288 Abs. 2 AEUV die Mitgliedsstaaten aufgrund ihrer unmittelbaren Anwendbarkeit vollständig übergeht und ihnen die jeweilige Regelung aufdrängt, wohingegen eine Richtlinie der – wenn auch im Einzelfall womöglich in sehr engen Grenzen[985] – autonomen Umsetzung hinsichtlich der Wahl und Form der Mittel in jedem Mitgliedsstaat bedarf[986] und diese daher ungleich geringfügiger belastet.[987] Die Verordnung ist als Regelungsinstrument daher vor allem dann zu wählen, wenn ein autonomer Umsetzungsspielraum zur wirksamen Umsetzung der Regelungsziele nicht gewährt werden kann oder soll.[988]

Davon kann im Hinblick auf Art. 35a Rating-Verordnung keine Rede sein. Aufgrund der vielfältigen Verweisungen in nationales Recht kommt es zu der bereits beschriebenen Re-Nationalisierung der Auslegung und Anwendung der Norm.[989] Inhaltlich gleicht Art. 35a Rating-Verordnung hierdurch dem, was im Wege einer Richtlinie gleichermaßen zu erreichen gewesen wäre, namentlich die verbindliche Vorgabe eines Regelungsziels und bestimmter Rahmenbedingungen, innerhalb derer die Mitgliedsstaaten eine eigenständige Regelung treffen können. Nichts anderes bewirkt Art. 35a Rating-Verordnung, der nur das Ziel der Haftung von Ratingagen-

---

980 *EuGH* NZA 1997, S. 23 (27) m.w.N.
981 *Bast* in: Grabitz/Hilf/Nettesheim, Art. 5 EUV, Rn. 71.
982 Vgl. *Bast* in: Grabitz/Hilf/Nettesheim, Art. 5 EUV, Rn. 71.
983 Vgl. Art. 296 Abs. 1 AEUV.
984 *Krajewski/Rösslein* in: Grabitz/Hilf/Nettesheim, Art. 296, Rn. 50.
985 Vgl. *Herrnfeld* in: Schwarze, Art. 114 AEUV, Rn. 53; *Ruffert* in: Calliess/Ruffert, Art. 288 AEUV, Rn. 25.
986 Art. 288 Abs. 3 AEUV.
987 Vgl. *Kadelbach* in: von der Groeben/Schwarze/Hatje, Art. 5 EUV, Rn. 52; vgl. auch *Ruffert* in: Calliess/Ruffert, Art. 288, Rn. 23; kritisch *Bast* in: Grabitz/Hilf/Nettesheim, Art. 5 EUV, Rn. 72.
988 *Krajewski/Rösslein* in: Grabitz/Hilf/Nettesheim, Art. 296, Rn. 50.
989 Ausführlich oben E. I. 5. d).

turen vorgibt und diesbezüglich festsetzt, welche Handlungen haftungsbegründende Pflichtverletzungen darstellen, welcher Verschuldensmaßstab als Mindestmaß verbindlich sein sowie dass und welche Mitverschuldensbeiträge sich Anspruchsteller entgegen halten lassen sollen.[990] Für die konkrete Auslegung der hierin enthaltenen Einzelbegriffe, insbesondere für so zentrale Bestandteile wie Vorsatz, Fahrlässigkeit oder gebührender Sorgfalt, wird dagegen in nationales Recht verwiesen und auf eine autonome unionseinheitliche Auslegung verzichtet.[991] Damit bietet Art. 35a Rating-Verordnung in der Sache nur ein Haftungsgerüst an, welches auszufüllen ohnehin den Mitgliedsstaaten und nationalem Recht obliegt. Man könnte insoweit auch von einem Umsetzungsspielraum der Mitgliedsstaaten sprechen. Der Erlass einer Richtlinie hätte bei diesem Regelungsinhalt mithin im Wesentlichen dieselbe Effektivität besessen. Sie wäre allerdings das mildere Mittel gewesen, da sie ungleich geringfügiger in die mitgliedsstaatliche Autonomie und Souveränität eingegriffen hätte.[992]

Damit liegt ein Verstoß gegen Art. 5 Abs. 4 EUV vor; dieser kann sowohl die sachliche Zuständigkeit des EU-Gesetzgebers entfallen lassen und die Maßnahme hierdurch angreifbar machen oder sich als materielle Rechtswidrigkeit niederschlagen.[993] Dieses Ergebnis überrascht bei näherer Betrachtung nicht, wenn man bedenkt, dass der EU-Gesetzgeber mit der zweiten Reform-Verordnung ausweislich der benannten Rechtsgrundlage des Art. 114 AEUV dem Grunde nach eine Angleichung von Rechtsvorschriften vorzunehmen gedachte, denn bei einer solchen Harmonisierungszielsetzung ist die Richtlinie typischerweise das geeignetere Rechtsinstrument.[994]

cc) Ergebnis

Im Ergebnis ist festzuhalten, dass die Regelungstechnik um die internen Lücken des Tatbestands auch Auswirkungen auf die Europarechtskonformität der ganzen zweiten Reformverordnung besitzt. Die auf dieser Basis geschehene Einfügung des Art. 35a Rating-Verordnung kann nicht als Harmonisierungsmaßnahme auf Art. 114 AEUV gestützt werden. Der subsidiär ggf. einschlägige Art. 352 AEUV ließe zwar die Verbandskompetenz des EU-Gesetzgebers wieder aufleben, führte jedoch

---

990 Siehe zu den Tatbestandsmerkmalen oben E. I.

991 Art. 35a Abs. 4 Rating-VO; hinzu kommen die Verweisungen zur Prüfung der Zulässigkeit von Haftungsausschlüssen sowie zur „Berücksichtigung“ der schwierigen Informationslage von Anspruchstellern durch nationale Gerichte.

992 *Kadelbach* in: von der Groeben/Schwarze/Hatje, Art. 5 EUV, Rn. 52; *Bast* in: Grabitz/Hilf/Nettesheim, Art. 5 EUV, Rn. 72 differenziert dagegen noch nach der Regelungsdichte, da diese von der Rechtsform der Maßnahme unberührt bleibe; dies führt vorliegend allerdings zu keiner anderen Beurteilung, da die Regelungsdichte angesichts des Regelungsgerüsts des Art. 35a Rating-VO in einer etwaigen Richtlinie wohl unverändert geblieben wäre.

993 *Dörr* in: Grabitz/Hilf/Nettesheim, Art. 263, Rn. 162; *Ehricke* in: Streinz, Art. 263 AEUV, Rn. 75.

994 *Herrnfeld* in: Schwarze, Art. 114 AEUV, Rn. 53.

im Ergebnis gleichwohl zu einer formellen Ungültigkeit, da das strengere Quorum des Art. 352 AEUV unberücksichtigt geblieben ist. Zudem liegt ein Verstoß gegen das Verhältnismäßigkeitsprinzip gemäß Art. 5 Abs. 4 EUV vor.

6. Zusammenfassung

Damit sind der Inhalt und die Voraussetzungen des Art. 35a Rating-Verordnung abschließend erörtert worden. Emittenten und Investoren können Ratingagenturen hiernach theoretisch für eine vorsätzliche oder grob fahrlässige Verletzung einer der Verhaltenspflichten des Katalogs in Anlage III zur Rating-Verordnung zur Verantwortung ziehen, soweit sie hieraus einen kausalen Schaden erlitten haben. Dabei dürften Pflichtverstöße, die sich verfälschend auf ein Rating ausgewirkt haben, dem ein Investor vertraut oder das einen Emittenten unangemessen beweret hat, besondere Praxisrelevanz besitzen, wenngleich – wie gezeigt – auch Zuwiderhandlungen gegen Ratingabgabebefugnisse und -modalitäten haftungsrelevant sein können.[995] Der Tatbestand setzt hohe Hürden für die Inanspruchnahme von Ratingagenturen, da ein strenger Verschuldensmaßstab gilt, die qualifizierten Mitverschuldenstatbestände insbesondere für Anleger gemäß Art. 35a Abs. 1 UAbs. 2 Rating-Verordnung[996] zu Schwierigkeiten in der praktischen Anspruchsdarlegung führen, Haftungausschlüsse im Vorhinein theoretisch denkbar sind und aufgrund der vereinzelt bereits angesprochenen Beweislastverteilung zulasten der Anspruchsteller evidente Durchsetzungshindernisse bestehen. Daneben überrascht Art. 35a Rating-Verordnung mit einer weitreichenden Rückverweisung in nationales Recht der Mitgliedsstaaten, durch das eine autonome Auslegung des Tatbestands untergraben und stattdessen eine Fragmentierung der Normanwendung im EU-Raum geschaffen wird. Insgesamt ist Art. 35a Rating-Verordnung damit nur ein Regelungsgerüst, dessen Anwendung und Durchsetzung maßgeblich von nationalem Recht und nationalen Gerichten abhängig ist.

II. Subsidiär anwendbares Recht und Gerichtsstand für den Anspruch aus Art. 35a Rating-Verordnung

Zur Ausfüllung der diversen internen und externen Lücken des Art. 35a Rating-Verordnung[997] bedarf es des Rückgriffs auf das jeweils geltende nationale Recht. Dieses zu ermitteln, soll nach den Normwortlaut „gemäß den einschlägigen Bestimmungen des internationalen Privatrechts“ geschehen.[998] Gleiches soll für die Bestimmung des für die Geltendmachung eines Anspruchs aus Art. 35a Rating-Verordnung zuständigen

995 Hierzu genauer oben E. I. 2. b) bb).
996 Hierzu ausführlich oben E. I. 3. b).
997 Zu diesen Lücken oben E. I. 5.
998 Vgl. Art. 35a Abs. 3, UAbs. 1, lit. b), Abs. 4 S. 1 und 2 Rating-VO.

nationalen Gerichts gelten.[999] Der Prüfung des subsidiär anwendbaren Nationalrechts und des Gerichtsstands kommt entscheidende Bedeutung zu, da hiervon wegen der internen Normlücken die Auslegung und Anwendung der ganz zentralen Tatbestandsmerkmale abhängt. Das Ergebnis der Prüfung des anzuwendenden Rechts und des zuständigen Gerichts kann daher die Weichen für das gesamte Verfahren stellen bzw. schon über die (ökonomische) Sinnhaftigkeit der Anspruchsgeltendmachung entscheiden. Beide Fragen der Ermittlung des anwendbaren Rechts (nachfolgend unter 1.) und des einschlägigen Gerichtsstands (unter 2.) auf Basis der Haftungskonstellation des Art. 35a Rating-Verordnung sollen nachfolgend untersucht werden.

1. Ermittlung des subsidiär anzuwendenden nationalen Rechts

Zunächst ist zu prüfen, wie das in den Anwendungs- und Auslegungsfragen, die Art. 35a Rating-Verordnung verschiedentlich aufgibt, anzuwendende nationale Recht zu ermitteln ist.[1000] Dabei ist die wortlautgemäße Verweisung in die „Bestimmungen des internationalen Privatrechts“ missverständlich formuliert; gemeint und für die Bestimmung maßgebend sind in concreto die Rom-I- und Rom-II-Verordnungen.[1001] Die Frage der Ermittlung des einschlägigen Rechtsstatuts ist damit unionseinheitlich autonom zu prüfen, so dass grundsätzlich jedes nationale Gericht in allen Mitgliedsstaaten bei demselben Sachverhalt immer zu demselben Ergebnis hinsichtlich des anzuwendenden nationalen Rechts gelangen müsste.[1002]

a) Vertragliches oder außervertragliches Schuldverhältnis

Um den kollisionsrechtlichen Prüfungsweg beschreiten zu können, ist zunächst die Weiche zwischen dem Vorliegen eines vertraglichen Schuldverhältnisses (Anwendung der Rom-I-Verordnung) und eines außervertraglichen Schuldverhältnisses (Anwendung der Rom-II-Verordnung) zu klären. Fraglich ist, ob die Parteibeziehungen, die aufgrund von Art. 35a Rating-Verordnung entstehen, schuldrechtlicher oder außervertraglicher Natur sind. Die Begriffe des vertraglichen und außervertraglichen Schuldverhältnisses sind autonom auszulegen.[1003]

---

999 Art. 35a Abs. 4 S. 3 Rating-VO.

1000 Es findet insoweit keine kollisionsrechtliche Vorprüfung für Art. 35a Rating-VO selbst statt, da dieser als einheitliches Sachrecht vor dem kollisionsrechtlich einschlägigen Sachrecht gilt; es bedarf der kollisionsrechtlichen Bestimmung vorliegend „nur“ für die auslegungsbedürftigen internen und externen Lücken, hierzu auch *Dutta*, IPrax 2014, S. 33 (40).

1001 *Dutta*, WM 2013, S. 1729 (1731); Rom-Verordnungen sind die VO (EG) Nr. 593/2008 – Rom I-Verordnung – ABl. Nr. L 177, S. 6 (nachfolgend: Rom-I-VO) und VO (EG) 864/2007 – Rom II-Verordnung – ABl. Nr. L 199, S. 40 (nachfolgend: Rom-II-VO).

1002 *Dutta*, WM 2013, S. 1729 (1732).

1003 *Palandt/Thorn*, Art. 1 Rom-I-VO, Rn. 3; *Leible* in: Hüßtege/Mansel, Art. 1 Rom-I-VO, Rn. 5; *Martiny* in: Münchener Kommentar, BGB, Art. 1 Rom-I-VO, Rn. 7 m.w.N.; *Odendahl*, Internationales Deliktsrecht der Rom-II-VO, S. 62.

Die Rom-Verordnungen definieren diese nicht selbst, so dass auf die einschlägige Rechtsprechung der europäischen Gerichte zurückzugreifen ist.[1004] Demnach kommt es für das Vorliegen eines vertraglichen Schuldverhältnisses maßgeblich darauf an, dass und ob eine freiwillige Verpflichtung einer Partei gegenüber der anderen Partei eingegangen worden ist.[1005] Dies ist regelmäßig unproblematisch bei einem zweiseitigen Rechtsverhältnis, das die jeweiligen Parteien mit dem Wissen und Willen, gegenseitige Verpflichtungen zu übernehmen, eingegangen sind.[1006] Ungleich schwieriger ist die Beurteilung bei einseitigen Geschäften; hier besitzt die Prüfung der Freiwilligkeit der Verpflichtung die entscheidende Bedeutung.[1007]

Unter Zugrundelegung dieses Freiwilligkeitsbegriffs ist die Qualifizierung von Art. 35a Rating-Verordnung als vertragliches Schuldverhältnis abzulehnen.[1008] Den Ratingagenturen werden die Pflichten und Haftungsfolgen des Art. 35a Rating-Verordnung aufgezwungen, ohne dass dem eine autonome oder freiwillige Entscheidung zugrunde läge. Dabei handelt es sich um absolute Pflichten gegenüber der – auf Emittenten und Investoren beschränkten – Allgemeinheit.[1009] Auch Emittenten und Anleger gehen die Rechtsbeziehung des Art. 35a Rating-Verordnung nicht freiwillig ein – mag sie auch vorteilhaft sein –, sondern gelangen kraft Gesetz in die Beziehung zu einer Ratingagentur. Art. 35a Rating-Verordnung greift nach dem ausdrücklichen Willen des Unionsgesetzgebers unabhängig davon ein, ob daneben eine (parallele) schuldrechtliche Beziehung zwischen Ratingagentur und Emittent oder Anleger besteht.[1010] Ob solche zusätzlichen vertraglichen Beziehungen

---

1004 *Kieninger* in: Ferrari/Kieninger/Mankowski, Art. 1 Rom-I-VO, Rn. 5.

1005 Vgl. *EuGH* NJW 2002, S. 3159; EuZW 199, S. 59 (60); *Junker* in: Münchener Kommentar, BGB, Art. 1 Rom-II-VO, Rn. 15; die EuGH-Rechtsprechung zu dieser Frage bezieht sich häufig noch auf Art. 5 Abs. 1 Nr. 1 lit a) EuGVVO a.F., wobei die verfahrensrechtlichen und die kollisionsrechtlichen Begriffsverständnisse nicht identisch sind, gleichwohl der Abgrenzung auch nach Kollisionsrecht dienen, vgl. *Kieninger* in: Ferrari/Kieninger/Mankowksi, Art. 1 Rom-I-VO, Rn. 5.

1006 Vgl. *Kieninger* in: Ferrari/Kieninger/Mankowski, Art. 1 Rom-I-VO, Rn. 6; *Leible* in: Hüßtege/Mansel, Art. 1 Rom-I-VO, Rn. 5.

1007 Vgl. *Kieninger* in: Ferrari/Kieninger/Mankowski, Art. 1 Rom-I-VO, Rn. 7.

1008 Ebenso *Berger/Ryborz*, WM 2014, S. 2241 (2246); *Dutta*, IPrax 2014, S. 33 (40); *derselbe*, WM 2013, S. 1729 (1732); *Schultes*, Regulierung und Haftung von Ratingagenturen, S. 304; *Schroeter*, Ratings, S. 834; *Steinrötter*, ZIP 2015, S. 110 (114); allgemein für finanzmarktbezogene Haftungsfälle *Lehmann*, IPrax 2012, S. 399 (400).

1009 Erfasste Ratingagenturen haben insbesondere keine Kontrollmöglichkeiten hinsichtlich des Kreises von Anlegern oder Emittenten, denen gegenüber sie zur Sorgfalt verpflichtet sind; dies ist mit dem Begriffsverständnis des vertraglichen Schuldverhältnisses nicht in Einklang zu bringen, vgl. *Martiny* in: Münchener Kommentar, BGB, Art. 1 Rom-I-VO, Rn. 11.

1010 Siehe Erwägungsgrund Nr. 32 zur 2. Reform-VO; ebenfalls hierauf abstellend *Dutta*, IPrax 2014, S. 33 (40); *derselbe*, WM 2013, S. 1729 (1732).

bestehen, ist daher allenfalls bei der Prüfung eines etwaigen Haftungsausschlusses im Vorhinein von Relevanz.[1011]

Für die Haftung aus Art. 35a Rating-Verordnung bleibt daher nur die Anwendung der für außervertragliche Beziehungen geltenden Rom-II-Verordnung. Was ein außervertragliches Schuldverhältnis in concreto ist, wird hierin gleichfalls nicht definiert,[1012] ergibt sich jedoch aus der entsprechenden Negativabgrenzung zu vertraglichen Verhältnissen.[1013] Da Art. 35a Rating-Verordnung auch nicht unter die typischen Grenzfälle wie vorvertragliche Schuldverhältnisse oder bereicherungsrechtliche Vertragsrückabwicklung[1014] zu subsumieren ist –, ist die Beziehung als rein außervertraglich zu qualifizieren und die Rom-II-Verordnung für die kollisionsrechtliche Bestimmung heranzuziehen.[1015]

b) Anzuwendendes Recht bei außervertraglichen Schuldverhältnissen

Für die Bestimmung des anwendbaren Rechts nach der Rom-II-Verordnung relevant sind zum einen die Möglichkeit freier Rechtswahl gemäß Art. 14 Rom-II-Verordnung (nachfolgend unter aa)) sowie die allgemeine Kollisionsnorm bei unerlaubten Handlungen, Art. 4 Rom-II-Verordnung (nachfolgend bb)).

aa) Freie Rechtswahl der Parteien nach Art. 14 Rom-II-Verordnung

Für die Feststellung des anzuwendenden Haftungsstatuts ist im jeweiligen Einzelfall zuvorderst zu klären, ob es eine vorrangige freie Rechtswahl gemäß Art. 14 Abs. Rom-II-Verordnung zwischen den jeweiligen Anspruchsparteien gibt. Ist dies der Fall, so finden die allgemeinen Kollisionsnormen daneben keine Anwendung mehr.[1016] Zu derartigen Bestimmungen kann es beispielsweise in Ratingverträgen mit Emittenten oder in Abonnementsverträgen mit Investoren kommen,[1017] so dass Art. 14 Rom-II-Verordnung für diese Fälle eine entsprechende Praxisrelevanz

---

1011 Wegen Art. 35a Abs. 3 S. 1 lit. b) Rating-VO; das Fehlen einer Möglichkeit des Haftungsausschlusses im Kommissionsvorschlag sprach seinerzeit zusätzlich noch für die außervertragliche Qualifizierung, so *Wagner* in: FS-Blaurock, S. 467 (487).

1012 In Art. 1 Abs. 2 lit. a) – g) Rom-II-VO werden nur einzelne außervertragliche Rechtsbeziehungen negativ benannt, die der Verordnung jedenfalls nicht unterfallen; zu diesen ist Art. 35a Rating-VO jedoch nicht gehörig, siehe auch *Gietzelt/Ungerer*, GPR 2013, S. 333 (338).

1013 *Leible* in: Hüßtege/Mansel, Art. 1 Rom-I-VO, Rn. 5; *Palandt/Thorn*, Art. 1 Rom-II-VO, Rn. 2.

1014 Zu diesen typischen Fällen schwieriger Qualifikation der Natur des Schuldverhältnisses *Junker* in: Münchener Kommentar, BGB, Art. 1 Rom-II-VO, Rn. 16 f.

1015 Ebenso *Dutta*, WM 2013, S. 1729 (1732); im Ergebnis auch *Haar*, DB 2013, S. 2489 (2494); *Wagner* in: FS-Blaurock, S. 467 (487) zum Kommissionsvorschlag.

1016 *Gebauer* in: Hüßtege/Mansel, Art. 14 Rom-II-VO, Rn. 3; *Odendahl*, Internationales Deliktsrecht der Rom-II-VO, S. 91; *Wagner*, IPrax 2008, S. 1 (4).

1017 *Dutta*, IPrax 2014, S. 33 (37); *Steinrötter*, ZIP 2015, S. 110 (114).

besitzt.[1018] Dabei kann auch das Recht eines Drittstaats außerhalb der Union gewählt werden.[1019] Die großen außereuropäischen Ratingagenturen können und werden dabei häufig US-amerikanisches Recht vereinbaren.[1020]

Eine freie Rechtswahl gestattet Art. 14 Rom-II-Verordnung entweder dann, wenn sie erst nach Eintritt des schadensbegründenden Ereignisses erfolgt[1021] oder wenn sie – vor Eintritt eines solchen Ereignisses – durch Parteien getroffen wurde, die einer kommerziellen Tätigkeit nachgehen[1022] – eine Formulierung, die gemeinhin als wenig geglückt bezeichnet wird.[1023] Zwar gehen Ratingagenturen und Emittenten sowie institutionelle und gewerbliche – nicht jedoch private[1024] – Investoren einer kommerziellen Tätigkeit nach, so dass entsprechende Rechtswahlklauseln in Rating- und Abonnementsverträgen grundsätzlich zulässig wären. Allerdings ergeben sich durchgreifende Zweifel an der Wirksamkeit solcher Rechtswahlklauseln im Hinblick auf die erforderliche „freie Aushandlung" solcher Bestimmungen.[1025] Versteht man diese Wendung des Art. 14 Abs. 1 S. 2 Rom-II-Verordnung zutreffend als Abgrenzung zu vorformulierten Vertragsbedingungen, so besäßen eben solche dementsprechend als „unfreie Aushandlung" keine Wirkung.[1026] Da es sich bei Rating- und Abonnementsverträgen regelmäßig nicht um individuell ausgehandelte, sondern von den Ratingagenturen vorgegebene Vertragswerke handelt,[1027] sind Rechtswahlklauseln in derartigen Verträgen unwirksam. Unabhängig davon ist fraglich, ob

1018 Zu den Auswirkungen dieser Verträge auf die allgemeine Kollisionsnorm des Art. 4 Rom-II-VO siehe unten E. II. 1. b) cc).

1019 Art. 3 Rom-II-VO, allerdings in den Grenzen, die Art. 14 Abs. 2 und 3 Rom-II-VO setzen.

1020 Zur Haftung von Ratingagenturen gegenüber dem allgemeinen Anlegerpublikum nach US-Recht unten G.

1021 Art. 14 Abs. 1 S. 1 lit. a) Rom-II-VO; dass es in der Ratingbranche vermehrt zu nachträglichen Rechtswahlvereinbarungen kommt, ist nicht ersichtlich.

1022 Art. 14 Abs. 1 S. 1 lit. b) Rom-II-VO; hierzu *Gebauer* in: Hüßtege/Mansel, Art. 14 Rom-II-VO, Rn. 37; *Junker* in: Münchener Kommentar, BGB, Art. 14 Rom-II-VO, Rn. 23, jeweils m.w.N.; *Odendahl*, Internationales Deliktsrecht der Rom-II-VO, S. 93; *Wagner*, IPrax 2008, S. 1 (13).

1023 Vgl. etwa *Gebauer* in: Hüßtege/Mansel, Art. 14 Rom-II-VO, Rn. 34; *Junker* in: Münchener Kommentar, BGB, Art. 14 Rom-II-VO, Rn. 22; *Palandt/Thorn*, Art. 14 Rom-II-VO, Rn. 8; *Wagner*, IPrax 2008, S. 1 (13).

1024 Mit diesen kann daher von vorne herein keine Rechtswahlklausel vor einem Haftungsfall vereinbart werden.

1025 Art. 14 Abs. 1 S. 1 lit. b) Rom-II-VO.

1026 Statt vieler *Gebauer* in: Hüßtege/Mansel, Art. 14 Rom-II-VO, Rn. 37; *Odendahl*, Internationales Deliktsrecht der Rom-II-VO, S. 92; a.A. *Junker* in: Münchener Kommentar, BGB, Art. 14 Rom-II-VO, Rn. 34 ff.; *Wagner*, IPrax 2008, S. 1 (13 f.); es ist jedoch unklar, von welcher Form der „unfreien Aushandlung" die ausdrückliche Formulierung der „freien Aushandlung" anderenfalls konkret abgegrenzt werden soll, wenn nicht von AGB.

1027 Hierzu unten F. I. 1. a) dd) (1).

entsprechende vertragliche Klauseln dem Erfordernis der ausdrücklichen Bestimmtheit[1028] genügen würden, also neben der Rechtswahl für Streitigkeiten aus dem Vertrag ausdrücklich oder infolge einer Auslegung[1029] erkennbar auch das etwaige außervertragliche Verhältnis betreffen sollen.[1030]

Eine wirksame und verbindliche Rechtswahlbestimmung für das außervertragliche Verhältnis aus Art. 35a Rating-Verordnung wird daher typischerweise nicht vorliegen.

bb) Kollisionsrechtliche Bestimmung des anzuwendenden Rechts nach Art. 4 Abs. 1 Rom-II-Verordnung

Die Bestimmung des anzuwendenden Rechts richtet sich daher vorliegend nach der allgemeinen Kollisionsnorm des Art. 4 Rom-II-Verordnung, da es sich bei Art. 35a Rating-Verordnung um die Haftung für eine unerlaubte Handlung im Sinne der Art. 4 ff. Rom-II-Verordnung handelt.[1031] Auch diese Begrifflichkeit ist unionsrechtlich autonom auszulegen.[1032] Darunter ist jegliche Schadenshaftung zu verstehen, die nicht aus einem Vertrag herrührt.[1033] Die Begriffscharakteristika sind mithin zum einen das Fehlen einer vertraglichen Verbindung und zum anderen die Rechtsfolge des Schadensersatzes.[1034] Beides liegt in der Konstellation des Art. 35a Rating-Verordnung vor, da die Haftung nicht von einem Vertrag zwischen den potenziellen Anspruchsgegnern abhängt und die Rechtsfolge des Haftungstatbestands allein in der Zahlung von Schadensersatz besteht.[1035]

(1) Anknüpfung an den Schadensort

Nach Art. 4 Abs. 1 Rom-II-Verordnung gelangt das Recht desjenigen Staates, in dem der Schaden eintritt, zu Geltung. Haben der Anspruchssteller und der An-

---

1028 Siehe Art. 14 Abs. 1 S. 2 Rom-II-VO.

1029 Vgl. *Gebauer* in: Hüßtege/Mansel, Art. 14 Rom-II-VO, Rn. 37.

1030 Vgl. *Wagner*, IPrax 2008, S. 1 (6); zurecht kritisch dazu, dass eine solche konkludente Rechtswahlzustimmung einmal vorliegt *Dutta*, IPRax 2014, S. 33 (39).

1031 So auch *Dutta*, IPrax 2014, S. 33 (40); *derselbe*, WM 2013, S. 1729 (1732).

1032 *Junker* in: Münchener Kommentar, BGB, Art. 4 Rom-II-VO, Rn. 14; *Lehmann* in: Hüßtege/Mansel, Art. 4 Rom-II-VO, Rn. 38.

1033 Vgl. *EuGH*, Urt. v. 27.09.1988 – C-189/87, Rn. 17; Entsch. v. 26.03.1992 – C-261/90, Rn. 16.

1034 *Junker* in: Münchener Kommentar, BGB, Art. 4 Rom-II-VO, Rn. 14; *Lehmann* in: Hüßtege/Mansel, Art. 4 Rom-II-VO, Rn. 38.

1035 Auch die für die Haftung wegen unerlaubter Handlungen typische Kompensationswirkung zum Ausgleich materieller Schäden einschließlich etwaigen Vermögensschadens tritt bei Art. 35a Rating-Verordnung evident in Erscheinung, wie auch das charakteristische Element des Verstoßes gegen eine Rechtspflicht als haftungsauslösendes Ereignis hervortritt; vgl. zu diesen Merkmalen *Junker* in: Münchener Kommentar, BGB, Art. 4 Rom-II-VO, Rn. 15; vgl. zu unerlaubten Handlungen auf dem Gebiet der Finanzmärkte *Lehmann* in: Hüßtege/Mansel, Art. 4 Rom-II-VO, Rn. 74.

spruchsgegner allerdings zum Zeitpunkt des Schadenseintritts ihren gewöhnlichen Aufenthalt in demselben Staat, gilt das Recht dieses Staats.[1036] In Fällen, in denen die Ratingagentur und der Emittent bzw. der Investor jeweils in unterschiedlichen Staaten sitzen, kommt es für die Ermittlung des subsidiär anwendbaren Haftungsstatus also darauf an, an welchem Ort der Schaden eingetreten ist. Art. 4 Abs. 1 Rom-II-Verordnung gibt insoweit vor, dass jedenfalls der Handlungsort – also der Ort des schadensbegründenden Ereignisses – sowie der Ort des Eintritts indirekter Schadensfolgen keinesfalls Schadensort sein können. Vielmehr stellt der Ort der Rechtsgutsverletzung den relevanten Anknüpfungspunkt dar,[1037] der typischerweise am Ort des Aufenthalts des Geschädigten liegt.[1038]

(a) Schadensort bei reinen Vermögensschäden

Beachtlich ist, dass in den vorliegend untersuchten Ratingkonstellationen reine Vermögensschäden im Mittelpunkt stehen, die nicht nur die indirekte Folge der Verletzung eines anderen Rechtsguts darstellen – wie es wegen der typischen Differenzierung zwischen Rechtsgutsverletzung und Schaden grundsätzlich der Fall ist – sondern das verletztes Rechtsgut und den Schaden in einem darstellen.[1039] Auch hier gilt, dass nur der Ort des Primärschadens den Anknüpfungspunkt darstellt und etwaige Folgeschäden außer Betracht bleiben.[1040]

Es ist im Einzelnen umstritten, wie die Lokalisierung des Schadensorts bei reinen Vermögensschäden zu erfolgen hat. Teilweise wird vertreten, dass Schadensort bei reinen Vermögensschäden der Ort des gewöhnlichen Aufenthalts des Geschädigten als dessen „Vermögenszentrale“ sein müsse, namentlich also derjenige Ort, an dem sich die Vermögensinteressen des Geschädigten konzentrieren.[1041] Dies käme dem Anspruchsteller zugute und diente seinen Interessen, insbesondere auch an einer für ihn vorhersehbaren Bestimmung des Rechtsstatuts.

Insbesondere die europäischen Gerichte gehen dagegen differenzierter – wenn auch nicht immer gänzlich widerspruchsfrei[1042] – vor: Der Wohnsitz oder gewöhnliche Aufenthalt des Geschädigten als Mittelpunkt seines Vermögens ist dann als Schadensort maßgeblicher Anknüpfungspunkt, wenn sich der Schaden unmittelbar

---

1036 Art. 4 Abs. 2 Rom-II-Verordnung.

1037 *Junker* in: Münchener Kommentar, BGB, Art. 4 Rom-II-VO, Rn. 20; *Lehmann* in: Hüßtege/Mansel, Art. 4 Rom-II-VO, Rn. 81, jeweils m.w.N.; *Haar*, DB 2013, S. 2489 (2494).

1038 *Junker* in: Münchener Kommentar, BGB, Art. 4 Rom-II-VO, Rn. 18.

1039 Grundsätzlich zur Problematik *Odendahl*, Internationales Deliktsrecht der Rom-II-VO, S. 149 ff.; siehe auch *Kiethe*, NJW 1994, S. 222 (225).

1040 *Lehmann* in: Hüßtege/Mansel, Art. 4 Rom-II-VO, Rn. 81; *Spickhoff*, IPrax 2000, S. 1 (5).

1041 *Kiethe*, NJW 1994, S. 222 (225); *Lorenz* in: von Caemmerer, Vorschläge und Gutachten, S. 97 (123 f.); differenzierter *Palandt/Thorn*, Art. 4 Rom-II-VO, Rn. 9.

1042 Zu den Widersprüchlichkeiten in der Lokalisierung des Schadensorts in der jüngeren EuGH-Rechtsprechung siehe *Müller*, NJW 2016, S. 2167 (2170).

und tatsächlich an dessen Wohnsitz – etwa auf seinem dort befindlichen Bankkonto – verwirklicht hat.[1043] Eine zwingende Verknüpfung der beiden Orte ist indes nicht zu konstatieren,[1044] so dass alleine der Umstand, dass den Geschädigten finanzielle Folgen treffen, noch nicht für die Anknüpfung an seinen Wohnsitz als Schadensort genügt.[1045] Erst wenn der Aufenthaltsort des Geschädigten nach den spezifischen Begebenheiten des jeweiligen Falles tatsächlich der Ort der Realisierung des Schadens insbesondere bei einer unmittelbaren Verwirklichung auf dem Bankkonto des Geschädigten an seinem Sitz ist, entspricht dieser Ort dem Schadensort im Sinne der kollisionsrechtlichen Bestimmungen.[1046] Dementsprechend kann sich aus den jeweiligen Gegebenheiten des Falles auch bei Vermögensschäden im Bereich des Kapitalmarktrechts eine Anknüpfung an einen anderen Ort als dem der „Vermögenszentrale" des Geschädigten ergeben, insbesondere dann, wenn der tatsächliche Schadenserfolg woanders anzusiedeln ist.[1047]

Dieser Auffassung ist im Ergebnis zu folgen.[1048] Das verletzte Rechtsgut ist das Vermögen des Geschädigten, so dass typischerweise der Sitz des Geschädigten als Mittelpunkt seines Vermögens in Gestalt etwa eines Bankkontos betroffen sein wird. Soweit jedoch besondere Umstände des Falles dazu beitragen, dass der unmittelbare Schadenerfolg an einem anderen Ort zu lokalisieren ist, muss dieser Ort entscheidend sein.[1049] Eine unbedingte Anknüpfung an den gewöhnlichen Aufenthaltsort des Geschädigten ist dagegen dogmatisch ungenau und lässt außer Acht, dass der jeweils betroffene Vermögensort und der gewöhnliche Aufenthalt divergieren können.[1050] Für eine Privilegierung des Anspruchstellers zugunsten des Rechtsstatuts seines gewöhnlichen Aufenthalts fehlt zudem eine sachliche Grundlage, da die Kollisionsnorm des Art. 4 Rom-II-Verordnung eine solche generelle Besserstellung des Geschädigten nicht vorsieht.[1051]

1043 Vgl. *EuGH* NJW 2015, S. 1581 (1584) zu Art. 5 Nr. 3 EuGVO; zur möglichen Übertragbarkeit dieser Rechtsprechung auf Art. 4 Rom-II-VO ausführlich *Odendahl*, Internationales Deliktsrecht der Rom-II-VO, S. 193 ff.; vgl. auch EuGH, Urteil v. 16.06.2016 – C.12/15, Rn. 35 ff.

1044 Vgl. *EuGH*, Urteil v. 16.06.2016 – C-12/15, Rn. 35 f.; NJW 2004, S. 2441; *von Hein*, IPrax 2005, S. 17 (21).

1045 *EuGH*, Urteil v. 28.01.2015 – C-375/13, Rn. 49.

1046 Vgl. *EuGH*, Urteil v. 16.06.2016 – C-12/15, Rn. 39; NJW 2015, S. 1581 (1583 f.); NJW 2004, S. 2441, bezogen auf Art. 5 Nr. 3 EuGVÜ; *Engert/Groh*, IPrax 2011, S. 458 (463); *Spickhoff*, IPrax 2000, S. 1 (5).

1047 Vgl. *EuGH*, Urteil v. 16.06.2016 – C-12/15, Rn. 39; Urteil v. 28.01.2015 – C-375/13, Rn. 40.

1048 So auch *Junker* in: Münchener Kommentar, BGB, Art. 4 Rom-II-VO, Rn. 21; *Spickhoff*, IPrax 2000, S. 1 (5); im Ratingzusammenhang auch *Gietzelt/Ungerer*, GPR 2013, S. 333 (339).

1049 Vgl. *EuGH*, Urteil v. 28.01.2015 – C-375/13, Rn. 49.

1050 Ähnlich *Dutta*, IPrax 2014, S. 33 (38).

1051 Vgl. *Junker* in: Münchener Kommentar, BGB, Art. 4 Rom-II-VO, Rn. 18; *derselbe*, NJW 2007, S. 3675 (3678); überzeugend auch *Lehmann*, IPrax 2012, S. 399 (401)

An welchem Ort in den hier untersuchten Ratingfällen sodann typischerweise die Vermögensverletzung eintritt, ist für den jeweiligen Einzelfall gesondert zu prüfen[1052] und im Rahmen einer Differenzierung zwischen Haftungsfällen mit Emittenten einerseits und Haftungsfällen mit Anlegern andererseits zu analysieren.

(b) Schadensort bei geschädigten Emittenten

Sind Emittenten die Anspruchsteller eines Anspruchs aus Art. 35a Rating-Verordnung, so liegt den Fällen typischerweise der Sachverhalt zugrunde, dass eine in der Union registrierte Ratingagentur den Emittenten unter Verletzung einer ihrer Pflichten aus Anlage III der Rating-Verordnung unzutreffend negativ bewertet und dieser hierdurch Vermögenseinbußen erlitten hat, etwa in Form der Aufbringung ungerechtfertigt hoher Kapitalbeschaffungszinsen oder durch Kursverluste.[1053] In diesen Fällen ist unter Berücksichtigung der zuvor dargestellten Grundsätze festzustellen, dass der Ort des Schadenseintritts, also der Ort der Belegenheit des betroffenen Vermögensbestandteils, regelmäßig am Ort des Sitzes des geschädigten Emittenten liegt.[1054] Seine Vermögensinteressen werden an seinem Geschäftssitz betroffen, da sich an diesem Ort die finanziellen Schäden in Form der Mehraufwendungen oder Kurseinbußen realisieren. Auch anderweitige denkbare Schäden wie entgangene Gewinne oder Imageschäden treten am Ort des Sitzes des jeweils bewerteten Emittenten ein. Für Emittenten als Anspruchsteller gilt demnach grundsätzlich das Recht ihres Unternehmenssitzes. Sind Staaten von der Fehlbewertung betroffen, gilt das Recht ihres Staates.

(c) Schadensort bei geschädigten Anlegern

Ungleich schwieriger ist die Bestimmung des Schadensorts bei Anlegern. In diesen Fällen liegt einem Anspruch aus Art. 35a Rating-Verordnung typischerweise zugrunde, dass eine in der Union registrierte Ratingagentur einen Emittenten oder ein Finanzinstrument unter Verstoß gegen einer der in Anlage III der Rating-Verordnung aufgeführten Pflichten unzutreffend positiv bewertet und ein Investor im (sorgfältig gebildeten) Vertrauen auf das Rating, eine für ihn nachteilige Investition getätigt hat, die zu einem Ausfall der Anlage oder zu Differenzschäden geführt hat.[1055]

Fraglich ist, wo der Schadensort – also der konkrete Ort des Eintritts der Vermögensverletzung – in derartigen Fällen zu lokalisieren ist. In Betracht kommen auf Basis der vorgenannten Auslegung des Schadensortbegriffs grundsätzlich entweder

---

am Beispiel des Kollisionsrechts bei Produkthaftung; ausführlich hierzu *Odendahl*, Internationales Deliktsrecht der Rom-II-VO, S. 257 ff.

1052 „keine allgemeine Formel", *Lehmann* in: Hüßtege/Mansel, Art. 4 Rom-II-VO, Rn. 115.

1053 Zu den typischen Schadenskonstellationen bereits oben D. IV. 2. c).

1054 So auch *Steinrötter*, ZIP 2015, S. 110 (114); *von Rimon*, Ratings in Deutschland und USA, S. 136 unter Bezugnahme auf Art. 40 EGBGB.

1055 Zu den typischen Schadenskonstellationen oben D. IV. 2. c).

der Ort der Belegenheit des jeweiligen Bankkontos oder Depots des Anlegers als der Ort der Vermögensverfügung oder von Vermögenseinbußen, der Sitz des Emittenten als Ort des Wertabfalls oder der Sitz der Ratingagentur als Ort der Falschbewertung. Eine vierte Variante dürfte sich dogmatisch im Lichte des Art. 4 Abs. 1 Rom-II-Verordnung nicht vertreten lassen.[1056]

Da am Sitz der Ratingagentur nur das fehlerhafte Rating abgegeben wird, ist dieser als Handlungsort zu qualifizieren. Auf diesen kommt es jedoch gemäß Art. 4 Abs. 1 Rom-II-Verordnung nicht an.

Für die Lokalisierung anhand des jeweils betroffenen Bankkontos oder Depots des Investors spricht dagegen, dass sich seine Vermögensverletzung gerade dort spürbar realisiert. Der praktische Vorteil einer solchen Auslegung wäre, dass die in der Union ansässigen Anspruchsteller immer auch auf ein individuell vorhersehbares europäisches Haftungsregime vertrauen könnten und drittstaatliche Rechtsstatute nicht zur Anwendung kämen.[1057] Dagegen folgt die Belegenheit des Schadensorts am Aufenthaltsort des Anlegers nicht schon aus dem Umstand des Empfangs oder der Kenntnisnahme vom fehlerhaften Rating, da dieses Ereignis noch keine Rechtsgutsverletzung mit sich bringt.[1058] Die Anknüpfung an das Bankkonto des Geschädigten und damit einhergehend häufig die Ankúpfung an seinen Wohnsitz entspricht im Sinne einer praxisnahen Betrachtung schließlich auch dem Verständnis des Europäischen Gerichtshofs von dem grundsätzlich in derartigen Fällen anzunehmenden Ort des Schadenseitritts.[1059]

Im Ergebnis ist jedoch wegen der spezifischen Besonderheiten der hier untersuchten Ratinghaftungsfälle ausnahmsweise der Sitz des Emittenten als Schadensort das sachgerechte Ergebnis der Lokalisierung.[1060] Dort tritt der primäre Vermögensschaden ein, da er oder seine Finanzinstrumente das schädigende Investitionsobjekt darstellen.[1061] Bei den den Haftungsfällen zugrunde liegenden Konstellationen handelt es sich regelmäßig um gescheiterte Investitionen in Form von Anleihen oder Aktienkäufen. Hierbei wird dem Emittenten entweder anleiheweise Kapital zur Verfügung gestellt oder es wird eine kapitalmäßige Beteiligung erworben. Kommt

---

1056 Insbesondere ist der Staat der Zulassung bzw. Registrierung der Ratingagentur kein tauglicher Anknüpfungspunkt (mehr), da die Registrierung nunmehr zentral über die ESMA läuft, zutreffend *Schroeter*, Ratings, S. 836 f.

1057 *Dutta*, IPRax 2014, S. 33 (38).

1058 Ebenso *Gietzelt/Ungerer*, GPR 2013, S. 333 (338); die Rechtsgutsverletzung tritt nicht schon mit der Kenntnisnahme und Verwendung des falschen Ratings, sondern frühestens mit der darauf basierenden nachteiligen Vermögensdisposition ein, vgl. allgemein für Anlegerfälle *Lehmann* in: Hüßtege/Mansel, Art. 4 Rom-II-VO, Rn. 115.

1059 Vgl. *EuGH*, Urteil v. 28.01.2015 – C-375/13, Rn. 50 ff.

1060 So auch *Dutta*, IPRax 2014, S. 33 (39); *derselbe*, WM 2013, S. 1729 (1731); *Haar*, DB 2013, S. 2489 (2494); zweifelnd *Steinrötter*, ZIP 2015, S. 110 (114).

1061 Auf den primären Vermögensschaden kommt es insoweit an, siehe *Lehmann* in: Hüßtege/Mansel, Art. 4 Rom-II-VO, Rn. 81.

es nun aufgrund der – falsch bewerteten – schlechten Bonität des Emittenten zu Rückzahlungsausfällen oder Anteilswertverlusten, so verwirklicht sich der Vermögensnachteil entweder in den Kapitalanteilen am Emittenten oder in der Wertlosigkeit der Rückzahlungsforderung des Gläubigers.[1062] Beide Verlustmomente finden am Ort des Emittenten statt. Die Wertlosigkeit der Investition realisiert und materialisiert sich etwa bei Unternehmensanleihen in der Unfähigkeit des Emittenten, die Forderungen zu erfüllen, mithin an seinem Aufenthaltsort.[1063] Der erlittene Vermögensschaden des Investors ist zudem spezifisch und untrennbar mit dem jeweiligen Emittenten verbunden.

Dagegen würde die Lokalisierung am Ort des betroffenen Vermögensdepots des Anlegers vernachlässigen, dass dort allenfalls die indirekt aus dem Ausfall oder dem Wertverlust auf Emittentenseite resultierenden Schadensfolgen eintreten, welche für die Ortsbestimmung des Art. 4 Abs. 1 Rom-II-Verordnung jedoch keine Rolle spielen dürfen.[1064] Zudem besitzt die Anknüpfung an den Emittentensitz den praktischen Vorzug der Rechtssicherheit sowohl aus Sicht der haftenden Ratingagenturen als auch aus Sicht der Investoren.[1065] Die Anknüpfung an die Vermögensbelegenheit der Anleger würde für Ratingagenturen stattdessen eine nicht überschau- oder vorhersehbare Zersplitterung der anzuwendenden Rechtsstatute hinsichtlich ein- und desselben Ratings bedeuten, insbesondere wenn die Schäden auf Sekundärmärkten eintreten.[1066]

Etwas anderes kann nur gelten, wenn ausnahmsweise bereits der Moment der Vermögensverfügung des Anlegers als Moment des Schadenseintritts angesehen werden muss.[1067] Dies gilt etwa in Fällen, in denen eine vorsätzliche Irreführung und Täuschung durch die Ratingagentur, womöglich unter kollusiver Zusammenwirkung mit dem Emittenten, vorliegt und der Anleger daher von Beginn an in eine aussichtslose Investition geleitet wurde. In einem solchen Fall besitzt die Ver-

---

1062 So auch *Dutta*, IPrax 2014, S. 33 (39), der vom „*Substrat für die aufgrund des fehlerhaften Ratings nachteilige Investition der Anleger*" spricht; allgemein für Anlegerschäden *Engert/Groh*, IPRax 2011, S. 458 (463).

1063 Die Forderung ist grundsätzlich am Ort des Sitzes ihres Schuldners belegen (§ 23 S. 2 ZPO), hierzu *Odendahl*, Internationales Deliktsrecht der Rom-II-VO, S. 241 ff.

1064 Vgl. *Dutta*, IPRax 2014, S. 33 (38); *derselbe*, WM 2013, S. 1729 (1731); zudem birgt die Anknüpfung an ein Bankkonto immer eine gewisse Beliebigkeit in Fällen, in denen der Geschädigte über mehrere Konten an verschiedenen Orten verfügt, wie es in *EuGH*, Urteil v. 16.06.2016 – C-12/15, Rn. 38 thematisiert wird.

1065 Vgl. *Dutta*, IPrax 2014, S. 33 (39); *Haar*, DB 2013, S. 2489 (2494).

1066 Ähnlich *Dutta*, IPRax 2014, S. 33 (38) (Haftung „*potentiell nach sämtlichen Haftungsrechten der Welt*"); *Lehmann*, IPrax 2012, S. 399 (400); *Steinrötter*, ZIP 2015, S. 110 (114).

1067 Siehe in Bezug auf Kapitalanlagebetrug ebenso *von Hein*, IPrax 2005, S. 17 (21 f.); kritisch hierzu, wenn auch weitgehend zustimmend *Odendahl*, Internationales Deliktsrecht der Rom-II-VO, S. 233 ff.

mögensgefährdung bereits im Zeitpunkt der Weggabe der finanziellen Mittel eine schadensgleiche Konkretheit in Form unbewusster Selbstschädigung.[1068] Der Vermögensschaden verwirklicht sich dann schon in der Herausgabe des jeweiligen Vermögenswerts und nicht erst in der Realisation des (von der Ratingagentur vorsätzlich fehlerhaft angegebenen) Bonitätsrisikos beim Emittenten. Schadensort ist in diesen Konstellationen mithin der Ort der Belegenheit des Vermögens, von dem aus die selbstschädigende Vermögensverfügung ausgegangen ist – typischerweise der Aufenthaltsort des Investors.

Da letztere Fälle jedoch eine äußerst geringe Praxisbewandtnis besitzen dürften, stellt in der weit überwiegenden Anzahl der Fälle der Sitz des Emittenten den Schadensort im Sinne des Art. 4 Abs. 1 Rom-II-Verordnung dar.

(d) Zwischenergebnis

Grundsätzlich gilt daher, dass sowohl bei Emittenten als bei Anlegern der Sitz des Emittenten der maßgebliche Schadensort im Sinne von Art. 4 Abs. 1 Rom-II-Verordnung ist und das Recht dieses Staates Anwendung auf Art. 35a Rating-Verordnung mithin findet. Etwas anderes kann nur bei Investoren als Anspruchstellern und nur in Fällen vorsätzlicher Täuschung gelten.

(2) Einheitliche Anknüpfung an den Sitz der Ratingagentur?

In der zuvor erkannten Maßgeblichkeit des Emittentensitzes zur Lokalisierung des subsidiär anwendbaren nationalen Rechts realisiert sich die Fragmentierung der Normanwendung, die der Unionsgesetzgeber durch die internen Lücken des Tatbestands und Rückverweisungen in nationales Recht hervorgerufen hat: Abhängig vom jeweiligen Emittentensitz gilt ggf. für jedes Rating, das eine Agentur abgibt, auf Basis von Art. 35a Rating-Verordnung ein unterschiedlicher Haftungsstandard. Um haftungsneutral zu agieren, müssen Ratingagenturen demnach jedes Rating den konkreten Maßstäben des Rechts des Staates des Emittentensitzes anpassen. Da gerade die großen Ratingagenturen weltweit Emittenten und ihre Finanzinstrumente bewerten, müssten sie ihre Tätigkeit auf Basis eines Mosaiks aus unterschiedlichsten Rechtsstatuten – auch aus Drittstaaten – ausüben.[1069] Dabei herrscht nicht einmal in den einzelnen EU-Mitgliedsstaaten ein konsistentes Verständnis von Sorgfaltspflichten und -anforderungen oder eine einheitliche Auslegung zentraler Haftungsbegrifflichkeiten wie Vorsatz, grobe Fahrlässigkeit, Schaden etc.;[1070] umso komplexer wird die Sorgfaltsanpassung bei der Belegenheit von Emittenten in Drittstaaten. Dass dies aus dem Blickwinkel eines funktionierenden *private enforcement* fatal ist,

---

1068 So auch *Engert/Groh*, IPRax 2011, S. 458 (463); *von Hein*, IPrax 2005, S. 17 (21 f.); vgl. auch *BGH* NJW-RR 2006, S. 627 (628); ähnlich auch *Spindler*, IPrax 2001, S. 153 (155) bzgl. Informationsdelikten.

1069 Vgl. *Schroeter*, Ratings, S. 836.

1070 *Gietzelt/Ungerer*, GPR 2013, S. 333 (338).

wurde bereits angesprochen.[1071] Es führt jedoch auch zu ganz praktischen Schwierigkeiten der Normkonformität in der täglichen Arbeit der Ratingagenturen,[1072] ohne dass dem zwingend immer auch ein Gewinn an Qualität gegenüber stünde.

Vor dem Hintergrund dieser Bedenken wird in der Literatur zum Teil vertreten, dass die kollisionsrechtliche Bestimmung des subsidiär anzuwendenden Rechts einheitlich geschehen solle, wobei im Rahmen von Art. 35a Rating-Verordnung stets auf den Sitz der Ratingagentur abzustellen sei.[1073] Hierdurch werde auch der in der Finanzmarktregulierung einschlägige Grundsatz des Herkunftslandprinzips aufgegriffen.[1074] In dogmatischer Hinsicht ließe sich dies auf Art. 4 Abs. 3 S. 1 Rom-II-Verordnung stützen, wonach ungeachtet der Lokalisierung des Schadensorts das Recht eines anderen Staates anwendbar sein kann, wenn sich aus der Gesamtheit der Umstände ergibt, dass die unerlaubte Handlung eine offensichtlich engere Verbindung mit einem anderen als dem nach den Absätzen 1[1075] und 2[1076] des Art. 4 Rom-II-Verordnung ermittelten Staat aufweist. Eine solche engere Verbindung sei bei Ansprüchen aus Art. 35a Rating-Verordnung zum Land des Agentursitzes gegeben, denn erst die Niederlassung in einem Mitgliedsstaat begründe die Registrierungspflicht der Agentur und mithin auch die Pflicht zur Einhaltung der Verhaltensregeln aus Anlage III der Rating-Verordnung.[1077] Diese Herleitung lässt Parallelen zu der Diskussion um eine „Mosaikbetrachtung" bei sog. Streudelikten erkennen, bei denen eine einzelne Verletzungshandlung zu Rechtsgutsverletzungen in verschiedenen Staaten führt und es mithin bei strenger Anwendung des Art. 4 Abs. 1 Rom-II-Verordnung zum Rückgriff auf mehrere Rechtsstatute kommt.[1078] Auch hier

1071 Siehe hierzu oben E. I. 5. d).

1072 Aus diesem Grund Bedenken hinsichtlich einer unangemessenen Beschränkung der Tätigkeit von Ratingagenturen formulierend, *Schroeter*, Ratings, S. 836; allgemein im Hinblick auf Finanzmarktakteure *Lehmann*, IPrax 2012, S. 399 (400).

1073 Siehe *Schroeter*, Ratings, S. 836, 837 f., mit Ausnahme von entgegen stehenden Rechtswahlvereinbarungen; ähnlich *Steinrötter*, ZIP 2015, S. 110 (115).

1074 *Schroeter*, Ratings, S. 838 m.w.N.; ähnlich *Steinrötter*, ZIP 2015, S. 110 (114 f.).

1075 Bestimmung nach dem Schadensort.

1076 Bestimmung nach dem identischen gewöhnlichen Aufenthaltsort beider Anspruchsparteien.

1077 *Schroeter*, Ratings, S. 837; in eine ähnliche Richtung auch *Steinrötter*, ZIP 2015, S. 110 (115); grundsätzlich zur „Korrektur" solcher Streudelikte ebenfalls für eine einheitliche Bestimmung über Art. 4 Abs. 3 Rom-II-VO plädierend *Leible/Engel*, EuZW 2004, S. 7 (10).

1078 Vgl. *EuGH* NJW 1995, S. 1881 (1882); *Palandt/Thorn*, Art. 4 Rom-II-VO, Rn. 8; *Wagner*, IPrax 2008, S. 1 (4); in den Ratingkonstellationen liegt allerdings kein Streudelikt vor, da die Verletzungshandlung (Abgabe eines fehlerhaften Ratings) eine Rechtsgutsverletzung grundsätzlich nur in einem Staat auslöst, namentlich in demjenigen, in dem der Emittent seinen Sitz hat, wie im Rahmen der Identifizierung des Schadensorts bei Vermögensdelikten festgestellt worden ist, siehe oben E. II. 1. b) bb) (1) (b) und (c).; der Aufenthaltsort der Anleger spielt als Ort mittelbarer Schadensfolgen dagegen regelmäßig keine Rolle; daher „passt" die

wird vereinzelt eine Konzentrierung auf einen bestimmten Schwerpunktort über Art. 4 Abs. 3 Rom-II-Verordnung vertreten.[1079]

Eine solche Lösung besitzt den unverkennbaren Vorzug der einheitlichen Handhabung der Ratings einer Ratingagentur, die unabhängig vom Sitz des jeweils bewerteten Emittenten geschähe und damit auch einheitliche, an dem Recht nur eines Mitgliedsstaats orientiere Sorgfaltsmaßstäbe schaffen würde.[1080] Dies würde die weitergehende Zersplitterung der Normanwendung eindämmen, wenn auch nicht gänzlich beseitigen.[1081] Zudem nähme diese Lösung auch das regulative und verhaltenssteuernde Moment der Haftungsnorm in den Blick und schaffte für jede Ratingagentur ein konsistentes Ordnungsrecht.[1082]

Gleichwohl muss diese Herleitung auch dogmatisch belastbar und begründbar bleiben und darf sich nicht zum Zwecke eines gewünschten Ergebnisses von den einschlägigen gesetzlichen Bestimmungen entfernen. Dabei ist zum einen zu berücksichtigen, dass Art. 4 Abs. 1 Rom-II-Verordnung den Ort des Schadenseintritts grundsätzlich als die objektiv engste Verbindung zwischen zwei Parteien ansieht. Dies trägt in der Regel den Schutzinteressen des Geschädigten Rechnung.[1083] Bei dem Grundsatz der Maßgeblichkeit des Schadensorts handelt es sich um ein zentrales Prinzip des Kollisionsrechts,[1084] für dessen pauschale Aufgabe zugunsten des Staates des Sitzes der Ratingagentur es auch einer inhaltlich überzeugenden Argumentation hinsichtlich der Anknüpfung bedürfte, insbesondere weil anderenfalls der Ausnahmecharakter dieser Ausweichklausel wie auch ihr Zweck, Einzelfallgerechtigkeit – und nicht generalisierte Abweichungsergebnisse – herzustellen,[1085] verkannt würde.[1086] Zum anderen darf nicht übergangen werden, dass Art. 4 Rom-II-Verordnung grundsätzlich gerade in Kauf nimmt, dass mit der bewussten Anknüpfung an den Schadensort und der Abwendung vom Handlungsort ein gewisser Verlust der Intensität der handlungssteuernden Wirkung des

---

Mosaiktheorie hinsichtlich ihrer Problematik im Bereich der Finanzmarktdelikte (hierzu *Lehmann*, IPrax 2012, S. 399 (400)) auf diese Ratingfälle nicht.

1079 *Junker* in: Münchener Kommentar, BGB, Art. 4 Rom-II-VO, Rn. 32; *Palandt/Thorn*, Art. 4 Rom-II-VO, Rn. 8; differenzierter *Leible/Engel*, EuZW 2004, S. 7 (10).

1080 Vgl. *Schroeter*, Ratings, S. 837.

1081 Angesichts der unterschiedlichen Niederlassungsorte der einzelnen Ratingagenturen gäbe es immer noch einen „Flickenteppisch" verschiedener subsidiär anzuwendender Rechtsstatute.

1082 *Steinrötter*, ZIP 2015, S. 110 (115).

1083 *Leible/Engel*, EuZW 2004, S. 7 (10); *Junker* in: Münchener Kommentar, BGB, Art. 4 Rom-II-VO, Rn. 18; *derselbe*, NJW 2007, S. 3675 (3678); *Palandt/Thorn*, Art. 4 Rom-II-VO, Rn. 1.

1084 Grundlegend *Junker* in: Münchener Kommentar, BGB, Art. 4 Rom-II-VO, Rn. 18.

1085 *Lehmann* in: Hüßtege/Mansel, Art. 4 Rom-II-VO, Rn. 138; *Palandt/Thorn*, Art. 4 Rom-II-VO, Rn. 10; *Staudinger* in: Ferrari/Kieninger/Mankowksi, Art. 6 Rom-I-VO, Rn. 82.

1086 Gegen eine solche Überstrapazierung der Ausweichklausel auch *Lehmann*, IPrax 2012, S. 399 (402).

Haftungsrechts eintritt.[1087] Daher kann die Einheitlichkeit der kollisionsrechtlichen Bestimmung zugunsten einer effektiveren Verhaltenssteuerung kein Selbstzweck sein. Sie muss sich vielmehr durch überzeugende Subsumtion gegen den eigentlich einschlägigen Grundsatz der Vorrangigkeit des Schadensorts behaupten, was nur der Fall ist, wenn tatsächlich stets von einer „engeren Verbindung" im Sinne des Art. 4 Abs. 3 S. 1 Rom-II-Verordnung zum Staat des Sitzes der Ratingagentur auszugehen ist.

Vorliegend fehlt es jedoch an einer generell engeren Verbindung zum Staat des Sitzes der Ratingagentur.[1088] Das bei objektiver Betrachtung in beiden Haftungskonstellationen – gegenüber Emittenten wie Anlegern – verbindende Element und prägende Verknüpfungsmoment ist der – in welcher Hinsicht auch immer – fehlerhaft bewertete Emittent, der entweder selbst oder als Vermögenswert des Anlegers betroffen ist. Der Sitz der Ratingagentur dagegen spielt für die Ratingnutzer typischerweise keine Rolle und ist ihnen entweder gleichgültig oder unbekannt, weshalb die Verknüpfung der Haftungssachverhalte mit dem Agentursitz konstruiert wirkt. Auch die Begründung, dass am Ort des Sitzes der Ratingagentur das die Pflichten nach der Rating-Verordnung begründende Moment belegen ist,[1089] überzeugt nicht, da die Entstehung der Verhaltenspflichten gänzlich unabhängig von dem jeweils zur Niederlassung gewählten Mitgliedsstaat geschieht und in jedem anderen Mitgliedsstaat gleichermaßen einträte. Eine besondere spezifische Verbindung zu dem jeweils gewählten Sitz der Agentur, die gar „offensichtlich" im Sinne des Art. 4 Abs. 3 S. 1 Rom-II-Verordnung sein müsste,[1090] kann daher nicht erkannt werden. Zudem erlaubte eine solche Anknüpfung den Agenturen ein *forum shopping* zur Auswahl des „mildesten" Mitgliedsstaats, was nicht im Interesse der Ratingregulierung läge. Schließlich ist im Aufenthaltsort der Ratingagentur auch kein „Haupterfolgsort" zu sehen, an dem sich – ähnlich der Argumentation bei den angesprochenen Streudelikten – eine Vielzahl der einzelnen Vermögensschäden konzentrieren würde.[1091] Zuletzt überzeugt auch das Argument der besseren Vorhersehbarkeit der Rechtsanwendung bei Anknüpfung an den Sitz der

---

1087 *Junker* in: Münchener Kommentar, BGB, Art. 4 Rom-II-VO, Rn. 19.

1088 Anders *Schroeter*, Ratings, S. 837, der gar von einer „offensichtlich" engeren Verbindung zum Herkunftsmitgliedsstaat der Ratingagentur spricht.

1089 Dies hält *Schroeter*, Ratings, S. 837 für maßgebend.

1090 Wobei das Merkmal der „Offensichtlichkeit" gerade einer zu häufigen Anwendung der Ausweichklausel entgegen wirken soll, *Lehmann* in: Hüßtege/Mansel, Art. 4 Rom-II-VO, Rn. 141.

1091 Auf einen solchen Haupterfolgsort wird teilweise bei Streudelikten abgestellt, um ein einheitliches Rechtsstatut zu begründen, etwa *Leible/Engel*, EuZW 2004, S. 7 (1 f.); *Palandt/Thorn*, Art. 4 Rom-II-VO, Rn. 8; allerdings wird selbst hierbei regelmäßig vertreten, dass es des Hinzutretens weiterer spezifischer Umstände bedarf, um von der Grundregel des Art. 4 Abs. 1 Rom-II-VO abzuweichen, *Junker* in: Münchener Kommentar, BGB, Art. 4 Rom-II-VO, Rn. 32; *Lehmann* in: Hüßtege/Mansel, Art. 4 Rom-II-VO, Rn. 174.

Ratingagentur nicht vollständig; sie dient letztlich nur den Interessen der Ratingagentur, während Emittenten und Anlegern das Rechtsstatut des Sitzes der Ratingagentur aufgedrängt wird. Dies ist ein entscheidender Unterschied zu der für beide Seiten – Ratingagenturen und Emittenten bzw. Anleger – vorhersehbaren und beeinflussbaren Anknüpfung an den Emittentensitz. Es insoweit gerade die Ratingagentur, die sich bewusst und zielgerichtet in den Geltungsbereich anderer Staaten begibt, indem sie weltweit Emittenten bewertet und weltweit von Anlegern zur Kenntnis genommen werden will, so dass ihr dem Grunde nach auch die Anpassung ihres Sorgfaltsaufwands an die Maßstäbe der jeweils betroffenen Rechtsstatute zuzumuten ist.[1092]

Es darf folglich keine pauschale kollisionsrechtliche „Korrektur" der Anknüpfung an den Emittentensitz erfolgen.[1093] Insbesondere der mit der Schadensortregel intendierte Schutz der Interessen der Geschädigten ist zu bewahren.[1094] Die damit verbundene Fragmentierung der Rechtsanwendung ist die zwingende Folge eines gänzlich missglückten Verweisungssystems des Art. 35a Rating-Verordnung, deren Folgeschäden nicht durch konstruiert wirkende Umgehungen der kollisionsrechtlichen Bestimmungen des Art. 4 Rom-II-Verordnung aufgefangen werden sollten, sondern im Rahmen einer Reformierung der Norm zu lösen sind.[1095]

(3) Ergebnis

Da die Bedenken gegen die Anwendung von Art. 4 Abs. 1 Rom-II-Verordnung im Ergebnis nicht durchgreifen, bleibt es dabei, dass die Bestimmung des subsidiär anwendbaren Rechts zur Ausfüllung der internen und externen Lücken des Art. 35a Rating-Verordnung grundsätzlich anhand des Schadensorts und damit anhand des Sitzes des jeweils gerateten Emittenten zu erfolgen hat.

cc) Engere Verbindung zu einem anderen Staat: Art. 4 Abs. 3 Rom-II-Verordnung

Die Ausweichbestimmung aus Art. 4 Abs. 3 Rom-II-Verordnung betreffend einer etwaigen engeren Verbindung der unerlaubten Handlung zu einem anderen Staat könnte in den hier untersuchten Haftungsfällen dennoch eine entscheidende

1092 So allgemein bei Streudelikten *Wagner*, IPrax 2008, S. 1 (5 f.).

1093 Etwaige Härten können im Einzelfall auch über Art. 17 Rom-II-Verordnung gelöst werden, wonach bei der Beurteilung des Verhaltens der Person, deren Haftung geltend gemacht wird, die Sicherheits- und Verhaltensregeln des Staates des Handlungsorts zu berücksichtigen sein können, vgl. *Junker* in: Münchener Kommentar, BGB, Art. 4 Rom-II-VO, Rn. 4; *Palandt/Thorn*, Art. 4 Rom-II-VO, Rn. 15; *Wagner*, IPrax 2008, S. 1 (5).

1094 So auch für Streudelikte *Wagner*, IPRax 2008, S. 1 (5); dagegen den Anlegerschutz nicht für durchgreifend haltend *Lehmann*, IPrax 2012, S. 399 (401).

1095 Insbesondere durch eine Rückbesinnung auf das Prinzip der autonomen Auslegung, hierfür plädieren auch *Gietzelt/Ungerer*, GPR 2013, S. 333 (338); *Steinrötter*, ZIP 2015, S. 110 (113); zu entsprechenden Reformüberlegungen unten E. V. 2.

Rolle spielen, wenn auch nicht auf Basis der Sitzes der Ratingagentur.[1096] Gemäß Art. 4 Abs. 3 S. 2 Rom-II-Verordnung kann eine solche engere Verbindung nämlich insbesondere aus einem bereits bestehenden Rechtsverhältnis zwischen den Parteien – etwa einem Vertrag – resultierten, das mit der unerlaubten Handlung in enger Verbindung steht. Dadurch wird die einheitliche Beurteilung aufeinander treffender vertraglicher und deliktischer Ansprüche gewährleistet.[1097] Diese Bestimmung ist in der vorliegend untersuchten Konstellation von großer Relevanz, denn solche Rechtsverhältnisse liegen in einer Vielzahl der denkbaren Haftungsfälle in Gestalt von parallelen Rating- oder Abonnementsverträgen vor, so dass Art. 4 Abs. 3 S. 2 Rom-II-Verordnung in derartigen Fällen anzuwenden ist.[1098]

Die insoweit relevanten Ratingverträge zwischen Ratingagenturen und Emittenten auf der einen und die Abonnementsverträge zwischen Ratingagenturen und Anlegern auf der anderen Seite stellen unproblematisch Rechtsverhältnisse im Sinne des Art. 4 Abs. 3 S. 2 Rom-II-Verordnung dar. Sie stehen auch mit der unerlaubten Handlung in enger Beziehung: Die unerlaubte Handlung im Sinne des Art. 35a Rating-Verordnung ist die jeweilige Pflichtverletzung der Ratingagentur nach Maßgabe der Anlage III der Rating-Verordnung. Diese Sorgfaltspflichten beziehen sich auf die Erstellung und die Abgabe von Ratings sowie auf organisatorische und verfahrenstechnische Abläufe, die im Ergebnis auf die Verbesserung und Sicherung der Ratingqualität abzielen.[1099] Auch Rating- und Abonnementsverträge beinhalten Leistungs- und Nebenpflichten, die – schon wegen des vertraglichen Vermögensschutzes von Emittenten und Anlegern – ebenfalls auf die Gewährleistung von Qualitätsstandards und die Einhaltung grundlegender Sorgfaltspflichten zum Zwecke der Abgabe eines vertretbaren Ratings zielen.[1100] Verletzungen der Pflichten aus Anlage III der Rating-Verordnung werden daher typischerweise auch für die vertraglichen Beziehungen zwischen den jeweiligen Parteien relevant sein und häufig in Anspruchskonkurrenz zu vertraglichen Schadensersatzansprüchen treten.[1101]

In Fällen derartiger paralleler vertraglicher Beziehungen zur Ratingagentur muss die Bestimmung des einschlägigen Haftungsstatus daher grundsätzlich nach Art. 4 Abs. 3 Rom-II-Verordnung geschehen. Zu welchem Staat hiernach die engere Verbindung besteht, hängt sodann von dem jeweiligen Vertrag mit der Ratingagentur ab und ist anhand der für vertragliche Schuldverhältnisse einschlägigen Rom-I-Verordnung zu bestimmen. Hierbei ist zum einen zwischen einer freien

1096 Hierzu zuvor E. II. 1. b) bb) (2).

1097 Vgl. nur *Palandt/Thorn*, Art. 4 Rom-II-VO, Rn. 11.

1098 Dem Grunde nach ebenso *Schroeter*, Ratings, S. 835.

1099 Siehe auch oben E. I. 2. a) aa).

1100 Vgl. zu den vertraglichen Pflichten nach deutschem Recht unten F. I. 1. a) bb) (zu Ratingverträgen) und F. II. 1. a) bb) (zu Abonnementsverträgen).

1101 Eine solche Anspruchskonkurrenz begründet grundsätzlich eine enge Verbindung im Sinne von Art. 4 Abs. 3 S. 2 Rom-II-VO, *Lehmann* in: Hüßtege/Mansel, Art. 4 Rom-II-VO, Rn. 162; *Staudinger* in: Ferrari/Kieninger/Mankowksi, Art. 6 Rom-I-VO, Rn. 82.

Rechtswahl aus dem jeweiligen Vertrag (nachfolgend unter (1)) und zum anderen den allgemeinen kollisionsrechtlichen Bestimmungen (nachfolgend unter (2)) zu differenzieren.

(1) Freie Rechtswahl gemäß Art. 3 Rom-I-Verordnung

Aus dem zugrunde liegenden Rechtsverhältnis, namentlich entweder einem Rating- oder einem Abonnementsvertrag, kann sich das anzuwendende Recht aufgrund einer entsprechenden freien Rechtswahl gemäß Art. 3 Abs. 1 Rom-I-Verordnung ergeben, wobei auch das Recht eines Drittstaats, etwa US-amerikanisches Recht, gewählt werden kann.[1102] Ähnlich wie im Rahmen der Prüfungen zur Kollisionsrechtsbestimmung bei außervertraglichen Schuldverhältnissen ist auch bei vertraglichen Schuldverhältnissen vorranging auf ebensolche Rechtswahlbestimmungen Rücksicht zu nehmen. Für diese Rechtswahl gilt – anders als im Rahmen von Art. 14 Rom-II-Verordnung[1103] – keine weitergehende Einschränkung oder Restriktion, insbesondere nicht im Hinblick auf den gewerblichen Charakter des Geschäfts oder den Zeitpunkt der Vereinbarung.[1104] Einzig die Bestimmtheit der Klausel oder deren eindeutige oder den Umständen des Falles zu entnehmende Erkennbarkeit wird in Art. 3 Abs. 1 S. 2 Rom-I-Verordnung hervorgehoben. Eine Begrenzung der freien Rechtswahl folgt nur aus Art. 3 Abs. 3 und 4 Rom-I-Verordnung, wonach – wenn alle Elemente des Sachverhalts zum Zeitpunkt der Rechtswahl in einem anderen als dem gewählten (Dritt-)Staat belegen sind – das Recht des Staates dieser Belegenheit insoweit Anwendung findet, als dass Bestimmungen des Rechts dieses Staates, die indisponibel und einer vertraglichen Abweichung nicht zugänglich sind, weiterhin Anwendung finden.[1105] Eine Rechtswahlbestimmung wird in den Rating- oder Abonnementsverträgen üblicherweise getroffen werden.[1106]

Dass es sich bei Rating- und Abonnementsverträgen typischerweise nicht um individuell ausgehandelte, sondern einseitig durch die Ratingagenturen vorgegebene Vertragswerke handelt, steht der Wirksamkeit der Rechtswahl – anders als in Fällen außervertraglicher Schuldverhältnisse[1107] – ebenfalls nicht entgegen.[1108]

1102 Mit den sogleich zu nennenden Beschränkungen des Art. 3 Abs. 3 und 4 Rom-I-VO.

1103 Siehe oben E. II. 1. b) aa).

1104 *Staudinger/Magnus*, Art. 3 Rom-I-VO, Rn. 114.

1105 Zur besonderen Einschränkung bei Verbraucherverträgen gemäß Art. 6 Abs. 2 Rom-I-VO siehe unten E. II. 1. b) cc) (2) (b) (bb).

1106 Hierzu bereits oben E. II. 1. b) aa).

1107 Hierzu oben E. II. 1. b) aa).

1108 Einzig die amtliche Überschrift („Freie Rechtswahl") könnte auf eine solche Voraussetzung schließen lassen. Dass der Normtext dies selbst nicht aufgreift oder bestimmt, spricht allerdings entschieden dagegen, ein solches Tatbestandsmerkmal für die Wirksamkeit der Rechtswahlbestimmung hinzuzufügen. Es ist daher im Ergebnis zutreffend davon auszugehen, dass Rechtswahlklauseln etwa auch im Rahmen allgemeiner Geschäftsbedingungen grundsätzlich wirksam sind, so auch

Das Zustandekommen und die Rechtswirksamkeit einer solchen Rechtswahlklausel in Form von Allgemeinen Geschäftsbedingungen richtet sich stattdessen nach dem gewählten Recht,[1109] würde also im Falle der Wahl deutschen Rechts nach den §§ 305 ff. BGB bestimmt werden.[1110] Generelle Bedenken gegen eine solche Rechtswahlklausel nach deutschem AGB-Recht bestehen indes nicht.[1111]

Mithin sind vorrangige Rechtswahlklauseln in Rating- oder Abonnementsverträgen maßgeblich für die Bestimmung des jeweils anzuwendenden nationalen Rechts. Über die Akzessorietätsklausel des Art. 4 Abs. 3 Rom-II-Verordnung würde die vertragliche Rechtswahl indirekt auch für die Bestimmung des anzuwendenden Rechtsstatuts im Rahmen von Art. 35a Rating-Verordnung gelten. Über diesen Weg können die in der Union ansässigen Ratingagenturen zumindest in den Fällen einer vertraglichen Beziehung mittelbar Einfluss nehmen auf die nähere Ausgestaltung und Anwendung der Haftung aus Art. 35a Rating-Verordnung.

(2) Kollisionsrechtliche Bestimmung nach Art. 4 ff. Rom-I-Verordnung

Fehlt es an einer Rechtswahl im jeweiligen Rating- oder Abonnementsvertrag oder ist diese ausnahmsweise unwirksam, so richtet sich die Bestimmung des anzuwendenden nationalen Rechts nach den allgemeinen Kollisionsnormen der Art. 4 ff. Rom-II-Verordnung. Hierbei ist zwischen den verschiedenen Fallkonstellationen zu differenzieren:

(a) Ratingverträge mit Emittenten

Da Ratingverträge zur Erstellung einer Bonitätsbewertung gegen Entgelt keinem der Vertragstypen entsprechen, die in den besonderen Bestimmungen der Art. 5 ff. Rom-I-Verordnung behandelt werden, richtet sich die Ermittlung nach der allgemeinen Kollisionsnorm des Art. 4 Rom-I-Verordnung. Diese nimmt für die kollisionsrechtliche Bestimmung in ihrem Abs. 1 einige besondere Vertragstypen vorweg, insbesondere Kauf- oder Dienstleistungsverträge.[1112] Letztere könnten vorliegend relevant sein, so dass das Recht des Staates gelten würde, in dem der Dienstleister seinen gewöhnlichen Aufenthalt hat,[1113] mithin vorliegend das Recht des Staates, in dem die jeweilige Ratingagentur ihre Hauptverwaltung betreibt.[1114]

Martiny in: Münchener Kommentar, BGB, Art. 3 Rom-I-VO, Rn. 42; *Palandt/Thorn*, Art. 3 Rom-I-VO, Rn. 6; *Staudinger/Magnus*, Art. 3 Rom-I-VO, Rn. 176; *Leible* in: Hüßtege/Mansel, Art. 3 Rom-I-VO, Rn. 72.

1109 Art. 3 Abs. 5, 10 Abs. 1 Rom-I-VO.

1110 Vgl. *Leible* in: Hüßtege/Mansel, Art. 3 Rom-I-VO, Rn. 73.

1111 Ausführlich *Wurmnest* in: Münchener Kommentar, BGB, § 307, Rn. 237 ff.

1112 Art. 4 Abs. 1 lit. a) und b) Rom-I-VO.

1113 Art. 4 Abs. 1 lit. b) Rom-I-VO.

1114 Art. 19 Abs. 1 UAbs. 1 Rom-I-VO.

Der Rechtsbegriff des Dienstleistungsvertrags ist unionsrechtlich autonom auszulegen.[1115] Es kann daher nicht auf die im deutschen Recht gängigen Abgrenzungskriterien und Begriffsverständnisse zurückgegriffen werden.[1116] Der Dienstleistungsvertragsbegriff der Rom-I-Verordnung ist weiter zu verstehen als der nach deutschem Recht und umfasst grundsätzlich schon jede Durchführung einer Tätigkeit gegen Entgelt,[1117] dies hauptsächlich in Abgrenzung zu Verträgen zur Übertragung oder Überlassung von Gegenständen.[1118] Daher fallen regelmäßig auch Verträge, die nach deutschem Recht als Werkverträge zu qualifizieren sind, unter den europarechtlichen Begriff der Dienstleistung.[1119] Unter ein derart weitreichendes Begriffsverständnis sind sodann auch Ratingverträge zu fassen, da sie evident nicht auf die Übereignung von Gegenständen gerichtet sind, so dass gemäß Art. 4 Abs. 1 lit. b) Rom-I-Verordnung auf den Sitz der Ratingagentur als Dienstleisterin – bzw. Werkunternehmerin[1120] – abzustellen ist.[1121]

Letztendlich kann es im Übrigen dahin stehen, ob Ratingverträge Dienstleistungsverträge nach Art. 4 Abs. 1 lit. b) Rom-I-Verordnung sind oder ob sie unter die subsidiär einschlägige Bestimmung des Art. 4 Abs. 2 Rom-I-Verordnung zu subsumieren wären, denn auch nach dieser Bestimmung würde das Recht des Staates des Agentursitzes zur Anwendung kommen: Maßgebend ist hiernach der Aufenthaltsort der Partei, die die charakteristische Leistung des Vertrags, also die für den Vertrag typische, ihm seine Prägung verleihende Leistung erbringt.[1122] Charakteristisch für das Wesen von Ratingverträgen mit Emittenten ist die Abgabe der Bonitätsbeurteilung[1123] und nicht die Zahlung des Entgelts.[1124] Bei Ratingverträgen ist daher der Sitz der Ratingagentur maßgebend für die Bestimmung des anzuwendenden Rechts.

1115 *Ferrari* in: Ferrari/Kieninger/Mankowski, Art. 4 Rom-I-VO, Rn. 27; *Staudinger/Magnus*, Art. 4 Rom-I-VO, Rn. 26.

1116 *Staudinger/Magnus*, Art. 4 Rom-I-VO, Rn. 26; dagegen auf Art. 4 Abs. 2 Rom-I-Verordnung abstellend *von Rimon*, Ratings in Deutschland und USA, S. 135; zur Qualifizierung des Ratingvertrags nach deutschem Zivilrecht unten F. I. 1. a) aa).

1117 Siehe *EuGH* NJW 2009, S. 1865 (1866); *Palandt/Thorn*, Art. 4 Rom-I-VO, Rn. 8.

1118 *Staudinger/Magnus*, Art. 4 Rom-I-VO, Rn. 40.

1119 *Palandt/Thorn*, Art. 4 Rom-I-VO, Rn. 8.

1120 Bei Werkverträgen nach deutschem Recht, die Dienstleistungsverträgen nach Art. 4 Abs. 1 lit. b) Rom-I-VO sind, ist auf den Sitz des Werkunternehmer abzustellen, *Martiny* in: Münchener Kommentar, BGB, Art. 4 Rom-I-VO, Rn. 56.

1121 Ebenso *Dutta*, IPRax 2014, S. 33 (37); *Schroeter*, Ratings, S. 794 (Fn. 25).

1122 Vgl. *Martiny* in: Münchener Kommentar, BGB, Art. 4 Rom-I-VO, Rn. 171; *Palandt/Thorn*, Art. 4 Rom-I-VO, Rn. 22; siehe auch *Leible* in: Hüßtege/Mansel, Art. 4 Rom-I-VO, Rn. 63 m.w.N.

1123 So auch *von Rimon*, Ratings in Deutschland und USA, S. 135.

1124 Dies ist grundsätzlich beim Aufeinandertreffen von Geldleistung und Sach- oder Naturalleistung, insbesondere bei Dienstverträgen, regelmäßig der Fall, hierzu *Ferrari* in: Ferrari/Kieninger/Mankowksi, Art. 4 Rom-I-VO, Rn. 64; siehe auch *Leible* in: Hüßtege/Mansel, Art. 4 Rom-I-VO, Rn. 62 f.; *Martiny* in: Münchener Kommentar, BGB, Art. 4 Rom-I-VO, Rn. 172.

(b) Abonnementsverträge mit Investoren

Für die Bestimmung des anzuwendenden Rechtsstatuts bei Abonnementsverträgen mit Investoren nach den Art. 4 ff. Rom-I-Verordnung ist eine weitere Differenzierung vorzunehmen, namentlich zwischen unternehmerisch agierenden Investoren und „Verbraucheranlegern".

(aa) Unternehmerische Investoren

Ratingagenturen schließen Abonnementsverträge typischerweise mit institutionellen, zumindest aber mit gewerblich agierenden Investoren.[1125] Diese fallen von vorne herein nicht unter den theoretisch vorgehenden Art. 6 Rom-I-Verordnung, so dass die kollisionsrechtliche Bestimmung des Rechtsstatuts ebenfalls anhand von Art. 4 Rom-I-Verordnung zu geschehen hat.[1126] Auch hier folgt unabhängig von der europarechtlichen Qualifizierung des Abonnementsvertrags im Ergebnis die Maßgeblichkeit des Sitzes der Ratingagentur für die Bestimmung des anzuwendenden Rechts: Sowohl nach Art. 4 Abs. 1 lit. a) oder b) Rom-I-Verordnung – mithin bei Vorliegen eines Kauf- oder Dienstvertrags, wobei vorliegend wegen des Vertragsgegenstands der Erteilung einer (ggf. unkörperlichen) Bonitätsauskunft gegen Entgelt der Begriff des Dienstvertrags einschlägig sein dürfte,[1127] als auch nach Art. 4 Abs. 2 Rom-II-Verordnung ist auf den Sitz der Ratingagentur abzustellen.[1128] Denn sie ist die Dienstleisterin eines etwaigen Dienstvertrags, so dass Art. 4 Abs. 1 lit. b) die Maßgeblichkeit bestimmt, und erbringt auch die charakteristische Vertragsleistung, so dass Art. 4 Abs. 2 Rom-II-Verordnung die gleiche Rechtsfolge vorsieht.[1129]

(bb) Abonnementsverträge als Verbraucherverträge

Wenn der Abonnementsvertragspartner der Ratingagentur eine Privatperson ist, die nicht im Rahmen ihrer unternehmerischen Tätigkeit agiert, sondern vielmehr als Verbraucher einzustufen ist[1130] – was indes geringe Praxisrelevanz besitzen dürfte,

---

1125 *Ebenroth/Daum*, WM 1992, Sonderbeilage Nr. 5, S. 2 (8).

1126 Zu Art. 6 Rom-I-VO unten E. II. 1. b) cc) (2) (b) (bb).

1127 Vgl. *Martiny* in: Münchener Kommentar, BGB, Art. 4 Rom-I-VO, Rn. 29; dagegen will *Leible* in: Hüßtege/Mansel, Art. 4 Rom-I-VO, Rn. 21 etwa Daten, die sowohl in körperlicher Form (z.B. auf Datenträger gespeichert) als auch in unkörperlicher Form (z.B. durch Download) erworben werden können, einheitlich als Kaufvertrag über bewegliche Sachen (Art. 4 Abs. 1 lit. a) Rom-I-VO) behandeln; zur rechtlichen Qualifizierung von Abonnementsverträgen nach deutschem Recht unten F. II. 1. a) aa).

1128 Auf Art. 4 Abs. 2 Rom-II-Verordnung abstellend *Schroeter*, Ratings, S. 881; *von Rimon*, Ratings in Deutschland und USA, S. 183.

1129 *Schroeter*, Ratings, S. 881; *von Rimon*, Ratings in Deutschland und USA, S. 183; grundsätzlich ist bei Kaufverträgen die Leistung des Verkäufers die charakteristische Leistung, vgl. *Ferrari* in: Ferrari/Kieninger/Mankowski, Art. 4 Rom-I-VO, Rn. 15.

1130 Verbraucher ist eine natürliche Person, die den Vertrag zu einem Zweck abschließt, der nicht ihrer beruflichen oder gewerblichen Tätigkeit zugerechnet werden

da es sich bei den Abonnenten typischerweise um institutionelle Investoren handelt[1131] –, wäre Art. 6 Rom-I-Verordnung in den Blick zu nehmen.[1132] Hiernach gilt das Recht des Staates, in dem der Verbraucher seinen gewöhnlichen Aufenthalt hat, wenn die jeweilige Ratingagentur ihre beruflichen oder gewerblichen Tätigkeiten auch in diesem Staat des gewöhnlichen Aufenthalts des Verbrauchers ausübt[1133] oder ihre Tätigkeit zumindest auf diesen Staat – ggf. als einem unter mehreren – auf irgendeine Weise ausrichtet.[1134] Denn ein Verbraucher, der im Ausland eine Dienstleistung entgegen nimmt, genießt kein generell schützenswertes Vertrauen darauf, dass das Recht seines Aufenthaltsstaats zur Anwendung kommt.[1135] Dass die Tätigkeit im Aufenthaltsstaat des Verbrauchers „ausgeübt“ werden muss, bedeutete hier konkret, dass die Ratingagentur Leistungen in diesem Staat anbieten und abwickeln muss.[1136] Daneben meint das „Ausrichten“ der Tätigkeit auf einen bestimmten Staat, dass die Ratingagentur zum Ausdruck bringen muss, dass sie zum Vertragsabschluss (mit Verbrauchern) in dem jeweiligen Staat bereit und gewillt ist.[1137] Hierfür wird regelmäßig schon der Betrieb einer interaktiven Internetseite ausreichen, die auf den Abschluss ggf. von Fernabsatzverträgen ausgerichtet ist.[1138] Gleiches gilt, wenn die Ratingagentur in den jeweils betroffenen Staaten werbend auftritt.[1139] Beide Merkmale liegen in den Ratingkonstellationen vor, da die Rating-

---

kann, siehe die Legaldefinition in Art. 6 Abs. 1 Rom-I-VO; vgl. auch *Martiny* in: Münchener Kommentar, BGB, Art. 6 Rom-I-VO, Rn. 7; Anleger sind demnach Verbraucher, wenn sie zum Zwecke und im Zusammenhang mit ihrer privaten Vermögensanlage und -verwaltung einen Abonnementsvertrag mit einer Ratingagentur abschließt. Selbst Vermögensanlagen größerer Volumina beeinträchtigen nicht die Verbrauchereigenschaft, solange der Zweck ein privater ist, vgl. *Martiny* in: Münchener Kommentar, BGB, Art. 6 Rom-I-VO, Rn. 8.

1131 So schon *Ebenroth/Daum*, WM 1992, Sonderbeilage Nr. 5, S. 2 (8).

1132 Dass Ratingagenturen auf der anderen Seite als Unternehmer im Sinne des Art. 6 Abs. 1 Rom-I-Verordnung zu qualifizieren sind, steht außer Frage.

1133 Art. 6 Abs. 1 lit. a) Rom-I-VO.

1134 Art. 6 Abs. 1 lit. b) Rom-I-VO.

1135 *Martiny* in: Münchener Kommentar, BGB, Art. 6 Rom-I-VO, Rn. 29; *Staudinger* in: Ferrari/Kieninger/Mankowski, Art. 6 Rom-I-VO, Rn. 45.

1136 „Absatztätigkeit im Lande des Verbrauchers“, *Martiny* in: Münchener Kommentar, BGB, Art. 6 Rom-I-VO, Rn. 29 f.

1137 *Leible* in: Hüßtege/Mansel, Art. 6 Rom-I-VO, Rn. 54; *Martiny* in: Münchener Kommentar, BGB, Art. 6 Rom-I-VO, Rn. 33; es muss der Wille zum Ausdruck kommen, Geschäftsbeziehungen zu Verbrauchern aus dem jeweiligen Mitgliedsstaat herzustellen. *EuGH* NJW 2011, S. 505 (508).

1138 Vgl. zu dieser Thematik ausführlich *EuGH* NJW 2011, S. 505 (508); siehe auch *Leible/Müller*, NJW 2011, S. 495 (495 f.); *Martiny* in: Münchener Kommentar, BGB, Art. 6 Rom-I-VO, Rn. 34 ff.; *Palandt/Thorn*, Art. 6 Rom-I-VO, Rn. 6.

1139 Zur Werbung als „Ausrichtung“ im Sinne von Art. 6 Abs. 1 lit. b) Rom-I-VO *Staudinger* in: Ferrari/Kieninger/Mankowski, Art. 6 Rom-I-VO, Rn. 47; vgl. auch *EuGH* NJW 2011, S. 505 (508); *Palandt/Thorn*, Art. 6 Rom-I-VO, Rn. 6.

agenturen ihre Ratings im Wege der Abonnements faktisch weltweit anbieten, insbesondere wenn Abschluss und Abwicklung über das Internet erfolgen,[1140] und ihre Geschäftstätigkeit mithin in allen denjenigen Staaten ausüben und erfüllen, in denen sie Abonnementsverträge unterhalten und somit Übersendungen ihrer Bonitätsurteile vornehmen.[1141] Dass die Agenturen dabei nicht in jedem Staat Zweigniederlassungen betreiben, ist unbeachtlich.[1142]

Ein anderes Rechtsstatut gilt, wenn und soweit der Abonnementsvertrag eine Rechtswahlklausel vorsieht, da Art. 6 Abs. 2 S. 1 Rom-I-Verordnung die Rechtswahl auch in Verbraucherverträgen ausdrücklich gestattet. Es greifen dann grundsätzlich die für Rechtswahlklauseln im Allgemeinen bereits angestellten Überlegungen.[1143] Dem Verbraucherschutz wird in diesen Fällen dadurch Rechnung getragen, dass die Rechtswahl sich nicht auf diejenigen Bestimmungen zum Schutze des Verbrauchers beziehen und diese abbedingen darf, die nach dem eigentlich für den Verbraucher bei Hinweg-Denken der Rechtswahl geltenden Rechtsstatuts nicht disponibel wären.[1144]

Das nach den vorstehenden Erörterungen einschlägige (und gegebenenfalls modifizierte) Recht des Verbraucherstaates besäße dann eine engere Verbindung zu dem Rechtsverhältnis zwischen den Vertragsparteien als das Recht des Schadensorts nach Art. 4 Abs. 1 Rom-II-Verordnung, so dass es gemäß Art. 4 Abs. 3 S. 2 Rom-II-Verordnung i.V.m. Art. 6 Abs. 1 oder 2 Rom-I-Verordnung auch bei außervertraglichen Ersatzansprüchen nach Art. 35a Rating-Verordnung zur Anwendung käme.

(c) Zusammenfassung

Die Akzessorietätsbestimmung des Art. 4 Abs. 3 S. 2 Rom-II-Verordnung hat bei mangelnder freier Rechtswahl[1145] grundsätzlich zur Folge, dass bei parallelen Rating- oder Abonnementsverträgen – die keine Verbraucherverträge sind – auf die deliktische Haftung aus Art. 35a Rating-Verordnung nicht das Recht des Schadensorts,[1146]

1140 Zur Abwicklung über das Internet *Leible/Müller*, NJW 2011, S. 495 (496).

1141 Zum „internationalen Charakter der Tätigkeit“ als Indiz für Art. 6 Abs. 1 lit. b) Rom-I-VO siehe *Leible* in: Hüßtege/Mansel, Art. 6 Rom-I-VO, Rn. 55 f.

1142 *Staudinger* in: Ferrari/Kieninger/Mankowski, Art. 6 Rom-I-VO, Rn. 46 m.w.N.

1143 Hierzu oben E. II. 1. b) cc) (1).

1144 Art. 6 Abs. 2 S. 2 Rom-I-VO; Günstigkeitsprinzip, vgl. auch *Leibe* in: Hüßtege/Mansel, Art. 6 Rom-I-VO, Rn. 71 f.; *Martiny* in: Münchener Kommentar, BGB, Art. 6 Rom-I-VO, Rn. 51; *Staudinger* in: Ferrari/Kieninger/Mankowski, Art. 6 Rom-I-VO, Rn. 72. Nach deutschem Recht könnte insoweit etwa nicht von den Schutzbestimmungen aus AGB-Recht (§§ 305 ff. BGB) oder von verbraucherschützenden Widerrufsbestimmungen (insbesondere zu Fernabsatzverträgen, § 312c BGB) abgewichen werden, siehe *Leibe* in: Hüßtege/Mansel, Art. 6 Rom-I-VO, Rn. 70; *Martiny* in: Münchener Kommentar, BGB, Art. 6 Rom-I-VO, Rn. 49; *Staudinger* in: Ferrari/Kieninger/Mankowski, Art. 6 Rom-I-VO, Rn. 74.

1145 Zum Vorliegen einer Rechtswahlbestimmung in den Verträgen oben E. II. 1. b) cc) (1).

1146 Typischerweise der Sitz des Emittenten, siehe oben E. II. 1. b) bb) (1).

sondern das Recht des Staates subsidiär Anwendung findet, in dem die jeweilige Ratingagentur ihren gewöhnlichen Aufenthalt unterhält.

(3) Unterschiedliche Behandlung der Haftungskonstellationen aufgrund des Art. 4 Abs. 3 Rom-II-Verordnung

Nach den zuvor gefundenen Ergebnissen der kollisionsrechtlichen Prüfung gilt zusammengefasst, dass – wenn keine vorrangige Rechtswahlvereinbarung greift[1147] – bei Fehlen paralleler Vertragsbeziehungen zwischen den jeweiligen Anspruchsparteien des Art. 35a Rating-Verordnung in der Regel das Recht des Staates gilt, in dem der Emittent seinen Sitz hat,[1148] während bei Vorliegen einer parallelen vertraglichen Beziehung in Form eines Ratingvertrags oder eines Abonnementsvertrags in der Regel das Recht des Staates gilt, in dem die Ratingagentur ihren Sitz hat.[1149] Der Sitz der Ratingagentur und der Sitz des Emittenten sind daher – vorbehaltlich der besprochenen Ausnahmen und Besonderheiten – die maßgebenden Anhaltspunkte für die Ermittlung des subsidiär anzuwendenden Rechts.

Da die Anwendung des jeweiligen nationalen Rechts prägenden Einfluss auf die Reichweite, die Auslegung und die Rahmenbedingungen der Haftung aus Art. 35a Rating-Verordnung ausübt,[1150] führt die Akzessorietätsnorm des Art. 4 Abs. 3 S. 2 Rom-II-Verordnung im Ergebnis zu einer unterschiedlichen Behandlung der Haftungsfälle des Art. 35a Rating-Verordnung, je nachdem ob vertragliche Grundbeziehungen zwischen den jeweiligen Anspruchsgegnern bestehen oder nicht,[1151] obwohl die Haftung nach dem Willen des Unionsgesetzgebers unabhängig vom Bestehen vertraglicher Beziehungen greifen soll[1152] und mithin auch äquivalenten Maßstäben genügen müsste. Die kollisionsrechtlich bedingte unterschiedliche Behandlung der dem Wesen nach gleichen Haftungsfälle begegnet daher Bedenken, welche nachfolgend formuliert, kritisch beleuchtet und auf mögliche Lösungswege hin untersucht werden sollen.

(a) Bedenken gegen die unterschiedliche Behandlung der Haftungsfälle

Die unterschiedliche Behandlung von vertraglichen und außervertraglichen Haftungskonstellationen im Rahmen der deliktischen Haftung nach Art. 35a Rating-Verordnung führt zu einer bedenklichen Fortführung, Intensivierung und Perpetuierung der ohnehin durch den EU-Gesetzgeber verursachten Zersplitterung

---

1147 Hierzu zuvor E. II. 1. b) aa).

1148 Siehe oben E. II. 1. b) cc) (1).

1149 Siehe oben E. II. 1. b) cc) (2) (a) und (b).

1150 Wegen der internen Lücken der Norm, hierzu oben F. I. 5. a).

1151 So für beauftragte und unbeauftragte Ratings auch *Schroeter*, Ratings, S. 835; dasselbe gilt dementsprechend auch für die Haftung gegenüber Abonnenten und dem allgemeinen Anlegerpublikum.

1152 Siehe Erwägungsgrund Nr. 32 der 2. Reform-VO.

der Normanwendung.[1153] Neben dem grundsätzlich maßgebenden Emittentensitz wird ggf. auch das Recht des Staates relevant, in dem die Ratingagentur ihren Sitz hat. Dies erweitert die Liste der potenziell anwendbaren nationalen Rechtsstatute und schwächt die Effektivität des *private enforcement* weiter ab.

Besonders auffällig werden die Bedenken aus dem Blickwinkel der Haftung gegenüber Anlegern: Hier hat die Akzessorietätsbestimmung des Art. 4 Abs. 3 S. 2 Rom-II-Verordnung zur Folge, dass das Recht des Staates des Sitzes der Ratingagentur nicht wie im Falle der Haftung gegenüber Emittenten – je nachdem ob ein *solicited* oder ein *unsolicited rating* vorliegt – alternativ zu dem Recht des Staates des Emittentensitzes zur Anwendung kommt,[1154] sondern es in dem identischen Haftungsfall wegen eines einzelnen fehlerhaften Ratings ggf. *zusätzlich* zu dem grundsätzlich einschlägigen Recht des Staates des Emittentensitzes anzuwenden ist, wenn sowohl Abonnenten als auch vertraglich ungebundene Anleger geschädigt wurden. Ein und dasselbe Fehlverhalten ist daher wegen der „Streuwirkung" der Art. 35a Rating-Verordnung und Art. 4 Abs. 3 Rom-I-Verordnung theoretisch nach – mindestens zwei und ggf. mehreren – unterschiedlichen Rechtsordnungen zu behandeln.[1155] Die Zielrichtung von Art. 35a Rating-Verordnung zur Schaffung eines konsistenten *private enforcement* ist hiermit kaum noch in Einklang zu bringen. Insgesamt wird sowohl für Ratingagenturen als auch für potenzielle Anspruchsteller eine Atmosphäre unsicherer Rechtsanwendung und -auslegung geschaffen. Auch die Versicherbarkeit der Ratingtätigkeit muss hierunter leiden.

(b) Einheitliche Handhabung der Haftungsfälle über Art. 4 Abs. 3 S. 1 Rom-II-Verordnung?

Wegen dieser Bedenken könnte die Subsumtion des Merkmals der „engeren Verbindung" zum Recht eines anderen Staates wegen des Bestehens von Verträgen (Art. 4 Abs. 3 S. 2 Rom-II-Verordnung) zur Überprüfung gestellt werden. Ähnlich wie bei der Diskussion um die Anwendung von Art. 4 Abs. 1 Rom-II-Verordnung zur Bestimmung des Rechtsstatuts anhand des Emittentensitzes[1156] ließe sich angesichts

1153 Zu den Bedenken gegen die durch Art. 4 Abs. 1 Rom-II-VO verursachte Zersplitterung wegen der Maßgeblichkeit des Emittentensitzes bereits oben E. II. 1. b) bb) (2).

1154 Woraus bereits eine Ungleichbehandlung von *solicited* und *unsolicited ratings* folgt, so auch *Schroeter*, Ratings, S. 835.

1155 Neben dem Recht des Agentur- und des Emittentensitzes können etwa vereinzelt vertraglich vereinbarte Rechtsordnungen zur Anwendung kommen zuzüglich besonderer Konstellationen, in denen wegen der Belegenheit aller Umstände des Sachverhalts in ein und demselben Staat die Sache nach dem Recht dieses Staates zu bewerten ist, sowie Fälle, in denen trotz Rechtswahlklausel vereinzelt indisponible Bestimmungen eines anderen Rechtsstatuts weiterhin Anwendung finden. Insgesamt kann ein einzelner Haftungsfall daher ein Mosaik verschiedener Rechtsordnungen zur Anwendung bringen.

1156 Siehe oben E. II. 1. b) bb) (2); es sind mithin zwei „Streuungseffekte" zu berücksichtigen und zu bewerten.

der zuvor geäußerten Bedenken vertreten, dass eine unterschiedliche Behandlung von Haftungsfällen des Art. 35a Rating-Verordnung, denen entweder ein Rating- oder Abonnementsvertrag zugrunde liegt oder nicht, unterbleiben muss und stattdessen alle Fälle einheitlich kollisionsrechtlich zu bestimmen sind.[1157] In diesem Fall bliebe die Akzessorietätsnorm des Art. 4 Abs. 3 S. 2 Rom-II-Verordnung und mithin das zugrunde liegende Rechtsverhältnis als „engere Verbindung“ zu einem anderen Rechtsstatut unberücksichtigt. Stattdessen könnte nur die Grundkollisionsnorm des Art. 4 Abs. 1 Rom-II-Verordnung zur Anwendung kommen oder eine pauschale, für alle Ratingfälle gleichermaßen geltende Bezugnahme auf das Recht des Staates des Agentursitzes über Art. 4 Abs. 3 S. 1 Rom-II-Verordnung gelten.[1158]

Allerdings greifen die gegen die Anwendung der Akzessorietätsnorm gerichteten Bedenken im Ergebnis nicht durch. Die hiermit verbundene Regelungsintention ist von größerer Bedeutung als das Interesse an einer einheitlichen Behandlung aller Ratinghaftungsfälle: Die Akzessorietätsnorm des Art. 4 Abs. 3 S. 2 Rom-II-Verordnung bezweckt die Gleichbehandlung von deliktischen und vertraglichen Ansprüchen zwischen zwei Parteien aus demselben Anspruchsgrund und richtet diese vorrangig an dem für den Vertrag geltenden Haftungsstatut aus.[1159] Die Akzessorietät von aufeinander treffenden und typischerweise in Anspruchskonkurrenz zueinander stehenden Ansprüchen aus Vertrag und Delikt ist dabei sinnvoll, da eine unnatürliche Aufspaltung des gleichen Sachverhalts vermieden und ein für denselben Schadensfall konsistentes und von Wertungswidersprüchen befreites Haftungsregime gewährleistet wird.[1160]

Die hier diskutierte Lösung einer einheitlichen Bestimmung des einschlägigen Rechtsstatuts in allen Haftungsfällen des Art. 35a Rating-Verordnung schaffte dagegen zwar eine Gleichbehandlung der Ratingagenturenhaftung ungeachtet vertraglicher oder nicht-vertraglicher Grundbeziehungen, missachtete jedoch das durch Art. 4 Abs. 3 S. 2 Rom-II-Verordnung geschützte Interesse an der akzessorischen Gleichbehandlung vertraglicher und deliktischer Ansprüche, die aus demselben Ereignis zwischen denselben Anspruchsparteien herrühren. Die kollisionsrechtliche Gleichschaltung der Haftungskonstellationen des Art. 35a Rating-Verordnung geschähe daher auf Kosten der Akzessorietät der Ansprüche im Binnenverhältnis der jeweiligen Vertragsparteien. Der Abonnent einer Ratingagentur oder der Emittent aus einem Ratingvertrag etwa würden zwar hinsichtlich ihres Anspruchs aus Art. 35a Rating-Verordnung genauso behandelt wie ein vertraglich nicht mit der Ratingagentur verbundener Investor oder Emittent;

1157 Auf dieser Linie *Schroeter*, Ratings, S. 837 f.; *Steinrötter*, ZIP 2015, S. 100 (114 f.).

1158 Vgl. die Diskussion im Rahmen von Art. 4 Abs. 1 Rom-II-VO, oben E. II. 1. b) bb) (2).

1159 *Junker* in: Münchener Kommentar, BGB, Art. 4 Rom-II-VO, Rn. 51; *Lehmann* in: Hüßtege/Mansel, Art. 4 Rom-II-VO, Rn. 163 („*Gleichlauf der Haftungsregime*“); *Palandt/Thorn*, Art. 4 Rom-II-VO, Rn. 11; *Staudinger* in: Ferrari/Kieninger/Mankowksi, Art. 6 Rom-I-VO, Rn. 82; *Wagner*, IPrax 2008, S. 1 (6).

1160 Vgl. *Leible/Engel*, EuZW 2004, S. 7 (11); *Palandt/Thorn*, Art. 4 Rom-II-VO, Rn. 11; *Staudinger* in: Ferrari/Kieninger/Mankowksi, Art. 6 Rom-I-VO, Rn. 82.

sie müssten jedoch je nach Sachverhalt ihre etwaigen parallelen Ansprüche aus dem Abonnements- oder Ratingvertrag womöglich nach Maßgabe eines anderen Rechtsstatuts prüfen und durchsetzen.[1161] Die konkurrierenden vertraglichen und deliktischen Ansprüche würden unnatürlich aufgespalten und die jeweiligen Anspruchsteller vor zweckwidrige Schwierigkeiten bei der Anspruchsdurchsetzung gestellt.

Hinzu kommt auch hier, dass erhebliche dogmatische Bedenken gegen eine pauschale Deformierung des kollisionsrechtlichen Prüfungsergebnisses bestünden.[1162] Art. 4 Abs. 3 S. 2 Rom-II-Verordnung sieht das Bestehen eines Rechtsverhältnisses zu Recht als den Regelfall einer engeren Beziehung zum Recht eines anderen – als dem nach Art. 4 Rom-II-Verordnung anderenfalls einschlägigen – Statuts an.[1163] Diese Wertung ist auch in den Ratingkonstellationen sachgerecht, insbesondere wenn die Vertragsparteien privatautonom die Geltung eines bestimmten Rechts bestimmen. Es ist insoweit auch erneut nicht nachvollziehbar und überzeugend, dass etwa das Merkmal des Sitzes der Ratingagentur wegen der dort belegenen Begründung der Registrierungs- und Verhaltenspflichten das Recht mit der engsten Beziehung zu dem zugrunde liegenden Rechtsverhältnis darstellen sollen.[1164] Eine generelle Lösung über den Sitz der Ratingagentur entfernte sich von den gesetzlichen Tatbestandsmerkmalen der engen Beziehung zu einem bestimmten Staat im Sinne von Art. 4 Rom-II-Verordnung, wenn sie – vom Einzelfall losgelöst – pauschale Ergebnisse für jeden Haftungsfall des Art. 35a Rating-Verordnung vorgeben wollte.[1165] Einmal mehr gilt folglich, dass die durch die diversen Verweisungen in nationales Recht bedingten Schwächen des Art. 35a Rating-Verordnung im Wege seiner Reformierung zu lösen sind und nicht durch das „Zurechtrücken" der einschlägigen kollisionsrechtlichen Bestimmungen.[1166]

1161 Insbesondere wenn eine abweichende Rechtswahlvereinbarung getroffen wurde, wegen der Belegenheit aller Sachverhaltsmerkmale in einem anderen Staat das Recht dieses anderen Staates einschlägig ist oder es zu „Mischanwendungen" wegen der Abweichung von indisponiblen Vorschriften kommt sowie bei Vorliegen von Verbraucherverträgen; zu den diversen möglichen Kombinationen nach Rom-I-Verordnung oben E. II. 1. b) cc) (1).

1162 Ähnlich auch bzgl. der Anwendung von Art. 4 Abs. 3 S. 1 vor Abs. 1 Rom-II-VO, siehe oben E. II. 1. b) bb) (2).

1163 Vgl. *Junker*, NJW 2007, S. 3675 (3678); *Leible/Engel*, EuZW 2004, S. 7 (11); *Palandt/Thorn*, Art. 4 Rom-II-VO, Rn. 11.

1164 In diese Richtung aber *Schroeter*, Ratings, S. 837.

1165 Einzelfallunabhängige pauschale Ergebnisse über Art. 4 Abs. 3 S. 1 Rom-II-VO verbieten sich ohnehin angesichts seines Zwecks als Ausweichklausel zur Ergebniskorrektur in Einzelfällen, *Lehmann* in: Hüßtege/Mansel, Art. 4 Rom-II-VO, Rn. 138; *derselbe*, IPrax 2012, S. 300 (402) bzgl. der Problematik bei Finanzmarktdelikten; *Palandt/Thorn*, Art. 4 Rom-II-VO, Rn. 10.

1166 So schon hinsichtlich der Bedenken gegen die Anwendung von Art. 4 Abs. 1 Rom-II-VO, siehe oben E. II. 1. b) bb) (2); zu entsprechenden Reformüberlegungen unten E. V. 2.

Grundsätzlich ist daher nach der hier vertretenen Auffassung an den Prüfungsergebnissen der kollisionsrechtlichen Bestimmung des anzuwendenden Rechts im Rahmen von Art. 35a Rating-Verordnung nach Art. 4 Abs. 1 und 3 Rom-II-Verordnung festzuhalten, auch wenn dies zu einer weiteren Fragmentierung der Rechtsanwendung führt. Denn es handelt es sich um die konsequente Anwendung und Subsumtion unter die einschlägigen Gesetze, deren zugrunde liegende Wertungen auch in den Ratingfällen zur Anwendung kommen sollten.

(c) Differenzierte Behandlung der Haftungsfälle

Gleichwohl ist im Ergebnis eine gewisse Differenzierung vorzunehmen: Die Wahrung der Akzessorietätsvorschrift des Art. 4 Abs. 3 Rom-II-Verordnung zur Gleichbehandlung vertraglicher und nicht-vertraglicher Ansprüche aus demselben Anspruchsgrund sollte in den Haftungsfällen des Art. 35a Rating-Verordnung nur dann eine Ausnahme erfahren, wenn erstens eine Rechtswahlklausel im zugrunde liegenden Vertrag vorliegt, zweitens diese nicht ausdrücklich oder konkludent auch für das außervertragliche Rechtsverhältnis gilt und sie drittens das Recht eines Staates zur Anwendung brächte, in dem weder die Ratingagentur noch der bewertete Emittent noch der anspruchstellende Anleger seinen gewöhnlichen Aufenthalt unterhält. In einer solchen Sachverhaltskonstellation kann nicht mehr von einer engeren Verbindung zum Recht des gewählten Staates gesprochen werden, so dass Art. 4 Abs. 3 S. 2 Rom-II-Verordnung nicht zur Anwendung käme und stattdessen das Recht des Staates gelten müsste, in dem der Emittent seinen Aufenthalt hat, da hier sowohl bei geschädigten Emittenten als auch bei geschädigten Anlegern der Ort des Schadenseintritts belegen ist (Art. 4 Abs. 1 Rom-II-Verordnung).[1167]

Die drei vorgenannten kumulativen Ausnahmevoraussetzungen erklären sich dabei wie folgt: Das Fehlen einer engeren Verbindung im Sinne von Art. 4 Abs. 3 Rom-II-Verordnung kann zunächst nur bei Vorliegen einer Rechtswahlvereinbarung in dem jeweils zugrunde liegenden Vertrag vermutet werden, da die Bestimmung des nationalen Rechtsstatuts anderenfalls nach der allgemeinen Kollisionsnorm des Art. 4 Rom-I-Verordnung erfolgen und grundsätzlich zur Anwendung des Rechts des Staates des Sitzes der Ratingagentur führen würde.[1168] Diesem Ergebnis stehen nach dem Vorgesagten jedoch keine Bedenken entgegen, da hierdurch in der Tat eine engere Verbindung begründet wird.[1169]

Eine solche Rechtswahlklausel darf zweitens nicht auch für das außervertragliche Rechtsverhältnis greifen, da die Verweisungsvorschrift des Art. 4 Abs. 3 Rom-II-Verordnung in diesem Fall gar nicht erst zur Anwendung käme. Eine Rechtswahlvereinbarung, die auch für das außervertragliche Schuldverhältnis gilt, ist vorrangig und verdrängt Art. 4 Rom-II-Verordnung.[1170]

1167 Ausführlich oben E. II. b) bb) (1) (b) und (c).

1168 Siehe oben E. II. 1. b) cc) (2) (a) und (b).

1169 Siehe oben E. II. 1. b) cc) (3) (b).

1170 Hierzu oben E. II. 1. b) aa).

Drittens kann der Rechtswahlvereinbarung die engere Verbindung der jeweiligen Parteibeziehung zum Recht des jeweils gewählten Staates nur dann abgesprochen werden, wenn sie tatsächlich bei objektiver Betrachtung keinen sachlichen Zusammenhang zu dem zugrunde liegenden Rechtsverhältnis mehr unterhält.[1171] Dies ist dann der Fall, wenn das Recht eines Staates gewählt wird, in dem keiner der drei potenziellen Anspruchsparteien – bzw. in Haftungsfällen von Emittenten keiner der zwei potenziellen Anspruchsparteien – ihren gewöhnlichen Aufenthalt hat.[1172] Eine solche Rechtswahl besäße keine objektiv erkennbare Beziehung oder Verbindung mehr zu dem zugrunde liegenden Rechtsverhältnis, so dass hier eine engere Verbindung im Sinne des Art. 4 Abs. 3 S. 2 Rom-II-Verordnung nicht erkannt werden kann.

Für diese Überlegung streitet auch, dass eine derartige Rechtswahl wegen der zwingenden Bindung an indisponible Bestimmungen des eigentlich kollisionsrechtlich einschlägigen Rechtsstatuts gemäß Art. 3 Abs. 3 und 4 oder Art. 6 Abs. 2 S. 2 Rom-I-Verordnung ohnehin nicht zur vollumfänglichen Anwendung des gewählten Rechts gereichen würde, so dass es auch nicht sachgerecht erscheint, die „Magnetwirkung“[1173] des Art. 4 Abs. 3 Rom-II-Verordnung, durch die das für Art. 35a Rating-Verordnung geltende Recht an das für den zugrunde liegende Vertrag gezogen wird, zur Entfaltung kommen zu lassen.[1174] Eine „offensichtlich engere Verbindung“ zum vertraglichen Rechtsstatut ist dann abzulehnen.

In solchen Fällen muss es daher bei der Grundnorm des Art. 4 Abs. 1 Rom-II-Verordnung bleiben, so dass grundsätzlich das Recht desjenigen Staates Anwendung fände, in dem der jeweils betroffene Emittent seinen gewöhnlichen Aufenthalt hat.

c) Ergebnis

Art. 35a Rating-Verordnung bedingt durch die diversen internen und externen Lücken eine subsidiäre Anwendung nationalen Rechts. Dieses kollisionsrechtlich zu bestimmen, ist daher in jedem einzelnen Haftungsfall unabdingbar und zugleich für die Rahmenbedingungen und die Durchsetzbarkeit eines etwaigen Haftungsanspruchs entscheidend. Im Ergebnis ist grundsätzlich auf das pri-

---

1171 In eine ähnliche Richtung im Zusammenhang mit der akzessorischen Anwendung des gewählten Rechts aus einem Verbrauchervertrag auch *Staudinger* in: Ferrari/Kieninger/Mankowksi, Art. 6 Rom-I-VO, Rn. 84; siehe in diesem Zusammenhang auch *Steinrötter*, ZIP 2015, S. 110 (114) bzgl. der Beschränkung der privatautonomen Rechtswahl auf mitgliedsstaatliches Recht im Rahmen von Art. 14 Rom-II-Verordnung.

1172 Grundsätzlich bei der Wahl „sachfernen Rechts“ ebenso *Staudinger* in: Ferrari/Kieninger/Mankowksi, Art. 6 Rom-I-VO, Rn. 84.

1173 *Staudinger* in: Ferrari/Kieninger/Mankowksi, Art. 6 Rom-I-VO, Rn. 84.

1174 Vgl. *Staudinger* in: Ferrari/Kieninger/Mankowksi, Art. 6 Rom-I-VO, Rn. 84.

vatautonom für außervertragliche Haftungsfälle gewählte oder das nationale Recht des Staates des Emittentensitzes zurückzugreifen, wenn dem jeweiligen Haftungsfalle kein vertragliches Rechtsverhältnis zugrunde liegt.[1175] Ist dies dagegen der Fall, ist grundsätzlich das im jeweiligen Vertrag gewählte oder das Recht des Staates, in dem die Agentur ihren Sitz hat, anzuwenden, da hierzu eine engere Verbindung besteht.[1176] Kollisionsrechtliche „Korrekturen" – wie etwa die pauschale Anknüpfung an den Staat des Sitzes der betroffenen Ratingagentur – sind grundsätzlich nicht vorzunehmen;[1177] die hieraus resultierenden Bedenken wegen der Fragmentierung der Normanwendung sind durch Reformierung des Tatbestands zu beheben.[1178]

2. Ermittlung des Gerichtsstands für Klagen aus Art. 35a Rating-Verordnung

An die Frage der Bestimmung des einschlägigen nationalen Rechts schließt sich unmittelbar die Frage nach dem Gerichtsstand für die prozessuale Geltendmachung der Haftung an. Dem jeweils zuständigen nationalen Gericht kommt eine besondere Bedeutung zu, die mit den Regelungen des Art. 35a Rating-Verordnung zur Beweislastverteilung zusammenhängen – worauf noch näher einzugehen sein wird.[1179] Die Beweislast für sämtliche Tatbestandsmerkmale liegt insoweit grundsätzlich bei den Anspruchstellern. Die zuständigen Zivilgerichte sollen jedoch zum einen entscheiden, was als „genaue und detaillierte Information" zu gelten hat, die die Anspruchsteller zur Darlegung der Zuwiderhandlung der Ratingagentur und deren Auswirkung auf ein Rating vortragen müssen.[1180] Zum anderen obliegt es den befassten Gerichten, die für die Realisierungswahrscheinlichkeit der Haftung bedeutsame „Berücksichtigung" dessen, dass Anspruchsteller möglicherweise keinen Zugang zu internen Informationen der Ratingagentur besitzen, prozessual umzusetzen.[1181]

a) Unionsrechtliche Zuständigkeitsbestimmung nach der Brüssel-Ia-Verordnung

Zur Bestimmung des zuständigen Gerichts für eine Klage aus Art. 35a Rating-Verordnung gegen eine in einem EU-Mitgliedsstaat sitzende Ratingagentur ist die

1175 Siehe oben E. II. 1. b) aa) und bb).
1176 Siehe oben E. II. 1. b) cc).
1177 Zu Ausnahmen zuvor unter E. II. 1. b) cc) (3).
1178 Zu entsprechenden Überlegungen unten E. V. 2.
1179 Hierzu unten E. III. 1.
1180 Art. 35a Abs. 2 UAbs. 2 Rating-VO.
1181 Art. 35a Abs. 2 UAbs. 2 Rating-VO.

Brüssel-Ia-Verordnung[1182] einschlägig.[1183] Auch für diese Zuständigkeitsbestimmung ist von Bedeutung, dass es sich bei der Rechtsbeziehung aus Art. 35a Rating-Verordnung um eine außervertragliche unerlaubte Handlung und nicht etwa um ein vertragliches Schuldverhältnis handelt.[1184]

aa) Grundsatz: Maßgeblichkeit des Beklagtensitzes

Im Grundsatz gilt, dass der allgemeine internationale Gerichtsstand für Klagen gegen Personen, die ihren Wohnsitz in einem anderen Mitgliedstaat haben, in eben diesem Staat des Beklagtensitzes belegen ist.[1185] Dabei handelt es sich um ein allgemeines Prinzip der unionsrechtlichen Gerichtszuständigkeit zum Schutze des Beklagten, dem die Verteidigung erleichtert werden soll.[1186] Es bedarf des Rückgriffs auf besondere Bestimmungen um einen zusätzlichen Gerichtsstand in einem anderen Mitgliedstaat zu begründen und dem Kläger mithin eine Wahlmöglichkeit zu eröffnen.[1187] Daher gilt dem Grunde nach, dass ein Verfahren gegen Ratingagenturen auf Basis von Art. 35a Rating-Verordnung im Staate des Sitzes der Ratingagentur[1188] angestrebt werden muss, auch wenn der Kläger in einem anderen Mitgliedstaat ansässig ist.[1189]

1182 Verordnung (EU) Nr. 1215/2012 – Brüssel-Ia-Verordnung – des Europäischen Parlaments und des Rates vom 12.12.2012 über die gerichtliche Zuständigkeit und die Anerkennung und Vollstreckung von Entscheidungen in Zivil- und Handelssachen, ABl. Nr. L 351 S. 1, in der Fassung nach der letzten Änderung durch Art. 1 ÄndVO (EU) 2015/281 vom 26.11.2014 (ABl. 2015 Nr. L 54 S. 1), in Kraft seit 26.02.2015 (nachfolgend: „Brüssel-Ia-Verordnung“).

1183 Art. 1 Abs. 1 S. 1, Art. 4 Abs. 1 Brüssel-Ia-VO; *Dutta*, WM 2013, S. 1729 (1736); *derselbe* IPrax 2014, S. 33 (36); nicht abzustellen ist auf §§ 12 ff. ZPO, *Steinrötter*, ZIP 2015, S. 110 (111).

1184 Siehe oben E. II. 1. a); das Begriffsverständnis des außervertraglichen Schuldverhältnisses im Rahmen der Brüssel-Ia-VO ist dabei im Wesentlichen konsistent mit demjenigen der Rom-Verordungen.

1185 Art. 4 Abs. 1 Brüssel-Ia-Verordnung.

1186 *Dörner* in: Saenger, Art. 4 Brüssel-Ia-VO, Rn. 1, 3.

1187 Art. 5 Abs. 1 Brüssel-Ia-VO, namentlich der Besonderheiten aus den Abschnitten 2 bis 7 des zweiten Kapitels.

1188 Gemäß Art. 63 Abs. 1 Brüssel-Ia-VO gilt für juristische Personen der Ort, an dem sich ihr satzungsmäßiger Sitz, ihre Hauptverwaltung oder ihre Hauptniederlassung befindet; im Vereinten Königreichs – was zumindest bei dem (auch) in London ansässigen *Fitch Ratings* einschlägig wäre – ist unter dem satzungsmäßigen Sitz das *registered office* zu verstehen, Art. 63 Abs. 2 Brüssel-Ia-VO; dies dient der Klarstellung, da das Recht des Vereinten Königreichs das Konzept des Gesellschaftssitzes nicht kennt, *Dörner* in: Saenger, Art. 63 Brüssel-Ia-VO, Rn. 4.

1189 So auch *Dutta*, WM 2013, S. 1729 (1736); *derselbe*, IPrax 2014, S. 33 (36); *Gietzelt/ Ungerer*, GPR 2013, S. 333 (339).

bb) Vorrangige Gerichtsstandvereinbarung

Allerdings kann sich der einschlägige Gerichtsstand auch aus einer vorrangigen Gerichtsstandvereinbarung ergeben.[1190] Die Form und die Zulässigkeit von Gerichtsstandvereinbarungen regelt Art. 25 Brüssel-Ia-Verordnung.[1191] In den hier zugrunde liegenden Ratingfällen sind Gerichtsstandvereinbarungen im Rahmen der vertraglichen Absprachen in Rating- und Abonnementsverträgen denkbar und praxisrelevant.[1192] Derartige Vereinbarungen würden den formalen Anforderungen des Art. 25 Brüssel-Ia-Verordnung grundsätzlich Genüge tun, da sie regelmäßig schriftlich geschlossen werden,[1193] und auch eine künftige aus einem bestimmten Rechtsverhältnis entspringende Rechtsstreitigkeit betreffen würden.[1194] Die Wahl eines Gerichts aus einem Drittstaat ist indes wegen des unmissverständlichen Wortlauts des Art. 25 Abs. 1 Brüssel-Ia-Verordnung nicht zulässig.[1195]

Einzig problematisch ist vorliegend, dass sich die jeweilige Gerichtsstandvereinbarung auch auf Prozesse im Hinblick auf die außervertragliche Haftung nach Art. 35a Rating-Verordnung beziehen und nicht nur vertragliche Streitigkeiten betreffen darf.[1196] Hier muss in jedem Einzelfall eine Auslegung stattfinden, um zu bestimmen, dass und ob eine etwaig vorhandene vertragliche Gerichtsstandvereinbarung tatsächlich auch die außervertragliche Haftung nach Art. 35a Rating-Verordnung, mithin also konkurrierende deliktische Ansprüche gleichermaßen erfassen soll.[1197] Wenn die jeweilige Gerichtsstandvereinbarung nur das konkrete Vertragsverhältnis zwischen den Parteien als das „bestimmte Rechtsverhältnis" im Sinne von Art. 25 Abs. 1 S. 1 Brüssel-Ia-Verordnung, aus dem künftige Rechtsstreitigkeiten entspringen können, benennt, wird dies regelmäßig darauf hindeuten,

1190 Die Gerichte des gewählten Mitgliedsstaats werden – wenn nicht anderweitig vereinbart – ausschließlich zuständig, Art. 25 Abs. 1 S. 2 Brüssel-Ia-VO; *Gottwald* in: Münchener Kommentar, ZPO, Art. 23 EuGVVO a. F., Rn. 82; *Dörner* in: Saenger, Art. 25 Brüssel-Ia-VO, Rn. 2, 37.

1191 Nationales Recht spielt auch eine Rolle, da die Gerichtsstandvereinbarung nach dem Recht des jeweils gewählten Mitgliedsstaats nicht nichtig sein darf, siehe Art. 25 Abs. 1 S. 1 Brüssel-Ia-VO; zur genauen Bestimmung, nach welchem Statut die materielle Prüfung erfolgt siehe *Dörner* in: Saenger, Art. 25 Brüssel-Ia-VO, Rn. 15 ff.

1192 *Steinrötter*, ZIP 2015, S. 110 (112); bei *unsolicited ratings* oder der bloßen Kenntnisnahme von Ratings durch Investoren kann es mangels rechtsgeschäftlichem Kontakt keine Gerichtsstandvereinbarung im Vorhinein geben, *Dutta*, IPrax 2014, S. 33 (36).

1193 Schriftformerfordernis nach Art. 25 Abs. 1 S. 3 lit. a) Brüssel-Ia-VO.

1194 Vgl. Art. 25 Abs. 1 S. 1 Brüssel-Ia-VO.

1195 Vgl. *EuGH* NJW 2001, S. 501 (502) zu Art. 17 EuGVÜ; *Gottwald* in: Münchener Kommentar, ZPO, Art. 23 EuGVVO a. F., Rn. 9.

1196 Vgl. *Gottwald* in: Münchener Kommentar, ZPO, Art. 23 EuGVVO a. F., Rn. 65 m.w.N.

1197 Vgl. *Steinrötter*, ZIP 2015, S. 110 (112).

dass die womöglich parallele rein deliktsrechtliche Beziehung aus Art. 35a Rating-Verordnung nicht erfasst wird.[1198]

cc) Maßgeblichkeit des Schadensorts gemäß Art. 7 Nr. 2 Brüssel-Ia-Verordnung

Abseits dessen ergibt sich für Klagen aus Art. 35a Rating-Verordnung ein besonderer Gerichtsstand aus Art. 7 Nr. 2 Brüssel-Ia-Verordnung. Hiernach kann ein Anspruchsgegner auch vor dem Gericht des Ortes, an dem das schädigende Ereignis eingetreten ist, in Anspruch genommen werden, wenn eine unerlaubte Handlung den Gegenstand des Verfahrens bildet, was bei Art. 35a Rating-Verordnung, wie gezeigt, der Fall ist.[1199] Der Gerichtsstand der unerlaubten Handlung nach Art. 7 Nr. 2 Brüssel-Ia-Verordnung steht alternativ neben dem allgemeinen Gerichtsstand des Sitzes der Ratingagentur zur Wahl des Klägers.[1200]

Fraglich ist indes, wo der Ort des Eintritts des schädigenden Ereignisses konkret zu lokalisieren ist. Das Begriffsverständnis weicht insoweit von dem aus Art. 4 Abs. 1 Rom-II-Verordnung[1201] ab: Art. 7 Nr. 2 Brüssel-Ia-Verordnung anerkennt als Schadensort sowohl den Ort des dem Schaden zugrunde liegenden ursächlichen Geschehens, also den Handlungsort, als auch den Ort des konkreten Schadenseintritts.[1202] Unterscheiden sich die beiden Orte voneinander, kann der Kläger den Gerichtsstand wählen.[1203]

Der Handlungsort im Sinne des Art. 7 Nr. 2 Brüssel-Ia-Verordnung ist vorliegend am Sitz der jeweils betroffenen Ratingagentur zu lokalisieren, da hier die schädigende Zuwiderhandlung stattfindet.[1204] Diese Lokalisierung entspricht im Ergebnis dem ohnehin nach dem Grundsatz des Art. 4 Abs. 1 Brüssel-Ia-Verordnung einschlägigen Gerichtsstand am Geschäftssitz der Ratingagentur,[1205] weshalb die Wahlmöglichkeit des Klägers diesbezüglich ins Leere geht.[1206]

Zu einem abweichenden Ergebnis führt nur die Anknüpfung an den Schadenseintrittsort. Nach der hier vertretenen Auffassung kommt es für dessen Lokalisierung auf die Belegenheit des konkret geschädigten Vermögensbestandteils an, so dass wie

---

1198 Auch *Steinrötter*, ZIP 2015, S. 110 (112) sieht die Ratingagenturen daher „*gut beraten, eine Prorogation im Vertragstext speziell für die Ratinghaftung aufzunehmen*"; bei der Anwendbarkeit deutschen Rechts jedoch konkurrierende Ansprüche stets unter die Gerichtsstandvereinbarung fassend *Gottwald* in: Münchener Kommentar, ZPO, Art. 23 EuGVVO a. F., Rn. 65 m.w.N.

1199 Hierzu oben E. II. 1. a).

1200 *Dörner* in: Saenger, Art. 7 Brüssel-Ia-VO, Rn. 1.

1201 Hierzu oben E. II. 1. b) bb) (1) (a).

1202 Mit ausführlicher Begründung *EuGH* NJW 1977, S. 493; NJW 1995, S. 1881 (1882); siehe auch *Gottwald* in: Münchener Kommentar, ZPO, Art. 5 EugVVO a. F., Rn. 68.

1203 *Dörner* in: Saenger, Art. 7 Brüssel-Ia-VO, Rn. 32.

1204 Ebenso *Steinrötter*, ZIP 2015, S. 110 (113); siehe bereits oben E. II. 1. b) bb) (1) (b).

1205 Siehe zuvor E. II. 2. a) aa).

1206 So auch *Steinrötter*, ZIP 2015, S. 110 (113).

im Rahmen von Art. 4 Abs. 1 Rom-II-Verordnung,[1207] der Schadensort sowohl für Klagen von Emittenten als auch von Anlegern grundsätzlich am Sitz des Emittenten belegen ist.[1208] Dass es daneben einmal auf den Ort des Wohn- oder Geschäftssitzes des Anlegers als Kläger ankommen und damit wegen eines einzelnen fehlerhaften Ratings ein Mosaik potenziell einschlägiger Gerichtsstände in der Europäischen Union zu befürchten sein könnte,[1209] ist Ausnahmefällen vorsätzlicher Täuschung des Anlegers vorbehalten.[1210]

Emittenten oder Anleger, die eine Klage nach Art. 35a Rating-Verordnung anstreben wollen, können mithin grundsätzlich zwischen den Gerichten am Agentursitz und denen im Mitgliedsstaat des Emittentensitzes, wählen.[1211] Dabei ist es regelmäßig von Vorteil, den Gerichtsstand in Einklang mit dem jeweils subsidiär anzuwendenden nationalen Recht zu bringen.[1212] Anderweitige ausschließliche oder besondere Gerichtsstände nach der Brüssel-Ia-Verordnung sind für die Haftung aus Art. 35a Rating-Verordnung nicht einschlägig.[1213]

dd) Kein Akzessorietätszwang vertraglicher und nicht-vertraglicher Anspruchsdurchsetzung

Fraglich ist zuletzt, ob sich ein besonderer Gerichtsstand womöglich aus einer Akzessorietät mit dem Gerichtsstand, der für die Durchsetzung etwaiger paralleler vertraglicher Ansprüche gegen die Ratingagentur einschlägig ist, ergibt. In Anlehnung an die kollisionsrechtliche Akzessorietätsnorm des Art. 4 Abs. 3 Rom-II-Verordnung, durch die das für deliktische Ansprüche geltende Rechtsstatut an dasjenige, das für einen zugrunde liegenden Vertrag gilt, angeglichen wird, um eine unterschiedliche Behandlung konkurrierender Ansprüche zu vermeiden,[1214] könnte

---

1207 Die Frage stellt sich bei Art. 7 Nr. 2 Brüssel-Ia-Verordnung gleichermaßen, vgl. etwa *Dörner* in: Saenger, Art. 7 Brüssel-Ia-VO, Rn. 32.

1208 Siehe oben E. II. 1. b) bb) (1) (b) und (c); ebenso *Steinrötter*, ZIP 2015, S. 110 (114); *Dutta*, WM 2013, S. 1729 (1731); *derselbe*, IPrax 2014, S. 33 (39).

1209 So jedoch *Steinrötter*, ZIP 2015, S. 110 (113), der bei der Haftung gegenüber Anlegern hinsichtlich des Ortes des Schadenseintritts nicht auf den Ort des Emittentensitzes abstellt.

1210 Siehe oben E. II. 1. b) bb) (1) (c).

1211 *Steinrötter*, ZIP 2015, S. 110(113).

1212 Ähnlich *Gietzelt/Ungerer*, GPR 2013, S. 333 (339).

1213 Ein ausschließlicher Gerichtsstand ergibt sich nicht aus einer der Fallgruppen des Art. 24 Brüssel-Ia-Verordnung; auch die sonstigen Bestimmungen der Brüssel-Ia-Verordnung sind nicht auf die Geltendmachung eines Anspruchs aus Art. 35a Rating-Verordnung anwendbar, soweit sie die Geltendmachung von vertraglichen Ansprüchen betreffen, denn bei der Rechtsbeziehung aus Art. 35a Rating-Verordnung handelt es sich um eine außervertragliche Haftung aus unerlaubter Handlung, siehe oben E. II. 1. a).

1214 Hierzu oben E. II. 1. b) cc) (3) (b).

vertreten werden, dass eine solche „Magnetwirkung“[1215] auch bei der Bestimmung des zuständigen Gerichts nach der Brüssel-Ia-Verordnung bestehen soll, so dass konkurrierende vertragliche und deliktische Ansprüche nicht vor unterschiedlichen Gerichten geltend gemacht werden könnten oder dürften.[1216] Der zulässige besondere Gerichtsstand für vertragliche Ansprüche richtet sich insoweit gemäß Art. 7 Nr. 1 Brüssel-Ia-Verordnung nach dem jeweiligen Erfüllungsort[1217] und würde die Maßgeblichkeit des Schadensorts gemäß Art. 7 Nr. 2 Brüssel-Ia-Verordnung insoweit verdrängen. Vertretbar erschiene eine solche Auffassung auch aus dem Blickwinkel des Verbraucherschutzes bei Vorliegen eines Verbrauchervertrags nach Art. 17 Brüssel-Ia-Verordnung.[1218]

Allerdings ist eine entsprechende Akzessorietätsfiktion im Rahmen der Brüssel-Ia-Verordnung im Ergebnis abzulehnen. Zum einen lässt die Existenz des Art. 4 Abs. 3 Rom-II-Verordnung auf der einen und das Fehlen einer entsprechenden Akzessorietätsbestimmung in der Brüssel-Ia-Verordnung auf der anderen Seite den Rückschluss zu, dass es sich um eine bewusste Regelungslücke handelt. Dies gilt angesichts der jüngsten Reformierung der Brüssel-Ia-Verordnung umso mehr, da hier die Gelegenheit zur Einfügung einer entsprechenden Bestimmung bestand und gleichwohl ungenutzt geblieben ist.[1219] Zum anderen steht es dem Kläger ohnehin jederzeit offen, vertragliche und deliktische Ansprüche am grundsätzlich immer einschlägigen Gerichtsstand des Beklagtenwohnsitzes zu erheben, so dass er die Akzessorietät selbst herstellen kann.[1220] Der Europäische Gerichtshof hat dies für die gegenteilige Konstellation einer Heranziehung der Geltendmachung vertraglicher Ansprüche an die deliktischen Forderungen bereits ausdrücklich entschieden und einen Akzessorietätszwang abgelehnt.[1221] Diese Wertung ist auch für die hier behandelte spiegelbildliche Konstellation zu übernehmen.

b) Ergebnis

Bei Vorliegen eines Auslandsbezugs können Emittenten und Anleger ihre Klage nach Art. 35a Rating-Verordnung gegen eine in der Union ansässige Ratingagentur mithin grundsätzlich nach ihrer Wahl im Mitgliedsstaat des Agentursitzes oder des Emittentensitzes erheben, es sei denn eine wirksame vorrangige Gerichtsstandvereinbarung eröffnet oder bestimmt einen anderweitigen Gerichtsstand innerhalb der

---

1215 *Staudinger* in: Ferrari/Kieninger/Mankowksi, Art. 6 Rom-I-VO, Rn. 84.

1216 Hierfür plädierend *Staudinger*, NZM 2011, S. 257 (262); dies im Ratingzusammenhang für „erwägenswert“ haltend *Steinrötter*, ZIP 2015, S. 110 (112) (Fn. 31).

1217 Zur Lokalisierung des Erfüllungsorts bei Kauf- und Dienstleistungsverträgen *Gottwald* in: Münchener Kommentar, ZPO, Art. 5 EuGVVO a. F., Rn. 17 ff., 25 ff.

1218 *Staudinger*, NZM 2011, S. 257 (262).

1219 Die alte EuGVVO wurde zuletzt neu gefasst durch die Verordnung (EU) Nr. 1215/2012, ABl. Nr. L 351 S. 1 (Brüssel-Ia-VO).

1220 Vgl. *EuGH* NJW 1988, S. 3088 (3089).

1221 *EuGH* NJW 1988, S. 3088 (3089).

Europäischen Union. Da diese Wahlmöglichkeit den beiden wesentlichen Optionen entspricht, nach denen sich grundsätzlich auch das subsidiär anwendbare nationale Recht bestimmt[1222] – abseits etwaiger abweichender Rechtswahlklauseln –, sind Kläger regelmäßig in der Lage, den Gerichtsstand konsistent mit dem anwendbaren nationalen Recht zu wählen.

III. Beweislastverteilung und Beweiserleichterungen bei der Haftung aus Art. 35a Rating-Verordnung

In der rechtswissenschaftlichen Diskussion um eine Haftung von Ratingagenturen für fehlerhafte Ratings besteht Einigkeit darüber, dass die wegen des fehlenden Zugangs von Anspruchstellern zu internen Vorgängen und methodischen Abläufen der Ratingagentur typischerweise eingeschränkte Beweisbarkeit der Haftungsvoraussetzungen für Anleger und Emittenten wegen der ihnen als potenzielle Anspruchsteller grundsätzlich obliegenden Beweislast[1223] die zentrale Schwachstelle einer jeden Inanspruchnahme von Ratingagenturen darstellt[1224] und daher die Verteilung der Beweislast und die effektive Durchsetzbarkeit der Ansprüche die entscheidende Rolle für das Gelingen einer verhaltenssteuernden Wirkung zur Verbesserung der Ratingqualität spielt.[1225] Sind die Durchsetzungshürden besonders (oder zu) hoch, wird die Anspruchsverfolgung aus Sicht potenzieller Anspruchsteller schnell unökonomisch, so dass Ratingagenturen keine Inanspruchnahme befürchten müssten und eine verhaltenssteuernde Wirkung des Tatbestands daher nicht zu erwarten wäre. Eine der zentralen Diskussionspunkte war es daher vom Anbeginn des Gesetzgebungsverfahrens betreffend Art. 35a Rating-Verordnung auch, auf welche Weise mit der Beweislast umzugehen sein würde.[1226]

Nachfolgend wird nun zunächst die grundsätzliche Beweislastverteilung aus Art. 35a Rating-Verordnung dargestellt und kritisch gewürdigt (unter 1.). Sodann werden Möglichkeiten der Beweiserleichterung und der Relativierung von Beweishürden für Anspruchsteller, wie sie auf Grundlage deutschen Zivilprozessrechts in Frage kommen können, beleuchtet und auf ihre Anwendbarkeit in der Ratingagenturenhaftung nach Art. 35a Rating-Verordnung hin geprüft werden (unter 2.). Hiernach wird zuletzt ein Fazit zur Realisierungswahrscheinlichkeit der Haftung möglich sein (unter 3.).

1222 Hierzu oben E. II. b) bb) und cc).

1223 Zur grundsätzlichen Beweislastverteilung *Prütting* in: Münchener Kommentar, ZPO, § 286, Rn. 111; *Saenger* in: Saenger, § 286, Rn. 54.

1224 Schon *Ebenroth/Daum*, WM 1992, Sonderbeilage Nr. 5, S. 2 (10, 19) sprachen von „Zweifeln an der Beweisbarkeit" und „extrem gelagerten Ausnahmefällen", in denen der Anspruchsnachweis einmal gelinge.

1225 *Haar*, DB 2013, S. 2489 (2494); *Krimphove* in: Achleitner/Everling, Rechtsfragen im Rating, S. 71; *Möllers/Niedorf*, ECFR 2014, S. 333 (348); *Schroeter*, Ratings, S. 845; *Haar*, DB 2013, S. 2489 (2494); *Schuler*, Regulierung und Verantwortlichkeit, S. 282.

1226 *Schroeter*, Ratings, S. 846.

1. Die Beweislastverteilung bei Art. 35a Rating-Verordnung

Die Beweislast für sämtliche Anspruchsvoraussetzungen des Art. 35a Rating-Verordnung liegen grundsätzlich vollständig auf Seiten der Anspruchsteller.[1227] Hinzu kommt der Nachweis, dass – aus Sicht von Emittenten – keine Falschinformation der Ratingagentur stattgefunden hat oder – aus Sicht von Anlegern – mit der gebührenden oder der nach Art. 5a Rating-Verordnung vorgesehenen Sorgfalt agiert wurde. Konkret hat dies für Anleger und Emittenten zunächst gleichermaßen zur Folge, dass sie diejenige der Zuwiderhandlungen des Anhang III Rating-Verordnung benennen können müssen, die sie der jeweiligen Agentur zum Vorwurf machen. Dies bereitet nur dann keine nennenswerten Schwierigkeiten, wenn eine der Zuwiderhandlungen betroffen ist, die sich auf die Modalitäten oder die Befugnis zur Ratingabgabe beziehen, die nach der hier vertretenen Auffassung uneingeschränkt haftungsrelevant sind.[1228] Betrifft die Zuwiderhandlung etwa einen Verstoß gegen Kennzeichnungspflichten oder einen Verstoß gegen die zeitlichen Vorgaben zur Veröffentlichung von Länderratings, ist der Nachweis unproblematisch, da er sich aus belegbaren objektiven Umständen ergibt.[1229] Ungleich schwieriger ist der Nachweis einer Zuwiderhandlung bei verfahrensbezogenen oder methodischen Fehlern oder Vorwürfen, die sich auf rechnerische, organisatorische oder personelle Zustände oder Abläufe beziehen.[1230] Die Anspruchsteller haben regelmäßig weder tiefer gehende Einblicke in die innere Struktur und Organisation der Ratingagentur noch ist ihnen das konkrete Ratingverfahren – soweit es dessen Kern betrifft und daher das Geschäftsgeheimnis der Ratingagenturen ist[1231] – bekannt oder zugänglich.[1232] Abhilfe schaffen können hier zwar grundsätzlich die nicht unerheblichen Transparenz- und Offenlegungspflichten, denen Ratingagenturen nach der Rating-Verordnung unterliegen.[1233] Zudem kann es den Nachweis erleichtern, wenn eine Ratingagentur ihr Rating kurzfristig abgeändert hat und dies auf einen bemerkten Verstoß gegen die Verhaltenspflichten zurückgeführt werden kann.[1234] Es ist jedoch zu bezweifeln, dass hiermit tatsächlich eine spürbare Besserstellung der Beweismöglichkeiten von Anlegern und Emittenten einhergeht; es ist im Kern nach wie vor der Fall, dass der Nachweis eines Verfahrens- oder Methodenfehlers der Agentur für Außenstehende

---

1227 „allgemeinen Grundsätzen entsprechend", *Dutta*, WM 2013, S. 1729 (1733); zum insoweit noch anspruchstellerfreundlicheren Kommissionsvorschlag *Arntz*, ZBB 2013, S. 318 (325).

1228 Hierzu oben E. I. 2. b) bb).

1229 Ähnliche Beispiele auch bei *Korth*, Dritthaftung, S. 183.

1230 Grundsätzlich *Vetter*, WM 2004, S. 1701 (1706).

1231 Dieses ungeachtet der Offenlegungspflichten zu schützen ist ein Anliegen der Rating-VO, siehe Erwägungsgrund Nr. 25.

1232 Vgl. auch *Berger/Ryborz*, WM 2014, S. 2241 (2243); *Korth*, Dritthaftung, S. 182; *Wojcik*, NJW 2013, S. 2385 (2388).

1233 Hierzu oben D. III. 1. a) aa).

1234 Ähnlich *Gietzelt/Ungerer*, GPR 2013, S. 333 (341).

regelmäßig nahezu unmöglich ist und bleibt.[1235] Ist der Nachweis einer Zuwiderhandlung im Einzelfall dagegen einmal möglich, ergeben sich die gleichen Probleme beim Nachweis der Auswirkung eines solchen Verfahrensfehlers auf das konkrete Rating, da Anspruchsteller hierfür ohne Kenntnis der Verfahrensinterna aufzeigen können müssen, wie das Ratingergebnis zustande gekommen ist, und ein hypothetisches Ersatzrating erstellen müssten, um nachzuweisen, dass das schädigende Rating ohne den Fehler anders ausgefallen wäre.[1236]

Bemerkenswert ist insoweit, dass Art. 35a Rating-Verordnung die Beweislast der Anspruchsteller hinsichtlich der Zuwiderhandlung und der Auswirkung auf das Rating sogar noch hervorhebt; es obliege dem jeweiligen Anspruchsteller, „genaue und detaillierte Informationen" vorzulegen, aus denen die beiden vorgenannten Tatbestandsvoraussetzungen hervorgehen. Diese konkret (und ohne Not) benannten Anforderungen dürften die „gewöhnliche" Darlegungslast des Anspruchstellers sogar noch zu verschärfen, da es – zumindest nach deutschem Prozessrecht[1237] – grundsätzlich genügen würde, den Anspruch, und damit die Zuwiderhandlung und die haftungsbegründende Kausalität, schlüssig vorzutragen, wofür nicht zwingend „detaillierte" Informationen notwendig sein müssen.[1238]

Ferner ist der Nachweis des Verschuldens der Ratingagentur wegen des angehobenen Haftungsmaßstabs auf grobe Fahrlässigkeit und Vorsatz erschwert.[1239] Grobe Fahrlässigkeit oder (bedingter) Vorsatz wird regelmäßig anhand des jeweils vorgeworfenen objektiven Pflichtverstoßes zu prüfen sein.[1240] Je schwerwiegender oder offensichtlicher die jeweilige Zuwiderhandlung ist desto eher wird auch auf zumindest grobe Fahrlässigkeit, wenn nicht gar bedingten Vorsatz seitens der Ratingagentur zu schließen sein.[1241]

Hinsichtlich des Nachweises der Kausalität zwischen der Zuwiderhandlung und dem Vermögensschaden des Anspruchstellers hängt die Schwierigkeit des

---

1235 Vgl. *Möllers/Niedorf*, ECFR 2014, S. 333 (348); ebenso hinsichtlich des Nachweises eines Modellfehlers der Ratingagentur *Schroeter*, Ratings, S. 847.

1236 Vgl. *Berger/Stemper*, WM 2010, S. 2289 (2294); *Korth*, Dritthaftung, S. 182.

1237 Grundsätzlich nach §§ 138, 253 ZPO.

1238 Vgl. *Wagner* in: Münchener Kommentar, ZPO, § 138, Rn. 5; *Becker-Eberhard* in: Münchener Kommentar, ZPO, § 253, Rn. 75 ff.; a.A. *von Rimon*, Deutschland und USA, S. 106, die in „detailliert" und „substantiiert" Synonyme erkennt.

1239 *Von Rimon*, Ratings in Deutschland und USA, S. 105 sieht bei der „Anwendung der deutschen Auslegung von Vorsatz und grober Fahrlässigkeit" zugleich auch die Anwendbarkeit von § 280 Abs. 1 S. 2 BGB, mithin eine Beweislastumkehr hinsichtlich des Verschuldens, da die Interessenlage dieselbe sei wie bei „vertraglichen Anspruchsvoraussetzungen"; dies dürfte ausgeschlossen sein, da Art. 35a Rating-VO im Hinblick auf die Beweislast für Verschulden keine Regelungslücke erkennen lässt.

1240 Vgl. *Wagner* in: FS-Blaurock, S. 467 (477 f.), der generell eine *„Fehlvorstellung von den Anforderungen an die Feststellung vorsätzlichen Handelns"* in der rechtswissenschaftlichen Literatur erkennt.

1241 Vgl. *Wagner* in: FS-Blaurock, S. 467 (477 f.).

Beweises entscheidend davon ab, ob der Anspruchsteller ein Emittent oder ein Anleger ist. Emittenten müssen insoweit „nur" die ihnen durch das unangemessen schlechte Rating aufgebürdeten höheren Kapitalbeschaffungskosten oder etwaige Kursverluste nachweisen, was durch entsprechende finanzökonomische Gutachten grundsätzlich auch möglich sein dürfte.[1242] Ungleich schwieriger ist der Nachweis eines kausalen Schadens für Anleger, die – bei Geltendmachung des Ausfalls einer Anlage – typischerweise belegen müssen, dass die Investition gerade aufgrund und im Vertrauen auf das jeweilige Rating erfolgt ist und in Kenntnis der wahren Bonität unterblieben wäre (Transaktionsschaden).[1243] Derartige hypothetische – und gegebenenfalls im Widerspruch zur Sorgfaltspflicht bei der Ratingnutzung stehende[1244] – Vorgänge sind bei lebensnaher Betrachtung höchst selten konkret nachweisbar.[1245] Nicht zwingend praxistauglicher erscheint die Geltendmachung eines Kursdifferenzschadens, also der Differenz des gezahlten Transaktionspreises zu demjenigen, der hypothetisch bei einem sachgerechten Rating angefallen wäre,[1246] soweit der Nachweis nicht gelingt, von welcher tatsächlich zutreffenden konkreten Ratingnote ausgegangen werden kann.[1247]

Damit setzt die Beweislastverteilung in Art. 35a Rating-Verordnung den Anspruchstellern insgesamt hohe Hürden zur Anspruchsdarlegung. Zum Ausgleich dieser – dem Gesetzgeber freilich bekannten – Schwierigkeiten wurde in Art. 35a Abs. 2 UAbs. 2 Rating-Verordnung lediglich die Bestimmung aufgenommen, dass die Entscheidung darüber, was als genaue und detaillierte Information zu gelten hat, durch das jeweils zuständige nationale Gericht zu bestimmen sei. Dabei solle es berücksichtigen, dass Anleger oder Emittenten „möglicherweise keinen Zugang zu Informationen haben, die allein in der Sphäre der Ratingagentur stehen". In der Sache handelt es sich hierbei um ein Herabsenken der Anforderungen an den Substantiierungsgrad des Vortrags.[1248] Wie sich dies in der Praxis nach deutschem Prozessrecht umsetzen lassen könnte, wird zu analysieren sein.[1249] Ähnlich wie im Falle der Regelung zu Haftungsbeschränkungen konnte sich der EU-Gesetzgeber hier

---

1242 Vgl. *Möllers*, NZG 2008, S. 413 (414 f.); allerdings stellt sich auch hier die Problematik des Nachweises eines tatsächlich zutreffenden Ratings zum Beleg der Kurs- oder Zinsdifferenzen, siehe auch *Eisen*, Haftung und Regulierung, S. 253.

1243 *Berger/Stemper*, WM 2010, S. 2289 (2294).

1244 Zu dieser Problematik oben E. I. 3. b) bb).

1245 Ebenfalls skeptisch *Schultes*, Regulierung und Haftung von Ratingagenturen, S. 238.

1246 Dazu *Gietzelt/Ungerer*, GPR 2013, S. 333 (343).

1247 *Möllers/Niedorf*, ECFR 2014, S. 333 (349); siehe auch *Korth*, Dritthaftung, S. 185 f., der allerdings zutreffend darauf hinweist, dass der Nachweis gelingen kann, wenn die Ratingagentur ihr Rating selbst angepasst und korrigiert hat; vgl. auch *Eisen*, Haftung und Regulierung, S. 253.

1248 So auch *Wojcik*, NJW 2013, S. 2385 (2388); *von Rimon*, Ratings in Deutschland und USA, S. 105.

1249 Siehe unten E. III. 2. a).

offenbar nicht zu einer konsistenten Regelung entschließen und hat sich stattdessen, in dem Versuch, einerseits von Beweiserleichterungen abzusehen und andererseits dem Umstand der faktischen Unmöglichkeit des Nachweises interner Vorgänge Rechnung tragen zu wollen, zu einer in der Sache kaum weiterführenden halbgaren Lösung entschieden, deren genaue Handhabung und Umsetzung äußerst fraglich bleibt.[1250] Weder ist vorhersehbar, welche Informationen im Einzelfall als genau und detailliert werden gelten können noch teilt Art. 35a Rating-Verordnung mit, wie die Gerichte den fehlenden Zugang zu eben solchen Informationen angemessen würdigen sollen.[1251] Zudem betrifft die Substantiierungserleichterung nur den Beleg der Zuwiderhandlung und lässt die Schwierigkeit des Nachweises der weiteren Tatbestandsvoraussetzungen unangetastet.[1252] Im Ergebnis gilt daher nun eine Regelung zur Beweislast, die ausgerechnet in dem entscheidenden Punkt zur Herstellung einer effektiven Verhaltenskontrolle durch privatrechtliche Haftung zu versagen scheint und massive Zweifel an einer verhaltenssteuernden Wirkung begründet.[1253]

2. Mögliche Formen der Beweis- und Darlegungserleichterungen

Fraglich ist, wie die Gerichte die vorgesehene „Berücksichtigung" der typischen Beweisnöte von Anspruchstellern in der Praxis leben können und inwieweit sie von den Möglichkeiten, die das nationale formelle Verfahrensrecht zum Ausgleich faktischer Schwierigkeiten eines Anspruchsnachweises typischerweise gewähren, wenn anderenfalls eine berechtigte zivilrechtliche Verantwortlichkeit ins Leere zu laufen drohte,[1254] Gebrauch machen können.

In diesem Abschnitt sollen die Möglichkeiten der zivilprozessualen Handhabung der Darlegungs- und Beweislast und der Substantiierungserleichterung aus Art. 35a Abs. 2 UAbs. 2 Rating-Verordnung nach deutschem Prozessrecht analysiert werden. Dabei werden die nachweisrelevanten Anspruchstatsachen in zwei Gruppen aufgeteilt, namentlich erstens in die Gruppe von Umständen, die aus der Sphäre der Ratingagenturen herrühren (Pflichtverletzung, haftungsbegründende Kausalität, Verschulden), und zweitens in die Gruppe von Umständen, die aus der Sphäre der Anspruchsteller stammen (Kausaler Vermögensschaden, Qualifiziertes Mitverschulden). Die Prüfung der Anwendbarkeit etwaiger Beweislastrelativierungen darf indes kein Selbstzweck zur Erreichung eines womöglich gewünschten an-

---

1250 Ebenfalls kritisch *Schroeter*, Ratings, S. 846, 949; *Wojcik*, NJW 2013, S. 2385 (2388).

1251 Zum deutschen Prozessrecht unten E. III. 2. a).

1252 *Wojcik*, NJW 2013, S. 2385 (2388) wirft hier die Frage einer analogen Anwendung von Art. 35a Abs. 2 UAbs. 2 Rating-VO auf die anderen Tatbestandsmerkmale auf, was jedoch abzulehnen sein dürfte, da der Wortlaut nicht auf eine planwidrige Regelungslücke schließen lässt.

1253 „*Geschädigten Anlegern [werden] eher Steine statt Brot gegeben*", so *Blaurock*, EuZW 2013, S. 608 (611).

1254 *Prütting* in: Münchener Kommentar, ZPO, § 286, Rn. 129; dies ist auch verfassungsrechtlich geboten, siehe *BVerfG* NJW 1979, S. 1925 (1925 f.).

spruchstellerfreundlichen Ergebnisses sein. Vielmehr muss untersucht werden, ob die Anwendung jeweils auch mit der Regelung des Art. 35a Rating-Verordnung in Einklang zu bringen und begründbar ist.

a) Nachweis von Tatsachen aus der Sphäre der Ratingagentur

Fraglich ist, inwieweit Anspruchsteller in einem Haftungsprozess nach Art. 35a Rating-Verordnung vor einem deutschen Zivilgericht in ihrer Beweislast für die aus der Sphäre der Ratingagenturen stammenden Tatsachen und Umstände, also betreffend das Fehlverhalten der Ratingagentur nach Anlage III der Rating-Verordnung, der Auswirkung auf das Rating und das Verschulden der Ratingagentur, Erleichterungen oder Relativierungen erfahren könnten. Die Nachweisproblematik stellt sich hier für beide Gruppen von Anspruchstellern, Emittenten wie Anlegern, gleichermaßen.[1255] Zu betrachten sind dabei diverse „Werkzeuge" der Beweiserleichterung, wobei bereits vorab ausgeschlossen werden kann, dass es zu einer völligen Beweislastumkehrung nach dem Vorbild einschlägiger Rechtsprechung bei der Arzt- oder Produkthaftung[1256] für den Kausalitäts- oder Verschuldensnachweis kommen kann. Eine solche für die Ratingagenturenhaftung vereinzelt angesprochene Umkehrung[1257] lässt sich nicht mit der in der Norm angelegten Beweislastverteilung vereinen und würde den Spielraum, den die Substantiierungserleichterung aus Art. 35a Abs. 2 UAbs. 2 Rating-Verordnung lässt, überspannen.

aa) Grundsätze des Anscheinsbeweises

Anspruchstellern könnten zunächst die Grundsätze des Anscheinsbeweises in Einzelfällen über Nachweisschwierigkeiten hinweghelfen. Der Anscheinsbeweis ist eine besondere Ausprägung der freien richterlichen Beweiswürdigung gemäß § 286 ZPO.[1258] Er kommt zur Anwendung, wenn ein Geschehensablauf gegeben ist, „durch dessen Typizität es sich erübrigt, die tatsächlichen Einzelumstände eines bestimmten historischen Geschehens nachzuweisen"[1259]. Der erforderliche Rück-

---

1255 Im Gegensatz zu Nachweisproblemen hinsichtlich des erlittenen Vermögensschadens, siehe unten E. III. 2. b).

1256 Zur Rechtsprechung bei groben Behandlungsfehlern siehe *BGH* NJW 2004, S. 2011 (2013); NJW 1988, S. 2303 (2304); NJW 1983, S. 333 (334); NJW 1978, S. 2337 (2338); NJW 1967, S. 1508 f.; genauere Differenzierung der verschiedenen Fallgruppen von Beweislastumkehrungen in der Arzthaftung bei *Saenger* in: Saenger, § 286 ZPO, Rn. 71 ff.; zur Produkthaftung siehe *BGH* NJW 1969, S. 269 (274 f.).

1257 Vgl. etwa *Dutta*, WM 2013, S. 1729 (1733 f.); *Gietzelt/Ungerer*, GPR 2013, S. 333 (343); *Schuler*, Regulierung und Verantwortlichkeit, S. 283; a.A. *Plück/Kühn* in: Achleitner/Everling, Rechtsfragen im Rating, S. 245.

1258 *Prütting* in: Münchener Kommentar, ZPO, § 286, Rn. 48.

1259 *Prütting* in: Münchener Kommentar, ZPO, § 286, Rn. 48; vgl. auch *Baumbach/Lauterbach/Albers/Hartmann*, Anh § 286, Rn. 16; *BGH* NJW 1951, S. 653 (654): *„Die Beweisregeln des ersten Anscheins beruhen bei typischen Geschehnisabläufen auf der*

schluss auf einen bestimmten Sachverhalt oder eine bestimmtes Ergebnis wird dabei auf Erfahrungsgrundsätzen aufbauen, nach denen aus allgemeiner Lebenserfahrung und anerkanntem Erfahrungswissen mit sehr hoher Wahrscheinlichkeit auf einen bestimmten Handlungsablauf geschlossen werden kann.[1260] Gelingt der Nachweis eines solchen typischen Geschehensablaufs – der Anscheinsbasis[1261] –, der den Rückschluss auf einen bestimmten Umstand oder eine bestimmte Tatsache zulässt, so liegt es am Anspruchsgegner, konkrete Tatsachen darzulegen und zu beweisen, die belegen, dass ausnahmsweise ein atypischer Sachverhalt vorliegt.[1262]

In den Ratingkonstellationen könnte ein Anscheinsbeweis im Hinblick auf die schuldhafte Begehung eines Verhaltensfehlers im Sinne des Anlage III der Rating-Verordnung in Betracht kommen. Entscheidend hierfür wird der Grad der Intensität der Unvertretbarkeit des jeweiligen Ratings sein:[1263] Je unvertretbarer ein bestimmtes Rating angesichts der objektiven Sachlage erscheint desto eher liegt nach dem ersten Anschein auch ein schuldhafter Fehler in der Ratingerstellung vor.[1264] Konkret zu denken ist etwa an die Fälle *Lehman Brothers* und *Enron*.[1265] In beiden Fällen wurden noch bis kurz vor der jeweiligen Eröffnung des Insolvenzverfahrens über das Vermögen der Emittenten *investment grade*-Ratings durch die großen Agenturen ausgewiesen. Die Diskrepanz zwischen der tatsächlich gegebenen Bonität und der durch Ratings nach wie vor Ausgewiesenen war hier so eklatant, dass die bestehenden Ratings keinesfalls mehr sachlich vertretbar gewesen sein konnten.

In derartigen Fällen krasser Fehlbewertungen bzw. einer krassen Diskrepanz zwischen der objektiv belegten Bonitätsschwäche und einem dies außer Acht lassenden Rating ist der Rückschluss darauf, dass die Ratingagenturen relevante Umstände pflichtwidrig nicht in ihre Ratings eingespeist haben und mithin schuldhaft ein ordnungsgemäßes *Monitoring* versäumt haben,[1266] sehr naheliegend, da sie anderenfalls früher agiert und die Ratings angepasst haben müssten. Ein solcher Rückschluss ist insbesondere bei Pflichtverletzungen im Zusammenhang mit der Verletzung von Aufsichts- oder Überwachungspflichten vertretbar: Wenn

---

Erfahrung, dass typische Ursachen gewisse Folgen zu zeitigen pflegen, die deshalb ohne weiteren Nachweis rein erfahrungsmäßig nach dem ersten Anschein unterstellt werden dürfen."

1260 Vgl. *Prütting* in: Münchener Kommentar, ZPO, § 286, Rn. 58; *BGH* NJW 1991, S. 230 (231); NJW 1951, S. 653 (654).

1261 *Saenger* in: Saenger, § 286, Rn. 40.

1262 Vgl. *Prütting* in: Münchener Kommentar, ZPO, § 286, Rn. 65.

1263 Es kann bei Anscheinsbeweisen insoweit auch von einem Erfolg auf eine Verhaltensursache geschlossen werden (und nicht nur umgekehrt von einem Verhalten auf einen Erfolg), *BGH* NJW 1991, S. 230 (231).

1264 Ähnlich, allerdings bezüglich des Kausalitätsnachweises *Eisen*, Haftung und Regulierung, S. 249.

1265 Siehe oben D. II. 1.

1266 Was nach Anhang III Abschnitt I Nr. 48–49a und Abschnitt II Nr. 3c Rating-VO zu den Pflichten der Ratingagenturen gehört.

der Gegenstand der Überwachung fehler- oder mangelhaft ist oder wird, deutet dies regelmäßig auf einen Fehler des Überwachenden hin.[1267] Dem Prozessvortrag von Anspruchstellern zugutekommen wird dabei eine etwaige von der jeweiligen Ratingagentur selbst vorgenommene erhebliche Herabstufung ihrer Note nach dem unweigerlichen Bekanntwerden des Bonitätsausfalls, die die Vermutung ihres vorangehenden Fehlerverhaltens weiter stützt.[1268]

Beweiserleichterungen wegen der Grundsätze des Anscheinsbeweises können Anspruchstellern des Art. 35a Rating-Verordnung daher in besonderen Ausnahmefällen evidenter Fehleinschätzungen zugutekommen.[1269] Eine generelle, die grundlegende Nachweisproblematik behebende Lösung bieten die Grundsätze des Anscheinsbeweises freilich nicht an. Sie sind auf Ausnahmefälle beschränkt.[1270]

bb) Freie Beweiswürdigung gemäß § 286 ZPO

Sodann bildet die freie richterliche Beweiswürdigung gemäß § 286 ZPO ein mögliches Einfallstor für einen sachgerechten und verständigen Umgang mit der Darlegungs- und Beweislast der Anspruchsteller des Anspruchs aus Art. 35a Rating-Verordnung. Ein Gericht hat gemäß § 286 Abs. 1 S. 1 ZPO unter Berücksichtigung des gesamten Inhalts der Verhandlungen und des Ergebnisses einer etwaigen Beweisaufnahme nach freier Überzeugung zu entscheiden, ob eine tatsächliche Behauptung für wahr oder für nicht wahr zu erachten sei. Es ist folglich grundsätzlich nicht an Beweisregeln gebunden, sondern kann die gewonnen Erkenntnisse frei bewerten. Insbesondere können fehlende Bestandteile einer Tatsachenkette oder einzelne Indizien mithilfe allgemeiner Erfahrungssätze ersetzt werden, so dass keine lückenlose vollständige Beweiskette in Bezug auf jeden Sachverhaltsaspekt gegeben sein muss.[1271] Die freie Beweiswürdigung beschränkende Bindungen ergeben sich aus rechtsstaatliche Geboten, wie dem Anspruch auf rechtliches Gehör (Art. 103 Abs. 1 GG), sowie aus zwingenden

---

1267 *BGH* NJW 2002, S. 2708 (2709) für den Fall der Verletzung der Bauaufsichtspflicht eines Architekten; es kann bei Anscheinsbeweisen insoweit auch von einem Erfolg auf eine Verhaltensursache geschlossen werden (und nicht nur umgekehrt von einem Verhalten auf einen Erfolgt), *BGH* NJW 1991, S. 230 (231).

1268 So für *investment grade*-Ratings eines kurz darauf zahlungsunfähigen Emittenten *Korth*, Dritthaftung, S. 158.

1269 Anders *Schultes*, Regulierung und Haftung von Ratingagenturen, S. 235, der prinzipiell keinen Raum für Anscheinsbeweiskonstellationen sieht.

1270 Zurückhaltende Anwendung anmahnend *Baumbach/Lauterbach/Albers/Hartmann*, Anh § 286, Rn. 15; im Ratingzusammenhang ebenfalls differenziert und zurückhaltend etwa *Korth*, Dritthaftung, S. 142 f. bezüglich der Verletzung von Verfahrensstandards sowie S. 183 f.; großzügiger *Eisen*, Haftung und Regulierung, S. 252.

1271 Vgl. *BGH* NJW 1998, S. 79 (80 f.); *Baumbach/Lauterbach/Albers/Hartmann*, Anh § 286, Rn. 14.

Denk- und Erfahrungsgesetzen.[1272] Die Schlussfolgerungen müssen zudem widerspruchsfrei und nachvollziehbar sein.[1273] Das Maß der richterlichen Überzeugung von der Wahrheit oder Unwahrheit einer Tatsache muss einem für das praktische Leben brauchbaren Grad an Gewissheit entsprechen, der den Zweifeln Schweigen gebietet, ohne sie völlig auszuschließen.[1274]

Diese freie Beweiswürdigung ermöglicht es den Prozessgerichten in der Praxis, die Substantiierungserleichterung des Art. 35a Abs. 2 UAbs. 2 Rating-Verordnung derart zur Anwendung bringen, dass für die gerichtliche Überzeugung grundsätzlich ein substantiierter Vortrag genügen muss, wonach der jeweilige Ratingfehler nachvollziehbar, schlüssig, widerspruchsfrei und auf Basis zumutbarer Ausschöpfung von Informationen und Unterlagen dargelegt wird, so dass das Gericht einen hinreichenden Grad an Überzeugung vom Vorliegen der Tatsachen erlangen kann. Bestandteil eines solchen Vortrags ist etwa der Vergleich mit Ratings anderer Agenturen bezüglich desselben Emittenten oder Finanzinstruments, soweit diese abweichende Beurteilungen abgegeben haben, was auf die Fehlerhaftigkeit des angegriffenen Ratings schließen lassen kann;[1275] weiterhin können Sachverständigengutachten zurate gezogen werden[1276] oder „verräterische" Handlungen der betroffenen Ratingagentur selbst fruchtbar gemacht werden, etwa wenn diese ihr Rating kurze Zeit nach der Abgabe selbst korrigiert hat, ohne dass hierfür eine Veranlassung wegen einer Veränderung beim Emittenten oder am Markt bestanden hätte.[1277] Ferner liegt bei bestimmten Zuwiderhandlungen gegen Anhang III der Rating-Verordnung, etwa bei methodischen Fehlern, der Rückschluss auf deren Kausalität für ein fehlerhaftes Ratingergebnis faktisch nahe, so dass die Gerichte eine entsprechende Überzeugung schon bei einem schlüssigen Vortrag zur Zuwiderhandlung erlangen können müssen.[1278] Außerdem können auch die Ergebnisse eines etwaigen Sanktionsverfahrens der ESMA gegen eine Ratingagentur verwendet werden.[1279] Kommt es etwa zur Verhängung einer Geld-

---

1272 *BGH* NJW 1987, S. 1557 (1558); NJW 1999, S. 3481 (3482); *Baumbach/Lauterbach/Albers/Hartmann*, § 286, Rn. 2; *Prütting* in: Münchener Kommentar, ZPO, § 286, Rn. 10; *Saenger* in: Saenger, § 286, Rn. 5.

1273 *Saenger* in: Saenger, § 286, Rn. 6.

1274 *BGH* NJW 1970, S. 946; siehe auch BGH NJW 2004, S. 777 (778); NJW 2003, S. 1116 (1117).

1275 *Schuler*, Regulierung und Verantwortlichkeit, S. 297; solche sog. „*split ratings*" begründen jedoch keinesfalls einen dem Anscheinsbeweis zugänglichen sicheren Rückschluss, siehe *Stemper*, Rahmenbedingungen, S. 179.

1276 Hierzu *Oellinger* in: Achleitner/Everling, Rechtsfragen im Rating, S. 369.

1277 Vgl. *Gietzelt/Ungerer*, GPR 2013, S. 333 (341); *Korth*, Dritthaftung, S. 158; *Vetter*, WM 2004, S. 1701 (1706) (Fn. 81); gleichwohl ist die Zeitbezogenheit von Ratings stets zu berücksichtigen, *Gietzelt/Ungerer*, GPR 2013, S. 333 (341).

1278 *Schroeter*, *Ratings*, S. 847; siehe auch *Korth*, Dritthaftung, S. 183 bezüglich Verstöße gegen materielle Standards der Ratingveröffentlichung.

1279 Siehe Art. 36 ff. Rating-VO.

buße gegen eine Ratingagentur durch die ESMA wegen des Verstoßes gegen die Vorgaben der Rating-Verordnung, könnten Anspruchsteller des Art. 35a Rating-Verordnung diesen Umstand und die Ergebnisse – soweit sie öffentlich zugänglich sind[1280] – auch in ihrem Zivilprozess verwenden.[1281] Zwar ist ein Zivilgericht nicht an die Feststellungen der ESMA gebunden,[1282] gleichwohl erleichterte es den entsprechenden Vortrag eines Anspruchstellers spürbar, wenn die Behörde ein Fehlverhalten ausdrücklich festgestellt hat und hierauf Bezug genommen werden kann, insbesondere wenn der beanstandete Fehler den Rückschluss auf mangelhafte konkrete Ratingtätigkeit zulässt. Wenn die beklagte Ratingagentur zu derartigen Ausgestaltungen des Parteivortrags des jeweiligen Klägers keine sachlich überzeugende Erwiderung vortragen und die etwaige Fehlerhaftigkeit ihres Handelns nicht plausibel widerlegen kann, muss dies den Grad der Überzeugungsfähigkeit des Klägervortrags erheblich steigen lassen.[1283] Die Erstellung eines hypothetischen Ersatz-Ratings oder die dezidierte Erläuterung interner Verfahrensfehler durch den Anspruchsteller darf dagegen nicht verlangt werden. Auch die in Art. 35a Abs. 2 UAbs. 1 Rating-Verordnung betonte Darlegungs- und Beweislast der Anspruchsteller zur Vorlage detaillierter und ausführlicher Informationen, aus denen sich die Pflichtverletzung der Ratingagentur ergeben muss, darf nicht zu einer Anhebung des prozessualen Beweismaßes führen.[1284]

Die verständige Anwendung von § 286 ZPO dürfte am besten dem Charakter des Art. 35a Abs. 2 UAbs. 2 Rating-Verordnung als „Absenkung des Maßstabs an die Substantiierung des Vortrags seitens des Klägers“[1285] entsprechen. Im Ergebnis kann daher über die Anwendung von § 286 ZPO eine sachgerechte Relativierung der strengen Beweisführungsregeln erreicht werden, um zu verhindern, dass die materiell-rechtlich vorgesehene Haftung faktisch leerläuft.[1286]

cc) Sekundäre Behauptungs- und Beweislast des Anspruchsgegners

Auch die Grundsätze der sekundären Behauptungs- und Beweislast könnten für eine Entlastung der Anspruchsteller sorgen. Hierbei handelt es sich um ein richterrechtlich geschaffenes Institut, dem insbesondere in der Rechtsprechung des

---

1280 Zu einem diesbezüglichen Auskunftsanspruch gegen die Ratingagentur unten E. III. 2. a) dd).

1281 Aufgeworfen auch von *Wojcik*, NJW 2013, S. 2385 (2388).

1282 *Wojcik*, NJW 2013, S. 2385 (2388).

1283 Ähnlich *Schuler*, Regulierung und Verantwortlichkeit, S. 297; *Wojcik*, NJW 2013, S. 2385 (2388).

1284 Zum Ausnahmecharakter einer Beweismaßerhöhung *Prütting* in: Münchener Kommentar, ZPO, § 286, Rn. 43; *Saenger* in: Saenger, § 286, Rn. 15.

1285 *Wojcik*, NJW 2013, S. 2385 (2388).

1286 So treffend *Schuler*, Regulierung und Verantwortlichkeit, S. 296 f.; *Wojcik*, NJW 2013, S. 2385 (2388).

Bundesgerichtshofs zunehmend größere Bedeutung zugekommen ist[1287] und durch das eine prozessuale Waffengleichheit zwischen den Parteien hergestellt werden soll.[1288] Der Bundesgerichtshof leitet es aus dem auch im Prozessrecht geltenden Gebot von Treu und Glauben her.[1289] Bei genauerer Betrachtung ist die sekundäre Behauptungs- und Beweislast indes eine Konkretisierung der in § 138 Abs. 2 ZPO vorgesehenen Erklärungspflicht der jeweiligen Gegenpartei.[1290]

Die primäre Behauptungs- und Beweislast lassen diese Grundsätze indes unberührt, so dass es dem Kläger eines Anspruchs aus Art. 35a Rating-Verordnung dem Grunde nach weiterhin obliegt, die Anspruchsvoraussetzungen schlüssig darzulegen.[1291] Nach den Grundsätzen der sekundären Behauptungs- und Beweislast ist hierauf hin allerdings die an sich nicht beweisbelastete Partei in der Pflicht, sich im Rahmen einer gesteigerten Substantiierungslast zur Sache zu erklären.[1292] Tut sie dies nicht, greift die Geständnisfiktion des § 138 Abs. 3 ZPO ein, so dass die Behauptungen der primär belasteten Partei als zugestanden und wahr gelten.[1293]

Die Grundsätze sollen dann zur Anwendung kommen, wenn die primär beweisbelastete Partei außerhalb des maßgebenden Geschehensablaufs steht und die dem Anspruch zugrunde liegenden wesentlichen Tatsachen daher nicht kennt und mithin auch nicht beweisen kann, während sie der anderen Partei bekannt sind,[1294] mithin ein deutliches Informationsgefälles zwischen den Prozessparteien zulasten der eigentlich beweisbelasteten Partei besteht,[1295] das sich dadurch auszeichnet, dass diese nicht oder nur unter unverhältnismäßigem Aufwand Zugang zu den entscheidenden Informationen hat.[1296] Der an sich nicht beweisbelasteten Partei ist es dagegen regelmäßig zumutbar, dass sie sich zu entsprechenden Behauptungen erklärt und ihre Informationen prozessual einbringt.[1297]

1287 *Prütting* in: Münchener Kommentar, ZPO, § 286, Rn. 131 m.N. aus der Rechtsprechung.

1288 *Meyke*, NJW 2000, S. 2230 (2232).

1289 *BGH* NJW 1994, S. 2289 (2292); NJW 1986, S. 3193 (3194); NJW 1981, S. 577.

1290 Zutreffend *Prütting* in: Münchener Kommentar, ZPO, § 286, Rn. 131.

1291 Vgl. *Prütting* in: Münchener Kommentar, ZPO, § 286, Rn. 131.

1292 Vgl. *BGH* NJW 1996, S. 315 (317); NJW 1987, S. 2008 (2009); NJW 1981, S. 577; *Prütting* in: Münchener Kommentar, ZPO, § 286, Rn. 103; allerdings erfolgt keine tatsächliche Beweislastumkehr, *BGH* NJW 1981, S. 577; *Saenger* in: Saenger, § 286, Rn. 93.

1293 Vgl. *BGH* NJW 1986, S. 3193 (3194).

1294 *BGH* NJW 1996, S. 315 (317); NJW 1987, S. 2008 (2009); NJW 1983, S. 687 (688); NJW 1961, S. 826 (828); *Prütting* in: Münchener Kommentar, ZPO, § 286, Rn. 103, 131.

1295 *Meyke*, NJW 2000, S. 2230 (2232); *Prütting* in: Münchener Kommentar, ZPO, § 286, Rn. 103.

1296 *BGH* NJW 1994, S. 2289 (2292).

1297 Vgl. *Meyke*, NJW 2000, S. 2230 (2232); zur Zumutbarkeit *BGH* NJW 1999, S. 714 (715); NJW 1983, S. 687 (688); NJW 1961, S. 826 (828).

(1) Anwendung der Grundsätze auf die Haftung nach Art. 35a Rating-Verordnung

Diese Überlegungen – mithin die „Tatbestandsvoraussetzungen“ der sekundären Behauptungs- und Beweislast – könnten auch in den Haftungskonstellationen nach Art. 35a Rating-Verordnung zum Tragen kommen: Anleger und Emittenten stehen regelmäßig außerhalb des für die Haftungsfrage entscheidenden Geschehensablaufs, namentlich der Vorgänge und Prozesse, die die Ratingagenturen während der Erstellung und der Abgabe einer ihrer Bonitätsbeurteilungen durchführen und vornehmen.[1298] Insbesondere die etwaige Kausalität eines Pflichtverstoßes für das jeweilige Rating betrifft regelmäßig rein verfahrensinterne rechnerische oder methodische Abläufe, die Außenstehende nicht einsehen können.[1299] Die jeweilige Ratingagentur dagegen ist Inhaberin entsprechender Informationen und hat mithin Zugang zu den haftungsrelevanten Tatsachen und Umständen.[1300] Diejenige Konstellation, die das Rechtsinstitut der sekundären Behauptungs- und Beweislast im Blick hat, ist damit in den hypothetischen Haftungsfällen nach Art. 35a Rating-Verordnung grundsätzlich gegeben.

(2) Einschränkungen der Anwendung

Diesem Ergebnis sind allerdings die folgenden Einschränkungen entgegen zu halten: Zunächst dürfen die Grundsätze sekundärer Behauptungs- und Beweislast nicht pauschal für jeden Haftungsfall des Art. 35a Rating-Verordnung herangezogen werden, sondern es muss auf die jeweils einschlägige bzw. behauptete Pflichtverletzung im Sinne des Anhang III der Rating-Verordnung ankommen, denn für einige der theoretisch in Betracht kommenden Pflichtverletzungen aus Anhang III der Rating-Verordnung kann nicht *per se* auf das vorgenannte einseitige Informationsgefälle zwischen den Anspruchsparteien geschlossen werden. So kann Anspruchstellern etwa bei dem Vorwurf fehlerhafter Ratinganpassung – also pflichtwidrigen *Monitorings*[1301] – regelmäßig abverlangt werden, dass die Umstände, aus denen sich die Pflichtwidrigkeit ergeben soll, dargelegt und erläutert werden, soweit es sich etwa um angeblich nicht berücksichtigte bekannte Marktumstände oder -veränderungen handelt, denn diese sind grundsätzlich allgemein zugänglich.[1302] Ein ungleiches In-

---

1298 Vgl. *Korth*, Dritthaftung, S. 156; *Schuler*, Regulierung und Verantwortlichkeit, S. 295.

1299 So auch *Berger/Ryborz*, WM 2014, S. 2241 (2243); *Gietzelt/Ungerer*, GPR 2013, S. 333 (342).

1300 *Schuler*, Regulierung und Verantwortlichkeit, S. 295.

1301 Siehe die Pflichten aus Anhang III Abschnitt I Nr. 48–49a und Abschnitt II Nr. 3c Rating-VO.

1302 So auch *BGH* NJW-RR 2008, S. 1269 (1270) zu volks- und betriebswirtschaftlichen, politischen, rechtlichen und gesellschaftlichen Entwicklungen und Veränderungen der Märkte; zum möglichen Inhalt eines entsprechenden Vortrags bereits oben E. III. 2. a) bb).

formationsgefälle liegt ebenfalls regelmäßig nicht vor, wenn Emittenten ein Rating mit der Behauptung angreifen, es seien wesentliche Informationen nicht oder nicht genügend berücksichtigt worden. Es ist hier zumutbar und den Anspruchstellern möglich, dass sie diese Behauptung eigenständig substantiieren, da es Umstände betrifft, die auch in ihrer Sphäre liegen und ihr zugänglich sind.[1303] Generell muss bei Emittenten als Anspruchstellern berücksichtigt werden, dass diese bei einem *solicited rating* in das Ratingverfahren involviert sind und daher selbst auch Informationen besitzen müssen.[1304] Evident wird das Fehlen eines ungleichen Informationsgefälles schließlich, wenn die Pflichtverletzung objektiv ersichtlich ist, etwa bei Verstößen gegen Kennzeichnungs- oder Zeitvorgabepflichten.[1305] Das Informationsgefälle, das für die Anwendung des Instituts sekundärer Behauptungs- und Beweislast erforderlich ist, erreicht mithin erst dann die maßgebende Intensität, wenn rein interne organisatorische, prozedurale oder methodische Vorwürfe erhoben werden, die tatsächlich außerhalb jedweder Wahrnehmung und eines etwaigen Zugriffs der Anspruchsteller liegen.[1306]

In einem weiteren Schritt ist die Einschränkung zu formulieren, dass mit der Implementierung der Vorgaben der Rating-Verordnung auch umfassende Transparenz- und Offenlegungspflichten einhergegangen sind.[1307] So müssen etwa Ratings und dazugehörige Informationen jeder Agentur einschließlich etwaiger Änderungen auf einer Ratingplattform der ESMA eingespeist und veröffentlicht werden,[1308] die für ein Rating zugrunde gelegten wesentlichen Daten und Quellen genannt[1309] und die verwendeten Methoden, Modelle und grundlegenden Annahmen einschließlich Erläuterungen zu den Annahmen[1310] offen gelegt werden.[1311] Diese neuen Möglichkeiten für Außenstehende, sich ein Bild der Ratingtätigkeit zu machen, müssen bei der Prüfung, ob ein Informationsgefälle besteht, das die Anwendung sekundärer Darlegungspflichten der beklagten Ratingagentur rechtfertigt, zwingend

---

1303 Vgl. *BGH* NJW-RR 2008, S. 1269 (1270).

1304 Zum Verfahren bei *solicited ratings* oben C. II. 3.

1305 Siehe die Pflichten aus Anhang III Abschnitt I Nr. 55–57, 61–62, Abschnitt III Nr. 8–10 Rating-VO.

1306 Ähnlich *Schuler*, Regulierung und Verantwortlichkeit, S. 295; freilich kann dies grundsätzlich auf eine Vielzahl der Pflichtverletzungen des Anhang III der Rating-Verordnung zutreffen, da die Verhaltensregeln über weite Teile sehr pauschal und allgemein gehalten sind und im Wesentlichen abstrakte organisatorische Abläufe zum Personaleinsatz, zur Vermeidung von Interessenkonflikten und zur Verwendung geeigneter Verfahren betreffen. Diese fehlende Spezifität des Pflichtenkatalogs wird häufig dazu führen, dass den Anspruchstellern des Art. 35a Rating-Verordnung eine dezidiertere Darlegung des Fehlverhaltens unmöglich ist, mithin das erforderliche Informationsgefälle besteht.

1307 Hierzu oben D. III. 1. a) aa).

1308 Art. 11a Abs. 1 Rating-VO.

1309 Vgl. Anhang I Abschnitt D Nr. I (2) Rating-VO.

1310 Vgl. Anhang I Abschnitt D Nr. I (2a) Rating-VO.

1311 Art. 8 Abs. 1 Rating-VO; Anhang I Abschnitt E Nr. I Rating-VO.

beachtet und in jedem Einzelfall darauf hin untersucht werden, ob die behauptete Pflichtverletzung nicht durch Einholung und Würdigung entsprechender Informationen besser substantiiert werden kann.[1312] Jedenfalls wird es zum Vortrag eines Anspruchstellers gehören müssen, darzulegen, weshalb ihm eine weitergehende Substantiierung seines Vortrags trotz der öffentlich zugänglichen Rating- und Hintergrundinformationen nicht möglich ist.

Schließlich darf nicht übersehen werden, dass nach gefestigter Rechtsprechung des Bundesgerichtshofs die Auferlegung sekundärer Darlegungspflichten auch zumutbar sein muss.[1313] Dabei wird typischerweise nicht negativ formuliert, wann die Zumutbarkeit nicht mehr gegeben ist, sondern positiv festgestellt, wenn dies der Fall ist.[1314] Abgestellt wird dabei häufig schlicht auf den geringen Aufwand der Informationsbeschaffung.[1315] Allerdings muss in den Ratingkonstellationen die Besonderheit berücksichtigt werden, dass die Agenturen in ihren Geschäftsgeheimnissen zu schützen sind.[1316] Die Anwendung des Rechtsinstituts der sekundären Behauptungs- und Beweislast darf daher nicht zu einem Zwang zur Preisgabe des Kerns der Ratingtätigkeit werden und die Agenturen nicht zur Veröffentlichung ihrer Geschäftsgeheimnisse verpflichten. Dies stünde auch im Widerspruch zu der in Art. 32 Rating-Verordnung vorgesehenen vertraulichen Behandlung von Berufsgeheimnissen.[1317] Kann eine Ratingagentur daher in der Prozesssituation des Art. 35a Rating-Verordnung glaubhaft darlegen, dass die Preisgabe von Geschäftsgeheimnissen droht,[1318] kann nicht mehr von der Zumutbarkeit der Auferlegung sekundärer Behauptungs- und Beweispflichten ausgegangen werden.

1312 Ebenfalls auf die Transparenz- und Offenlegungspflichten für den Klägervortrag hinweisend *von Rimon*, Ratings in Deutschland und USA, S. 106, gleichwohl verbleiben Schwierigkeiten, aaO., S. 150.

1313 *BGH* NJW 1999, S. 714 (715); NJW 1990, S 3151 (3152); NJW 1983, S. 687 (688); NJW 1961, S. 826 (828).

1314 Häufig wird die Zumutbarkeit auch ohne nähere Begründung festgestellt, etwa BGH NJW 1987, S. 1201; NJW 1987, S. 2008 (2009).

1315 Vgl. *BGH* NJW 1983, S. 687 (689); darauf abstellend, dass ohnehin eine Pflicht zur Offenlegung bestand *BGH* NJW 1994, S. 2220 (2224).

1316 Ausdrücklich in Erwägungsgrund Nr. 25 zur Rating-VO sowie Art. 32 Rating-VO; ähnlich *Amort*, EuR 2013, S. 272 (278); *Korth*, Dritthaftung, S. 156; *Schroeter*, Ratings, S. 811; *Schuler*, Regulierung und Verantwortlichkeit, S. 295; *Stemper*, Rahmenbedingungen, S. 182; *Vetter*, WM 2004, S. 1701 (1707).

1317 Dies gilt obwohl gemäß Art. 32 Abs. 2 Rating-VO die Offenlegung für „gerichtliche Ermittlungen" gestattet, da im Rahmen eines (dem Beibringungsgrundsatz unterliegenden) Zivilverfahrens keine „gerichtlichen Ermittlungen" durchgeführt werden; vgl. auch *von Rimon*, Ratings in Deutschland und USA, S. 150.

1318 Der Vortrag kann unter Hinweis auf die von den involvierten Behörden unter Verschluss gehaltenen Informationen nach Art. 32 Abs. 2 Rating-VO getätigt werden.

(3) Folge der Anwendung der Grundsätze

Ist der beklagten Ratingagentur eine sekundäre Behauptungslast trotz der vorgenannten Einschränkungen einmal aufzuerlegen, hat dies zur Folge, dass die Darlegungen der Anspruchsteller des Art. 35a Rating-Verordnung hinsichtlich des haftungsbegründenden Tatbestands vergleichsweise pauschal gehalten sein dürfen,[1319] solange sie schlüssig, widerspruchsfrei und nachvollziehbar sind, also der geschilderte Sachverhalt unter die Tatbestandsvoraussetzungen subsumiert werden kann, während die Ratingagentur substantiiert darlegen müsste, weshalb ihr ein Fehlverhalten nicht vorgeworfen werden kann und/oder weshalb sich dies jedenfalls nicht auf das Rating ausgewirkt hat oder nicht mit Vorsatz oder grober Fahrlässigkeit geschehen ist.[1320] Allerdings kann schon der primäre Vortrag des Anspruchstellers des Art. 35a Rating-Verordnung zum haftungsbegründenden Tatbestand größere Schwierigkeiten mit sich bringen und durchaus auch misslingen.[1321] Eine Behauptung „ins Blaue hinein", wonach das jeweilige Rating etwa schon deshalb fehlerhaft sein müsse, weil die bewertete Emission später ausgefallen und wertlos geworden sei, genügt wegen des Prognosecharakters von Ratings nicht.[1322] Keinesfalls steht daher zu befürchten, dass das Institut der sekundären Behauptungs- und Beweislast zu einer generellen Entlastung der Anspruchsteller führte oder die Konzeption des Art. 35a Rating-Verordnung konterkarieren würde.[1323]

Diese Verteilung der Behauptungs- und Beweislast in primäre und sekundäre Pflichtebenen dürfte der Regelungsintention des Art. 35a Abs. 2 Rating-Verordnung ähnlich wie die Anwendung von § 286 ZPO sachlich entsprechen. Bei einer verständigen und praxisnahen Betrachtung dieser Formulierung des Art. 35a Abs. 2 Rating-Verordnung muss sie geradezu als Handlungsanleitung zur Prüfung und gegebenenfalls zur Anwendung der Grundsätze der sekundären Behauptungs- und Beweislast erscheinen.[1324]

1319 Es darf sich sogar um bloße Vermutungen handeln, vgl. *BGH* NJW 2001, S. 2327 (2328); a.A. *von Rimon*, Ratings in Deutschland und USA, S. 106, die das Erfordernis des substantiierten Vortrags betont.

1320 Vgl. *Schuler*, Regulierung und Verantwortlichkeit, S. 295 f.; im Ergebnis wohl auch *Dutta*, WM 2013, S. 1729 (1734); *Wojcik*, NJW 2013, S. 2385 (2388).

1321 *Dutta*, WM 2013, S. 1729 (1734); *Korth*, Dritthaftung, S. 157 f.; *Wagner* in: FS-Blaurock, S. 467 (490).

1322 *Hennrichs* in: FS-Hadding, S. 875 (881); *Stemper*, Rahmenbedingungen, S. 178 f.

1323 Daher ist auch keine generelle Verlagerung von Wertpapierrisiken zu befürchten, wie es etwa *Berger/Ryborz*, WM 2014, S. 2241 (2244) erkennen oder *Stemper*, Rahmenbedingungen, S. 182 befürchtet.

1324 Zudem würde dies einen Anreiz für die Ratingagenturen setzen, ihre Arbeit besser zu dokumentieren, so *Dutta*, WM 2013, S. 1729 (1734).

dd) *Auskunftsanspruch aus § 242 ZPO*

Abgesehen von möglichen Darlegungs- und Beweislastrelativierungen innerhalb der Anspruchsdarlegung von Art. 35a Rating-Verordnung ist zuletzt auch ein abgestuftes prozessuales und materiell-rechtliches Vorgehen potenzieller Anspruchsteller zur Lösung evidenter Nachweisschwierigkeiten zu diskutieren. Die Erlangung der für die Anspruchsdarlegung und -durchsetzung notwendigen Informationen und Auskünfte könnte nämlich auch im Wege einer Stufenklage gemäß § 254 ZPO erreicht werden, indem die Ratingagentur zunächst auf Auskunftserteilung über die Haftungsvoraussetzungen und hiernach auf einen dann näher bestimmbaren Schadensersatz aus Art. 35a Rating-Verordnung in Anspruch genommen würde.[1325] Die Auskunft könnte sich etwa auf den genauen Hergang und die Erstellung des Ratings, einzelne Verfahrensabläufe sowie auf Umstände zur Ursächlichkeit einer Zuwiderhandlung für das Ratingergebnis beziehen und dem Anspruchsteller hiernach die Bestimmung seiner Ansprüche und/oder deren Darlegung ermöglichen. Denkbar und nicht ohne praktische Relevanz wäre daneben die Forderung nach Auskunft über die Ergebnisse und Inhalte eines etwaigen Sanktionsverfahrens der ESMA gegen die Ratingagentur.[1326]

Voraussetzung für ein solches Vorgehen ist das Bestehen eines materiell-rechtlichen Auskunfts- und Informationsanspruchs gegen die Ratingagentur.[1327] Eine generelle Auskunfts- oder Mitwirkungspflicht des nicht beweisbelasteten Prozessgegners, sich über sämtliche Umstände erklären oder alle ihm zur Verfügung stehenden Beweismittel vorlegen zu müssen, existiert grundsätzlich nicht und wird zutreffend und weit überwiegend abgelehnt.[1328] Der Betroffene muss sich nicht ge-

1325 Im Zusammenhang mit Art. 35a Rating-VO aufgeworfen auch von *Gietzelt/Ungerer*, GPR 2013, S. 333 (344); generell im Ratingzusammenhang erstmals angesprochen von *Schuler*, Regulierung und Verantwortlichkeit, S. 299 ff.

1326 Siehe Art. 36 ff. Rating-VO; aufgeworfen auch von *Wojcik*, NJW 2013, S. 2385 (2388).

1327 Derartige Ansprüche können sich grundsätzlich aus diversen Rechtsnormen ergeben, etwa aus § 666 BGB gegen den Beauftragten oder aus § 402 BGB gegen den Zedenten einer erworbenen Forderung – vgl. *Becker-Eberhard* in: Münchener Kommentar, ZPO, § 254, Rn. 13; *Krebs* in: Dauner-Lieb/Langen, § 242, Rn. 49. Solche ausdrücklichen Informationsrechte sind für die Anspruchsteller des Art. 35a Rating-Verordnung allerdings nicht einschlägig; insbesondere der aus Beauftragungen gemäß § 666 BGB resultierende Auskunftsanspruch steht den Anspruchstellern ungeachtet des Bestehens eines zugrunde liegenden Vertrags nicht zu, da der Rating- oder Abonnementsvertrag keinen Auftrag, Geschäftsbesorgungs- oder Dienstvertrag darstellt, auf den die Norm ggf. analog anzuwenden sein könnte, hierzu unten F. I. 1. a) aa) (3); zu den „Einsatzmöglichkeiten“ des § 666 BGB siehe *Lorenz*, JuS 1995, S. 569 (570).

1328 Ausführliche Auseinandersetzung bei *BGH* NJW 1990, S. 3151 m.w.N.; siehe auch *BGH* NJW 2007, S. 15 (156); NJW 1997, S. 128 (129); NJW 1957, S. 669; *Prütting* in: Münchener Kommentar, ZPO, § 286, Rn. 130; *Lorenz*, JuS 1995, S. 569 (570).

gen sich selbst stellen und belastende und prozessual nachteilige Informationen preisgeben.[1329] Nach gefestigter Rechtsprechung[1330] kann ein materiell-rechtlicher Auskunftsanspruch allerdings im Einzelfall aus dem Gebot von Treu und Glauben erwachsen, § 242 BGB, und zu einer Pflicht des Auskunftsschuldners führen, Informationen offenzulegen und Auskünfte zu erteilen, die der Gläubiger für die Darlegung und Substantiierung seines Anspruchs benötigt, jedoch selbst nicht besitzt.

(1) Voraussetzungen eines Auskunftsanspruchs gemäß § 242 BGB

Der Auskunftsanspruch aus § 242 BGB geht auf eine grundlegende und immer wieder zitierte Reichsgerichtsrechtsprechung zurück,[1331] die mittlerweile Gegenstand gefestigter Rechtsprechung des Bundesgerichtshofs ist.[1332] Hiernach besteht ein Auskunftsanspruch dann, wenn zwischen den Parteien eine Sonderverbindung besteht, der Auskunftsgläubiger sich nicht in zumutbarer Weise selbst informieren kann, seine Unkenntnis entschuldbar ist und der Auskunftsschuldner die Auskunft seinerseits unschwer erteilen kann.[1333]

Eine rechtliche Sonderverbindung kann sich im Wesentlichen aus Verträgen sowie aus gesetzlichen Schuldverhältnissen, die gesteigerte Verhaltenspflichten oder besondere Schutzpflichten zum Gegenstand haben, oder aus unerlaubten Handlungen ergeben.[1334] Entsprechend der Formel des Reichsgerichts kommt es dabei darauf an, dass es das Rechtsverhältnis seinem Wesen nach mit sich bringt, dass über Bestehen oder Ausmaß einer Forderung eine ungleiche Verteilung von Informationen besteht.[1335] Die in Rede stehende Forderung aus dieser Sonderbeziehung, für deren Spezifizierung die begehrte Auskunft benötigt wird, muss im Falle vertraglicher Verbindungen nicht schon dem Grunde nach feststehen, sondern kann noch als bloßer Verdacht vorherrschen,[1336] zu dessen Ergründung es weiterer Informationen bedarf,

---

1329 *BGH* NJW 1958, S. 1491 (1492): *„Keine Partei ist gehalten, dem Gegner für seinen Prozesssieg das Material zu verschaffen, über das er nicht schon von sich aus verfügt."*; *Lorenz*, JuS 1995, S. 569 (572) (niemand ist verpflichtet, *„sich gleichsam selbst seinem Gläubiger ‚ans Messer zu liefern'"*); zur prozessualen Rechtslage in den USA dagegen unten G. II. 3. c) aa).

1330 Die betroffene Rechtsprechung ist mittlerweile Gewohnheitsrecht und wird von den Gerichten *„wie eine gesetzliche Anspruchsgrundlage subsumiert"*, so *Lorenz*, JuS 1995, S. 569 (573).

1331 *RGZ* 108, S. 1 (7).

1332 Siehe etwa zuletzt *BGH* NJW 2014, S. 2571; NJW 2007, S. 1806 (1807); GRUR 2001, S. 841 (842); siehe auch *BGH* NJW 1995, S. 386; NJW 1986, S. 423 (424) m.w.N.; erstmals *BGH* NJW 1954, S. 70 (71).

1333 Die Rechtsprechung des Reichsgerichts auf diese subsumtionsfähige Formel zusammengefasst von *Lorenz*, JuS 1995, S. 569 (572).

1334 *BGH* NJW 1978, S. 1002; NJW 1986, S. 1244 (1245); NJW 1957, S. 669.

1335 *Lorenz*, JuS 1995, S. 569 (573); vgl. *RGZ* 108, S. 1 (7).

1336 *Krüger* in: Münchener Kommentar, BGB, § 260, Rn. 16; *BGH* NJW 2002, S. 3771 m.w.N.

ohne dass eine reine Verdachtsausforschung stattfände.[1337] Etwas anderes gilt bei gesetzlichen Schuldverhältnissen, etwa auch aus deliktsrechtlichen Beziehungen: Hier entsteht ein Auskunftspflichten begründendes Sonderverhältnis erst mit dem nachgewiesenen Bestehen eines Anspruchsgrundes.[1338] Anderenfalls fehlte es an einer hinreichend materialisierten rechtlichen Basis für das Auskunftsbegehren.[1339] Die Auskunftsrechte betreffen dann nur noch das Ausmaß, typischerweise die Anspruchshöhe. Dabei muss ein Schadenseintritt zumindest wahrscheinlich sein.[1340]

Der darüber hinaus erforderliche Zustand entschuldbarer Unkenntnis des Begehrenden über Anspruchsgrund und/oder -Höhe des Anspruchsgläubigers beinhaltet zum einen das Vorliegen faktischer Unkenntnis von den entsprechenden Umständen sowie zum anderen das Gebot der Ausschöpfung aller für die Informationserlangung zugänglichen Quellen, soweit dem Betroffenen diese Ausschöpfung denn möglich und noch zumutbar ist.[1341] Insoweit ist anerkannt, dass bestehende Auskunftsansprüche gegenüber Dritten vorrangig realisiert werden[1342] wie auch eigene Recherchen, etwa bei Behörden, in zugänglichen Akten oder aus anderweitigen Quellen, angestellt werden müssen.[1343]

Zuletzt muss dem hypothetisch zur Auskunft Verpflichteten die Erteilung auch unschwer möglich sein. Dabei ist eine wertende Betrachtung vorzunehmen, um zu prüfen, ob dem Auskunftsschuldner die Erteilung zumutbar ist.[1344] Hierbei werden neben Aspekten des Aufwands, etwa hinsichtlich Arbeit, Zeit und Kosten,[1345] insbesondere auch dessen (berechtigte) Interessen an der Zurückbehaltung der begehrten Auskünfte zu würdigen und in einen angemessenen Ausgleich mit den Interessen des Anspruchstellers zu bringen sein.[1346] Insoweit genügt jedoch die Gefahr, dass sich der Auskunftsschuldner durch die Erteilung womöglich selbst einer

---

1337 *Lorenz*, JuS 1995, S. 569 (573); zur schwierigen Grenzziehung zwischen unzulässiger Ausforschung und erlaubter Informationseinholung *Krüger* in: Münchener Kommentar, BGB, § 260, Rn. 37.

1338 Vgl. *BGH* NJW 1987, S. 1812 (1813); 1986, S. 1244 (1245); NJW 1979, S. 1832; *Lorenz*, JuS 1995, S. 569 (573); *Palandt/Grüneberg*, § 260, Rn. 6; die bloße Wahrscheinlichkeit des Vorliegens eines solchen Anspruchs genügt nicht, *BGH* NJW-RR 1989, S. 450.

1339 *Lorenz*, JuS 1995, S. 569 (573) spricht von einer „*Verdichtung der Anspruchsbeziehung*".

1340 *Krüger* in: Münchener Kommentar, BGB, § 260, Rn. 15 m. Verweis auf *BGH* NJW 1990, S. 1358 (1358 f.).

1341 *Krüger* in: Münchener Kommentar, BGB, § 260, Rn. 18; *Lorenz*, JuS 1995, S. 569 (574); *Palandt/Grüneberg*, § 260, Rn. 7.

1342 Vgl. *BGH* NJW 1979, S. 1832 (1832 f.).

1343 Vgl. *BGH* WM 1970, S. 1116 (1118); weitere Beispiele zumutbaren Aufwands bei *Krüger* in: Münchener Kommentar, BGB, § 260, Rn. 18 m.w.N.; vgl. auch *Lorenz*, JuS 1995, S. 569 (574).

1344 So auch *Lorenz*, JuS 1995, S. 569 (574).

1345 *Krüger* in: Münchener Kommentar, BGB, § 260, Rn. 20; vgl. auch *BGH* NJW 2014, S. 2571 (2572); NJW 2000, S. 3777 (3779).

1346 Hierzu *Lorenz*, JuS 1995, S. 569 (574).

Straftat oder Ordnungswidrigkeit bezichtigt und mithin Verdachtsmomente gegen sich selbst formuliert, noch nicht dazu, die Zumutbarkeit der Auskunftserteilung abzuwehren.[1347] Die Gefahr einer Selbstbezichtigung kann daher grundsätzlich nicht gegen den Anspruch eingewendet werden.[1348]

(2) Anwendung auf die Haftung aus Art. 35a Rating-Verordnung

Sodann ist zu untersuchen, ob die Anspruchsparteien der Haftung aus Art. 35a Rating-Verordnung ein Rechtsverhältnis unterhalten, das unter die zuvor beschriebenen Voraussetzungen eines Auskunftsanspruchs aus § 242 BGB subsumiert werden kann.

(a) Vorliegen einer rechtlichen Sonderverbindung

Dazu müsste zunächst die zuvor beschriebene rechtliche Sonderverbindung zwischen Ratingagentur und Anleger/Emittent bestehen. Bei der Verbindung aus Art. 35a Rating-Verordnung handelt es sich, wie gezeigt, um ein gesetzliches Schuldverhältnis aus unerlaubter Handlung.[1349] Ein solches kann eine Sonderverbindung nur dann begründen, wenn es gesteigerte Verhaltens- und besondere Schutzpflichten zum Gegenstand hat.[1350] Dies ist hier der Fall, da Art. 35a Rating-Verordnung Bezug nimmt auf einen besonderen Katalog von Verhaltenspflichten,[1351] der einseitig zulasten von Ratingagenturen gereicht, ausdrücklich an diese adressiert ist und auch dem Schutz der Marktteilnehmer und Ratingnutzer dient.[1352] Diese Pflichten gehen deutlich über allgemeingültige Verkehrssicherungspflichten für jedermann hinaus.

Gleichwohl muss sich im Falle des Fehlens einer vertraglichen Beziehung die die Auskunftspflichten begründende rechtliche Basis zwischen den Parteien bereits so weit verdichtet haben, dass sie als Quelle von Auskunftspflichten aus § 242 BGB betreffend den Anspruchsgrund überhaupt in Frage kommen kann.[1353] Außerhalb

1347 *Krüger* in: Münchener Kommentar, BGB, § 260, Rn. 20; es wäre widersinnig, die Auskunft ausgerechnet in besonders schwer wiegenden – weil womöglich auch strafrechtlich relevanten Fällen – und daher auch in den Fällen eines besonders großen Interesses des Gläubigers an den begehrten Informationen zu verneinen, so für § 666 BGB etwa *BGH* NJW 1964, S. 1469 (1470); vgl. auch *BGH* NJW 1990, S. 510 (511).

1348 Anderenfalls liefe der Anspruch ausgerechnet in seinem Kernbereich ins Leere, *BGH* NJW 1990, S. 510 (511); NJW 1964, S. 1469 (1470); differenzierter *Lorenz*, JuS 1995, S. 569 (574); anders als auf den ersten Blick anzunehmen sein könnte, existiert auch kein übergeordneter Grundsatz, sich niemals selbst bezichtigen zu müssen, so mit überzeugender Begründung *BGH* NJW 1964, S. 1469 (1471) mit Verweis etwa auf § 81a StPO, § 142 StGB.

1349 Siehe etwa oben E. II. 1. a).

1350 Gesteigerte Verhaltens- und besondere Schutzpflichten sind für das Vorliegen einer Sonderverbindung entscheidend, *BGH* NJW 1978, S. 1002.

1351 Anhang III zur Rating-VO.

1352 Vgl. etwa Erwägungsgrund Nr. 7, 43 der Rating-VO.

1353 Vgl. *Lorenz*, JuS 1995, S. 569 (573); siehe oben E. III. 2. a) dd) (1).

vertraglicher Beziehungen bezieht sich die Auskunft nach § 242 BGB nur auf die Anspruchshöhe.[1354] Da Art. 35a Rating-Verordnung nur ein gesetzliches Schuldverhältnis begründet, muss der haftungsbegründende Tatbestand mithin durch den Auskunftsgläubiger nachgewiesen werden können.[1355] Damit steht fest, dass § 242 BGB für die isolierte Haftung aus Art. 35a Rating-Verordnung in der Praxis keine Rolle spielen kann, da die von Anspruchstellern typischerweise zu begehrenden Auskünfte gerade den haftungsbegründenden Tatbestand betreffen.

Eine für die hiesigen Zwecke hinreichende Sonderverbindung ergibt sich daher nur, wenn die Anspruchsparteien des Art. 35a Rating-Verordnung zugleich parallele vertragliche Beziehungen pflegen, etwa aus Ratingverträgen mit Emittenten oder aus Abonnementsverträgen mit Investoren.[1356] In diesen Fällen kann sich die Auskunft auch auf den Anspruchsgrund beziehen.[1357] Um den erforderlichen begründeten Verdacht des Bestehens eines Anspruchsgrunds darzulegen, wird zwar keine Behauptung „ins Blaue hinein" oder die Äußerung pauschaler und allgemeingültiger Vermutungen genügen;[1358] allerdings können auch hier der Vergleich zwischen der (ex ante) marktbekannten und der durch das jeweilige Rating ausgewiesenen Bonität, der Vergleich mit anderen, abweichenden Ratings, ein etwaiges Sanktionsverfahren der ESMA gegen die Ratingagentur oder die Darlegung von Umständen, die die Ratingagentur wegen methodischer, rechnerischer oder verfahrenstechnischer Fehler „übersehen" haben muss, als Vortrag getätigt werden, um das Prozessgericht vom Vorliegen eines begründeten Verdachtsmoments hinsichtlich einer möglichen schuldhaften Pflichtverletzung der Ratingagentur zu überzeugen.[1359]

(b) Entschuldbare Unkenntnis der Anspruchsteller von betroffenen Umständen

Soweit ein Auskunftsanspruch wegen des Vorliegens einer (parallelen) Sonderverbindung in Betracht kommt, setzt dessen Geltendmachung weiterhin die entschuldbare Unkenntnis des Anlegers oder Emittenten von denjenigen Umständen und Informationen voraus, deren Erteilung sie begehren. In den Ratingkonstellationen

---

1354 Vgl. *BGH* NJW 1987, S. 1812 (1813); 1986, S. 1244 (1245); NJW 1979, S. 1832; *Lorenz*, JuS 1995, S. 569 (573); *Palandt/Grüneberg*, § 260, Rn. 6.

1355 Dies umfasst neben der Verletzungshandlung auch ein etwaiges Verschulden, *Krüger* in: Münchener Kommentar, BGB, § 260, Rn. 15.

1356 Ebenso *Schultes*, Regulierung und Haftung von Ratingagenturen, S. 247.

1357 Vgl. allgemein *Palandt/Grüneberg*, § 260, Rn. 6 m.w.N.; konkret im Ratingzusammenhang *Schuler*, Regulierung und Verantwortlichkeit, S. 301.

1358 Insbesondere begründet der bloße Umstand, dass sich ein Rating aus Sicht des Anlegers nicht „bewahrheitet" hat, weil er später mit seiner Investition ausgefallen ist, noch keine Verdachtsmomente, da die Ratingagentur nur eine *ex ante* vertretbare Bewertung abgeben muss; hierzu bereits oben D. IV. 2. b).

1359 Vgl. insoweit die Anforderungen für einen hinreichenden Vortrag zur Anwendung von § 286 ZPO oben E. III. 2. a) bb).

betrifft dies im Wesentlichen die Umstände und Vorgänge der Ratingerstellung, im Rahmen derer es zu einem kausalen und schuldhaften Fehlverhalten der Agentur gekommen sein könnte. Dabei besteht zunächst kein Zweifel daran, dass die Beziehung zwischen Ratingagenturen und Ratingnutzern von einer signifikanten Informationsasymmetrie zulasten der Ratingnutzer geprägt ist und typischerweise nur die Ratingagenturen selbst die Umstände ihrer Tätigkeit kennen und offen zu legen in der Lage sind.[1360]

Allerdings ist der Prüfung der Entschuldbarkeit dieser Unkenntnis große Bedeutung beizumessen. Der Auskunftsanspruch aus § 242 BGB darf nicht zur Ausforschung der Arbeit der Ratingagenturen führen,[1361] sondern muss sich auf konkrete Sachverhalte und dem jeweiligen Auskunftsgläubiger tatsächlich nicht zugängliche Informationen und Unterlagen beziehen. Es gelten hier dieselben Anforderungen wie ihm Rahmen der Anwendung der Grundsätze der sekundären Darlegungslast, so dass in jedem Einzelfall zu prüfen ist, ob nicht ein zumutbarer Aufwand des Anspruchstellers eine Verbesserung des Informationsdefizits ermöglicht oder dieses sogar zu beseitigen vermocht hätte.[1362] Insbesondere Emittenten müssen wegen ihrer Beteiligung am Ratingprozess beim *solicited rating* grundsätzlich schon während dieses Verfahrens etwaige, sich auftuende Möglichkeiten zur Informationssammlung nutzen, wenn eine spätere Auseinandersetzung mit der Ratingagentur nicht gänzlich abwegig erscheint.[1363] Anderenfalls wird ihnen dieses Versäumnis als nicht entschuldbar entgegen gehalten werden können, mit der Folge, dass ein Auskunftsanspruch ausscheidet.[1364]

Dagegen sind vorrangig durchzusetzende Auskunftsansprüche gegenüber Dritten als zumutbarer Alternativaufwand in den hier untersuchten Konstellationen regelmäßig nicht gegeben. Zu diskutieren wären allenfalls Ansprüche gegen die ESMA, bei der nahezu sämtliche Informationen über Ratingagenturen zusammenlaufen. Dass es in diesem Verhältnis allerdings einmal (vorrangige) Auskunftsansprüche geben könnte, ist nicht erkennbar und in der Rating-Verordnung auch nicht angelegt.[1365] Betrifft die begehrte Auskunft beispielsweise die Hintergründe

1360 *Schuler*, Regulierung und Verantwortlichkeit, S. 301.

1361 Grundlegend *Krüger* in: Münchener Kommentar, BGB, § 260, Rn. 37.

1362 Hierzu oben E. III. 2. a) cc) (2).

1363 Vgl. *BGH* NJW 1990, S. 1358 (1358 f.), wonach es der Auskunft entgegen stehen kann, *„dass der Anspruchsteller gegenüber der mit der Auskunft begehrten Kenntnis zuvor selbst die Augen verschlossen und von einer sich aufdrängenden Möglichkeit zur Information keinen Gebraucht gemacht hat"*; allerdings muss der Betroffene mit der späteren Verletzungshandlung *„ernstlich gerechnet haben"*; vgl. auch *BGH* WM 1959, S. 206 (208).

1364 Dies für wenig praxisrelevant haltend *Schuler*, Regulierung und Verantwortlichkeit, S. 303.

1365 Die ESMA ist im Gegenteil grundsätzlich zur Verschwiegenheit verpflichtet, Art. 32 Rating-VO, und darf insbesondere unter das Berufsgeheimnis fallende Informationen nicht herausgeben.

eines Bußgeldverfahrens der ESMA, ist zu berücksichtigen, dass die ESMA nur die verhängten Geldbußen oder Zwangsgelder und den Verstoß in abstrakten Grundzügen veröffentlicht, jedoch nicht deren genaue Hintergründe und Sachverhalte.[1366]

(c) Unschwer mögliche Auskunftserteilung seitens der Ratingagentur

Final setzt eine auskunftsrechtliche Inanspruchnahme der Ratingagentur voraus, dass ihr die begehrte Auskunftserteilung auch unschwer möglich ist. Hierbei ist zu berücksichtigen, dass der zumutbare Aufwand auch in ein Verhältnis zur vorgeworfenen Pflichtverletzung des Auskunftsschuldners zu bringen ist, so dass je nach Schwere der Rechtsverletzung auch ein größerer Aufwand abverlangt werden kann.[1367] Dabei bestehen keine Zweifel daran, dass es den Ratingagenturen typischerweise ohne größeren Aufwand möglich sein wird, Informationen, Unterlagen oder Auskünfte zu ihren Ratingverfahren, den Abläufen und den Vorgängen einer konkreten Ratingerstellung herauszugeben bzw. erteilen.[1368] Fraglich ist alleine die Zumutbarkeit einer entsprechenden Auskunftserteilung.

(aa) Einwand des Schutzes von Geschäftsgeheimnissen

Ähnlich wie im Rahmen der Untersuchung zu einer etwaigen sekundären Behauptungs- und Beweislast der Ratingagenturen[1369] spielt auch hier der Schutz von Betriebs- und Geschäftsgeheimnissen die wesentliche Rolle. Die Vertraulichkeit derartiger Geschäftsinterna stellt ein schützenswertes und berechtigtes Interesse der Ratingagentur dar, welches im Rahmen eines Auskunftsanspruchs nach § 242 BGB zur Abwägung mit den Auskunftsinteressen der Anspruchsteller zu stellen ist.[1370] In einer solchen Abwägung werden die Auskunftsinteressen der Anspruchsteller regelmäßig unterliegen.[1371] Der Schutz der Betriebsgeheimnisse ist ein wesentlicher Grundsatz und eine bedeutende Ausprägung der Berufsfreiheit, weshalb in der Rechtsprechung die Zumutbarkeit der Auskunft auch

---

1366 Siehe etwa die Pressemitteilung der ESMA vom 29.06.2015, in der mitgeteilt wurde, dass gegen die Ratingagentur DBRS Rating Limited ein Bußgeld in Höhe von EUR 30.000,00 verhängt wurde, abrufbar unter https://www.esma.europa.eu/sites/default/files/library/2015/11/2015-1050_esma_fines_dbrs_for_internal_control_failings.pdf (abgerufen am: 06.10.2017); hierin werden die Pflichtverstöße nur abstrakt benannt.

1367 *BGH* NJW 1986, S. 1244 (1245); NJW 1986, S. 1247 (1249).

1368 So auch *Schuler*, Regulierung und Verantwortlichkeit, S. 303.

1369 Hierzu oben E. III. 2. a) cc) (2).

1370 Vgl. *BGH* NJW 1995, S. 386 (387 f.); grundsätzlich ebenso *Lorenz*, JuS 1995, S. 569 (574).

1371 Vgl. *Schultes*, Regulierung und Haftung von Ratingagenturen, S. 235 f.

entsprechend abgelehnt wird, wenn deren Preisgabe zu besorgen ist.[1372] Dieser Schutz ist auch in der Rating-Verordnung angelegt und vorgesehen.[1373]

Die Einschränkung des Auskunftsanspruchs auf Basis unzumutbarer Auskunftserteilung schränkt den praktischen Anwendungsbereich der Rechtsfigur in den gängigen Ratingkonstellationen weiter ein, da zu befürchten steht, dass es sich bei denjenigen Informationen, die die Ratingagentur nicht ohnehin offenbaren muss, um Geschäftsgeheimnisse handeln wird. Gelingt der Ratingagentur insoweit der substantiierte Verweis auf die Gefahr der Preisgabe von Betriebsgeheimnissen, so scheidet ein Anspruch der Haftungsgläubiger auf Auskunft aus.

(bb) Einwand der Selbstbezichtigung

Dagegen kann die Ratingagentur gegen die begehrte Auskunft nicht einwenden, dass sie sich mit deren Erteilung womöglich selbst eines Verstoßes gegen die Rating-Verordnung bezichtigen könnte.[1374] Dies ist wegen des Gleichlaufs der Verhaltenspflichten aus Anhang III der Rating-Verordnung als *public* und als *private enforcement* vorliegend besonders relevant, da jede Pflichtverletzung zugleich eine privatrechtliche Haftung wie auch eine öffentlich-rechtliche Sanktion auslösen kann.[1375] Da jedoch ein allgemeiner Rechtsgrundsatz zum Verbot jedweder potenziellen Selbstbelastung nicht existiert[1376] und das Auskunftsinteresse der Anspruchsteller gerade dann besonders groß ist, wenn das behauptete Fehlverhalten auch eine aufsichtsrechtliche Relevanz besitzt,[1377] taugt dieser Einwand nicht zur Geltendmachung der Unzumutbarkeit der Auskunftserteilung. Würde man den Unzumutbarkeitseinwand hier zulassen, könnte sich die Ratingagentur zudem *de facto* gegen jedes Auskunftsbegehren mit dem Hinweis auf die Gefahr der aufsichtsrechtlichen Selbstbelastung erwehren. Dies würde den Auskunftsanspruch daher gänzlich ins Leere laufen lassen.

1372 *BGH* NJW 1995, S. 386 (388), anders als vereinzelt – etwa bei *Schuler*, Regulierung und Verantwortlichkeit, S. 303 f. – dargestellt, muss die Preisgabe von Geschäftsgeheimnissen nicht dadurch überwunden werden, dass die Informationen einem zur Verschwiegenheit verpflichteten Sachverständigen offenbart werden (zu dieser Offenbarungsart etwa *BGH* NJW 2000, S. 3777 (3780); GRUR 1062, S. 354 (357)); in der vorzitierten Entscheidung (NJW 1995, S. 396) hat der BGH eine solche mittelbare Beweisaufnahme zwar bei einem „*berechtigten Geheimhaltungsinteresse*" angedeutet oder bei einem unzumutbaren Arbeitsaufwand erlaubt (NJW 2000, S. 3777 (3780)), dies jedoch für die Offenbarung darüber hinaus gehender „*Geschäfts- und Betriebsinterna*" gerade abgelehnt.

1373 Siehe Erwägungsgrund Nr. 25 zur Rating-VO sowie Art. 32 Rating-VO.

1374 Hierzu bereits oben E. III. 2. a) dd) (1).

1375 Art. 36a Abs. 1 Rating-VO stellt für Geldbußen ebenfalls wie Art. 35a Rating-VO pauschal auf einen Verstoß gegen die Vorgaben aus Anhang III Rating-VO ab.

1376 Überzeugend *BGH* NJW 1964, S. 1469 (1471).

1377 So bei unterstellter strafrechtlicher Relevanz auch *BGH* NJW 1990, S. 510 (511); NJW 1964, S. 1469 (1470).

(d) Ergebnis

Im Ergebnis gilt, dass ein materiell-rechtlicher Anspruch aus § 242 BGB gegen die Ratingagentur dann erwachsen kann, wenn parallele vertragliche Verbindungen aus Rating- oder Abonnementsverträgen – mithin Sonderverbindungen – bestehen, ein begründeter Verdacht auf eine Vertragsverletzung dargelegt werden kann, die begehrten Auskünfte nicht auf Basis der von den Ratingagenturen verpflichtend offen gelegten Informationen oder anderweitig erlangt werden können und sie sich nicht auf Betriebs- und Geschäftsgeheimnisse der Ratingagentur beziehen.

(3) Praxistauglichkeit der Geltendmachung des Auskunftsanspruchs

Die vorgenannten Einschränkungen dürften den Anwendungsbereich des Anspruchs und seine Fruchtbarmachung in der Praxis indes erheblich einschränken. Es ist daher äußerst fraglich, ob Kläger des Anspruchs aus Art. 35a Rating-Verordnung einmal den Weg einer Stufenklage gemäß § 254 ZPO mit vorgeschaltetem Auskunftsanspruch gehen werden. Dies gilt umso mehr, als es der Anspruchsteller auch auf die Anwendung einer sekundären Behauptungs- und Beweislast der Ratingagentur im Rahmen eines „gewöhnlichen“ Haftungsprozesses ankommen lassen kann, deren Voraussetzung denen des Auskunftsanspruchs aus § 242 BGB ähneln.[1378]

Kostentechnisch nachteilig oder risikobehafteter wäre ein stufenweises Vorgehen nach § 254 ZPO gegenüber einem nur auf Art. 35a Rating-Verordnung gestützten Prozess indes nicht: Wird der Auskunftsanspruch bereits wegen mangelnder Anerkennung seiner Anwendbarkeit auf das jeweils bestehende Rechtsverhältnis, der Entschuldbarkeit des Nichtwissens des Klägers oder der Unzumutbarkeit der Preisgabe der begehrten Informationen abgewiesen, wird in Ermangelung einer hinreichenden Darlegung des dahinter stehenden Zahlungsanspruchs mit sehr großer Wahrscheinlichkeit die Stufenklage insgesamt abgelehnt werden,[1379] wobei sich dann der Gebührenstreitwert gemäß § 44 GKG nur nach dem höheren Anspruch – hier dem Zahlungsanspruch – richtet, so dass im Vergleich zu einer reinen Zahlungsklage regelmäßig keine Kostenerhöhung eintritt.[1380] Auch wenn der Fall eintritt, dass der Kläger mit dem Auskunftsanspruch obsiegt – und die Auskunft auch erteilt wird –, diese jedoch ergibt, dass ein Schadensersatzanspruch aus Art. 35a Rating-Verordnung nicht besteht und er mit dem gleichermaßen rechtshängigen Zahlungsanspruch folgerichtig abzuweisen wäre, kann der Kläger nach einschlägiger Rechtsprechung kostentechnisch aufgefangen werden.[1381] Im Ergebnis

---

1378 Zur sekundären Behauptungslast oben E. III. 2. a) cc).

1379 Vgl. *Becker-Eberhard* in: Münchener Kommentar, ZPO, § 254, Rn. 24.

1380 Abweichungen können sich aber aus § 15 Abs. 3 RVG hinsichtlich der Termingebühr oder bei mehreren parallelen Rechtsmittelinstanzen ergeben.

1381 Streitig ist lediglich, auf welche Weise die Privilegierung des Stufenklägers in derartigen Fällen geschehen kann; zur Problematik und den verschiedenen Lösungsansätzen *Becker-Eberhard* in: Münchener Kommentar, ZPO, § 254, Rn. 26 f.; *Kassebohm*, NJW 1994, S. 2728 ff.; in Literatur und Rechtsprechung wird hierzu verstellt das stufenweise Vorgehen nach § 254 ZPO den Kläger im Falle seines Unterliegens grundsätzlich nicht schlechter als eine nur auf Art. 35a Rating-Verordnung gerichtete Zahlungsklage.

Als besonders praxisrelevant könnten sich insoweit Fälle erweisen, in denen Kläger eine dezidierte Auskunft der Ratingagentur über die Inhalte eines gegen sie gerichteten Sanktionsverfahrens der ESMA verlangen.[1382] Eine von der ESMA festgestellte und belegte Zuwiderhandlung würde die Prüfung und Darlegung eines Haftungsanspruchs aus Sicht der Kläger erleichtern.[1383] An diese Inhalte können sie auch nicht anderweitig gelangen.[1384] Je nach festgestelltem Pflichtverstoß lässt sich gegebenenfalls auch die Kausalität für das abgegebene Rating plausibel darstellen.[1385] In derartigen Fällen ist ein zweistufiges Vorgehen daher aus Sicht der Anspruchsteller des Art. 35a Rating-Verordnung zu erwägen.

ee) Zusammenfassung

Damit sind die grundsätzlich in Betracht kommenden Möglichkeiten zur prozessualen oder materiell-rechtlichen Relativierung der strengen Behauptungs- und Beweislast betreffend die in die Sphäre der Ratingagentur fallenden Anspruchsmerkmale des Art. 35a Rating-Verordnung erörtert worden. Von besonderer Praxisrelevanz wird dabei eine sachgerechte Anwendung von § 286 ZPO sowie das Rechtsinstitut der sekundären Behauptungs- und Beweislast sein, da es der Regelungsintention der Substantiierungserleichterung des Art. 35a Abs. 2 UAbs. 2 Rating-Verordnung am besten entspricht. In besonderen Ausnahmefällen kommen zudem Anscheinsbeweise oder Auskunftsansprüche aus § 242 BGB zur Beweiserleichterung in Betracht. Die beschriebenen Rechtsinstitute sind allerdings wegen diverser Einschränkungen – vornehmlich wegen des Schutzes der Geschäftsgeheimnisse der Agenturen – in

---

schiedentlich etwa vertreten, dass eine Erledigungserklärung wegen „prozessualer“ Erledigung zulässig ist (*Kassebohm*, NJW 1994, S. 2728 (S. 2731 f.)), eine Klagerücknahme unter Verwahrung gegen die Kostenlast analog § 263 Abs. 3 S. 3 ZPO möglich sein soll (*OLG Stuttgart*, Urt. v. 17.01.1990–17 WF 23/09) oder ein Klageverzicht nach § 306 ZPO in Bezug auf den Zahlungsanspruch mit einer analog § 93 ZPO folgenden Kostenlast zum Nachteil des Beklagten offen steht (*Becker-Eberhard* in: Münchener Kommentar, ZPO, § 269, Rn. 45 m.w.N.). Nach der in der Praxis wohl maßgebenden Entscheidung des BGH sollte der Kläger den Zahlungsanspruch auf einen Antrag zur Feststellung umstellen, dass die beklagte Ratingagentur verpflichtet ist, die Verzugsschäden, die sich aus der Verzögerung des berechtigten Auskunftsbegehrens ergeben haben, zu ersetzen, wozu insbesondere die Verfahrenskosten der Stufenklage zählen werden, siehe *BGH* NJW 1994, S. 2895 (2896). In einem solchen Fall wird sich dann die prozessuale Kostenentscheidung nach § 91 ZPO mit der materiellen Feststellungsentscheidung decken.

1382 Art. 36 ff. Rating-VO.

1383 Zweifelnd *Wojcik*, NJW 2013, S. 2385 (2388).

1384 Siehe zuvor E. III. 2. a) dd) (2) (b).

1385 Vgl. *Schroeter*, Ratings, S. 811.

ihrem praktischen Anwendungsbereich stark verkürzt und taugen daher nicht zu einer generellen oder systematischen Entlastung der Anspruchsteller.

b) Nachweis von Tatsachen aus der Sphäre der Anspruchsteller

Die Beweislastverteilung und mögliche Relativierungen sind auch im Hinblick auf die Umstände und Tatsachen, die aus der Sphäre der Anspruchsteller stammen, zu untersuchen, also hinsichtlich des Nachweises eines auf der Zuwiderhandlung – und damit regelmäßig indirekt auf einem fehlerhaften Rating – beruhenden Vermögensschadens des Anlegers oder des Emittenten, sowie hinsichtlich des Nicht-Vorliegens der qualifizierten Mitverschuldenstatbestände. Emittenten müssen etwa nachweisen können, dass ihre Kapitalbeschaffungskosten wegen eines unzutreffend negativen Ratings gestiegen sind oder sie durch Kursverluste geschädigt wurden.[1386] Investoren auf der anderen Seite müssen Kursdifferenzschäden oder den Ausfall ihrer Investition (Transaktionsschaden) nachweisen,[1387] wobei Letzteres voraussetzt, dass die Investition nachweislich gerade aufgrund des Ratings getätigt wurde und bei Kenntnis der wahren Bonität unterblieben wäre.[1388] Bei diesen Anspruchsvoraussetzungen können den Anspruchstellern keine Privilegierungen aus einem etwaigen Informationsdefizit erwachsen, da sich die Umstände in ihrer Sphäre abspielen.[1389]

Gleichwohl gestaltet sich die Beweissituation für Anspruchsteller hier nicht viel vorteilhafter: Insbesondere für Anleger ist der Nachweis eines Transaktionsschadens äußerst schwierig, da hypothetische Kausalverläufe sowie innere Willensbildungsprozesse nachgewiesen werden müssten.[1390] Aus diesem Grund betreffen

---

1386 Zu den möglichen Schadensposten von Emittenten bereits oben D. IV. 2. c).

1387 Zu den möglichen Schadensposten von Anlegern bereits oben D. IV. 2. c); *Eisen*, Haftung und Regulierung, S. 337; zur Ersatzfähigkeit des Transaktionsschadens bei fehlerhafter Kapitalmarktinformation auch unter ausführlicher Auseinandersetzung mit den verschiedenen Rechtsauffassungen *BGH* NJW 2012, S. 1800 (1805 ff.); hierzu auch *Hellgardt*, Kapitalmarktdeliktsrecht, S. 504 f.; *Möllers/Leisch* in: Kölner Kommentar, § 37 b, c WpHG, Rn. 269 ff.

1388 Allgemein hinsichtlich des Nachweises der Transaktionskausalität *Wagner* in: Münchener Kommentar, BGB, § 826, Rn. 142.

1389 Entsprechend wurde im Erwägungsgrund Nr. 26 zum Vorschlag für eine Verordnung des Europäischen Parlaments und des Rates zur Änderung der Verordnung (EG) Nr. 1060/2009 über Ratingagenturen vom 15.11.2011, KOM(2011) 747 betont: *„Die Beweislast hinsichtlich des Vorliegens eines Schadens und der Ursächlichkeit der Verletzung für den Schaden, die beide eher der Sphäre des Anlegers zuzuordnen sind, sollte hingegen ganz vom Anleger zu tragen sein."*

1390 Generell zur entsprechenden Nachweisschwierigkeit bei fehlerhaften Kapitalmarktinformationen *Spindler*, AcP 2008, S. 283 (332) m.w.N.; konkret im Ratingzusammenhang *Schuler*, Regulierung und Verantwortlichkeit, S. 287 f.; anschauliche Beispiele für den prozessual schwierigen Kausalitätsnachweis beim Verlassen auf Falschinformationen *OLG München* ZIP 2002, S. 1727 (1728 f.); *LG Kassel*, DB 2002, S. 2151 (2152).

die nachfolgenden Überlegungen auch hauptsächlich Konstellationen, in denen geschädigte Anleger einen Schadensersatz geltend machen.

Die Durchsetzungshindernisse im Hinblick auf den Nachweis kausaler Vermögensschäden dürfen in der Betrachtung nicht unberücksichtigt bleiben, da die Durchsetzbarkeit eines Haftungsanspruchs aus Art. 35a Rating-Verordnung auch die Möglichkeit des Gelingens des Schadensnachweises voraussetzt und damit für die Effektivität des *private enforcement*-Konzepts von Bedeutung ist.[1391]

aa) Anscheinsbeweis wegen genereller Anlagestimmung

Die Schwierigkeit des Nachweises der Ursächlichkeit eines fehlerhaften und auf Basis eines Verstoßes gegen Anhang III der Rating-Verordnung zustande gekommenen Ratings für den Transaktionsschaden eines Anlegers besteht darin, dass dieser in erster Linie belegen muss, dass das Rating kausal für die jeweilige Investitionsentscheidung geworden ist, d. h. dass das angegriffene Rating zur Kenntnis genommen und dem Anlageverhalten entscheidend zugrunde gelegt wurde.[1392] Beweisrelevant sind also zum einen ein tatsächliches Geschehen (Kenntnisnahme) und zum anderen die Grundlagen einer individuellen Willensentscheidung (Verwendung des Ratings).[1393] Kläger eines Anspruchs aus Art. 35a Rating-Verordnung wären hinsichtlich dieser nachweisrelevanten Umstände signifikant entlastet, wenn ein dem Anscheinsbeweis zugänglicher typisierter Geschehensablauf zu erkennen wäre, der den Rückschluss von einem (fehlerhaften) Rating auf eine konkrete Investitionsentscheidung zuließe.[1394]

Da Ratings kapitalmarktrelevante Informationen sind, ist die Parallele zu der für fehlerhafte Börsenzulassungsprospekte entwickelten und später zum Gesetz gewordenen[1395] Rechtsprechung zur „generellen Anlagestimmung" evident und auf ihre Anwendbarkeit auf die hier zugrunde zu legenden Ratingkonstellationen hin zu überprüfen: Hiernach stellt die Rechtsprechung eine tatsächliche Vermutung dafür auf, dass Investitionsentscheidungen von Anlegern mittelbar oder unmittelbar auf

---

1391 Vgl. hinsichtlich der Abnahme der Verfolgungswahrscheinlichkeit eines kapitalmarktrechtlichen Ersatzanspruchs bei schwieriger Schadensbezifferung *Spindler*, NZG 2012, S. 575 (578).

1392 Vgl. *Stemper*, Rahmenbedingungen, S. 181.

1393 Vgl. generell für fehlerhafte Kapitalmarktinformationen *Barth*, Schadensberechnung bei Haftung wegen fehlerhafter Kapitalmarktinformation, S. 153; *Sauer*, Haftung für Falschinformation des Sekundärmarktes, S. 68.

1394 Zu den Voraussetzungen und Folgen des Anscheinsbeweises siehe oben E. III. 2. a) aa); dagegen hält *Korth*, Dritthaftung, S. 187 einzig den Nachweis, dass die Anlage bei zutreffend abgebildeter Bonität unterlassen worden wäre, als schwierig an; dies verkennt, dass zugleich auch die tatsächliche Kenntnisnahme vom jeweiligen Rating und dessen Beeinflussung der positiven Investitionsentscheidung erst einmal nachgewiesen werden muss und nicht selbstverständlich ist.

1395 §§ 44 ff. BörsG a. F., jetzt § 20 Abs. 4 Nr. 1 VermAnlG und § 23 Abs. 2 Nr. 1 WpPG.

die Emissionsprospekte und die darin enthaltenen Informationen zurückzuführen seien, wenn sie in einem zeitlichen Zusammenhang zu der Veröffentlichung des Prospekts getätigt wurden, da ein Verkaufsprospekt regelmäßig die wichtigste Entscheidungsgrundlage bilde, sämtliche Informationen über den jeweiligen Emittenten oder die Emission enthalte und es deshalb eine generelle Anlagestimmung erzeuge.[1396] Daher komme es auch nicht auf die tatsächliche Kenntnisnahme von dem Prospekt an, denn die stimmungsbeeinflussende Wirkung vollziehe sich schon durch die mittelbare Besprechung und Einschätzung der Emission in Fachkreisen auf Basis eben jenes Prospekts.[1397] Diese Annahme kann jedoch nicht auf jegliche Art von Kapitalmarktinformationen angewendet werden. So hat der Bundesgerichtshof deren Anwendung für den Fall fehlerhafter ad-hoc-Mitteilungen grundsätzlich abgelehnt.[1398] Diese richteten sich anders als das umfassende Emissionsprospekt nur ausschnittartig auf einzelne, regelmäßig aktuell relevante Tatsachen.[1399] Derartige punktuelle Informationsgegenstände riefen in der Regel keine Anlagestimmung hervor, wenngleich eine solche Wirkung in besonderen Einzelfall nicht gänzlich ausgeschlossen sei.[1400]

Damit soll nach der Rechtsprechung des Bundesgerichtshofs für die Zuschreibung der Fähigkeit einer Kapitalmarktinformation zur Erzeugung einer Anlagestimmung also zunächst entscheidend sein, welche Bedeutung sie typischerweise für Anlegerverhalten besitzt, da sich nur aus einem hohen Maß an Relevanz für Investitionsentscheidungen auch eine tatsächliche Vermutung der Transaktionskausalität ergeben kann.[1401] Sodann ist zwischen Publikationen, die sämtliche Informationen über Emittenten oder Emission enthalten und die daher Anlagestimmungen hervorrufen können, und solchen, die nur Bruchteile der Informationsfülle preisgeben und die daher zu wenig Substanz für die Erzeugung einer Anlagestimmung bieten, zu differenzieren.[1402]

Gemessen an diesen Leitlinien könnte man Ratings mit einem Teil der rechtswissenschaftlichen Literatur das Potenzial zur Kreierung der erforderlichen

---

1396 Vgl. *BGH* NJW 1998, S. 3345 (3347); NJW 1982, S. 2827 (2828); NJW 2004, S. 2664; WM 2004, S. 1731 (1732); ausführlich hierzu *Spindler*, AcP 2008, S. 283 (332 ff.); *Möllers/Leisch* in: Kölner Kommentar, § 37b, c WpHG, Rn. 349 ff.; im Ratingzusammenhang *Blaurock*, ZGR 2007, S. 603 (635 f.); *von Schweinitz*, WM 2008, S. 953 (958).

1397 *BGH* NJW 1998, S. 3345 (3347); *von Schweinitz*, WM 2008, S. 953 (958).

1398 *BGH* NJW 2012, S. 1800 (1807); WM 2007, S. 1557 (1558); bereits zweifelnd *BGH* WM 2004, S. 1731 (1732).

1399 *BGH* WM 2007, S. 1557 (1558); NJW 2004, S. 2664 (2665); WM 2004, S. 1731 (1732).

1400 Kritisch zu dieser Rechtsprechung mit überzeugender Begründung *Spindler*, AcP 2008, S. 283 (335); *derselbe* NZG 2012, S. 575 (578 f.); siehe auch *Barth*, Schadensberechnung bei Haftung wegen fehlerhafter Kapitalmarktinformation, S. 170 ff.; *Hellgardt*, Kapitalmarktdeliktsrecht, S. 527 f.; *Möllers/Leisch* in: Kölner Kommentar, § 37b, c WpHG, Rn. 350.

1401 So auch *Möllers/Leisch* in: Kölner Kommentar, § 37b, c WpHG, Rn. 354.

1402 Vgl. *BGH* NJW 1998, S. 3345 (3347) und WM 2007, S. 1557 (1558).

Anlagestimmung grundsätzlich zusprechen.[1403] Zumindest hinsichtlich des Informationsumfangs ist dem bei *solicited issuer ratings* zuzustimmen, denn diese besitzen typischerweise ein breites Informationsspektrum,[1404] indem sie die subjektiv eingeschätzte zukünftige Bonität eines Emittenten in Gänze und nicht nur bezüglich einzelner Teilaspekte wiedergeben.[1405] Fraglich ist jedoch, ob sie auch eine den Verkaufsprospekten eines Emittenten vergleichbare Bedeutung für das Anlageverhalten besitzen. Dafür spricht zwar, dass Ratings der großen Agenturen regelmäßig nicht unerhebliche Aufmerksamkeit entgegen gebracht wird, sie auch medial sowie in Fachzeitschriften besprochen und für Anlageentscheidungen von Investoren häufig zurate gezogen und verwendet werden.[1406] Insbesondere im Hinblick auf Herabstufungen unter den *investment grade* ist ihre Signalwirkung für Anlageverhalten allgemein anerkannt.[1407] Schließlich sind sie gerade aufgrund ihrer Reduzierung auf eine prägnante Endnote grundsätzlich auch in der Lage, positive oder negative Grundstimmungen hervorzurufen sowie ein weltweites Publikum anzusprechen und zu erreichen.[1408]

Gleichwohl bleibt zweifelhaft, ob die Figur der Anlagestimmung dogmatisch für die Ratingfälle verwendbar und ob ihre Anwendung durch Gerichte bei praxisnaher Betrachtung wahrscheinlich ist.[1409] Dabei wird schon dem Konzept einer

---

1403 *Schuler*, Regulierung und Verantwortlichkeit, S. 290; *von Schweinitz*, WM 2008, S. 953 (958 f.); sich für die Anwendung aussprechend *Gietzelt/Ungerer*, GPR 2013, S. 333 (343).

1404 Zum Bewertungsinhalt von Ratings oben C. II. 2.

1405 So im Hinblick auf die ad-hoc-Rechtsprechung des BGH auch *Schuler*, Regulierung und Verantwortlichkeit, S. 290; a.A. *von Rimon*, Ratings in Deutschland und USA, S. 188.

1406 Daher eine Vergleichbarkeit zu Verkaufsprospekten erkennend *Schuler*, Regulierung und Verantwortlichkeit, S. 290; siehe auch *Korth*, Dritthaftung, S. 187, 189; *von Schweinitz*, WM 2008, S. 953 (959) macht die Vermutung der Kausalität von dem Grad der Informationsasymmetrie bei der jeweiligen Transaktion abhängig; diese sei „am größten" bei Zweckgesellschaften ohne „*credit history*"; je weniger Anleger über die Emission wissen desto eher bilden Ratings die primäre Entscheidungsgrundlage.

1407 Vgl. *Schroeter*, Ratings, S. 950; allerdings sind fehlerhaft zu negativ ausfallende *downgradings* in der Haftungskonstellation gegenüber Anlegern nicht besonders praxisrelevant.

1408 Dagegen sieht *von Rimon*, Ratings in Deutschland und USA, S. 188 in der Verkürzung auf die Ratingnote ein Argument gegen die Erzeugung der Anlagestimmung, da die Note alleine keine dem Verkaufsprospekt ähnlichen Inhalt besitze; allerdings ist die Ratingnote nur die verständige Zusammenfassung aller bonitätsrelevanten Umstände und kann gerade wegen ihrer weltweiten Vermarktbarkeit und Verständlichkeit Stimmungen erzeugen und beeinflussen.

1409 Zweifelnd auch *Wagner* in: FS-Blaurock, S. 467 (495), der stattdessen nur Kursdifferenzschäden als ersatzfähige Schadensposten anerkennt; in diese Richtung auch *Gietzelt/Ungerer*, GPR 2013, S. 333 (344); *Fleischer*, BB 2002, S. 1869 (1872);

Typisierung der Entscheidungsursachen entgegen zu halten sein, dass individuelle Anlageentscheidungen von einer Vielzahl rationaler wie auch irrationaler Faktoren abhängen können und daher einer Verallgemeinerung hinsichtlich ihrer Ursachen nur schwerlich und allenfalls in Ausnahmefällen zugänglich sind.[1410] Nur wenn feststeht, dass eine Information bei lebensnaher Betrachtung nahezu immer in das Anlegerverhalten einfließt kann eine Generalisierung zulässig sein. Ratings spielen bei Anlageentscheidungen im Allgemeinen dagegen zwar häufig eine wichtige, jedoch selten die einzige und gelegentlich auch gar keine Rolle.[1411] Jedenfalls fällt es schwer, eine tatsächliche Vermutung dahin gehend aufzustellen, dass jedes Rating jeder Ratingagentur, zumindest aber drei Großen,[1412] stets oder typischerweise in eine zeitlich nach dessen Abgabe getätigte Investition eingeflossen sein muss. In Ermangelung der Zuschreibung einer hinreichend generalisierungsfähigen Beeinflussung von individuellen Investitionsentscheidungen wäre ein Anscheinsbeweis mithin abzulehnen.[1413]

Diesem zutreffenden Ergebnis ist indes vor allem aus einem anderen Aspekt beizupflichten: Einen entscheidenden strukturellen Unterschied zwischen Ratings als Kapitalmarktinformationen einerseits und Verkaufsprospekten und ad-hoc-Mitteilungen andererseits, der deren Gleichstellung hinsichtlich eines etwaigen Anscheinsbeweises ausschließt, stellt die fehlende Exklusivität und Singularität

---

ebenfalls kritisch hinsichtlich der Aufstellung von Vermutungen für das Anlageverhalten *Schroeter*, Ratings, S. 949 f.; *von Rimon*, Ratings in Deutschland und USA, S. 188.

1410 *BGH* NJW 2007, S. 1557 (1558); WM 2004, S. 1731 (1734); im Ratingzusammenhang auch *Schultes*, Regulierung und Haftung von Ratingagenturen, S. 239; *von Rimon*, Ratings in Deutschland und USA, S. 190 f.

1411 Vgl. *Gietzelt/Ungerer*, GPR 2013, S. 333 (343); *Hennrichs* in: FS-Hadding, S. 875 (891); *Stemper*, Rahmenbedingungen, S. 181 unter Bezugnahme auf die Eigendarstellungen der großen Ratingagenturen (Fn. 735 m.w.N.); *von Rimon*, Ratings in Deutschland und USA, S. 152; *Zimmer*, WM 2004, S. 9 (17); häufig informieren sich Anleger im Vorhinein auch gar nicht über einschlägige Ratings, so *Wagner* in: FS-Blaurock, S. 467 (495); *Schroeter*, Ratings, S. 949; gleichwohl gehören Ratings zu den typischen Bestandteilen der Bankberatung, *von Schweinitz*, WM 2008, S. 953 (959); nach *Bottini*, 30 San Diego L.Rev. 1993, S. 579 (581) greifen schätzungsweise 79 % der Anleger bei ihren Anlageentscheidungen auf Ratings zurück; weitere Faktoren der Anlageentscheidungen sind etwa Renditeerwartungen, Gebühren, Branche etc., siehe *Schuler*, Regulierung und Verantwortlichkeit, S. 287 (Fn. 1683); ebenfalls zur mangelnden Auseinandersetzung mit Einzelinformationen zu einer Anlage *Sauer*, Haftung für Falschinformation des Sekundärmarktes, S. 123.

1412 Besonders deutlich wird die Abwegigkeit einer Vermutung für die typisierte Kenntnisnahme und Verwendung des Ratings nämlich bei einer unbekannten oder kleineren Ratingagentur; eine tatsächliche Vermutung kann daher allenfalls im Hinblick auf die Ratings der großen Agenturen vertretbar sein.

1413 Vgl. *von Rimon*, Ratings in Deutschland und USA, S. 188; siehe auch *Schroeter*, Ratings, S. 950.

von Ratings dar. Prospekte und ad-hoc-Mitteilungen stammen aus der Feder oder der Sphäre des Emittenten selbst und sind dessen exklusive Informationsangebote. Prospekte sind gerade aus diesem Grund vor allem bei der Neuplatzierung einer Emission regelmäßig die wichtigste Informationsquelle für Investoren.[1414] Daher ist auch der Rückschluss vertretbar, dass sich ein Anleger gerade hierauf verlassen hat sowie dass diese Vermutung selbst dann gelten kann, wenn keine konkrete Kenntnis von dem Verkaufsprospekt genommen wurde. Dieser Rückschluss ist auf Ratings nicht uneingeschränkt übertragbar, da es mehrere – zumindest drei – gleichwertige Urheber dieser Art von Kapitalmarktinformation gibt und angesichts der Marktverhältnisse auch regelmäßig zwei, typischerweise sogar weitere *solicited* und/oder *unsolicited ratings* eines Emittenten oder einer Emission zeitgleich vorliegen.[1415] Eine typisierbare Vermutung für die Kenntnisnahme und die Ursächlichkeit jedes dieser Ratings für konkrete individuelle Anlageentscheidungen kann in der erforderlichen Pauschalität nicht angestellt werden. Dies gilt insbesondere in Fällen, in denen mehrere Ratingagenturen einen Emittenten oder eine Emission gleichzeitig bewertet haben oder in denen die Ratings mehrerer Agenturen in etwa ähnliche Bonitätsnoten vergeben, also im wesentlichen die gleichen Informationen bei gleichwertiger Rezeption zur Verfügung gestellt haben.

Schließlich gebietet auch die Praxisnähe der vorliegenden Betrachtung eine gewisse Zurückhaltung bei der Anwendung der Rechtsfigur: Die Rechtsprechung ist jenseits der zuvor erwähnten Entscheidungen zu Verkaufsprospekten sehr zurückhaltend mit Beweiserleichterungen und betont das uneingeschränkte Nachweiserfordernis für den Kausalzusammenhang der fehlerhaften Information und dem Anlageverhalten.[1416] Insbesondere der aus US-amerikanischen Rechtsraum bekannten *fraud-on-the-market-theory*[1417] schließt sich der Bundesgerichtshof ausdrücklich nicht an.[1418] Dies spricht zusätzlich gegen eine Fruchtbarmachung der Figur in den Haftungsfällen des Art. 35a Rating-Verordnung.[1419]

Im Übrigen kommt hinzu, dass sich die Vermutungsregel der generellen Anlagestimmung final nicht mit den Wertungen des Art. 35a Rating-Verordnung vereinen ließe. Anleger sind hiernach gehalten, sich mit „gebührender Sorgfalt" bzw. im Einklang mit Art. 5a Rating-Verordnung auf Ratings zu beziehen und zu verlassen.[1420] Dem würde es widersprechen, eine tatsächliche Vermutung dahin gehend

---

1414 *BGH* NJW 2004, S. 2664; WM 2004, S. 1731 (1732).

1415 Zur Praxis der Einholung zweier Ratings bereits oben C. III. 3.

1416 Vgl. *BGH* NJW 2007, S. 1557 (1558); WM 2004, S. 1731 (1734); kritisch *von Schweinitz*, WM 2008, S. 953 (958 f.); *Wagner* in: FS-Blaurock, S. 467 (495).

1417 Hierzu näher unten G. I. 1. c); siehe auch *Schuler*, Regulierung und Verantwortlichkeit, S. 289 (Fn. 1692) m.w.N.; *Wagner* in: FS-Blaurock, S. 467 (495) m.w.N.

1418 *BGH* WM 2007, S. 486; hierzu *Möllers/Leisch* in: Kölner Kommentar, § 37b.c WpHG, Rn. 357 f.; für eine Anwendung dagegen etwa *Zimmer*, WM 2004, S. 9 (17).

1419 Auf dieses in der Rechtsprechung „streng durchgehaltene Erfordernis" ebenfalls hinweisend *Schroeter*, Ratings, S. 950; *Hennrichs* in: FS-Hadding, S. 875 (891) m.w.N.

1420 Art. 35a Abs. 1 UAbs. 2 Rating-VO; hierzu näher oben E. I. 3. b) aa).

aufzustellen, dass sich geschädigte Investoren auf eine durch Ratings herbeigeführte Anlagestimmung verlassen haben und diese hierdurch hinsichtlich des Nachweises der Transaktionskausalität zu entlasten. Dass die entsprechenden Regelungen des Art. 35a Rating-Verordnung indes gänzlich misslungen sind, da sie klagenden Anlegern eine widerspruchsfreie Anspruchsdarlegung nahezu unmöglich machen, wurde bereits erörtert.[1421] Sie müssen jedoch *de lege lata* berücksichtigt werden.

Die Anwendung eines Anscheinsbeweises wegen genereller Anlagestimmung auf Haftungsfälle nach Art. 35a Rating-Verordnung ist mithin abzulehnen.[1422]

bb) Vermutung des aufklärungsrichtigen Verhaltens

Der Nachweis eines etwaigen Transaktionsschadens ist auch im Hinblick auf den Vortrag schwierig, dass die jeweilige Investition nicht unternommen worden wäre, wenn das angegriffene Rating die Bonität zutreffend schlechter dargestellt hätte. Der Nachweis, dass und ob die jeweilige Investition in Kenntnis der wahren schlechteren Bonität des Emittenten unterblieben wäre, ist trotz der Belegenheit dieser Umstände in der Sphäre des Anspruchstellers nicht ohne Hindernisse, da hypothetische alternative Kausalverläufe darzulegen sind.[1423]

Eine mögliche Relativierung dieser Beweisnot könnte aus der in der Rechtsprechung entwickelten Figur des aufklärungsrichtigen Verhaltens folgen. Vermutet wird dabei die Kausalität zwischen einer fehlerhaften oder pflichtwidrigen Aufklärung und dem eingetretenen Vermögensschaden, indem angenommen wird, dass sich der fehlerhaft Aufgeklärte bei ordnungs- und wahrheitsgemäßer Information aufklärungsrichtig, also rational nach Maßgabe der eigentlich zutreffenden Aufklärung verhalten hätte und ihm der Schaden daher nicht entstanden wäre.[1424] Es ist sodann Sache des Aufklärenden nachzuweisen, dass selbst bei ordnungsgemäßer

---

1421 Hierzu oben E. I. 3. b) bb).

1422 Für einige besondere Ausnahmefälle siehe *von Schweinitz*, WM 2008, S. 953 (958).

1423 Allgemein zum Kausalitätsnachweis bei Aufklärungspflichtverletzungen *Emmerich* in: Münchener Kommentar, BGB, § 311, Rn. 192 ff.; *Sauer*, Haftung für Falschinformation des Sekundärmarktes, S. 121; relevant wird dieser Nachweis etwa bei der Geltendmachung sorgfaltswidrigen *Monitorings*, also pflichtwidrig unterlassener *downgradings*, wenn die Ratingagentur nicht über die verschlechterte Bonitätsprognose aufklärt.

1424 Vgl. *BGH* NJW 2012, S. 2427 (2429); NJW 2011, S. 1949 (1953); NJW 1994, S. 512 (513); NJW 1985, S. 2595 (2595 f.); NJW 1975, S. 824 (825); NJW 1973, S. 1688 (1688 f.); *Assmann* in: FS-Lange, S. 345 (369) (Fn. 100); *Canaris* in: FS-Hadding, S. 3 (3 f.); *Emmerich* in: Münchener Kommentar, BGB, § 311, Rn. 193; *Palandt/Grüneberg*, § 280, Rn. 39. Ob es sich bei der Figur des aufklärungsrichtigen Verhaltens um eine Beweislastumkehr oder um eine Vermutung bis hin zur Annahme eines Anscheinsbeweises handelt, ist umstritten; pro Beweislastumkehrung etwa *BGH* NJW 2014, S. 2951 (2953) (XI. Senat); pro Anscheinsbeweis dagegen *BGH* NJW 2012, S. 2435 (2439) (IX. Senat); zur Klassifizierung und Entwicklungen in der Rechtsprechung auch *Canaris* in: FS-Hadding, S. 3 (4 ff.).

Aufklärung die gleiche (nachteilige) Entscheidung durch den Aufklärungsempfänger getroffen worden wäre, insbesondere also der schadhafte Vertragsschluss gleichermaßen erfolgt wäre.[1425] Die Rechtsprechung wendet diese Verlagerung insbesondere auch bei Kapitalanlagehaftungsfällen an,[1426] so dass die Prüfung der Anwendung auf Haftungsfälle gegenüber Ratingagenturen nahe liegt.[1427]

Die strukturellen Parallelen zu den hier besprochenen Haftungskonstellationen sind auffällig: Maßgebend ist die Beweisnot des Anlegers, nachzuweisen, dass er sich in Kenntnis des wahren Anlagerisikos bei fehlerfreiem Rating anders verhalten, d. h. regelmäßig von der konkreten Anlage abgesehen hätte.[1428] Gleichwohl beschränkt die Rechtsprechung die Anwendung der Rechtsfigur auf vertragliche oder vorvertragliche Aufklärungsbeziehungen.[1429] Sie kann daher nicht auf jedwede Haftungsbeziehung des Art. 35a Rating-Verordnung angewendet werden, sondern nur auf solche, bei denen parallele Vertragsbeziehungen, hier also in Form eines Abonnementsvertrags bestehen, wenn und soweit sich der vertragliche Pflichtenkatalog und die vorgeworfene Verletzungshandlung nach Anlage III der Rating-Verordnung decken.[1430] Für die breite, nicht vertraglich verbundene Anlegerschaft kann die Figur dagegen nicht zur Beweiserleichterung herangezogen werden.

Die Anwendung der Figur des aufklärungsrichtigen Verhaltens auf Ratingagenturhaftungsfällen wird in der Literatur wegen der strukturellen Ähnlichkeiten zum Teil bejaht.[1431] Gegen ihre Fruchtbarmachung wird eingewendet, dass den Bonitätseinschätzungen der Ratingagenturen das beratende Element fehle, da Ratings

1425 *BGH* NJW 2013, S. 1801; NJW 2011, S. 1949 (1953); NJW 1994, S. 512 (513); NJW 1985, S. 2595 (2596); *Emmerich* in: Münchener Kommentar, BGB, § 311, Rn. 194.

1426 Siehe *BGH* NJW 2014, S. 2951 (2953); NJW 2012, S. 2427 (2430); WM 2007, S. 2142 (2145).

1427 *Krimphove* in: Achleitner/Everling, Rechtsfragen im Rating, S. 71; zögerlich dagegen *Korth*, Dritthaftung, S. 188.

1428 Denn dem Anleger wäre „*wenig damit gedient, wenn er seinen Vertragsgegner zwar an sich aus schuldhafter Verletzung einer solchen Aufklärungspflicht in Anspruch nehmen könnte, aber regelmäßig daran scheitern würde, den Beweis zu erbringen, wie er auf den Hinweis, wenn er denn gegeben worden wäre, reagiert hätte*", *BGH* NJW 2012, S. 2427 (2430); siehe auch *BGH* NJW 1973, S. 1688; NJW 1975, S. 824 (825).

1429 Vgl. *BGH* NJW 2012, S. 2427 (2429); *Palandt/Grüneberg*, § 280, Rn. 39; *Barth*, Schadensberechnung, S. 187; im Ratingzusammenhang *Fischer*, Haftungsfragen, S. 206; daher eine Anwendung auf Art. 35a Rating-VO ablehnend *Forschner*, JSE 2012, S. 5 (19).

1430 Dann gilt die Vermutung des aufklärungsrichtigen Verhaltens auch für parallele deliktische Ansprüche, *Palandt/Grüneberg*, § 280, Rn. 39 m.w.N.

1431 *Eisen*, Haftung und Regulierung, S. 340 f.; *Korth*, Dritthaftung, S. 188 f.; *Krimphove* in: Achleitner/Everling, Rechtsfragen im Rating, S. 71; ähnlich, wenn auch ohne konkrete Bezugnahme auf die Rechtsfigur *Krämer* in: Achleitner/Everling, S. 713; *Peters*, Haftung und Regulierung, S. 134 f.; *Schultes*, Regulierung und Haftung von Ratingagenturen, S. 242.

ausdrücklich keine Empfehlungen aussprechen und mithin weder mit einem positiven noch mit einem negativen Rating konkrete Handlungsanleitungen verbunden sind.[1432] Dem ist zugute zu halten, dass Ratings in der Tat keine direkten Empfehlungen aussprechen.[1433] Daher fällt es auch schwer, ein aufklärungsrichtiges Verhalten zu definieren, wenn verschiedene hypothetische und von individuellen Schlüssen gesteuerte Handlungsoptionen zu bedenken sind.[1434] Im Ergebnis greifen diese Bedenken gegen die Anwendung der Figur des aufklärungsrichtigen Verhaltens gleichwohl nicht durch, denn ungeachtet des fehlenden Empfehlungscharakters können sich Ratingagenturen jedenfalls dem Aufklärungszweck ihrer Ratings nicht entziehen.[1435] Es ist gerade Inhalt und Wesen der Ratings, Dritte im Wege einer prägnanten und einfach verständlichen subjektiven Zusammenfassung über das prognostizierte Ausmaß von Ausfallrisiken auf Basis fachlicher und objektiver Prüfung aufzuklären.[1436] Dass diese Aufklärung sodann auch in individuelle Investitionsentscheidungen einfließen kann, liegt angesichts der Zielrichtung von Ratings auf der Hand, insbesondere wenn zwischen dem fehlerhaften und dem eigentlich „richtigen" Rating eine erhebliche Diskrepanz von mehr als einer ganzen Notenstufe anzunehmen ist oder die Schwelle des *investment grade* unterschritten hätte und der jeweilige Investor zu einer Investition nachweislich gar nicht befugt gewesen wäre.[1437]

Dass es in übrigen Fällen regelmäßig schwer fällt, ein aufklärungsrichtiges Verhalten zu definieren, wenn das jeweilige Rating zutreffend schlechter ausgefallen wäre, steht der Anwendung der Figur des aufklärungsrichtigen Verhaltens hier nicht entgegen. Es ist zu berücksichtigen, dass die Rechtsprechung gerade in den Fällen der Kapitalanlagehaftung darüber hinwegsieht, dass und ob es mehrere gleichwertige alternative Handlungsoptionen gegeben haben könnte.[1438] Es genügt demnach bereits der Umstand der Aufklärungspflichtverletzung an sich, unabhän-

---

1432 Vgl. *Amort*, EuR 2013, S. 272 (278); *Stemper*, Rahmenbedingungen, S. 182; *von Rimon*, Ratings in Deutschland und USA, S. 189 f.; siehe auch *Plück/Kühn* in: Achleitner/Everling, Rechtsfragen im Rating, S. 245; angedeutet auch von *Eisen*, Haftung und Regulierung, S. 340, jedoch im Ergebnis gleichfalls nicht für durchschlagend gehalten; ähnlich *Krämer* in: Achleitner/Everling, S. 713.

1433 Vgl. zur äquivalenten Diskussion um die Einstufung von Ratings als Finanzanalysen im Sinne von § 34b WpHG unten F. II. 2. e) bb).

1434 Diese Problematik behandelt die Rechtsprechung unter dem Stichwort „Entscheidungskonflikt", wonach die Vermutung aufklärungsrichtigen Verhaltens entfalle, wenn es vernünftigerweise mehrere Möglichkeiten aufklärungsrichtigen Verhaltens gegeben hätte, *BGH* NJW-RR 1998, S. 1271 (1272); NJW 1989, S. 2320 (2321).

1435 Ähnlich *Krämer* in: Achleitner/Everling, S. 713; *Schultes*, Regulierung und Haftung von Ratingagenturen, S. 241.

1436 *Eisen*, Haftung und Regulierung, S. 340 f.; *Krämer* in: Achleitner/Everling, S. 713.

1437 Ebenfalls erwogen, jedoch im Ergebnis abgelehnt von *Schroeter*, Ratings, S. 950.

1438 Ausführlich begründet und m.w.N. *BGH* NJW 2012, S. 2427 (2430); zuletzt bestätigt in *BGH* NJW 2014, S. 2951 (2953); NJW 2013, S. 1801 (1802).

gig von einem Entscheidungskonflikt des Anspruchstellers, da anderenfalls dem Sinn und Zweck der Beweislastumkehr bzw. -Erleichterung nicht entsprochen würde.[1439]

Im Ergebnis muss die beklagte Ratingagentur daher in diesen Fällen beweisen, dass die schuldhafte Ratingabweichung ohne Auswirkung auf die Investitionsentscheidung geblieben ist. Dies wird ihr allenfalls in Fällen marginaler Ratingfehler, also etwa eines Abweichens von nur wenigen Teilnotenstufen, gelingen, da sich Anleger über derartig geringfügige Abweichungen typischerweise keine Gedanken machen werden.[1440] Daneben könnte sie den Gegenbeweis etwa auch dadurch führen, dass sie auf früheres risikofreudigeres Anlageverhalten des Klägers, auf dessen vorherige Kenntnis der schlechteren Bonitätslage oder auf andere Umstände, die für die Entscheidung des Investors ungeachtet des fehlerhaften Ratings entscheidend und handlungsanleitend waren, verweist.[1441]

Die Anwendung der Figur des aufklärungsrichtigen Verhaltens nach Maßgabe der vorgenannten Einschränkungen begegnet auch im Hinblick auf den Haftungstatbestand des Art. 35a Rating-Verordnung keinen Bedenken.[1442] Die Vermutung aufklärungsrichtigen Verhaltens sorgt nach alledem für eine gewisse Privilegierung der Anspruchsteller, allerdings nur zugunsten derjenigen, die ohnehin eine parallele abonnementsvertragliche Beziehung zur Ratingagentur unterhalten. Dies schränkt die Praxisrelevanz spürbar ein und sorgt insbesondere in dem besonders sensiblen Bereich der Haftung gegenüber dem allgemeinen Anlegerpublikum weder zu einer Verbesserung der Beweisnöte noch für eine entsprechende Intensivierung des Verhaltensdrucks.

cc) Freie Überzeugung gemäß § 287 ZPO

Ferner begegnet die Anspruchsdarlegung weiteren ganz grundsätzlichen Schwierigkeiten der Bezifferung einer konkreten Schadenshöhe und des Belegs der haftungsausfüllenden Kausalität. Dies gilt für beide Anspruchstellergruppen, Emittenten und Anleger, gleichermaßen, soweit diese nicht einen vergleichsweise einfach zu beziffernden vollständigen Ausfall eines konkreten finanziellen Aufwands geltend machen, sondern Differenzschäden oder Einbußen, die auf hypothetischen Kosten oder Kursverläufen beruhen, ersetzt verlangen. Diesen Fallvarianten ist gemein, dass die Verursachung der jeweiligen Differenzschäden durch und aufgrund von Ratings unter der Schwierigkeit leidet, ein hypothetisch „richtiges" Alternativrating darlegen zu müssen, an dem der eigentlich „richtige" Kurs, Zins, Imagegewinn, Aus-

---

1439 *BGH* NJW 2012, S. 2427 (2430).

1440 *Korth*, Dritthaftung, S. 186.

1441 Vgl. entsprechende Beispiele aus der Rechtsprechung, *BGH* NJW 2012, S. 2435 (2439); WM 2010, S. 301 (302); WM 2007, S. 2142 (2145).

1442 A.A. *Forschner*, JSE 2012, S. 5 (19) wegen des deliktischen Charakters der Norm; allerdings werden dabei die Möglichkeit paralleler Vertragsbeziehungen und deren „Ausstrahlungswirkungen" nicht berücksichtigt.

gabe- oder Erwerbspreis festgemacht werden kann, um die Differenz als Schadensbetrag bezifferbar zu machen.[1443]

Um derartige Härten und Beweisnöte auszugleichen, können Gerichte als weitere potenzielle Beweiserleichterung zugunsten der Kläger eines Anspruchs aus Art. 35a Rating-Verordnung von den Freiheiten, die § 287 ZPO gewährt und vorsieht, Gebrauch machen und damit dem Haftungstatbestand zu einer größeren Praxisrelevanz verhelfen.[1444] Gemäß § 287 Abs. 1 S. 1 ZPO kann das Gericht darüber, ob ein Schaden entstanden ist, sowie über dessen Höhe unter Würdigung aller Umstände nach freier Überzeugung entscheiden. Ob es dabei dem Beweisantrag einer Partei folgt oder von Amts wegen ein Sachverständigengutachten einholt, verbleibt im gerichtlichen Ermessen.[1445] Freilich kann § 287 ZPO nicht dazu führen, Anlegern oder Emittenten auf Basis allgemeiner Billigkeitsgesichtspunkte Schadensersatzansprüche zuzuschreiben, für die es keine hinreichende materiell-rechtliche Grundlage gibt[1446] oder eine Beweislastumkehrung bewirken; die Norm gestattet allerdings Erleichterungen hinsichtlich der Anforderungen an das Beweismaß für den Nachweis der Schadensumstände.[1447] Der Bundesgerichtshof wertet § 287 ZPO als Reduzierung des Maßes der richterlichen Überzeugung von der Wahrheit auf eine deutlich überwiegende, auf gesicherter Grundlage beruhende Wahrscheinlichkeit.[1448] Dies ist geeignet, die Anspruchsteller des Art. 35a Rating-Verordnung hinsichtlich ihrer Beweisführungspflichten gegenüber einer Ratingagentur erheblich zu entlasten.[1449]

Die Heranziehung von § 287 ZPO für einen Ersatzanspruch aus Art. 35a Rating-Verordnung ist auch konkret möglich und zulässig, da Ziel des Anspruchs die Erlangung von Schadensersatz ist und § 287 ZPO auf jede Art von Haftungsansprüchen anwendbar ist, insbesondere auch auf Ansprüche aus unerlaubter

---

1443 Hierzu auch *Eisen*, Haftung und Regulierung, S. 253; *Gietzelt/Ungerer*, GPR 2013, S. 333 (344); *Korth*, Dritthaftung, S. 191; *Möllers/Niedorf*, ECFR 2014, S. 333 (349); allgemein zur Problematik von Differenzschäden bei fehlerhaften oder unterlassenen Kapitalmarktinformationen *Fleischer*, BB 2002, S. 1869 (1872); *Fuchs/Dühn*, BKR 2002, S. 1063 (1068).

1444 Entsprechend des allgemeinen Sinn und Zwecks von § 287 ZPO, *Prütting* in: Münchener Kommentar, ZPO, § 287, Rn. 1 f.

1445 § 287 Abs. 1 S. 2 ZPO.

1446 Insbesondere über Nachweisprobleme betreffend die haftungsbegründende Zuwiderhandlung oder das Verschulden hilft nicht § 287 ZPO, sondern allenfalls § 286 ZPO hinweg, hierzu bereits oben E. III. 2. a) bb); *Saenger* in: Saenger, § 287 ZPO, Rn. 1; kritisch zu den Gefahren des weiten Spielraums des § 287 ZPO *Baumbach/Lauterbach/Albers/Hartmann*, § 287 ZPO, Rn. 4.

1447 Vgl. *Prütting* in: Münchener Kommentar, ZPO, § 287, Rn. 3, 17.

1448 Siehe *BGH* NJW-RR 2006, S. 1238 (1239); NJW 1992, S. 2694 (2695); NJW 1970, S. 1970 (1971); vgl. auch *Baumbach/Lauterbach/Albers/Hartmann,* § 287 ZPO, Rn. 4.

1449 So grundsätzlich auch *Eisen*, Haftung und Regulierung, S. 253; *Schuler*, Regulierung und Verantwortlichkeit, S. 293.

Handlung.[1450] Die Anwendung hat zur Folge, dass Anspruchsteller sogenannte Ausgangs- oder Anknüpfungstatsachen[1451] schlüssig darlegen müssen, anhand derer die richterliche Schätzung nach § 287 Abs. 1 S. 1 ZPO erfolgen kann, so dass die Erwägungen des Gerichts nicht „in der Luft hängen"[1452]. Gleichwohl muss sich die Partei in einem zumutbaren Ausmaße um die bestmögliche Substantiierung bemühen.[1453] Hinsichtlich der zuvor angesprochenen Differenzschäden bedeutete dies, dass eine plausible und schlüssige Darlegung der überwiegend wahrscheinlichen Ratingabweichung und hieraus resultierender Kursdifferenzen genügen muss, um das Gericht zur freien Schätzung darüber zu bewegen, in welcher konkreten Höhe die Ratingabweichung und damit einhergehende Vermögensnachteile eingetreten sind.[1454] Plausibler Anknüpfungspunkt für die schätzungsweise Berechnung kann es – in Anlehnung an die Rechtsprechung des Bundesgerichtshofs zu ad-hoc-Mitteilungen[1455] – etwa sein, das Ausmaß von Kursveränderungen heranzuziehen, das eingetreten ist, als die Ratingagentur ihr fehlerhaftes Rating später korrigiert hat und diese Differenz auf den Zeitpunkt der Investition des Anlegers zurück zu rechnen.[1456] Kommt es nicht zu einer Ratingkorrektur, könnte auch ein Vergleich der Kennzahlen ähnlicher Emissionen geschehen, um dem Gericht hinreichende Anknüpfungspunkte für die Schadensschätzung zu liefern.[1457] In Fällen, in denen Emittenten etwaige Folgeschäden eines fehlerhaft zu negativen Ratings geltend machen, wie Imageschäden, Auftrags- oder Kundenverluste, wird § 287 ZPO ebenfalls virulent. Anknüpfungstatsachen für die Schadensschätzung von Imageverlusten könnten insoweit etwa Aufwendungen für Werbemaßnahmen und Imagekampagnen sein, die die ratingbedingten Nachteile wieder beseitigen sollten.[1458] Soweit es ungeachtet der konkreten Höhe jedenfalls als sicher gelten kann, dass ein Vermögensschaden dem Grunde nach eingetreten sein muss – was bei einem erheblichen Ratingfehler wegen der typischen Folgen von Ratings für

1450 Zum Anwendungsbereich *Prütting* in: Münchener Kommentar, ZPO, § 287, Rn. 5; *Saenger* in: Saenger, § 287 ZPO, Rn. 2.

1451 So *BGH* NJW 1988, S. 3016 (3017).

1452 *BGH* NJW 1964, S. 589; siehe auch *BGH* NJW 1996, S. 775; NJW 1992, S. 2694 (2695); NJW 1987, S. 909 (910); NJW 1970, S. 1970 (1971).

1453 Vgl. *BGH* NJW 1981, S. 1454.

1454 Vgl. auch *Eisen*, Haftung und Regulierung, S. 254.

1455 BGH NJW 2005, S. 2450 (2454); hierauf für die Ratingkonstellationen hinweisend *Korth*, Dritthaftung, S. 175.

1456 Ausführlich zu dieser Methode m.w.N. *Fleischer*, BB 2002, S. 1869 (1873 f.); dem folgend *BGH* NJW 2005, S. 2450 (2454); vgl. auch *Korth*, Dritthaftung, S. 175; im Zusammenhang mit §§ 37 b. c WpHG auch *Möllers/Leisch* in: Kölner Kommentar, § 37 b, c WpHG, Rn. 374, 377, 382; darauf, ob die Investition bei einem zutreffend negativeren Rating gleichermaßen getätigt worden wäre, komme es nicht an, vgl. *BGH* NJW 2012, S. 1800 (1807) m.w.N.

1457 *Korth*, Dritthaftung, S. 175.

1458 Vgl. *Peters*, Haftung und Regulierung, S. 82.

die Kapitalbeschaffungskosten von Emittenten oder die Festlegung von Anleihezinsen etwa gelten kann –, ist durch das Gericht immer ein Mindestschaden zu schätzen,[1459] was Anspruchstellern des Art. 35a Rating-Verordnung dann zugutekommt, wenn selbst die schlüssige Darlegung von Anknüpfungstatsachen für das genaue Ausmaß der hypothetischen Ratingabweichungen misslingen sollte.[1460]

Vereinzelt wird daneben zutreffend darauf hingewiesen, dass finanzökonomische Gutachten sowie generell die „Mittel moderner Finanzwissenschaft"[1461] zur Einschätzung und Bezifferung von Kurs-, Zins- oder Preisdifferenzen eingeholt werden und der Annäherung an die konkrete Bezifferung dienen können.[1462] Anspruchsteller eines Anspruchs aus Art. 35a Rating-Verordnung werden bei der Geltendmachung entsprechender Schäden ein solches Beweisangebot vernünftigerweise auch tätigen müssen, um sich nicht dem Vorwurf der Beweisfälligkeit auszusetzen. Ob das Gericht diesem Beweisangebot nachgeht – oder ein solches Sachverständigengutachten gar von Amts wegen einholt[1463] –, unterliegt indes wegen § 287 Abs. 1 S. 2 ZPO seinem freien Ermessen. Besonderes Fachwissen darf jedoch nicht durch einen in der mündlichen Verhandlung gewonnen Eindruck von der sich darauf berufenden Partei ersetzt werden, sondern muss durch Sachverständige ausgewiesen werden, was dem freien Ermessen des Gerichts gewisse Grenzen setzt.[1464] Typischerweise werden sich die Gerichte daher derartigen Mitteln finanzwissenschaftlicher Gutachten bedienen (müssen), um eine Schätzung nach Maßgabe des § 287 ZPO durchführen zu können.[1465]

Nach alledem eignet sich § 287 ZPO grundsätzlich zur Abmilderung der Beweis- und Darlegungsregeln für Kläger eines Anspruchs aus Art. 35a Rating-Verordnung, um deren Anspruchsdurchsetzung wahrscheinlicher und den Haftungstatbestand hierdurch insgesamt praxisrelevanter zu machen.[1466] Gleichwohl ist die Einschränkung zu formulieren, dass es den jeweiligen Anspruchstellern erst einmal gelingen muss, die für ein Vorgehen nach § 287 ZPO erforderlichen Anknüpfungstatsachen schlüssig darzulegen. Dies wird jedenfalls dann problematisch sein, wenn die zu vermutende Ratingabweichung nur geringfügigen Umfanges ist oder wenn zwischen der fehlerhaften Ratingabgabe und ihrer Korrektur

---

1459 Vgl. *BGH* NJW 1987, S. 909 (910); NJW 1964, S. 589 (590); *Prütting* in: Münchener Kommentar, ZPO, § 287, Rn. 14.

1460 Insoweit dürfen keine allzu hohen Anforderungen an die Anspruchsteller formuliert werden, vgl. etwa *BGH* NJW 1992, S. 2753 (2757).

1461 *BGH* NJW 2005, S. 2450 (2453 f.); vgl. auch *Möllers*, NZG 2008, S. 413 (414 f.).

1462 *BGH* NJW 2005, S. 2450 (2454); bestätigt durch *BGH* NJW 2012, S. 1800 (1807); *Fuchs/Dühn*, BKR 2002, S. 1063 (1069); *Möllers/Leisch* in: Kölner Kommentar, § 37 b, c WpHG, Rn. 374 ff.; ausführlich zu verschiedenen Berechnungsmodellen *Hellgardt*, Kapitalmarktdeliktsrecht, S. 505 ff.

1463 Wozu § 144 Abs. 1 ZPO das Gericht berechtigen würde.

1464 *BGH* NJW 1995, S. 1619.

1465 *Fuchs/Dühn*, BKR 2002, S. 1063 (1069).

1466 So auch *Schuler*, Regulierung und Verantwortlichkeit, S. 293.

andere, kursrelevante Ereignisse fallen, so dass die Rückrechnung der Kursdifferenz verfälscht wird.[1467]

dd) Entgangener Gewinn gemäß § 252 BGB

In besonders gelagerten Fällen kann eine Beweiserleichterung zugunsten von Klägern des Anspruchs aus Art. 35a Rating-Verordnung auch aus § 252 BGB folgen, mithin aus der Vorschrift zur Ersatzfähigkeit und Darlegung eines entgangenen Gewinns. Praktisch relevant ist etwa die Konstellation, in der ein Emittent geltend macht, ihm seien durch die unzutreffend negative Bewertung Aufträge oder Geschäfte entgangen, generell eine erfolgreichere Emissionen verbaut worden oder sonstige Gewinnchancen und Einkünfte hätten sich wegen der negativen Außenwirkung einer schlechten Bonitätsnote nicht realisiert.[1468] Bei Investoren wird § 252 BGB virulent, wenn behauptet wird, der Anleger habe andere Anlageoptionen zugunsten der fehlerhaft bewerteten Investition unterlassen, wobei besagte Alternative rentabel gewesen wäre, so dass ihm der hypothetische Gewinn aus dieser unterlassenen Alternative entgangen und zu ersetzen sei.[1469] Die Schwierigkeit des Schadensnachweises liegt hier in der Darlegung hypothetischer Kausalverläufe und wesentlicher Zwischenschritte.[1470]

Nach § 252 BGB gilt als entgangener Gewinn derjenige, der nach dem gewöhnlichen Lauf der Dinge oder nach den besonderen Umständen, insbesondere nach den getroffenen Anstalten und Vorkehrungen, mit Wahrscheinlichkeit erwartet werden konnte. Hierbei handelt es sich nach herrschender Meinung nicht um eine materiell-rechtliche Begrenzung des Schadens, sondern um eine Beweiserleichterung zur Ermittlung des entgangenen Gewinns.[1471] § 252 S. 2 BGB stellt insoweit eine widerlegbare Vermutung der Erzielung der jeweiligen Einkünfte auf, vorausgesetzt der als entgangen behauptete Gewinn wäre mit „gewisser Wahrscheinlichkeit" eingetreten.[1472] Dies meint die überwiegende Wahrscheinlichkeit des Eintritts.[1473] Die Tatsachen, aus denen sich diese Wahrscheinlichkeit ergeben soll, sind im Streitfalle allerdings unverändert vom Anspruchsteller darzulegen und zu beweisen.[1474] Die

---

1467 Bezüglich §§ 37b, c WpHG ebenso *Möllers/Leisch* in: Kölner Kommentar, § 37 b.c WpHG, Rn. 374, 382.

1468 Vgl. *Peters*, Haftung und Regulierung, S. 83.

1469 Vgl. *Korth*, Dritthaftung, S. 177, 179; *Eisen*, Haftung und Regulierung, S. 338; *Peters*, Haftung und Regulierung, S. 135 f.; grundsätzlich *Assmann* in: FS-Lange, S. 345 (361).

1470 *Oetker* in: Münchener Kommentar, BGB, § 249, Rn. 101; *Palandt/Grüneberg*, § 252, Rn. 1.

1471 Siehe *BGH* NJW 2002, S. 2253; NJW 1959, S. 1079.

1472 *BGH* NJW-RR 2001, S. 1542; NJW 1987, S. 1703 (1707).

1473 *BGH* NJW 2002, S. 825 (826); NJW 1998, S. 200 (204); zur geringen Praxisrelevanz von § 252 BGB neben § 287 ZPO *Oetker* in: Münchener Kommentar, BGB, § 252, Rn. 30.

1474 Diese Beweislast kann ggf. durch § 287 ZPO gemildert werden; *BGH* NJW 2002, S. 825 (826); NJW 1998, S. 200 (204); NJW 1998, S. 1634 (1635); NJW-RR 1996,

volle Gewissheit dafür, dass der Gewinn tatsächlich auch erzielt worden wäre, ist dagegen nicht erforderlich.[1475] Es obliegt sodann der Gegenseite, nachzuweisen, dass der Gewinn ausnahmsweise nicht eingetreten wäre.[1476] § 252 S. 2 BGB erlaubt zudem neben der Darlegung konkreter Schäden auch eine abstrakte Schadensberechnung des in der betroffenen Situation üblicherweise zu erwartenden Gewinns nach dem „gewöhnlichen Lauf der Dinge".[1477]

Übertragen auf die hier untersuchten Haftungsbeispiele hat die Anwendung von § 252 S. 2 BGB zur Folge, dass Emittenten und Anleger entsprechende Anknüpfungstatsachen darlegen und nachweisen müssen, auf deren Basis die Wahrscheinlichkeitsvermutung formuliert werden kann.[1478] Emittenten, die entgangenen Gewinn aus ratingbedingt nicht realisierten Geschäften, Aufträgen oder sonstigen Ertragschancen geltend machen wollen, müssen demnach darlegen, welche konkreten Geschäfte betroffen waren und auch die potenziellen Vertragspartner benennen.[1479] Eine bloße Bezugnahme auf gewöhnliche Geschäftsverläufe, die etwa im Rahmen des kaufmännischen Handelsverkehrs mit Waren bei Lieferausfällen anerkannt ist,[1480] kann ihnen hier nicht zugutekommen, da sich der Zusammenhang zwischen einem negativen Rating und gewöhnlichen Geschäftsablaufen nicht unmittelbar aufdrängt.[1481] Soweit sich Emittenten auf die gescheiterte Emission an sich berufen und vortragen, diese wäre bei zutreffend positiverem Rating insgesamt „erfolgreicher" gewesen, so wird ein Marktvergleich mit ähnlichen, jedoch besser bewerteten Emissionen Dritter oder früheren Emissionen desselben Emittenten eine taugliche Anknüpfungstatsache für die Höhe des Schadens sein.

Investoren, die sich auf versäumte Investitionsalternativen berufen, müssen belegen können, dass sie die jeweilige andere Option tatsächlich ernsthaft erwogen haben und diese bei zutreffender Bonitätsausweisung der tatsächlich getätigten Investition mit überwiegender Wahrscheinlichkeit auch ergriffen hätten. Dabei kann

S. 1077 (1078); ausführlich zum Nachweis der Anknüpfungstatsachen auch *Oetker* in: Münchener Kommentar, BGB, § 252, Rn. 37 ff.

1475 *BGH* NJW-RR 2001, S. 1542; NJW 2005, S. 3348; NJW 1998, S. 200 (204); *Spallino* in: Dauner-Lieb/Langen, § 252 BGB, Rn. 16.

1476 *BGH* NJW-RR 2001, S. 1542 m.w.N.

1477 *BGH* NJW-RR 2006, S. 243 (244); NJW-RR 2001, S. 1542; NJW 1959, S. 1079 (1079 f.); *Oetker* in: Münchener Kommentar, BGB, § 252, Rn. 41; kritisch *Spallino* in: Dauner-Lieb/Langen, § 252 BGB, Rn. 18.

1478 Vgl. *BGH* NJW 1998, S. 1634 (1635); NJW 1970, S. 1411; *Oetker* in: Münchener Kommentar, BGB, § 252, Rn. 37.

1479 Vgl. grundsätzlich zum Behauptungsumfang bei entgangenem Gewinn aus Geschäften *BGH* NJW 2014, S. 381 (392); *Oetker* in: Münchener Kommentar, BGB, § 252, Rn. 37.

1480 Hierzu *Oetker* in: Münchener Kommentar, BGB, § 252, Rn. 46 m.w.N.

1481 Gegen eine Übertragung der Grundsätze auf den Kapitalanlagemarkt auch *Assmann* in: FS-Lange, S. 345 (361); zudem überzeugt die Gleichsetzung der Emission von Finanzinstrumenten mit dem handelsgeschäftlichen Verkauf marktgängiger Waren auch inhaltlich nicht.

ihnen eine Vermutung dahin gehend entgegen kommen, dass sie ihr Investitionskapital sehr wahrscheinlich nicht ungenutzt gelassen hätten, mithin anzunehmen ist, dass eine alternative Anlage de facto getätigt worden wäre, zumindest aber das Kapital zu einem allgemein üblichen Zinssatz angelegt worden wäre.[1482] Dennoch muss das entsprechende alternative Anlageobjekt oder die Anlageform konkret benannt werden können, um den Erfordernissen des § 252 S. 2 BGB zu genügen.[1483] Zugleich muss auch die Höhe des zu erwartenden Gewinns dargelegt werden.[1484] Gelingt es dem klagenden Investor überdies, zu belegen, dass es seiner Anlagestrategie entsprochen hätte, in ein renditeträchtigeres und riskanteres Finanzinstrument zu investieren, könnte auch diese Differenz im Wege des § 252 S. 2 BGB zu ersetzen sein.[1485]

Insgesamt bleibt es allerdings bei einer als gering einzuschätzenden Praxisrelevanz, insbesondere aus Sicht von Investoren, da dem Nachweis des entgangenen Gewinns typischerweise der Nachweis vorgeht, dass die jeweilige Investition gerade aufgrund des angegriffenen Ratings getätigt wurde und in Kenntnis seiner Fehlerhaftigkeit unterlassen worden wäre, was zu den bereits besprochenen Durchsetzungsschwierigkeiten führt.[1486]

ee) Zusammenfassung

Trotz der Belegenheit der Umstände des Schadenseintritts, der -ursachen und der -höhe in der Sphäre der Anspruchsteller bereitet ihr Nachweis klagenden Anlegern oder Emittenten mitunter erhebliche Schwierigkeiten, die die Realisierungswahrscheinlichkeit eines Haftungsanspruchs aus Art. 35a Rating-Verordnung und damit dessen Eignung zur flankierenden Durchsetzung der Verhaltensregularien massiv einschränken. Erleichterungen erwachsen hier allenfalls aus einer verständigen Anwendung von § 287 Abs. 1 S. 1 ZPO sein. Dahingegen greift das Institut aufklärungsrichtigen Verhaltens nur bei vertraglich mit der Agentur verbundenen Abonnenten. Ein ganzheitliches Konzept zur Lösung der Beweisschwierigkeiten existiert jedoch nicht und ist auch in Art. 35a Rating-Verordnung nicht vorgesehen.

1482 *BGH* WM 2015, S. 1622 (1626); NJW 1992, S. 1223 (1224); WM 1974, S. 128 (129); zuletzt bestätigt durch *BGH* NJW 2012, S. 2427 (2433); *Spallino* in: Dauner-Lieb/Langen, § 252 BGB, Rn. 22, 25; kritisch hinsichtlich einer zu laxen Annahme der alternativen Festgeldanlage *Assmann* in: FS-Lange, S. 345 (362).

1483 Vgl. *BGH* NJW 2012, S. 2266 (2266 f.); NJW 2012, S. 2427 (2433); *Assmann* in: FS-Lange, S. 345 (361); den grundsätzlichen Anlagewillen hätte der Investor aufgrund seiner getätigten, wenngleich schadhaften Anlage bereits hinreichend bewiesen, *Spallino* in: Dauner-Lieb/Langen, § 252 BGB, Rn. 25.

1484 Insbesondere kann nicht per se auf einen Zinsgewinn in Höhe des gesetzlichen Zinssatzes gemäß § 246 BGB geschlossen werden, *BGH* WM 2015, S. 1622 (1626).

1485 So wohl auch *Korth*, Dritthaftung, S. 177 – auch zur Gefahr der Widersprüchlichkeit des Vortrags, S. 180; vgl. auch *Eisen*, Haftung und Regulierung, S. 338; *Spallino* in: Dauner-Lieb/Langen, § 252 BGB, Rn. 25.

1486 Vgl. *Korth*, Dritthaftung, S. 179.

Es verbleibt somit in vielen Fällen bei Zweifeln an der Erfolgswahrscheinlichkeit einer Schadensgeltendmachung.

3. Zusammenfassende Würdigung der Beweissituation von Klägern im Rahmen des Anspruchs aus Art. 35a Rating-Verordnung

Nach den vorstehenden Untersuchungen muss im Ergebnis festgehalten werden, dass Kläger eines Anspruchs aus Art. 35a Rating-Verordnung vor hohen Beweishürden stehen, deren Überwindung prozessual nur bedingte Erfolgsaussicht besitzt.[1487] Die Bemühungen des Gesetzgebers, diese Schwierigkeiten abzumildern sind dabei wenig überzeugend.[1488] Der Versuch, ein Korrektiv für die Beweisnöte in Gestalt der Substantiierungserleichterung[1489] zu bilden, ist misslungen, da dessen genaue Umsetzung und Anwendung gänzlich unklar bleibt und damit die Gefahr weitgehender Wirkungslosigkeit, zumindest aber großer Rechtsunsicherheit in sich trägt. Im deutschen Verfahrensrecht wird es zur Ausfüllung der Substantiierungserleichterung vor allem auf eine sachgerechte Anwendung von §§ 286, 287 ZPO sowie des Rechtsinstituts der sekundären Behauptungslast ankommen.[1490] Diese Beweislastrelativierungen leiden allerdings massiv darunter, dass ihre tatsächliche Anwendung durch die jeweiligen Prozessgerichte im Vorhinein nur schwerlich vorherzusehen und zu prognostizieren sind. Sie hängen in hohem Maße von einzelfallbezogenen Wertungen und der Anwendungsbereitschaft der Gerichte sowie von spezifischen günstigen Sachverhaltskonstellationen ab. Daher müssten Kläger des Art. 35a Rating-Verordnung häufig bereit sein, nicht unerhebliche Kosten- und Prozessrisiken einzugehen und sich auf einen Haftungsprozess höchst unsicheren Ausgangs einzulassen. Wegen des Fehlens eines ganzheitlichen Konzepts zur Verbesserung der Beweissituation und Abmilderung von Beweisnöten der Anspruchsteller wird das gesamte *private enforcement* aus Art. 35a Rating-Verordnung erheblich geschwächt. Damit steht das Gelingen der Durchsetzung der Verhaltensregeln der Rating-Verordnung insgesamt in Frage.

IV. Eignung des Art. 35a Rating-Verordnung zum *private enforcement*

Wie eingangs angekündigt, soll Art. 35a Rating-Verordnung schließlich darauf hin untersucht und bewertet werden, inwieweit er sich nach der Analyse seines Inhalts und der diversen behandelten Problemschwerpunkte tatsächlich zum *private enforcement* eignet und damit als taugliches Regulierungswerkzeug in Frage kommt.

1487 So auch *Möllers/Niedorf*, ECFR 2014, S. 333 (348).
1488 Ebenfalls kritisch *Schroeter*, Ratings, S. 847.
1489 Siehe Art. 35a Abs. 2 UAbs. 2 Rating-VO.
1490 Hierzu oben E. III. 2. a) bb), cc) und b) cc).

1. Anhaltspunkte für eine funktionierende Verhaltenssteuerung der Ratingagenturen durch Art. 35a Rating-Verordnung

Art. 35a Rating-Verordnung liefert diverse Anhaltspunkte dafür, dass eine Verhaltenssteuerung der Ratingagenturen im Wege des *private enforcement* tatsächlich gelingen kann: Das Konzept eines flankierenden Verhaltensdrucks ist zunächst dadurch konsequent umgesetzt worden, dass die haftungsbegründenden Pflichtverletzungstatbestände mit den aufsichtsrechtlichen Vorgaben synchron verlaufen, indem für beide – für aufsichtsrechtliche wie für privatrechtliche Rechtsfolgen – auf den Katalog in Anhang III der Rating-Verordnung verwiesen wird.[1491] Dieser Gleichklang belegt nicht nur die verhaltenssteuernde Intention des Haftungstatbestands, sondern ist grundsätzlich auch dazu geeignet, ein in sich schlüssiges Verhaltenskonzept zu gewährleisten, das denselben Maßstäben folgt und äquivalente Regeln aufstellt.[1492]

Auch die Aufnahme von Emittenten als potenzielle Anspruchsteller, welche im Erstentwurf der Europäischen Kommission noch nicht vorgesehen waren,[1493] ist zu begrüßen, da hierdurch der Dreiecksbeziehung zwischen Ratingagentur, Anleger und Emittent Rechnung getragen wird.[1494] Eine nur einseitig zugunsten von Anlegern geratene Haftung hätte das Risiko einer zu zurückhaltenden, tendenziell negativ ausfallenden Ratingtätigkeit geborgen.[1495] Ein symmetrisches Haftungsrisiko hinsichtlich beider Gruppen von Ratingnutzern ist daher unabdinglich, um eine ausgewogene „Haftungszange"[1496] zur Erstellung sorgfältiger Ratings zu kreieren.

Ferner ist zu begrüßen, dass der EU-Gesetzgeber nicht der Verlockung erlegen ist, die Haftung nur an einem fehlerhaften Rating im Sinne eines „falschen" Ergebnisses abhängig zu machen.[1497] Stattdessen wird die Haftung grundsätzlich schon an den Verhaltensverstoß selbst geknüpft, der freilich im Ergebnis gerade in seinen

1491 Siehe Art. 24 Abs. 1, 36a Abs. 1 und 35a Abs. 1 Rating-VO.

1492 Ähnlich *Gietzelt/Ungerer*, GPR 2013, S. 333 (340); dagegen kritisch *Dutta*, IPrax 2014, S. 33 (41), da es sich der EU-Gesetzgeber hierdurch verbaut hat, ein Haftungsregime zu kreieren, das auch für nicht-europäische Agenturen – insbesondere die beiden großen US-amerikanischen – hätte gelten können.

1493 Siehe Erwägungsgrund Nr. 24 des Vorschlags für eine Verordnung des Europäischen Parlaments und des Rates zur Änderung der Verordnung (EG) Nr. 1060/2009 über Ratingagenturen vom 15.11.2011, KOM(2011) 747.

1494 Zu Risiken asymmetrischer Haftung auch *Wagner* in: FS-Blaurock, S. 467 (478 f.).

1495 Vgl. zur Sorge um „*defensive ratings*" oben D. IV. 1.; zum umgekehrten Fall einer einseitig zugunsten von Emittenten ausfallenden Verhaltenssteuerung *Wagner* in: FS-Blaurock, S. 467 (479 f.).

1496 *Habersack*, ZHR 160 (2005), S. 185 (207).

1497 Anders *Wagner* in: FS-Blaurock, S. 467 (494), der vorschlägt, die Beweislast für ein objektiv fehlerhaftes Rating auf den Geschädigten zu verlagern und dafür den Gegenbeweis, dass alle Vorkehrungen zur Vermeidung der Fehlerhaftigkeit getroffen worden sind, der Ratingagentur auferlegt; zu entsprechenden Reformüberlegungen unten E. V. 1. a).

Auswirkungen auf die abgegebene Ratingnote vermögensschädigend auf Ratingnutzer wirken kann.[1498] Gleichwohl ist es konsequent, nicht nur auf das vermeintlich falsche Ratingergebnis, sondern schon auf den davor gelagerten Pflichtverstoß abzustellen, denn die Verhaltensregeln, die Ratingagenturen in Anhang III der Rating-Verordnung auferlegt wurden, betreffen nicht immer nur das Erstellungsprozedere eines Ratings und sind daher auch unabhängig von einer konkret abgegebenen Note einzuhalten.[1499]

Schließlich ist zu erwähnen, dass die Wahl des Gesetzgebungsakts der Verordnung als Vehikel der Ratingregulierung theoretisch einleuchtend und auch im Hinblick auf eine im EU-Raum konsistente Verhaltenssteuerung durch *private enforcement* überzeugend war.[1500] Dies hätte wegen der unmittelbaren innerstaatlichen Anwendbarkeit der Verordnung in den Mitgliedsstaaten grundsätzlich das Potenzial besessen, eine Angleichung der Ratingregulierung und -Haftung zu erschaffen, die der Internationalität der Ratingtätigkeit Rechnung getragen hätte. Auf den ersten Blick weist Art. 35a Rating-Verordnung daher einige gelungene Regelungsansätze vor. Wie jedoch teilweise schon anklingt, handelt es sich bei den positiven Anhaltspunkten mitunter nur um die gesetzgeberischen Richtungsentscheidungen, die zwar theoretisch begrüßenswert sind, jedoch erst anhand ihrer praktischen Umsetzung final beurteilt werden können.

2. Zweifel an der Eignung des Haftungstatbestands zur Verhaltenssteuerung

Dementsprechend sind erhebliche Zweifel am Gelingen eines effektiven *private enforcement* durch Art. 35a Rating-Verordnung zu formulieren:

Zunächst kann ein wesentliches Anliegen des Regulierungsgesetzgebers nicht umgesetzt werden, namentlich die direkte Kontrolle der und Einflussnahme auf die großen (Mutter-)Ratingagenturen mit Sitz in den USA.[1501] Dieses regulatorisch freilich schwierige Vorhaben ist mit der Beschränkung der Kontrolle auf die in der Union registrierten Agenturen aufgegeben worden.[1502] Diesem Umstand hat der EU-Gesetzgeber zwar dadurch Rechnung getragen, dass die Rating-Verordnung auf

1498 Dagegen wird teilweise vertreten, dass Art. 35a Abs. 1 Rating-VO nur dahin gehend zu verstehen ist, dass es auf ein fehlerhaftes Rating ankomme, siehe *Dutta*, WM 2013, S. 1729 (1734); *Schroeter*, Ratings, S. 849, 949, zu dieser Thematik oben E. I. 2. b).

1499 Hierzu ausführlich oben E. I. 2. b) bb).

1500 Ähnlich *Steinrötter*, ZIP 2015, S. 110.

1501 Hierzu auch *Dutta*, IPrax 2014, S. 33 (34); *Schroeter*, Ratings, S. 850; die Europäische Union daher als nicht die „optimale Handlungsebene" bezeichnend *Amort*, EuR 2013, S. 272 (282); einzig *Fitch Ratings* sitzt auch in London und wird daher unmittelbar erfasst.

1502 Gemäß Art. 2 Abs. 1 Rating-VO gilt die Verordnung nur für Ratings, die von in der Union registrierten Agenturen abgegeben werden.

die großen Agenturen mittelbaren Druck zur Gründung von Tochteragenturen im EU-Raum ausübt und diese für Ratings, die sie von ihren Mutteragenturen übernehmen, vollumfänglich verantwortlich macht;[1503] jedoch lässt dieses Modell mittelbaren Zwangs auch Lücken.[1504] Ausgerechnet an die eigentlichen Urheber und führenden Marktakteure gelangen Anspruchsteller des Art. 35a Rating-Verordnung nicht heran, was aus Sich der Verhaltenssteuerung wie auch aus Schadenskompensationsgründen unglücklich ist, insbesondere wenn eine Schadloshaltung bei den europäischen Niederlassungen wegen geringer Kapitalausstattung nicht erfolgsversprechend ist.[1505] Das Regulierungskonzept des EU-Gesetzgebers in der Rating-Verordnung wird daher in gewisser Hinsicht immer unvollkommen bleiben.

Doch selbst im Hinblick auf die Verhaltenssteuerung der tatsächlich erfassten Agenturen, die im EU-Raum registriert sind, weist Art. 35a Rating-Verordnung substanzielle Schwächen auf. Das mitunter größte Versäumnis des EU-Gesetzgebers ist, dass es nicht gelungen ist, ein im EU-Raum konsistentes Haftungsregime zu kreieren, das einheitliche Sorgfaltsstandards definiert und somit für ein harmonisiertes Qualitätsniveau in den Mitgliedsstaaten gesorgt hätte.[1506] Eine solche Harmonisierung verhindert hat Abkehr vom Prinzip der autonomen Auslegung von EU-Recht und die Entscheidung des Unionsgesetzgebers, für die Auslegung und Anwendung nahezu sämtlicher Tatbestandsmerkmale auf das jeweils anzuwendende nationale Recht der Mitgliedsstaaten zu verweisen.[1507] Damit werden nationale Rechtsordnungen der Mitgliedsstaaten für die entscheidenden Haftungsvoraussetzungen etwa des Verschuldens, der Kausalität oder des Schadens – mithin für die „Stellschrauben mitgliedsstaatlicher Haftungsregelungen“[1508] – in Dienst genommen.[1509] Dementsprechend unterliegen Ratingagenturen in den einzelnen Mitgliedsstaaten unterschiedlichen Maßstäben und verspüren unterschiedlich großen Haftungsdruck.[1510] Die durch die Verweisungen in nationales Recht geschaffene Zersplitterung und Fragmentierung der Rechtsanwendung steht daher dem eigentlichen Anliegen der Schaffung eines konsistenten Pflichtenregimes massiv entgegen und kehrt dieses in sein Gegenteil.[1511]

1503 Siehe Art. 4 Abs. 1, 3, 4 und 5 Rating-VO; hierzu auch oben E. I. 1. b) bb).

1504 Siehe *Dutta*, IPrax 2014, S. 33 (34).

1505 *Dutta*, IPrax 2014, S. 33 (34), zugleich auf die Gefahr des gezielten Mittelabzugs bei den Tochteragenturen hinweisend, S. 41.

1506 Vgl. zur entsprechenden Kritik auch *Arntz*, ZBB 2013, S. 318 (329); *Deipenbrock*, WM 2013, S. 2289 (2292); *Gietzelt/Ungerer*, GPR 2013, S. 333 (338); *Haar*, DB 2013, S. 2489 (2494); *Schroeter*, Ratings, S. 833; *Steinrötter*, ZIP 2014, S. 110 (113); *Wojcik*, NJW 2013, S. 2385 (2389).

1507 *Arntz*, ZBB 2013, S. 318 (329); *Haar*, DB 2013, S. 2489 (2494); zur fehlenden Harmonisierungswirkung bereits oben E. I. 5. e) aa) (2).

1508 *Haar*, DB 2013, S. 2489 (2494).

1509 Siehe Art. 35a Abs. 4 S. 1 Rating-VO.

1510 Dass die Begriffsverständnisse in den Mitgliedsstaaten nicht identisch sind, zeigen etwa *Gietzelt/Ungerer*, GPR 2013, S. 333 (338) am Beispiel des englischen Rechts.

1511 Ähnlich kritisch *Deipenbrock*, WM 2013, S. 2289 (2292).

Als gänzlich misslungen bezeichnet werden muss ferner das gewählte Konzept des qualifizierten Mitverschuldens der Anspruchsteller.[1512] Dieses ist geeignet, die ohnehin schon schwach ausgeprägten Risiken tatsächlicher Inanspruchnahme der Ratingagenturen weiter zu beschränken. Die zentrale Fehlentscheidung des EU-Gesetzgebers war es hierbei, ein mögliches Mitverschulden der Anspruchsteller bei der Schadensentstehung nicht als anspruchsmindernden Einwand auszugestalten, der eine proportionale Quotierung der Haftung nach Maßgabe der jeweiligen Verschuldensbeiträge zugelassen hätte,[1513] sondern als ein den Anspruch vollumfänglich ausschließendes haftungsbegründendes Tatbestandsmerkmal einzufügen. Dies hat zur Folge, dass schon ein geringfügiger Mitverschuldensbeitrag des Anspruchstellers zum vollständigen Ausschluss jedweder Schadloshaltung – selbst bei vorsätzlicher Pflichtverletzung der Ratingagentur – führt. Nur wenn für Anspruchsteller eine hinreichende Sicherheit dafür besteht, dass gar kein eigener Beitrag zum Eintritt des Schadens geleistet wurde, ist die Prozessführung ökonomisch vertretbar. Eine solche Konstellation wird sich jedenfalls für klagende Anleger bei praxisnaher Betrachtung nur äußerst selten ergeben.[1514] Dass die jeweiligen Anspruchsteller diesbezüglich zudem beweisbelastet sind, intensiviert die nachteilige Wirkung der Regelung weiter. Alleine mit dieser Regelung des Mitverschuldens hat der EU-Gesetzgeber die Realisierungswahrscheinlichkeit des Haftungsanspruchs massiv eingeschränkt.

Eine weitere, häufig kritisierte Entscheidung des EU-Gesetzgebers war es des Weiteren, die Haftung auf grobe Fahrlässigkeit und Vorsatz zu beschränken[1515] und der Ratingagentur damit wegen der Unwägbarkeiten eines Ratingverfahrens eine Verschuldensprivilegierung einzuräumen.[1516] Dieser prinzipiell nachvollziehbare Gedanke führt im Ergebnis zur einer erheblichen Einschränkung der Eignung des Tatbestands zum Aufbau von Haftungsrisiken. Ratingagenturen und ihre Mitarbeiter trifft ein wesentlich geringfügigeres Risiko der tatsächlichen Inanspruchnahme, wenn von vorne herein nur ein objektiv schwerwiegender und subjektiv nicht entschuldbarer Verstoß in Gestalt einer besonders schweren Sorgfaltsverletzung wegen

1512 Art. 35a Abs. 1 UAbs. 2 und 3 Rating-VO; hierzu ausführlich oben E. I. 3. a).

1513 So wie es § 254 BGB zulässt, vgl. *Palandt/Grüneberg*, § 254, Rn. 55.

1514 Ebenso kritisch *Möllers/Niedorf*, ECFR 2014, S. 333 (347), die hieraus schließen, dass de facto allenfalls Privatanleger noch anspruchsberechtigt sein können; ebenfalls kritisch *Schroeter*, Ratings, S. 950 f.; hinzu kommt das Problem der Widersprüchlichkeit des Vortrags zur haftungsausfüllenden Kausalität mit demjenigen zum qualifizierten Mitverschulden eines klagenden Investors, hierzu oben E. I. 3. b) bb).

1515 Siehe etwa *Haar*, DB 2013, S. 2489 (2495), die für die Haftung schon für leichte Fahrlässigkeit bei Einführung von Haftungshöchstgrenzen plädiert; ebenso *Wagner* in: FS-Blaurock, S. 467 (491 ff.); vgl. auch *Berger/Ryborz*, WM 2014, S. 2241 (2248); *Blaurock*, EuZW 2013, S. 608 (611); zu entsprechenden Reformüberlegungen unten E. V. 1. a).

1516 Siehe Erwägungsgrund Nr. 33 der 2. Reform-VO.

der Nicht-Beachtung ganz naheliegender Überlegungen[1517] erst haftungsbegründend ist. Das Spektrum von Pflichtverstößen, die mit leichter oder mittelschwerer Fahrlässigkeit begangen werden und daher eine ungleich größere Praxisrelevanz besitzen dürften, bleibt haftungstechnisch irrelevant. Es besteht daher die Sorge, dass von Art. 35a Rating-Verordnung kein effektiver Sorgfaltszwang ausgeht. Hinzu kommt eine evidente Steigerung der Beweisschwierigkeiten von Anspruchstellern, die dieses Ausmaß der Sorgfaltswidrigkeit bis hin zur Vorsätzlichkeit des Pflichtverstoßes grundsätzlich nachweisen müssen, aber häufig nicht können.[1518]

Eng hiermit verknüpft ist sodann die wohl wesentlichste Schwäche der Haftungsnorm, namentlich die nur sehr eingeschränkte Beweisbarkeit sämtlicher Anspruchsvoraussetzungen für potenzielle Anspruchsteller, für die die Norm kein hinreichend wehrhaftes Gegengewicht vorsieht.[1519] Die Nachweisschwierigkeiten beziehen sich, wie bereits dargelegt, auf nahezu sämtliche Teile der Haftung, unabhängig davon in wessen Sphäre sich die beweispflichtigen Vorgänge abspielen.[1520] Wie die Gerichte von Substantiierungs- und Beweiserleichterungen zugunsten von Anspruchstellern Gebrauch machen, hängt von den jeweiligen Einzelfällen und von der Anwendungsbereitschaft der befassten Gerichte ab. Ein konsistentes und ganzheitliches Konzept zur Lösung der Beweisproblematik sieht Art. 35a Rating-Verordnung nicht vor. Damit verbleibt es im Wesentlichen bei einer prekären Situation für Anspruchsteller hinsichtlich ihrer Fähigkeit zur Darlegung und zum Nachweis der Tatbestandsmerkmale.[1521] Dies ist für das Gelingen des *private enforcement*-Konzepts fatal und letal. Gerade Verhaltenspflichten, die sich in internen Vorgängen erschöpfen, können kaum durchgesetzt werden. Im Ergebnis bewirkt Art. 35a Rating-Verordnung daher allenfalls im Hinblick auf grobe Pflichtverstöße und schwerwiegende Ratingfehler, die nach außen erkennbar sind und damit beweisbar werden, einen spürbaren Haftungsdruck.[1522] Weitere erhebliche Bedeutung wird der aufsichtsrechtlichen Tätigkeit der ESMA zukommen, soweit sich geschädigte Anleger oder Emittenten deren Ergebnisse haftungstechnisch zunutze machen können.[1523]

1517 Vgl. zum Begriff der groben Fahrlässigkeit etwa *BGH* NJW 2010, S. 3292 (3295); NJW 2010, S. 1195 (1197); *Grundmann* in: Münchener Kommentar, BGB, § 276, Rn. 94 ff.

1518 Zu entsprechenden Beweisnöten und möglichen Relativierungen bereits oben E. III. 2. a).

1519 Dies ebenfalls für entscheidende Schwäche haltend *Arntz*, ZBB 2013, S. 318 (329); *Haar*, DB 2013, S. 2489 (2494); *Deipenbrock*, WM 2013, S. 2289 (2292); *Möllers/Niedorf*, ECFR 2014, S. 333 (348); *Schroeter*, Ratings, S. 850.

1520 Zum beweisrelevanten Vortrag oben E. III. 1.

1521 So auch *Berger/Ryborz*, WM 2014, S. 2241 (2248); *Haar*, DB 2013, S. 2489 (2494); *Deipenbrock*, WM 2013, S. 2289 (2292); *Möllers/Niedorf*, ECFR 2014, S. 333 (348); *Wojcik*, NJW 2013, S. 2385 (2389) („*dornige Angelegenheit*").

1522 Etwa auch durch Anscheinsbeweise, siehe oben E. III. 2. a) aa); ähnlich *Möllers/Niedorf*, ECFR 2014, S. 333 (362 f.).

1523 Etwa über einen Auskunftsanspruch gemäß § 242 BGB, siehe oben E. III. 2. a) dd).

Insgesamt sind daher ganz erhebliche Missstände in der tatsächlichen Umsetzung des grundsätzlich begrüßenswerten Vorhabens des Unionsgesetzgebers zur Haftung von Ratingagenturen zu benennen, die profunde Zweifel an einem gelingenden *private enforcement* begründen.

3. Zusammenfassung

Die Bedenken gegen die konkrete Ausgestaltung der Haftungsnorm überwiegen die positiven Ansätze des Regelungsgedankens bei Weitem. Damit ist zuletzt das Fazit zu formulieren, dass sich Art. 35a Rating-Verordnung nicht für eine substanzielle Intensivierung der Verhaltenssteuerung eignet, mithin der Konformitätszwang für Ratingagenturen nicht spürbar erhöht wird.[1524] Es verbleibt im Wesentlichen bei den aufsichtsrechtlichen Risiken, ergo bei einem *public enforcement.*

V. Reformüberlegungen zu Art. 35a Rating-Verordnung

Angesichts der diversen Schwächen des Haftungstatbestands aus Art. 35a Rating-Verordnung sollen nachfolgend einige Ansätze zu einer möglichen Reformierung des Art. 35a Rating-Verordnung diskutiert und erörtert werden. Dabei soll einmal mehr keine ergebnisorientierte Betrachtung erfolgen, die es etwa *per se* für richtig oder erforderlich hielte, dass an ihrem Ende die leichtest mögliche Inanspruchnahme von Ratingagenturen durch Anleger oder Emittenten stehen muss. Allerdings ist die Ausgestaltung des Art. 35a Rating-Verordnung nach den hier erörterten Überlegung insgesamt zu einseitig zulasten von Anspruchstellern geraten, so dass Überlegungen zu einer Reformierung des gegenwärtigen Tatbestands, die eher zugunsten potenzieller Anspruchsteller gereichen, zwangsläufig Vorrang haben.

Im Folgenden sollen zunächst die in der rechtswissenschaftlichen Literatur bereits diskutierten Ansätze zur Reformierung oder Neuordnung der Haftung dargelegt werden. Hiernach werden eigene, konkret am gegenwärtigen Tatbestand des Art. 35a Rating-Verordnung orientierte Reformierungsideen angesprochen.

1. In der Literatur diskutierte Reformierungsansätze

In der rechtswissenschaftlichen Literatur zur europäischen Haftung von Ratingagenturen wurden bereits einige Ansätze zur Reformierung bzw. zur haftungstheoretischen Neugestaltung angesprochen. Hierbei handelt es sich im Wesentlichen um den Vorschlag zur Einführung von Haftungshöchstgrenzen unter Aufgabe des engen Verschuldensmaßstabs sowie um Vorschläge zur Fassung von Beweislastumkehrungen.[1525] Im Zuge solcher Überlegungen wurde die

1524 Im Ergebnis mit gleichem oder ähnlichem Befund *Deipenbrock*, WM 2013, S. 2289 (2292); *Schroeter*, Ratings, S. 849, 954; *Steinrötter*, ZIP 2015, S. 110 (115).

1525 Auf eine mögliche Verhaltenssteuerung durch Gewinnabschöpfung soll vorliegend nicht näher eingegangen werden, hierfür wirbt im Ratingzusammenhang *Amort*,

zweite Reform-Verordnung vereinzelt schon als bloße „Zwischenstation" auf dem Weg zu einer zukünftig zu erwartenden dritten Reformierung angesehen,[1526] wenngleich sich ein solches unionsgesetzgeberisches Anliegen bislang noch nicht konkret abzeichnet.

a) Einführung einer Haftungshöchstgrenze

Ein gelegentlich geäußerter Reformansatz knüpft an dem in Art. 35a Rating-Verordnung vorgesehenen Verschuldensmaßstab an und will diesen auf jede Form von Fahrlässigkeit erweitern, um im Gegenzug den Umfang der Haftung summenmäßig zu begrenzen.[1527] Haftungsauslösend solle insoweit kein grober Sorgfaltspflichtverstoß, sondern ein schon mit einfacher Fahrlässigkeit erstelltes fehlerhaftes Rating sein.[1528] Damit würde der Leerlauf der verhaltenssteuernden Wirkung des Tatbestands bei leichten oder nur mittelschweren Nachlässigkeiten und Pflichtwidrigkeiten beendet und das Kompensationsinteresse geschädigter Ratingnutzer gestärkt.[1529] Um die mit der Ausweitung des Verschuldensmaßstabs einher gehende Schlechterstellung der Ratingagenturen zu begrenzen und eine Übermaßhaftung zu verhindern, wird die Implementierung einer summenmäßigen Haftungshöchstgrenze vorgeschlagen.[1530] Übersteigt die Summe der Einzelschäden aller betroffenen Anleger in einem einzelnen Haftungsfall die zu definierende Haftungshöchstgrenze, könne die Kompensation etwa in Gestalt eines Haftungsfonds durch anteilsmäßige quotale Auszahlung an die jeweils Geschädigten erfolgen.[1531] Die Höhe der Grenze könnte flexibel im Verhältnis zur Größe des bewerteten Emittenten oder des Wertes des Finanzprodukts festgesetzt werden.[1532] Eine solche Ausgestaltung ist im nationalen Recht der Mitgliedsstaaten nicht ohne Vorbilder;[1533] auch das deutsche Haftungsrecht kennt Haftungshöchstgrenzen, allerdings eher aus dem Bereich verschuldensunabhängiger Gefährdungshaftung.[1534]

EuR 2013, S. 272 (283); *Haar*, DB 2013, S. 2489 (2495); siehe grundsätzlich dazu *Haar*, ZBB 2009, S. 177 (185); *Kumpan* in: FS-Hopt, S. 2157 (2170 f.).

1526 So *Deipenbrock*, WM 2013, S. 2289 (2295) („*work in progress*"); vgl. auch *Berger/Ryborz*, WM 2014, S. 2241 (2248).

1527 Siehe *Blaurock*, EuZW 2013, S. 608 (611); *Haar*, DB 2013, S. 2489 (2405); *Wagner* in: FS-Blaurock, S. 467 (491 ff.).

1528 *Haar*, DB 2013, S. 2489 (2495); *Wagner* in: FS-Blaurock, S. 467 (491); dafür, das konkrete Rating in den Mittelpunkt der Regulierung zu rücken auch *Kumpan* in: FS-Hopt, S. 2157 (2169).

1529 *Wagner* in: FS-Blaurock, S. 467 (491).

1530 Grundsätzlich zur Zweckmäßigkeit solcher Haftungs-Caps im Kapitalmarktdeliktsrecht ausführlich *Hellgardt*, Kapitalmarktdeliktsrecht, S. 498 ff.

1531 *Wagner* in: FS-Blaurock, S. 467 (492).

1532 *Wagner* in: FS-Blaurock, S. 467 (493).

1533 *Wagner* in: FS-Blaurock, S. 467 (492 f.) unter Verweis auf die Rechtslage in Österreich.

1534 Vgl. etwa § 10 ProdHaftG und § 12 StVG.

Der Vorschlag der Einführung von Haftungshöchstgrenzen unter Aufgabe der Verschuldensprivilegierung ist durchaus bedenkenswert. Mit der Haftung schon bei normaler Fahrlässigkeit würden die diesbezüglichen Beweisprobleme für Anspruchsteller relativiert und das *private enforcement* gestärkt werden. Zugleich würde mit der Summengrenze die in der Diskussion um die Haftung von Ratingagenturen insbesondere gegenüber dem allgemeinen Investorenpublikum stets virulente Gefahr einer unbegrenzten Haftung gegenüber jedermann zumindest in quantitativer Hinsicht angegangen und das diesbezügliche Risiko begrenzt werden. Zugleich würden die berechtigten Interessen der Ratingagenturen durch eine Kalkulierbarkeit und damit auch Versicherbarkeit der wirtschaftlichen Risiken berücksichtigt.[1535]

Um hieraus einen konkreten Reformierungsvorschlag formulieren zu können, fehlt es indes noch an jeglicher Detaillierung des Vorschlags.[1536] Die neuralgischen Punkte eines solchen Modells sind die Höhe und die Berechnungsgrundlage der Höchstgrenze. In welcher konkreten Höhe eine zahlenmäßige Begrenzung angemessen und unter Kompensationsgesichtspunkten noch interessengerecht ist sowie auf welcher Basis – etwa anhand der Vergütung oder der Schadenshöhe – sie konkret zu berechnen wäre, sind offene und äußerst konfliktträchtige Punkte des Reformvorschlags.[1537] Insbesondere eine zu niedrige Summengrenze birgt das Risiko des Verlusts der abschreckenden Wirkung der Haftung.[1538] Die insoweit vereinzelt vorgeschlagene flexible Staffelung nach Größe oder Volumen von Emittent oder Emission ist dabei zwar grundsätzlich überzeugend, jedoch bedürfte es hierfür – in Ermangelung der Praktikabilität einer Einzelfalllösung für jedes Rating einer Agentur – zunächst der Herausarbeitung eines abstrakten Berechnungsmodells, das auf praktikabel jeden Einzelfall angewendet werden kann und auch justiziabel ist.

Neben diese noch ungeklärten Folgefragen tritt aus praxisbezogener Sicht hinzu, dass es angesichts des vom Unionsgesetzgeber in Art. 35a Rating-Verordnung gewählten gänzlich konträren Haftungsmodells insgesamt als wenig wahrscheinlich gelten kann, dass eine derartige Wesensänderung in naher Zukunft zu erwarten steht. Trotz grundsätzlich überzeugender Ansätze erscheinen daher andere Reformierungsansätze, die am bestehenden Tatbestand *de lege lata* ansetzen und konkrete Anpassungen vorschlagen, für die vorliegende Betrachtung von größerer Relevanz zu sein.

b) Beweislastumkehrung zugunsten der Geschädigten

Daneben sind es – angesichts der Bedeutung der Beweislastverteilung wenig verwunderlich – vor allem Fragen möglicher Relativierungen oder Umkehrungen der Beweislast, die im Zusammenhang mit der Reformierung der Ratingagenturenhaf-

---

1535 *Wagner* in: FS-Blaurock, S. 467 (494).

1536 Detailfragen seien insoweit „*nicht unkompliziert, aber beherrschbar und in der Praxis durchaus erprobt*", so *Wagner* in: FS-Blaurock, S. 467 (492).

1537 Zu den kontroversen Diskussionen m.w.N. *Haar*, DB 2013, S. 2489 (2495).

1538 Ein „*naheliegender Einwand*", so *Haar*, DB 2013, S. 2489 (2495).

tung nach europäischem Vorbild diskutiert werden.[1539] Im Zentrum dessen steht die Behandlung der Frage der Beweislast von Anspruchstellern für den Pflichtverstoß der Ratingagentur, mithin ihrer Zuwiderhandlung gegen Anhang III der Rating-Verordnung.[1540]

Hierzu wird in der Literatur gelegentlich vorgeschlagen, den haftungsbegründenden Tatbestand nicht an einem Verstoß gegen die Einzelpflichten aus Anhang III der Rating-Verordnung festzumachen, sondern stattdessen den Nachweis eines objektiv fehlerhaften Ratings von Anspruchstellern zu verlangen.[1541] Sodann solle die Beweislast für die fehlende Pflichtwidrigkeit der Ratingagentur, mithin für ein fehlerfreies Ratingverfahren und die Anwendung der ordnungsgemäßen Sorgfalt, auf Seiten der Ratingagenturen liegen.[1542]

Diesem Vorschlag ist mit Einschränkungen zuzustimmen. Grundsätzlich sollt es beibehalten werden, nicht nur auf ein „falsches" Ratingergebnis, sondern auf konkrete Pflichtverstöße abzustellen und dabei auch solche Pflichten, die sich nicht direkt auf die Ratingnote auswirken, aber gleichwohl Schädigungspotenzial besitzen, in die Haftung mit einzubeziehen.[1543] Es sollte dementsprechend auch für die Beweislast von Anspruchstellern nicht auf den Nachweis oder die Darlegung (nur) eines fehlerhaften Ratingergebnisses ankommen. Gleichwohl ist die Erleichterung des Nachweises von verfahrensbezogenen oder organisatorischen, jedenfalls ratinginternen Umständen zugunsten der Anspruchsteller unabdingbar. Den Anspruchstellern sollte daher die schwierige Beweislast bezüglich des konkreten Fehlverhaltens aus dem Katalog des Anhang III genommen werden; stattdessen sollte es genügen, wenn Anspruchsteller schlüssigen Vortrag zum Vorliegen eines Ratingfehlers tätigen, wobei Ratingfehler sowohl eine fehlerhafte, weil schwerlich vertretbare Ratingnote, als auch Abgabefehler – wie etwa Kennzeichnungspflichten oder Verstöße gegen Zeitvorgaben zur Veröffentlichung[1544] – beinhalten können. Sodann läge es an der Ratingagentur, die Sorgfältigkeit ihrer Ratingerstellung und die Vertretbarkeit ihrer Entscheidung zu erläutern.[1545] Die tatsächliche Diskussion um einen etwaigen Ratingfehler würde dann auf Basis einer faktisch auf Seiten

---

1539 Vgl. *Deipenbrock*, WM 2013, S. 2289 (2292); *Möllers/Niedorf*, ECFR 2014, S. 333 (348, 362 f.); *Wagner* in: FS-Blaurock, S. 467 (494).

1540 Vgl. *Möllers/Niedorf*, ECFR 2014, S. 333 (348).

1541 *Wagner* in: FS-Blaurock, S. 467 (494); vgl. in ähnlicher Richtung *Möllers/Niedorf*, ECFR 2014, S. 333 (362 f.), die die Verletzungshandlung beibehalten, allerdings die Vermutung aufstellen wollen, dass diese sich auf das Rating ausgewirkt hat.

1542 *Möllers/Niedorf*, ECFR 2014, S. 333 (362 f.); *Wagner* in: FS-Blaurock, S. 467 (494).

1543 Zur Zustimmungswürdigkeit dieses Konzepts bereits oben E. IV. 1.

1544 Zu dieser Gruppe von Verhaltensverstößen und ihrer Einordnung in Art. 35a Rating-VO oben E. I. 2. b) bb).

1545 So wie es im Kommissionsvorschlag für Art. 35a Rating-VO vorgesehen war, siehe den Vorschlag für eine Verordnung des Europäischen Parlaments und des Rates zur Änderung der Verordnung (EG) Nr. 1060/2009 über Ratingagenturen vom 15.11.2011, KOM(2011) 747; verkürzt wiedergegeben in der Pressemitteilung der

der Ratingagenturen liegenden Beweislast geführt werden, was aufgrund ihrer Inhaberschaft über die entscheidenden Informationen auch sachgerecht ist.[1546] Dies würde die Konzentration der rechtlichen Auseinandersetzung zwischen Agentur und Emittent oder Anleger auf die tatsächlich wesentliche Frage lenken, ob und inwiefern eine Ratingagentur im Einzelfall womöglich sorgfaltswidrig gehandelt hat oder nicht, und diese nicht umgehen oder hiervon ablenken, indem etwaige Prozesse bereits an formalen und kaum erfüllbaren Beweisanforderungen für die Geschädigten oder zusätzlichen Substantiierungserschwerungen („detaillierte Informationen"), wie sie in Art. 35a Abs. 2 UAbs. 1 Rating-Verordnung vorgesehen sind,[1547] scheitern und Ratingagenturen damit die Sorge vor einer privatrechtlichen Verantwortlichkeit bei Fehlverhalten von vorne herein weitgehend nehmen. Dagegen würde mit der (Teil-)Verlagerung der Beweislast eine reale und spürbare Verhaltenssteuerung, wie sie originär bezweckt war, erfolgen, da Ratingagenturen in ihrem ureigenen Interesse zum Zwecke der Widerlegung anders lautender Vorwürfe im Vorhinein zu pflichtenkonformen Handeln und gerade auch der sorgfältigen Dokumentation desselben angehalten wären. Die Sorgfalts- und Verhaltenspflichten einerseits und die Dokumentations- und Beweispflichten andererseits lägen mithin einleuchtender Weise in ein und derselben Hand. Zugleich würde das schwierige Tatbestandsmerkmal der „Auswirkung" der Zuwiderhandlung „auf ein Rating"[1548] aufgegeben werden können.[1549]

Damit ginge auch keine unangemessene Schlechterstellung der Agenturen einher, da ihnen der Entlastungsbeweis freilich offen steht und auch möglich sein wird, wenn es an einer Pflichtverletzung gefehlt hat. Diesbezüglich würde die Bedeutung des Katalogs aus Anhang III der Rating-Verordnung wieder aufleben, da die Ratingagentur ihre Entlastung vornehmlich unter dem Nachweis der Einhaltung der entsprechenden, jeweils einschlägigen Verhaltenspflichten zu führen hätte. Der Pflichtenkatalog sollte daher prozessual zum „Entlastungskatalog" der Ratingagenturen umfunktioniert werden. Die Anforderungen an den Entlastungsbeweis dürfen daher auch nicht weiterreichen als die in Anhang III der Rating-Verordnung vorgesehenen und von der Agentur ohnehin zu erfüllenden Anforderungen, so dass auch die vermeintliche Gefahr, Ratingagenturen müssten bei einer derartigen Strukturierung der Beweislastverteilung auf bloße Vermutungen hin ihre Geschäftsgeheimnisse offenbaren,[1550] nicht gegeben wäre, insbesondere da die schlüssige Behauptung eines objektiv fehlerhaften Ratings auf Seiten der Anspruchsteller virulent bliebe. Zugleich erlaubte eine solche Reformierung die Beibehaltung des

---

Europäischen Kommission vom 15.11.2011, IP/11/1355, S. 2: „*Die Beweislast trägt die Ratingagentur*"; hierzu auch *Haar*, DB 2013, S. 2489 (2492).

1546 So auch *Wagner* in: FS-Blaurock, S. 467 (494).

1547 Ebenfalls kritisch *Möllers/Niedorf*, ECFR 2014, S. 333 (348).

1548 Art. 35a Abs. 1 S. 1 Rating-VO.

1549 Zu den Unklarheiten, die dieses Tatbestandsmerkmal hervorruft oben E. I. 2. b) bb).

1550 Vgl. etwa *Haar*, DB 2013, S. 2489 (2492) zu der im Reformentwurf noch vorgesehenen Vermutungsregel.

Verschuldensmaßstabs des Vorsatzes und der groben Fahrlässigkeit zugunsten der Ratingagenturen, wobei fehlendes Verschulden von ihr zu beweisen wäre und mithin von ihrem Entlastungsvortrag konsequenterweise mit abgedeckt sein müsste. Die beklagte Agentur bliebe mithin für solche Verstöße, die das erkennende Gericht als einfache oder mittlere Fahrlässigkeit qualifiziert, sowie in Fällen nachweislich fehlenden Verschuldens haftungsfrei.[1551]

Schließlich dürfte die Beweislastumkehrung auch nur den haftungsbegründenden pflichtverletzungsbezogenen Anspruchsteil betreffen. Für den Nachweis des Eintritts eines kausalen Vermögensschadens bleibe es bei der grundsätzlichen Beweislast auf Seiten der Geschädigten, was wegen der Belegenheit der entsprechenden Umstände in der Sphäre der Anspruchsteller auch sachgerecht ist. Hier greifen gegebenenfalls die in dieser Arbeit diskutierten Relativierungen zugunsten von Anspruchstellern.[1552]

Dem in der Literatur bisweilen diskutierten Ansatz zur Beweislastumkehrung ist daher dem Grunde nach mit den vorgenannten Einschränkungen zuzustimmen.

2. Weitere Reformüberlegungen

Neben den vorgenannten Überlegungen sollen einige eigene Ansätze aufgeworfen werden, mit denen Art. 35a Rating-Verordnung durch gezielte Anpassungen dem Regulierungsziel der Verhaltenssteuerung und Schadenskompensation in geeigneterem Maße gerecht werden könnte. Hiervon betroffen sind die in der vorliegenden Arbeit identifizierten wesentlichen Schwächen des Tatbestands, die es zu verändern gilt, um eine Inanspruchnahme von Ratingagenturen nicht an gesetzgeberischen Ungenauigkeiten oder Widersprüchen scheitern zu lassen, sondern eine prozessuale Auseinandersetzung mit etwaigen Ratingfehlern zu ermöglichen. Hiervon betroffen sind erstens einige Konkretisierungen des Tatbestands, zweitens die Aufhebung der vom EU-Gesetzgeber gewählten Verweisungstechnik und drittens die Anpassung des Mitverschuldensrechts:

Nach der hier vertretenen Auffassung beinhaltet Art. 35a Rating-Verordnung in seinem haftungsbegründenden Tatbestand diverse Ungenauigkeiten, die auf Kosten der Rechtssicherheit und damit der Realisierungswahrscheinlichkeit der Haftung gehen und die Anlass geben sollten, die Norm zu reformieren. Dies gilt zunächst für die Benennung der haftungsbegründenden Pflichtverstöße, für die der Tatbestand auf Anhang III der Rating-Verordnung verweist, obwohl hier eine Vielzahl an Pflichten bei lebensnaher Betrachtung keine Haftungsrelevanz entfalten kann.[1553] Hier wäre es aus Gründen der Rechtssicherheit und Klarheit

---

1551 Anders *Wagner* in: FS-Blaurock, S. 467 (494), der den Verschuldensmaßstab aufgeben will, dies allerdings wohl nur im Kontext einer quantitativen Haftungshöchstgrenze.

1552 Siehe oben E. III. b).

1553 Siehe ausführlich oben E. I. 2. a) bb); vgl. auch *Schroeter*, Ratings, S. 842 ff.; *Wagner* in: FS-Blaurock, S. 467 (489 f.); *Wojcik*, NJW 2013, S. 2385 (2387).

angebracht, die vom Unionsgesetzgeber für haftungsrelevant gehaltenen Einzelverstöße aus Anhang III konkret zu benennen und Leerverweise auszuschließen. Dies hätte zugleich auch Auswirkungen auf den zweiten Bereich tatbestandlicher Ungenauigkeit, namentlich die Kausalität zwischen Verhaltensfehler und Rating, bei der fraglich war, ob die Verantwortlichkeit der Ratingagentur zwingend an ein fehlerhaftes Rating im Sinne eines falschen Ergebnisses geknüpft sein muss oder ob auch Verhaltensfehler, die die Ratingnote nicht beeinflussen, haftungsbegründend sein können.[1554] Diese Ungenauigkeit sollte ebenfalls durch eine konkrete Bezugnahme auf Einzelpflichten aus Anhang III der Rating-Verordnung sowie durch Klarstellung hinsichtlich der entsprechenden Kausalitätsbeziehung ausgeräumt werden.[1555] Diese Überlegungen zu einer tatbestandlichen Klarstellung sollten genügender Anlass für eine Reformierung und Konkretisierung sein, da hiermit zentrale Fragen des Umfangs der privatrechtlichen Verantwortlichkeit von Ratingagenturen und damit der Intensität einer verhaltenssteuernden Wirkung betroffen sind. Es sollte überhaupt ein Anliegen des Unionsgesetzgebers sein, den Tatbestand so exakt wie möglich zu fassen und nicht zugunsten des bequemeren Pauschalverweises Ungenauigkeiten und Leerverweisungen in Kauf zu nehmen.

Der zweite Anknüpfungspunkt für eine Reformierung der Haftungsnorm sind die höchst problematischen Verweisungen in nationales Recht, die der Unionsgesetzgeber für die Anwendung und Auslegung der Norm und ihrer wesentlichen Tatbestandsmerkmale gewählt hat und die zahlreiche komplexe Folgeprobleme mit sich bringen.[1556] Diese unionsgesetzgeberische Fehlentscheidung ist dringend zu korrigieren. Die ohne erkennbare Not aus der Rückverweisung in nationales Recht geborenen Anwendungsprobleme erschweren die Möglichkeiten der Inanspruchnahme von Ratingagenturen und schwächen die verhaltenssteuernde Wirkung des Tatbestands massiv. Erst mit der Aufgabe dieser Verweisungstechnik und der Rückbesinnung auf das Prinzip autonomer Auslegung des Sekundärrechts würde die eigentlich ersonnene EU-einheitliche und konsistente Haftung

1554 Hierzu oben E. I. 2. b) bb); für die Anknüpfung an ein falsches Ratingergebnis spricht sich die wohl überwiegende Literaturmeinung entgegen der hier vertretenen Auffassung aus, siehe *Berger/Ryborz*, WM 2014, S. 2241 (2246); *Dutta*, WM 2013, S. 1729 (1733); *Gietzelt/Ungerer*, GPR 2013, S. 333 (341); *Schroeter*, Ratings, S. 841; *Wojcik*, NJW 2013, S. 2385 (2387).

1555 Alternativ könnte die Klarstellung durch die europäischen Gerichte erfolgen, die – wie gezeigt – für die Definierung der Anknüpfungspunkte der Kausalitätsbeziehung auslegungszuständig sind, hierzu oben E. I. 5. c) aa); dagegen bedarf die „zweite“ Kausalitätsbeziehung zwischen Zuwiderhandlung und Vermögensschaden keine Klarstellung, da der Unionsgesetzgeber hier erkennbar zum Ausdruck gebracht hat, dass es ihm um die Maßgeblichkeit der Zuwiderhandlung und nicht um (nur) um ein falsches Ratingergebnis ging.

1556 Siehe die internen (Art. 35a Abs. 4 S. 1 Rating-VO) und externen Lücken (Art. 35a Abs. 4 S. 2 Rating-VO) der Norm, hierzu oben E. I. 5. a) und b).

von Ratingagenturen und mithin ein einheitliches verhaltenssteuerndes Konzept und ein äquivalentes Anleger- und Verbraucherschutzniveau in den Mitgliedsstaaten geschaffen.[1557] Der damit einher gehende Verlust an Rechtssicherheit für potenzielle Anspruchsteller wegen der Abkehr von national gefestigter Rechtsprechung zu einzelnen Rechtsbegriffen oder Tatbestandsmerkmalen[1558] ist hinzunehmen zugunsten der Chance, dass sich eine unionseinheitliche konsistente Normanwendung durch Herausbildung entsprechender Judikatur der europäischen Gerichte ergeben kann.[1559]

Zuletzt ist als dritter wesentlicher Punkt für eine Reformierung des Haftungstatbestands das in Art. 35a Abs. 1 UAbs. 2 und 3 Rating-Verordnung enthaltene Konzept des qualifizierten Mitverschuldens anzusprechen, welches dringend zu reformieren ist. Es versetzt – wie gezeigt – anspruchstellende Investoren in Widersprüche ihres Anspruchsvortrags und konterkariert das Anliegen der Schadenskompensation, wenn schon leichte oder mittelschwere Sorgfaltswidrigkeiten der Anspruchsteller die Schadloshaltung in Gänze – selbst bei vorsätzlichem Fehlverhalten der Agenturen – ausschließen. Die Reformierung sollte sowohl an der Rechtsfolge des Mitverschuldenseinwands ansetzen und hier – wie bei § 254 BGB – eine Anspruchskürzung nach Verschuldensbeiträgen vorsehen[1560] als auch an der Beweislast anknüpfen und hier grundsätzlich der Ratingagentur die Beweislast für den für sie günstigen Mitverschuldenseinwand aufbürden.[1561] Allerdings ist bei der Beweislastverteilung aus Gründen der Inhaberschaft der entscheidenden Informationen zu differenzieren: Im Falle klagender Anleger sollte eine sekundäre Beweislast beim Kläger verbleiben, wenn die Ratingagentur eine substantiierte Behauptung zu einem etwaigen Mitverschulden tätigen kann, da nur der jeweilige Anleger die Informationen zu der angewendeten Sorgfalt bei der Ratingnutzung besitzt.[1562] Als Geschädigter ist er hier gehalten, das zur Ver-

1557 Vgl. Erwägungsgründe Nr. 11, 75 Rating-VO.

1558 Diese erkennt *Wojcik*, NJW 2013, S. 2385 (2389).

1559 Ähnlich *Steinrötter*, ZIP 2014, S. 110 (113); zudem würden auch etwaige Kompetenzfragen hinsichtlich der Auslegungszuständigkeit einzelner Normbestandteile beseitigt, was die prozessuale Behandlung eines Haftungsfalls in den Mitgliedsstaaten entlastet und beschleunigen kann; zu den Kompetenzproblemen oben E. I. 5. c).

1560 Vgl. zu § 254 BGB nur *Oetker* in: Münchener Kommentar, BGB, § 254, Rn. 2; *Palandt/Grüneberg*, § 254, Rn. 57.

1561 Entsprechend der Beweislast nach dem Günstigkeitsprinzip bei § 254 BGB, vgl. *Oetker* in: Münchener Kommentar, BGB, § 254, Rn. 145; *Palandt/Grüneberg*, § 254, Rn. 72; ebenfalls kritisch wegen der Beweislast *Möllers/Niedorf*, ECFR 2014, S. 333 (347 f.).

1562 Die hierbei an Investoren gestellten Sorgfaltsanforderungen müssen sodann allerdings in den Blick nehmen, dass Art. 35a Rating-Verordnung gerade das – in einem zulässigen Maße gelebte – Vertrauen in die Richtigkeit von Ratings schützt und nicht durch übermäßige Anforderungen auf Ratingnutzerseite ausgetrocknet werden darf; ähnlich *Dutta*, WM 2013, S. 1729 (1734); damit sollte Erwägungsgrund

meidung des Schadens Unternommene darzulegen, wobei das Ausbleiben entsprechender Auskünfte auch zu einer Rückübertragung der Beweislast führen kann.[1563] Im Falle klagender Emittenten ist die Beweislast für den Mitverschuldenseinwand dagegen grundsätzlich vollständig auf die Seite der Ratingagenturen zu verlagern, da sie die erforderlichen Angaben über den Inhalt und das Ausmaß, mithin über die Vollständigkeit und Richtigkeit der von Emittenten erhaltenen Informationen, selbst tätigen und darlegen können.

3. Fazit und Ausblick

Damit bietet Art. 35a Rating-Verordnung *de lege lata* diverse Ansatzpunkte für eine sinnvolle und zum Teil dringend erforderliche Reformierung. Der Reformbedarf beruht dabei im Wesentlichen auf der – in diesem Ausmaße nur schwer verständlichen – Abkehr von nahezu sämtlichen Überlegungen und Ansätzen zur Privilegierung von Anspruchstellern trotz bekannter systematischer Schwierigkeiten der Inanspruchnahme von Ratingagenturen im Vergleich zum ursprünglichen Reformvorschlag der EU-Kommission.[1564] Hier hat der Unionsgesetzgeber bei dem grundsätzlich berechtigten Anliegen, eine Übermaßhaftung zu verhindern, das angemessene Verhältnis des Interessenausgleichs zugunsten der Agenturen aus den Augen verloren.

Nach derzeitigem Sachstand ist indes kein akuter Reformwille des EU-Gesetzgebers zu erkennen. Anders als im Nachgang zur ersten Reform-Verordnung, bei der die nahende zweite Reform bereits mehr oder weniger feststand,[1565] beschränkt sich der Unionsgesetzgeber bislang noch auf die Prüfung der Effektivität weiterer und anderer Maßnahmen zur Bekämpfung einzelner Missstände.[1566] In Art. 39b Rating-Verordnung sind der Europäischen Kommission zudem diverse

---

Nr. 36 zur 2. Reform-VO Rechnung getragen werden, der lautet: „*Die Tatsache, dass institutionelle Anleger einschließlich Vermögensverwalter verpflichtet sind, die Bonität von Vermögenswerten selbst zu bewerten, sollte Gerichte nicht von der Feststellung abhalten, dass eine Verletzung der [Rating-Verordnung] durch eine Ratingagentur einem Anleger einen Schaden verursacht hat [...].*".

1563 Vgl. entsprechend bei § 254 BGB: *BGH* NJW 2007, S. 64 (65); NJW 1996, S. 652 (653); NJW 1979 S. 2142.

1564 Vgl. auch *Blaurock*, EuZW 2013, S. 608 (611); *Haar*, DB 2013, S. 2489 (2494).

1565 Siehe etwa die Mitteilung der Kommission an das Europäische Parlament, den Europäischen Wirtschafts- und Sozialausschuss und die Europäische Zentralbank über die Regulierung der Finanzdienstleitungen für nachhaltiges Wachstum vom 02.06.2010, KOM(2010) 301, S. 5.

1566 Siehe etwa hinsichtlich der Zweckmäßigkeit einer europäischen Ratingagentur den Bericht der Kommission an das Europäische Parlament und den Rat über die Zweckmäßigkeit einer europäischen Bonitätsbewertung für Staatsschulden vom 23.10.2015, COM(2015) 515, abrufbar unter http://eur-lex.europa.eu/legal-content/DE/TXT/PDF/?uri=CELEX:52015DC0515&from=EN (abgerufen am: 06.10.2017).

Berichtspflichten hinsichtlich der Effektivität einzelner Regelungen der Rating-Verordnung auferlegt worden, allerdings nicht konkret bezüglich des Haftungstatbestands.[1567] Der Befund hinsichtlich der zweiten Reform-Verordnung als bloße „Zwischenstation" zu einer Dritten kann daher aus heutiger Perspektive nicht mehr zutreffen.[1568] Dennoch bieten der dynamische Markt der Ratingtätigkeit hinreichenden Anlass zu der Annahme, dass Art. 35a Rating-Verordnung noch einmal zu reformieren sein wird. Dabei sollten die vorangegangenen Überlegungen Berücksichtigung finden.

1567 So etwa im Hinblick auf die Lage auf dem Ratingmarkt bei strukturierten Finanzinstrumenten, Art. 39b Abs. 4 Rating-VO, oder bezüglich der Effektivität einzelner Maßnahmen auf dem Ratingsektor, wie der Einführung des Rotationsmodells oder der Verringerung von Interessenkonflikten, siehe Art. 39b Abs. 5 lit. a)-h).

1568 So noch *Deipenbrock*, WM 2013, S. 2289 (2292).

F. *Private Enforcement* in der Ratingregulierung nach deutschem Zivilrecht

Im Anschluss an die Analyse des Art. 35a Rating-Verordnung soll untersucht werden, inwieweit Ratingagenturen nach deutschem Zivilrecht für Fehlverhalten haftbar gemacht werden können. Da das deutsche Zivilrecht einen mit Art. 35a Rating-Verordnung vergleichbaren Tatbestand nicht kennt, ist auf die allgemeinen zivilrechtlichen Bestimmungen Bezug zu nehmen. Dabei wird die Verantwortlichkeit gegenüber Emittenten (unter I.) und gegenüber Investoren (unter II.) gesondert geprüft werden, da sich – anders als bei dem für beide Gruppen geltenden Art. 35a Rating-Verordnung – unterschiedliche Rechtsfragen stellen und zum Teil andere Anspruchsgrundlagen zu untersuchen sind. Gleiches gilt für die für das deutsche Recht notwendige Differenzierung zwischen vertraglichen und außervertraglichen Beziehungen zwischen Ratingagenturen und Emittenten bzw. Anlegern. Eine gesonderte Stellung in der nachfolgenden Betrachtung einnehmen wird dabei die besonders relevante Frage, ob Ratingagenturen über § 823 Abs. 2 i.V.m. der Rating-Verordnung und hier ihres Anhang III von Emittenten und Anlegern haftbar gemacht werden können (unter III.). Am Ende der Betrachtung soll ein Urteil über die Verhaltenssteuerung von Ratingagenturen durch *private enforcement* nach deutschem Zivilrecht gefällt und eine Einschätzung darüber abgegeben werden, inwieweit das europäische Haftungsregime ergänzt oder erweitert wird (unter IV.).

Das deutsche Haftungsstatut hat dabei durch Art. 35a Rating-Verordnung nicht an Bedeutung verloren, da parallele nationale Haftungsvorschriften nach Art. 35a Abs. 5 Rating-Verordnung explizit weiterhin Anwendung finden.[1569] Zudem verweist Art. 35a Rating-Verordnung umfassend in nationale Rechtsordnungen.[1570] Schließlich bleibt das nationale Recht relevant, wenn Ratingagenturen mit Sitz außerhalb der Europäischen Union in Anspruch genommen werden und deutsches Recht Anwendung findet,[1571] da die Rating-Verordnung gemäß ihres Art. 2 Abs. 1 nur Ratings von in der Union registrierten Agenturen erfasst.[1572]

Die Frage der Haftung von Ratingagenturen nach deutschem Zivilrecht ist in der Vergangenheit bereits Gegenstand von Auseinandersetzungen in der rechtswissen-

1569 Siehe auch Erwägungsgrund Nr. 35 zur 2. Reform-VO.
1570 Hierzu ausführlich oben E. I. 5. a) und b).
1571 Zur Ermittlung des anzuwendenden nationalen Rechts oben E. II. 1.
1572 Vgl. hierzu auch *Gietzelt/Ungerer*, GPR 2013, S. 333 (339); freilich kann anstelle der im Ausland sitzenden Muttergesellschaft auch eine in der Union ansässige Niederlassung in Anspruch genommen werden, da ihr die Ratings zugerechnet werden, wenn sie sie übernimmt, Art. 4 Abs. 3 und 5 Rating-VO; soll jedoch die Muttergesellschaft mit Sitz etwa in den USA verklagt werden, gilt der Ersatzanspruch der Rating-VO nicht; zur Rechtslage in den USA unten G. I.

schaftlichen Literatur gewesen.[1573] Die vorliegende Arbeit dient hier vor allem der Weiterführung dieser Diskussionen vor dem Hintergrund der Vorgaben der Rating-Verordnung und des neuen europarechtlichen Haftungstatbestands, da diese zum Teil erhebliche Auswirkungen auf das deutsche Haftungsregime haben.

I. Haftung gegenüber Emittenten

Emittenten oder die von ihnen begebenen Wertpapiere sind in der Regel die Objekte des Ratings einer Ratingagentur. Sie können dieses Rating in Auftrag gegeben haben und daher vertraglich mit der jeweiligen Agentur verbunden sein oder ungefragt im Wege eines *unsolicited* Rating in diese Rolle gedrängt worden sein. In beiden Fällen sind die Ansprüche gegen die Ratingagentur im Falle eines fehlerhaften Ratings zu untersuchen.

1. Haftung gegenüber Emittenten bei *solicited ratings*

Bei einem *solicited* Rating besteht zwischen der Ratingagentur und dem Emittenten ein Vertragsverhältnis, dessen Inhalt im Wesentlichen daraus besteht, dass die Ratingagentur eine Bonitätsbeurteilung des Emittenten oder seines Finanzinstruments unter dessen Mitwirkung erstellen und regelmäßig auch veröffentlichen soll und die Ratingagentur hierfür ein Entgelt erhält.[1574] Kommt es nun zu Fehlern der Ratingagentur und damit zu einem mangelbehafteten Rating, kommen für eine etwaige Schadloshaltung in erster Linie vertragliche Ansprüche des Emittenten in Betracht.

a) Ansprüche aus der Verletzung des Ratingvertrags

Die Ratingagentur könnte insoweit für Pflichtverletzungen aus dem Ratingvertrag im Sinne der §§ 280 ff. BGB haftbar gemacht werden.[1575]

aa) Rechtliche Qualifizierung des Ratingvertrags

Unter Berücksichtigung der vorgenannten wesentlichen Primärpflichten in einem typischen Ratingvertrag ist dieser zunächst rechtlich zu qualifizieren, da es im deut-

---

1573 An dieser Stelle sei nur exemplarisch verwiesen auf die monographischen Abhandlungen von *Eisen*, Haftung und Regulierung (2008); *Peters*, Haftung und Regulierung (2001); *Schroeter*, Ratings (2014); *Schuler*, Regulierung und Verantwortlichkeit (2012); *Stemper*, Rahmenbedingungen (2010); sowie statt vieler auf die Aufsätze von *Ebenroth/Daum*, WM 1992, Sonderbeilage Nr. 5, S. 2; *von Schweinitz*, WM 2008, S. 953.

1574 Vgl. *Krämer* in: Achleitner/Everling, Handbuch Ratingpraxis, S. 700.

1575 Auch eine vorvertragliche Haftung der Ratingagentur ist theoretisch denkbar, etwa wenn die Ratingagentur einen Ratingauftrag zusagt, obwohl sie darum weiß, dass sie zur Durchführung fachlich, personell oder aus anderen Gründen nicht in der Lage ist, §§ 280 Abs. 1, 311 Abs. 2 Nr. 1 BGB; die Ersatzhaftung bezieht sich dann etwa auf die gezahlte Vergütung oder Vorbereitungsaufwendungen des Emittenten.

schen Zivilrecht den Vertragstypus des Ratingvertrags selbst nicht gibt. Die genaue Qualifizierung ist dabei – anders als gelegentlich behauptet[1576] – kein Selbstzweck, sondern hat insbesondere Auswirkungen auf die Frage, ob ein Gewährleistungsrecht wie beim Kauf- oder Werkvertragsrecht existiert oder ob besondere Regelungen zu Haftungsausschlüssen bestehen (wie etwa § 639 BGB).

Der Ratingvertrag könnte dabei als Dienstvertrag, als Werkvertrag, als entgeltlicher Geschäftsbesorgungsvertrag[1577] oder als Vertragstypus *sui generis* bzw. atypischer Werkvertrag[1578] anzusehen sein, verfolgt man die in der rechtswissenschaftlichen Literatur hierzu im Wesentlichen vertretenen Thesen.

(1) Der Ratingvertrag als Werkvertrag

Letztlich ist die Einordnung des Ratingvertrags als Werkvertrag im Sinne des § 631 BGB rechtlich zutreffend.[1579] Es sind gerade die Wesensmerkmale des Werkvertrags, die auch die Natur und den Charakter des Ratingvertrags kennzeichnen. Der Werkvertrag im Sinne des § 631 BGB unterscheidet sich von anderen Verhältnissen, insbesondere vom Dienstvertragsrecht, durch den zentralen Bezug auf einen geschuldeten Leistungserfolg.[1580] Das Bemühen um einen Leistungserfolg oder die bloße Tätigkeit an sich genügt den Werkvertragspartnern regelmäßig nicht.[1581] Typischerweise haben Werkverträge gerade auch unkörperliche Werke wie geistige Leistungen zum Gegenstand.[1582] Den Werkvertrag kennzeichnet zudem auch das Erfordernis der Abnahme des Werkes, § 640 BGB, vermöge dessen der Werkbesteller

---

1576 Etwa *Hennrichs* in: FS-Hadding, S. 875 (880); *Schuler*, Regulierung und Verantwortlichkeit, S. 190; *Schultes*, Regulierung und Haftung von Ratingagenturen, S. 140; *Schroeter*, Ratings, S. 792; *Stemper*, Rahmenbedingungen, S. 161 f.; a.A. *Fischer*, Haftungsfragen, S. 81.

1577 *Von Schweinitz*, WM 2008, S. 953 (954); wobei ein Auftragsverhältnis im Sinne des § 662 BGB schon wegen der im *issuer-pays*-Modell fehlenden Unentgeltlichkeit nicht vorliegen kann, so auch *Schuler*, Regulierung und Verantwortlichkeit, S. 190 m.w.N.

1578 So etwa Deipenbrock, BB 2003, S. 1849 (1851); wohl auch *Ebenroth/Daum*, WM 1992, Sonderbeilage Nr. 5, S. 2 (7) („*nicht geregeltes atypisches Vertragsverhältnis*"); *Fischer*, Haftungsfragen, S. 84; *Peters*, Haftung und Regulierung, S. 78.

1579 Im Ergebnis ebenso *Arntz*, BKR 2012, S. 89 (90); *Habersack*, ZHR 169 (2005), S. 185 (203); *Hennrichs* in: FS-Hadding, S. 875 (879); *Krämer* in: Achleitner/Everling, Handbuch Ratingpraxis, S. 701; *Lampe*, Regulierung, S. 93; *Lemke*, Ratingwesen, S. 29; *Peters*, Haftung und Regulierung, S. 76; *Plück/Kühn* in: Achleitner/Everling, Rechtsfragen im Rating, S. 242; *Schultes*, Regulierung und Haftung von Ratingagenturen, S. 140; *Vetter*, WM 2004, S. 1701 (1705); wohl auch *Thiele*, Einordnung des Rating, S. 26, wenn auch später (S. 31) doch als „Geschäftsbesorgung im Sinne von § 675 BGB" deklariert.

1580 Vgl. *BGH* NJW 1970, S. 1596 (1597); *Busche* in: Münchener Kommentar, BGB, § 631, Rn. 14.

1581 Vgl. *Busche* in: Münchener Kommentar, BGB, § 631, Rn. 14.

1582 *Busche* in: Münchener Kommentar, BGB, § 631, Rn. 63, 70.

das Werk entgegennimmt und es als grundsätzlich vertragsgerecht billigt. Eine solche Abnahme ist bei der bloßen Entgegennahme von Diensten nicht erforderlich.[1583]

Diese typischen Eigenschaften des Werkvertrags treffen auf den Ratingvertrag zu: Das gemeinsame Ziel von Ratingbesteller und Ratingagentur ist die Herstellung eines bestimmten Endprodukts, namentlich des Ratings in Form einer Abschlussnote.[1584] Dies ist der konkret geschuldete Erfolg der Ratingagentur gegenüber dem Emittenten, auf das die gesamte Vertragsbeziehung final hinausläuft.[1585] Es ist keinesfalls genügend, dass sich die Ratingagentur beispielsweise durch die bloß formale Durchführung des Ratingprozesses um ein mögliches Rating nur bemüht oder es hierbei belässt.[1586] Dem Emittenten geht es schließlich gerade um die konkrete Nutzung des Ratings und seiner bonitätsmäßigen Einstufung zu den für ihn vorteilhaften wirtschaftlichen Zwecken durch Veröffentlichung der Note.[1587] Auch die Vergütung der Ratingagentur spiegelt diese Erfolgsbezogenheit wieder, da sie sich nach der Abgabe des Ratings richtet und nicht etwa nach stundenweisem Arbeitsaufwand anfällt.[1588] Auch das werkvertragliche Element der Abnahme des Werkes findet sich in Gestalt der vor der Ratingveröffentlichung in der Regel stattfindenden Abschlussgespräche mit den Emittenten wieder.[1589] Dies wird zusätzlich

---

1583 Insbesondere liegt die Vergütungsgefahr durch das Erfordernis der Abnahme typischerweise beim Werkunternehmer, siehe *Busche* in: Münchener Kommentar, BGB, § 631, Rn. 17.

1584 So auch *Ebenroth/Daum*, WM 1992, Sonderbeilage Nr. 5, S. 2 (7); *Meyer*, Rechtsfragen des Rating, S. 78.

1585 *Stemper*, Rahmenbedingungen, S. 138; *Vetter*, WM 2004, S. 1701 (1705).

1586 *Krämer* in: Achleitner/Everling, Handbuch Ratingpraxis, S. 701; *Witte/Hrubesch*, ZIP 2004, S. 1346 (1349).

1587 Ebenso *Arntz*, BKR 2012, S. 89 (90); *Thiele*, Einordnung des Rating, S. 25.

1588 *Thiele*, Einordnung des Rating, S. 25.

1589 So auch *Fischer*, Haftungsfragen, S. 83; *Hennrichs* in: FS-Hadding, S. 875 (879); *Lampe*, Regulierung, S. 93; *Schuler*, Regulierung und Verantwortlichkeit, S. 193; *Thiele*, Einordnung des Rating, S. 29; *Vetter*, WM 2004, S. 1701 (1705); dass eine Abnahme im werkvertraglichen Sinne vorliegt, wird teilweise mit dem Hinweis auf die bei der Ratingagentur verbleibende Verfügungsgewalt über das Rating sowie wegen fehlender körperlicher Übergabe des Ratings abgelehnt, siehe etwa *Ebenroth/Daum*, WM 1992, Sonderbeilage Nr. 5, S. 2 (7); ähnlich *von Schweinitz*, WM 2008, S. 953 (956); selbst wenn man dem trotz des zumindest abnahmeähnlichen Billigens des Ratings durch fehlenden Widerspruch im Abschlussgespräch zustimmen würde, bliebe § 640 Abs. 1 S. 1 sowie § 646 BGB zu beachten, wonach die Abnahme nicht zwingend körperlich und nicht zwingend unter Billigung des Werks erfolgen muss und ihr Fehlen der Qualifikation als Werkvertrag folglich nicht entgegen stehen kann, so auch *Arntz*, BKR 2012, S. 89 (90 f.); *Deipenbrock*, BB 2003, S. 1849 (1851); *Ebenroth/Koos* in: Büschgen/Everling, Handbuch Rating (1996), S. 487; *Fischer*, Haftungsfragen, S. 82; *Meyer*, Rechtsfragen des Rating, S. 78; *Mühl*, Zivilrechtliche Verantwortlichkeit von Ratingagenturen, S. 57; *Peters*, Haftung und Regulierung, S. 77; *von Rimon*, Ratings in Deutschland und USA, S. 140.

auch in den dem Emittenten zumeist eingeräumten Veto- oder Hinweisrechten in Bezug auf das Rating deutlich.[1590]

Zuletzt spricht auch ein Vergleich mit wesensähnlichen anderen Verträgen für die vorgenannte Qualifizierung. Der Ratingvertrag besitzt insoweit unverkennbare Parallelen zu andersartigen Gutachter- und Sachverständigenverträgen, durch die Gutachter zur Prüfung und Bewertung eines Objekts oder einer Sache und anschließender Verwendung der Expertise gegenüber Dritten herangezogen werden.[1591] Derartige Verträge sind in nahezu sämtlichen ersichtlichen Fällen durch die Rechtsprechung als Werkverträge wegen ihrer Erfolgsbezogenheit hinsichtlich des zu erstellenden Gutachtens qualifiziert worden.[1592]

(2) Der Ratingvertrag als typengemischter Vertrag

Eine Differenzierung ist jedoch geboten, wo es um die Überwachung von bereits abgegebenen Ratings im Hinblick auf etwaige *up-* oder *downgradings* geht.[1593] Schuldet die Ratingagentur nämlich über die Ratingerstellung hinaus das *Monitoring* einschließlich der Abgabe von Folgeratings steht eine ständige dienstleistungsrechtliche Tätigkeit in Form eines Dauerschuldverhältnisses im Mittelpunkt.[1594] Dieser Leistungsabschnitt ist daher isoliert betrachtet unter das Dienstvertragsrecht, §§ 611 ff. BGB, zu subsumieren.[1595] In der Kombination aus Erstrating, *Monitoring* und etwaigen späteren Ratinganpassungen ist folglich ein typengemischter Ver-

---

1590 Siehe *Lemke*, Ratingwesen, S. 29; zu den gängigen Stellungnahme- und Widerspruchsrechten als „Marktstandard" auch *Schroeter*, Ratings, S. 811. Das Fehlen eines solchen Vetorechts und die Möglichkeit der Ratingagentur die Veröffentlichung des Ratings selbst zu bestimmen, wird sodann auch als problematisch für die Qualifikation als Werkvertrag angesehen, vgl. etwa *Arntz*, BKR 2012, S. 89 (91); *Ebenroth/Koos* in: Büschgen/Everling, Handbuch Rating (1996), S. 488; *Hennrichs* in: FS-Hadding, S. 875 (879); *Peters*, Haftung und Regulierung, S. 78; *Stemper*, Rahmenbedingungen, S. 143 ff.; es ist jedoch nicht überzeugend, dass das Fehlen solcher Vereinbarungen die Qualifizierung des Vertrags als Werkvertrag beeinträchtigen sollten, da dies keine konstitutive Voraussetzung darstellt. Vielmehr liegt es gewissermaßen in der Natur geistiger Werke oder von Gutachten, dass ihre Veröffentlichung und Verbreitung nicht immer in der Hand des Bestellers liegen; ebenso *Krämer* in: Achleitner/Everling, Handbuch Ratingpraxis, S. 701.

1591 *Eisen*, Haftung und Regulierung, S. 219; *Hennrichs* in: FS-Hadding, S. 875 (879); *Meyer*, Rechtsfragen des Rating, S. 78; *Thiele*, Einordnung des Rating, S. 25, 27; *Vetter*, WM 2004, S. 1701 (1705).

1592 Siehe etwa *BGH* NJW-RR 2007, S. 123 (124); NJW 2006, S. 2472; NJW 1995, S. 392 (393); NJW 1979, S. 214 f.; NJW 1966, S. 539.

1593 Angedeutet auch von *Vetter*, WM 2004, S. 1701 (1705).

1594 Hierzu ausführlich *Eisen*, Haftung und Regulierung, S. 216 ff.; a.A. *Meyer*, Rechtsfragen des Rating, S. 78.

1595 Im Ansatz ebenso, jedoch im Ergebnis abgelehnt: *Lemke*, Ratingwesen, S. 28; *Stemper*, Rahmenbedingungen, S. 140; *Thiele*, Einordnung des Rating, S. 30 f.; *von Rimon*, Ratings in Deutschland und USA, S. 139.

trag[1596] zu sehen, der aber wegen seines unweigerlichen Schwerpunkts in der erfolgsbezogenen Ratingerstellung und auch -anpassung, um die es dem Emittenten maßgeblich geht, im Hinblick auf die Haftung wegen fehlerhafter Ratings dem Werkvertrag unterliegt.[1597] Soweit dagegen die Ratingagentur die Überwachung und Korrektur ohne Auftrag – gegebenenfalls sogar gegen den Willen des Emittenten – durchführt, fehlt es freilich bereits an einer vertraglichen Verbindung.[1598]

(3) Keine Übereinstimmung mit anderen Vertragstypen des BGB

Andere Vertragstypen des deutschen Zivilrechts finden keine vergleichbare Übereinstimmung mit dem Wesensgehalt des Ratingvertrags. Ein Dienstvertragsverhältnis im Sinne der §§ 611 BGB scheidet schon wegen der vorstehenden Abgrenzung zum Werkvertrag aufgrund der klaren Erfolgsbezogenheit der Ratingleistung aus.[1599]

Der Ratingvertrag als Vertragstypus *sui generis* dagegen ist unabhängig von der vorgenannten Differenzierung nicht heranzuziehen, da das Rechtsverhältnis mit den Regelungsmerkmalen des Werkvertragsrechts und ggf. des Dienstvertragsrechts bereits hinreichend erfasst wird, so dass der subsidiäre Vertrag *sui generis* ausscheidet.[1600]

Ein entgeltlicher Geschäftsbesorgungsvertrag gemäß § 675 BGB kann im Ratingvertrag ebenso wenig erkannt werden.[1601] Dies folgt daraus, dass der Geschäftsbesorgungsvertrag materiell-rechtlich grundsätzlich eine Fortführung des Auftragsrechts ist und entsprechend auch auf auftragsrechtliche Vorschriften verweist. Die Wesensmerkmale des Auftragsrechts finden sich im Ratingvertrag jedoch nicht wieder:[1602] Die Ratingagenturen arbeiten nämlich weisungsunabhängig,[1603] was der Charakterisierung als Geschäftsbesorgungsvertrag evident entgegen steht.[1604] Zudem dürfte auch fraglich sein, ob überhaupt eine Geschäftsbesorgung im Sinne des § 675 BGB,

---

1596 Hierzu grundsätzlich *Emmerich* in: Münchener Kommentar, BGB, § 311, Rn. 28 ff.; *Krebs* in: Dauner-Lieb/Langen, § 311, Rn. 31.

1597 Im Ergebnis ebenso *Meyer*, Rechtsfragen des Rating, S. 78; *Oellinger* in: Achleitner/Everling, Rechtsfragen im Rating, S. 365.

1598 *Ebenroth/Daum*, WM 1992, Sonderbeilage Nr. 5, S. 2 (8).

1599 Im Ergebnis auch *Ebenroth/Daum*, WM 1992, Sonderbeilage Nr. 5, S. 2 (7); *Ebenroth/Koos* in: Büschgen/Everling, Handbuch Rating (1996), S. 487; *Lemke*, Ratingwesen, S. 28; *derselbe* in: Büschgen/Everling, Handbuch Rating, S. 614.

1600 Ein Vertrag *sui generis* ist insoweit subsidiär zu behandeln, vgl. *Krebs* in: Dauner-Lieb/Langen, § 311 BGB, Rn. 33.

1601 Im Ergebnis ebenso *Hennrichs* in: FS-Hadding, S. 875 (878 f.); *Stemper*, Rahmenbedingungen, S. 137; a.A. *von Schweinitz*, WM 2008, S. 953 (956).

1602 So auch *Arntz*, BKR 2012, S. 89 (90); *Hennrichs* in: FS-Hadding, S. 875 (878 f.); *Schuler*, Regulierung und Verantwortlichkeit, S. 191.

1603 *Arntz*, BKR 2012, S. 89 (90); *Hennrichs* in: FS-Hadding, S. 875 (879); *Ebenroth/Daum*, WM 1992, Sonderbeilage Nr. 5, S. 2 (7); *Thiele*, Einordnung des Rating, S. 25.

1604 Ähnlich *Stemper*, Rahmenbedingungen, S. 137; *von Rimon*, Ratings in Deutschland und USA, S. 138.

also eine selbstständige Tätigkeit wirtschaftlicher Art zur Wahrnehmung fremder Vermögensinteressen,[1605] vorliegt, da die Ratingagenturen eigene wirtschaftliche Interessen verfolgen und fremdnützige Zwecke daher regelmäßig nicht die treibenden Kräfte darstellen.[1606] Dies zeigt sich vor allem bei negativen Ratings zum womöglich empfindlichen Nachteil des Emittenten sowie darin, dass die Agenturen ihre Ratings grundsätzlich auch gegen den Willen des Emittenten oder ohne dessen Beauftragung veröffentlichen können.[1607] Dies geschieht, weil die Agenturen ein generelles Interesse an der Abgabe auch negativer Ratings haben – schon wegen des informationellen Netzwerkeffekts[1608] – und dieses völlig unabhängig von den Zielen des Emittenten verfolgen. Mit den Prinzipien einer Geschäftsbesorgung ist ein Handeln gegebenenfalls gegen den Willen oder zum offensichtlichen Nachteil des Vertragspartners freilich nicht zu vereinbaren. Schließlich stellt die Tätigkeit der Ratingagenturen bei genauer Betrachtung auch keine Übernahme einer fremden, eigentlich dem Emittenten obliegenden Aufgabe dar.[1609] Auch wenn der Emittent ein ureigenes Interesse an der Erleichterung seiner Finanzierung und der Finanzkommunikation besitzt,[1610] so geht es ihm bei Ratings doch gerade um die objektive Bonitätseinschätzung *durch einen Dritten* als fachkundigen Experten. Dies kann naturgemäß keine dem Emittenten obliegende Pflicht oder Obliegenheit darstellen, da er sie selbst gar nicht erfüllen kann.[1611]

bb) Mangelhaftigkeit des Ratings: Pflichtverletzung

Auf Grundlage der Annahme des Bestehens eines Werkvertrags zwischen Ratingagentur und Emittent richten sich die möglichen Ansprüche grundsätzlich nach den §§ 631 ff. BGB. Soweit die Abnahme des Werks in Form des Abschlussgesprächs oder gemäß § 646 BGB schlicht durch Vollendung eingetreten ist, richten sich die Rechte des Emittenten als potenziellem Anspruchsteller nach § 634 BGB. Dies beinhaltet

---

1605 Vgl. *BGH* NJW-RR 1992, S. 560; NJW 1966, S. 1452 (1454).

1606 Vgl. *Fischer*, Haftungsfragen, S. 84; *Mühl*, Zivilrechtliche Verantwortlichkeit von Ratingagenturen, S. 60; *Stemper*, Rahmenbedingungen, S. 136; a.A. *Hennrichs* in: FS-Hadding, S. 875 (878); *Schuler*, Regulierung und Verantwortlichkeit, S. 191.

1607 Ähnlich *Fischer*, Haftungsfragen, S. 84; *Stemper*, Rahmenbedingungen, S. 136; zur Veröffentlichung des Ratings gegen den Willen des Emittenten *Ebenroth/Daum*, WM 1992, Sonderbeilage Nr. 5, S. 2 (7).

1608 Grundsätzlich *Krämer* in: Achleitner/Everling, Handbuch Ratingpraxis, S. 699.

1609 Vgl. *Meyer*, Rechtsfragen des Rating, S. 62; a.A. *Eisen*, Haftung und Regulierung, S. 222.

1610 So *Eisen*, Haftung und Regulierung, S. 222.

1611 Damit scheidet die Qualifikation als Geschäftsbesorgungsvertrag aus, siehe *BGH* NJW 1966, S. 1452 (1454); dagegen vertritt *Hennrichs* in FS-Hadding, S. 875 (878) die Ansicht, dass es eigentlich an den Emittenten selbst läge, ihre Bonität darzulegen; die Dienstleistung des Rating beinhaltet jedoch gerade den objektiven und neutralen Blick von außen, der nicht originäre Aufgabe oder Obliegenheit des Emittenten ist; ähnlich *Meyer*, Rechtsfragen des Rating, S. 62.

das Recht auf Nacherfüllung, die Möglichkeit des Rücktritts vom Vertrag oder der Minderung sowie Schadensersatzansprüche. Voraussetzung für die Eröffnung der Rechte aus § 634 BGB ist das Vorliegen eines mangelhaften Werks. Denkbar sind Sach- oder Rechtsmängel, wobei Letztere vorliegend keine praktische Rolle spielen dürften.[1612] Ein Sachmangel setzt gemäß § 633 Abs. 2 BGB voraus, dass die Beschaffenheit des Werks von der vertraglich vereinbarten Beschaffenheit negativ abweicht, oder sich das Werk nicht für die vertraglich vorausgesetzte oder gewöhnliche Verwendung eignet. Zentraler Anknüpfungspunkt für die werkvertragliche Gewährleistungshaftung ist mithin das Vorliegen eines Sachmangels beim Rating. Damit ist entscheidend, worin die vertraglich vereinbarte Ratingbeschaffenheit sowie die vertraglich vorausgesetzte oder die gewöhnliche Verwendung des Ratings liegen. Dies ist abstrakt an den regelmäßigen Leistungspflichten und den jeweiligen Parteiinteressen zu messen.[1613]

Vertraglich geschuldet ist grundsätzlich die objektive und neutrale sowie fachkundige – *lege artis* erstellte – Einschätzung der Bonität des Emittenten.[1614] Es soll mithin eine vertretbare Aussage über dessen zukünftige Zahlungsfähigkeit und -Willigkeit getroffen werden.[1615] Doch selbst wenn eine konkrete vertragliche Vereinbarung fehlt oder nicht mit genügender Bestimmtheit durch (ergänzende) Vertragsauslegung herausgearbeitet werden kann,[1616] lässt sich die Mangelhaftigkeit anhand des Verfehlens des vorausgesetzten oder gewöhnlichen Zwecks des Ratings bestimmen. Der vorausgesetzte Zweck des Ratings besteht in seiner entsprechenden Nutzung durch den Emittenten gegenüber Dritten, namentlich Anlegern und Marktakteuren, zur preisgerechten Platzierung einer Anleihe sowie zur Finanzkommunikation.[1617] Hierzu benötigt der Emittent die objektive und sachgerechte Risikoeinschätzung durch die Ratingagentur, da dies von potenziellen Investoren

1612 So auch *Schuler*, Regulierung und Verantwortlichkeit, S. 194.

1613 *Krämer* in: Achleitner/Everling, Handbuch Ratingpraxis, S. 702.

1614 *Krimphove* in: Achleitner/Everling, Rechtsfragen im Rating, S. 69; *Oellinger* in: Achleitner/Everling, Rechtsfragen im Rating, S. 366; *Thiele*, Einordnung des Rating, S. 50; *Vetter*, WM 2004, S. 1701 (1704 f.); kritisch dazu, den Vertragsparteien die stillschweigende Vereinbarung von Sorgfaltspflichten zu unterstellen: *Schroeter*, Ratings, S. 805 ff. Dies lässt jedoch m. E. außer Acht, dass von internationalen Ratingagenturen die Expertise, Sachkunde und Objektivität seitens der Emittenten durchaus erwartet wird und mithin auch – stillschweigend – zum Pflichtenkatalog des Ratingvertrags zu zählen ist.

1615 Vgl. *Peters*, Haftung und Regulierung, S. 78 f.; *von Rimon*, Ratings in Deutschland und USA, S. 146.

1616 Insoweit nämlich kritisch *Schroeter*, Ratings, S. 805 ff., der mit Ausnahme der Regelungen des jeweiligen *Code of Conducts* der Ratingagentur keinen Raum für ergänzende Vertragsauslegung zur Bestimmung von Ratinganforderungen sieht.

1617 *Eisen*, Haftung und Regulierung, S. 226; *Lemke*, Ratingwesen, S. 34; *Mühl*, Zivilrechtliche Verantwortlichkeit von Ratingagenturen, S. 64; *Thiele*, Einordnung des Rating, S. 50.

als Ratingnutzern gerade erwartet wird.[1618] Da sich der Wert von Ratings an der Bedeutung bemisst, die ihnen das Anlegerpublikum verleiht, kommt es für die Zweckbestimmung gerade auch auf dessen Sichtweise an.[1619] Dem steht nicht entgegen, dass es dem Emittent womöglich gelegen käme, nicht etwa eine objektive, sondern nur die bestmögliche Einstufung zu erhalten.[1620] Denn zum einen dreht es sich bei der hier betrachteten Haftungskonstellation typischerweise nur um ein zu schlecht ausfallendes Rating; ein solches aber eignet sich nie für den vertraglich vorausgesetzten Zweck. Zum anderen widerspräche es zumindest dem gewöhnlichen Nutzungszweck von Ratings im Sinne des § 633 Abs. 2 S. 2 Nr. 2 BGB, der in der sachgerechten Anlegeraufklärung zu sehen ist, für die sich ein unvertretbares Rating gleichfalls nicht eignete.[1621] Mangelfrei ist das Rating dementsprechend nur dann, wenn es die Bonität des Emittenten objektiv und sachlich vertretbar zusammenfasst und prognostiziert.[1622]

Im Umkehrschluss muss folglich gelten, dass das Rating einem Sachmangel unterliegt, wenn es die Bonität fehlerhaft wiedergibt, wobei das für die Natur des Ratings als Prognose Gesagte gilt und mithin ein subjektiver Beurteilungsspielraum der Ratingagentur Berücksichtigung finden muss.[1623] Der Emittent hat folglich keinen Anspruch auf ein bestimmtes Rating oder eine bestimmte subjektive Gewichtung, sondern nur auf „Verfahrensgerechtigkeit“[1624]. Da das Rating nur das Endprodukt des vorgeschalteten Ratingverfahrens ist, muss die Mangelhaftigkeit durch einen Fehler oder eine Sorgfaltswidrigkeit im Rahmen eben dieses Verfahrens bedingt sein.[1625] Demnach müsste die gefundene Endnote gerade wegen des jeweiligen Fehlers unvertretbar geworden sein und hätte bei Hinweg-Denken des Fehlers besser ausfallen müssen.[1626] Denkbare Sorgfaltswidrigkeiten auf Seiten der Ratingagentur wurden bereits thematisiert.[1627] Zu nennen sind insbesondere die fehlerhafte oder unvollständige Informationszusammenstellung und -Würdigung,[1628] Fehler

---

1618 *Arntz*, BKR 2012, S. 83 (92).

1619 So auch *Eisen*, Haftung und Regulierung, S. 228.

1620 Doch nicht einmal dies ist zu erwarten, da den Emittenten an einer Noteninflation mittel- und langfristig selbst nicht gelegen ist, vgl. *Eisen*, Haftung und Regulierung, S. 227.

1621 *Eisen*, Haftung und Regulierung, S. 227 f.; *Mühl*, Zivilrechtliche Verantwortlichkeit von Ratingagenturen, S. 67.

1622 Vgl. *Ebenroth/Daum*, WM 1992 Sonderbeilage Nr. 5, S. 2 (8); *Habersack*, ZHR 169 (2005), S. 185 (203); *Schuler*, Regulierung und Verantwortlichkeit, S. 195.

1623 Oben unter D. IV. 2. b).

1624 *Eisen*, Haftung und Regulierung, S. 230; ähnlich *von Schweinitz*, WM 2008, S. 953 (957).

1625 *Lemke* in: Büschgen/Everling, Handbuch Rating, S. 615 f.; *Schroeter*, Ratings, S. 810; hierzu oben D. IV. 2. b).

1626 *Eisen*, Haftung und Regulierung, S. 246.

1627 Siehe oben D. IV. 2. b).

1628 *Schuler*, Regulierung und Verantwortlichkeit, S. 195.

oder Unzulänglichkeiten in den angewendeten wissenschaftlichen Methoden und Berechnungen und deren Qualität sowie Nachlässigkeiten bei der Kommunikation mit dem Emittenten oder bei der späteren Ratingüberwachung – sofern vertraglich geschuldet.[1629] Die Ratingagentur darf somit die Grundsätze der Neutralität, Objektivität, Transparenz und Sachkunde nicht verletzen, sofern sie hierdurch ein inhaltlich nicht zutreffendes und nicht mehr vertretbares Rating verursacht.[1630]

Die genauere Konturierung der Pflichten der Ratingagentur kann nunmehr vor allem anhand der Vorgaben der Rating-Verordnung geschehen.[1631] Die Anforderungen in Anhang III der Rating-Verordnung konstatieren Verhaltens- und Sorgfaltspflichten, denen sich Ratingagenturen zumindest im EU-Raum nicht entziehen können. Dies muss auch im Verhältnis zu ihren Vertragspartnern gelten, die sich auf die Konformität der eingekauften Ratingtätigkeit mit den Vorgaben der Rating-Verordnung verlassen werden, so dass diese zu einem Bestandteil des Vertrages werden und den Pflichtenkatalog der Ratingagenturen mit definieren.[1632] Dies ergibt sich aus einer Parallele zu den Wohlverhaltenspflichten aus den §§ 31 ff. WpHG für Wertpapierdienstleister, hinsichtlich derer weitgehend anerkannt ist, dass sie – trotz ihrer primär aufsichtsrechtlichen Natur[1633] – eine Ausstrahlungswirkung auf das Privatrecht besitzen, indem sie für die Identifizierung vor- und nebenvertraglicher Pflichten zwischen dem Wertpapierdienstleister und den Kunden herangezogen werden.[1634] Die Pflichten der §§ 31 ff. WpHG stellen insoweit den Mindeststandard der vertraglichen Pflichten dar.[1635] Dies wird mit dem Hinweis auf den neben die rein aufsichtsrechtlichen Schutzinteressen tretenden anlegerschützenden Zweck der Bestimmungen begründet.[1636] Nicht anders verhält es sich mit Anhang III der Rating-Verordnung.[1637] Für die Annahme einer den §§ 31 ff. WpHG entsprechenden Ausstrahlungswirkung genügt bereits der Hinweis darauf, dass die Vorgaben nach dem Willen des Unionsgesetzgebers ausdrücklich die angemessene Qualität von Ratings

---

1629 Vgl. auch *Krämer* in: Achleitner/Everling, Handbuch Ratingpraxis, S. 703.

1630 Vgl. *Anrtz*, BKR 2012, S. 83 (92); *Habersack*, ZHR 169 (2005), S. 185 (200); *Hennrichs* in: FS-Hadding, S. 875 (880 ff.); *Lemke* in: Achleitner/Everling, Handbuch Ratingpraxis, S. 724; *derselbe* in: Büschgen/Everling, Handbuch Rating, S. 616; *Meyer*, Rechtsfragen des Rating, S. 81; *Schultes*, Regulierung und Haftung von Ratingagenturen, S. 213.

1631 So auch *von Rimon*, Ratings in Deutschland und USA, S. 145.

1632 Kritisch zu einer solchen ergänzenden Vertragsauslegung *Schroeter*, Ratings, S. 807.

1633 Vgl. *BGH* WM 2007, S. 487 (489); zur schwierigen und umstrittenen Einordnung der Rechtsnatur siehe *Schwark* in: Schwark/Zimmer, Kapitalmarktrechtskommentar, vor § 31 WpHG, Rn. 12 ff. m.w.N.

1634 *BGH* NJW 2008, S. 1734 (1735); WM 2007, S. 487 (489); NJW 2002, S. 62 (63); *Schwark* in: Schwark/Zimmer, Kapitalmarktrechtskommentar, vor § 31 WpHG, Rn. 16, 19.

1635 *Lenenbach*, Kapitalmarktrecht, Rn. 4.33.

1636 *BGH* NJW 2002, S. 62 (63).

1637 Wobei dessen individualschützender Charakter und eine etwaige Schutzgesetzeigenschaft nachfolgend unter F. III. 1. noch ausführlich diskutiert werden.

zum Schutze der die Ratings benutzenden Kapitalmarktakteure, darunter freilich gerade auch Emittenten, bezwecken.[1638] Sie sind daher ähnlich den §§ 31 ff. WpHG auch als originär aufsichtsrechtliche Vorgaben relevant für die Konkretisierung vertraglicher Pflichten im Verhältnis zu den im Schutzbereich der Rating-Verordnung liegenden Akteuren. Mithin kann in Anlehnung an die Wohlverhaltenspflichten aus dem WpHG eine entsprechende Ausstrahlungswirkung des Anhang III der Rating-Verordnung auf das privatrechtliche Vertragsverhältnis zwischen Emittent und Ratingagentur angenommen werden. Auf die Inhalte des IOSCO-Kodex muss vor diesem Hintergrund allenfalls noch subsidiär zurückgegriffen werden.[1639]

Ist ein mangelhaftes Werk durch die Ratingagentur erstellt worden, wäre der Anwendungsbereich für das Recht des Emittenten auf Nacherfüllung, §§ 634 Nr. 1, 635 BGB eröffnet sowie die Möglichkeit zur Geltendmachung von Schadensersatz, §§ 634 Nr. 4, 633, 280 ff. BGB gegeben.[1640] Durch Nacherfüllung könnte ein mangelhaftes Rating mithin nachträglich korrigiert werden.[1641] Ist es auf Seiten des Emittenten bereits zu Schäden gekommen, beispielsweise weil sich erhöhte Kapitalbeschaffungskosten bereits realisiert haben oder Umsatz- und Kursverluste eingetreten sind, kommt deren Geltendmachung als Mangelfolgeschäden in Betracht, §§ 634 Nr. 4, 633, 280 Abs. 1 BGB.[1642] Freilich ist denkbar, wenn auch wenig praxisrelevant, dass der Emittent bei unterlassener oder unmöglicher Nacherfüllung die Kosten für ein alternatives Rating als Deckungsschaden geltend macht, §§ 634 Nr. 4, 633, 280, 281, 283 BGB, oder im Wege der Selbstvornahme ersetzt verlangt, §§ 634 Nr. 2, 637 BGB.[1643]

Von der Mängelgewährleistung grundsätzlich zu unterscheiden, ist die Haftung der Ratingagentur für die mögliche Verletzung von Sorgfalts- und Nebenpflichten gemäß §§ 631, 280 Abs. 1, 241 Abs. 2 BGB. Da Fehler im Ratingprozess, wenn sie einen Sachmangel begründen, über die besondere Gewährleistungshaftung abzuwi-

1638 Erwägungsgrund Nr. 1 der Rating-VO; Ziel der Rating-VO ist im Übrigen auch „ein hohes Maß an Verbraucher- und Anlegerschutz", siehe Erwägungsgrund Nr. 75 der Rating-VO.

1639 Hierzu etwa noch *Hennrichs* in: FS-Hadding, S. 875 (882); *Korth*, Dritthaftung, S. 139 f.; *Lemke* in: Büschgen/Everling, Handbuch Rating, S. 616; *Schuler*, Regulierung und Verantwortlichkeit, S. 180 ff.; *Schroeter*, Ratings, S. 808; *Wildmoser/Schiffer/Langoth*, RIW 2009, S. 657 (658); wegen ihrer fehlenden Verbindlichkeit als Bezugspunkt abgelehnt etwa von *Eisen*, Haftung und Regulierung, S. 226.

1640 Freilich könnte der Emittent auch über § 634 Nr. 3 BGB vom Vertrag zurücktreten oder mindern, was jedoch wenig praxisrelevant sein dürfte, so auch *Arntz*, BKR 2012, S. 83 (92).

1641 Hierzu auch *Lampe*, Regulierung, S. 98; *von Rimon*, Ratings in Deutschland und USA, S. 144.

1642 So auch *Ebenroth/Daum*, WM 1992, Sonderbeilage Nr. 5, S. 2 (8); *Eisen*, Haftung und Regulierung, S. 235; *Krämer* in: Achleitner/Everling, Handbuch Ratingpraxis, S. 704; *Lampe*, Regulierung, S. 98; *Meyer*, Rechtsfragen des Rating, S. 80; *Peters*, Haftung und Regulierung, S. 80; *Vetter*, WM 2004, S. 1701 (1706).

1643 *Arntz*, BKR 2012, S. 83 (92); *Stemper*, Rahmenbedingungen, S. 162.

ckeln sind, verbleibt für etwaige Nebenpflichten die Wahrung von Schutz- und Rücksichtnahmepflichten als Anwendungsbereich. Es sind mithin Sorgfaltsanforderungen zu betrachten, die nicht unmittelbar den Ratingprozess und das Ratingergebnis selbst betreffen.[1644] Zu nennen sind insoweit vor allem die Pflicht zum vertraulichen Umgang mit den erhaltenen Informationen und die Pflicht zur transparenten Aufklärung über Veränderungen bei Ratingmethoden.[1645] Verletzt die Ratingagentur derartige Sorgfaltsgebote und entsteht dem Emittenten hieraus ein Schaden, kann sie gleichfalls haftbar gemacht werden oder auf Unterlassung oder Beseitigung in Anspruch genommen werden.

cc) Vertretenmüssen der Ratingagentur

Die Schadensersatzhaftung aus Vertragsverletzung tritt nur ein, wenn die Ratingagentur die Pflichtverletzung – mithin die mangelhafte Ratingerstellung oder die Verletzung von Nebenpflichten – auch zu vertreten hat. Insoweit gilt die Vermutung des § 280 Abs. 1 S. 2 BGB, so dass es an der Ratingagentur liegt, sich gegebenenfalls zu exkulpieren. Sie hat insoweit grundsätzlich Vorsatz und Fahrlässigkeit zu vertreten, § 276 Abs. 1 S. 1, Abs. 2 BGB, sowie auch das Verschulden eines Erfüllungsgehilfen, § 278 S. 1 BGB, mithin vor allem ihrer Analysten und Mitarbeiter.[1646]

dd) Sonstige Anspruchsvoraussetzungen und -grenzen

Überdies müssen auch die weiteren Voraussetzungen eines Anspruchs des Emittenten gegen die Ratingagentur aus Werkvertragsverletzung vorliegen.

(1) Gesetzliche und vertragliche Haftungsausschlüsse

Hierbei ist zunächst auf mögliche Haftungsausschlüsse einzugehen, die sowohl gesetzlicher als auch vertraglicher Natur sein können. Gesetzlich ausgeschlossen ist die Haftung nach § 634 Nr. 1 bis 3 BGB insbesondere dann, wenn gemäß § 640 Abs. 2 BGB der Besteller das Werk in Kenntnis seiner Mangelhaftigkeit abnimmt und sich die Geltendmachung seiner Rechte hierbei nicht ausdrücklich vorbehält.[1647] Für die Ratingbranche ist dies insoweit relevant, als dass Emittenten im Abschlussgespräch – der möglichen Abnahme – von Fehlern oder Mängeln des Ratings bzw. des dem Rating zugrunde liegenden Verfahrens Kenntnis erlangen

---

1644 *Schuler*, Regulierung und Verantwortlichkeit, S. 199.

1645 Hierzu ausführlich *Schuler*, Regulierung und Verantwortlichkeit, S. 196 ff.; ebenso *Lemke* in: Achleitner/Everling, Handbuch Ratingpaxis, S. 724; *derselbe* in: Büschgen/Everling, Handbuch Rating, S. 616 f.

1646 *Schuler*, Regulierung und Verantwortlichkeit, S. 199.

1647 Der Ausschluss nach § 640 Abs. 2 BGB betrifft insoweit jedoch nicht die Rechte aus § 634 Nr. 4 BGB, mithin die vorliegend im Besonderen relevanten Schadensersatzansprüche.

und bei unterbleibendem Widerspruch ihrer Rechte verlustig gehen könnten.[1648] Fahrlässige Unkenntnis genügt angesichts des Gesetzeswortlauts hierfür allerdings nicht.[1649] Insbesondere dieses Erfordernis der positiven Kenntnis dürfte den Haftungsausschluss wenig praxisrelevant erscheinen lassen.[1650] Bloße Mutmaßungen des Emittenten über etwaige Sorgfaltswidrigkeiten wegen eines womöglich zu seiner Überraschung schlecht ausfallenden Ratings begründen diese positive Kenntnis sicher nicht.[1651] Erforderlich sind die Erkennbarkeit der Mangelhaftigkeit schon aufgrund des äußeren Erscheinungsbildes und insbesondere die Identifizierung der Ursache eines Fehlers des Ratings für dessen Mangelhaftigkeit.[1652] Gerade Letzteres dürfte selten vorliegen: Selbst bei vorhandenen Zweifeln wird ein Emittent nicht ohne weiteres die Ursache der Mangelhaftigkeit identifizieren, die Kausalität für das konkrete Ratingergebnis herstellen und mithin positive Kenntnis über die Mangelhaftigkeit erlangen können.[1653] Widerspricht oder rügt der Emittenten dagegen etwaige Sachfehler und veröffentlicht die Ratingagentur das Rating – vertraglich zulässig – gleichwohl, kann der Emittent seiner Rechte ebenso wenig verlustig gehen.

Darüber hinaus sind vertragliche Haftungsausschlüsse der Ratingagentur denkbar und auch praktisch relevant.[1654] Diese finden ihre Grenze zum einen in § 639 BGB, wonach die Haftung für einen Mangel nicht ausgeschlossen werden kann, den die Ratingagentur arglistig verschweigt, oder für den Fall, dass eine Beschaffenheitsgarantie übernommen wurde. Das arglistige Verschweigen eines Mangels setzte sodann voraus, dass die Ratingagentur die Fehlerhaftigkeit ihres Ratings selbst erkannt hat und das Rating gleichwohl ohne Korrektur zu veröffentlichen gedenkt. Auch § 276 Abs. 3 BGB setzt den Agenturen Grenzen für Haftungsausschlüsse, wenn sie vorsätzliche Pflichtverletzungen betreffen.[1655]

Zum anderen können die Regelungen der §§ 305 ff. BGB zu einer Beschränkung der Möglichkeiten eines Haftungsausschlusses führen, sofern sich die Bestimmungen des Ratingvertrags – wie typischerweise anzunehmen – als allgemeine Geschäftsbedingungen im Sinne des § 305 Abs. 1 BGB darstellen. Relevant ist insoweit, dass die Ratingagenturen die Haftung für Vorsatz und

---

1648 Hierzu etwa *Schroeter*, Ratings, S. 811.

1649 *Busche* in: Münchener Kommentar, BGB, § 640, Rn. 30.

1650 Anders in Bezug auf Erstratings *Schroeter*, Ratings, S. 811.

1651 So auch *Schuler*, Regulierung und Verantwortlichkeit, S. 195.

1652 Vgl. allgemein *BGH* NJW 1970, S. 383 (385); *Busche* in: Münchener Kommentar, BGB, § 640, Rn. 30.

1653 Vgl. *Eisen*, Haftung und Regulierung, S. 256; *Mühl*, Zivilrechtliche Verantwortlichkeit von Ratingagenturen, S. 69; *Schuler*, Regulierung und Verantwortlichkeit, S. 195; *Vetter*, WM 2004, S. 1701 (1706) (Fn. 75).

1654 Schon aufgrund ihrer enormen Marktmacht und ihrer Gatekeeper-Stellung können Ratingagenturen Freizeichnungsklauseln formularmäßig im Vorfeld des Auftrags aufzwingen, *Thiele*, Einordnung des Rating, S. 42.

1655 Vetter, WM 2004, S. 1701 (1706).

grobe Fahrlässigkeit[1656] sowie für die (auch fahrlässige) Verletzung von sogenannten Kardinalspflichten[1657] nicht werden ausschließen können, §§ 307 Abs. 1 und 2, 310 Abs. 1 S. 2 BGB. Kardinalspflichten sind die wechselseitigen Hauptleistungspflichten sowie diejenigen Vertragspflichten, deren Erfüllung die ordnungsgemäße Durchführung des Vertrags überhaupt erst ermöglichen und auf deren Einhaltung der Vertragspartner regelmäßig vertrauen darf.[1658] Gerade die objektive, sachkundige und neutrale Erstellung des Ratings wird sich insoweit als Kardinalspflicht der Ratingagentur einstufen lassen müssen.[1659] Damit fällt die sorgfalts- und pflichtgemäße Durchführung des Ratingprozesses in den Bereich unantastbarer Kernpflichten der Ratingagentur, mit der Folge, dass diesbezüglich auch für fahrlässiges Fehlverhalten ein vertraglicher Haftungsausschluss nicht wirksam sein kann. Zuletzt ist auch ein genereller Ausschluss der werkvertraglichen Gewährleistungsrechte aus § 634 BGB angesichts der Indizwirkung des § 309 Nr. 8 b) aa) BGB auch für das Verhältnis zwischen Unternehmern im Sinne von § 14 BGB nicht wirksam.[1660]

Damit scheinen weder gesetzliche noch vertragliche Haftungsausschlüsse für die Ratingpraxis zu einer besonderen Einschränkung der Verantwortlichkeit führen zu können.[1661]

1656 Auch zwischen Unternehmern ist der formularmäßige Ausschluss der Haftung für grobe Fahrlässigkeit nicht wirksam, hierzu genauer *Wurmnest* in: Münchener Kommentar, BGB, § 309 Nr. 7, Rn. 36; konkret in Bezug auf Ratings *Hennrichs* in: FS-Hadding, S. 875 (882); *Lemke* in: Achleitner/Everling, Handbuch Ratingpraxis, S. 726; *von Rimon*, Ratings in Deutschland und USA, S. 161.

1657 Haftungsfreizeichnung bei Kardinalspflichten wird auch im Verkehr zwischen Unternehmern wegen § 307 Abs. 2 Nr. 2 BGB für unwirksam erachtet, hierzu *Wurmnest* in: Münchener Kommentar, BGB, § 309 Nr. 7, Rn. 37.

1658 Vgl. *BGH* NJW-RR 2005, S. 1496 (1505); NJW 2003, S. 673 (674); NJW 2001, S. 292 (302); NJW-RR 1998, S. 1426 (1427); NJW 1984, S. 1350 (1351).

1659 So auch *Arntz*, BKR 2012, S. 8393); *Eisen*, Haftung und Regulierung, S. 263; *Habersack*, ZHR 169 (2005), S. 185 (204); *Hennrichs* in: FS-Hadding, S. 875 (884); *Krämer* in: Achleitner/Everling, Handbuch Ratingpraxis, S. 705; *Lemke* in: Achleitner/Everling, Handbuch Ratingpraxis, S. 727; *Meyer*, Rechtsfragen des Rating, S. 84; *Peters*, Haftung und Regulierung, S. 86; *Rohe* in: Achleitner/Everling, Rechtsfragen im Rating, S. 141; *Stemper*, Rahmenbedingungen, S. 167; *Thiele*, Einordnung des Rating, S. 47; *Vetter*, WM 2004, S. 1701 (1706); *Wildmoser/Schiffer/Langoth*, RIW 2009, S. 657 (667); differenzierter *Lemke* in: Achleitner/Everling, Handbuch Ratingpraxis, S. 726 f.; a.A. *Schroeter*, Ratings, S. 814, der allenfalls die Bestimmungen des jeweiligen *Code of Conducts* der Ratingagentur heranzieht.

1660 Siehe *Wurmnest* in: Münchener Kommentar, BGB, § 309 Nr. 8, Rn. 32; *BGH* NJW 1991, S. 2630 (2632).

1661 Ähnlich auch *Arntz*, BKR 2012, S. 83 (93); *Stemper*, Rahmenbedingungen, S. 166 f.

(2) Weitere Gewährleistungsvoraussetzungen

Davon abgesehen setzt die gewährleistungsrechtliche Verantwortlichkeit des Werkherstellers voraus, dass der haftungsbegründende Mangel bereits zum Zeitpunkt der Abnahme – mithin des Abschlussgesprächs oder der Veröffentlichung – vorgelegen hat, § 644 Abs. 1 BGB, was regelmäßig der Fall sein wird.[1662]

Zuletzt muss der Emittent auch einen kausalen Schaden erlitten haben, §§ 249 ff. BGB. Mögliche Schadenspositionen des Emittenten wurden bereits thematisiert.[1663] Bei einem fehlerhaft zu schlecht ausfallenden Rating sind besonders an Kurs- und Umsatzverluste, Imageschäden, entgangene Gewinne sowie an die unangemessen erhöhten Kapitalbeschaffungskosten zu denken. Das fehlerhafte Rating muss den entsprechenden Schaden auch adäquat kausal verursacht haben. In diesem Zusammenhang kann auch ein Mitverschulden des Emittenten gemäß § 254 Abs. 1 BGB zu diskutieren sein, etwa wenn die Fehlerhaftigkeit teilweise darauf beruht, dass unvollständige oder unrichtige Informationen, Daten oder Unterlagen an die Ratingagentur übergeben wurden.[1664]

Die Beweislast für nahezu sämtliche Anspruchsvoraussetzungen mit Ausnahme des gesetzlich vermuteten Vertretenmüssens der Ratingagentur liegt beim Emittenten als Anspruchsteller. Dies umfasst es insbesondere, dass die Mangelhaftigkeit des Ratings und mithin zwangsläufig der Pflichtverstoß im Ratingverfahren – eine der Zuwiderhandlungen nach Anhang III zur Rating-Verordnung – nachgewiesen werden müssen sowie wie auch dessen Kausalität für ein im Ergebnis nicht zutreffendes Rating. Es liegt auf der Hand und wurde bereits thematisiert, dass dies erhebliche praktische Durchsetzungsschwierigkeiten mit sich bringt.[1665]

ee) Zwischenergebnis

Die vertragliche Gewährleistungshaftung des Emittenten aus dem Werkvertrag mit der Ratingagentur ist das zentrale Haftungswerkzeug in dieser Haftungskonstellation. Sie setzt ein mangelhaftes Rating zum Zeitpunkt der Abnahme, welches die Ratingagentur zu vertreten hat, und die Entstehung eines kausal hierauf beruhenden Schadens des Emittenten – etwa wegen erhöhter Kapitalbeschaffungskosten – voraus. Dreh- und Angelpunkt der Gewährleistungshaftung ist das – vom Emittenten zu beweisende – Vorliegen eines Verfahrensfehlers der Ratingagentur, welches zu einem unvertretbar negativen Ratingergebnis geführt haben muss. Die

---

1662 Wird das Rating nachträglich fehlerhaft, betrifft dies ggf. die Pflicht zum ordnungsgemäßen *down-* oder *upgrading*.

1663 Siehe oben D. IV. 2. c).

1664 *Ebenroth/Daum*, WM 1992, Sonderbeilage Nr. 5, S. 2 (11); vgl. zum artverwandten Mitverschuldenstatbestand bei Art. 35a Rating-Verordnung oben E. I. 3.

1665 Vgl. *Hennrichs* in: FS-Hadding, S. 875 (882); *Vetter*, WM 2004, S. 1701 (1706); zu Relativierungen der Beweislast und Beweiserleichterungen ausführlich oben E. III. 1.

Vertragspflichten der Ratingagentur ergeben sich dabei maßgeblich aus Anhang III zur Rating-Verordnung, der entsprechende Ausstrahlungswirkungen besitzt.

b) Deliktische Haftung beim solicited rating

Die Auseinandersetzung mit deliktischen Anspruchsgrundlagen wird im Rahmen der Untersuchung der Haftung der Ratingagenturen beim *unsolicited rating* erfolgen.[1666] Da die Anforderungen an die Ratingerstellung aus dem Ratingvertrag nicht geringer sein können als die aus deliktischen Pflichten erwachsenden Sorgfaltsmaßstäbe wird eine deliktische Haftung beim Scheitern vertraglicher Ansprüche auch nicht in Betracht kommen.[1667]

c) Zusammenfassung

Bei *solicited ratings* erwächst Emittenten ein Haftungsregime nach alledem primär aus werkvertraglicher Gewährleistungshaftung, welche grundsätzlich schon bei einfacher Fahrlässigkeit der Ratingagentur greift und damit ungleich vorteilhafter ausfällt als Art. 35a Rating-Verordnung. Allerdings sorgt die weitgehend auf Seiten des Emittenten liegende Beweislast, insbesondere für die Mangelhaftigkeit des Ratings, für eine eingeschränkte Realisierungswahrscheinlichkeit, so dass hohe Hürden für die effektive Anspruchsdurchsetzung bestehen.

2. Haftung gegenüber Emittenten bei *unsolicited ratings*

Ratingagenturen nehmen auch ohne einen zugrunde liegenden Auftrag Ratings von Emittenten oder Emissionen im Wege des *unsolicited ratings* vor, etwa weil sie ihren Marktanteil hierdurch steigern oder informationelle Netzwerkeffekte hervorrufen wollen.[1668] *Unsolicited ratings* können zudem auch Folgeratings eines zuvor vertraglich vereinbarten Erstratings betreffen.[1669] An einer vertraglichen Verbindung zwischen den Parteien fehlt es bei *unsolicited ratings*,[1670] so dass sich die Haftung

1666 Hierzu unten F. I. 2. a).

1667 So auch *Eisen*, Haftung und Regulierung, S. 236; *Peters*, Haftung und Regulierung, S. 81; teilweise wird auch vertreten, dass die deliktische Inanspruchnahme wegen der Verletzung des eingerichteten und ausgeübten Gewerbebetriebs ohnehin neben vertraglichen Beziehungen nicht anwendbar ist, so etwa *Spindler* in: Bamberger/Roth, § 823, Rn. 115a.

1668 Siehe auch *Eisen*, Haftung und Regulierung, S. 107 f.; *Krämer* in: Achleitner/Everling, Handbuch Ratingpraxis, S. 707; *Lampe*, Regulierung, S. 49.

1669 Vgl. *Ebenroth/Daum*, WM 1992, Sonderbeilage Nr. 5, S. 2 (8).

1670 Auch eine quasi-vertragliche Verbindung etwa über die Grundsätze der Geschäftsführung ohne Auftrag gemäß §§ 677 ff. BGB ist nicht erkennbar, da es an dem Fremdgeschäftsführungswillen der Agenturen fehlt; wegen der genannten eigenen Zwecke, die die Agenturen bei *unsolicited ratings* verfolgen, wäre es praxisfern, von einem Fremdgeschäftsführungswillen auszugehen.

auf potenzielle Ansprüche wegen unerlaubter Handlungen, §§ 823 ff. BGB, konzentriert.[1671]

a) *Deliktische Haftung*

Die fehlerhafte Einschätzung der Bonität eines Emittenten und dessen Veröffentlichung im Rahmen eines *unsolicited ratings* kann eine zum Schadensersatz verpflichtende unerlaubte Handlung im Sinne der §§ 823 ff. BGB darstellen. In Betracht kommen im Wesentlichen Ansprüche gemäß §§ 823 Abs. 1[1672] und 2, 824 und 826 BGB. Die zu behandelnden rechtlichen Schwerpunkte bilden dabei die Frage der Verletzung eines absoluten Rechts auf Seiten der Emittenten, vor allem in Gestalt des eingerichteten und ausgeübten Gewerbebetriebs (§ 823 Abs. 1 BGB), die Frage der möglichen Verletzung eines Schutzgesetzes (§ 823 Abs. 2 BGB) sowie die Qualifizierung des Ratings als Tatsachen- oder Meinungsäußerung (§ 824). Die haftungsauslösenden Pflichtverletzungen können dabei freilich nicht durch die Ratingagentur selbst begangen werden, da sie als juristische Person selbst nicht deliktsfähig ist,[1673] sondern werden ihr gemäß § 31 BGB analog zugerechnet.[1674] Zuzurechnen sind ihr insoweit Handlungen ihrer verfassungsmäßig berufenen Organe und Vertreter sowie sämtlicher Mitarbeiter mit Leitungsfunktion.[1675]

aa) *Haftung gemäß § 823 Abs. 1 BGB*

Ein Ersatzanspruch aus § 823 Abs. 1 BGB setzt die Verletzung eines hierin genannten Rechtsguts voraus, wozu das Vermögen selbst jedoch nicht gehört. Es genügt mithin nicht, dass das Rating womöglich zu finanziellen Schäden beim Emittenten geführt

---

1671 Eine Haftung aus Wettbewerbsrecht, etwa gemäß §§ 8, 9 UWG, ist vorliegend nicht zu untersuchen, da Emittenten und Ratingagenturen keine Mitbewerber sind und dementsprechend keine Unterlassungs- oder Schadensersatzansprüche geltend machen können; so noch bezüglich alter UWG-Rechtslage auch *Lemke*, Ratingwesen, S. 42; zur geltenden Rechtslage ebenso *Eisen*, Haftung und Regulierung, S. 280; zum Begriff des Mitbewerbers ausführlich *Sosnitza* in: Ohly/Sosnitza, UWG, § 2, Rn. 58 ff.

1672 Die Haftung aus § 823 Abs. 1 BGB ist im Gegensatz zu anderen Konstellationen bereits Gegenstand einschlägiger Rechtsprechung gewesen; zu verweisen ist etwa auf *KG*, WM 2006, S. 1432 (1432 f.); *OLG Frankfurt*, Urteil vom 07.04.2015, 24 U 82/14. Aufschlussreich sind wegen struktureller Parallelen auch Entscheidungen in Bezug auf Wirtschaftsdienste und Kreditauskunfteien, etwa *BGH*, NJW-RR 2011, S. 2204; NJW 2003, S. 2904; *OLG Frankfurt*, NJW-RR 2009, S. 166.

1673 Das Deliktsrecht knüpft nur an individuelle menschliche Handlungen an, vgl. nur *Wagner* in: Münchener Kommentar, BGB, § 823, Rn. 63.

1674 Aus Gründen der Übersichtlichkeit wird im Folgenden jedoch auf die jeweilige Zitierung der Zurechnungsnorm des § 31 BGB verzichtet.

1675 Herzu oben E. I. 5. b); allgemein *Arnold* in: Münchener Kommentar, BGB, § 31, Rn. 20.

hat. Als taugliches sonstiges Recht im Sinne der Vorschrift kommen daher nur ein etwaiges Persönlichkeitsrecht des Emittenten sowie die Figur des eingerichteten und ausgeübten Gewerbebetriebs in Betracht.

(1) Verletzung des Rechts am eingerichteten und ausgeübten Gewerbebetrieb

Das über § 823 Abs. 1 BGB geschützte Recht am eingerichteten und ausgeübten Gewerbebetrieb[1676] beinhaltet das gesamte Feld wirtschaftlicher Tätigkeit und Entfaltung des jeweiligen Betriebs im Wirtschaftsleben.[1677] Hierzu gehören vor allem auch das Ansehen, der Bestand oder der Kundenstamm[1678] wie auch Geschäftsideen, Tätigkeitskreise[1679] oder die Finanzierungsformen und -Möglichkeiten.[1680] Die Verletzungshandlung muss dabei einen betriebsbezogenen Eingriff darstellen, darf sich also nicht auf vom Gewerbebetrieb ablösbare Rechtsgüter beziehen.[1681] Der Betrieb muss daher in seinem Organismus unmittelbar das Objekt der Verletzungshandlung sein, da anderenfalls ein reiner Vermögensschutz über § 823 Abs. 1 BGB stattfände.[1682] Handlungen, die den Gewerbebetrieb nur mittelbar betreffen, sind daher nicht unter diese Fallgruppe zu subsumieren.[1683]

Zu einer Verletzung des Gewerbebetriebs kann es im Hinblick auf Ratings durchaus kommen: Wegen der gravierenden Auswirkungen, die ein Rating auf den Bestand, die Finanzierung, die Geschäftstätigkeit, die Erwerbsaussichten und die Reputation eines Emittenten haben kann, liegt das geschäfts- und betriebsschädigende Potenzial von Ratings für Emittenten auf der Hand.[1684] Auch an der

---

1676 Siehe zur Herleitung und zum Zweck der Rechtsfigur *BGH* NJW 2003, S. 1040 f.; BGHZ 29, S. 65 (69); RGZ 58, S. 24 (29); zur Geschichte *Wagner* in: Münchener Kommentar, BGB, § 823, Rn. 316 f; im Ratingzusammenhang auch *Thiele*, Einordnung des Rating, S. 67; die Rechtsfigur ist auch Gegenstand umfassender Kritik, vgl. statt vieler *Larenz/Canaris*, Lehrbuch des Schuldrechts, Bd. II/2, § 81 II, S. 544 ff.

1677 *BGH* NJW 1959, S. 479 (480).

1678 *BGH* NJW 1959, S. 479 (480).

1679 *Palandt/Sprau*, § 823, Rn. 134.

1680 *Ebenroth/Daum*, WM 1992, Sonderbeilage Nr. 5, S. 2 (9).

1681 *BGH* NJW 1959, S. 479 (481); NJW 2003, S. 1040 (1041).

1682 Vgl. *Palandt/Sprau*, § 823, Rn. 135.

1683 Das klassische Beispiel für einen nur mittelbaren Eingriff ist die Unterbrechung der Stromzufuhr, die mittelbar eben auch den Gewerbebetrieb treffen kann, *BGH* NJW 1959, S. 479 (480).

1684 So auch *Arntz*, BKR 2012, S. 89 (93); *Deipenbrock*, BB 2003, S. 1849 (1852); *Ebenroth/Daum*, WM 1992, Sonderbeilage Nr. 5, S. 2 (9); *Eisen*, Haftung und Regulierung, S. 310; *Krämer* in: Achleitner/Everling, Handbuch Ratingpraxis, S. 705; dem Grunde nach auch *Lemke*, Ratingwesen, S. 55; *Meyer*, Rechtsfragen des Rating, S. 65; *Oellinger* in: Achleitner/Everling, Rechtsfragen im Rating, S. 371; *Peters*, Haftung und Regulierung, S. 57; *Thiele*, Einordnung des Rating, S. 65 f.; *von Rimon*, Ratings in Deutschland und USA, S. 170.

Betriebsbezogenheit eines Eingriffs durch Rating bestehen keine Zweifel, da die Folgen des Ratings den Emittenten unmittelbar treffen.[1685]

Gleichwohl wird die Rechtswidrigkeit des Ratings hierdurch noch nicht indiziert.[1686] Es muss eine Interessenabwägung zwischen den Interessen des Emittenten nach Maßgabe des Art. 12 GG und dem Recht der Ratingagentur auf die insoweit einschlägige freie Meinungsäußerung nach Art. 5 GG stattfinden.[1687] Erst wenn diese zulasten der Ratingagentur ausfällt, kann ein haftungsbegründender Tatbestand gegeben sein. Dabei wird der Meinungsäußerungsfreiheit grundsätzlich hohe Bedeutung beizumessen sein.[1688] Zugunsten der Ratingagentur wirkt sich ebenfalls aus, dass sie ein öffentliches Informationsinteresse bedient und somit ein wichtiges Element für das Funktionieren des Wirtschaftsverkehrs beisteuert.[1689] In dieser Interessenabwägung kann der Umstand, dass die Agentur womöglich ein negatives und den Emittenten schlecht einstufendes Rating, womöglich sogar gegen seinen ausdrücklichen Willen abgibt, für sich genommen noch nicht zulasten der Ratingagentur gewertet werden.[1690] Denn auch negative Meinungsäußerungen und kritische Bewertungen sind im Wirtschaftsverkehr zulässig und müssen hingenommen werden.[1691] Ratingagenturen werden sich jedoch an ihrer Expertenstellung und in den Fällen der großen drei Agenturen auch an ihrer Marktmacht und der Bedeutungskraft ihrer Ratings messen lassen müssen.[1692] Insoweit ist richtigerweise auf die Grundsätze der Stiftung Warentest-

---

1685 Vgl. *Ebenroth/Koos* in: Büschgen/Everling, Handbuch Rating (1996), S. 492; *Lampe*, Regulierung, S. 80.

1686 *Thiele*, Einordnung des Rating, S. 69; *Wagner* in: Münchener Kommentar, BGB, § 823, Rn. 324.

1687 Vgl. grundsätzlich *BGH* NJW 1998, S. 2141 (2143); konkret in Bezug auf Ratings siehe *Blaurock*, ZGR 2007, S. 603 (631); *Krämer* in: Achleitner/Everling, Handbuch Ratingpraxis, S. 707; *Peters*, Haftung und Regulierung, S. 50; *Thiele*, Einordnung des Rating, s. 69; zur Qualifizierung des Ratings als Meinungsäußerung siehe oben D. IV. 2. a); ob darüber hinaus auch der Schutz der Pressefreiheit greift, kann hier dahin stehen, hierzu ausführlich *Schroeter*, Ratings, S. 586 ff.; im Ergebnis werden Ratings unter den Pressebegriff zu subsumieren sein, da sie zur öffentlichen Verbreitung und Information bestimmte Meinungsäußerungen darstellen.

1688 Vgl. zum weiten Bewertungsspielraum etwa *BGH* NJW 2011, S. 2204 (2206); NJW 2002, S. 1192 (1193).

1689 Konkret in Bezug auf Bonitätsbeurteilungen, *BGH* NJW 2011, S. 2204 (2206).

1690 *Stemper*, Rahmenbedingungen, S. 170.

1691 Grundsätzlich zur Zulässigkeit von negativer Kritik siehe *BGH* NJW 1966, S. 1617 (1619); *Palandt/Sprau*, § 823, Rn. 136 f. m.w.N.; konkret in Bezug auf Bonitätseinschätzungen oder Kreditauskünfte siehe *BGH* NJW 2011, S. 2204 (2206); NJW 2003, S. 2904; *KG* WM 2006, S. 1432 (1433).

1692 Ähnlich *Meyer*, Rechtsfragen des Rating, S. 69; ebenso im Zusammenhang mit dem Bewertungsspielraum der Agenturen *Schuler*, Regulierung und Verantwortlichkeit, S. 179.

Rechtsprechung des BGH[1693] zurückzugreifen.[1694] Hiernach ist die wertende Einschätzung einer Prüfungsinstanz erst dann unzulässig, wenn die Grundsätze der Objektivität, Neutralität, Sachkunde und Sorgfalt verletzt werden und daher die gezogenen Schlüsse als nicht mehr vertretbar erscheinen.[1695] Diese Wertung auf Ratingagenturen zu übertragen, scheint angesichts der strukturellen Ähnlichkeit sachgerecht und angebracht. Das Rating muss mithin auf zutreffenden Tatsachengrundlagen beruhen[1696] und auf vollständiger Informationsbasis im Wege wissenschaftlich fundierter und belastbarer Methodik und unter sachlichen Gesichtspunkten erstellt und abgegeben werden.[1697] Die Ratingagentur muss bei der Erstellung auch neutral, also frei von Zwängen und Beeinflussungen durch Dritte sein.[1698] Hier decken sich die Anforderungen mit denen an ein werkvertraglich mangelfreies Rating beim *solicited rating*.[1699] Ein sorgfaltswidrig nicht auf diese Weise zustande gekommenes Rating, das den Emittenten in nicht mehr vertretbarer Weise schlecht bewertet, fällt zwar gleichfalls unter die freie Meinungsäußerung des Art. 5 GG, wird sich jedoch in der Interessenabwägung mit den gewerblichen Interessen des Emittenten nicht durchsetzen können, da Emit-

---

1693 Siehe vor allem *BGHZ* 65, S. 325 (328) (Warentest II); *BGH* NJW 1987, S. 2222 (Warentest IV); NJW 1989, S. 1923 (Warentest V); WM 1997, S. 1765 (Warentest VI); übersichtliche Darstellung der Rechtsprechung zu Warentests bei *Peters*, Haftung und Regulierung, S. 64.

1694 Ebenso *Eisen*, Haftung und Regulierung, S. 315 f.; *Ebenroth/Daum*, WM 1992, Sonderbeilage Nr. 5, S. 2 (9); *Fischer*, Haftungsfragen, S. 79; *Krämer* in: Achleitner/Everling, Handbuch Ratingpraxis, S. 709; *Lampe*, Regulierung, S. 81; *Meyer*, Rechtsfragen des Rating, S. 71; *Peters*, Haftung und Regulierung, S. 65; *Stemper*, Rahmenbedingungen, S. 170; *Witte/Hrubesch*, ZIP 2004, S. 1346 (1350); a.A. *Schuler*, Regulierung und Verantwortlichkeit, S. 217 f.; *Schroeter*, Ratings, S. 862 f. wegen des Prognosecharakters; differenzierter *Däubler*, BB 2003, S. 429 (432).

1695 Siehe BGHZ 65, S. 325 (328); *BGH* NJW 1997, S. 2593; *KG* WM 2006, S. 1432 (1433); *Palandt/Sprau*, § 823, Rn. 137; konkret in Bezug auf Ratings siehe auch *Eisen*, Haftung und Regulierung, S. 314; *Habersack*, ZHR 169 (2005), S. 185 (204); ausführliche Darlegung der aufgestellten Grundsätze bei *Lampe*, Regulierung, S. 82 f.

1696 Vgl. *BGH* NJW 2011, S. 2204 (2006); *KG* WM 2006, S. 1432 (1433).

1697 Vgl. *Arntz*, BKR 2012, S. 89 (93); *Eisen*, Haftung und Regulierung, S. 318 f.; *Ebenroth/Daum*, WM 1992, Sonderbeilage Nr. 5, S. 2 (9); *Meyer*, Rechtsfragen des Rating, S. 71 f.; *Stemper*, Rahmenbedingungen, S. 170; *Witte/Hrubesch*, ZIP 2004, S. 1346 (1350 f.).

1698 *Eisen*, Haftung und Regulierung, S. 317; *Peters*, Haftung und Regulierung, S. 73; *Witte/Hrubesch*, ZIP 2004, S. 1346 (1350).

1699 Ähnlich *Krämer* in: Achleitner/Everling, Handbuch Ratingpraxis, S. 708; wobei ein im Sinne des Werkvertragsrechts mangelfrei erstelltes Rating regelmäßig auch den aus § 823 Abs. 1 BGB erwachsenen Anforderungen genügt, vgl. *Peters*, Haftung und Regulierung, S. 81; *Schuler*, Regulierung und Verantwortlichkeit, S. 201.

tenten einen betrieblichen Eingriff auf Basis eines unsachlichen, interessengeleiteten oder anderweitig sorgfaltswidrigen Ratings grundsätzlich nicht dulden müssen.[1700]

Die Grundsätze und Gebote der Objektivität, Sorgfalt und Neutralität bilden damit den Rahmen für die Prüfung der Interessenabwägung. Mit den nunmehr in der Rating-Verordnung implementierten – und kraft des Verordnungscharakters unmittelbar verbindlichen[1701] – Verhaltenspflichten aus deren Anhang III, insbesondere auch für *unsolicited ratings*, erfolgt eine Präzisierung dieser abstrakten Grundsätze. Eine Verletzung der in Anhang III der Rating-Verordnung statuierten Vorgaben muss sich im Rahmen der Interessenabwägung nach § 823 Abs. 1 BGB demzufolge zulasten der Ratingagentur auswirken.[1702] Dies gilt gerade bei *unsolicited ratings*, für die die Rating-Verordnung besondere Voraussetzungen wie die Kennzeichnungspflicht[1703] normiert hat. Da die Interessenabwägung im Rahmen des § 823 Abs. 1 BGB jedoch eine am Einzelfall zu orientierende und dynamische Betrachtung fordert, kann nicht aus jeder denkbaren Verletzung einer der Vorgaben in Anhang III der Rating-Verordnung pauschal auf ein Unterliegen der Meinungsfreiheit der Ratingagenturen gegenüber den Unternehmensinteressen des Emittenten geschlossen werden.[1704] Es bedarf vielmehr einer jeweils im Einzelfall durchzuführenden Abwägung anhand der Schwere des Verstoßes.

In der Rechtsprechung wurde hinsichtlich der Konkretisierung der Abwägungskriterien daneben auch auf § 28b BDSG Bezug genommen, welcher die zum Zwecke der Entscheidung über die Begründung, Durchführung oder Beendigung eines Vertragsverhältnisses mit einem anderen erfolgende Erhebung und Verwendung eines Wahrscheinlichkeitswerts für ein bestimmtes zukünftiges Verhalten des Betroffenen für zulässig erklärt, wenn die zur Berechnung dieses Wertes genutzten Daten unter Zugrundelegung eines wissenschaftlich anerkannten mathematisch-statistischen Verfahrens nachweisbar für die Berechnung der Wahrscheinlich-

---

1700 Vgl. *Krämer* in: Achleitner/Everling, Handbuch Ratingpraxis, S. 707; dagegen spricht sich *Lemke* in: Achleitner/Everling, Handbuch Ratingpraxis, S. 725 sowie *derselbe*, Ratingwesen, S. 56 ff. gegen die Anwendbarkeit der Haftung nach § 823 Abs. 1 BGB aus, da der Schutz der Meinungsfreiheit auch die Abgabe sorgfaltswidriger Ratings umfasse und dies stets vorrangig sei. Dies ist nicht überzeugend, da die Rechtsfigur des eingerichteten und ausgeübten Gewerbebetriebs eine Interessenabwägung gerade zulässt, wobei nicht ersichtlich ist, weswegen die Meinungsfreiheit *per se* vorgehen sollte.

1701 Art. 288 Abs. 2 S. 1 AEUV.

1702 Vgl. *von Rimon*, Ratings in Deutschland und USA, S. 178 f.

1703 Vgl. Art. 10 Abs. 5 UAbs. 2 Rating-VO.

1704 So kann es beispielsweise für die Annahme der Rechtswidrigkeit nicht per se genügen, dass rein formale Fehler begangen wurden, wenn das Rating im Übrigen nicht zu beanstanden ist und/oder seine zügige Veröffentlichung geboten war; anders wohl *von Rimon*, Ratings in Deutschland und USA, S. 178.

keit erheblich sind.[1705] Die in § 28b BDSG enthaltene Vorgabe bezüglich der Zugrundelegung eines wissenschaftlich anerkannten mathematisch-statistischen Verfahrens wurde dabei als Prüfungsmaßstab für die Rechtmäßigkeit der abgegebenen Bewertung verwendet. Diesem Prüfungsweg kann jedoch aus diversen Gründen nicht gefolgt werden. Zunächst betrifft § 28b BDSG nur sog. *Scorings*, also Bonitätsurteile, die regelmäßig nur die Kreditwürdigkeit von Verbrauchern durch ein Kreditpunktesystem bewerten.[1706] Ratings betreffen jedoch keine Verbraucher. Die für Ratings geltende Rating-Verordnung nimmt *Scorings* gemäß ihrem Art. 2 Abs. 2 lit. b) sogar ausdrücklich aus ihrem Anwendungsbereich heraus. Zudem wird verkannt, dass § 28b BDSG angesichts seines Regelungsgegenstands nicht zur Definierung von Sorgfaltsmaßstäben einer Ratingagentur im Verhältnis zu den von ihr bewerteten Emittenten taugen kann. Zweck der Bestimmungen des BDSG ist der Schutz des Persönlichkeitsrechts natürlicher Personen vor dem unbefugten oder rechtswidrigen Umgang mit ihren personenbezogenen Daten.[1707] Dementsprechend regelt das BDSG vornehmlich Anforderungen und Voraussetzungen für die Erhebung oder Nutzung von personenbezogenen Daten durch Dritte.[1708] § 28b BDSG betrifft insoweit die Befugnis eines Dritten, einen Wahrscheinlichkeitswert für ein zukünftiges Verhalten einer (natürlichen) Person unter Verwendung personenbezogener Daten zu erstellen.[1709] Es werden also der Zweck

---

1705 So hat etwa das *OLG Frankfurt* in einer Entscheidung (Urteil vom 07.04.2014–24 U 82/14) § 28b BDSG als Maßstab für die Beurteilung des Sorgfaltsmaßstabs des *Scorings* einer Wirtschaftsauskunftei herangezogen; in dem konkreten Fall hatte die Auskunftei ihre negative Bewertung maßgeblich auf dem Umstand begründet, dass das betroffene Unternehmen „nur" ein eingetragener Einzelkaufmann und keine Kapitalgesellschaft war, was das Gericht für unzureichend im Hinblick auf die Anforderungen des § 28b BDSG gehalten hat; geklagt hatte das betroffene Unternehmen selbst; das Urteil hat auch mediale Aufmerksamkeit erfahren, siehe *Lorenz*, Legal Tribune Online vom 14.04.2015, http://www.lto.de/recht/nachrichten/n/olg-frankfurt-a-m-urt-24-u-82-14-ratingagentur-unternehmensbewertung-scoring-unterlassung/ (abgerufen am: 06.10.2017).

1706 Vgl. *Taeger*, MMR 2014, S. 489 (492); siehe auch § 18 Abs. 2 KWG; zur Problematik der Begriffsdefinition *Ehmann* in: Simitis, § 28b BDSG, Rn. 20, siehe auch. das Begriffsverständnis in Art. 2 Abs. 2 lit. b) Rating-VO.

1707 Vgl. § 1 Abs. 1 BDSG; juristische Personen werden vom BDSG nicht erfasst, hierzu auch *Ambs* in: Erbs/Kohlhaas, Strafrechtliche Nebengesetze, § 3 BDSG, Rn. 1.

1708 Vgl. § 4 Abs. 1 BDSG.

1709 Vgl. zu anderen *Scoring*-Zwecken *Gola/Klug/Körffer* in: Gola/Schumerus, § 28b BDSG, Rn. 8 ff.; siehe auch *Ehmann* in: Simitis, § 28b BDSG, Rn. 43 ff. Die Pflicht zur Verwendung „wissenschaftlich anerkannter mathematisch-statistischer Verfahren" erleichtert der Aufsichtsbehörde sodann die Überprüfung der „Erheblichkeit" der genutzten Daten, siehe *Gola/Klug/Körffer* in: Gola/Schumerus, § 28b BDSG, Rn. 11; dabei würde nicht etwa der Verstoß gegen die Pflicht zur Anwendung eines mathematisch-statistischen Verfahrens wegen geminderter

und der zulässige Dateninhalt eines *Scorings* bzw. deren Nutzung reglementiert.[1710] Dieser Schutzzweck ist nicht identisch mit denjenigen Schutzüberlegungen, die bei der Haftung von Ratingagenturen wegen vermeintlich unzutreffender Ratings anzustellen sind. In diesen Haftungskonstellationen wird in der Regel nicht darüber gestritten, ob die Daten, die die Ratingagenturen zur Erstellung ihrer Bonitätsnoten zugrunde gelegt haben, verwendet werden durften oder nicht und ob der Emittent deshalb in seiner informationellen Selbstbestimmung verletzt sein könnte.[1711] Stattdessen werden seitens des Emittenten wirtschaftliche Schäden geltend gemacht, die aus der für falsch gehaltenen Einschätzung seiner Bonität resultieren. Es wird mithin die Verletzung des Rechtsguts Vermögen und nicht eine missbräuchliche Verwendung von Unternehmensdaten oder die Befugnis hierzu gerügt.[1712] § 28b BDSG ist daher als Prüfungsmaßstab für die inhaltliche Richtigkeit und Nachvollziehbarkeit des Ratingverfahrens nicht heranzuziehen.

Zum Nachteil der Ratingagentur in der anzustellenden Interessenabwägung wird es schließlich auch gereichen, wenn das Rating aus anderen Gründen unsachgemäß scheint. Zu nennen sind hier z. B. Ratings, die zu einem für den Emittenten besonders sensiblen und schädlichen Zeitpunkt veröffentlicht werden[1713] oder Ratings, die zwar sachgerecht sein mögen, jedoch nur dem Zwecke der Nötigung des Emittenten dienen.[1714] Jedenfalls bewusst fehlerhafte oder nötigungsweise abgegebene Ratingurteile bei zumindest in Kauf genommener Schädigung des Emittenten überschreiten die Grenzen der Rechtmäßigkeit.[1715]

Verstößt die Ratingagentur gegen die vorgenannten Grundsätze, wird die Interessenabwägung mithin regelmäßig zugunsten des Emittenten ausfallen. Insbesondere die Verhaltenspflichten aus Anhang III der Rating-Verordnung werden nunmehr in

---

Scoring-Qualität geahndet werden, sondern nur die verbotene Datennutzung untersagt; vgl. zu den Aufsichtsinhalten auch *Taeger*, MMR 2014, S. 489 (493).

1710 „Art und Umfang der [...] zulässigen Datengrundlage", *Gola/Klug/Körffer* in: Gola/Schumerus, § 28b BDSG, Rn. 2; dagegen wird nicht die Zulässigkeit der Datenerhebung betroffen, da § 28b BDSG bereits voraussetzt, dass Daten zulässig gespeichert wurden, so dass nur noch deren Nutzung geregelt wird, *Ambs* in: Erbs/Kohlhaas, Strafrechtliche Nebengesetze, § 28b BDSG.

1711 Eine Ausnahme wäre es, wenn ein Emittent aus der Verletzung seines allgemeinen Persönlichkeitsrechts Unterlassungsansprüche nach § 823 Abs. 1 BGB herleitete und sich hierbei auf das Recht zur informationellen Selbstbestimmung beriefe; diese Konstellation wird unten unter F. I. 2. a) aa) (2) behandelt.

1712 Dies ist jedoch Gegenstand von § 28b BDSG, vgl. *Ehmann* in: Simitis, § 28b BDSG, Rn. 77b.

1713 Ratings „zur Unzeit", siehe *Arntz*, BKR 2012, S. 89 (94); *Deipenbrock*, BB 2003, S. 1849 (1852); *Eisen*, Haftung und Regulierung, S. 224; hierzu auch *von Rimon*, Ratings in Deutschland und USA, S. 177, allerdings im Rahmen der Besprechung von § 826 BGB.

1714 *Krämer* in: Achleitner/Everling, Handbuch Ratingpraxis, S. 707.

1715 Zu § 826 BGB im Übrigen unten F. I. 2. a) cc); vgl. allgemein *Palandt/Sprau*, § 823, Rn. 137.

diese Interessenabwägung einzubeziehen sein und sie entscheidend prägen. Unterliegt die Meinungsfreiheit wegen eines Verstoßes gegen diese Pflichten, stehen den unsachgemäß bewerteten Emittenten Ersatzansprüche aus § 823 Abs. 1 BGB grundsätzlich zu.

(2) Verletzung des allgemeinen Persönlichkeitsrechts

Dagegen dürfte ein Anspruch des Emittenten aus § 823 Abs. 1 BGB wegen der Verletzung seines allgemeinen Persönlichkeitsrechts[1716] wenig praxisrelevant sein, wenngleich dem noch nicht entgegen steht, dass es sich bei den Emittenten um juristische Personen handelt, da nach allgemeiner Meinung das Persönlichkeitsrecht dem Grunde nach auch Unternehmen zustehen kann.[1717] Vorliegend käme insoweit allenfalls das Recht auf informationelle Selbstbestimmung oder eine Rufschädigungen des Emittenten als haftungsrechtlicher Anknüpfungspunkt in Betracht:[1718] In der Rechtsprechung wurde es als Verletzungshandlung anerkannt, wenn durch die Verbreitung eines im Übrigen öffentlich zugänglichen Jahresabschlusses eines Unternehmens und einer damit verbundenen negativen Auseinandersetzung mit der schwachen Bonität die Aufmerksamkeit eines fachkundigen Publikums gezielt auf die finanziell prekäre Unternehmenssituation gelenkt wurde.[1719] Der Bundesgerichtshof bezog sich dabei maßgeblich auf die mit der Verbreitung des nicht anonymisierten Jahresabschlusses und dessen kritischer Bewertung einhergehende gezielte Vorführung des Unternehmens vor einem fachkundigen Publikum.[1720] Auf die hier angestellte Untersuchung der Verantwortlichkeit von Ratingagenturen übertragen könnte ein Eingriff in das Persönlichkeitsrecht des Emittenten also in Fällen gesehen werden, in denen die Ratingagentur unternehmensrelevante Dokumente zusammen mit ihrem Rating veröffentlicht und ein fachkundiges Publikum durch ein negatives Rating auf die schlechte Bonitätslage des Emittenten gezielt aufmerksam macht.[1721] Zum einen werden mit *unsolicited ratings* jedoch regelmäßig keine

---

1716 Allgemein zum Persönlichkeitsrecht als Recht im Sinne des § 823 Abs. 1 BGB *Wagner* in: Münchener Kommentar, BGB, § 823, Rn. 363.

1717 Siehe *BGH* NJW 1998, S. 94 (97); sowie insbesondere die Heberger-Bau-Entscheidung, *BGH* NJW 1994, S. 1281; vgl. auch *BGH* NJW 2006, S. 830 (842); *BVerfG* NJW 1994, S. 1784; vgl. auch *Palandt/Sprau*, § 823, Rn. 91 f.; *Thiele*, Einordnung des Rating, S. 67 m.w.N.

1718 So auch *Peters*, Haftung Regulierung, S. 59 m.w.N.; *Thiele*, Einordnung des Rating, S. 68.

1719 Siehe die besagte Heberger-Bau-Entscheidung, *BGH* NJW 1994, S. 1281; zurecht kritisch zu dieser Entscheidung *Lemke*, Ratingwesen, S. 60 m.w.N.

1720 *BGH* NJW 1994, S. 1281 (1282).

1721 *Peters*, Haftung und Regulierung, S. 59 f.; *Stemper*, Rahmenbedingungen, S. 171; insoweit löst sich die Betrachtung sogar von der Frage, ob die Ratingagentur für ein *fehlerhaftes* Rating haften muss und führt dahin, dass untersucht werden muss, ob ein *unsolicited rating* per se eine Verletzung des Persönlichkeitsrechts darstellt, ebenso *Ebenroth/Koos* in: Büschgen/Everling, Handbuch Rating (1996), S. 490.

Unternehmensdaten veröffentlich oder publiziert.[1722] Zum anderen wäre eine solche Wertung auch nicht mit der gesetzlich zuletzt in der Rating-Verordnung verankerten generellen Legitimität von (unbeauftragten) Ratings vereinbar, die naturgemäß auch schlecht ausfallen können und bei der die Nennung des gerateten Unternehmens freilich – im Gegensatz zu dem vom Bundesgerichtshof entschiedenen Fall[1723] – unabdinglich ist. Würde man in (inhaltlich nicht zu beanstandenden) negativen Ratings eine unzulässige Wertung, weil „gezielte Vorführung“ des Emittenten erkennen, käme dies jedoch einem generellen Verbot negativer Bonitätsbeurteilungen gleich.[1724] Die Bonitätsbeurteilung durch eine Ratingagentur auf Grundlage öffentlich zugänglicher Inhalte ohne deren gezielte Verbreitung wird daher grundsätzlich keine Verletzung der informationellen Selbstbestimmung des Emittenten nach den vorbezeichneten Maßstäben beinhalten.[1725] Zudem fehlt es bei Ratings auch an einer „gezielten“ und singulären Herausnahme und Diskreditierung eines Emittenten, da Ratings für eine Vielzahl von Emittenten und Finanzinstrumenten gleichzeitig abgegeben werden und daher absolut marktüblich sind.[1726] Unabhängig davon stünde die Ratingagentur auch in diesen Fällen zumindest unter dem grundsätzlichen Schutz der Meinungsfreiheit, die sich im Rahmen einer Interessenabwägung mit den Persönlichkeitsrechten des Emittenten messen müsste. Die Grenze der Zulässigkeit dürfte allenfalls bei bewusst unwahren Behauptungen überschritten sein.[1727]

(3) Fazit

Deliktische Ersatzansprüche von Emittenten aus § 823 Abs. 1 BGB können sich bei *unsolicited ratings* wegen einer etwaigen Verletzung des Rechts am Gewerbebetrieb ergeben. Die Haftung greift bereits bei einfacher Fahrlässigkeit. Über § 1004 BGB

1722 *Fischer*, Haftungsfragen, S. 81; *Lemke*, Ratingwesen, S. 60; *von Rimon*, Ratings in Deutschland und USA, S. 180; anders *Thiele*, Einordnung des Rating, S. 69.

1723 Im konkreten Fall hätte der betroffene Dozent seine Lehrziele freilich auch ohne Namensnennung des Unternehmens erreichen können, während dies für Ratings naturgemäß nicht in Betracht kommt, vgl. auch *Blaurock*, ZGR 2007, S. 603 (632); *Eisen*, Haftung und Regulierung, S. 312 (Fn. 1274); *Meyer*, Rechtsfragen des Rating, S. 70.

1724 Es ist gerade Sinn und Zweck der Ratings, Kapitalmarktteilnehmer auch über schwache Bonität eines konkreten Emittenten aufzuklären; insoweit ist es auch zulässig, die öffentlich zugänglichen Unternehmensdaten für Kritik oder Bewertungen zu verwenden, vgl. *Schroeter*, Ratings, S. 858 f.; deshalb ebenfalls kritisch *Blaurock*, ZGR 2007, S. 603 (632); *Däubler*, BB 2003, S. 429 (434).

1725 So auch *Fischer*, Haftungsfragen, S. 81; *Krimphove* in: Achleitner/Everling, Rechtsfragen im Rating, S. 80; *Lemke*, Ratingwesen, S. 60, 61; *Schroeter*, Ratings, S. 859; *Stemper*, Rahmenbedingungen, S. 171 hält die Anwendung für zumindest nur auf „Ausnahmefälle“ beschränkt.

1726 Ähnlich *Peters*, Haftung und Regulierung, S. 71.

1727 *Arntz*, BKR 2012, S. 89 (94); *Stemper*, Rahmenbedingungen, S. 171.

sind auch Unterlassungsansprüche gegen die Ratingagentur denkbar.[1728] Die Anspruchsvoraussetzungen sind allerdings allesamt, einschließlich des Verschuldens der Ratingagentur für das fehlerhafte Rating, vom Anspruchsteller darzulegen und zu beweisen. Es liegt auf der Hand, dass die Hürden der Anspruchsdurchsetzung hierdurch enorm sind.[1729]

bb) Haftung gemäß § 824 BGB

Darüber hinaus kommt eine Haftung von Ratingagenturen aus § 824 Abs. 1 BGB in Betracht. Diese knüpft an der Behauptung oder Verbreitung einer unwahren Tatsache an, die den Kredit eines anderen gefährdet oder sonstige Nachteile für dessen Erwerb oder Fortkommen herbeiführt, wobei der Ratingagentur Kenntnis oder fahrlässige Unkenntnis von der Unwahrheit der Tatsache vorzuwerfen sein müsste. Die entscheidende Weichenstellung für die Haftung aus § 824 Abs. 1 BGB ist mithin die Verbreitung oder Behauptung einer Tatsache. Ratings sind nach der hier sowie in der weit überwiegenden rechtswissenschaftlichen Literatur und auch der Rechtsprechung vertretenen Ansicht jedoch grundsätzlich Meinungsäußerungen.[1730] Diese sind vom Tatbestand des § 824 Abs. 1 BGB nicht erfasst, so dass sich eine Haftung erübrigt. In einigen – zuvor behandelten – Ausnahmefällen können bestimmte Ratings jedoch im Einzelfall als Tatsachenbehauptung qualifiziert werden, namentlich bei negativen Ratings kurzfristiger Anleihen mit einem unmittelbar bevorstehenden Fälligkeitszeitpunkt sowie bei bestimmten *downgradings*.[1731] Als weiterer Anwendungsfall für § 824 BGB ist es zu nennen, wenn Ratingagenturen den Abonnenten ihrer Ratingpublikationen umfassendere und zusätzliche Ratingberichte zukommen lassen.[1732] Im Rahmen solcher Begleitberichte treffen die Agenturen häufig auch Tatsachenbehauptungen über Emittenten, da sie nicht auf die reine Ratingnote beschränkt sind.[1733] Für entsprechende Behauptungen kommt § 824 BGB als Haftungsnorm ebenfalls grundsätzlich in Betracht.[1734]

1728 *Eisen,* Haftung und Regulierung, S. 321; *Habersack*, ZHR 169 (2005), S. 185 (204); *Lampe*, Regulierung, S. 87; *Thiele*, Einordnung des Rating, S. 75 f.

1729 Zu möglichen Beweiserleichterungen oben E. III. 1. a).

1730 Hierzu oben D. IV. 2. a); vgl. nur *Ebenroth/Daum*, WM 1992, Sonderbeilage Nr. 5, S. 2 (10); *Habersack*, ZHR 169 (2005), S. 185 (200); *Peters*, Haftung und Regulierung, S. 53; *Wagner* in: FS-Blaurock, S. 467 (473); siehe aus der Rechtsprechung *BGH* NJW 2011, S. 2204 (2206) in Bezug auf Bonitätsauskünfte und im Hinblick auf § 824 BGB; ebenso *BGH* MMR 2011, S. 409; *KG* WM 2006, S. 1432 (1433); a.A. *Mühl*, Zivilrechtliche Verantwortlichkeit von Ratingagenturen, S. 93 ff.

1731 Siehe hierzu oben D. IV. 2. a); vgl. auch *Meyer*, Rechtsfragen des Rating, S. 82; *Peters*, Haftung und Regulierung, S. 54 f.

1732 Diese zusätzlichen Informationen zur reinen Ratingnote sind regelmäßig Inhalt der entgeltlichen Bezugsverträge für Investoren.

1733 *Schroeter*, Ratings, S. 874.

1734 Dies ist, soweit ersichtlich, ein Anwendungsfall für § 824 BGB, der trotz evidenter Praxisnähe selten thematisiert wird.

Wenn der jeweilige Einzelfall die Qualifizierung des Ratings als Tatsache nach diesen Überlegungen gebietet, tritt die Haftung der Agenturen nach § 824 Abs. 1 BGB in den Vordergrund, da § 824 Abs. 1 BGB gegenüber der Haftung aus § 823 Abs. 1 BGB wegen der Verletzung der Gewerbebetriebsrechte oder des allgemeinen Persönlichkeitsrechts spezieller ist und diese verdrängt.[1735] Nach § 824 Abs. 1 BGB würde die Ratingagentur demnach haften, wenn ihre entsprechende Behauptung oder das jeweilige Rating unwahr ist, mithin der Realität widerspricht.[1736] Die weiteren objektiven Tatbestandsvoraussetzungen dürften sodann keine Hindernisse bereiten, da die Veröffentlichung des Ratings zweifellos die Verbreitung der Tatsache im Normsinne bedeutet und Ratings auch geeignet sind, die Kreditwürdigkeit zu gefährden oder sonstige Erwerbsnachteile mit sich zu bringen.[1737]

Neuralgischer Punkt der Haftung ist sodann jedoch der Haftungsausschluss des § 824 Abs. 2 BGB.[1738] Danach wird der Mitteilende der unwahren Tatsache nicht zum Schadensersatz verpflichtet, wenn er die Unwahrheit nicht kannte und er oder der Empfänger der Mitteilung ein berechtigtes Interesse an ihr hatte. Soweit sich die Ratingagentur also hinsichtlich ihrer positiven Kenntnis exkulpieren könnte, ihr beispielsweise nur fahrlässige Unkenntnis vorzuwerfen wäre, käme es auf ihr Interesse an der Verbreitung und das Interesse der Empfänger am Erhalt der Nachricht an. § 824 Abs. 2 BGB führt dann zu einer umfassenden Interessenabwägung zwischen den Interessen des Äußernden oder der Empfänger – der Investoren[1739] – auf der einen und denen des Verletzten – des Emittenten – auf der anderen Seite.[1740] Für die Ratingagenturen streiten dabei auch an dieser Stelle ihre Meinungsäußerungsfreiheit sowie das besonders wichtige Informationsinteresse der Investoren und Anleger an der (zeitnahen) Aufklärung über die Bonität der am Markt gehandelten Papiere.[1741] Dies gestattet die Erwägung, dass Ratingagenturen zum Wohle einer effizienten und schnellen Marktaufklärung auch solche Mitteilungen, die hinsichtlich ihres Wahrheitsgehalts Zweifeln unterliegen, grundsätzlich veröffentlichen können sollen, ohne sich hier Haftungsrisiken ausgesetzt zu sehen. Eine womöglich vereinzelt (fahrlässig) inakkurate Marktaufklärung könnte

---

1735 *Wagner* in: Münchener Kommentar, BGB, § 824, Rn. 5 m.w.N.

1736 Vgl. *Wagner* in: Münchener Kommentar, BGB, § 824, Rn. 27.

1737 *Anrtz*, BKR 2012, S. 89 (93); *Lemke*, Ratingwesen, S. 49; *derselbe* in: Achleitner/Everling, Handbuch Ratingpraxis, S. 725; *Mühl*, Zivilrechtliche Verantwortlichkeit von Ratingagenturen, S. 102 f.; *Peters*, Haftung und Regulierung, S. 51; *Stemper*, Rahmenbedingungen, S. 167.

1738 Insoweit weist *Schroeter*, Ratings, S. 854 sogar darauf hin, dass § 824 Abs. 2 BGB gerade wegen der dem Rating artverwandten Kreditauskünfte implementiert wurde.

1739 Empfänger des Ratings ist nicht der Emittent, sondern sind wegen der Nutzung und Verwendung des Ratings die Anleger und Investoren, so auch *Schuler*, Regulierung und Verantwortlichkeit, S. 207.

1740 Hierzu *Wagner* in: Münchener Kommentar, BGB, § 824, Rn. 42 ff.

1741 *Lemke*, Ratingwesen, S. 54; *Stemper*, Rahmenbedingungen, S. 167 (Fn. 678).

vorzugswürdig sein gegenüber der Gefahr, dass Ratingagenturen die Verbreitung von marktrelevanten Umständen zur vollständigen Wahrheitsprüfung zurückhalten und der Markt damit unvollständig und ineffizient informiert würde. In die Abwägung mit einzubeziehen ist allerdings auch, dass die Ratings der Agenturen erhebliche wirtschaftliche Auswirkungen auf die jeweiligen Emittenten haben können und ein enormes Risikopotenzial – bis hin zur Existenzgefährdung – für die von ihr bewerteten Unternehmen bergen.[1742] Dem Veröffentlichungsinteresse der Agenturen und Anleger ist daher wegen der gegebenenfalls weitreichenden und schwerwiegenden Konsequenzen für den Emittenten im Falle eines unwahren Ratings nicht schrankenlos Vorzug zu gewähren. Diese Risiken sind nach der hier vertretenen Auffassung in der Interessenabwägung letztendlich ausschlaggebend dafür, dass sich Ratingagenturen typischerweise nicht über § 824 Abs. 2 BGB exkulpieren können dürften.[1743] Ratingagenturen müssen Pflichten zur gewissenhaften und sorgfältigen Prüfung hinsichtlich der dem jeweiligen Rating zugrunde gelegten und veröffentlichten (tatsächlichen) Informationen treffen. Derartige Pflichten ergeben sich mittlerweile aus dem unmittelbar verbindlichen Katalog des Anhang III der Rating-Verordnung.[1744] Diese Pflichten dürfen Ratingagenturen nicht auf Kosten der bewerteten Emittenten vernachlässigen, nur um dem Markt jedwede – auch unwahre – Informationen erst einmal zukommen zu lassen. Hat die Agentur die ihr insoweit aufzuerlegenden Prüfungspflichten verletzt und hat sie deshalb eine unter Umständen gravierende Benachteiligung des Emittenten riskiert, darf sie sich nicht auf § 824 Abs. 2 BGB berufen.[1745] Bei einem – nachgewiesenen – Verfahrensfehler wird sich die Agentur im Übrigen auch dem Vorwurf zumindest fahrlässiger Unkenntnis von der Fehlerhaftigkeit und damit der Unwahrheit des gleichwohl abgegebenen Ratings ausgesetzt sehen müssen.

Mithin ist die Haftung von Ratingagenturen nach § 824 Abs. 1 BGB dogmatisch denkbar, wenn auch wegen der grundsätzlichen Qualifizierung des Ratings als Meinungsäußerung auf seltene Einzelfälle reduziert. Erschwerend kommt in diesen Einzelfällen der dem Anspruchsteller obliegende Nachweis der Unwahrheit des Ratings, des Verschuldens der Ratingagentur und der zu seinen Gunsten ausfallenden Interessenabwägung nach § 824 Abs. 2 BGB hinzu. Die praktische Bedeutung der Anspruchsnorm dürfte daher gering sein.

1742 So auch *Mühl*, Zivilrechtliche Verantwortlichkeit von Ratingagenturen, S. 104 f; dies gilt gerade bei Bonitäts- oder Kreditauskünften sowie bei Warentests, vgl. *BGH* NJW 1993, S. 525 (527); NJW 1986, S. 981; *OLG Frankfurt* NJW-RR 1986, S. 562.

1743 Im Ergebnis auch *Eisen*, Haftung und Regulierung, S. 309; *Schuler*, Regulierung und Verantwortlichkeit, S. 208.

1744 Zu den Inhalten des Pflichtenkatalogs oben E. I. 2. a).

1745 Vgl. *Eisen*, Haftung und Regulierung, S. 309; *Schuler*, Regulierung und Verantwortlichkeit, S. 208.

cc) *Haftung gemäß § 826 BGB*

Ferner ist eine Haftung der Ratingagenturen nach § 826 BGB wegen vorsätzlicher sittenwidriger Schädigung in den Blick zu nehmen. Mit § 826 BGB geht ein Vermögensschutz einher, so dass es der Herausarbeitung eines verletzten Rechtsgutes nicht bedarf. Die praktische Bedeutung dieser Anspruchsnorm dürfte sich jedoch in engen Grenzen halten, was den hohen Hürden der Anspruchsbegründung geschuldet ist.[1746] Zu den bereits erwähnten Schwierigkeiten des Nachweises eines Fehlverhaltens der Ratingagentur und der Kausalität eines solchen Fehlverhaltens für die letztlich abgegebene Bonitätsnote kommt bei § 826 BGB der Nachweis eines vorsätzlichen und sittenwidrigen Handelns erschwerend hinzu.

Die noch auf eine Reichsgerichtsentscheidung zurückgehende Definition der Sittenwidrigkeit als ein Verstoß gegen das Anstandsgefühl aller billig und gerecht Denkenden[1747] ist in der Praxis der Subsumtion wenig zielführend.[1748] In Bezug auf Ratings muss gelten, dass die Abgabe eines fehlerbehafteten Ratings *per se* verletzt noch keine Sittengesetze verletzt. Die Ratingagentur muss einen schwer wiegenden Sorgfaltsverstoß begehen, das Rating gleichwohl veröffentlichen und dabei zumindest billigend in Kauf nehmen, dass der Emittent erhebliche, unter Umständen sogar existenzbedrohende Schäden erleidet.[1749] Für die Bestimmung der Grenze zur Sittenwidrigkeit, für die es vor allem auch auf die Rechtswidrigkeit des Mittels ankommt,[1750] kann nunmehr auf die Vorgaben der Rating-Verordnung abgestellt werden. Der Verhaltenskatalog aus Anhang III der Rating-Verordnung stellt professionelle Standards und zwingende Pflichten der Ratingtätigkeit auf, an die die Ratingagenturen im EU-Raum unmittelbar gebunden sind. Wegen der besonderen Bedeutung derartiger Expertenpflichten, insbesondere wenn sie gesetzlich normiert sind, liegt bei einem entsprechenden Verstoß die Sittenwidrigkeit der Handlung nahe.[1751] Treten die vorgenannten Elemente des subjektiven Handlungsunrechts hinzu, kommt die entsprechende Inanspruchnahme aus § 826 BGB in Betracht. Schon die mit Leichtfertigkeit geschehene Abgabe eines nicht unerheblich fehlerhaften Ratings unter Verletzung dieser Verhaltenspflichten aus der Rating-Verordnung ist damit als vorsätzliche sittenwidrige Schädigung zu qualifizieren.[1752]

1746 Ebenso *Krämer* in: Achleitner/Everling, Handbuch Ratingpraxis, S. 706.

1747 *RGZ* 48, S. 114 (124).

1748 Eine begriffliche Annäherung im Ratingzusammenhang bei *Lemke*, Ratingwesen, S. 62 f.

1749 Vgl. im Kontext der Auskunftshaftung *Wagner* in: Münchener Kommentar, BGB, § 826, Rn. 80 f.; in Bezug auf Ratingagenturen auch *Ebenroth/Daum*, WM 1992, Sonderbeilage Nr. 5, S. 2 (10); *Schuler*, Regulierung und Verantwortlichkeit, S. 208; *Thiele*, Einordnung des Rating, S. 73.

1750 Vgl. *Spindler* in: Bamberger/Roth, § 826 BGB, Rn. 8; *Wagner* in: Münchener Kommentar, BGB, § 826, Rn. 139.

1751 Vgl. *Wagner* in: Münchener Kommentar, BGB, § 826, Rn. 9.

1752 Vgl. *Vetter*, WM 2004, S. 1701 (1708) m.w.N.; Leichtfertigkeit soll bei fehlerhafter Informationsweitergabe von Experten, auf deren Richtigkeit Dritte vertrauen, ausreichen, vgl. nur *BGH* NJW 1991, S. 3282 (3283).

Greifbar wird die Sittenwidrigkeit zudem dann, wenn zweckfremde, markt- und wettbewerbsschädliche Motive für die Ratingabgabe hinzutreten. Dies wird dann anzunehmen sein, wenn Ratingagenturen *unsolicited ratings* bewusst und zielgerichtet verwenden, um den betroffenen Emittenten in ein bezahltes Vertragsverhältnis zu drängen, das Rating mithin einzig als Nötigungsmittel einsetzen.[1753] Generell fällt eine Ratingabgabe, die zum Zwecke der Schädigung eines Wettbewerbers oder eines Unternehmens geschieht, unter § 826 BGB.[1754] Derartige Fälle werden und wurden im Zusammenhang mit der Diskussion um Nachteile und Gefahren von *unsolicited ratings* in der rechtswissenschaftlichen Literatur wiederholt genannt, wenngleich es sich hierbei weitgehend um Vermutungen und Einzelfälle handelt.[1755]

Angesichts der Beweislast auf Seiten des anspruchstellenden Emittenten, insbesondere für die vorsätzliche Falschveröffentlichung der Ratingagentur, wird dem Tatbestand des § 826 BGB, wie bereits angedeutet, keine große praktische Relevanz zugesprochen.[1756] Gleichwohl darf nicht unerwähnt bleiben, dass die subjektiven Elemente des Vorsatzes, gerade des *dolus eventualis*, maßgeblich an den objektiven Umständen zu messen sein werden. Je gravierender demnach die festgestellte Pflicht- oder Sorgfaltsverletzung ausfällt, desto eher ist auf leichtfertiges Handeln der Ratingagentur zu schließen. Dies kann den Rückschluss auf vorsätzliches Handeln zulassen und die diesbezügliche Beweislast relativieren.[1757]

dd) Haftung gemäß § 823 Abs. 2 BGB

Aus dem Deliktsrecht ist des Weiteren eine Haftung der Ratingagenturen über § 823 Abs. 2 BGB in Verbindung mit der Verletzung eines Schutzgesetzes zu diskutieren. Die Norm baut insoweit eine Brücke zwischen der deliktischen Haftung nach dem BGB und Verhaltens- und Sorgfaltspflichten aus anderen Rechtsgebieten.[1758] Neben der Rating-Verordnung – deren schutzgesetzliche Qualifizierung noch

---

1753 *Korth*. Dritthaftung, S. 63; *Lemke* in: Achleitner/Everling, Handbuch Ratingpraxis, S. 725 f.; *Meyer*, Rechtsfragen des Rating, S. 64; *von Rimon*, Deutschland und USA, S. 176.

1754 *Arntz*, BKR 2012, S. 89 (94); *Däubler*, BB 2003, S. 429 (434).

1755 Siehe etwa *Emmenegger*, SZW 2006, S. 32 (36).

1756 Etwa *Ebenroth/Daum*, WM 1992, Sonderbeilage Nr. 5, S. 2 (10); *Korth*, Dritthaftung, S. 64; *Krämer* in: Achleitner/Everling, Handbuch Ratingpraxis, S. 706.

1757 So *Wagner* in: FS-Blaurock, S. 467 (477), der der rechtswissenschaftlichen Auseinandersetzung mit § 826 BGB insoweit eine *„sachlich nicht gerechtfertigte Fehlvorstellung von den Anforderungen an die Feststellung vorsätzlichen Handelns“* vorwirft und daher die praktische Bedeutung der Norm im Ratingkontext hervorhebt.

1758 Vgl. *Wagner* in: Münchener Kommentar, BGB, § 823, Rn. 474; ausführlich zur Funktion des § 823 Abs. 2 BGB *Spickhoff*, Gesetzesverstoß und Haftung, S. 59 ff.; es muss sich dabei um externe Ge- oder Verbote handeln, vgl. *Maier-Reimer*, NJW 2007, S. 3157 (3158).

erfolgen wird[1759] – kommen als mögliche Schutzgesetze[1760] in der Haftungsbetrachtung gegenüber Emittenten allenfalls strafrechtliche Verbote wie § 263 StGB in Betracht.[1761] Dies kann allerdings nicht als besonders praxisrelevant gelten. Dafür dass Ratingagenturen Emittenten vorsätzlich täuschen und schädigen wollen, existieren keinerlei Anhaltspunkte, Indizien oder Erfahrungswerte.[1762] Zudem würde ihr der mögliche Schaden des Emittenten nicht als stoffgleiche Bereicherung zufließen. Dies könnte allenfalls dann gelten, wenn man eine Täuschung des Emittenten über die Leistungsfähigkeit und -willigkeit der Ratingagentur annähme und insoweit einen Eingehungsbetrug erkennen könnte. In diesem Fall könnte die Ratinggebühr als Schaden im Sinne des § 263 StGB, der der Agentur auch stoffgleich zuflösse, eingestuft werden. Dass eine solche bewusste oder in Kauf genommene „Selbstüberschätzung" seitens der Ratingagentur vorkommen kann, hat die Finanzkrise 2007/2008 gezeigt, als die großen Agenturen systematisch strukturierte Finanzinstrumente geratet haben, die zu beurteilen sie weder fachlich noch personell in der Lage waren.[1763] In derartigen Fallkonstellationen kommt eine Schutzgesetzhaftung über § 823 Abs. 2 BGB i.V.m. § 263 StGB mithin grundsätzlich in Betracht. Wegen der evidenten Beweisschwierigkeiten bleibt es hier jedoch bei einem insgesamt negativen Fazit hinsichtlich der Praxisrelevanz dieser Haftung.

b) Zusammenfassung

Damit sind die wesentlichen Haftungsfragen im Bereich der *unsolicited ratings* beleuchtet worden. In Ermangelung einer vertraglichen Beziehung mit dem Emittenten konzentrieren sich dessen etwaige Ersatzansprüche auf das Deliktsrecht. Dabei

---

1759 Hierzu unten F. III. 1.

1760 Eine tiefer gehende Auseinandersetzung mit dem Schutzgesetzbegriff erfolgt im Zusammenhang mit der Prüfung der Rating-VO unter F. III. 1. a).

1761 Die Wohlverhaltenspflichten aus den §§ 31 ff. WpHG kommen nicht als Schutzgesetze in Betracht, da sie sich an Wertpapierdienstleistungsunternehmen im Sinne des § 2 Abs. 4, 3, 3a WpHG richten, was Ratingagenturen jedoch nicht sind so wie Ratings auch keine Wertpapierdienstleistung, insbesondere nicht nach § 2 Abs. 3a Nr. 3 WpHG sind, so auch *Krämer* in: Achleitner/Everling, Handbuch Ratingpraxis, S. 706; *Witte/Hrubesch*, ZIP 2004, S. 1346 (1349; § 34b WpHG wird im Rahmen der Haftung gegenüber Anlegern untersucht werden, siehe unten F. II. 2. e) bb); daneben nennt *Schuler*, Regulierung und Verantwortlichkeit, S. 220 f. überdies § 14 Abs. 1 Nr. 2 WpHG als potenzielles Schutzgesetz; in den Schutzbereich des Verbots der Weitergabe von Insiderinformationen fallen Emittenten jedoch evident nicht, so auch *Ebenroth/Koos* in: Büschgen/Everling, Handbuch Rating (1996), S. 494; *Thiele*, Einordnung des Rating, S. 72; die Grundsätze des IOSCO-Kodex dagegen können schon wegen ihrer mangelnden Gesetzesqualität im Sinne des Art. 2 EGBGB nicht als Schutzgesetze herangezogen werden.

1762 So auch *Krämer* in: Achleitner/Everling, Handbuch Ratingpraxis, S. 706; ähnlich *Thiele*, Einordnung des Rating, S. 119.

1763 Hierzu oben D. II. 1.

ist festzuhalten, dass die Erteilung eines unbeauftragten Ratings *per se* noch keinen haftungsbegründenden Tatbestand darstellen kann, auch wenn hiermit schon wirtschaftliche Nachteile für den Emittenten verbunden sein können. Relevante Haftungskonstellationen ergeben sich stattdessen grundsätzlich erst dann, wenn die Pflichten der Rating-Verordnung verletzt wurden und daher ein fehlerhaftes und nicht mehr vertretbares Rating vorliegt. Dann stehen im Wesentlichen Ansprüche aus §§ 826 und 823 Abs. 1 BGB zur Verfügung. Zudem kann sich die Ratingagentur hierbei bis zu einem gewissen Grad des Schutzes der Meinungsfreiheit nach Art. 5 GG gewiss sein.

3. Ergebnis

Ratingagenturen bewegen sich mithin im Verhältnis zu den Emittenten, die oder deren Finanzinstrumente und Wertpapiere sie bewerten, nicht im rechtsfreien Raum. Insbesondere bei den häufigen Fällen des *solicited ratings* unterliegen sie einem – wegen der weitgehenden Unzulässigkeit von vertraglichen Haftungsbeschränkungen[1764] – umfassenden vertraglichen Haftungsstatut. Fehlerhafte *Unsolicited ratings* können im Wesentlichen über §§ 823, 826 BGB sanktioniert werden. Die Agenturen unterliegen bei beiden Ratingtypen einer theoretischen Haftung schon bei einfacher Fahrlässigkeit. Gleichwohl gilt wegen der Beweislast für die Fehlerhaftigkeit des Ratings und damit für den Nachweis eines kausalen Fehlers im Ratingverfahren sowohl für die vertragliche als auch für die deliktische Haftung, dass der effektiven Anspruchsdurchsetzung und mithin auch einer regulierenden Wirkung des Haftungsrechts hohe Hürden gesetzt sind. Die Praxisrelevanz des theoretisch relativ ausgeprägten Haftungsregimes hängt damit maßgeblich von der Beweisbarkeit der Anspruchsvoraussetzungen im Einzelfall ab.

II. Haftung gegenüber Anlegern

Die zweite relevante Haftungskonstellation bildet das Verhältnis zwischen Ratingagenturen und Anlegern, mithin den eigentlichen Nutzern von Ratings. Wie beim Verhältnis zwischen Ratingagenturen und Emittenten ist auch in Bezug auf die Beziehung zu Anlegern hinsichtlich bestehender Vertragsverhältnisse zu differenzieren: Auch Investoren können eine schuldrechtliche Beziehung zu Ratingagenturen in Gestalt eines Bezugs- oder Abonnementsvertrags pflegen. Die Haftungsuntersuchung konzentriert sich dann vor allem auf die hieraus resultierenden vertraglichen Schadensersatzansprüche bei fehlerhaften Ratings. Weit überwiegend treten Agentur und Anleger jedoch nicht mittels vertraglicher Beziehungen in Kontakt. Vielmehr erlangen Investoren durch anderweitige Publikationen, über das Internet oder über ihre Anlageberatung Kenntnis von Ratings. In diesen Fällen fehlender vertraglicher Bindungen entfaltet die rechtliche Prüfung möglicher Haftungstat-

1764 Siehe oben unter F. I. 1. a) dd) (1).

bestände besondere Bedeutung, da sich grundlegende Fragen der Reichweite einer individualschützenden Dritthaftung stellen.

Die Verantwortlichkeit gegenüber Anlegern ist von großer Bedeutung, da nur mit der Haftung auch für zu gut ausfallende Ratings die notwendige Tarierung in der Verhaltenssteuerung der Ratingagenturen gewährleistet ist.[1765]

1. Haftung gegenüber Anlegern bei Bestehen eines Abonnementsvertrags

Die Haftungsbetrachtung ist zunächst auf Sachverhalte zu richten, in denen zwischen Ratingagenturen und Anlegern ein Vertragsverhältnis besteht. Ein solches kann der Bezugs- oder Abonnementsvertrag bilden, kraft dessen der Anleger die Ratings als Druckerzeugnis oder über virtuelle oder elektronische Zugänge zur Kenntnisnahme erhält.[1766] Ist das zugesandte Rating nach den zuvor beschriebenen Maßstäben fehlerhaft, weil es unvertretbar zu positiv ausfällt und mithin das Anlagerisiko unangemessen verschleiert,[1767] könnte ein Schadensersatzanspruch aus den §§ 280 ff. BGB in Verbindung mit dem Abonnementsvertrag in Betracht kommen.

a) Ansprüche aus der Verletzung des Abonnementsvertrags

Die Inanspruchnahme von Ratingagenturen kann auf der Verletzung von Pflichten aus dem Bezugs- oder Abonnementsvertrag mit der Ratingagentur gründen.

aa) Rechtsnatur des Bezugs- und Abonnementsvertrags

Die Publikation von Ratings erfolgt auch heute noch im Rahmen von entgeltlichen Bezugs- und Abonnementsverträgen. Der Abschluss von Bezugsverträgen mit der Ratingagentur kann sich für (institutionelle) Investoren trotz der im Übrigen kostenfreien Veröffentlichung von Ratings lohnen, da im Rahmen dieser Verträge neben der Ratingnote regelmäßig umfangreichere Zusatzberichte und zusätzliche Daten und Informationen zum Rating und dessen Hintergründen erteilt werden.[1768] Die Ratings werden den Abonnenten dabei entweder periodisch in Papierform als Druckerzeugnis oder über elektronische und virtuelle Datenzugänge zur Verfügung gestellt.[1769]

1765 Ähnlich *Schuler*, Regulierung und Verantwortlichkeit, S. 223.

1766 Teilweise wird für ein mögliches Vertragsverhältnis auch auf Ratingaufträge durch Investoren selbst verwiesen, etwa bei *Schuler*, Regulierung und Verantwortlichkeit, S. 224; in solchen Fällen läge ein Werkvertrag, § 631 BGB, vor, der sich hinsichtlich der Haftungsbetrachtung nicht wesentlich von den Überlegungen zu dem Werkvertrag zwischen Ratingagentur und Emittent unterscheiden dürfte. Deshalb und weil es eine relativ seltene Konstellation ist, wird dies hier nicht weiter vertieft.

1767 Zum Fehlerbegriff oben D. IV. 2. b).

1768 *Korth*, Dritthaftung, S. 71; *Schroeter*, Ratings, S. 873 f.

1769 *Schroeter*, Ratings, S. 873 (Fn. 2).

Es stellt sich die Frage nach der rechtlichen Qualifizierung dieser Bezugsverträge. Dabei ist anhand des wesentlichen Leistungsprogramms (Überlassung der Ratings gegen Entgelt) zunächst zu untersuchen, ob ein gängiger Vertragstyp nach deutschem Zivilrecht einschlägig sein könnte.

(1) Kaufvertragliche Qualifizierung

Auf Grundlage des Leistungsprogramms liegt die Qualifizierung als Kaufvertrag gemäß § 433 BGB auf den ersten Blick nahe.[1770] Soweit es sich um die Überlassung in Form von Druckerzeugnissen handelt, findet gegen ein als Kaufpreis zu qualifizierendes Entgelt die periodische Übergabe und Übereignung von körperlichen Sachen statt. Dies lässt jedoch die heute vorherrschende Übertragungsweise auf elektronischem und virtuellem Wege unberücksichtigt, die in Ermangelung einer zu übereignenden körperlichen Sache nicht unmittelbar unter § 433 BGB fiele und daher anderweitig qualifiziert werden müsste. Eine rechtlich unterschiedliche Behandlung des „Papier-Abonnements" und des elektronischen Ratingzugangs kann jedoch nicht überzeugen. Sie wäre angesichts des gleichartigen Vertragsziels der Erlangung der Ratinginformationen nicht zu begründen. Den Abonnenten geht es typischerweise nicht um die Erlangung des Eigentums am körperlichen Gegenstand in Form der papierweisen Darbietung der Ratings, sondern um deren Inhalt und Informationen.[1771] Der Bezugsvertrag muss daher unabhängig von der gewählten Darreichungsform der Ratings qualifizierbar sein. Eigentlicher Vertragsinhalt ist insoweit das Rating als geistige Leistung in Gestalt einer Auskunft, Information und sachkundigen Bonitätseinschätzung.

Überzeugend ist daher die Qualifizierung des Abonnementsvertrags als Kaufvertrag über sonstige Gegenstände im Sinne des § 453 Abs. 1 Var. 2, 433 BGB.[1772] Sonstige Gegenstände im Sinne der Vorschrift sind in Abgrenzung zu körper-

---

1770 Dies vertreten etwa *Amort*, EuR 2013, S. 272 (275); *Deipenbrock*, BB 2003, S. 1849 (1852); *Ebenroth/Daum*, WM 1992, Sonderbeilage Nr. 5, S. 2 (8); *Ebenroth/Koos* in: Büschgen/Everling, Handbuch Rating (1996), S. 488; *Habersack*, ZHR 169 (2005), S. 185 (205); *Hennrichs* in: FS-Hadding, S. 875 (887); *Lemke* in: Achleitner/Everling, Handbuch Ratingpraxis, S. 728; *Stemper*, Rahmenbedingungen, S. 173; *Thiele*, Einordnung des Rating, S. 82.

1771 So auch *Eisen*, Haftung und Regulierung, S. 332; *Habersack*, ZHR 169 (2005), S. 185 (205); *Hennrichs* in: FS-Hadding, S. 875 (886); *Krimphove* in: Achleitner/Everling, Rechtsfragen im Rating, S. 73; *Oellinger* in: Achleitner/Everling, Rechtsfragen im Rating, S. 376; *Schuler*, Regulierung und Verantwortlichkeit, S. 225; *Thiele*, Einordnung des Rating, S. 78.

1772 So auch *Hennrichs* in: FS-Hadding, S. 875 (887); *Mühl*, Zivilrechtliche Verantwortlichkeit von Ratingagenturen, S. 116 f.; *Schuler*, Regulierung und Verantwortlichkeit, S. 225; ähnlich *Fischer*, Haftungsfragen, S. 98 f.; a.A. wegen vermeintlich fehlender Konkretisierung der Kaufsache: *Eisen*, Haftung und Regulierung, S. 334 (Fn. 1361), was jedoch verkennt, dass § 453 Abs. 1 Var. 2 BGB gerade für diese Fälle schwerer Konkretisierung einen Auffangtatbestand bildet.

lichen Sachen, die über § 433 BGB, und Rechten, die über § 453 Abs. 1 Var. 1 BGB zum Inhalt eines Kaufvertrags gemacht werden können, solche Sachen, denen eben diese Sach- oder Rechtsqualität fehlt. Hierunter fallen gerade auch der Bezug von unkörperlichen Texten und Informationen oder der Zugang zu Datenbanken.[1773] Der Erwerb derartiger körperloser Sachen steht auch bei den Rating-Abonnements im Mittelpunkt, da es den Vertragsparteien auf das Rating als geistiges Werk und nicht auf die Übereignung des körperlichen Informationsträgers ankommt.[1774] Das Rating bildet folglich als zu erwerbende Information den Kaufgegenstand im Sinne des § 453 Abs. 1 Var. 2 BGB. Dies führt im Ergebnis indes gleichermaßen zur Anwendung der kaufrechtlichen Gewährleistungsvorschriften.[1775]

(2) Keine anderweitige Typenmischung

Neben der kaufvertraglichen Einstufung des Bezugsvertrags wird, soweit ersichtlich, noch vertreten, dass ein typengemischter Vertrag vorläge, der dem Dienstvertragsrecht zu unterwerfen sei.[1776] Dies wird mit dem Hinweis auf das – nicht zu verleugnende – Element der dauerhaften Auskunft, das dem Rating-Abonnement immanent ist, begründet.[1777] Gleichwohl erscheint eine solche Konstruktion gekünstelt und nicht notwendig, da das Kaufrecht mit den §§ 433 ff., 453 BGB die Berücksichtigung des Vertragsschwerpunkts auf den Inhalt der Publikation auch in ihrem Charakter als Auskunft und nicht auf deren körperlicher Übermittlungsart unproblematisch zulässt. Eine Aufspaltung des Bezugsvertrags in kaufvertragliche und dienstvertragliche Elemente ist daher wegen des Kaufgegenstandsbegriffs des

---

1773 Vgl. *Berger* in: Jauernig, BGB, § 453, Rn. 11; vgl. auch *Büdenbender* in: Dauner-Lieb/Langen, § 453, Rn. 21.

1774 Ebenso *Fischer*, Haftungsfragen, S. 98 f.; *Hennrichs* in: FS-Hadding, S. 875 (886 f.); *Krämer* in: Achleitner/Everling, Handbuch Ratingpraxis, S. 711; *Schuler*, Regulierung und Verantwortlichkeit, S. 225.

1775 Die Anwendung von Kaufgewährleistungsrecht ablehnend *Wagner* in: FS-Blaurock, S. 467 (475), für den „Ratschläge und Empfehlungen" im Sinne von Ratings „keine tauglichen Gegenstände von Kaufverträgen über Druckwerke" sind, wobei jedoch gerade die Qualifizierung des Kaufgegenstands „Druckwerk" fehl geht, da nicht das Druckwerk, sondern die Ratinginformation gekauft wird.

1776 Etwa *Eisen*, Haftung und Regulierung, S. 334, der hierin zudem eine Geschäftsbesorgung im Sinne des § 675 BGB erkennt, was jedoch wegen der Verweisung auf das Auftragsrecht nicht überzeugt: der Abonnent ist der Ratingagentur gegenüber keinesfalls weisungsbefugt (§ 665 BGB); ebenfalls in eine kaufrechtliche Übereignung der Broschüre und eine dienstvertragliche Auskunftserteilung aufspaltend *Krämer* in: Achleitner/Everling, Handbuch Ratingpraxis, S. 711 f.; *Meyer*, Rechtsfragen des Rating, S. 89.

1777 Etwa *Lampe*, Regulierung, S. 105; *Krämer* in: Achleitner/Everling, Handbuch Ratingpraxis, S. 711; *Peters*, Haftung und Regulierung, S. 95; *Vetter*, WM 2004, S. 1701 (1708).

§ 453 BGB obsolet.[1778] Die dienstvertragliche Schwerpunktsetzung würde überdies unberücksichtigt lassen, dass eine erwerbsartige Übertragung der Ratingauskunft im Sinne des Kaufrechts gewollt ist. Nur wegen des Umstands, dass die Ratingnutzung über einen längeren Zeitraum geschieht und nicht nur ein punktuelles Kaufereignis betrifft, wird der kaufrechtliche Charakter des Vertrags nicht beseitigt.[1779]

Ein konkludent zwischen Agentur und Abonnent geschlossener und Bestandteil des Kaufvertrags werdender Beratungsvertrag ist schließlich gleichfalls nicht anzunehmen.[1780] Die Ratingagenturen wollen explizit keine Beratungspflichten übernehmen oder Anlageempfehlungen aussprechen und stellen dies auch im Vorfeld klar.[1781] In Abonnementsverträgen sind daher weder Beratungsverträge selbst noch typengemischte Verträge mit Beratungselementen zu erkennen.[1782]

bb) Gewährleistungsrechtliche Haftung

Folglich ist eine mögliche Inanspruchnahme der Ratingagenturen durch Abonnenten an den §§ 434 ff. BGB zu messen. Ausgangspunkt ist – den Darstellungen bei der Haftung gegenüber Emittenten aus § 634 BGB entsprechend[1783] – die Mangelhaftigkeit der Kaufsache, mithin der bezogenen Ratings. Sind diese als mangelhaft im Sinne des § 434 BGB einzustufen, so kommen Nacherfüllungsansprüche der Käufer gemäß dem § 437 Nr. 1, 439 BGB, Rücktritts- und Minderungsrechte, §§ 437 Nr. 2, 440, 323 ff. BGB, sowie vor allem Schadensersatzansprüche nach § 437 Nr. 3, 280 ff. BGB in Betracht. Soweit Anleger im Vertrauen auf die gekauften mangelhaften Ratings mit ihrer Anlage ausgefallen sind oder bereits Zinsdifferenzschäden erlitten haben, liegen Mangelfolgeschäden im Sinne der §§ 437 Nr. 3, 280 Abs. 1 BGB vor.

1778 Einer solchen Differenzierung „bedarf es […] nicht mehr“, so *Habersack*, ZHR 169 (2005), S. 185 (205); vgl. auch *Mühl*, Zivilrechtliche Verantwortlichkeit von Ratingagenturen, S. 117.

1779 Vgl. insoweit die Rechtsprechung zum Zeitschriftenbezugsvertrag *BGH* NJW 1978, S. 997.

1780 Dies wird auf die „Börsendienst“-Entscheidung des BGH gestützt, *BGH* NJW 1978, S. 997; sie ist jedoch nicht auf Ratingkonstellationen anwendbar, hierzu *Ebenroth/Daum*, WM 1992, Sonderbeilage Nr. 5, S. 2 (12); *Eisen*, Haftung und Regulierung, S. 333 (Fn. 1357); *Fischer*, Haftungsfragen, S. 90; *Habersack*, ZHR 169 (2005), S. 185 (205); *Korth*, Dritthaftung, S. 73; *Meyer*, Rechtsfragen des Rating, S. 87; *Thiele*, Einordnung des Rating, S. 80; *Wagner* in: FS-Blaurock, S. 467 (475); *Vetter*, WM 2004, S. 1701 (1708).

1781 Nach Art. 8 Abs. 2 S. 3 Rating-VO müssen die Ratingagenturen sogar verpflichtend darauf hinweisen, dass es sich nur um Meinungen handelt, auf die nur in begrenztem Umfang Verlass ist.

1782 So auch *Lemke* in: Achleitner/Everling, Handbuch Ratingpraxis, S. 728; *Schroeter*, Ratings, S. 877.

1783 Siehe oben F. I. 1. a) bb).

Die Mangelhaftigkeit der Ratings bestimmt sich nach § 434 Abs. 1 BGB, wobei auch diesbezüglich die Besonderheiten des Kaufgegenstands bei Rating-Abonnementsverträgen zu beachten sind: Das geistige Werk des Ratings als Auskunft und Information ist unabhängig von seiner Darreichungsform die eigentliche Kaufsache im Sinne des § 453 Abs. 1 Var. 2 BGB.[1784] Dementsprechend kommt es für das Gewährleistungsrecht in erster Linie auf etwaige Mängel an dem Rating als geistigem Werk an und nicht auf Mängel am Datenträger oder Druckerzeugnis.[1785] Soweit gegenteilig argumentiert und die inhaltliche Fehlerhaftigkeit des Ratings nicht als tauglicher Mangel angesehen wird,[1786] wird diese Weichenstellung im Hinblick auf den Kaufgegenstand verkannt.

Ratings als gekaufte unkörperliche Informationen sind grundsätzlich mangelhaft, wenn sie von der vertraglich vereinbarten Soll-Beschaffenheit abweichen, § 434 Abs. 1 S. 1 BGB.[1787] Diese primäre Mangeldefinition ist im Falle von Abonnementsverträgen jedoch nicht weiterführend, da besondere Beschaffenheitsvereinbarungen in der Regel nicht vorliegen.[1788] Insbesondere verschließen sich die Ratingagenturen ausdrücklich einer Zusage über die inhaltliche Qualität oder Richtigkeit ihrer Ratings in den Abonnementsverträgen.[1789] Entscheidend für die Mangelsubsumtion ist daher vorliegend § 434 Abs. 1 S. 2 Nr. 1 BGB, wonach ein Mangel vorliegt, wenn die Sache sich nicht für die vertraglich vorausgesetzte Verwendung eignet. Ratings werden von Investoren in erster Linie zur sachgerechten Informationsgewinnung über die prognostizierte Bonität von Anlageobjekten verwendet.[1790] Wenngleich Ratings keine Anlageempfehlung darstellen, so werden sie doch ihrem natürlichen Zweck entsprechend als Informationsmaterial zumindest zu einem wichtigen Kriterium und damit zu einem relevanten Faktor einer etwaigen Investitionsentscheidung und sollen die eigene Bonitätsanalyse des Abonnenten

---

1784 Siehe zuvor F. II. 1. a) aa) (1); ebenso *Habersack*, ZHR 169 (2005), S. 185 (205); *Mühl*, Zivilrechtliche Verantwortlichkeit von Ratingagenturen, S. 117.

1785 Etwa mangelhaftes Papier oder schlechte Druckqualität, vgl. *Eisen*, Haftung und Regulierung, S. 332.

1786 Etwa *Korth*, Dritthaftung, S. 73; *Stemper*, Rahmenbedingung, S. 173 f.

1787 *Schuler*, Regulierung und Verantwortlichkeit, S. 226 ff. weist insoweit zutreffend darauf hin, dass in der rechtswissenschaftlichen Literatur zu dieser Sachfrage gelegentlich Missverständnisse auftreten, weil Begrifflichkeiten und Wertungen miteinander vermischt oder übernommen wurden, die dem alten Schuldrecht vor der Modernisierung aus dem Jahre 2002 entstammen; dies auch benennend *Hennrichs* in: FS-Hadding, S. 875 (886) (Fn. 50). Die vorliegende Betrachtung bezieht sich insoweit einzig auf das „neue" Schuldrecht, mithin das Gewährleistungsrecht der §§ 434 ff. BGB.

1788 *Ebenroth/Daum*, WM 1992, Sonderbeilage Nr. 5, S. 2 (12); *Fischer*, Haftungsfragen, S. 101; *Schroeter*, Ratings, S. 878; *Thiele*, Einordnung des Rating, S. 89; a.A. *Schuler*, Regulierung und Verantwortlichkeit, S. 229 erkennt eine konkludente Beschaffenheitsvereinbarung i.S.v. § 434 Abs. 1 S. 1 BGB.

1789 *Ebenroth/Daum*, WM 1992, Sonderbeilage Nr. 5, S. 2 (12).

1790 Zur Funktion von Ratings aus Investorensicht oben C. III. 1.

erleichtern.[1791] Diese Art der Ratingnutzung ist es auch, was Ratingabonnements von gewöhnlichen Zeitschriftenabonnements unterscheidet, in denen keine konkreten Auskünfte geschuldet werden, sondern die nur der allgemeinen Information über Nachrichten aus der Fachwelt und der Unterhaltung dienen.[1792] Anders ließe sich auch die Höhe der Abonnementsgebühren kaum erklären.[1793]

Der entsprechende Verwendungszweck wird zwischen den Parteien auch vertraglich vorausgesetzt, da beide Seiten um die typische Verwendungsabsicht und um den hohen Stellenwert, den Abonnenten den Ratings beimessen, wissen.[1794] Insbesondere die Ratingagenturen können sich dem nicht unter Hinweis auf den fehlenden Beratungs- und Empfehlungscharakter der Ratings entziehen, selbst dann nicht, wenn sie ausdrücklich von der Verwendung ihrer Ratings als Grundlage für Investitionsentscheidungen abraten.[1795] Dies wäre in hohem Maße widersprüchliches Verhalten:[1796] Es ist das Wesen von Ratings, für und im Interesse von Anlegern über Bonitätsrisiken und investitionsrelevante Sachverhalte aufzuklären und damit naturgemäß für Investitionsentscheidungen relevant zu werden.[1797] Die besondere Bedeutung von Ratings für Investitionsentscheidungen von Anlegern ist die Geschäftsgrundlage der Ratingagenturen und die Basis des äußerst lukrativen Geschäftsmodells. Daher wäre es evident widersprüchlich, dieses konkret in Anspruch genommene und wirtschaftlich verwertete Vertrauen der Anlegerschaft zu negieren, sobald eine Verantwortlichkeit für Fehlverhalten droht.[1798]

Anderslautende Klauseln in den Bezugsverträgen, wonach die Ratingagenturen keine Gewähr für die Richtigkeit und Tauglichkeit ihrer Ratings übernehmen, sind in der Sache nichts anderes als Haftungsausschlüsse und keinesfalls nur eine – der AGB-Kontrolle nach den §§ 307 BGB entzogene – allgemeine Leistungsbeschrei-

---

1791 *Eisen*, Haftung und Regulierung, S. 333; *Fischer*, Haftungsfragen, S. 87, 101; *Krämer* in: Achleitner/Everling, Handbuch Ratingpraxis, S. 710.

1792 Ähnlich *Fischer*, Haftungsfragen, S. 89; *Meyer*, Rechtsfragen des Rating, S. 88.

1793 *Krämer* in: Achleitner/Everling, Handbuch Ratingpraxis, S. 712; ähnlich *Lampe*, Regulierung, S. 105; *Oellinger* in: Achleitner/Everling, Rechtsfragen im Rating, S. 378; *Thiele*, Einordnung des Rating, S. 89; anders *Korth*, Dritthaftung, S. 74, der das Entgelt allein wegen des hohen personellen und zeitlichen Aufwands für gerechtfertigt hält; allerdings kann dies auch auf Fachzeitschriften zutreffen, die gleichwohl deutlich geringere Abonnementsgebühren verlangen.

1794 Ähnlich *Krämer* in: Achleitner/Everling, Handbuch Ratingpraxis, S. 711; *Schuler*, Regulierung und Verantwortlichkeit, S. 229; *Thiele*, Einordnung des Rating, S. 89.

1795 Ähnlich *Thiele*, Einordnung des Rating, S. 89; anders jedoch *Korth*, Dritthaftung, S. 72 ff.

1796 So auch *Hennrichs* in: FS-Hadding, S. 875 (890); *Meyer*, Rechtsfragen des Rating, S. 98; *Rotter/Kremer* in: Achleitner/Everling, Rechtsfragen im Rating, S. 335; *Wildmoser/Schiffer/Langoth*, RIW 2009, S. 657 (666 f.).

1797 Ebenso *Eisen*, Haftung und Regulierung, S. 327.

1798 *Hennrichs* in: FS-Hadding, S. 875 (890); *Wildmoser/Schiffer/Langoth*, RIW 2009, S. 657 (666).

bung, die über den Umweg der negativen Beschaffenheitsvereinbarung einen faktischen Gewährleistungsausschluss bedeuten würde.[1799] Eine solche Bagatellisierung dieser Klauseln zu bloßen Leistungsbeschreibungen[1800] stünde im Widerspruch zu ihrem Inhalt. Es wird nicht das wechselseitige Leistungsprogramm beschrieben, sondern der Wille der Ratingagentur ausgedrückt, für eine auf einem fehlerhaften Rating basierende Investitionsentscheidung nicht haftbar gemacht werden zu wollen. Dies betrifft zugleich wesentliche Leistungspflichten – Kardinalspflichten – aus dem Kaufvertrag, so dass entsprechende Freizeichnungen gemäß § 307 Abs. 1 BGB keine Wirksamkeit entfalten können.[1801]

Ein Rating ist deshalb gemäß § 434 Abs. 1 S. 2 Nr. 1 BGB mangelhaft, wenn die darin enthaltene Prognose objektiv nicht vertretbar ist, da der vertraglich vorausgesetzte Zweck der sachgerechten Informationsvermittlung und -verwendung nicht mehr erreicht werden kann.[1802] Zu einem mangelhaften Rating kommt es vor allem dann, wenn Pflichten bei der Erstellung, Abgabe oder Kommunikation des Ratings unterlaufen sind. Es gelten insoweit sinngemäß dieselben Anforderungen an die „Richtigkeit" der Ratings, die auch im Verhältnis zu vertraglich verbundenen Emittenten gelten, mithin die gleichen Pflichten und Sorgfaltsanforderungen.[1803] Die Bestimmung und Konturierung entsprechender Pflichten geschieht gleichfalls anhand von Anhang III der Rating-Verordnung, der eine Ausstrahlungswirkung auf das privatrechtliche Vertragsverhältnis zu Anlegern besitzt und den vertraglichen Pflichtenkatalog entsprechend prägt.[1804] Dies ergibt sich aus der Parallele zu den Wohlverhaltenspflichten für Wertpapierdienstleister aus den §§ 31 ff. WpHG, für die eine solche Ausstrahlungswirkung auf den vertraglichen Pflichtenkatalog gegenüber ihrem Kunden wegen ihres (auch) anlegerschützenden Charakters weit-

---

1799 Ebenso *Krämer* in: Achleitner/Everling, Handbuch Ratingpraxis, S. 712 f.; *Lampe*, Regulierung, S. 112; *Mühl*, Zivilrechtliche Verantwortlichkeit von Ratingagenturen, S. 64 f., allerdings bzgl. des Verhältnisses zwischen Ratingagentur und Emittent; einen „faktischen Haftungsausschluss" durch bloße Leistungsbeschreibung benennt auch *Lemke* in: Achleitner/Everling, Handbuch Ratingpraxis, S. 728; generell zur Auslegung von Klauseln als Leistungsbeschreibung oder als der AGB-Kontrolle unterliegender Regelungen siehe *Wurmnest* in: Münchener Kommentar, BGB, § 307, Rn. 12.

1800 So etwa *Lemke*, Ratingwesen, S. 67 f.; *derselbe* in Büschgen/Everling, Handbuch Rating, S. 620; *Schroeter*, Ratings, S. 879, *Thiele* Einordnung das Rating, S. 89; *Vetter*, WM 2004, S. 1701 (1708).

1801 Siehe hierzu bezüglich Emittenten oben F. I. 1. a) dd) (1).

1802 *Fischer*, Haftungsfragen, S. 102 f.; *Hennrichs* in: FS-Hadding, S. 875 (886); *Mühl*, Zivilrechtliche Verantwortlichkeit von Ratingagenturen, S. 122; a.A. *Korth*, Dritthaftung, S. 73; *Stemper*, Rahmenbedingungen, S. 173.

1803 So auch *Eisen*, Haftung und Regulierung, S. 336; *Krämer* in: Achleitner/Everling, Handbuch Ratingpraxis, S. 712; *Meyer*, Rechtsfragen des Rating, S. 90.

1804 Zu der identischen Ausstrahlungswirkung im Verhältnis zu Emittenten siehe oben unter F. I. 1. a) bb).

gehend anerkannt ist.[1805] Im Verhältnis zwischen Ratingagenturen und Anlegern gilt dies insbesondere deshalb, weil auch die Rating-Verordnung ausdrücklich ein „hohes Maß an Anleger- und Verbraucherschutz" bezweckt.[1806] Damit gelten im Ergebnis hinsichtlich der gewährleistungsrechtlichen Inanspruchnahme ähnliche Erwägungen wie bei vertraglich verbundenen Emittenten.

cc) Verletzung von Nebenpflichten gemäß § 241 Abs. 2 BGB

Da die gewährleistungsrechtliche Haftung für eine fehlerhafte Ratingauskunft einen Mangel im Zeitpunkt des Gefahrübergangs, §§ 434 Abs. 1 S. 1, 446 BGB, mithin zum Zeitpunkt der erstmaligen Übermittlung des Ratings erfordert, muss der Fall einer hiernach sorgfaltswidrig verspäteten oder unterlassenen Ratinganpassung gesondert betrachtet werden. Die Ratingagentur schuldet dabei regelmäßig für die Laufzeit des Bezugsvertrags die Kontrolle, Überprüfung und gegebenenfalls sachgerechte Anpassung des Ratings.[1807] Jedenfalls aus der als Nebenpflicht im Sinne des § 241 Abs. 2 BGB zu qualifizierenden Pflicht zur sorgfältigen Rücksichtnahme auf die Vermögensinteressen der mit ihr verbundenen Abonnenten resultiert ein Überwachungs- und Anpassungsgebot.[1808] Wegen der Ausstrahlungswirkung des Anhang III der Rating-Verordnung folgt dies im Übrigen auch aus Anhang III Abschnitt I Nr. 48–49a und Abschnitt II Nr. 3c Rating-Verordnung. Wird ein Rating daher im Nachhinein unrichtig oder unvertretbar, muss die Ratingagentur zur ordnungsgemäßen Vertragserfüllung eine Anpassung vornehmen. Verletzt sie diese Pflicht und entsteht dem betroffenen Abonnenten hieraus ein Schaden, kommen Schadensersatzansprüche aus §§ 280 Abs. 1, 241 Abs. 2, 433 BGB in Betracht.

dd) Weitere Anspruchsvoraussetzungen

Für die weiteren Voraussetzungen eines gewährleistungsrechtlichen Anspruchs gegen die Ratingagentur gilt sinngemäß das Gleiche wie für die werkvertragliche

---

1805 Siehe *BGH* NJW 2008, S. 1734 (1735); WM 2007, S. 487 (489); NJW 2002, S. 62 (63); *Schwark* in: Schwark/Zimmer, Kapitalmarktrechtskommentar, vor § 31 WpHG, Rn. 16, 19.

1806 Erwägungsgrund Nr. 7, 75 der Rating-VO.

1807 *Eisen*, Haftung und Regulierung, S. 336; *Schuler*, Regulierung und Verantwortlichkeit, S. 231.

1808 So auch *Schuler*, Regulierung und Verantwortlichkeit, S. 231, der diese Pflicht jedoch auch dann noch sieht, wenn der Bezugsvertrag bereits geendet hat; es ist jedoch nicht ersichtlich, woraus sich eine solche unbegrenzte nachvertragliche Haftung ergeben sollte; ähnlich *Peters*, Haftung und Regulierung, S. 102; *Lampe*, Regulierung, S. 107 leitet die Überwachungspflicht aus dem „üblichen Verwendungszweck" der Ratings her; *Krämer* in: Achleitner/Everling, Handbuch Ratingpraxis, S. 712 leitet sie aus § 242 BGB wegen Ingerenz her, was nicht überzeugt, da das ursprüngliche Rating zutreffend sein kann (folglich keine die Ingerenz begründende Pflichtverletzung vorliegt) und nur nachträglich als eigenständige Vertragspflicht wegen veränderter Umstände anzupassen ist.

Haftung der Ratingagentur gegenüber Emittenten.[1809] Haftungsausschlüsse finden ihre Grenze jedenfalls in § 444 BGB bei arglistigem Verschweigen oder in einer – in der Praxis nicht vorkommenden – Beschaffenheitsgarantie. Zudem greifen die bereits angesprochenen Beschränkungen aus dem AGB-Recht, §§ 307 ff. BGB.[1810] Die besonderen Vorschriften über Verbrauchsgüterkäufe nach den §§ 474 BGB finden dagegen unabhängig von der möglichen Verbrauchereigenschaft des Vertragspartners keine Anwendung, da sie auf Kaufverträge über bewegliche Sachen beschränkt sind.[1811] Soweit Schadensersatzansprüche des Anlegers im Raum stehen, muss die Ratingagentur die etwaige Mangelhaftigkeit der Ratingpublikation zu vertreten haben, was nach § 280 Abs. 1 S. 2 BGB vermutet wird. Dem Abonnenten obliegt darüber hinaus der Nachweis des mangelhaften Ratings, hierbei der Kausalität zwischen einem Verfahrens- oder Sorgfaltsfehler und dem Ratingergebnis, sowie der Nachweis der Kausalität zwischen dem mangelhaften Rating und seinem Schaden.[1812]

b) Ergebnis

Damit steht fest, dass sich die Ratingagenturen auch gegenüber Anlegern in einem vertraglichen Haftungsregime aus kaufvertraglicher befinden können. Die Haftung gegenüber Anlegern greift grundsätzlich – wie bei Emittenten – schon bei einfacher Fahrlässigkeit. Auch für diese Haftungskonstellation gilt indes, dass die grundsätzlich beim Anleger liegende Beweislast trotz der partiellen Entlastung durch § 280 Abs. 1 S. 2 BGB die praktische Durchsetzungskraft etwaiger Ansprüche massiv mindert.

2. Haftung gegenüber dem allgemeinen Anlegerpublikum

Die Haftung von Ratingagenturen gegenüber Anlegern besitzt eine noch größere Praxisrelevanz, soweit es um die Haftung gegenüber dem allgemeinen Anlegerpublikum geht. Die Ratings der drei großen Agenturen werden – im Zuge der durch das *issuer pays*-Modell weitgehend kostenfreien Verbreitung über Internet, Fachpresse und Anlageberatung[1813] – weltweit von einer nicht bezifferbaren Zahl von privaten, gewerblichen und institutionellen Investoren wahrgenommen, zu Rate gezogen und zur (teilweisen) Grundlage einer Anlageentscheidung gemacht. Hieraus ergibt sich ein potenziell unbegrenzter Kreis an möglichen Geschädigten sowie ein potenziell

1809 Hierzu oben unter F. I. 1. a) dd).
1810 Hierzu oben unter F. I. 1. a) dd) (1).
1811 *Lorenz* in: Münchener Kommentar, BGB, § 474, Rn. 10; für eine analoge Anwendung bei Informationskaufverträgen vgl. *Spindler/Klöhn*, VersR 2003, S. 273 (281).
1812 Vgl. hierzu auch *Eisen*, Haftung und Regulierung, S. 338.
1813 Vgl. *Eisen*, Haftung und Regulierung, S. 341; nach Art. 10 Abs. 1 UAbs. 1 S. 1 Rating-VO sind ohnehin „alle Ratings und Ratingausblicke [...] unterschiedslos und rechtzeitig bekannt“ zu geben.

unbegrenztes Haftungsrisiko, was die Haftungsfrage gleichermaßen relevant wie heikel erscheinen lässt. In rechtlicher Hinsicht stellen sich hier Fragen der quasivertraglichen und außervertraglichen Dritthaftung.[1814] Dabei ist im Hinblick auf die gebotene „Haftungszange“[1815] für Ratingagenturen vor allem relevant, ob es – wie bei Emittenten[1816] – zu einer quasi- oder außervertraglichen Dritthaftung schon bei einfacher Fahrlässigkeit kommen kann, da sich anderenfalls die Vermeidung von fahrlässigen Sorgfaltsfehlern bei der Ratingerstellung nur im Verhältnis zu Emittenten „lohnen“ würde, während sie im Verhältnis zu Anlegern unsanktioniert blieben.[1817] Nachfolgend sind die diversen in Betracht kommenden Haftungsinstitute zu untersuchen, wobei die Frage der Haftung aus § 823 Abs. 2 BGB i.V.m. der Rating-Verordnung als Schutzgesetz eine eigenständige Behandlung an späterer Stelle erfahren wird.[1818]

a) Dritthaftung aus konkludentem Auskunftsvertrag

Eine Haftung von Ratingagenturen gegenüber Investoren könnte zunächst aus einem konkludent geschlossenen Auskunftsvertrag resultieren.[1819] Grundlage dessen müsste ein zumindest konkludentes Angebot der Ratingagentur auf Abschluss eines Auskunftsvertrags durch Veröffentlichung und Zur-Verfügung-Stellung ihrer Ratings einerseits und eine zumindest konkludente Annahme des Anlegers durch (faktische) Inanspruchnahme und Verwendung des Ratings andererseits sein. Dass eine derartige Konstruktion Teil der Haftungsdiskussion um Ratingagenturen ist, fußt auf einschlägiger – wenn auch stark kritisierter[1820] – Rechtsprechung.[1821] Im

---

1814 Wobei schon die Frage nach einschlägigen Anspruchsgrundlagen „Kopfzerbrechen“ bereite, wie der Vizepräsident des Bundesgerichtshofs bereits mitteilen ließ, *Schlick*, WM 2014, S. 633 (639).

1815 *Habersack*, ZHR 160 (2005), S. 185 (207).

1816 Zur Haftung gegenüber Emittenten oben F. I. 1. und 2.

1817 *Wagner* in: FS-Blaurock, S. 467 (469); wobei die Sanktionierung über das vertragliche Haftungsstatut gegenüber Abonnenten nicht unberücksichtigt bleiben kann, wenngleich sie nicht dasselbe Verhaltenssteuerungspotenzial besitzt.

1818 Siehe unten F. III.

1819 Diese Konstellation ist streng genommen eine solche des Bestehens einer vertraglichen Verbindung zwischen Agentur und Anleger. Sie kommt jedoch überhaupt nur im Verhältnis zum allgemeinen, nicht durch Abonnementsvertrag mit der Ratingagentur verbundenen Anlegerpublikum als Rechtsfigur in Betracht und ist daher auch in diesem Zusammenhang zu besprechen.

1820 Wegen der sehr ergebnisorientierten Fiktion eines konkludenten Auskunftsvertrags begegnet die Konstruktion erheblichen Bedenken, die am pointiertesten in der populär gewordenen Wendung zusammengefasst wurden: *„Der Betroffene haftet nicht, wo er will, sondern wo er soll“*, *Medicus*, Bürgerliches Recht, Rn. 371; zur Diskussion im Übrigen übersichtlich *Fischer*, Haftungsfragen, S. 94 ff. m.w.N.

1821 Demnach kommt ein haftungsbegründender Auskunftsvertrag zustande, wenn dem Auskunftsgeber bewusst ist, dass die Auskunft für den Empfänger von erheb-

Mittelpunkt der entsprechenden Subsumtion steht die Frage, ob der Ratingagentur bei Abgabe und Verbreitung ihrer Ratings tatsächlich ein Rechtsbindungswille zum Abschluss eines Auskunftsvertrags gegenüber jedermann unterstellt werden kann. Dies ist durch Auslegung gemäß § 133, 157 BGB sowie unter Anwendung einschlägiger Grundsätze der BGH-Rechtsprechung im Rahmen einer Gesamtschau zu ermitteln. Dabei sind Umstände wie das wirtschaftliche Eigeninteresse des Auskunftsgebers, dessen besondere fachliche Expertise sowie die wirtschaftliche Bedeutung der Mitteilung für die Empfänger als Indizien zu berücksichtigen.[1822]

Für das Vorliegen eines Rechtsbindungswillens einer Ratingagentur spricht vor diesem Hintergrund, dass sie mit der unentgeltlichen und weiten Verbreitung ihrer Ratings zugunsten des allgemeinen Investorenpublikums konkrete eigene wirtschaftliche Interessen verfolgt, da sie von der breiten Wahrnehmung und Rezeption ihrer Ratings wegen der damit verbundenen Marktwertsteigerung im Verhältnis zu Emittenten profitiert.[1823] Zugleich ist ihr bewusst und auch nur recht, dass Ratings für Anleger von wesentlicher Bedeutung sind und zu einem sehr gewichtigen Kriterium einer vermögensrelevanten Anlageentscheidung – einer Vermögensdisposition – werden können.[1824] Diese Faktoren könnten darauf schließen lassen, dass den Agenturen bei der Veröffentlichung der Ratings ein rechtlich relevanter Wille zu einem Auskunftsvertragsschluss zu unterstellen ist.[1825]

Gleichwohl ist zu berücksichtigen, dass das deutsche Zivilrecht grundsätzlich nicht unerhebliche Hürden für die Begründung von Rechtspflichten bei einseitigen Auskünften aufstellt, wie sich in § 675 Abs. 2 BGB zeigt.[1826] Es begegnet dabei

---

licher Bedeutung ist und sie zur Grundlage wesentlicher Vermögensverfügungen gemacht wird, *BGH* NJW-RR 1998, S. 1343 (1344); WM 1990, S. 1990 (1991); WM 1976, S. 498 (499); dies gilt vor allem dann, wenn der Auskunftsgeber besonders sachkundig ist oder ein eigenes wirtschaftliches Interesse verfolgt, *BGH* NJW-RR 1995, S. 619 (620); NJW 1989, S. 1029; NJW 1979, S. 1449.

1822 Letztlich sind die Gesamtumstände unter Berücksichtigung der Verkehrsauffassung und des Verkehrsbedürfnisses entscheidend dafür, ob der Rückschluss zulässig ist, dass beide Teile nach dem objektiven Inhalt ihrer Erklärungen die Auskunft zum Gegenstand vertraglicher Rechte und Pflichten gemacht haben, *BGH* NJW 1989, S. 1029; WM 1973, S. 141 (143); WM 1985, S. 1531 (1533).

1823 *Fischer*, Haftungsfragen, S. 93 f.; *Schuler*, Regulierung und Verantwortlichkeit, S. 234.

1824 Vgl. *Berger/Stemper*, WM 2010, S. 2289 (2290); *Lemke*, Ratingwesen, S. 70; *von Rimon*, Ratings in Deutschland und USA, S. 200.

1825 Vgl. insoweit *BGH* NJW-RR 1998, S. 1343 (1344); WM 1990, S. 1990 (1991); WM 1976, S. 498 (499).

1826 Allerdings ist § 675 Abs. 2 BGB eigentlich nicht unmittelbar anwendbar, da der Wortlaut von „Rat" und „Empfehlung" spricht, das Rating jedoch unter keinen Gesichtspunkten als Rat oder Empfehlung zur Anlage einzustufen ist; „Auskunft" und „Empfehlung" werden im Zusammenhang mit § 675 Abs. 2 BGB aber regelmäßig synonym verwendet, etwa bei *Heermann* in: Münchener Kommentar, BGB, § 675, Rn. 114; *Schwab* in: Dauner-Lieb/Langen, § 675 BGB, Rn. 163; nach

schon substanziellen Bedenken, dass das schlicht tatsächliche Handeln in Form der Veröffentlichung von Ratings überhaupt eine Willenserklärung darstellen soll.[1827] Zudem spricht die Unentgeltlichkeit der Verbreitung der Ratings evident gegen die Annahme, die Ratingagenturen würden zugleich in eine rechtsverbindliche vertragliche Beziehung zu den Nutzern treten wollen.[1828] Zwar muss die Unentgeltlichkeit an sich grundsätzlich noch kein Hindernis für den konkludenten Vertragsschluss darstellen;[1829] etwas anderes muss aber gelten, wenn – wie hier – zugleich die Haftung gegenüber einer unbegrenzten Personenzahl in einer unbegrenzten Höhe in Aussicht steht.[1830] Angesichts eines solchen Haftungsrisikos müssen sehr hohe Anforderungen an die Annahme eines konkludent zum Ausdruck kommenden Willens der Ratingagentur zum Vertragsschluss gestellt werden.[1831] Diese Anforderungen werden vorliegend jedoch nicht erfüllt, insbesondere da die Ratingagenturen bei den Ratingveröffentlichungen hinreichend zum Ausdruck bringen, nicht für ihre Ratings und deren Richtigkeit haften zu wollen.[1832] Was im Falle eines ausdrücklichen Vertragsschlusses im Rahmen von entgeltlichen Abonnementsverträgen einen unzulässigen Haftungsausschluss darstellt,[1833] muss bei der Auslegung im Rahmen

---

Palandt/Sprau, § 675, Rn. 32 erfasst § 675 Abs. 2 BGB Auskünfte „über den Wortlaut hinaus"; ebenso *Koch*, AcP 204 (2004), S. 59 (Fn. 1) unter Verweist auf *RGZ* 126, S. 50 (51); *Schulte-Nölke* in: Schulze, BGB, § 675, Rn. 7; auch nach *Ebenroth/Daum*, WM 1992, Sonderbeilage Nr. 5, S. 2 (12) fallen Ratings als Auskünfte unter die Norm (§ 676 BGB a.F.).

1827 Vgl. grundsätzlich bei Auskünften *Palandt/Sprau*, § 675, Rn. 33; konkret im Bezug auf Ratings bezüglich der „Doppelwertung" der Ratingveröffentlichung als Angebot und gleichzeitige Erfüllungshandlung auch *Fischer*, Haftungsfragen, S. 107; *Mühl*, Zivilrechtliche Verantwortlichkeit von Ratingagenturen, S. 128 f.

1828 *Meyer*, Rechtsfragen des Rating, S. 94; ebenfalls das Merkmal der Entgeltlichkeit für die Auslegung des Rechtsbindungswillens hervor hebend *Schwab* in: Dauner-Lieb/Langen, § 675 BGB, Rn. 165.

1829 Denkbar wäre schließlich zum einen die Qualifizierung des Vertrags als unentgeltlicher Auftrag im Sinne von § 662 BGB; zum anderen dreht sich die vorliegende Betrachtung gerade um die Abgrenzung von Vertrag und Gefälligkeiten, die freilich immer unentgeltlich sind.

1830 *Schuler*, Regulierung und Verantwortlichkeit, S. 235; in Bezug auf Auskunftshaftung von Banken hat auch der BGH entschieden, dass „die Übernahme einer Haftung durch die Bank gegenüber beliebigen noch unbekannten Dritten ungewöhnlich" sei und „ein Angebot ‚an wen es angeht' regelmäßig zu verneinen" sei, *BGH* NJW 1970, S. 1737 m.w.N.

1831 Vgl. *BGH* NJW 1973, S. 321 (323); NJW 1979, S. 1595 (1597); auf eine – oft zitierte – „unmittelbare Fühlungnahme" kommt es dagegen auch nach der Rechtsprechung nicht mehr an, wie schon *Ebenroth/Daum*, WM 1992, Sonderbeilage Nr. 5, S. 2 (13) dargelegt haben.

1832 *Berger/Stemper*, WM 2010, S. 2289 (2290); *Lemke*, Ratingwesen, S. 70; *Schuler*, Regulierung und Verantwortlichkeit, S. 234; vgl. auch *Vetter*, WM 2004, S. 1701 (1710) generell zu Dritthaftungskonstruktionen.

1833 Hierzu oben F. II. 1. a) bb).

konkludenter Erklärungen gegenüber jedermann zur Ablehnung eines originären Willens zum Vertragsschluss führen.[1834] Ein Dritter kann erkennen, dass sich die Agentur mit der unentgeltlichen und uneingeschränkten Veröffentlichung außerhalb von Abonnementsverträgen rechtlich nicht binden will.[1835] Vielmehr verstieße die Fiktion, dass ein Auskunftsgeber bereit sein soll, ein grenzenloses Haftungsrisiko gegenüber jedermann ohne unmittelbare Gegenleistung einzugehen, offensichtlich gegen grundlegende ökonomische und wirtschaftliche Denkgesetze.[1836] Da es Anlegern jederzeit offen steht, in eine entgeltliche Vertragsbeziehung zur Ratingagentur zu treten – und damit einen schuldrechtlichen Vermögensschutz herzustellen –, ist nicht ersichtlich, weswegen sie auch bei der unentgeltlichen Verwendung von Ratings von einem Rechtsbindungswillen der Agentur ausgehen dürfen sollten.[1837] Im Ergebnis ist ein konkludentes Angebot auf Abschluss eines Auskunftsvertrags durch die bloße Ratingveröffentlichung abzulehnen.[1838] Auf eine mögliche konkludente Annahme durch Investoren kommt es dann nicht mehr an.[1839]

b) Dritthaftung aus culpa in contrahendo *gemäß § 311 Abs. 3 BGB*

Die Haftung von Ratingagenturen gegenüber dem allgemeinen Anlegerpublikum ist überdies auf Grundlage der *culpa in contrahendo*-Haftung aus § 311 Abs. 3 BGB zu untersuchen.[1840]

1834 Anderenfalls würde der explizit gegenteilige Wille der Ratingagenturen „ignoriert", so *Lemke*, Ratingwesen, S. 70.

1835 So auch *Berger/Stemper*, WM 2010, S. 2289 (2290); *Schuler*, Regulierung und Verantwortlichkeit, S. 234; *von Rimon*, Ratings in Deutschland und USA, S. 201.

1836 Ein Angebot *ad incertas personas* zum Abschluss eines Auskunftsvertrags daher grundsätzlich als „realitätsfern" und „bei der juristischen Beurteilung" zu vernachlässigen bezeichnend *Heermann* in: Münchener Kommentar, BGB, § 675, Rn. 124; ähnlich *Eisen*, Haftung und Regulierung, S. 344 f.; *von Rimon*, Ratings in Deutschland und USA, S. 201; in der Sache gleich, jedoch im Zusammenhang mit einem Vertrag mit Schutzwirkung zugunsten Dritter *Korth*, Dritthaftung, S. 125.

1837 Ähnlich *Schuler*, Regulierung und Verantwortlichkeit, S. 235.

1838 Im Ergebnis auch *Ebenroth/Koos* in: Büschgen/Everling, Handbuch Rating (1996), S. 496; *Ebenroth/Daum*, WM 1992, Sonderbeilage Nr. 5, S. 2 (13); *Hennrichs* in: FS-Hadding, S. 875 (885); *Meyer*, Rechtsfragen des Rating, S. 94; *Schultes*, Regulierung und Haftung von Ratingagenturen, S. 164.

1839 Auch einem Anleger ist indes durch die bloß faktische Kenntnisnahme keine Abgabe einer Willenserklärung zu unterstellen, so auch *Vetter*, WM 2004, S. 1701 (1711); ähnlich *Eisen*, Haftung und Regulierung, S. 344.

1840 Nicht näher thematisiert wird vorliegend eine quasi-vertragliche Verbindung zwischen Agentur und Anleger nach § 311 Abs. 2 Nr. 3 BGB – ähnliche geschäftliche Kontakte – die Ausgangspunkt für das Rechtsinstitut der zivilrechtlichen Prospekthaftung ist (hierzu grundsätzlich *Emmerich* in: Münchener Kommentar, BGB, § 311, Rn. 135 ff.); Ratings sind allerdings keine Prospekte in diesem Sinne wie auch Ratingagenturen an der Erstellung und Herausgabe der eigentlichen

aa) Regelungsinhalt der schuldrechtlichen Dritthaftung aus § 311 Abs. 3 BGB

Gemäß § 311 Abs. 3 S. 1 BGB kann ein Schuldverhältnis im Sinne des § 311 Abs. 1, 241 Abs. 2 BGB auch zu Personen entstehen, die nicht selbst Vertragspartei werden sollen. Dieser Wendung ist zu entnehmen, dass die Entstehung eines solchen Drittverhältnisses auch und gerade dann in Betracht kommt, wenn es zu einem „eigentlichen" Schuldverhältnis zwischen zwei „Hauptparteien" kommen soll oder gekommen ist. Es entsteht folglich ggf. ein zusätzliches Schuldverhältnis, das neben dem Hauptverhältnis besteht.[1841] In diesem Umstand unterscheidet sich die Dritthaftung aus § 311 Abs. 3 BGB von der – noch zu behandelnden – Rechtsfigur des Vertrags mit Schutzwirkung zugunsten Dritter, bei der nicht ein neues Schuldverhältnis entsteht, sondern die Einbeziehung in ein bereits bestehendes Verhältnis stattfindet;[1842] dies ist vorliegend von Bedeutung, weil es zu unterschiedlicher Haftung bei einem *solicited rating* (Einbeziehung eines Dritten möglich) und einem *unsolicited rating* (kein einbeziehungsfähiger Vertrag) führt, was angesichts der gleichwertigen Rezeption der Ratings nicht unproblematisch und für den Umfang des Investorenschutzes daher von Interesse ist.[1843] Die Haftung aus *culpa in contrahendo* geriete Investoren insoweit zum Vorteil, da sie auch bei *unsolicited ratings* greifen würde.

Für die Voraussetzungen der Entstehung einer Drittbeziehung nach § 311 Abs. 3 S. 1 BGB wird nach einhelligem Verständnis auf einschlägige Rechtsprechung zurückgegriffen, um die Norm mittels anerkannter Fallgruppen in ihrer Anwendung zu konkretisieren.[1844] Dies trägt dem Umstand Rechnung, dass der

---

Emissionsprospekte nicht beteiligt sind; daher erübrigt sich diese Rechtsfigur als Haftungsgrundlage von vorne herein; ebenso *Ebenroth/Daum*, WM 1992, Sonderbeilage Nr. 5, S. 2 (15 f.); *Fischer*, Haftungsfragen, S. 184 ff.; *Schuler*, Regulierung und Verantwortlichkeit, S. 259 f.; *Thiele*, Einordnung des Rating, S. 106 ff.; zur prospekthaftungsähnlichen Verantwortlichkeit von Ratingagenturen nach US-amerikanischen Recht siehe unten G. I. 2. b).

1841 *Emmerich* in: Münchener Kommentar, BGB, § 311, Rn. 172.

1842 Zu dieser sogleich unter F. II. 2. c).

1843 Ähnlich *Schroeter*, Ratings, S. 911; a.A. *Korth*, Dritthaftung, S. 67, 124, der es im Rahmen der vertrauensrechtlichen Expertenhaftung für unerlässlich hält, dass eine Auftragsbeziehung zwischen Drittem und einem der Vertragspartner besteht; die Unterscheidung hat außerdem Auswirkungen auf die Frage, ob die Ratingagentur Einwendungen aus dem Vertrag mit dem Emittenten auch gegenüber dem Anleger geltend machen könnte, hierzu grundsätzlich *Canaris*, JZ 1995, S. 441 (445 f.); auf die unterschiedliche Haftungskonstellation ebenfalls hinweisend *Eisen*, Haftung und Regulierung, S. 359; *Habersack*, ZHR 169 (2005), S. 185 (207).

1844 So *Emmerich* in: Münchener Kommentar, BGB, § 311, Rn. 173; *Krebs* in: Dauner-Lieb/Langen, § 311 BGB, Rn. 120; in diesem Zusammenhang ist die wichtige BGH-Entscheidung zur Sachwalterhaftung zu nennen, in der dieser die in § 311 Abs. 3 S. 2 BGB schließlich zum Gesetz gewordene Bedingung formuliert hat, dass es nicht nur der Inanspruchnahme besonderen Vertrauens bedarf, sondern dass diese in Form der Einflussnahme auf den Vertragsschluss durch die

gesamte Regelungskomplex zur *culpa in contrahendo* ohnehin weitgehend die Kodifizierung gefestigter Rechtsprechung darstellt.[1845] In der Sache handelt es sich bei § 311 Abs. 3 S. 1 BGB insoweit regelmäßig um Fälle der Haftung von Vertretern oder Handlungsgehilfen.[1846] In § 311 Abs. 3 S. 2 BGB ist indes ein Regelbeispiel statuiert, wonach ein Drittverhältnis auch dann entsteht, wenn der Dritte in besonderem Maße Vertrauen für sich in Anspruch genommen hat und der Vertragsschluss oder die Vertragsverhandlungen zwischen den Hauptparteien dadurch erheblich beeinflusst worden sind.[1847] Die Bestimmung wird gemeinhin als die Normierung der Sachwalter-, Sachverständigen- oder Auskunftshaftung verstanden.[1848] Der wichtigste weitere anerkannte Anwendungsfall der Dritthaftung aus § 311 Abs. 3 BGB ist der *procurator in rem suam*, mithin derjenige Dritte, der an dem Hauptgeschäft ein so starkes unmittelbares wirtschaftliches Eigeninteresse besitzt, dass er bei wirtschaftlicher und nicht nur rein formaljuristischer Betrachtung ohnehin der eigentliche Vertragspartner ist.[1849]

Daneben wird anhand von § 311 Abs. 3 BGB auch der Themenkomplex der sogenannten Berufs- oder Expertenhaftung diskutiert und hierunter subsumiert.[1850] Typischer Anwendungsfall soll die Haftung von Rechtsanwälten, Steuerberatern, Gutachtern, Sachverständigen u. a. sein.[1851] Hierin ist letzten Endes die Fortführung der bereits im Zusammenhang mit einem möglichen konkludenten Auskunftsvertragsschluss zwischen Ratingagentur und Investor angesprochenen Diskussion zu erkennen:[1852] Es betrifft die grundlegende Frage, ob ein Experte für seine Auskunft bei erkennbarer wirtschaftlicher Bedeutung für Dritte und der Verfolgung eigener Interessen für die Richtigkeit seiner Auskunft gegenüber Dritten haften muss. Die Auflösung dieser Rechtsfrage über § 311 Abs. 3 BGB stellt insoweit nur eine alternative Herleitung der Anspruchsgrundlage dar und zielt letztlich auf das gleiche Ergebnis wie die Konstruktion eines konkludenten Auskunftsvertrags ab.[1853]

---

besondere persönliche Gewährbietung für Seriosität und Erfüllung des Geschäfts konkretisiert wurde, *BGH* NJW-RR 1991, S. 1241 (1242).

1845 Vgl. *BT-Drucks.* 14/6040, S. 161 f.; *Palandt/Grüneberg*, § 311, Rn. 60.

1846 *Emmerich* in: Münchener Kommentar, BGB, § 311, Rn. 172.

1847 Basierend auf der entsprechenden jahrzehntelang gefestigten Rechtsprechung, siehe etwa *BGH* NJW 2006, S. 2321 (2322); NJW 1997, S. 1233; NJW 1983, S. 2696; NJW 1975, S. 642 (644); NJW 1971, S. 1309; NJW 1954, S. 1925.

1848 *Emmerich* in: Münchener Kommentar, BGB, § 311, Rn. 172; *Thiele*, Einordnung des Rating, S. 91.

1849 Gleichfalls gefestigte und ständige BGH-Rechtsprechung, vgl. etwa *BGH* NJW-RR 1991, S. 1312 (1313) m.w.N.; NJW 1986; 586; NJW 1975, S. 642 (643); NJW 1971, S. 1309.

1850 Grundlegend hierzu *Canaris*, JZ 1995, S. 441 (444 f.); vgl. auch *Finn*, NJW 2004, S. 3752 (3754); *Koch*, WM 2005, S. 1208 (1211).

1851 *Emmerich* in: Münchener Kommentar, BGB, § 311, Rn. 182; *Krebs* in: Dauner-Lieb/Langen, § 311 BGB, Rn. 122.

1852 Hierzu oben F. II. 2. a).

1853 Zu der Parallelität der Diskussionen auch *Koch*, AcP 204 (2004), S. 59 (67 f.).

bb) Anwendung auf Ratingagenturen

Sodann ist zu analysieren, ob das Verhältnis zwischen Ratingagentur und Investoren unter die Dritthaftung des § 311 Abs. 3 BGB subsumiert werden könnte. Dies ist anhand der für § 311 Abs. 3 BGB wesentlichen Fallgruppen der Inanspruchnahme besonderen Vertrauens (nachfolgend unter (a)), des unmittelbaren wirtschaftlichen Eigeninteresses (unter (b)) sowie an den hierzu entwickelten Grundsätzen der Berufshaftung (unter (c)) zu untersuchen.

(1) Inanspruchnahme eines besonderen Maßes an Vertrauen

Eine Ratingagentur könnte in ein Schuldverhältnis mit einem Investor nach § 311 Abs. 3 S. 2, 241 Abs. 2 BGB verstrickt werden, wenn sie aus Sicht des Investors durch die Abgabe ihrer Ratings in besonderem Maße Vertrauen für sich in Anspruch nehmen und dadurch den Vertragsschluss zwischen Investor und Emittent – das Kapitalanlageverhältnis – erheblich beeinflussen würde. Das Merkmal der Inanspruchnahme besonderen Vertrauens ist hinsichtlich seines Bedeutungsumfangs unklar, weswegen umstritten ist, ob hierunter „nur“ Fälle des besonderen *persönlichen* Vertrauens in die Mittelsperson, oder auch Fälle der Expertenhaftung fallen sollen, in denen typischerweise ein (unpersönliches) Vertrauen in die besondere Expertise und Sachkunde des Dritten maßgeblich ist.[1854] Da es jedoch der ausdrückliche Wille des Gesetzgebers war, die Norm nicht nur auf persönliche Vertrauensgewährung zu beschränken, sondern gar „der Rechtsprechung auf[zu]zeigen, dass diese Fälle“, in denen sich der Verhandlungspartner auf die Objektivität und Neutralität des Dritten verlässt, „auch auf diesem Wege“ über die *culpa in contrahendo* „zu lösen sind“,[1855] wird das Merkmal vorliegend nicht nur im Sinne eines rein persönlichen Vertrauens verstanden und ausgelegt werden.

Nach der Konturierung des Begriffs des besonderen Vertrauens durch die Rechtsprechung muss dieses über dasjenige Maß hinausgehen, das in einem gewöhnlichen Vertragsverhältnis typischerweise ohnehin herrscht (oder herrschen sollte), namentlich das Vertrauen in die grundsätzliche Redlichkeit und Anständigkeit des Vertragspartners.[1856] Der betroffene Dritte muss dieses „normale Verhandlungsvertrauen“[1857] insoweit um eine zusätzliche, von ihm ausgehende besondere Gewähr für die Seriosität und die Erfüllung des Geschäfts erweitern und diese bieten.[1858]

1854 Vgl. zum Streitstand nur *Fischer*, Haftungsfragen, S. 154 ff.; *Krebs* in: Dauner-Lieb/Langen, § 311, Rn. 114 m.w.N.

1855 *BT-Drucks.* 14/6040, S. 163; kritisch hierzu *Korth*, Dritthaftung, S. 123 f., der in der gesetzgeberischen Begründung einen „entscheidenden Mangel“ erkennt, da sich Sachwalter im Gegensatz zu „sich als neutral und unabhängig darstellenden Experten“ stets im Auftrag und/oder im Interesse ihres Auftraggebers bewegen.

1856 Das „allgemeine Verhandlungsvertrauen“, so *BGH* NJW-RR 1991, S. 1241 (1242); *BGH* NJW-RR 1989, S. 110 (111).

1857 *BGH* NJW-RR 1989, S. 110 (111).

1858 *BGH* NJW-RR 1991, S. 1241 (1242); NJW 1990, S. 506; NJW 1983, S. 2696 (2697).

Diese Gewähr soll einer Art „Vorstufe zur Garantieerklärung" gleichen.[1859] Dies kann etwa durch die besondere Sachkunde, Zuverlässigkeit oder berufliche und fachliche Qualifikationen des Dritten geschehen.[1860] Das besondere Vertrauen wird regelmäßig durch entsprechende Äußerungen, Erklärungen oder Hinweise des Dritten gegenüber dem Verhandlungspartner begründet werden.[1861] Die Vertrauensbindung muss eine solche Intensität erlangen, dass das Hauptgeschäft aus Sicht des Vertrauenden selbst dann zustande käme, wenn sich dessen eigentlicher Vertragspartner als nicht vertrauenswürdig herausstellten würde.[1862] Der Dritte muss dieses Vertrauen zudem auch konkret in Anspruch nehmen, es also bewusst für seine Zwecke fruchtbar machen wollen.[1863] Schließlich muss das besondere Vertrauen auch ursächlich für eine erhebliche Beeinflussung des Hauptvertrags geworden sein.[1864]

Wendet man die Konstellation der Ratingveröffentlichung und die Beziehung zwischen Anlegern und Ratingagenturen auf diese Tatbestandsvoraussetzungen an, ist festzustellen, dass die Voraussetzungen einer – generellen – schuldrechtlichen Dritthaftung über § 311 Abs. 3 BGB im Sinne der Inanspruchnahme besonderen Vertrauens nicht gegeben sind.[1865] Dabei ist zuvorderst klarzustellen, dass die Fallvariante der Inanspruchnahme besonderen *persönlichen* Vertrauens ohnehin nicht einschlägig sein kann, da es an der persönlichen Fühlungnahme zwischen Rating-

1859 So etwa *BGH* NJW 1994, S. 2220 (2222).

1860 *Emmerich* in: Münchener Kommentar, BGB, § 311, Rn. 178.

1861 *Krebs* in: Dauner-Lieb/Langen, § 311 BGB, Rn. 118.

1862 *Emmerich* in: Münchener Kommentar, BGB, § 311, Rn. 178; *Krebs* in: Dauner-Lieb/Langen, § 311 BGB, Rn. 117.

1863 Im Ratingzusammenhang *Schuler*, Regulierung und Verantwortlichkeit, S. 253; vgl. auch *Koch*, AcP 204 (2004), S. 59 (75); *Krebs* in: Dauner-Lieb/Langen, § 311 BGB, Rn. 117.

1864 Anders als etwa *Schuler*, Regulierung und Verantwortlichkeit, S. 254 annimmt, ist in diesem Tatbestandsmerkmal keine „Vorverlagerung" der Kausalitätsprüfung zwischen Pflichtverletzung und Schaden im Sinne des § 280 Abs. 1 BGB zu erkennen, denn die Kausalität zwischen der Auslösung besonderen Vertrauens und dem späteren Vertragsschluss dient zunächst nur der Feststellung, ob überhaupt eine schuldrechtlich relevante Beziehung zum Sachwalter aufgebaut wurde; erst in dem darauf folgenden Schritt kann untersucht werden, ob Pflichten aus diesem Schuldverhältnis verletzt wurden; diese Pflichtverletzung wird zwar regelmäßig, muss jedoch nicht zwingend in der fehlerhaften Auskunft, Beratung oder Beeinflussung liegen, sondern könnte auch andere Nebenpflichten aus § 241 Abs. 2 BGB betreffen; auf diese Differenzierung ohne nähere Ausführungen ebenfalls hinweisend *Krebs* in: Dauner-Lieb/Langen, § 311 BGB, Rn. 118.

1865 So im Ergebnis auch *Habersack*, ZHR 169 (2005), S. 185 (208); *Vetter*, WM 2004, S. 1701 (1710); a.A. *Berger/Stemper*, WM 2010, S. 2289 (2292); *Krämer* in: Achleitner/Everling, Handbuch Ratingpraxis, S. 717; *Lampe*, Regulierung, S. 122 ff.; *Mühl*, Zivilrechtliche Verantwortlichkeit von Ratingagenturen, S. 135 ff.; *Schuler*, Regulierung und Verantwortlichkeit, S. 254 ff.; *Schultes*, Regulierung und Haftung von Ratingagenturen, S. 198; *Wojcik*, NJW 2013, S. 2385 (2386 f.).

agentur und Investor fehlt. In Betracht kommt daher allenfalls ein besonderes Vertrauen in die behauptete Sachkunde und Expertise – also in die Neutralität und Objektivität der Ratingagenturen. Dabei dürfte außer Frage stehen, dass Anleger den Ratingagenturen – allen voran den großen Drei – grundsätzlich tatsächlich ein sehr hohes Maß an Vertrauen in deren besondere Fachkunde zur objektiven Einschätzung der Bonität von Emittenten und Emissionen entgegen bringen.[1866] Anleger vertrauen bisweilen sogar blind auf Ratings der großen Agenturen und sparen sich aufgrund dessen eine eigene Bonitäts- und Risikoeinschätzung des jeweiligen Anlageobjekts.[1867] Diese Expertise wird von den Agenturen auch konkret behauptet und beworben, weswegen an der Hervorrufung dieser Vertrauensstellung ebenfalls keine Zweifel bestehen dürften.[1868] Die Agenturen nehmen dieses Vertrauen auch in Anspruch, weil sie von der breiten Ratingnutzung wirtschaftlich profitieren.[1869]

Fraglich ist indes, ob diese Art des entgegen gebrachten Vertrauens den Anforderungen des Vertrauensbegriffs nach § 311 Abs. 3 S. 2 BGB genügt. Dagegen sprechen im Wesentlichen zwei Aspekte: Erstens stehen die Natur und der Charakter des zwischen Ratingagentur und Investorenpublikum herrschenden Vertrauensverhältnisses der Subsumtion unter § 311 Abs. 3 S. 2 BGB entgegen. Der Tatbestand der Norm basiert auf Fallkonstellationen singulärer und punktueller Auskunfts- oder Expertenverhältnisse, in denen eine gewisse Konkretheit der einzelnen Rechtsbeziehungen herrscht.[1870] Hierzu zählen beispielsweise das Verhältnis zwischen einem Rechtsanwalt und der Gegenseite hinsichtlich einer *„third party legal opinion“*[1871] oder der Auftritt eines finanziellen Sachwalters für eine nicht kreditfähige und -würdige Person im Zusammenhang mit einer bestimmten Finanzierung.[1872] Solche Fälle zeichnet aus, dass es sich um auf drei Personen beschränkte Verhältnisse handelt, die ein konkretes Einzelgeschäft und eine auf den Abschluss eben dieses Einzelgeschäfts bezogene Expertenauskunft miteinander verbindet.[1873] Keine der involvierten Parteien – insbesondere nicht der haftende Dritte – tritt dabei einer größeren Öffentlichkeit gegenüber oder in eine Beziehung zu einem unbestimmbaren Rezipientenkreis. Das Drei-Personenverhältnis

1866 *Meyer*, Rechtsfragen des Rating, S. 97.

1867 Vgl. *Lampe*, Regulierung, S. 123; *Krämer* in: Achleitner/Everling, Handbuch Ratingpraxis, S. 717; *Vetter* WM 2004, S. 1701 (1709).

1868 *Ebenroth/Daum*, WM 1992, Sonderbeilage Nr. 5, S. 2 (16); *Meyer*, Rechtsfragen des Rating, S. 97; *Vetter* WM 2004, S. 1701 (1709).

1869 Vgl. *Berger/Stemper*, WM 2010, S. 2289 (2292); *Schuler*, Regulierung und Verantwortlichkeit, S. 256; *Schultes*, Regulierung und Haftung von Ratingagenturen, S. 198; a.A. bei *Schroeter*, Ratings, S. 921 wegen des Hinweises der Agenturen darauf, dass Ratings nicht zur Grundlage von Investitionsentscheidungen gemacht werden sollen.

1870 Ausführlich herausgearbeitet von *Schroeter*, Ratings, S. 915 ff.

1871 Siehe *BT-Drucks.* 14/7052, S. 190.

1872 Vgl. *BGH* NJW 1978, S. 1374; NJW 1971, S. 1309 (1310).

1873 *Schroeter*, Ratings, S. 914.

zwischen Ratingagentur, Emittent und Investor ist hiermit nicht vergleichbar, da jedes einzelne Rating theoretisch unzählige Investoren erreicht und daher auch eine Beziehung zu unzähligen und der Agentur gänzlich unbekannten Anlegern entstehen lassen würde. Eine solche Rechtsfolge ginge offensichtlich über den Regelungsgehalt der Haftungsnorm des § 311 Abs. 3 S. 2 BGB hinaus.[1874] Die schuldrechtliche Dritthaftung wegen der Inanspruchnahme besonderen Vertrauens ist nicht dazu geeignet, eine massenhafte und unbegrenzte vertragliche Beziehung des Experten zu einer – im Vorhinein – nicht identifizierbaren und nicht bezifferbaren Anzahl von Vertragspartnern wegen einer einzelnen Expertise zu konstruieren.[1875] Das Vertrauen von Ratingnutzern in die Sachkunde der Ratingagenturen bleibt deshalb im Vergleich zu den genannten klassischen Fallbeispielen auch zu abstrakt.: Es beruht nicht auf einem punktuellen vertrauensbegründenden Ereignis, das zu der Zuschreibung besonderer Expertise für ein konkretes geplantes Geschäft des Anlegers führt,[1876] sondern herrscht nur als generelles, aber diffus bleibendes Gefühl unter Investoren und Kapitalmarktteilnehmern dahin gehend vor, dass den Ratingagenturen entsprechend ihrer allgemeinen Reputation grundsätzlich fachkundige Arbeit zugetraut wird.[1877] Dieses Vertrauensgefühl besteht völlig unabhängig von der jeweiligen Art der konkreten Anlage, des betroffenen Emittenten oder der jeweiligen Agentur, solange einer der *Big Three* betroffen ist. Zugleich geben die Agenturen ihrerseits die Ratings auch nicht im Zusammenhang mit oder in Bezug auf eine konkrete Anlageentscheidung eines Dritten, sondern als pauschale und generelle Marktinformation ab.[1878]

1874 Ähnlich *Haar*, DB 2013, S. 2489 (2490); *Lampe*, Regulierung, S. 125; *Hennrichs* in: FS-Hadding, S. 875 (890); *Meyer*, Rechtsfragen des Rating, S. 99; *Schroeter*, Ratings, S. 914 f.; *Wagner* in: FS-Blaurock, S. 467 (483); a.A. *Berger/Stemper*, WM 2010, S. 2289 (2292) (Fn. 45); *Forschner*, JSE 2012, S. 5 (17), der die unangemessene Ausweitung des Haftungsrisikos nicht als Argument gelten lässt.

1875 Ähnlich wegen des „Massengeschäfts" Rating *Thiele*, Einordnung des Rating, S. 94; ebenfalls ähnlich in Bezug auf die Bestimmtheit der Vertragsverhältnisse *Ebke*, JZ 1998, S. 991 (995 f.).

1876 Zwar muss insoweit nicht zwingend ein unmittelbarer persönlicher Kontakt zwischen dem Dritten und dem Verhandlungsgegner bestehen, da der BGH es beispielsweise genügen lässt, wenn sich der Dritte „im Hintergrund hält" und „eigene Beziehungen zu dem Verhandlungsgegner nur mittelbar über den von ihm betreuten Verhandlungspartner unterhält", *BGH* NJW 1971, S. 1309 (1310); vorliegend fehlt es jedoch auch an einer solchen nur mittelbaren Beziehung, da es generell zu keiner Fühlungnahme zwischen Agentur und Investor kommt, ähnlich hierzu *Thiele*, Einordnung des Rating, S. 92 f.; grundsätzlich zur Frage des Kontakts zwischen Drittem und Verhandlungsgegner, *Koch*, AcP 204 (2004), S. 59 (72 f.).

1877 *Vetter*, WM 2004, S. 1701 (1709) verwendet hierfür die Formulierung einer „diffuse[n] allgemeinen Autoritätsfunktion".

1878 *Schroeter*, Ratings, S. 919 mit weiterer Differenzierung; aus diesem Grund hält *Hennrichs* in: FS-Hadding, S. 875 (890 f.) eine c.i.c.-Haftung dann für möglich, wenn ein Darlehensrating aus *„Anlass eines konkreten Kredits und ‚in Richtung' auf eine*

Zweitens fehlt es Ratings auch an der „Garantieähnlichkeit". Wie ausgeführt, muss das gebildete Vertrauen durch eine Quasi-Garantie des Dritten für die Seriosität und die Erfüllung des Hauptgeschäfts geschaffen worden sein.[1879] Der Dritte soll „Garant der Vertragsdurchführung"[1880] des Hauptgeschäfts – hier der Kapitalanlage des Investors – sein, so dass das Hauptgeschäft sogar dann zustande käme, wenn ein Mangel an Vertrauen in den eigentlichen Vertragspartner bestünde.[1881] Eine derart weitreichende Aussage treffen Ratingagenturen durch die Veröffentlichung ihrer Ratings jedoch nicht. Keinesfalls wird für den Emittenten als Vertragspartner des Anlegers *ge*bürgt oder sich für das geplante Anlagegeschäft *ver*bürgt. Dies stünde auch in krassem Widerspruch etwa zu negativen Ratings, die gerade eine schwache Bonität aufzeigen und daher keine Behauptung über die Seriosität des Hauptgeschäfts darstellen oder zum Geschäftsabschluss animieren. Dass negative Ratings bei risikofreudigen Anlegern allerdings auch einen positiven Anreiz setzen können, zeigt nur, dass es Ratings insgesamt am Empfehlungscharakter fehlt, was der Einordnung unter die Figur der Inanspruchnahme besonderen Vertrauens offensichtlich entgegensteht.[1882] Die Agenturen geben zudem auch zu verstehen, dass ihre Ratings nicht zur Grundlage einer Anlageentscheidung gemacht werden sollen, was angesichts ihres Geschäftsmodells zwar nicht frei von Widersprüchen ist,[1883] jedoch im Rahmen der Betrachtung von § 311 Abs. 3 BGB zu der Erkenntnis führen muss, dass die positive Förderung eines konkreten Investitionsgeschäfts nicht bezweckt wird.[1884] Die Ratingagentur steht auch nicht faktisch „im Lager" des Emittenten, was aber ein typisches –

---

konkrete Bank" abgegeben wird; dies ist jedoch freilich nicht der – dieser Arbeit im Wesentlichen zugrunde gelegte – „Normalfall" der Ratingtätigkeit.

1879 Die Aussagen des Dritten sollen Erklärungen „im Vorfeld einer Garantiezusage" darstellen müssen, so *BGH* NJW 1994, S. 2220 (2222); *OLG Koblenz*, WM 2003, S. 186 (187).

1880 *Emmerich* in: Münchener Kommentar, BGB, § 311, Rn. 178.

1881 *Emmerich* in: Münchener Kommentar, BGB, § 311, Rn. 178; *Krebs* in: Dauner-Lieb/Langen, § 311 BGB, Rn. 117.

1882 So auch *Fleischer*, Gutachten für den 64. Deutschen Juristentag (2002), F 140; *Lemke* in: Achleitner/Everling, Rechtsfragen im Rating, S. 123; *Vetter*, WM 2004, S. 1701 (1710), der es dogmatisch mit einer Art Haftungsausschluss begründet, da die Agenturen in ihren Ratings ausdrücken, nicht für die Richtigkeit ihrer Ratings haften zu wollen, was auch für die Dritthaftung aus § 311 Abs. 3 BGB relevant sein müsse; m. E. ist es schlicht schon der fehlende Empfehlungscharakter der Ratings als solcher, der das Vertrauen, das § 311 Abs. 3 BGB fordert, schon nicht hervorruft und das jeweilige Hauptgeschäft gar nicht zu fördern versucht; a.A. *Habersack*, ZHR 169 (2005), S. 195 (206).

1883 Im Hinblick auf Haftungsausschlüsse bei Abonnementsverträgen, hierzu oben F. II. 1. a) dd).

1884 Ähnlich *Schroeter*, Ratings, S. 920, der hieraus das Fehlen der Inanspruchnahme des Vertrauens der Anleger durch die Ratingagentur schlussfolgert.

wenn auch nicht zwingendes – Merkmal der anerkannten Konstellationen des § 311 Abs. 3 S. 2 BGB in Form der Sachwalterhaftung ist.[1885]

An diesem Ergebnis ändert es auch nichts, wenn für die vertrauensbegründenden Äußerungen des Dritten eine niedrigere Schwelle als die Verbürgung für die Erfüllung des Hauptgeschäfts angesetzt und es für ausreichend gehalten wird, dass der Dritte nur für die Richtigkeit und Vollständigkeit seiner Erklärungen, die für den Entschluss des anderen Teils von Bedeutung sind, Gewähr bietet.[1886] Denn auch eine solche Absicherung ist mit den Ratings erklärtermaßen und ausdrücklich nicht verbunden.[1887]

Die Art der Vertrauensbeziehung, die zwischen Anlegerpublikum und Ratingagenturen herrscht, eignet sich demnach nicht für die Subsumtion unter § 311 Abs. 3 BGB im Hinblick auf die Inanspruchnahme besonderen Vertrauens.

(2) Unmittelbares wirtschaftliches Eigeninteresse

Die zweite anerkannte Fallgruppe der Haftung § 311 Abs. 3 S. 1 BGB ist der *procurator in rem suam*, worunter Fallkonstellationen zu fassen sind, in denen der Dritte ein unmittelbares wirtschaftliches Eigeninteresse am Zustandekommen und am Inhalt des Hauptvertrags besitzt.[1888] Der Dritte muss als „Quasi-Partei" in die Vertragsbeziehung involviert und hierbei in eigener Sache tätigt gewesen sein.[1889] Nicht genügend für die Anwendung der Rechtsfigur ist es, wenn lediglich mittelbare wirtschaftliche Eigeninteressen verfolgt werden, etwa weil Provisionsansprüche oder

---

1885 Zum Begriff des Sachwalters ebenso *Korth*, Dritthaftung, S. 123 f., der ebenfalls besonderen Wert darauf legt, dass der Sachwalter für seinen Auftraggeber tätig wird, so dass die Sachwalterhaftung nicht jeden objektiv und neutral auftretenden Experten erfassen kann; deutlich wird das typische Merkmal des „im-Lager-Stehens" bei den klassischen Fällen der Haftung des Gebrauchtwagenhändlers im Agenturgeschäft, hierzu grundsätzlich *Emmerich* in: Münchener Kommentar, BGB, § 311, Rn. 180 f.; *Palandt/Grüneberg*, § 311, Rn. 66; gleichwohl ist das „im-Lager-Stehen" keine konstitutive Voraussetzung der Dritthaftung bei Experten – vgl. *Koch*, AcP 204 (2004), S. 59 (77) –, es zeigt sich jedoch, dass eine faktische Nähe zwischen Drittem und Verhandlungspartner in der Regel vorliegt und gerade auch die Rechtfertigung für die Haftung bildet, da nur diese Nähe Zweifel an der tatsächlichen Objektivität und Neutralität begründet.

1886 Diese Formulierung enthält etwa *BGH* NJW 1997, S. 1233 (1234), ohne dass näher ausgeführt würde, wie es zu dieser Einschränkung der Dritthaftung kommt; hierauf weist auch *Koch*, AcP 204 (2004), S. 59 (66) hin.

1887 Die Ratings enthalten regelmäßig den Hinweis, dass für die Richtigkeit und Tauglichkeit nicht gehaftet wird, *Vetter*, WM 2004, S. 1701 (1711).

1888 Siehe etwa *BGH* NJW-RR 2006, S. 993 (994); NJW 1990, S. 1907 (1908); NJW 1986, S. 586 (587); vgl. schon RGZ 120, S. 249 (252 f.).

1889 *BGH* NJW 1990, S. 1907 (1908) m.w.N.; *Emmerich* in: Münchener Kommentar, BGB, § 311, Rn. 175.

Gewinnbeteiligungen Folge des Hauptgeschäfts sein könnten.[1890] Typischerweise ist die Rechtsfigur auf das Handeln eines Vertreters oder Verhandlungsgehilfen anzuwenden, der jedoch bei wirtschaftlicher Betrachtung – im Sinne vertauschter Rollen – eigentlich für sich selbst handelt.[1891]

Wendet man auch diese Rechtsfigur auf die Ratingkonstellation zwischen Agentur, Emittent und Anleger an, so wird erneut festzustellen sein, dass eine Haftung der Ratingagentur gegenüber dem Anlegerpublikum aus § 311 Abs. 3 BGB nicht in Betracht kommt.[1892] Es fehlt zunächst schon an der unmittelbaren – oder auch nur zurechenbar mittelbaren – Verhandlungsführung durch die Ratingagentur in Bezug auf das Investitionsverhältnis zwischen Anlegern und Emittenten. Sie ist an diesem eigentlichen Hauptgeschäft selbst nicht beteiligt und tritt auch nicht im Rahmen von Vorverhandlungen oder Vertragsgesprächen auf. Ratingagenturen sind daher auch nicht Quasi-Partei des Investitionsverhältnisses.[1893]

Daher führt auch das grundsätzlich zweifellos vorhandene wirtschaftliche Eigeninteresse der Ratingagentur an der Durchführung von Anlagegeschäften nicht zu einem anderen Ergebnis, da diese Eigeninteressen nur mittelbare Folgen der Ratingnutzung sind.[1894] Auch die Vergütung der Agenturen hängt nicht von konkreten Investitionsentscheidungen von Anlegern ab.[1895]

(3) Auskunftshaftung des Experten

Schließlich ist anzusprechen, dass unter § 311 Abs. 3 BGB auch die Frage der vertrauensrechtlichen Haftung von Sachverständigen, Gutachtern, Experten u. a. für ihre Auskünfte diskutiert wird, ohne dass es hierfür eine konkrete und einheitliche tatbestandliche Konturierung der Fallgruppe gäbe.[1896] Wie bereits angesprochen, handelt es sich hierbei jedoch vornehmlich um eine systematische Diskussion über die taugliche Anspruchsherleitung.[1897] Die Rechtsprechung löst derartige Fall-

---

1890 Insoweit hat sich die Rechtsprechung des BGH im Gegensatz zu früheren Entscheidungen etwas verschärft, vgl. *BGH* NJW NJW-RR 1989, S. 110 (111); NJW 1980, S. 586 (587); eine Übersicht über die Rechtsprechungsentwicklung wird in *BGH* NJW 1994, S. 2220 f. gegeben (bzgl. des lange Zeit sehr strittigen Themas der Eigenhaftung des GmbH-Geschäftsführers); hierzu auch *Koch*, AcP 204 (2004), S. 59 (64).

1891 Vgl. *BGH* NJW-RR 2006, S. 109 (110); *Krebs* in: Dauner-Lieb/Langen, § 311 BGB, Rn. 121.

1892 Im Ergebnis ebenso *Schuler*, Regulierung und Verantwortlichkeit, S. 251.

1893 So auch *Schuler*, Regulierung und Verantwortlichkeit, S. 251.

1894 So auch *Haar*, NZG 2010, S. 1281 (1284).

1895 *Thiele*, Einordnung des Rating, S. 92.

1896 Vgl. *Emmerich* in: Münchener Kommentar, BGB, § 311, Rn. 182 ff.

1897 Zur Zusammenfassung der wesentlichen Positionen *Emmerich* in: Münchener Kommentar, BGB, § 311, Rn. 184; *Schulze* in: Schulze, BGB, § 311, Rn. 21; übersichtlich zu den diversen Modellen der Vertrauenshaftung auch *Ebenroth/Koos* in: Büschgen/Everling, Handbuch Rating (1996), S. 498 f.

konstellationen überwiegend über die sogleich zu untersuchende Rechtsfigur des Vertrags mit Schutzwirkung zugunsten Dritter[1898] sowie über einen möglichen konkludent geschlossenen Auskunftsvertrag.[1899] Dagegen wird in der Literatur auf Basis des erklärten gesetzgeberischen Willens[1900] zum Teil angemahnt, derartige Fälle anhand der *culpa in contrahendo* zu bewerten.[1901] Dieser Streit über die dogmatisch geeignete Grundierung der Fallprüfung braucht hier jedoch nicht geführt werden. Inhaltlich soll die entsprechende Analyse nachfolgend unter der Figur des Vertrags mit Schutzwirkung zugunsten Dritter erfolgen, dies schon um die praxisnähere, weil mutmaßlich von der Rechtsprechung gleichfalls durchgeführte Untersuchung vorzunehmen.[1902]

cc) Zwischenergebnis

Folglich ist festzuhalten, dass eine Verantwortlichkeit von Ratingagenturen für ihre Ratings gegenüber dem allgemeinen Anlegerpublikum jedenfalls nicht über das Rechtsinstitut der *culpa in contrahendo* gemäß § 311 Abs. 1 S. 1 und 2 BGB stattfinden kann. Die entsprechende Dritthaftungskonstruktion scheidet daher aus.

c) Dritthaftung aus den Grundsätzen des Vertrags mit Schutzwirkung zugunsten Dritter

Eine Dritthaftung der Ratingagenturen gegenüber dem allgemeinen Anlegerpublikum ist des Weiteren unter Berücksichtigung der Grundsätze des Vertrags mit Schutzwirkung zugunsten Dritter zu prüfen. Dies ist dasjenige dogmatische Institut, welches die Rechtsprechung typischerweise zu Rate zieht, um Fallkonstellationen der quasi-vertraglichen Dritthaftung für Auskünfte und Expertisen einem rechtlichen Ergebnis zuzuführen.[1903] Eine Haftung ergäbe sich in diesem Falle aus §§ 280 Abs. 1, 241 BGB durch den Eintritt der Investoren in den Vertrag zwischen Ratingagentur und Emittent. Haftungsbegründendes Ereignis aus Sicht

---

1898 Vgl. *BGH* NJW-RR 2011, S. 462 (463); NJW 2004, S. 3035 (2036).

1899 Hierzu oben unter F. II. 2. a).

1900 Siehe *BT-Drucks.* 14/6040, S. 163.

1901 So etwa *Canaris*, JZ 1995, S. 441 (445 f.); *Finn* NJW 2004, S. 3752 (3754); *Hennrichs* in: FS-Hadding, S. 875 (889); *Koch*, AcP 204 (2004), S. 59 (70 f.); *Korth*, Dritthaftung, S. 133 ff.; a.A. *Deipenbrock*, BB 2003, S. 1829 (1852 f.).

1902 Der Grund für die konsequente Lösung dieser Fälle über einen Vertrag mit Schutzwirkung zugunsten Dritter ist, dass hierdurch die Absprachen, Pflichten und Einwendungen aus dem Hauptverhältnis auch auf das Verhältnis zum Dritten anzuwenden sind, da die Haftung des Experten nicht weiter reichen soll als es aus dem Hauptvertrag der Fall wäre, so *BGH* NJW-RR 2011, S. 462 (463).

1903 Dies auch noch nach der Schuldrechtsmodernisierung, siehe etwa *BGH* NJW 2014, S. 2345; NJW-RR 2011, S. 462 (463); NJW 2006, S. 1975; NJW 2004, S. 3035.

der Investoren wäre die Verletzung der Leistungspflicht der Ratingagentur zur vertragsgerechten Ratingerstellung.[1904] Gibt die Ratingagentur infolge einer solchen Verletzung ihrer Pflichten ein fehlerhaftes (zu positiv ausfallendes) Rating ab, so könnte sie Investoren gegenüber, die sich auf das Rating verlassen und hieraus einen Vermögensschaden erlitten haben, aus dem Ratingvertrag haften. Der Hauptleistungsanspruch aus dem Vertrag bleibt dabei unberührt und steht einzig dem eigentlichen Vertragsgläubiger zu.[1905]

Dabei kann schon zu Beginn der Untersuchung festgehalten werden, dass die diesbezügliche Haftung voraussetzt, dass ein *solicited rating* vorliegt, da es anderenfalls an einem einbeziehungsfähigen Drittvertrag aus Sicht der Investoren fehlte.[1906] Die Rechtsfigur ist daher nicht geeignet, einen Vermögensschutz für Anleger bei *unsolicited ratings* herzustellen. Dies erscheint zunächst problematisch, da es eine ungerechtfertigte Ungleichbehandlung zweier eigentlich gleicher Sachverhalte suggeriert: Für die das Rating nutzenden Investoren ist es grundsätzlich unerheblich, ob ein *solicited* oder ein *unsolicited rating* vorliegt; sie werden gleichermaßen von Investoren zu Rate gezogen.[1907] Allerdings sind die Vorteile eines quasi-vertraglichen Vermögensschutzes der Anleger über die Grundsätze des Vertrags mit Schutzwirkung zugunsten Dritter bei näherer Betrachtung auch nur bei *solicited ratings* angebracht: Denn nur bei Bestehen einer vertraglichen Verbindung zwischen Ratingagentur und Emittent treten die wesentlichen Interessenskonflikte zutage, die die Zweifel an der Qualität von Ratings begründen, namentlich die aus dem *issuer pays*-Modell resultierenden Gefahren der Gefälligkeit gegenüber den Emittenten.[1908] Hinzu kommt, dass im Zuge der Vorgaben der Rating-Verordnung nunmehr eine Kennzeichnung von *unsolicited ratings* erfolgen muss,[1909] so dass Investoren um deren tendenziell geringere Aussagekraft wissen und daher die ungleiche Haftungssituation im Hinblick auf den Vertrag mit Schutzwirkung zugunsten Dritter hingenommen werden kann.[1910]

Fraglich ist, ob der Ratingvertrag zwischen Agentur und Emittent die Voraussetzungen eines Vertrags mit Schutzwirkung zugunsten Dritter erfüllt, wie sie von der Rechtsprechung entwickelt worden sind.

1904 Der Dritte ist nach diesen Grundsätzen auch vor der Verletzung von (Haupt)-Leistungspflichten geschützt und nicht nur auf den Schutz von Nebenpflichten aus § 241 Abs. 2 BGB beschränkt, *BGH* NJW 1980, S. 589 (590); NJW 1965, S. 1955 (1957); *Palandt/Grüneberg*, § 328, Rn. 15.

1905 *Palandt/Grüneberg*, § 328, Rn. 13.

1906 *Habersack*, ZHR 169 (2005), S. 185 (207).

1907 *Schroeter*, Ratings, S. 911, 926.

1908 Vgl. *Korth*, Dritthaftung, S. 68 f.

1909 Art. 10 Abs. 5 UAbs. 2 Rating-VO.

1910 Während im umgekehrten Sinne Investoren einem *solicited rating* größeres Vertrauen entgegen bringen, was den entsprechend höheren Vermögensschutz rechtfertigt, vgl. *Habersack*, ZHR 169 (2005), S. 185 (207).

aa) Voraussetzungen der Rechtsfigur

Die Entwicklung und Evolution der Rechtsfigur des Vertrags mit Schutzwirkung zugunsten Dritter ist vorliegend nicht näher zu vertiefen.[1911] Sie beruht letztlich auf der Identifizierung einer vermeintlichen Unzulänglichkeit des deliktischen Vermögensschutzes in bestimmten Konstellationen,[1912] die die Rechtsprechung dazu veranlasst haben, eine auf (ergänzender) Vertragsauslegung[1913] beruhende Erweiterung des durch gewisse Schuldverhältnisse geschützten Personenkreises zu schaffen.[1914] Dies betrifft Personen, die mit der konkreten vertraglichen Leistung in Berührung kommen und für die nach Sinn und Zweck des Vertrags sowie nach Treu und Glauben ein Einbezug in die vertraglichen Schutz- und Obhutspflichten daher sachgemäß und angemessen sei.[1915]

Um eine uferlose, deliktsgleiche Haftung einer Vertragspartei gegenüber Dritten zu vermeiden,[1916] haben sich konkrete Tatbestandsvoraussetzungen herausgebildet: Ein Vertrag entfaltet demnach dann Schutzwirkung zugunsten eines Dritten, wenn ein eben solcher Dritter typischerweise und bestimmungsgemäß mit der Leistung des Vertrags in Berührung kommt, mithin eine typische Leistungsnähe zu einem oder mehreren Dritten besteht.[1917] In der Regel werden es gerade die Folgen einer Schlechterfüllung des Vertrags sein, mit denen ein Dritter typischerweise in Berührung kommen könnte.[1918] Dieser Kontakt zwischen Vertragsleistung und Drittem darf nicht zufällig sein, sondern muss dem Parteiwillen entsprechen.[1919] Darüber hinaus muss der Vertragsgläubiger ein Interesse daran besitzen, dass der Dritte in das

---

1911 Anschaulich auseinandergesetzt in *BGH* NJW 1996, S. 2927 (2928 f.); die Konstruktion wird zurückgeführt auf *RGZ* 91, S. 21 und wird als maßgeblich von *Larenz*, NJW 1956, S. 1193 (1194) in seiner Anmerkung zu *BGH*, Urteil vom 25.04.1956 – VI ZR 34/55 herausgearbeitet und „beim Namen genannt“ angesehen; dabei war entscheidend, dass die Rechtsfigur von der Annahme eines echten Vertrags zugunsten Dritter im Sinne von § 328 BGB weggeführt wurde, vgl. *BGH* NJW 1959, S. 1676.

1912 Siehe *Gottwald* in: Münchener Kommentar, BGB, § 328, Rn. 164; *Schulze* in: Schulze, BGB, § 328, Rn. 12; die „Schwäche“ des Deliktsrechts liegt freilich in dem Fehlen der Haftung für fahrlässig verursachte Vermögensschäden, in der begrenzten Zurechnung des schuldhaften Handelns Dritter sowie in der gegenüber der vertraglichen Haftung erschwerten Beweislastverteilung; vgl. auch *Krimphove* in: Achleitner/Everling, Rechtsfragen im Rating, S. 75.

1913 So nach *BGH* NJW 2004, S. 3035 (3036); NJW 1996, S. 2927 (2928); NJW 1957, S. 1187.

1914 Vgl. exemplarisch *BGH* NJW 1996, S. 2927 (2928); NJW 1968, S. 885 (887).

1915 *BGH* NJW 2014, S. 2577 (2578); NJW 1968, S. 885 (887); NJW 1959, S. 1676 (1677).

1916 *BGH* NJW 2004, S. 3035 (3037); NJW 1998, S. 1059 (1062); NJW 1987, S. 1758 (1760); *Palandt/Grüneberg*, § 328, Rn. 16.

1917 Vgl. etwa *BGH* NJW 2001, S. 3115 (3116); NJW 1973, S. 2059 (2061); NJW 1968, S. 694 (695).

1918 *Preuß* in: Dauner-Lieb/Langen, vor § 328 BGB, Rn. 11 m.N. aus der Rspr.

1919 *Gottwald* in: Münchener Kommentar, BGB, § 328, Rn. 181; *Schulze* in: Schulze, BGB, § 328, Rn. 15.

Schuldverhältnis einbezogen wird.[1920] Der Gläubiger muss insoweit ein objektives Schutzinteresse zugunsten des Dritten besitzen.[1921] Dieser Wille kann sich beispielsweise daraus ergeben, dass der Gläubiger eine gesteigerte Fürsorgepflicht besitzt, da er für „Wohl und Wehe" des Dritten verantwortlich ist;[1922] daneben können auch anderweitige konkrete Umstände ein besonderes Interesse des Gläubigers am Schutz eines bestimmten Dritten belegen und daher eine entsprechende Vertragsauslegung rechtfertigen.[1923]

Des Weiteren setzt die Qualifizierung eines Vertrags als ein solcher mit Schutzwirkung zugunsten Dritter voraus, dass diese Einbeziehung für den Vertragsschuldner auch erkennbar und vorhersehbar war.[1924] Die Erkennbarkeit muss sich sowohl auf die faktische Drittbezogenheit der Leistung als auch auf das vorgenannte Einbeziehungsinteresse des Gläubigers beziehen.[1925] Dabei ist es allerdings nicht erforderlich, dass der Vertragsschuldner Person, Name oder Identität des oder der Dritten genau kennt.[1926] Schließlich setzt die Anwendbarkeit der Grundsätze des Vertrags mit Schutzwirkung zugunsten Dritter voraus, dass der betroffene Dritte auch schutzwürdig ist.[1927] Die Schutzwürdigkeit ist nicht gegeben, wenn der Dritte einen inhaltsgleichen Anspruch auf Ersatz des erlittenen Schadens gegen seinen eigenen Vertragspartner oder er eigene vertragliche Ansprüche gegen den Schädiger besitzt.[1928]

bb) Anwendung der Grundsätze auf den Ratingvertrag

Die Frage, ob sich das Dreiecksverhältnis zwischen Ratingagentur, Emittent und Investor unter die vorgenannten Voraussetzungen subsumieren lässt, wird in der Literatur unterschiedlich beantwortet, wobei weder für die bejahende Auffassung[1929]

1920 Vgl. nur *BGH* NJW 2014, S. 2577 (2578); NJW 2001, S. 3115 (3116); NJW 1996, S. 2927 (2928).

1921 *Schroeter*, Ratings, S. 932.

1922 *BGH* NJW 2001, S. 3115 (3116); NJW 1977, S. 2208 (2209); NJW 1969, S. 269 (272).

1923 *Palandt/Grüneberg*, § 328, Rn. 17a.

1924 *BGH* NJW 1985, S. 489; NJW 1968, S. 885 (887); *Gottwald* in: Münchener Kommentar, BGB, § 328, Rn. 187; *Palandt/Grüneberg*, § 328, Rn 18.

1925 *Palandt/Grüneberg*, § 328, Rn. 18.

1926 *BGH* NJW 2004, S. 3035 (3038); NJW 1995, S. 51 (53); NJW 1995, S. 392.

1927 *BGH* NJW 2014, S. 2577 (2578); NJW 1996, S. 2927 (2929); *Gottwald* in: Münchener Kommentar, BGB, § 328, Rn. 188.

1928 *BGH* NJW 2014, S. 2577 (2578); NJW 2004, S. 3630 (3632); NJW 1978, S. 883; NJW 1996, S. 2927 (2929); *Palandt/Grüneberg*, § 328, Rn. 18.

1929 Vgl. *Amort*, EuR 2013, S. 272 (276); *Ebenroth/Daum*, WM 1992, Sonderbeilage Nr. 5, S. 2 (14), die den Ratingvertrag gar für den „Idealfall eines Vertrags mit Schutzwirkung für Dritte" halten, wenngleich die Subsumtion einzig am Tatbestandsmerkmal der Drittbezogenheit der Ratings festgemacht wird; *Ebenroth/Koos* in: Büschgen/Everling, Handbuch Rating, S. 497; *Krämer* in: Achleitner/Everling, Handbuch Ratingpraxis, S. 715; *Oellinger* in: Achleitner/Everling, Rechtsfragen

noch für die verneinende Auffassung[1930] ein wirkliches Übergewicht im Sinne einer herrschenden Ansicht ausgemacht werden kann. Im Folgenden soll eine entsprechende Prüfung anhand der Tatbestandsmerkmale durchgeführt werden, wobei die dogmatischen Grenzen der Rechtsfigur beachtet werden müssen.

(1) Typische Leistungsnähe der Investoren

Investoren kommen typischerweise und bestimmungsgemäß in Berührung mit und in die Nähe der Leistung der Ratingagenturen. Die Ratingleistung zielt auf die Erstellung und anschließende Veröffentlichung eines Ratings ab. Dieses wird übereinstimmend und absprachegemäß gerade zu dem Zweck der Publikation an die Investorenkreise hergestellt und dient deren Aufklärung und Information.[1931] Da Ratings insoweit final auf die Rezeption und die Verwendung durch interessierte Anleger gerichtet sind, sind es eben diese, die von einer etwaigen Schlechtleistung der Ratingagentur auch betroffen sein können.[1932] Ausgenommen von dieser Betrachtung sind daher nur solche Ratings, die Emittenten „für sich“ etwa zum Zwecke der Eigenprüfung anstellen und die von vorne herein nicht für die Öffentlichkeit

im Rating, S. 381, der die Formulierung „Paradefall für die Annahme eines Vertrags mit Schutzwirkung zugunsten Dritter“ verwendet; *Schultes*, Regulierung und Haftung von Ratingagenturen, S. 178 ff.; *van Look* in: Büschgen/Everling, Handbuch Rating (1996), S. 532 f.; *von Schweinitz*, WM 2008, S. 953 (956 f.); *Wildmoser/Schiffer/Langoth*, RIW 2009, S. 657 (665 f.) beschränkt auf Emissionsratings; *Witte/Hrubesch*, ZIP 2004, S. 1346 (1351); *Witte/Bultmann* in: Achleitner/Everling, Rechtsfragen im Ratings, S. 108.

1930 Vgl. *Eisen*, Haftung und Regulierung, S. 351 ff., der zwischen Emissions- und Emittentenratings differenziert, im Ergebnis jedoch den Einbezug insgesamt ablehnt, S. 358; *Forschner*, JSE 2012, S. 5 (18); *Lampe*, Regulierung, S. 124 f.; *Lemke*, Ratingwesen, S. 82 f., der eine solche Haftung gegenüber vertragsfremden Dritten generell ablehnt, wenn sie sich nicht aus dem rechtsgeschäftlichen Willen der Parteien konkret ergibt; *derselbe* in: Büschgen/Everling, Handbuch Rating, S. 620; *Rohe* in: Achleitner/Everling, Rechtsfragen im Rating, S. 143; *Schroeter*, Ratings, S. 939, der zwischen öffentlichen und privaten Ratings differenziert, im Ergebnis jedoch die Rechtsfigur für beides ablehnt, S. 940 f.; *Schuler*, Regulierung und Verantwortlichkeit, S. 249, der die Rechtsfigur sowohl wegen einer unzulässigen Fiktion des Parteiwillens als auch wegen fehlender Überschaubarkeit des Drittkreises ablehnt.

1931 *Berger/Stemper*, WM 2010, S. 2289 (2290); *Ebenroth/Daum*, WM 1992, Sonderbeilage Nr. 5, S. 2 (14); *Eisen*, Haftung und Regulierung, S. 348; *Fischer*, Haftungsfragen, S. 114; *Schuler*, Regulierung und Verantwortlichkeit, S. 242; *Stemper*, Rahmenbedingungen, S. 175; *von Rimon*, Ratings in Deutschland und USA, S. 202.

1932 *Fischer*, Haftungsfragen, S. 114; *Krämer* in: Achleitner/Everling, Handbuch Ratingpraxis, S. 714; *Schroeter*, Ratings, S. 931; nach *Ebenroth/Daum*, WM 1992, Sonderbeilage Nr. 5, S. 2 (14) sind mithin alle Anleger umfasst, die ein Rating „zur Kenntnis nehmen“; *Wildmoser/Schiffer/Langoth*, RIW 2009, S. 657 (665).

gedacht sind.[1933] An dem Vorliegen der typischen Leistungsnähe wird daher auch in der rechtswissenschaftlichen Literatur, soweit ersichtlich, nicht gezweifelt.[1934]

(2) Einbeziehungsinteresse der Emittenten

Fraglich ist, ob auch ein Einbeziehungsinteresse auf Seiten von Emittenten besteht, die Investoren in den Schutzbereich des Ratingvertrags einzubeziehen. Dies müsste sich nach Rechtsprechung des Bundesgerichtshofs aus einer objektiven Auslegung des betroffenen Vertrags unter Berücksichtigung von Treu und Glauben ergeben.[1935] Die Parallelen der Ratingkonstellation zu den vom Bundesgerichtshof verschiedentlich behandelten typischen Gutachter- und Expertenfällen, in denen ein Verkäufer ein Wertgutachten für einen Verkaufsgegenstand zum Zwecke der Vorlage an einen Kaufinteressenten in Auftrag gibt,[1936] sind dabei evident,[1937] auch wenn eine völlige Gleichsetzung nicht geschehen kann.[1938] Das verbindende Element zwischen Rating- und Gutachterfällen stellt zum einen die Aufgabe des Vertragsschuldners dar, eine Art Wertgutachten (Rating) eines bestimmten Gegenstands auf Basis besonderer Expertise vorzunehmen. Zum anderen verbindet die grundsätzlich vorgesehene Verwendung des Gutachtens bzw. des Ratings durch Dritte (und nicht nur durch den unmittelbaren Vertragspartner) die beiden Konstellationen.

Die Besonderheit dieser Gutachterfälle im Hinblick auf das Merkmal des Einbeziehungsinteresses ist das Bestehen gegenläufiger Interessen beim Vertragsgläubiger (dem Verkäufer) und dem Dritten (dem Käufer), weil der Gläubiger des Gutachters naturgemäß an einer für ihn möglichst profitablen – hohen – Werteinschätzung interessiert ist, während der Käufer seinerseits eine günstige Bewertung wünscht. Daher ließe sich an zweierlei zweifeln: Erstens daran, dass der Vertragsgläubiger überhaupt an einer ordnungsgemäßen und sorgfältigen Erstellung des Gutachtens interessiert ist;[1939] und zweitens daran, dass er seinen Kaufvertragspartner an den

---

1933 Zu solchen Ratingabreden *Everling*, Credit Rating, S. 52 f.

1934 *Fischer*, Haftungsfragen, S. 114; *Meyer*, Rechtsfragen des Rating, S. 95; *Oellinger* in: Achleitner/Everling, Rechtsfragen im Rating, S. 382; *Schroeter*, Ratings, S. 931; *Stemper*, Rahmenbedingungen, S. 175; *Thiele*, Einordnung des Rating, S. 98 f.; *von Schweinitz*, WM 2008, S. 953 (956); *Witte/Hrubesch*, ZIP 2004, S. 1346 (1351).

1935 *BGH* NJW 2012, S. 3165 (3167); NJW 1984, S. 355 (356).

1936 Exemplarisch *BGH* NJW 2004, S. 3035.

1937 Für die Anwendung der Gutachter-Rechtsprechung auf Ratingfälle auch *Deipenbrock*, BB 2003, S. 1849 (1853); *Eisen*, Haftung und Regulierung, S. 349; *Lampe*, Regulierung, S. 114; *von Schweinitz*, WM 2008, S. 953 (956); *Wildmoser/Schiffer/Langoth*, RIW 2009, S. 657 (665).

1938 So verweist etwa *Schroeter*, Ratings, S. 933 auf den „dramatischen Unterschied" zwischen Ratings und Gutachten wegen des bestimmungsgemäß kleineren Kreises von Rezipienten der Gutachten in den vom BGH entschiedenen Fällen; dies geht in die Richtung, die unten unter F. II. 2. c) bb) (5) behandelt wird.

1939 *Fischer*, Haftungsfragen, S. 116; *Schuler*, Regulierung und Verantwortlichkeit, S. 243.

Sorgfaltspflichten des Gutachters aus dem Gutachtervertrag auch teilhaben lassen, ihn also einbeziehen will.[1940] Beide Zweifel sind nach gefestigter Rechtsprechung des Bundesgerichtshofs zu verwerfen: Zum einen wolle derjenige, der bei einem Experten, der über eine besondere, gegebenenfalls staatlich anerkannte Sachkunde verfügt, ein Gutachten bestellt, um dieses gegenüber Dritten zu gebrauchen, auch sichergehen, dass es eine entsprechende Beweiskraft entfalten kann, was nur der Fall sei, wenn es auch objektiv, sachkundig und sorgfältig erstellt wurde.[1941] Zum anderen sei dem Vertragsgläubiger auch das für die Rechtsfigur relevante Interesse an der Einbeziehung des Dritten – etwa seines Verkaufsvertragspartners – in den Gutachtervertrag zu unterstellen, wenn das Gutachten erkennbar zum Gebrauch gegenüber diesem Dritten bestimmt war und diesem bei einer Entscheidung über eine nicht unerhebliche Vermögensdisposition helfen solle.[1942] Letztlich gründet diese Fiktion des Parteiwillens auf der Annahme, dass der Vertragsgläubiger sich gegenüber dem Dritten seinerseits redlich und vertragstreu verhalten will und daher auch in dessen Interesse ein ordnungsgemäß erstelltes Gutachten verlangt.[1943] Diese Situation gegenläufiger Interessen ist auch in den hier behandelten Ratingkonstellationen angelegt, denn auch der Emittent hat primär ein Interesse am bestmöglichen und nicht zwingend am zutreffenden Rating.[1944]

Wegen der strukturellen Ähnlichkeiten sind die in der Rechtsprechung entwickelten Grundsätze zu den Gutachterfällen auf ihre Anwendbarkeit für Ratinghaftungsfälle zu überprüfen: Das Einbeziehungsinteresse wird, wie erläutert, unterstellt, wenn die Expertise eines staatlich anerkannten oder durch einen vergleichbaren Akt in seiner Sachkunde ausgewiesenen Gutachters in Anspruch genommen wird, und das Gutachten erkennbar zum Gebrauch durch Dritte bestimmt ist und diesen bei einer Entscheidung über eine nicht unerhebliche Vermögens-

1940 Diese Differenzierung zwischen dem Interesse an der inhaltlichen Richtigkeit des Gutachtens und dem Interesse, den Dritten sodann auch in den Haftungsschutz der inhaltlichen Richtigkeit einbeziehen zu wollen, vollzieht auch *Thiele*, Einordnung des Ratings, S. 100.

1941 *BGH* NJW 2009, S. 217 (218); NJW 1995, S. 392; NJW 1987, S. 1758 (1759).

1942 *BGH* NJW 2004, S. 3035 (3036); NJW-RR 1989, S. 696; NJW 1987, S. 1758 (1759); NJW 1984, S. 355 (356); freilich folgt aus dieser Wendung eine gewisse Vermischung mit dem dritten Tatbestandsmerkmal der Erkennbarkeit der Einbeziehung für den Vertragsschuldner, die aber vom BGH – mutmaßlich ergebnisorientiert – ignoriert wird, so auch *Koch*, AcP 204 (2004), S. 59 (68).

1943 Vgl. *Fischer*, Haftungsfragen, S. 117; *von Schweinitz*, WM 2008, S. 953 (956).

1944 *Eisen*, Haftung und Regulierung, S. 350; *Fischer*, Haftungsfragen, S. 116; *Haar*, civil liability (2013), S. 3 f.; *Krämer* in: Achleitner/Everling, Handbuch Ratingpraxis, S. 714; *Schroeter*, Ratings, S. 933 f.; *Stemper*, Rahmenbedingungen, S. 175 (Fn. 715); *Thiele*, Einordnung des Rating, S. 99; allerdings kann in Einzelfällen auch ein Anleger ein Interesse am höchst möglichen Rating haben, namentlich dann, wenn er das Wertpapier unverzüglich weiterveräußern will; in solchen Fällen ist keine Gegenläufigkeit der Interessen gegeben, was zusätzlich für das Einbeziehungsinteresse des Emittenten spricht.

disposition dienen soll. Beides trifft auf Ratingkonstellationen grundsätzlich zu: Eine Ratingagentur kann als staatlich anerkannt, zumindest aber als durch einen vergleichbaren Akt ausgewiesene Stelle gelten.[1945] Dies folgt im EU-Raum mittlerweile aus der aufsichtsrechtlichen Registrierung der Ratingagenturen nach Art. 14 Abs. 1, Art. 2 Abs. 1 Rating-Verordnung.[1946] Die Ratings werden mit der Registrierung der jeweiligen Agentur als geeignet anerkannt, regulatorische Funktionen zu übernehmen, womit freilich dem Grunde nach schlicht die Anerkennung der für die Erstellung von Bonitätsurteilen erforderlichen Sachkunde einhergeht.[1947] Dies gilt insbesondere deshalb, weil im Rahmen des Registrierungsverfahrens von den Agenturen gerade auch darzulegen ist, welche Verfahren und Methoden zur Ratingerstellung verwendet werden.[1948] Dass mit der Registrierung kein staatlicher Ausweis über besondere qualitative Fähigkeiten der Ratingagenturen einhergeht, ist unschädlich, da die Rechtsprechung eine solche Ausweisung von dem geforderten „Anerkennungsakt“ nicht verlangt.[1949] Dies ergibt sich schon aus der Parallele der „staatlichen Anerkennung“, die der Bundesgerichtshof etwa bei Rechtsanwälten oder Steuerberatern für ausreichend hält[1950] und die gleichfalls keine qualitative Zertifizierung der betroffenen Experten mit sich bringen. Auch daran, dass Ratings erkennbar zum Gebrauch durch Dritte bestimmt sind und diesen bei einer Entscheidung über eine nicht unerhebliche Vermögensdisposition dienen sollen, bestehen keine Zweifel. Sie werden bestimmungsgemäß von Investoren als Bestandteil einer Investitionsentscheidung zu Rate gezogen. Dabei steht der fehlende Empfehlungscharakter von Ratings hier nicht entgegen, da auch ein Gutachten keine Empfehlung aussprechen muss, um gleichwohl Bestandteil der Entscheidungsfindung eines Dritten über eine Investitionsentscheidung zu werden.[1951]

Es ist mithin festzuhalten, dass bei einer konsequenten Anwendung der Grundsätze der Rechtsprechung des Bundesgerichtshofs zur Vertragsauslegung bei Gutachterfällen ein Einbeziehungsinteresse der Emittenten zu bejahen ist.[1952]

(3) Erkennbarkeit für die Ratingagentur

Die Drittbezogenheit der Leistung und die Umstände, die das Einbeziehungsinteresse der Emittenten begründen, sind den Ratingagenturen auch vollständig bekannt

---

1945 So auch *Berger/Stemper*, WM 2010, S. 2289 (2291).

1946 Hierzu oben D. III. 1. a) bb) (1); für US-Agenturen folgt dies aus deren Anerkennung als NRSRO.

1947 Vgl. *Eisen*, Haftung und Regulierung, S. 349.

1948 Anhang II Nr. 10 zur Rating-VO.

1949 So auch *Schroeter*, Ratings, S. 936; dies verkennend *von Rimon*, Ratings in Deutschland und USA, S. 204.

1950 Siehe *BGH* NJW 1987, S. 1758 (1760); NJW-RR 2004, S. 1356.

1951 *Korth*, Dritthaftung, S. 112; dies verkannt von *Thiele*, Einordnung des Rating, S. 101 f.

1952 So auch *Deipenbrock*, BB 2003, S. 1849 (1853).

und damit für sie erkennbar.[1953] Da zudem an die persönliche Individualisierbarkeit der Dritten aus Sicht des Vertragsschuldners keine hohen Anforderungen gestellt werden,[1954] steht auch die theoretische Vielzahl der möglichen Dritten in den Ratingkonstellation der Annahme der Erkennbarkeit im Sinne der Rechtsfigur nicht *per se* entgegen.

(4) Schutzwürdigkeit der Anleger

Zuletzt ist zu untersuchen, ob Anleger auch als schutzwürdige Dritte im Sinne der Rechtsfigur gelten können. Dies ist, wie dargestellt, dann zu bejahen, wenn sie keinen eigenen gleichwertigen Anspruch auf Schadloshaltung gegenüber den Emittenten, mit denen sie aufgrund der Anlage oder Investition vertraglich verbunden sind, und auch keinen vertraglichen Ersatzanspruch gegenüber der Ratingagentur besitzen.[1955] Während Letzteres in Fällen der Betroffenheit des vertraglich nicht mit der Agentur verbundenen allgemeinen Anlegerpublikums ohne Zweifel gegeben ist,[1956] muss für die Schutzwürdigkeit im Hinblick auf vergleichbare Ansprüche der Investoren gegenüber dem jeweils betroffenen Emittenten differenziert werden:[1957] Zwischen Anlegern und Emittenten bestehen regelmäßig vertragliche Verbindungen, etwa in Form einer als Darlehensvertrag oder Schuldverschreibung zu qualifizierenden Investition.[1958] Wenn aus diesem Verhältnis (Schadensersatz-)

1953 So auch *Berger/Stemper*, WM 2010, S. 2289 (2291); *Fischer*, Haftungsfragen, S. 118; *Korth*, Dritthaftung, S. 111; *Schroeter*, Ratings, S. 939; *Stemper*, Rahmenbedingungen, S. 176; dem Grunde nach auch *von Rimon*, Ratings in Deutschland und USA, S. 208; *von Schweinitz*, WM 2008, S. 953 (956).

1954 Siehe oben F. II. 2. c) aa); vgl. auch *Eisen*, Haftung und Regulierung, S. 351, demzufolge die „Individualisierbarkeit der einzubeziehenden Dritten in der Rechtsprechung kaum eine große Rolle" spiele.

1955 Siehe oben F. II. 2. c) aa).

1956 Auch Art. 35a Rating-VO begründet insoweit keinen die Schutzwürdigkeit ausschließenden vertraglichen Schadensersatzanspruch gegen die Ratingagentur, da es sich um einen deliktischen oder deliktsähnlichen und nicht um einen vertraglichen Anspruch handelt, hierzu oben E. II. 1. a); a.A. *von Rimon*, Ratings in Deutschland und USA, S. 209, die hierin einen inhaltlich gleichwertigen Anspruch erkennt, obwohl in Art. 35a Rating-VO eine Beweislastumkehr wie in § 280 Abs. 1 S. 2 BGB nicht enthalten ist und die Haftung erst bei grober Fahrlässigkeit beginnt, weshalb ein gleichwertiger vertraglicher Vermögensschutz evident nicht gegeben ist.

1957 Die Subsumtion dieses Tatbestandsmerkmal fällt insoweit in der Literatur gelegentlich etwas oberflächlich aus oder wird schnell pauschal bejaht, siehe etwa *Fischer*, Haftungsfragen, S. 121; *Lampe*, Regulierung, S. 117; *Schultes*, Regulierung und Haftung von Ratingagenturen, S. 189; gänzlich weggelassen trotz eigentlich ausführlicher Prüfung der Tatbestandsmerkmale etwa bei *von Schweinitz*, WM 2008, S. 953 (956 f.); *Witte/Hrubesch*, ZIP 2004, S. 1346 (1351); im Übrigen wird die Schutzwürdigkeit regelmäßig gar nicht angesprochen, da die Figur zuvor abgelehnt wird.

1958 *Schroeter*, Ratings, S. 941.

Ansprüche resultieren würden, bestünde keine Schutzwürdigkeit dahin gehend, für die betroffenen Schäden einen weiteren Anspruchsschuldner in Gestalt der Ratingagenturen zu erhalten.[1959] Vor diesem Hintergrund ist die Schutzwürdigkeit der Anleger in den typischen Ratingkonstellationen regelmäßig deshalb zu verneinen, weil Investoren im Falle des Ausfalls ihrer Anlage einen vertraglichen Rückzahlungsanspruch gegenüber dem jeweiligen Emittenten, etwa aus § 488 Abs. 1 S. 2 BGB, besitzen.[1960] Die gegebenenfalls insolvenzbedingte Unfähigkeit des Emittenten, die Zahlungen zu leisten, begründet nicht die Schutzwürdigkeit der Anleger im Sinne der vorliegenden Rechtsfigur, da diese nicht dem Zweck dient, dem Dritten das Insolvenzrisiko zu nehmen und ihm einen zusätzlichen solventen Schuldner zuzusprechen,[1961] sondern ausschließlich dann eingreifen soll, wenn sich wegen des Fehlens vertraglicher Ansprüche vermeintliche Schwächen und Lücken des deliktischen Vermögensschutzes auftun.[1962]

Gleichwohl taugt das vorstehende Ergebnis nicht zu der Konklusion, dass die Schutzwürdigkeit im Sinne der Rechtsfigur schlechthin nicht gegeben sein kann.[1963] Denn wie bereits dargestellt, sind auch andere Schadenspositionen der Anleger als der Ausfall ihrer Anlage denkbar, etwa bei Differenzschäden oder entgangenem Gewinn.[1964] Derartige Schadenspositionen sind nicht durch potenzielle Ansprüche gegenüber dem Emittenten abgedeckt.[1965]

(5) Bestimmbarkeit der einzubeziehenden Dritten: Keine uferlose Haftung

Nach den vorstehenden Ausführungen ist eine Subsumtion der Ratingkonstellationen unter die gängigen Voraussetzungen eines Vertrages mit Schutzwirkung zugunsten Dritter grundsätzlich denkbar. Es bleibt allerdings zu untersuchen, ob sich dieses Ergebnis mit dem Sinn und Zweck der Rechtsfigur final vereinen lässt. In der Rechtsprechung wird insoweit stets betont, dass kein paralleles Deliktsrecht geschaffen werden dürfe, das die im BGB bewusst gezogenen Grenzen zwischen

---

1959 *Haar*, NZG 2010, S. 1281 (1283); unberücksichtigt bleiben können dabei Ansprüche gegen den Emittenten aus Prospekthaftung, da diese nicht als gleichwertig im Hinblick auf Ansprüche aus einem Vertrag mit Drittschutzwirkung einzuordnen sind, so *BGH* NJW 2014, S. 2345 (2347) m.w.N.

1960 Siehe *Schroeter*, Ratings, S. 941; dem Grunde nach erkennt dies auch *Thiele*, Einordnung des Rating, S. 99 f., zieht jedoch hieraus keine konkreten Schlüsse in Bezug auf die Schutzwürdigkeit im Sinne der Rechtsfigur.

1961 So ausdrücklich *BGH* NJW 2004, S. 3630 (3632); ähnlich *Haar*, NZG 2010, S. 1281 (1283); *Lemke*, Ratingwesen, S. 83.

1962 Zur Herleitung der Rechtsfigur oben F. II. 2. c) aa).

1963 So jedoch *Schroeter*, Ratings, S. 941.

1964 Vgl. *Eisen*, Haftung und Regulierung, S. 337; *Korth*, Dritthaftung, S. 189 ff.; denkbar ist auch entgangener Gewinn aus einer unterlassenen lukrativen Alternativinvestition, vgl. *Korth*, Dritthaftung, S. 177.

1965 Insbesondere nicht durch Prospekthaftungsansprüche, die als nicht vergleichbar eingestuft werden, siehe *BGH* NJW 2014, S. 2345 (2347) m.w.N.

Vertrags- und Deliktsrecht gänzlich aufheben oder verwischen würde.[1966] Gemeinhin wird diese Erkenntnis in der Wendung zusammengefasst, dass es eine „uferlose Haftung" des betroffenen Vertragsschuldners zu vermeiden gelte.[1967] Für die daher erforderliche Konturierung des Haftungsumfangs sollen die vorgenannten Tatbestandsvoraussetzungen sorgen, deren immanenter Bestandteil es ist, dass der Kreis der potenziell einzubeziehenden Dritten abgrenzbar, für den Vertragsschuldner kalkulierbar und insbesondere versicherbar bleibt.[1968] Es geht mithin um das Erfordernis einer (*ex-ante*) möglichen Bestimmbarkeit der einzubeziehenden Dritten im Sinne der Rechtsfigur.[1969]

In der vorliegend behandelten Ratingkonstellation gilt es nun, zu entscheiden, ob diese Bestimmbarkeit noch gegeben ist. Dies ist auf den ersten Blick wegen der besonderen Umstände der Ratingtätigkeit zu verneinen: Ratings werden de facto der gesamten Weltöffentlichkeit durch Publizierung im Internet, der Presse oder anderweitige elektronische oder virtuelle Informationswege zur Verfügung gestellt.[1970] Dritter im Sinne der Rechtsfigur könnte mithin jedermann sein oder werden. Es liegt auf der Hand, dass die Ratingagenturen daher *ex ante* den Kreis der potenziell einbeziehungsfähigen Dritten weder bestimmen noch das Risiko kalkulieren oder versichern können.[1971] Aus diesem Grund wird die Anwendbarkeit der Grundsätze des Vertrags mit Schutzwirkung zugunsten Dritter in der rechtswissenschaftlichen Auseinandersetzung auch häufig abgelehnt.[1972] Dagegen wird die erforderliche Bestimmbarkeit vereinzelt dadurch konstruiert, dass etwa nur diejenigen Dritten erfasst seien, die konkret in eine bestimmte geratete Emission investiert haben.[1973] Oder aber es wird konstatiert, die Haftung sei auf die Ersterwerber von Emissionen zu beschränken,[1974] wenngleich sich eine solche Reduzierung des potenziellen Anspruchstellerkreises aus den zuvor behandelten Tatbestandsvoraussetzungen der Rechtsfigur und auch dem Regulierungsbedürf-

---

1966 Vgl. etwa *BGH* NJW 1969, S. 269 (273); ebenso *Rotter/Kremer* in: Achleitner/Everling, Rechtsfragen im Rating, S. 336 f.

1967 Etwa *BGH* NJW 1998, S. 1059 (1062); NJW 1987, S. 1758 (1760).

1968 *BGH* WM 2009, S. 1128 (1133); NJW 2004, S. 3035 (3038); NJW 1987, S. 1758 (1760); NJW 1984, S. 355; *Gottwald* in: Münchener Kommentar, BGB, § 328, Rn. 179.

1969 Vgl. auch *BGH* NJW 1998, S. 1059 (1062).

1970 *Schroeter*, Ratings, S. 939.

1971 Vgl. *Deipenbrock*, BB 2003, S. 1849 (1853); *Eisen*, Haftung und Regulierung, S. 350; *Stemper*, Rahmenbedingungen, S. 176.

1972 Siehe etwa *Eisen*, Haftung und Regulierung, S. 355; *Habersack*, ZHR 169 (2005), S. 185 (207 f.); *Rotter/Kremer* in: Achleitner/Everling, Rechtsfragen im Rating, S. 337; *Stemper*, Rahmenbedingungen, S. 176 f.; *Thiele*, Einordnung des Rating, S. 103; *Wagner* in: FS-Blaurock, S. 467 (482); aus der jüngeren Rechtsprechung nunmehr auch *LG Düsseldorf*, Urteil v. 17.03.2017–10 O 181/15.

1973 So *von Schweinitz*, WM 2008, S. 953 (956 f.).

1974 So etwa *Korth*, Dritthaftung, S. 115; *Krämer* in: Achleitner/Everling, Handbuch Ratingpraxis, S. 715; *Peters*, Haftung und Regulierung, S. 114.

nis nicht entnehmen lässt;[1975] auch Zweiterwerber können bestimmungsgemäß mit der Ratingleistung in Berührung kommen.[1976] Letztlich umfasste der Kreis der möglichen Dritten daher schlicht all diejenigen, die von dem Rating Kenntnis genommen haben.[1977]

Gleichwohl erfordert eine praxisnahe Einschätzung der Problematik eine differenzierte Auseinandersetzung insbesondere mit einschlägiger Rechtsprechung des Bundesgerichtshofs. Dabei sind die bereits angesprochenen Gutachter- und Expertenfälle[1978] nicht mehr weiterführend, auch wenn durch den Bundesgerichtshof hierin wiederholt betont wurde, dass auch eine Vielzahl potenzieller Anspruchsteller der Anwendung der Rechtsfigur nicht entgegenstehen muss.[1979] Diese Fälle zeichnen sich jedoch zum einen dadurch aus, dass Gutachten oder Expertisen im Mittelpunkt stehen, die von vorne herein aus Anlass eines konkreten (zukünftigen) Vertragsverhältnisses zwischen dem Gläubiger des Einbeziehungsvertrags und dem oder den Dritten abgegeben werden, und zum anderen dadurch, dass die Gutachten nicht unbegrenzt an Dritte veröffentlicht werden, sondern gleichfalls von vorne herein nur an einen bestimmten Personenkreis oder gar zunächst nur an den unmittelbaren Vertragsgläubiger weitergegeben werden, der die Expertise wiederum selbst an seine möglichen Vertragspartner weiterleitet.[1980] Beide Merkmale unterscheiden sich erheblich von der Veröffentlichungspraxis bei Ratings, insbesondere wegen ihrer Veröffentlichung als allgemeine Marktinformation zur Wahrnehmung und Verwendung durch jedermann.

In einem den Ratinghaftungsfällen strukturell ungleich ähnlicheren Fall[1981] hat der Bundesgerichtshof allerdings auch einmal entschieden, dass der Ersteller eines fehlerhaften Grundstückswertgutachtens über den Vertrag mit Schutzwirkung zugunsten Dritter haftbar gemacht werden kann, wenn das Gutachten im Rahmen der Emission einer Anleihe, die mit Grundpfandrechten an eben diesem Grundstück

---

1975 Ähnlich *Fischer*, Haftungsfragen, S. 120; *Forschner*, JSE 2012, S. 5 (18); grundsätzlich kritisch hierzu *Hopt*, NJW 1987, S. 1745 (1746).

1976 Dies entspricht auch dem Zweck der Ratings als allgemeine Marktinformation zur Schaffung eines liquiden Sekundärmarktes, so auch *Meyer*, Rechtsfragen des Rating, S. 100.

1977 *„Der Kreis der schutzberechtigten Personen umfasst alle Anleger, die das Rating zur Kenntnis nehmen"*, *Ebenroth/Daum*, WM 1992, Sonderbeilage Nr. 5, S. 2 (14).

1978 Hierzu oben F. II. 2. c) bb) (2).

1979 Vgl. etwa *BGH* NJW 1998, S. 1059 (1062); NJW-RR 1993, S. 944; NJW 1984, S. 355 (356); es gibt jedoch auch Fälle, in denen der BGH die Einbeziehung wegen der Vielzahl unbekannter Dritter abgelehnt hat, etwa *BGH* WM 2006, S. 423 (425); NJW 1998, S. 1948 (1950).

1980 Ähnlich zur Unterscheidung dieser Fälle *Eisen*, Haftung und Regulierung, S. 356; *Schroeter*, Ratings, S. 933; *von Rimon*, Ratings in Deutschland und USA, S. 206; *Wagner* in: FS-Blaurock, S. 467 (481).

1981 So auch *Korth*, Dritthaftung, S. 112; siehe auch *Witte/Bultmann* in: Achleitner/Everling, Rechtsfragen im Rating, S. 108.

besichert wurde, verwendet wird und sich Investoren auf den (falsch) begutachteten Wert verlassen haben.[1982] Die potenzielle Vielzahl der Kreditgeber hätte der Anwendung der Rechtsfigur entgegen stehen können. Der Bundesgerichtshof hat die Haftung gleichwohl unter dem Gesichtspunkt der Bestimmbarkeit des einzubeziehenden Personenkreises bejaht, da der Gutachter um die Zweckbestimmung seines Gutachtens zur Erlangung von Krediten Dritter gewusst habe.[1983] Ausgangspunkt für die Anwendung der Rechtsfigur trotz personell scheinbar uferloser Haftung solle dann sein, ob sich das Haftungsrisiko des Vertragsschuldners summenmäßig durch den Einbezug vielzähliger Dritter erweitert oder nicht.[1984] Wenn wie im genannten Fall das Haftungsrisiko durch den festgestellten Wert des begutachteten Grundstücks – der die Grundlage für die Beleihungsgrenze gebildet hat – mehr oder weniger vorgegeben ist und sich dieses nur in viele Einzelteile ver- bzw. eine Vielzahl von Personen summenmäßig aufteilt, sei eine (uferlose) Haftungsumfangserweiterung nicht gegeben.[1985] Aus dieser Rechtsprechung ließe sich schlussfolgern, dass das Rating einer konkreten Emission zu einer Haftung der Ratingagentur über die Grundsätze des Vertrags mit Schutzwirkung zugunsten Dritter führt, da das Haftungsrisiko durch den Nennwert der Anlage der Höhe nach in etwa vorgegeben ist und sich nur auf mehrere Dritte[1986] aufteilen würde, ohne sich materiell zu vergrößern.[1987] Damit steht zugleich fest, dass jedenfalls für Emittentenratings keine Haftung in Betracht kommt, da hier eine wertmäßige Eingrenzung des Haftungsrisikos für jedwede Emissionstätigkeit des bewerteten Emittenten nicht erfolgen kann.[1988]

Konkrete Emissionsratings dagegen könnten nach dem Vorgesagten eine entsprechende Haftung begründen.[1989] Dies würde allerdings verkennen, dass es sich auch bei dem im genannten Urteil des Bundesgerichtshofs behandelten Gutachter nicht um einen Anbieter permanenter, weltweit und uneingeschränkt publizierter

---

1982 *BGH* NJW 2004, S. 3035; zuletzt bestätigt in *BGH* NJW 2014, S. 2345 (2346).

1983 *BGH* NJW 2004, S. 3035 (3038).

1984 *BGH* NJW 2004, S. 3035 (3038).

1985 *BGH* NJW 2004, S. 3035 (3038).

1986 Die Anzahl ergibt sich in etwa durch die *„Höhe der Emission dividiert durch den Nennwert der kleinsten Stückelung“*, so *Eisen*, Haftung und Regulierung, S. 350 (Fn. 1434).

1987 So *Eisen*, Haftung und Regulierung, S. 352 f.; *Korth*, Dritthaftung, S. 115; vgl. auch *Schultes*, Regulierung und Haftung von Ratingagenturen, S. 183 ff.

1988 So sieht es denn auch *Eisen*, Haftung und Regulierung, S. 353; vgl. aber *Schultes*, Regulierung und Haftung von Ratingagenturen, S. 187 f., wonach das Haftungsrisiko auch bei Emittentenratings nicht unbegrenzt, sondern ggf. nur „unglaublich hoch“ ist, was eine terminologische Spitzfindigkeit darstellt, da anderenfalls auch eine Haftung gegenüber jedermann nicht unbegrenzt, sondern nur – zahlenmäßig begrenzt durch die Weltbevölkerung – unglaublich weit reichte.

1989 Bejahend *Eisen*, Haftung und Regulierung, S. 353; *Wildmoser/Schiffer/Langoth*, RIW 2009, S. 657 (666).

Marktinformationen gehandelt hat. Es bleibt auch in diesem konkreten Fall bei dem signifikanten Wesensunterschied zu dem Geschäftsmodell der Ratingagenturen und der Veröffentlichungspraxis der Ratings. Das „Massengeschäft“[1990] Rating mit der Vielzahl und der Frequenz der von den großen Agenturen abgegebenen Ratings bei Emissionsvolumina in Milliardenhöhe[1991] kann dogmatisch nicht genauso behandelt werden wie Fälle punktueller und singulärer Expertenauskünfte.[1992] Auch die genannte Entscheidung kann folglich nicht eins zu eins auf Ratingfälle übertragen werden.[1993] Hinzu kommt außerdem, dass sich bei Emissionsratings durchaus eine summenmäßige Erweiterung des zunächst nur anhand des Nennbetrags der Anleihe bestimmbaren Haftungsrisikos ergeben kann. Denn Anleger können, wie gezeigt,[1994] nicht nur durch den Ausfall des Investitionsgegenstands in ihrem Vermögen geschädigt sein, sondern auch andersartige Schäden – etwa Zinsdifferenzschäden oder entgangene Gewinne aus alternativen Anlagen – erleiden, die in der Summe das Anleihevolumen überschreiten können. Schließlich kann eine summenmäßige Erweiterung auch durch Schäden auf Sekundärmärkten eintreten, die als potenzielle Risikoerweiterung bei Ratingkonstellationen gegeben wäre.[1995]

Im Ergebnis muss daher festgehalten werden, dass die gebotene Bestimmbarkeit der in den Vertrag einzubeziehenden Dritten in der hier untersuchten Haftungskonstellation nicht mehr gegeben ist, so dass die Figur des Vertrags mit Schutzwirkung zugunsten Dritter final nicht angewendet werden kann. Die Grenzen des vertraglichen Haftungsschutzes zum Deliktsrecht würden anderenfalls praktisch aufgehoben werden.[1996]

(6) Widerspruch zu evidentem Parteiwillen

Zuletzt ist ein weiterer Einwand gegen die Anwendung der Grundsätze des Vertrags mit Schutzwirkung zugunsten Dritter auf Ratingverträge zu formulieren. Bei der Subsumtion eines Sachverhalts unter die zuvor skizzierten Tatbestandsvoraussetzungen der Rechtsfigur darf nicht außer Acht gelassen werden, dass es sich nach der Rechtsprechung des Bundesgerichtshofs bei der Rechtsfigur um eine

---

1990 *Thiele*, Einordnung des Rating, S. 94.

1991 *Eisen*, Haftung und Regulierung, S. 350, der angesichts des entsprechenden Haftungsrisikos von einem „Damoklesschwert der vollständigen Existenzvernichtung“ spricht, aaO., S. 357.

1992 Vgl. *Spindler/Klöhn*, VersR 2003, S. 273 (279 f.) für die Haftung von Informationserteilungen über den Vertrag mit Schutzwirkung zugunsten Dritter.

1993 A.A. *Schultes*, Regulierung und Haftung von Ratingagenturen, S. 183 ff.

1994 Siehe oben D. IV. 2. c).

1995 Vgl. *Forschner*, JSE 2012, S. 5 (18); *Korth*, Dritthaftung, S. 115; a.A. *Eisen*, Haftung und Regulierung, S. 354, der keine summenmäßige Erweiterung des Haftungsrisikos durch Zweiterwerb/-Veräußerungen erkennt, dabei jedoch andere Schadenspositionen als den bloßen Anleiheausfall bei Weiterveräußerungen verkennt.

1996 Ebenso *Eisen*, Haftung und Regulierung, S. 355 f.; *Habersack*, ZHR 169 (2005), S. 185 (207 f.).

(gegebenenfalls ergänzende) Vertragsauslegung handeln soll.[1997] Maßgeblich muss daher letzten Endes immer der hypothetische Parteiwille sein. Die Annahme eines wechselseitigen Einbeziehungswillens kann jedoch nicht auf Fälle zutreffen, in denen es evident nicht mehr dem Willen beider oder auch nur einer der involvierten Parteien – insbesondere des Vertragsschuldners – entspricht, den Haftungsumfang auf Dritte zu erstrecken.[1998] Dies würde anderenfalls eine unzulässige, dem Willen der Vertragsparteien konkret widersprechende Art der Vertragsauslegung darstellen.[1999] Dabei soll vorliegend keine abstrakte Diskussion darüber geführt werden, ob die Figur des Vertrags mit Schutzwirkung zugunsten Dritter in solchen Expertenhaftungsfällen *per se* eine unzulässige Fiktion des Parteiwillens darstellt.[2000] Es ist ausreichend, festzustellen, dass es jedenfalls in den hier untersuchten spezifischen Ratingfällen nicht Ergebnis der Auslegung des Willens der Vertragsparteien sein kann, dass das allgemeine Investorenpublikum einen vertraglichen Haftungsschutz gleich des Emittenten und gleich den tatsächlich mit der Ratingagentur vertraglich verbundenen Abonnenten genießt.

Hiergegen spricht vor allem die Unentgeltlichkeit der unbeschränkten Veröffentlichung der Ratings. Ein Wille zum haftungstechnischen Einbezug des allgemeinen Investorenpublikums kann einer Ratingagentur beim Abschluss eines Ratingvertrags vor diesem Hintergrund nicht ernsthaft unterstellt werden.[2001] Sie würde sich anderenfalls einem völlig einseitigen und zugleich permanent existenzgefährdenden Haftungrisiko aussetzen,[2002] ohne hierfür eine entgeltliche Vergütung oder anderweitige Abdeckung dieser freiwilligen Risikozunahme zu erhalten.[2003] Es ist bei lebensnaher Betrachtung ausgeschlossen, dass eine Ratingagentur diese Haftungszunahme subjektiv will oder bereit ist, sie als unweigerlichen Bestandteil der dem Emittenten geschuldeten Rating-

---

1997 Vgl. nur *BGH* NJW 2004, S. 3035 (3036); NJW 1996, S. 2927 (2928).

1998 Vgl. *Schuler*, Regulierung und Verantwortlichkeit, S. 244.

1999 So auch *Hennrichs* in: FS-Hadding, S. 875 (889).

2000 Nach der hier vertretenen Auffassung ist sie dies nicht; insbesondere die BGH-Rechtsprechung hinsichtlich der vermeintlichen Gegenläufigkeit der Interessen der Parteien in den typischen Gutachterfällen ist noch durchaus überzeugend, allerdings herrschen signifikante Unterschiede zu den Ratingfällen, wie im vorliegenden Abschnitt beleuchtet wurde; zu der abstrakten Diskussion über eine mögliche unzulässige Fiktion durch die Rechtsfigur siehe *Canaris*, JZ 1995, S. 441 (444); konkret im Ratingzusammenhang *Hennrichs* in: FS-Hadding, S. 875 (887 f.); *Korth*, Dritthaftung, S. 125; *Lemke*, Ratingwesen, S. 82; *Meyer*, Rechtsfragen des Rating, S. 96; *Mühl*, Zivilrechtliche Verantwortlichkeit von Ratingagenturen, S. 131 f.

2001 So auch *Krimphove* in: Achleitner/Everling, Rechtsfragen im Rating, S. 75; *Schuler*, Regulierung und Verantwortlichkeit, S. 246; der Wille, nicht zu haften, ist auch zu unterscheiden von dem – durchaus zu unterstellenden – Willen, sorgfaltsgemäß zu handeln, ähnlich *Fischer*, Haftungsfragen, S. 128.

2002 Vgl. *Eisen*, Haftung und Regulierung, S. 357.

2003 Die Risikoabdeckung könnte insbesondere auch nicht durch Emittenten übernommen werden.

leistung zu akzeptieren.[2004] Die auf objektiven Umständen basierende Unterstellung eines solchen Willens widerspräche folglich evident ihrem tatsächlichen Willen.[2005] Auch auf Seiten von Anlegern kann keine anderweitige Erwartungshaltung entstehen.[2006] Sie würden anderenfalls mit Ratingabonnenten gleichgestellt, ohne sich in ein solches Vertragsverhältnis begeben zu haben und ihrerseits Leistungen in Gestalt einer Vergütung erbracht haben zu müssen.[2007]

Die der Konstruktion der Rechtsfigur zugrunde liegende Vertragsauslegung würde nach alledem eine Verkehrung der Parteiinteressen der Ratingagenturen in ihr exaktes Gegenteil bedeuten. Ein solcher wider den Willen erfolgender Haftungszwang ist jedoch Wesensmerkmal des Deliktsrechts und nicht privatautonom begründeter Haftung.

cc) Ergebnis

Im Ergebnis ist für die Untersuchung der Dritthaftung der Ratingagenturen aus den Grundsätzen des Vertrags mit Schutzwirkung zugunsten Dritter festzuhalten, dass sich die in der Rechtsprechung herausgebildeten Voraussetzungen dieser Rechtsfigur zwar zunächst auf den Ratingvertrag zwischen Agentur und Emittenten anwenden, jedoch letztlich mit ihrem Wesen nicht vereinen lassen. Demnach ist der Ratingvertrag nicht als Vertrag mit Schutzwirkung zugunsten Dritter zu qualifizieren und eine entsprechende Dritthaftung gegenüber dem allgemeinen Anlegerpublikum ausgeschlossen.

d) Dritthaftung aus Geschäftsführung ohne Auftrag

Auch eine quasi-vertragliche Haftung von Ratingagenturen gegenüber Anlegern über das Rechtsinstitut der Geschäftsführung ohne Auftrag kommt im Ergebnis nicht

---

2004 Vgl. für den Fall eines Abschlussprüfers BGH NJW-RR 2006, S. 611 (612): Es *„kann [...] regelmäßig nicht angenommen werden, dass der Abschlussprüfer ein so weites Haftungsrisiko zu übernehmen bereit ist, wie es sich aus der Einbeziehung einer unbekannten Vielzahl von Gläubigern, Gesellschaftern oder Anteilserwerbern in den Schutzbereich ergäbe"*.

2005 *Fischer*, Haftungsfragen, S. 129; *Schuler*, Regulierung und Verantwortlichkeit, S. 246.

2006 Ähnlich *Fischer*, Haftungsfragen, S. 131; *Lemke* in: Büschgen/Everling, Handbuch Rating, S. 621; die Sicht von Anlegern als potenzielle Dritte ist deshalb vorliegend von Bedeutung, weil auch der BGH vereinzelt auf die Sichtweise und die Erwartungen des Dritten abgestellt hat, in den Schutzbereich eingezogen zu werden, siehe etwa *BGH* NJW 1998, S. 1059 (1061); mit Recht kritisch zu dieser Erweiterung der in die Auslegungsbetrachtung einzubeziehenden Parteien *Hennrichs* in: FS-Hadding, S. 875 (889).

2007 Deshalb ebenfalls kritisch *Eisen*, Haftung und Regulierung, S. 355 f.; *Lemke* in: Achleitner/Everling, Handbuch Ratingpraxis, S. 729; *Thiele*, Einordnung des Rating, S. 102.

in Betracht.[2008] Hiernach würde eine Ratingagentur gemäß §§ 280 Abs. 1, 677 ff. BGB haften, wenn sie eine Pflicht aus dem durch die berechtigte Geschäftsführung ohne Auftrag begründeten Schuldverhältnis verletzte und bei Investoren hierdurch ein Schaden entstünde. Allerdings fehlt es am erforderlichen Fremdgeschäftsführungswillen der Ratingagenturen, d.h. an dem Bewusstsein und der Absicht, – neben der Verfolgung etwaiger eigener Interessen – auch und vordringlich für und im Interesse eines Dritten zu handeln.[2009] Zwar bedingt es der Verwendungszweck von Ratings, dass die Agenturen auch zugunsten von Anlegern und in deren Aufklärungsinteresse tätig werden, weswegen sie die Investoren auch als ihre „natürlichen Kunden" betrachten.[2010] Jedoch vermag dies nicht darüber hinweg zu täuschen, dass die Leistung, die die Ratingagenturen erbringen, nicht von Altruismus getragen ist.[2011] Die Agenturen verfolgen mit der Ratingveröffentlichung vorrangig eigene wirtschaftliche Interessen und Ziele.[2012] Dieses Haftungsinstitut kommt daher vorliegend nicht in Betracht.

e) *Deliktische Ansprüche*

Schließlich ist zuletzt ein deliktisches Haftungsstatut zwischen Ratingagenturen und dem allgemeinen Anlegerpublikum zu untersuchen. Die Betrachtung muss sich dabei auf etwaige Ansprüche aus § 826 sowie aus § 823 Abs. 2 BGB beschränken, denn andere Anspruchsgrundlagen sind von vorne herein nicht einschlägig, da das Deliktsrecht das Vermögen des Geschädigten bewusst nur eingeschränkt schützt.[2013] Eine besondere Stellung nimmt indes die Prüfung einer Haftung aus

---

2008 Dies wird, soweit ersichtlich, in der rechtswissenschaftlichen Literatur wenig bis gar nicht diskutiert, einzig *Meyer*, Rechtsfragen des Rating, S. 62 stellt eine vergleichbare Betrachtung an, allerdings für das Verhältnis zwischen Ratingagentur und Emittent.

2009 *BGH* NJW-RR 2004, S. 81 (82 f.); *Palandt/Sprau*, § 677, Rn. 3.

2010 *Monro-Davies* in: Büschgen/Everling, Handbuch Rating, S. 178.

2011 So auch *Wagner* in: FS-Blaurock, S. 467 (469): *„In der Wirklichkeit sind Ratingagenturen keine Samariter, die im Interesse der Kapitalanleger um Wahrheit und Exaktheit der von ihnen herausgegebenen Bewertungen bemüht sind, sondern es handelt sich um börsennotierte Wirtschaftsunternehmen* [...]."

2012 Dies gilt sowohl für *solicited ratings*, bei denen die Ratingagenturen primär ihre vertraglichen Pflichten gegenüber Emittenten erfüllen, wofür sie auch vergütet werden – was einem Fremdgeschäftsführungswillen zugunsten eines außervertraglichen Dritten entgegen steht, vgl. *BGH* NJW-RR 2004, S. 81 (83) – als auch bei *unsolicited ratings*, die die Ratingagenturen im eigenen Interesse zur Steigerung des informationellen Netzwerkeffekts abgeben, so auch *Stemper*, Rahmenbedingungen, S. 136.

2013 Vgl. grundlegend *Wagner* in: Münchener Kommentar, BGB, § 823, Rn. 370; *Wagner* in: FS-Blaurock, S. 467 (478); § 823 Abs. 1 BGB entfällt daher, weil das Vermögen kein geschütztes Rechtsgut ist; ein Vermögensschutz geschieht hier auch nicht mittelbar über die Verletzung anerkannter „sonstiger" Rechte, da das allgemeine

§ 823 Abs. 2 i.V.m. der Rating-Verordnung ein; dies soll in einem eigenen Abschnitt ausführlich beleuchtet werden und bleibt zunächst noch ausgeklammert.[2014]

aa) Dritthaftung gemäß § 826 BGB

Denkbar ist eine Haftung von Ratingagenturen gegenüber Anlegern aus § 826 BGB, wobei für die Voraussetzungen dieses Anspruchs dasselbe gilt, was schon im Verhältnis der Agenturen zu Emittenten festzuhalten war.[2015] Soweit eine Ratingagentur also vorsätzlich oder leichtfertig ein grob fehlerhaftes Rating abgibt, gegen die unmittelbar anwendbaren und verbindlichen Verhaltenspflichten aus der Rating-Verordnung verstößt und/oder fehlerhafte Ratings gar gezielt zur bewussten Schädigung einsetzt, kommt die Schadloshaltung von Anlegern, die hierauf vertraut und eine nachteilige Investitionsentscheidung getroffen haben, in Betracht.[2016] Gleiches gilt, wenn die Ratingagentur und der jeweilige Emittenten durch Kollusion an dem unsachgemäß zu positiv ausfallenden Rating zusammengewirkt haben.[2017]

Der entscheidende Unterschied zur Haftungskonstellation gegenüber Emittenten liegt in der Prüfung des Vorsatzes der Ratingagenturen: Fraglich könnte nämlich sein, ob diese bei einem pflichtwidrigen Rating auch mit Vorsatz im Hinblick auf eine Anlegerschädigung handeln, wenn es ihnen in erster Linie um eine Beeinflussung oder Bevorteilung des Emittenten ging, weil sie sich Gefälligkeitsanreizen hingegeben haben. Allerdings werden die ratingspezifischen Umstände zumindest einen Eventualvorsatz hinsichtlich der Anlegerschädigung nahe legen: Da Ratings final stets auf die Rezeption und die Verwendung durch Anleger gerichtet sind, muss eine Ratingagentur auch immer darum wissen, dass ein Ratingfehler nicht nur „intern" im Verhältnis zum Emittenten bleibt, sondern immer auch geeignet ist, eine Vielzahl externer Dritter mittelbar zu schädigen. Jedenfalls nimmt sie im Sinne eines Eventualvorsatzes billigend in Kauf, dass In-

---

Persönlichkeitsrecht von Investoren evident nicht betroffen wird und auch der eingerichtete Gewerbebetrieb als verletztes Rechtsgut nicht einschlägig ist; § 824 BGB kann ebenfalls keine Haftung gewähren, da Ratings evident keine Aussage über Anleger, sondern lediglich über bewertete Emittenten treffen.

2014 Hierzu unten F. III.

2015 Siehe oben F. I. 2. a) cc).

2016 *Berger/Stemper*, WM 2010, S. 2289 (2293); *Ebenroth/Daum*, WM 1992, Sonderbeilage Nr. 5, S. 2 (19); *Schuler*, Regulierung und Verantwortlichkeit, S. 270; *Thiele*, Einordnung des Rating, S. 120.

2017 *Berger/Stemper*, WM 2010, S. 2289 (2293); *Lemke* in: Achleitner/Everling, Handbuch Ratingpraxis, S. 731; *Krimphove* in: Achleitner/Everling, Rechtsfragen im Rating, S. 79; *Stemper*, Rahmenbedingungen, S. 177; insbesondere die Finanzmarktkrise 2007/2008 hat gelehrt, dass Agenturen und Emittenten ein geradezu symbiotisches Miteinander bei der Bewertung und der Emission komplexer Finanzinstrumente möglich war (vgl. *Haar*, NZG 2010, S. 1281 (1285)), weshalb der Verdacht kollusiven Verhaltens nicht nicht praxisfern ist.

vestoren mit dem jeweiligen Rating in Berührung kommen und hierauf basierende Folgeschäden erleiden können.[2018]

Die nicht zu leugnende Praxisferne dieses Haftungstatbestands ergibt sich dabei nicht etwa daraus, dass derartige – als sittenwidrig einzustufende – Konstellationen *per se* unwahrscheinlich sind,[2019] sondern aus der auf Seiten von Investoren liegenden Beweislast für sämtliche Tatbestandsvoraussetzungen.[2020]

bb) Dritthaftung gemäß § 823 Abs. 2 BGB

Eine Haftung für Vermögensschäden von Anlegern schon bei nur einfacher Fahrlässigkeit, könnte sich womöglich aus § 823 Abs. 2 BGB ergeben. Wegen dieser für die Praxis einer möglichen Haftung der Ratingagenturen ganz entscheidenden Weichenstellung kommt der Prüfung dieses Tatbestands große Bedeutung zu. § 823 Abs. 2 BGB setzt dabei voraus, dass der Schädiger ein Schutzgesetz im Sinne dieser Norm verletzt hat.

An dieser Stelle ist als solches Schutzgesetz nur § 264a StGB betreffend den Kapitalanlagebetrug in den Blick zu nehmen.[2021] Der auf den ersten Blick ebenfalls in Betracht kommende § 34b WpHG betreffend die Erstellung von Finanzanalysen[2022] bedarf dagegen keiner weiteren Exegese,[2023] da die Norm nicht auf Ratings anzuwenden ist,[2024] wenngleich Ratings eine nicht zu leugnende Nähe zu indirekten Anlageempfehlungen – also Finanzanalysen[2025] – besitzen.[2026] Diesbezüglich hat sich

2018 So im Ergebnis auch *Schuler*, Regulierung und Verantwortlichkeit, S. 270.

2019 So noch *Eisen*, Haftung und Regulierung, S. 360; *Fischer*, Haftungsfragen, S. 199.

2020 *Ebenroth/Daum*, WM 1992, Sonderbeilage Nr. 5, S. 2 (19); *Ebenroth/Koos* in: Büschgen/Everling, Handbuch Rating (1996), S. 500; *Fischer*, Haftungsfragen, S. 200; *Schroeter*, Ratings, S. 892 f. m.w.N.; a.A. *Wagner* in: FS-Blaurock, S. 467 (477) hinsichtlich des Vorsatznachweises; ähnlich *Müssig*, NJW 1989, S. 1697 (1703).

2021 Die Schutzgesetzeigenschaft der Rating-VO wird eine gesonderte Betrachtung erfahren, siehe unten F. III.

2022 Zu dessen Regelungszweck siehe *Buck-Heeb*, Kapitalmarktrecht, § 12, Rn. 656.

2023 Wobei schon strittig ist, ob § 34b WpHG ein Schutzgesetz darstellt; zutreffend wird die Schutzgesetzeigenschaft zum Teil bejaht, siehe *Spindler*, NZG 2004, S. 1138 (1147); *derselbe*, NJW 2004, S. 3449 (3454); die wohl herrschende Auffassung lehnt dies jedoch ab, da Finanzanalysen an eine Vielzahl von Empfängern ausgerichtet seien und es mithin am Individualschutzcharakter des § 34b WpHG fehle, so etwa *Fett* in: Schwark/Zimmer, Kapitalmarktrechtskommentar, § 34b WpHG, Rn. 49 m.w.N.

2024 Vgl. auch *Rögner* in: Achleitner/Everling, Rechtsfragen im Rating, S. 154.

2025 Finanzanalysen sind nach der Legaldefinition Informationen über Finanzinstrumente oder deren Emittenten, die direkt oder indirekt eine Empfehlung für eine bestimmte Anlageentscheidung enthalten und einem unbestimmten Personenkreis zugänglich gemacht werden sollen.

2026 Eine strukturelle Ähnlichkeit erkennend *Deipenbrock*, BB 2005, S. 2085 (2088); *Schuler*, Regulierung und Verantwortlichkeit, S. 264; dem Grunde nach angedeutet, jedoch keine „klassischen Analyseberichte“ erkennend *Spindler*, NJW 2004, S. 3449

der EU-Gesetzgeber jedoch klar positioniert:[2027] Nach Erwägungsgrund Nr. 20 zur Rating-Verordnung soll eine Gleichsetzung von Finanzanalysen und Ratings ausgeschlossen sein. Zudem sollen Ratings – im Gegensatz zu Finanzanalysen – explizit keine (indirekten) Empfehlungen aussprechen dürfen,[2028] was der Qualifizierung von Ratings als Finanzanalysen zusätzlich entgegen steht, da diese sich gerade dadurch auszeichnen, dass eine Anlageentscheidung alleine auf Basis der direkten oder indirekten Empfehlung aus der Finanzanalyse möglich ist.[2029] Eine Anwendung von § 34b WpHG auf Ratings scheidet daher aus.[2030]

Ebenso verzichtet werden kann auf eine Diskussion der These, dass allgemeine Verkehrssicherungspflichten – wie sie im Rahmen von § 823 Abs. 1 BGB anhand der hierin genannten absoluten Rechtsgüter entwickelt werden[2031] – als Schutzgesetze im Sinne des § 823 Abs. 2 zu behandeln seien.[2032] Sie ist schon wegen des fehlenden Rechtsnormcharakters (Art. 2 EGBGB) der Verkehrssicherungspflichten abzulehnen und daher hier auch nicht einschlägig.[2033]

(3453); *derselbe*, DStR 2002, S. 1576 (1581) Ratingagenturen als den Finanzanalysten „*ähnlich*" bezeichnend, da beide „*dem Kapitalmarkt signalisieren, welche Produkte empfehlenswert*" sind; die Subsumtion unter indirekte Empfehlungen für nicht ausgeschlossen haltend, *Holzborn/Israel*, WM 2004, S. 1948 (1955); beide Interpretationen des § 34b WpHG für vertretbar haltend *Schroeter*, Ratings, S. 686; a.A. *Fett* in: Schwark/Zimmer, Kapitalmarktrecht, § 34b WpHG, Rn. 6. Direkte Anlageempfehlungen sind Ratings dagegen niemals, so auch *Buck-Heeb*, Kapitalmarktrecht, § 12, Rn. 658; *Hellgardt*, Kapitalmarktdeliktsrecht, S. 310; *Holzborn/Israel*, WM 2004, S. 1948 (1955); *Lemke* in: Büschgen/Everling, Handbuch Rating, S. 622; *derselbe* in: Achleitner/Everling, Rechtsfragen im Rating, S. 124.

2027 Zu vorhergehenden Verwirrung über die Auslegung des Empfehlungsbegriffs bedingt durch widersprüchliche Aussagen der EU-Kommission und des CESR siehe *Schroeter*, Ratings, S. 686 f. m.w.N.

2028 Vgl. Erwägungsgrund Nr. 22 der Rating-VO; ebenso Art. 3 Abs. 2 Rating-VO.

2029 *Fett* in: Schwark/Zimmer, Kapitalmarktrecht, § 34b WpHG, Rn. 6; *Wehowsky* in: Erbs/Kohlhaas, Strafrechtliche Nebengesetze, § 34b WpHG, Rn. 7.

2030 *Schuler*, Regulierung und Verantwortlichkeit, S. 264 f., allerdings hinsichtlich der Durchführungsrichtlinie zur Marktmissbrauchsrichtlinie RL 2003/125/EG v. 22.12.2003, ABlEU 2003 L 339/73, die in Erwägungsgrund Nr. 10 ebenfalls Ratings nicht als Empfehlungen anerkennen wollte; ebenso *Deipenbrock*, BB 2005, S. 2085 (2088); *Lemke* in: Büschgen/Everling, Handbuch Rating, S. 622; *Rotter/Kremer* in: Achleitner/Everling, Rechtsfragen im Rating, S. 338; vgl. auch *von Rimon*, Ratings in Deutschland und USA, S. 112; *Fett* in: Schwark/Zimmer, Kapitalmarktrecht, § 34b WpHG, Rn. 6.

2031 *Wagner* in: Münchener Kommentar, BGB, § 823, Rn. 380; vgl. auch *BGH* NJW 1987, S. 2671 (2672).

2032 Hierzu etwa *von Bahr*, JuS 1988, S. 169 (171 f.) m.w.N.; *Larenz/Canaris*, Lehrbuch des Schuldrechts, Bd. II/2, § 76 III, S. 406; ausführlich im Ratingzusammenhang bei *Fischer*, Haftungsfragen, S. 192 ff.

2033 Vgl. statt vieler *Wagner* in: Münchener Kommentar, BGB, § 823, Rn. 490; im Ergebnis auch *Fischer*, Haftungsfragen, S. 198; *Lemke*, Ratingwesen, S. 75.

Dementsprechend kommt eine Haftung von Ratingagenturen nach § 823 Abs. 2 BGB einzig wegen eines Kapitalanlagebetrugs gemäß § 264a StGB in Betracht. Hiernach dürfen im Zusammenhang mit dem Vertrieb von Wertpapieren in Darstellungen oder Übersichten über diesen Vermögensgegenstand hinsichtlich erwerbsentscheidungsrelevanter Umstände gegenüber einem größeren Kreis von Personen keine unrichtigen vorteilhaften Angaben gemacht oder nachteilige verschwiegen werden. Dies könnte etwa auf *issue ratings* zutreffen, wenn sie im Zusammenhang mit dem Vertrieb des bewerteten Finanzinstruments fehlerhaft zu positiv ausfallen. Taugliche Täter des § 264a StGB sind insoweit alle an der Erstellung oder Verbreitung eines Prospekts oder einer Übersicht über den Vermögensgegenstand beteiligten Personen, etwa auch Rechtsanwälte oder Anlageberater.[2034] Der Begriff der betroffenen Übersichten und Darstellungen ist ebenfalls weit zu verstehen und erfasst Aussagen und Erklärungen jeder Art,[2035] mithin potenziell auch Ratings. Auch der erforderliche Zusammenhang des Ratings mit dem Vertrieb eines Wertpapiers ist regelmäßig zu erkennen, da hierfür schon jeder irgendwie geartete sachliche und zeitliche Bezug zwischen den beiden Ereignissen genügt.[2036] Unter Vertrieb ist jede auf die Veräußerung der Wertpapiere gerichtete Handlung zu verstehen, also auch Angebots- oder Werbeaktionen eines Emittenten.[2037] Problematisch wird die Subsumtion von Ratings unter § 264a StGB allenfalls wegen des in der Regel überwiegenden Meinungs- und Prognosecharakters von Ratings, soweit § 264a StGB als eine nur Tatsachenbehauptungen erfassende Norm verstanden wird.[2038] Wie gezeigt, gibt es jedoch besondere Ratingformen, die im Einzelfall ausnahmsweise als Tatsachenäußerungen zu werten sein können.[2039] Es sind daher durchaus Konstellationen denkbar, in denen ein Rating ein taugliches Tatmittel des § 264a StGB darstellen könnte, weswegen im Falle einer vorsätzlich herbeigeführten Unrichtigkeit dieses Ratings die zivilrechtliche Haftung über § 823 Abs. 2 BGB in Frage kommen kann.

Wegen des Vorsatzerfordernisses, das für die Haftung aus § 823 Abs. 2 BGB zu übernehmen ist,[2040] gilt jedoch hinsichtlich der praktischen Bedeutung einer solchen Haftungskonstellation das zu § 826 BGB Gesagte.[2041] Eine zivilrechtliche Haftung

2034 *Worms* in: Assmann/Schütz, Handbuch des Kapitalanlagerechts, § 11, Rn. 56.

2035 *Hellmann* in: NK-StGB, § 264a, Rn. 29; *Wohlers/Mühlbauer* in: Münchener Kommentar, StGB, § 264a, Rn. 80.

2036 *Hellmann* in: NK-StGB, § 264a, Rn. 47; *Wohlers/Mühlbauer* in: Münchener Kommentar, StGB, § 264a, Rn. 91 m.w.N.

2037 Vgl. *Hellmann* in: NK-StGB, § 264a, Rn. 48.

2038 So sieht es etwa *Hellmann* in: NK-StGB, § 264a, Rn. 33; a.A. *Wohlers/Mühlbauer*, StGB, § 264a, Rn. 58; *Worms* in: Assmann/Schütze, Handbuch des Kapitalanlagerechts, § 11, Rn. 34 f.

2039 Hierzu oben D. IV. 2. a).

2040 Siehe grundsätzlich *BGH* NJW 1966, S. 2914 (2016); NJW 1962, S. 910 (911).

2041 So auch *Lemke*, Ratingwesen, S. 76; *Meyer*, Rechtsfragen des Rating, S. 101; *Schuler*, Regulierung und Verantwortlichkeit, S. 262 f.

für Vermögensschäden bei einfacher Fahrlässigkeit wird hierdurch jedenfalls nicht begründet.

f) Zusammenfassung

Für das Haftungsregime zwischen Ratingagenturen und dem allgemeinen Investorenpublikum gilt nach alledem, dass es auf deliktsrechtliche Ansprüche beschränkt ist, da quasi-vertragliche Rechtsfiguren, insbesondere aus *culpa in contrahendo*, Vertrag mit Schutzwirkung zugunsten Dritter und einer Geschäftsführung ohne Auftrag allesamt nicht durchgreifen. Das deliktische Haftungsregime beschränkt sich auf § 826 und § 823 Abs. 2 BGB i.V.m. § 264a StGB, wobei Letzteres unter dem Vorbehalt der ausführlichen Auseinandersetzung im Zusammenhang mit der Rating-Verordnung als Schutzgesetz steht.[2042]

3. Ergebnis

Für die Haftung von Ratingagenturen gegenüber Investoren ist damit insgesamt festzuhalten, dass es für die Wehrhaftigkeit und Praxisrelevanz des Haftungsregimes wesentlich darauf ankommt, ob eine abonnementsvertragliche Verbindung besteht oder nicht, da diese zu einem für betroffene Anleger ungleich vorteilhafteren Haftungsregime aus kaufvertraglicher Gewährleistung führt. Das Haftungsregime gleicht hier demjenigen zwischen Ratingagenturen und Emittenten beim *solicited rating*. Ob gegenüber „gewöhnlichen" Investoren eine vergleichbare Verantwortlichkeit – insbesondere schon bei einfach fahrlässigem Fehlverhalten – herrscht, kann abschließend erst im Zuge der nachfolgenden Betrachtung zur Schutzgesetzeigenschaft der Rating-Verordnung gesagt werden.

III. Die Haftung von Ratingagenturen gemäß § 823 Abs. 2 BGB i.V.m. Anhang III der Rating-Verordnung

Eine besondere Betrachtung besitzt die Frage, ob Ratingagenturen gemäß § 823 Abs. 2 BGB i.V.m. der Rating-Verordnung und hier insbesondere des Anhang III haftbar gemacht werden können. Diese Frage ist sowohl für die Haftung gegenüber Emittenten als auch gegenüber Anlegern relevant, wenngleich sie sich bejahendenfalls hauptsächlich gegenüber dem allgemeinen Investorenpublikum auswirken würde, da dieses – im Gegensatz zu Emittenten – grundsätzlich keine Schadloshaltung bei einfacher Fahrlässigkeit der Ratingagentur betreiben kann.[2043]

Ausgangspunkt der Betrachtung ist die Frage, ob die Rating-Verordnung Schutzgesetz im Sinne der Vorschrift ist. Diese Fragestellung wird und wurde in

2042 Hierzu unten F. III.
2043 Zur deliktischen Haftung oben F. II. 2. e).

der rechtswissenschaftlichen Literatur seit Einführung der Rating-Verordnung immer wieder einmal angesprochen,[2044] ist jedoch häufig eher oberflächlich geblieben.[2045] Dabei wurden beide möglichen Ergebnisse hinsichtlich der Frage der Schutzgesetzeigenschaft vertreten.[2046] Gelegentlich wird hierbei zwischen einigen konkreten Verhaltenspflichten aus Anhang III der Rating-Verordnung differenziert, dem Katalog jedoch weit überwiegend keine Schutzgesetzeigenschaft zugesprochen.[2047] Die Thematik verdient größere Aufmerksamkeit, da im Falle der Bejahung der Schutzgesetzeigenschaft der Rating-Verordnung eine Haftung von Ratingagenturen gegenüber Anlegern womöglich schon bei einfach fahrlässiger Pflichtverletzung resultieren könnte.[2048] Die etwaige Haftung aus § 823 Abs. 2 BGB wegen Verstoßes gegen die Rating-Verordnung könnte daher das vermeintlich fehlende „Puzzleteil" in der materiell-rechtlichen Betrachtung des Anlegerschutzes wegen fehlerhafter Kapitalmarktinformationen durch Ratingagenturen sein. Ob die Rating-Verordnung insoweit Schutzgesetz im Normsinne ist und welche Folgen sich hieraus bejahendenfalls ergeben, soll nachfolgend ergründet werden.

1. Schutzgesetzqualität der Rating-Verordnung

Um die Schutzgesetzqualität der Rating-Verordnung und hier vor allem ihres Anhang III zutreffend beurteilen zu können, ist zunächst herauszuarbeiten, welche Restriktionen es bei der Subsumtion kapitalmarktrechtlicher Vorschriften unter den Schutzbegriff zu beachten gilt (unter a)). Sodann sollen zum Zwecke einer praxisnahen Analyse exemplarisch einige kapitalmarktrechtliche Vorschriften herausgegriffen und auf ihre – in der Rechtsprechung bereits behandelte – Schutzgesetzqualität hin untersucht werden, um hieraus abstraktionsfähige Erkenntnisse auch für die hiesige Subsumtion fruchtbar zu machen (unter b)). Auf dieser Basis kann sodann die Prüfung der Schutzgesetzeigenschaft der Rating-Verordnung geschehen (unter c)).

2044 Siehe etwa *Schuler*, Regulierung und Verantwortlichkeit, S. 268 f.; *Schultes*, Regulierung und Haftung von Ratingagenturen, S. 200 ff.; *Wagner* in: Münchener Kommentar, BGB, § 826, Rn. 142.

2045 Siehe etwa die Darstellungen bei *Amort*, EuR 2013, S. 272 (277); *Berger/Stemper*, WM 2010, S. 2289 (2293); *Haar*, DB 2013, S. 2489 (2490); *Wagner* in: Münchener Kommentar, BGB, § 826, Rn. 142; *Wojcik*, NJW 2013, S. 2385 (2386).

2046 Dafür wohl *Dutta*, WM 2013, S. 1729 (1735); *Schultes*, Regulierung und Haftung von Ratingagenturen, S. 203 ff.; *Wojcik*, NJW 2013, S. 2385 (2386); dagegen etwa *Schuler*, Regulierung und Verantwortlichkeit, S. 268; *Wagner* in: Münchener Kommentar, BGB, § 826, Rn. 142.

2047 Siehe etwa *Berger/Stemper*, WM 2010, S. 2289 (2293); *Schultes*, Regulierung und Haftung von Ratingagenturen, S. 205.

2048 Es gilt grundsätzlich der gewöhnliche Verschuldensmaßstab aus § 276 Abs. 1 BGB; *Palandt/Sprau*, § 823, Rn. 61; *Spickhoff*, Gesetzesverstoß und Haftung, S. 127.

a) Schutzgesetzdogmatik im Kapitalmarktrecht

Grundsätzlich gilt, dass eine Norm dann als Schutzgesetz[2049] in Betracht kommt, wenn sie dazu bestimmt ist, Individualinteressen zu schützen, wobei dies nicht die einzige, zumindest aber eine der Zielrichtungen sein muss.[2050] Nicht ausreichend ist es, wenn der Individualschutz bloßer Reflex der Verhaltensvorschrift ist, ohne die eigentliche Zielrichtung der Norm darzustellen.[2051] Somit kommt es nicht auf die Wirkung des Schutzgesetzes, sondern auf dessen Inhalt und Zweck an.[2052] Der Gesetzgeber muss mit der betroffenen Bestimmung gerade das Ziel des individuellen Rechtsschutzes des jeweils Verletzten verfolgt haben.[2053] Dabei schließt es ein – gegebenenfalls sogar vorrangiges – Interesse am Schutz der Allgemeinheit nicht aus, dass die jeweilige Norm auch individuelle Rechtsgüter schützt.[2054] Dem Gesetz muss aber zu entnehmen sein, dass seine Einhaltung – neben dem Schutz der Allgemeinheit – zum Schutz auch jedes Einzelnen gereichen soll, indem die Rechtsmacht verliehen wird, sich – neben öffentlich-rechtlichen Sanktionen – gerade „mit den Mitteln des Privatrechts gegen denjenigen zu schützen, der das Verbot übertritt"[2055]. Die Schutzgesetzeigenschaft ist vor allem durch Auslegung der jeweiligen Norm zu ergründen,[2056] wobei auch zu prüfen ist, ob die gegebenenfalls resultierende Haftung „im Lichte des haftpflichtrechtlichen Gesamtsystems tragbar erscheint"[2057].

2049 Gesetz sind alle Rechtsnorm (Art. 2 EGBGB), darunter auch – was vorliegend von Bedeutung ist – europarechtliche Vorschriften, insbesondere das EU-Sekundärrecht, soweit dieses, wie im Falle von Verordnungen, unmittelbare Geltung in den Mitgliedsstaaten beansprucht, siehe *BGH* EuZW 2011, S. 440 (441); GRUR 1999, S. 276 (277); *Palandt/Sprau*, § 823, Rn. 57; *Spickhoff*, Gesetzesverstoß und Haftung, S. 78; *Spindler* in: Bamberger/Roth, § 823 BGB, Rn. 147; *Wagner* in: Münchener Kommentar, BGB, § 823, Rn. 481.

2050 *BGH* NJW 2004, S. 356 (357); NJW 1973, S. 1547 (1548); NJW 1964, S. 396 (397); *Palandt/Sprau*, § 823, Rn. 58; *Schäfer*, WM 2007, S. 1872; *Spickhoff*, Gesetzesverstoß und Haftung, S. 111; *Wagner* in: Münchener Kommentar, BGB, § 823, Rn. 498 („Herzstück der Anspruchsvoraussetzungen").

2051 *BGH* NJW 2004, S. 356 (357); *Wagner* in: Münchener Kommentar, BGB, § 823, Rn. 498; eine solche Reflexwirkung etwa festgestellt für den Straftatbestand des Landfriedensbruchs in *BGH* NJW 1984, S. 1226 (1230); kritisch *Spickhoff*, Gesetzesverstoß und Haftung, S. 115 m.w.N.

2052 *BGH* NJW 2004, S. 356 (357); NJW 1992, S. 241 (243); *Palandt/Sprau*, § 823, Rn. 58.

2053 *BGH* NJW 2004, S. 356 (357); NJW 1982, S. 2780; *Palandt/Sprau*, § 823, Rn. 58.

2054 *BGH* NJW 2004, S. 356 (357); NJW 1992, S. 241 (243); NJW 1954, S. 675; zustimmend *Canaris* in: FS-Larenz, S. 27 (46).

2055 *BGH* NJW 1964, S. 396 (397).

2056 *Schäfer*, WM 2007, S. 1872 (1873), wobei die Auslegung nach Sinn und Zweck der Vorschrift außer Betracht bleibt, da dieser gerade zu ermitteln ist, *Wagner* in: Münchener Kommentar, BGB, § 823, Rn. 500; hierzu ausführlich *Spickhoff*, Gesetzesverstoß und Haftung, S. 261 ff.

2057 *BGH* NJW 1976, S. 1740 (1740 f.); hierzu auch *Spickhoff*, Gesetzesverstoß und Haftung, S. 125.

Aus dem Blickwinkel des Kapitalmarktrechts ergeben sich bei der Untersuchung der Schutzgesetzdogmatik des § 823 Abs. 2 BGB allerdings einige Besonderheiten, die auf eine insgesamt zurückhaltende Einordnung entsprechender kapitalmarktrechtlicher Vorschriften als Schutzgesetze schließen lassen. Das Kapitalmarktrecht zeichnet sich durch eine Vielzahl an Rechtsnormen und Bestimmungen aus, die das Verhalten von Marktakteuren regeln und kontrollieren sollen, mithin sehr häufig gerade Ge- oder Verbote enthalten.[2058] Schon aus diesem Umstand folgt, dass kapitalmarktrechtliche Vorschriften häufig die Frage nach ihrer etwaigen Schutzgesetzqualität aufwerfen.[2059] Dabei geht es auf diesem Rechtsgebiet stets um den Ersatz reiner Vermögensschäden. Da eine der zentralen Wertungen des deutschen Zivilrechts lautet, dass grundsätzlich keine außervertragliche Fahrlässigkeitshaftung für reine Vermögensschäden stattfindet,[2060] insbesondere um eine uferlose Vermögenshaftung gegenüber jedermann zu vermeiden,[2061] ist bei der Qualifizierung kapitalmarktrechtlicher Vorschriften als Schutzgesetze grundsätzlich Zurückhaltung geboten. Es bestünde anderenfalls das Risiko, die Grundentscheidung zur Diskriminierung reiner Vermögensschäden[2062] zu unterlaufen.[2063] Um dies zu verhindern, sorgt die Rechtsprechung für eine Eindämmung der Anerkennung externer Vorschriften als Schutzgesetze und der Anspruchsberechtigung Geschädigter.[2064] Dabei wird

---

2058 Das WpHG etwa ist „voll von solchen Bestimmungen“, *Schmidt* in: FS-Schwark, S. 753 (759).

2059 *Schmidt* in: FS-Schwark, S. 753 (768); *Wagner* in: Münchener Kommentar, BGB, § 823, Rn. 504.

2060 Prägnant *BGH* NJW 2008, S. 1734 (1736); *Schäfer*, WM 2007, S. 1872 (1873); gleichwohl weist *Hellgardt*, Kapitalmarktdeliktsrecht, S. 205 f. zutreffend darauf hin, dass die Existenz des § 824 BGB diese These eigentlich widerlegt.

2061 *Hellgardt*, Kapitalmarktdeliktsrecht, S. 208; zur Gefahr unbegrenzter quantitativer Haftung im Ratingzusammenhang auch *Coffee*, 1 Harvard Business Law Review (2011), S. 231 (252).

2062 Zur Diskriminierung reiner Vermögensschäden ausführlich *Wagner* in: Zimmermann, Grundstrukturen des Europäischen Deliktsrechts, S. 230 ff., der vier wesentliche Gründe herausarbeitet, namentlich die Kanalisierung der Schadensabwicklung, den Schutz des Vertragsrechts, die Divergenz zwischen privatem und sozialem Schaden und den Ausschluss der Haftung für diffuse Schadensbilder; vgl. auch *Canaris* in: FS-Larenz, S. 27 (36 ff.); *Hellgardt*, Kapitalmarktdeliktsrecht, S. 206 f. Über die Notwendigkeit von Einschränkungen bei reinen Vermögensschäden besteht insoweit weitgehend Einigkeit, so auch *Maier-Reimer*, NJW 2007, S. 3157.

2063 *BGH* NJW 1976, S. 1740 (1740 f.); *Wagner* in: Münchener Kommentar, BGB, § 823, Rn. 504.

2064 Beispielhaft ist die Entscheidung gegen eine Schutzgesetzeigenschaft von § 267 StGB zu nennen, *BGH* NJW 1987, S. 1818 (1818 f.), die vielfach kritisiert worden ist (siehe etwa *Spickhoff*, Gesetzesverstoß und Haftung, S. 123 f.); sowie die Entscheidung gegen die Schutzgesetzeigenschaft von § 32 Abs. 2 Nr. 1 WpHG a.F., *BGH* NJW 2008, S. 1734 (1735).

formuliert, dass die Schutzvoraussetzungen „bei hypothetischer Annahme eines Anspruchs aus § 823 Abs. 2 BGB [...] mit denen des § 823 Abs. 1 BGB bzw. des § 826 BGB vergleichbar sein" müssen.[2065] Die Anwendung des § 823 Abs. 2 BGB muss also „in Abstimmung mit § 823 Abs. 1 und § 826 BGB interpretiert" werden.[2066] Daher muss eine besondere Interessenlage herrschen, die den Schutz des Vermögens durch Schaffung eines – womöglich zusätzlichen – Schadensersatzanspruchs als ausnahmsweise geboten und tragbar erscheinen lässt,[2067] was regelmäßig jedenfalls dann nicht der Fall ist, wenn sich ein entsprechender Schutz auch anderweitig – etwa durch aufsichtsrechtliche Sanktionen – ergibt.[2068]

Daneben ist auch die „Doppelnützigkeit" kapitalmarktrechtlicher Vorschriften zu beachten. Die beiden Säulen der kapitalmarktrechtlichen Regulierungsziele sind einerseits der Funktionenschutz der Kapitalmärkte[2069] sowie andererseits der Anlegerschutz.[2070] Der Funktionenschutz liegt im öffentlichen Interesse, weil effiziente Kapitalmärkte der Wettbewerbsfähigkeit der nationalen Volkswirtschaft und der Befriedigung struktureller Finanzierungsbedürfnisse dienen,[2071] während die zweite Schutzrichtung des Anlegerschutzes „januskopfig"[2072] ist: Sie schützt die Anlegerschaft als überindividuelles Kollektiv, was letztlich nur eine Spielart des Funktionenschutzes im öffentlichen Interesse ist, sowie auch individuelle Interessen und Rechtsgüter von Anlegern, die vor wirtschaftlichen Ausfällen wegen Fehlinformationen bewahrt werden sollen.[2073] Individualschutz und Funk-

---

2065 *BGH* NJW 2008, S. 1734 (1736); es müsse bezüglich des Unrechtsgehalts eine „Nähe zu § 826 BGB" bestehen, so *Canaris* in: FS-Larenz, S. 27 (48); *Spindler* in: Bamberger/Roth, § 823 BGB, Rn. 158.

2066 *Canaris* in: FS-Larenz, S. 27 (48); siehe auch *Spindler* in: Bamberger/Roth, § 823 BGB, Rn. 158.

2067 Vgl. *BGH* DNotZ 1994, S. 638 (642); NJW 1976, S. 1740 (1740 f.).

2068 *BGH* DNotZ 1994, S. 638 (642); NJW 1982, S. 2780 (2781); *Schäfer*, WM 2007, S. 1872 (1873).

2069 Hierzu *Hellgardt*, Kapitalmarktdeliktsrecht, S. 180 ff.; *Richter*, Verwendung von Ratings, S. 12 ff.; siehe auch *Lenenbach*, Kapitalmarktrecht, Rn. 1.71 ff.; *Oulds* in: Kümpel/Wittig, Bank- und Kapitalmarktrecht, Rn. 14.148 ff.

2070 Die „zwei Seiten derselben Medaille", *Hopt*, ZHR 159 (1995), S. 135 (159); *Oulds* in: Kümpel/Wittig, Bank- und Kapitalmarktrecht, Rn. 14.141; *Seiler/Kniehase* in: Schimansky/Bunte/Lwowski, Bankrechts-Handbuch, vor § 104, Rn. 85; *Zimmer*, WM 2004, S. 9 (10); vgl. auch *Lenenbach*, Kapitalmarktrecht, Rn. 1.67 ff.

2071 Vgl. *Lenenbach*, Kapitalmarktrecht, Rn. 1.67 ff.; *Oulds* in: Kümpel/Wittig, Bank- und Kapitalmarktrecht, Rn. 14.144 ff.; *Richter*, Verwendung von Ratings, S. 12; *Seiler/Kniehase* in: Schimansky/Bunte/Lwowski, Bankrechts-Handbuch, vor § 104, Rn. 86.

2072 *Spindler*, WM 2004, S. 2089 (2090); vgl. auch *Lenenbach*, Kapitalmarktrecht, Rn. 1.69.

2073 Vgl. *Hellgardt*, Kapitalmarktdeliktsrecht, S. 172; *Oulds* in: Kümpel/Wittig, Bank- und Kapitalmarktrecht, Rn. 14.174; *Seiler/Kniehase* in: Schimansky/Bunte/Lwowski, Bankrechts-Handbuch, vor § 104, Rn. 85; *Zimmer*, WM 2004, S. 9 (10).

tionenschutz schließen sich keineswegs gegenseitig aus.[2074] Diese Janusköpfigkeit hinsichtlich öffentlicher und individueller Schutzrichtungen ist es, was die Subsumtion unter den Schutzgesetzbegriff des § 823 Abs. 2 BGB so problematisch macht.[2075] Schützen kapitalmarktrechtliche Vorschriften vorrangig oder einzig die Anlegerschaft als überindividuelle Einrichtung oder gar „nur" die Funktionalität der Märkte, ist im Zweifel anzunehmen, dass hierin kein hinreichendes Maß an Individualschutz, wie es für Schutzgesetze des § 823 Abs. 2 BGB zu fordern ist, erkannt werden kann und der Individualschutz nur ein Reflex des Institutionsschutzes ist.[2076] Es bedarf daher immer der konkreten Herausarbeitung, ob die jeweilige Bestimmung neben dem Funktionenschutz gerade auch einen Individualschutz des Anlegers bezweckt.[2077]

Hinzu kommt ferner, dass es sich bei kapitalmarktrechtlichen Vorschriften primär um Aufsichtsrecht handelt, da regelmäßig das Verhältnis zwischen Aufsichtsbehörden und Marktakteuren bestimmt wird.[2078] Dies wirkt sich gleichfalls negativ auf die Einfügung der jeweils avisierten Haftung in das Haftungssystem des Deliktsrechts aus, da der individuelle Vermögensschutz womöglich bereits hinreichend durch die aufsichtsrechtlichen Sanktionsmechanismen gewährleistet wird.[2079]

Diese Besonderheiten und ihre Beeinflussung der Schutzgesetzsubsumtion sind vorliegend für die Prüfung der Rating-Verordnung zwingend zu berücksichtigen.

b) Ausgewählte kapitalmarktrechtliche Bestimmungen

Um für die Subsumtion der Rating-Verordnung und ihres Anhangs III unter den Schutzgesetzbegriff des § 823 Abs. 2 BGB vor dem Hintergrund der kapitalmarktrechtlichen Besonderheiten weitergehende Erkenntnisse zu fassen, werden nachfolgend zwei ausgewählte Bestimmungen aus dem Kapitalmarktrecht herausgegriffen, die eine strukturelle und inhaltliche Ähnlichkeit zu den Vorgaben aus der Rating-Verordnung aufweisen, und auf ihren in der Rechtsprechung des Bundesgerichtshofs bereits behandelten etwaigen Schutzgesetzcharakter hin

---

2074 Siehe etwa *BGH* NJW 1992, S. 241 (243); vgl. auch *Ekkenga*, ZIP 2004, S. 781 (784 ff.).

2075 Daher werden diverse Vorschläge zur Modifizierung der Schutzgesetzdefinition diskutiert, etwa diese nicht am Ausmaß des Individualschutzes zu orientieren, sondern an der Gebotenheit der Schadenskompensation, übersichtlich hierzu *Stübinger*, Teilnehmerhaftung bei fehlerhafter Kapitalmarktinformation, S. 101 ff. m.w.N.

2076 Vgl. *Ekkenga*, ZIP 2004, S. 781 (783 ff.); *Hopt*, ZHR 159 (1995), S. 135 (159 ff.); *Oulds* in: Kümpel/Wittig, Bank- und Kapitalmarktrecht, Rn. 14.175.

2077 *Oulds* in: Kümpel/Wittig, Bank- und Kapitalmarktrecht, Rn. 14.170.

2078 „In erster Linie aufsichtsrechtlich", *BGH* WM 2007, S. 487 (489); WM 2008, S. 825 (826).

2079 Gleichwohl ist der Schutzgesetzcharakter einer Norm immer gesondert und im Einzelfall zu prüfen, so für das WpHG *Hopt*, ZHR 159 (1995), S. 135 (160).

untersucht. In den Blick genommen werden insoweit die §§ 31 ff. WpHG[2080] und § 32 KWG.[2081]

aa) §§ 31 ff. WpHG

Die §§ 31 ff. WpHG enthalten Verhaltens- und Organisationspflichten zulasten von Wertpapierdienstleistungsunternehmen und sind für die Praxis der Wertpapierdienstleistungen und dabei insbesondere auch für Anleger von großer Bedeutung.[2082] Der Katalog dieser Verhaltensbestimmungen wurde diverse Male reformiert und umgestaltet,[2083] so dass sich die hierzu geführten Diskussionen im Hinblick auf eine Schutzgesetzeigenschaft häufig an älteren, jedoch im Kern vergleichbaren Gesetzesfassungen orientieren.[2084] Die §§ 31–31h WpHG normieren dabei im Wesentlichen sogenannte „Wohlverhaltenspflichten“, während die §§ 33 ff. WpHG organisatorische Regeln aufstellen.[2085] Im Rahmen der Verhaltenspflichten stellt § 31 Abs. 1 Nr. 1 WpHG eine Generalklausel zur Einhaltung der erforderlichen

---

2080 Vor allem die WpHG-Vorschriften sind vorliegend interessant, da sie exemplarisch für die Schwierigkeiten der schutzgesetzlichen Einordnung kapitalmarktrechtlicher Normen stehen; so auch *Hellgardt*, Kapitalmarktdeliktsrecht, S. 49 („pars pro toto“). Die Rechtsprechung ist bei der Subsumtion dieser (und weiterer) Bestimmungen des WpHG unter § 823 Abs. 2 BGB indes insgesamt sehr zurückhaltend, vgl. *Schmidt* in: FS-Schwark, S. 753 (756); *Stackmann*, NJW 2013, S. 1985 (1987).

2081 Gewisse strukturelle Ähnlichkeiten ebenfalls vorweisen, vorliegend aber nicht näher vertieft werden §§ 15 und 20a WpHG sowie §§ 399, 400 AktG; zu deren Schutzgesetzqualität siehe für § 15 WpHG *BVerfG* NJW 2003, S. 501 (502); *BGH* NJW 2004, S. 2664 (2665); *OLG München* NJW 2003, S. 144 (146); *Seiler/Kniehase* in: Schimansky/Bunte/Lwowski, Bankrechts-Handbuch, vor § 104, Rn. 124; *Stübinger*, Teilnehmerhaftung bei fehlerhafter Kapitalmarktinformation, S. 101; *Wehowsky* in: Erbs/Kohlhaas, Strafrechtliche Nebengesetze, § 15 WpHG, Rn. 2; zu § 20a WpHG siehe *BGH* WM 2012, S. 303 (304 f.); *Barnert*, WM 2002, S. 1473 (1476 f.); *Spindler*, WM 2004, S. 2089 (2090 f.); *Fuchs/Dühn*, BKR 2002, S. 1063 (1065 f.); *Ekkenga*, ZIP 2004, S. 781 (792); *derselbe* in: Münchener Kommentar, HGB, Effektengeschäft, Rn. 286; zu §§ 399 f. AktG siehe *Hefendehl* in: Spindler/Stilz, § 399 AktG, Rn. 6 und § 400 AktG, Rn. 7; *Pelz* in: Bürgers/Körber, § 399 AktG, Rn. 1 und § 400 AktG, Rn. 1; *Oetker* in: Schmidt/Lutter, § 399 AktG, Rn. 2 und § 400 AktG, Rn. 2; *Schaal* in: Münchener Kommentar, AktG, § 399, Rn. 5 und § 400, Rn. 3.

2082 *Kumpan* in: Baumbach/Hopt, Handelsgesetzbuch, § 31 WpHG, Rn. 1.

2083 Überblick bei *Schwark* in: Schwark/Zimmer, Kapitalmarktrechtskommentar, vor § 31 WpHG, Rn. 1 ff.; *Kumpan* in: Baumbach/Jopt, Handelsgesetzbuch, § 31 WpHG, Rn. 2; *Seyfried* in: *Kümpel/Wittig*, Bank- und Kapitalmarktrecht, Rn. 3.86.

2084 So ist etwa § 32 WpHG a.F. teilweise in § 31 WpHG aufgegangen, vgl. *Schmidt* in: FS-Schwark, S. 753 (756).

2085 *Schwark* in: Schwark/Zimmer, Kapitalmarktrechtskommentar, vor § 31 WpHG, Rn. 5.

Sachkenntnis, Sorgfalt und Gewissenhaftigkeit bei der Erbringung von Wertpapierdienstleistungen im Interesse der Kunden auf.[2086] § 31 Abs. 1 Nr. 2 WpHG regelt daneben den Umgang mit Interessenkonflikten des Wertpapierdienstleisters und betont den Vorrang der Kundeninteressen. Im Übrigen beinhalten die Verhaltenspflichten der §§ 31 ff. WpHG Spezialregelungen für besondere Konstellationen, welche für die vorliegende Betrachtung nicht vertieft werden müssen.[2087] Die Bestimmungen lassen Parallelen zu den Regelungen erkennen, denen Ratingagenturen über die Rating-Verordnung unterworfen sind und wonach die sachkundige und qualitativ hochwertige Ratingtätigkeit,[2088] die Vermeidung von Interessenkonflikten[2089] und der Schutz der Ratingnutzer, insbesondere von Anlegern,[2090] wesentliche Eckpfeiler des Regulierungsregimes sind.

Die Wohlverhaltenspflichten der §§ 31 ff. WpHG dienen ihrer Zweckbestimmung nach beiden Säulen der kapitalmarktrechtlichen Schutzzwecke, namentlich einerseits dem öffentlichen Interesse an der Funktionalität der Wertpapiermärkte durch sachkundige und sorgfältige Erbringung von Wertpapierdienstleistungen sowie andererseits dem Schutz der Anleger.[2091] Letzteres tritt unverkennbar durch die ausdrückliche Bezugnahme auf die Interessen der Kunden von Wertpapierdienstleistungsunternehmen zutage.[2092] Aus diesem Grund ist weitgehend anerkannt, dass die Wohlverhaltenspflichten, wenn auch primär aufsichtsrechtlicher Natur, zumindest eine Ausstrahlungswirkung auf das Privatrecht besitzen, die sich in deren Relevanz für die Konturierung vor- und nebenvertraglicher Pflichten der Wertpapierdienstleister zeigt und mithin für eine privathaftungsrechtliche Relevanz der Vorschriften sorgt.[2093]

Die Schutzgesetzeigenschaft der §§ 31 ff. WpHG ist allerdings umstritten. Ein klares Lippenbekenntnis des Bundesgerichtshofs hierzu ist lange Zeit ausgeblieben,

---

2086 Hierzu *Schwark* in: Schwark/Zimmer, Kapitalmarktrechtskommentar, vor § 31 WpHG, Rn. 5.

2087 Die Überwachung der Einhaltung dieser Vorgaben obliegt in erster Linie der BaFin, siehe vor allem § 4 Abs. 1 und 2 WpHG.

2088 Vgl. Erwägungsgrund Nr. 1 der Rating-VO.

2089 Vgl. Erwägungsgrund Nr. 22 der Rating-VO.

2090 Vgl. Erwägungsgrund Nr. 1, 7 und 75 der Rating-VO.

2091 *Schwark* in: Schwark/Zimmer, Kapitalmarktrechtskommentar, vor § 31 WpHG, Rn. 11; *Ekkenga* in: Münchener Kommentar, HGB, Effektengeschäft, Rn. 256, 257.

2092 *Ekkenga* in: Münchener Kommentar, HGB, Effektengeschäft, Rn. 256, 283; *Wagner* in: Münchener Kommentar, BGB, § 823, Rn. 511: *„Viel deutlicher kann der Individualschutzzweck eigentlich nicht mehr formuliert werden."*

2093 Siehe *BGH* NJW 2008, S. 1734 (1735); WM 2007, S. 487 (489); NJW 2002, S. 62 (63); *Schwark* in: Schwark/Zimmer, Kapitalmarktrechtskommentar, vor § 31 WpHG, Rn. 16, 19; *Seyfried* in: Kümpel/Wittig, Bank- und Kapitalmarktrecht, Rn. 3.90; zur äquivalenten Ausstrahlungswirkung der Vorgaben aus der Rating-VO für die Definierung vertraglicher Pflichten zwischen Ratingagenturen und Emittenten bzw. Anlegern bereits oben F. I. 1. a) bb) und II. 1. a) bb).

da er die Frage häufig offen lassen konnte.[2094] Ausdrücklich entschieden worden ist mittlerweile allerdings, dass jedenfalls die §§ 32 Abs. 2 Nr. 1[2095], 31d[2096] und 34a[2097] WpHG (a.F.) keine Schutzgesetze im Sinne des § 823 Abs. 2 BGB darstellen. Die dem zugrunde liegenden Erwägungen lassen sich jedoch auf die §§ 31 ff. WpHG insgesamt übertragen, zumal der Bundesgerichtshof eine entsprechende Generalisierung selbst wiederholt vorgenommen hat.[2098] Die Rechtsprechung betont dabei grundsätzlich die aufsichtsrechtliche Natur der entsprechenden Bestimmungen des WpHG,[2099] anerkennt aber durchaus auch den anlegerschützenden Charakter der Verhaltenspflichten.[2100] Gleichwohl folge aus dem anlegerschützenden Moment noch nicht die Einordnung der Normen unter § 823 Abs. 2 BGB und die damit zusammenhängenden Haftungsfolgen.[2101] Damit stellt sich der Bundesgerichtshof gegen die herrschende Ansicht in der Literatur, die in den §§ 31 ff. WpHG – soweit sie nicht nur organisatorische Vorgaben betreffen – überwiegend oder zumindest vereinzelt Schutzgesetze erkennt.[2102] Zur Begründung hat der Bundesgerichtshof bezüglich § 32 Abs. 2 Nr. 1 WpHG a.F. als wesentliches Argument angeführt, dass sich eine Schutzgesetzqualifikation nicht in das haftungsrechtliche Gesamtsystem eingliedern lasse, da anderenfalls ein außervertraglicher Eigenhaftungstatbestand zulasten der Vertreter – Organe, Angestellte, Mitarbeiter etc. – des Wertpapierdienstleisters geschaffen würde.[2103] Denn die aus den §§ 31 ff. WpHG folgenden Pflichten würden die Vertreter gleichermaßen binden und diese den juristischen Personen haftungsrechtlich über § 823 Abs. 2 BGB gleichstellen.[2104] Auch ein mit

2094 Siehe etwa zu § 32 Abs. 2 Nr. 2 WpHG a.F. *BGH* NJW 2000, S. 359 (362), zu § 31 A bs. 1 Nr. 2 WpHG a.F. *BGH* NJW 2007, S. 1876 (1878), zu § 31 Abs. 1 und 2 WpHG a.F. *BGH* NJW 2002, S. 62 (64).

2095 *BGH* NJW 2008, S. 1734.

2096 *BGH* BKR 2014, S. 32 (34).

2097 *BGH* WM 2010, S. 1393 (1396 f.).

2098 Vgl. etwa *BGH* NJW 2007, S. 1876 (1878); NJW 2007, S. 1876 (1878).

2099 Ausdrücklich etwa in *BGH* BKR 2014, S. 32 (34).

2100 Siehe *BGH* BKR 2014, S. 32 (34); NJW 2008, S. 1734 (1735 f.); NJW 2002, S. 62 (63); NJW 2000, S. 359 (361).

2101 *BGH* NJW 2008, S. 1734 (1736).

2102 Siehe etwa *Ekkenga* in: Münchener Kommentar, HGB, Effektengeschäft, Rn. 283; *Hopt*, ZHR 159 (1995), S. 135 (160) bzgl. § 32 Abs. 1 Nr. 1 WpHG a.F.; *Oulds* in: Kümpel/Wittig, Bank- und Kapitalmarktrecht, Rn. 14.179; *Schmidt* in: FS-Schwark, S. 753 (769) (m.w.N. in Fn. 10); *Schwark* in: Schwark/Zimmer, Kapitalmarktrechtskommentar, vor § 31 WpHG, Rn. 21; *Seiler/Kniehase* in: Schimansky/Bunte/Lwowski, Bankrechts-Handbuch, vor § 104, Rn. 124; a.A. *Lenenbach*, Kapitalmarktrecht, Rn. 11.112 ff.; *Schäfer* WM 2007, S. 1872 (1874 f.).

2103 *BGH* NJW 2008, S. 1734 (1735 f.); ähnlich *BGH* BKR 2014, S. 32 (34); WM 2010, S. 1393 (1397).

2104 *BGH* NJW 2008, S. 1734 (1735); dass der in dieser Entscheidung zugrunde gelegte § 32 Abs. 2 WpHG a.F. noch die Organe konkret in den Pflichtenkreis einbezog, was in den §§ 31 ff. WpHG n.F. nicht mehr der Fall ist, hat den BGH nicht ge-

leichter Fahrlässigkeit gegen die §§ 31 ff. WpHG verstoßender Vertreter des Unternehmens würde als Gesamtschuldner (§ 840 BGB) neben dem Unternehmen über § 823 Abs. 2 BGB haften. Dies sei mit den Wertungsentscheidungen des BGB, wonach eine Eigenhaftung nur unter den strengen Voraussetzungen der §§ 311 Abs. 3 und 826 BGB in Betracht komme, nicht vereinbar.[2105]

Die Unvereinbarkeit mit dem deliktischen Haftungssystem erkennt der Bundesgerichtshof daneben auch in der mit der etwaigen Haftung verbundenen Schaffung einer Fahrlässigkeitshaftung für reine Vermögensschäden.[2106] Außerdem böten die im Falle einer Zuwiderhandlung gegen die §§ 31 ff. WpHG – wegen ihrer Ausstrahlungswirkung auf die (vor-)vertraglichen Beratungspflichten[2107] – bestehenden vertraglichen Ersatzansprüche gegen das Unternehmen einen hinreichenden Schutz, der eine zusätzliche deliktische Haftung über § 823 Abs. 2 BGB obsolet mache, dieses jedenfalls subsidiär dahinter zurücktreten ließe.[2108]

Aus dieser Entscheidung, deren Begründungsmuster in nachfolgenden Entscheidungen zu anderen Bestimmungen des WpHG im Wesentlichen übernommen wurden,[2109] wird deutlich, dass es im Falle der §§ 31 ff. WpHG nicht die Identifizierung des Schutzzwecks der Norm war, die für die Entscheidung über die Schutzgesetzeigenschaft maßgeblich wurde, sondern es auf das zweite „Tatbestandsmerkmal" des Schutzgesetzbegriffs, namentlich der tragbaren Einfügung der avisierten Haftung in das Haftungssystem des BGB, ankam. Hierbei war die Vermeidung einer Fahrlässigkeitshaftung für reine Vermögensschäden sowie insbesondere einer weitgehenden Eigenhaftung von Vertretern ausschlaggebend für die Entscheidung gegen eine Schutzgesetzeigenschaft.[2110] Letzteres ist ein durchaus bemerkenswerter Gedanke, da dies die generelle Ablehnung der Schutzgesetzeigenschaft einer Norm kaum zu begründen vermag, ließe sich die Schutzgesetzqualifizierung doch in diejenigen Fälle aufspalten, in denen entweder das Unternehmen oder seine Vertreter in Anspruch genommen werden.[2111] Zudem ist die Argumentation nicht konsequent

---

hindert, den Wohlverhaltenspflichten insgesamt den Schutzgesetzcharakter abzusprechen, hierzu *Wagner* in: Münchener Kommentar, BGB, § 823, Rn. 512.

2105 *BGH* NJW 2008, S. 1734 (1735); siehe auch *BGH* WM 2010, S. 1393 (1397); ähnlich, wenn auch im Ergebnis offen gelassen *BGH* WM 2007, S. 487 (489).

2106 *BGH* NJW 2008, S. 1734 (1736); kritisch *Schwark* in: Schwark/Zimmer, Kapitalmarktrechtskommentar, vor § 31 WpHG, Rn. 21.

2107 *BGH* NJW 2008, S. 1734 (1735); WM 2007, S. 487 (489); NJW 2002, S. 62 (63).

2108 *BGH* NJW 2010, S. 3651 (3653); NJW 2000, S. 359 (361); hierzu auch *Lenenbach*, Kapitalmarktrecht, Rn. 11.116; zu Recht kritisch gegenüber einem solchen „ultima-ratio-Erfordernis" deliktischer Haftung *Wagner* in: Münchener Kommentar, BGB, § 823, Rn. 512.

2109 Siehe etwa *BGH* BKR 2014, S. 32 (34); WM 2010, S. 1393 (1396).

2110 So auch das Fazit von *Schmidt* in: FS-Schwark, S. 753 (758); *Wagner* in: Münchener Kommentar, BGB, § 823, Rn. 511 f.

2111 So auch *Wagner* in: Münchener Kommentar, BGB, § 823, Rn. 512; eine „einengende Auslegung" erwägt etwa auch *Hopt*, ZHR 159 (1995), S. 135 (161), allerdings für

durchzuhalten angesichts anderer (kapitalmarktrechtlicher) Bestimmungen, die ungeachtet der hiermit einhergehenden etwaigen Eigenhaftung von Vertretern als Schutzgesetze eingestuft werden.[2112]

bb) § 32 KWG

Auch § 32 KWG ist in den Blick zu nehmen. Hierbei handelt es sich um die Erlaubnispflicht für die Betreiber von Bankgeschäften oder Finanzdienstleistungen. Wer solche gewerbsmäßig oder in einem Umfang, der einen in kaufmännischer Weise eingerichteten Geschäftsbetrieb erfordert, erbringen will, bedarf der schriftlichen Erlaubnis der Aufsichtsbehörde.[2113] Der entsprechende Antrag auf Erteilung der Erlaubnis muss unter anderem die Nachweise über die zum Geschäftsbetrieb erforderlichen Mittel,[2114] die Zuverlässigkeit des Antragstellers,[2115] der fachlichen Eignung der Leitung[2116] und einen tragfähigen Geschäftsplan[2117] sowie die Offenlegung etwaiger Beteiligungen[2118] enthalten. Die Erlaubnispflicht dient der Kontrolle und Überwachung von Kreditinstituten und Wertpapierdienstleistern, die erforderlich ist, da insbesondere Banken eine Schlüsselfunktion der Kapitalvermittlung an die Wirtschaft spielen und eine besondere Vertrauensempfindlichkeit der Tätigkeit gegeben ist.[2119] Daher sollen nach dem Willen des Gesetzgebers nur geeignete Personen und Unternehmen, die eine Gewähr für die ordnungsgemäße Führung bieten, Bankgeschäfte anbieten dürfen, was – unter anderem – über die Erlaubnispflicht als eine Art regulative Einlasskontrolle gewährleistet werden soll.[2120] Dadurch sollen scheinbar ungeeignete Akteure im Vorhinein aussortieren werden können.[2121]

Dies weist unverkennbare Parallelen zur Registrierungspflicht von Ratingagenturen nach Art. 14 Abs. 1 Rating-Verordnung auf. Auch die Registrierungspflicht von Ratingagenturen dient in erster Linie der Herstellung eines hohen Anleger- und Verbrauchervertrauens[2122] und anerkennt die besondere Sensibilität der Tätigkeit von

---

den umgekehrten Fall der Bejahung der Schutzgesetzeigenschaft bei Anwendung auf Organmitglieder; auf die spezielle Konstellation, die dem BGH-Urteil zugrunde lag, da ein Organ in Anspruch genommen wurde, weshalb die Erwägungen des BGH nicht zwingend verallgemeinerungsfähig seien, weist auch *Schmidt* in: FS-Schwark, S. 753 (756 f.) hin.

2112 Vgl. die Rechtsprechung zu § 32 Abs. 1 S. 1 KWG, siehe sogleich F. III. 1. b) bb).

2113 § 32 Abs. 1 S. 1 KWG.

2114 § 32 Abs. 2 S. 2 Nr. 1 KWG.

2115 § 32 Abs. 2 S. 2 Nr. 3 KWG.

2116 § 32 Abs. 2 S. 2 Nr. 4 KWG.

2117 § 32 Abs. 2 S. 2 Nr. 5 KWG.

2118 § 32 Abs. 2 S. 2 Nr. 6 KWG.

2119 *Fischer* in: Boos/Fischer/Schulte-Mattler, Kreditwesengesetz, § 32, Rn. 5.

2120 Vgl. die Gesetzesbegründung in BT-Drucks. 3/1114, S. 26.

2121 *Häberle* in: Erbs Kohlhaas, Strafrechtliche Nebengesetze, § 32 WpHG, Rn. 1.

2122 Erwägungsgrund Nr. 43 der Rating-VO.

Ratingagenturen für die Kapitalmärkte und ihre Teilnehmer.[2123] Dementsprechend sollen in die Ratingbranche ebenfalls nur die für geeignet gehaltenen Unternehmen, die eine gewisse Gewähr für qualitativ hochwertige Ratingleistungen bieten, eindringen dürfen, wodurch die Registrierungspflicht ähnlich der bankrechtlichen Erlaubnispflicht als Eingriff in die gewerbliche Freiheit gerechtfertigt wird. Die Registrierung setzt gleichfalls voraus, dass die antragstellende Ratingagentur diverse Nachweise zu ihrer Leistungsfähigkeit, Organisation und Struktur dargelegt, so dass die Registrierungsbehörde die Konformität mit den Anforderungen der Rating-Verordnung überprüfen kann.[2124] In beiden Fällen hat ein Verstoß gegen die Registrierungspflicht zudem aufsichtsrechtliche Konsequenzen.[2125]

Die herrschende Meinung in der Literatur und auch der Bundesgerichtshof ordnen § 32 Abs. 1 S. 1 KWG dabei zugunsten der Kunden als Schutzgesetz im Sinne des § 823 Abs. 2 BGB ein.[2126] Demnach können Bankkunden Schadensersatz verlangen, wenn Bankinstitute ohne die erforderliche Erlaubnis tätig werden und regelmäßig die Rückabwicklung des jeweiligen Vertragsverhältnisses verlangen.[2127] Die positive Entscheidung über die Schutzgesetzeigenschaft des § 32 Abs. 1 S. 1 KWG überrascht auf den ersten Blick, da es augenscheinlich vorrangig um den Schutz der Funktionalität und Qualität von Bank- und Wertpapierdienstleistungen und mithin um öffentliche Interessen geht, in deren Zuge zwar auch Individuen vor ungeeigneten Marktakteuren bewahrt werden, allerdings eher in Form eines Reflexes. Mit einem etwaigen Vorrang eines Funktionenschutzes setzt sich die Rechtsprechung jedoch nicht weiter auseinander, wenngleich die Marktgerichtetheit der Erlaubnispflicht hierfür durchaus Anlass böte. Der Bundesgerichtshof begründet seine gefestigte Rechtsprechung zur Schutzgesetzeigenschaft der Erlaubnispflicht dagegen im We-

---

2123 Siehe nur Erwägungsgrund Nr. 1 der Rating-VO.

2124 Art. 16 Abs. 1 Rating-VO; unter die beizubringenden Unterlagen fallen etwa Informationen über die Eigentums- und Organisationsstruktur der Ratingagentur, die Personalausstattung und die Fachkenntnisse des Personals, Informationen über Beteiligungen der Agentur und zu ihrer Handhabung von Interessenkonflikten sowie auch ihren Geschäftsplan, siehe Art. 15 Abs. 1 i.V.m. Anhang II zur Rating-VO.

2125 Verstoß gegen die Registrierungspflicht: Art. 36a Abs. 1 UAbs. 1 i.V.m. Anhang III Abschn. I Nr. 54 der Rating-VO; Verstoß gegen die Erlaubnispflicht: § 54 Abs. 1 Nr. 2 KWG, hierzu auch *Fischer* in: Boos/Fischer/Schulte-Mattler, Kreditwesengesetz, § 32, Rn. 29.

2126 *BGH* NJW-RR 2015, S. 1144 (1145); NJW-RR 2014, S. 307 (308); NJW-RR 2011, S. 347 (348); NJW 2010, S. 1077 (1078); WM 2006, S. 1896 (1897); NJW-RR 2006, S. 630 (632); WM 2005, S. 1217 (1218); NJW 1973, S. 1547 (1549); ebenso *KG* NZG 2002, S. 383 (385); *Köhler* in: Schwintowski, Bankrecht, § 4, Rn. 225; *Spindler* in: Bamberger/Roth, § 823 BGB, Rn. 181; *Stackmann*, NJW 2013, S. 1985 (1987); kritisch, aber ohne konkrete Festlegung *Fischer* in: Boos/Fischer/Schulte-Mattler, Kreditwesengesetz, § 32, Rn. 32.

2127 *Fischer* in: Boos/Fischer/Schulte-Mattler, Kreditwesengesetz, § 32, Rn. 31; *Köhler* in: Schwintowski, Bankrecht, § 4, Rn. 225.

sentlichen damit, dass die dem § 32 KWG und insbesondere der Ausweitung der Erlaubnispflicht auf Wertpapierdienstleistungen – seinerzeit – zugrunde liegende EU-Richtlinie[2128] neben der Stabilität des Finanzsystems ausdrücklich auch den Anlegerschutz zum Ziel hatte.[2129] Dies müsse entsprechend für den diese Richtlinienvorgaben umsetzenden § 32 Abs. 1 S. 1 KWG gelten.[2130] Die Intention des § 32 KWG, Anleger zu schützen, wird gemeinhin als einziges Argument für die Schutzgesetzeigenschaft angeführt.[2131]

Dagegen wird in der Rechtsprechung keine Prüfung dahin gehend angestellt, dass und ob sich die avisierte Haftung in das Gesamtsystem deliktischer Verantwortlichkeit einzufügen vermag. Dass schon die einfach fahrlässige Versäumung der Einholung der Erlaubnis zum Ersatz von Vermögensschäden von Kunden über § 823 Abs. 2 BGB führt, schließt dessen Schutzgesetzeigenschaft demnach (offenbar) nicht aus. Eine Vergleichbarkeit des Unrechtsgehalts eines solchen Verstoßes mit dem des § 826 BGB wird ebenfalls nicht geprüft.[2132] Zugleich hindert es die entsprechende Einordnung offenbar auch nicht, dass eine eigene Ersatzpflicht der Organe des Bankinstituts oder Wertpapierunternehmens geschaffen wird, die parallel zum Unternehmen (§ 840 BGB) für die Vermögensschäden von Kunden verantwortlich gemacht werden können und die gleichfalls schon bei einfacher Fahrlässigkeit

---

2128 Richtlinie 93/22/EWG des Rates vom 10.05.1993 über Wertpapierdienstleistungen (ABlEG Nr. L 141 vom 11.06.1993, S. 27 ff.).

2129 In der BGH-Rechtsprechung zur Schutzgesetzeigenschaft von § 32 KWG fällt auf, dass diese – soweit ersichtlich – erstmals in NJW 1973, S. 1547 (1549) wegen der Parallelität zu entsprechenden Genehmigungserfordernissen des Versicherungsaufsichtsgesetzes festgestellt wurde („kann nicht zweifelhaft sein"), ohne dass dies anhand einer tiefer gehenden Exegese der KWG-Bestimmung festgemacht worden wäre; dem haben sich spätere Entscheidungen in der Regel gleichfalls ohne weitergehende Subsumtion unter Verweis auf die vorgenannte Entscheidung angeschlossen, siehe etwa NJW 1994, S. 1801; erst in WM 2005, S. 1217 (1218) findet sich ein konkreter Anhaltspunkt für die Bejahung der Schutzgesetzeigenschaft anhand des Rückgriffs auf die dem § 32 KWG zugrundeliegende EU-Richtlinie.

2130 *BGH* WM 2005, S. 1217 (1218); siehe auch Erwägungsgrund Nr. 17 der Richtlinie 2004(39/EG über Märkte für Finanzinstrumente (ABlEU Nr. L 145, S. 1).

2131 Vgl. *Köhler* in: Schwintowski, Bankrecht, § 4, Rn. 225; *Spindler* in: Bamberger/Roth, § 823 BGB, Rn. 181; *Stackmann*, NJW 2013, S. 1985 (1987); dem Einwand, dass das Kreditwesengesetz rein aufsichtsrechtlicher Natur ist und die BaFin ihre Aufgaben gemäß § 4 Abs. 4 FinDAG ausdrücklich nur im öffentlichen Interesse wahrnimmt, wird entgegnet, dass – was zutrifft – hierdurch nur der Fiskus vor der Inanspruchnahme des Staates wegen etwaiger Amtspflichtverletzungen geschützt werden, nicht aber ein genereller Ausschluss des Schutzgesetzcharakters von KWG-Bestimmungen erfolgen sollte, vgl. *BGH* WM 2006, S. 1896 (1897); WM 2005, S. 1217 (1218) m.w.N. noch zu § 6 Abs. 4 KWG a. F.; hierzu auch *Fischer* in: Boos/Fischer/Schulte-Mattler, Kreditwesengesetz, § 32, Rn. 32.

2132 Sie ließe sich indes im Hinblick auf § 54 Abs. 1 Nr. 2, Abs. 2 KWG begründen, der den (auch fahrlässigen) Verstoß gegen § 32 Abs. 1 S. 1 KWG unter Strafe stellt.

greift.[2133] Wie zuvor behandelt, war es im Rahmen von §§ 31 WpHG gerade dieser Umstand, der den BGH ganz maßgeblich zur Ablehnung der Schutzgesetzeigenschaft als systemfremd bewegt hat.[2134] Schließlich wird auch ein etwaig vorrangiger oder ausreichender Vermögensschutz durch die typischerweise bestehenden Vertragsverhältnisse zwischen den Unternehmen und ihren Kunden, welches den Vermögensschutz über § 823 Abs. 2 BGB als subsidiär hätte entfallen lassen können, in der Rechtsprechung – gleichfalls anders als bei den §§ 31 ff. WpHG[2135] – nicht thematisiert.

Insgesamt wirft der unmittelbare Vergleich mit der Rechtsprechung zu den Bestimmungen des WpHG daher Fragen auf, werden doch wesentliche Prüfungsbestandteile der Qualifizierung einer Norm als Schutzgesetz, die der BGH in ständiger Rechtsprechung konsequent fordert,[2136] im Falle von § 32 KWG nicht behandelt. Dass ein hinreichender anlegerschützender Bezug der Vorschrift offenbar die strengen Hürden der Einfügung in das haftungsrechtliche Gesamtsystem zu relativieren vermag, ist auch für die Untersuchung der Schutzgesetzeigenschaft der Rating-Verordnung eine wichtige Erkenntnis.

cc) Zusammenfassende Wertung

Die zentrale Erkenntnis aus den vorstehenden Betrachtungen für die Subsumtion der Rating-Verordnung unter den Schutzgesetzbegriff lautet nach alledem, dass die Schaffung einer Fahrlässigkeitshaftung für Vermögensschäden, die mögliche Eigenhaftung von Organen sowie die Parallelität gleichartiger vertraglicher Ansprüche die jeweilige Schutzgesetzeigenschaft einer Norm nicht *per se* ausschließen, insbesondere nicht, wenn der Individualschutzcharakter der jeweiligen Bestimmung hinreichend stark ausgeprägt ist. Für die Subsumtion der Rating-Verordnung unter den Schutzgesetzbegriff des § 823 Abs. 2 BGB haben diese Überlegungen zur Folge, dass das Ausmaß und die Intensität des intendierten Drittschutzes der zu untersuchenden Vorschriften genau gewichtet werden müssen, um dessen Eigenständigkeit neben etwaigen überindividuellen Schutzzwecken klären zu können. Zudem muss die Tragbarkeit der Einfügung einer etwaigen Haftung über § 823 Abs. 2 BGB im deliktischen Gesamtsystem differenziert geprüft werden und darf nicht vorschnell

2133 So geschehen etwa in *BGH* NJW-RR 2013, S. 675 (679); NJW-RR 2011, S. 350 (351 f.); WM 2005, S. 1217 (1218).

2134 Siehe oben F. III. 1. b) aa); die unterschiedliche Behandlung ließe sich indes noch damit begründen, dass § 32 KWG nur ein punktuelles Vergehen ahndet, wohingegen die Wohlverhaltenspflichten bei einer Vereinnahmung in den Anwendungsbereich des § 823 Abs. 2 BGB angesichts ihrer Reichweite und Abstraktheit ein umfassendes deliktisches Haftungsregime gebildet hätten, allerdings wird auch eine solche Überlegung in der BGH-Rechtsprechung, soweit ersichtlich, erst gar nicht angestellt.

2135 Vgl. *BGH* NJW 2010, S. 3651 (3653); NJW 2000, S. 359 (361).

2136 Hierzu oben F. III. 1. b) aa).

unter Bezugnahme auf einzelne in der Rechtsprechung einzelfall- und ergebnisorientiert eingesetzte Erwägungen abgelehnt werden.

c) Subsumtion der Rating-Verordnung unter den Schutzgesetzbegriff

Im Anschluss an die zuvor gewonnenen Erkenntnisse ist nun die Subsumtion der Rating-Verordnung, d. h. ihres Anhangs III und der hierin enthaltenen Verhaltens- und Organisationspflichten unter den Schutzgesetzbegriff des § 823 Abs. 2 BGB vorzunehmen.

aa) Ausschluss der Haftung nach § 823 Abs. 2 BGB durch Art. 35a Abs. 5 Rating-Verordnung?

Fraglich ist allerdings vorab, ob eine Verantwortlichkeit von Ratingagenturen über § 823 Abs. 2 BGB i.V.m. Anhang III der Rating-Verordnung überhaupt neben Art. 35a Rating-Verordnung stehen kann. Es ist zu untersuchen, in welchem Verhältnis nationales Haftungsrecht und Art. 35a Rating-Verordnung zu einander stehen.

Ebendieses Verhältnis regelt grundsätzlich Art. 35a Abs. 5 Rating-Verordnung, wonach „weitere zivilrechtliche Haftungsansprüche im Einklang mit dem nationalen Recht" nicht ausgeschlossen werden. Fraglos eröffnet Art. 35a Abs. 5 Rating-Verordnung dadurch die Anwendung nationaler Haftungsansprüche, soweit sie das Verhältnis zwischen Ratingagentur und Ratingnutzer nach nationalem Recht regeln und Vermögensschäden auf Basis des jeweiligen nationalen Haftungsregimes ahnden, nach deutschem Zivilrecht also insbesondere vertragliche Haftungsansprüche aus Rating- oder Abonnementsverträgen wie auch eine etwaige Haftung aus § 823 Abs. 1 BGB (für Emittenten) oder § 826 BGB.[2137] Diesen Parallelansprüchen ist gemein, dass sie unabhängig von der Rating-Verordnung und ihren Vorgaben existieren. Die Rating-Verordnung besitzt insoweit allenfalls – wie gezeigt – Ausstrahlungswirkungen auf die Herausarbeitung der Pflichten- und Sorgfaltsmaßstäbe,[2138] ist aber nicht konstitutiv für die Entstehung entsprechender Ansprüche.

Eine mögliche Haftung aus § 823 Abs. 2 BGB weist allerdings die Besonderheit auf, dass sie an die Vorgaben der Rating-Verordnung selbst anknüpfen und sich diese als haftungsbegründenden Tatbestand einverleiben würde. Die Vorgaben aus der Rating-Verordnung wären konstitutiv für diese Haftung. Es ist fraglich, ob Art. 35a Abs. 5 Rating-Verordnung auch die Geltung nationaler Haftungsansprüche, die an die Rating-Verordnung anknüpfen, vorsieht oder ob bei Verstößen gegen die Rating-Verordnung eine Exklusivität des Art. 35a Rating-Verordnung gegeben ist.

In der rechtswissenschaftlichen Literatur wird Art. 35a Abs. 5 Rating-Verordnung vereinzelt dahin gehend verstanden, dass nur solche nationalen Ansprüche unbe-

---

2137 Vgl. *Wojcik*, NJW 2013, S. 2385 (2389).
2138 Hierzu oben F. I. 1. a) bb) und II. 1. a) bb).

rührt bleiben, die unabhängig von der Rating-Verordnung wirken.[2139] Auf dieser Basis dürfte § 823 Abs. 2 BGB nicht zur Anwendung kommen, da anderenfalls der Vorrang des Art. 35a Rating-Verordnung für die zivilrechtliche Verantwortlichkeit bei Verstößen gegen die Vorgaben der Rating-Verordnung verletzt würde. Eine solche Lesart besäße den Vorzug, dass eine (weitere) Fragmentierung der Normanwendung vermieden würde, anderenfalls nationale Rechtsvorschriften eine Haftung wegen Verstößen gegen Anhang III der Rating-Verordnung an andere Voraussetzungen knüpfen könnten als Art. 35a Rating-Verordnung es vorsieht.[2140] Auch die Normenhierarchie und eine unionsrechtskonforme Auslegung legen nahe, dass § 823 Abs. 2 BGB, der womöglich schon eine Haftung bei einfacher Fahrlässigkeit zuließe, nicht „gegen“ Art. 35a Rating-Verordnung angewendet werden kann.

Dagegen wird zum Teil erkannt, dass eine parallele haftungstechnische Anknüpfung an den Anhang III im nationalen Recht durch Art. 35a Abs. 5 Rating-Verordnung nicht ausgeschlossen wird, sondern möglich bleibt.[2141] Eine Haftung aus § 823 Abs. 2 BGB wegen entsprechender Verstöße wäre dann grundsätzlich auch neben Art. 35a Rating-Verordnung anwendbar und relevant, selbst wenn von dessen Wertungsentscheidungen abgewichen wird.

Dieser Auffassung ist zuzustimmen. Über den – keineswegs eindeutigen – Wortlaut des Art. 35a Abs. 5 Rating-Verordnung hinaus bietet ein Blick in die Erwägungsgründe zu Art. 35a Rating-Verordnung Aufschluss und zeigt den gesetzgeberischen Willen auf: Demnach wollte es der Unionsgesetzgeber den Mitgliedsstaaten belassen, nationale Regelungen über die zivilrechtliche Haftung „beizubehalten“, die entweder „günstiger für Anleger oder Emittenten“ sind oder sich „nicht auf Verstöße gegen die Rating-Verordnung stützen“.[2142] Der EU-Gesetzgeber wollte folglich, dass Art. 35a Rating-Verordnung unter bestimmten Umständen keinen Vorrang vor nationalem Recht hat und dieses auch auf Kosten von Wertungswidersprüchen unberührt lässt: Zunächst muss das jeweilige nationale Haftungsrecht zum Zeitpunkt der Einführung von Art. 35a Rating-Verordnung mit deren zweiter Reformierung bereits bestanden haben, anderenfalls es begrifflich nicht „beibehalten“ werden könnte.[2143] Sodann darf sich das jeweilige nationale Recht entweder gar nicht erst auf die Rating-Verordnung beziehen – und wird von ihr konsequenterweise auch nicht beschränkt – oder

2139 *Berger/Ryborz*, WM 2014, S. 2241 (2247); *Forschner*, JSE 2012, S. 5 (19 f.) („*lex specialis*“); wohl auch *Wojcik*, NJW 2013, S. 2385 (2389).

2140 Das Risiko des Unterlaufens des gesetzgeberischen Anliegens sieht auch *Dutta*, WM 2013, S. 1729 (1735); vgl. auch *Berger/Ryborz*, WM 2014, S. 2241 (2247); *Forschner*, JSE 2012, S. 5 (19).

2141 *Dutta*, WM 2013, S. 1729 (1735), wonach *„der Wortlaut des Art. 35a Abs. 5 nur mit Schwierigkeiten eine insoweit einschränkende Auslegung“* zulasse, siehe hier auch Fn. 46.

2142 Siehe Erwägungsgrund Nr. 35 der 2. Reform-VO.

2143 Zu der hier relevanten Folgefrage, ob die etwaige Haftung aus § 823 Abs. 2 i.V.m. Anhang III Rating-VO bereits vor Einfügung von Art. 35a Rating-VO bestanden hat, sogleich unten F. III. 1. c) bb) (2) (a).

es muss jedenfalls günstiger für die Anspruchsteller ausfallen. Aus dem Umkehrschluss und dem Alternativitätsverhältnis dieser beiden Varianten folgt, dass die letztgenannte Gruppe nationaler Haftungsvorschriften, die für Anspruchsteller günstiger ausfallen, sich (auch) auf Verstöße gegen die Rating-Verordnung stützen können (aber nicht müssen).[2144] Anderenfalls hätte der EU-Gesetzgeber die Gruppen nicht als Alternative („oder"), sondern als kumulative Voraussetzungen normieren müssen. Nationales Haftungsrecht darf dementsprechend durchaus an die Rating-Verordnung anknüpfen und wird durch Art. 35a Rating-Verordnung nicht per se ausgeschlossen. Die einzige hiernach nicht denkbare Variante stellen (bestehende) nationale Haftungsansprüche dar, die zwar an die Rating-Verordnung anknüpfen, dabei aber für Anspruchsteller ungünstiger ausfallen als Art. 35a Rating-VO.[2145] Der Unionsgesetzgeber erlaubt mithin eine Durchbrechung der Wertungen des Art. 35a Rating-Verordnung im Hinblick auf den Verschuldensmaßstab durch nationales Recht, solange sie günstiger für Anleger und Emittenten ausfällt. Nationales Recht und Unionsrecht stehen hier nur partiell in einem Exklusivitätsverhältnis, so dass es – anders als vereinzelt behauptet[2146] – nicht dazu kommt, dass die Entscheidung für einen europäischen Haftungstatbestand durch die potenzielle Anwendung von § 823 Abs. 2 BGB „unterlaufen" werden kann. Eine solche „Unterwanderung" des europäischen Tatbestands wollte der Unionsgesetzgeber gerade zulassen, wenn diese günstiger ausfällt. Keinesfalls war es die Absicht des Unionsgesetzgebers, eine etwaige bereits bestehende günstigere Haftung nach nationalem Recht durch Art. 35a Rating-Verordnung zu verdrängen, die Rechtslage für Anleger dadurch zu verschlechtern und so das Ziel des Anlegerschutzes zu konterkarieren. Diese Entscheidung muss unbedingt berücksichtigt und gewürdigt werden, bevor vorschnell eine Haftung nach § 823 Abs. 2 BGB wegen eines vermeintlichen Verstoßes gegen die Wertungen der Rating-Verordnung abgelehnt wird.

Aus den weiteren Erwägungsgründen ergibt sich zudem, dass der Unionsgesetzgeber von der Existenz und Anwendbarkeit nationaler Haftungsansprüche wegen Zuwiderhandlungen gegen die Rating-Verordnung immer schon ausgegangen ist, da die Möglichkeit der Inanspruchnahme der Agenturen aufgrund von Verstößen gegen die Verordnung hierin schon weit vor der Einführung von Art. 35a Rating-Verordnung ausdrücklich angesprochen wurde: Demnach sollten Forderungen gegen Ratingagenturen aufgrund von Verstößen gegen die Rating-Verordnung selbst nach nationalem Recht ausdrücklich erhoben werden können.[2147] Folglich wollte der Unionsgesetzgeber gerade keine haftungstechnische Exklusivität für Ver-

---

2144 Vgl. *Dutta* WM 2013, S. 1729 (1735) (Fn. 46).

2145 Hier schließt sich der Kreis zu den Erörterungen bzgl. der Auslegungszuständigkeit bei Art. 35a Rating-VO, namentlich wenn die Auslegung der internen Lücken von Art. 35a Rating-VO nach nationalem Recht zu einer Verschlechterung der Position der Anspruchsteller führt; in diesem Falle muss eine unionsrechtskonforme Auslegung für Ergebniskorrektur sorgen, hierzu oben E. I. 5. c) cc).

2146 *Wagner* in: Münchener Kommentar, BGB, § 826, Rn. 142.

2147 Siehe Erwägungsgrund Nr. 69 der Rating-VO.

stöße gegen Anhang III der Rating-Verordnung herstellen, sondern eine günstigere Fassung nationaler Bestimmungen zum Vorteil der Anspruchsteller ausdrücklich ermöglichen.[2148] Neben Art. 35a Rating-Verordnung anwendbar bleiben somit auch nationale Vorschriften, die sich auf die Vorgaben der Rating-Verordnung stützen und dabei günstiger ausfallen als Art. 35a Rating-Verordnung.

Da die Haftung über § 823 Abs. 2 BGB – sofern dessen Voraussetzungen gegeben sind – wegen der geringeren Verschuldensmaßstabs – sofern dieser auch anzuwenden ist[2149] – günstiger für Anspruchsteller ausfiele, kann die entsprechende Haftung mithin grundsätzlich neben Art. 35a Rating-Verordnung treten.

bb) Qualifizierung des Anhang III der Rating-Verordnung als Schutzgesetz

Da der Weg für eine parallele Inanspruchnahme von Ratingagenturen wegen Verstößen gegen Anhang III der Rating-Verordnung gemäß § 823 Abs. 2 BGB grundsätzlich eröffnet ist, kann die Subsumtion der Rating-Verordnung und ihrer Verhaltenspflichten unter den Schutzgesetzbegriff erfolgen. Diese Prüfung geschieht anhand der herausgearbeiteten Tatbestandsmerkmale des Schutzgesetzbegriffs, namentlich zum einen der Bestimmung eines hinreichenden Individualschutzes der Normen (nachfolgend unter (1)) sowie zum anderen der Tragbarkeit der avisierten Haftung im deliktischen Gesamtsystem (nachfolgend unter (2)).

(1) Individualschützender Charakter

Eine Einordnung der Verhaltenspflichten der Rating-Verordnung, wie sie in den Art. 6 ff. Rating-Verordnung niedergelegt und im Verhaltenskatalog des Anhang III konkretisiert und ausgestaltet sind, unter den Schutzgesetzbegriff setzt es zunächst voraus, dass die Bestimmungen ihrem Inhalt und Zweck nach dazu bestimmt sind, (auch) Individualinteressen zu schützen. Es gilt daher, die Regulierungsziele der Rating-Verordnung herauszuarbeiten und diese Zielrichtungen zu gewichten.

(a) Gewichtung der Regulierungsziele

Die Rating-Verordnung reguliert die Tätigkeit von Ratingagenturen im EU-Raum, da sich Ratings „erheblich auf das Funktionieren der Märkte sowie das Vertrauen von Anlegern und Verbrauchern auswirken“[2150]. Daher müsse sichergestellt werden, dass die Ratingtätigkeit Grundsätzen der „Integrität, Transparenz, Rechenschaftspflicht und guten Unternehmensführung“ entspricht.[2151] Hierdurch soll die erforderliche angemessene Qualität von Ratings gesichert und die Stabilität der Finanzmärkte geschützt werden.[2152] Den typischen Zwecken kapitalmarktrechtlicher Vorschriften

2148 So auch *Schultes*, Regulierung und Haftung von Ratingagenturen, S. 316.
2149 Hierzu sogleich unten F. III. 1. c) bb) (2) (a).
2150 Erwägungsgrund Nr. 1 der Rating-VO.
2151 Erwägungsgrund Nr. 1 der Rating-VO.
2152 Vgl. Erwägungsgründe Nr. 1, 7 Rating-VO.

entsprechend, bezweckt demnach auch die Rating-Verordnung einen öffentlichen Funktionenschutz, denn „richtige" Ratings fördern die Funktionalität der Märkte, eine ordnungsgemäße Preisbildung und das Vertrauen der Anlegerschaft in die Rentabilität der Märkte.[2153] Dem Charakter kapitalmarktrechtlicher Regularien gleichfalls entsprechend folgt die Rating-Verordnung dabei grundsätzlich einem klassisch aufsichtsrechtlichem Schema in Gestalt des *public enforcement*: Sie bestimmt die hoheitliche Aufsicht durch eine zuständige Behörde,[2154] benennt Verhaltens- und Organisationspflichten für die Agenturen als Gegenstand der Überwachung zum Zwecke ordnungsgemäßen Verhaltens[2155] und erlaubt aufsichtsrechtliche Eingriffs- und Sanktionsmaßnahmen bei Devianz.[2156] Derartigem kapitalmarktrechtlichem Aufsichtsrecht wird, wie gezeigt, nur selten eine hinreichende individualschützende Zweckrichtung zugesprochen,[2157] da regelmäßig der überindividuelle Funktionenschutz im Vordergrund steht und Individualschutz nur Reflex des institutionellen Schutzes ist.

Mit dieser oder ähnlicher Begründung wird die Schutzgesetzeigenschaft der Bestimmungen der Rating-Verordnung in der rechtswissenschaftlichen Literatur auch weit überwiegend abgelehnt.[2158] Allenfalls einzelne Verhaltenspflichten werden gelegentlich herausgegriffen und als womöglich individualschützend gewertet, etwa in Bezug auf die Kennzeichnungspflichten für Ratings.[2159] Auf Basis dieser Lesart erübrigte sich die schutzgesetzliche Qualifizierung und mithin die Haftung aus § 823 Abs. 2 BGB.

Nur sehr vereinzelt wird in der Literatur vertreten, dass die Ratingvorgaben in Anhang III oder eine überwiegende Zahl der in der Verordnung normierten Pflichten Schutzgesetzeigenschaft besäßen.[2160] Diese Schutzgesetzeigenschaft ist allerdings zu bejahen und eine Haftung aus § 823 Abs. 2 BGB mithin – vorbehaltlich der weiteren Prüfungsinhalte – grundsätzlich denkbar und relevant. Dabei soll die Zielrichtung der Rating-Verordnung zum Schutze öffentlicher Interessen des Funktionenschutzes keinesfalls verkannt werden. Gleichwohl ist, entsprechend der Erkenntnisse aus

---

2153 Zur Funktion von Ratings aus Sicht der Kapitalmärkte oben C. III. 2.

2154 Art. 21 Abs. 1 Rating-VO.

2155 Art. 6 ff. Rating-VO und Anhang III.

2156 Art. 36 ff. Rating-VO.

2157 Hierzu bereits oben F. III. 1. a).

2158 *Amort*, EuR 2013, S. 272 (277); *Berger/Stemper*, WM 2010, S. 2289 (2293); *Haar*, NZG 2010, S. 1281 (1285); grundsätzlich ebenso *Forschner*, JSE 2012, S. 5 (12); *Schuler*, Regulierung und Verantwortlichkeit, S. 268; im Ergebnis auch *Schroeter*, Ratings, S. 897; *Wagner* in: Münchener Kommentar, BGB, § 826, Rn. 142.

2159 *Berger/Stemper*, WM 2010, S. 2289 (2293); *Schuler*, Regulierung und Verantwortlichkeit, S. 268.

2160 *Dutta*, WM 2013, S. 1729 (1735) („einzelne in der Verordnung vorgesehene Verhaltensgebote"); *Schultes*, Regulierung und Haftung von Ratingagenturen, S. 203 f.; wohl auch *von Rimon*, Ratings in Deutschland und USA, S. 195; *Wojcik*, NJW 2013, S. 2385 (2386).

der exemplarischen Untersuchung strukturell ähnlicher kapitalmarktrechtlicher Vorschriften,[2161] entscheidend, mit welcher Intensität die Bestimmungen daneben auch individualschützende Zwecke verfolgen.

Eine solche Untersuchung der Verhaltenspflichten der Rating-Verordnung muss die in den Erwägungsgründen zur Rating-Verordnung wiederholt und unmissverständlich zum Ausdruck kommende Zielrichtung eines wehrhaften Schutzes der Ratingnutzer vor fehlerhaften Ratings in den Blick nehmen und diese in ihrer Parallelität zu dem Schutz öffentlicher Interessen würdigen: Die gesetzgeberischen Erwägungen zur Rating-Verordnung betonen mehrfach und in Bezug auf unterschiedliche Regelungsaspekte der Verordnung ausdrücklich die Zielrichtung des Schutzes der Anleger und der Gewährleistung des Anlegervertrauens.[2162] Die Ratingregulierung soll insoweit neben einem „funktionierenden Binnenmarkt" ausdrücklich auch ein „hohes Maß an Verbraucher- und Anlegerschutz"[2163] durch „gemeinsame Qualitätsanforderungen"[2164] gewährleisten und stellt ein entsprechendes Regelungsziel in Art. 1 S. 1 und 2 Rating-Verordnung („hohes Maß an Verbraucher- und Anlegerschutz"; Förderung des „Verbraucher- und Anlegerschutzes") dem gesamten Regulierungsregime voran. Ein Begriffsverständnis, das hierin nur ein überindividuelles, institutionelles Anlegervertrauen erkennen wollte,[2165] ignoriert, dass die gesetzgeberischen Erwägungen durchaus zwischen den öffentlichen und funktionalen Schutzzielen der Verordnung einerseits und denen des individuellen Anlegerschutzes andererseits begrifflich unterscheiden und mithin bei der Betonung des Anlegerschutzes auch eine entsprechend eigenständige Zweckrichtung aufstellen wollen. Dies wird etwa dadurch deutlich, dass der Anlegerschutz nach dem erklärten Willen des Unionsgesetzgebers „gleichzeitig" neben dem Schutz eines „funktionierenden Binnenmarkt" geschehen soll,[2166] er hierin also keine redundante Wiederholung desselben Ziels (Funktionenschutz), sondern eine eigene Zweckbestimmung formuliert hat. Diese Schutzrichtung kann daher auch nicht als bloßer Reflex des Kollektivschutzes abgetan werden.

Die Parallelität von öffentlichen und individuellen Schutzrichtungen ist, wie anhand der exemplarisch untersuchen kapitalmarktrechtlichen Vorschriften deutlich wurde, für die schutzgesetzliche Qualifizierung unschädlich. So wird etwa auch bei § 32 KWG trotz seiner unverkennbar aufsichtsrechtlichen Prägung die individualschützende Zielrichtung erkannt und neben den öffentlichen Zielen der Gewährleistung der Stabilität der Banken- und Wertpapiermärkte als gleichwertiges oder gar vorrangiges Schutzinteresse gewichtet.[2167]

2161 Siehe oben F. III. 1. b).

2162 Vgl. etwa die Erwägungsgründe Nr. 1, 7, 39, 40, 43, 55 und 58 Rating-VO.

2163 Art. 1 S. 1 Rating-VO und Erwägungsgrund Nr. 75 der Rating-VO.

2164 Erwägungsgrund Nr. 75 Rating-VO.

2165 Etwa *Berger/Stemper*, WM 2010, S. 2289 (2293).

2166 Art. 1 S. 1 Rating-VO.

2167 Hierzu oben F. III. 1. b) bb).

Verbleibende Zweifel am individualschützenden Charakter der Verhaltenspflichten müssen sodann spätestens nach der zweiten Reform-Verordnung fallen gelassen werden, denn die Schutzgesetzeigenschaft einer Norm ist jedenfalls dann zu bejahen, wenn ihre Einhaltung jedem, dem die Vorschrift zugutekommt, die Rechtsmacht verleihen soll, sich gerade „mit den Mitteln des Privatrechts gegen denjenigen zu schützen, der das Verbot übertritt“[2168]. Dies ist durch besagte zweite Reform-Verordnung unweigerlich der Fall, da der Haftungstatbestand aus Art. 35a Rating-Verordnung bei Verstößen gegen Anhang III der Rating-Verordnung Anlegern und Emittenten die vorbenannte Rechtsmacht gerade verleiht. Mit der Implementierung eines Haftungstatbestands, der eine Verantwortlichkeit von Ratingagenturen gegenüber Individuen bei Übertretung der Verhaltenspflichten normiert, hat der Unionsgesetzgeber hinreichend kenntlich gemacht, dass diese Vorgaben zwingend auch individuellen Schutz- und Vermögensinteressen dienen.[2169] Die regulativen Vorgaben können daher spätestens seit Einführung des Haftungstatbestands nicht mehr nur als rein funktionenschützende und aufsichtsrechtliche Pflichten charakterisiert werden.

Da Art. 35a Rating-Verordnung pauschal auf Anhang III verweist, sind grundsätzlich auch alle darin enthaltenen Pflichten von der mit der Verweisung einher gehenden individualschützenden Prägung erfasst. Dass darunter auch in weiten Teilen rein organisatorische Vorgaben enthalten sind, ist sodann weniger ein Problem des Schutzgesetzcharakters des Anhang III als vielmehr ein solches fehlender Praxisrelevanz einzelner Verstöße. An dem theoretisch individualschützenden Charakter ändert die geringe Praxisrelevanz indes grundsätzlich nichts. Die Vorgaben aus Anhang III der Rating-Verordnung dienen im Ergebnis daher dem Schutz eines anderen im Sinne von § 823 Abs. 2 BGB und besitzen grundsätzlich Schutzgesetzqualität.

(b) Etwaige Entbehrlichkeit des individualschützenden Charakters

Womöglich ist es für die Eröffnung der Haftung aus § 823 Abs. 2 BGB sogar entbehrlich, dass und ob die Rating-Verordnung bestimmungsgemäß auch Individualschutzinteressen bedient, so dass selbst die in der Literatur überwiegend vertretene Annahme, den Pflichten fehle der erforderliche Schutzgesetzcharakter,[2170] nicht zu einer Versagung der Schutzgesetzhaftung führen dürfte. Die etwaige Entbehrlichkeit des individualschützenden Charakters könnte aus einer unionsrechts-

---

2168 Vgl. nur *BGH* NJW 1964, S. 396 (397); im Übrigen bereits oben F. III. 1. a).

2169 So auch *Forschner*, JSE 2012, S. 5 (19 f.); *Schultes*, Regulierung und Haftung von Ratingagenturen, S. 204; vgl. auch *Dutta*, WM 2013, S. 1729 (1735); siehe auch Erwägungsgrund Nr. 32 der 2. Reform-VO.

2170 Vgl. *Amort*, EuR 2013, S. 272 (277); *Berger/Stemper*, WM 2010, S. 2289 (2293); *Haar*, NZG 2010, S. 1281 (1285); *Schuler*, Regulierung und Verantwortlichkeit, S. 268; *Schroeter*, Ratings, S. 897; *Wagner* in: Münchener Kommentar, BGB, § 826, Rn. 142.

konformen Auslegung des § 823 Abs. 2 BGB folgen.[2171] Vorliegend herrscht die Besonderheit, dass unmittelbar anwendbares europäisches Sekundärrecht in Gestalt der Rating-Verordnung als Schutzgesetz zur Prüfung steht. Für die haftungstechnische Inanspruchnahme Dritter wegen eines Verstoßes gegen verbindliches EU-Recht wird vertreten, dass es bei der Subsumtion unter den Schutzgesetzbegriff des § 823 Abs. 2 BGB auf den Individualschutzzweck des jeweiligen Unionsrechts grundsätzlich nicht ankomme.[2172] Diese Auffassung findet ihre Grundlage in der Rechtsprechung des Europäischen Gerichtshofs, der im Interesse einer effektiven Durchsetzung von EU-Recht dessen volle Wirksamkeit gewährleisten will und daher die privatrechtliche Haftung als besonders geeignetes Mittel zur Erhöhung der Durchsetzungskraft häufig betont.[2173] Dabei misst der Europäische Gerichtshof der Frage, ob das jeweilige EU-Recht den avisierten Haftungsschutz zugunsten eines Einzelnen überhaupt bezweckt, keine größere Bedeutung zu.[2174] Der wichtige *effet-utile*-Grundsatz rechtfertige oder bedinge einen faktischen Verzicht auf das Erfordernis des Individualschutzcharakters, soweit es der verhältnismäßigen Durchsetzung und Geltungserhaltung des jeweiligen EU-Rechts dient.[2175] Demnach wäre die Haftung aus § 823 Abs. 2 i.V.m. der Rating-Verordnung ohnehin eröffnet, da die Durchsetzung von unmittelbar geltendem Unionsrecht in Frage steht.[2176] Bei entsprechend unionsrechtskonformer Auslegung des Schutzgesetzbegriffs aus § 823 Abs. 2 BGB kann es daher im Ergebnis sogar dahin stehen, ob ein hinreichender Individualschutz durch die Verhaltenspflichten aus Anhang III tatsächlich bezweckt wird.

2171 Hierzu *Wagner* in: Münchener Kommentar, BGB, § 823, Rn. 481.

2172 *Wagner* in: Münchener Kommentar, BGB, § 823, Rn. 481 f.; *derselbe*, AcP 206 (2006), S. 352 (416); vgl. auch *Steindorff*, EG-Vertrag und Privatrecht, S. 306 f.

2173 Vgl. *EuGH* Slg. 2002, I-7289, 7321 f.; EuZW 2001, S. 715 (716); siehe auch *Wagner*, AcP 206 (2006), S. 352 (416) mit weiteren Nachweisen aus der EuGH-Rechtsprechung; *Schmidt* in: FS-Canaris, S. 1175 (1184 ff.).

2174 Vgl. *Wagner* in: Münchener Kommentar, BGB, § 823, Rn. 481 („spielt keine Rolle"); vgl. auch das Konzept von *Schmidt* in: FS-Canaris, S. 1175 (1186 ff.).

2175 Vgl. *Wagner* in: Münchener Kommentar, BGB, § 823, Rn. 481; *derselbe*, AcP 206 (2006), S. 352 (416).

2176 Dies wird teilweise noch dahin gehend relativiert, dass die privatrechtliche Haftung in der vorgenannten Form subsidiär erst dann eingreife, wenn anderweitige Sanktionsarten, etwa aus dem Straf- oder Ordnungswidrigkeitenrecht, nicht einschlägig seien, siehe *Wagner* in: Münchener Kommentar, BGB, § 823, Rn. 481. Zwar existiert in den Art. 36 ff. Rating-VO eine solche Sanktionierung für Ratingagenturen, allerdings ist hieraus noch nicht zu schließen, dass es der parallelen privathaftungsrechtlichen Durchsetzung der Vorgaben nicht mehr bedürfe, denn der Unionsgesetzgeber hat die aufsichtsrechtlichen Mechanismen ganz im Gegenteil gerade nicht für ausreichend gehalten und mit Art. 35a Rating-Verordnung daher ein zusätzliches *private enforcement* zur Flankierung der Regulierung installiert, vgl. *Wagner* in: FS-Blaurock, S. 467 (472). Diese Wertung darf nicht außer Acht bleiben.

(2) Einfügung in das haftpflichtrechtliche Gesamtsystem

Sodann schließt sich die Frage an, ob die avisierte Haftung von Ratingagenturen „im Lichte des haftpflichtrechtlichen Gesamtsystems tragbar erscheint“[2177]. Es ist mithin zu untersuchen, ob die Haftung von Ratingagenturen gemäß § 823 Abs. 2 BGB i.V.m. Anhang III der Rating-Verordnung zu haftpflichtrechtlich tragbaren Ergebnissen im Gesamtsystem des Deliktsrecht führte oder ob eine unzulässige Fahrlässigkeitshaftung begründet würde.

Um dies prüfen zu können, muss zuvorderst untersucht werden, welcher Verschuldensmaßstab für eine Inanspruchnahme der Agenturen auf dieser Basis gelten würde (nachfolgend unter (1)). Sollte der Verschuldensmaßstab des Art. 35a Rating-Verordnung zu übernehmen sein, dürfte die Frage der Einfügung der avisierten Haftung in das Haftungssystem keine Probleme bereiten, da die vorgenannte Grundentscheidung nicht bzw. nur geringfügig bedroht würde.[2178] Nur im Falle der Begründung einer Haftung schon bei einfacher Fahrlässigkeit der Agenturen bedarf die Subsumtion einer tiefer gehenden Untersuchung nach Maßgabe derjenigen Kriterien, die die Rechtsprechung bei anderen kapitalmarktrechtlichen Bestimmungen zugrunde gelegt hat (nachfolgend unter (2), (3) und (4)).

(a) Identifizierung des Verschuldensmaßstabs

Fraglich ist also, welcher Verschuldensmaßstab bei einer Haftung nach § 823 Abs. 2 BGB i.V.m. Anhang der Rating-Verordnung zulasten der Ratingagenturen gelten würde. § 823 Abs. 2 S. 2 BGB setzt eine schuldhafte Verletzung des Schutzgesetzes voraus. Für den Verschuldensmaßstab gilt dabei dasjenige, was das Schutzgesetz selbst hierzu regelt.[2179] Die Art. 6 ff. und der Anhang III der Rating-Verordnung formulieren allerdings keinen eigenen Verschuldensmaßstab, sondern enthalten nur die Ge- und Verbote. In einem solchen Fall gilt grundsätzlich der gewöhnliche Verschuldensmaßstab der Haftung für Vorsatz und (einfache) Fahrlässigkeit gemäß § 276 BGB.[2180]

Fraglich ist, ob die Regelung des Art. 35a Rating-Verordnung ein anderes Ergebnis bedingt. Der Unionsgesetzgeber hat den Verschuldensmaßstab für Verstöße gegen die Rating-Verordnung hierin auf grobe Fahrlässigkeit und Vorsatz beschränkt und dies mit den Besonderheiten des Ratingverfahrens begründet.[2181] Diese gesetzgebe-

2177 *BGH* NJW 1976, S. 1740 (1740 f.); hierzu auch *Spickhoff*, Gesetzesverstoß und Haftung, S. 125.

2178 Zwar würde wegen der möglichen Haftung bei grober Fahrlässigkeit immer noch vom Vorsatzerfordernis des § 826 BGB abgewichen, allerdings dürfte hierin kaum eine das haftpflichtrechtliche Gesamtsystem bedrohende Erweiterung zu erkennen sein, da die praktischen Unterschiede geringfügig sind und auch der BGH vielfach bereits Leichtfertigkeit für die Erfüllung von § 826 BGB zulässt, vgl. hierzu oben F. I. 2. a) cc).

2179 *Palandt/Sprau*, § 823, Rn. 61.

2180 *Palandt/Sprau*, § 823, Rn. 61; *Spickhoff*, Gesetzesverstoß und Haftung, S. 127.

2181 Vgl. Erwägungsgrund Nr. 33 der 2. Reform-VO.

rische Wertung könnte auch auf § 823 Abs. 2 BGB durchschlagen. Ähnlich wie im Zusammenhang mit der Diskussion um eine etwaige gänzliche Verdrängung von § 823 Abs. 2 BGB durch Art. 35a Abs. 5 Rating-Verordnung[2182] sind auch an dieser Stelle die grundlegenden Erwägungen des Unionsgesetzgebers in den Blick zu nehmen. Demnach ist – wie ausgeführt – eine günstigere Haftung der Ratingagenturen wegen Verstößen gegen die Vorgaben der Rating-Verordnung nach nationalen Vorschriften, mithin gerade auch nach § 823 Abs. 2 BGB, ausdrücklich möglich und anwendbar.[2183] Ob vorliegend gleichwohl der Verschuldensmaßstab des Art. 35a Rating-Verordnung für § 823 Abs. 2 BGB zu übernehmen ist, hängt davon ab, ob die Schutzgesetzeigenschaft der Ratingvorgaben aus Anhang III, die schon mit der ersten Reform-Verordnung eingefügt wurden,[2184] bereits vor der Existenz von Art. 35a Rating-Verordnung bejaht und erkannt wird oder ob dies erst im Zuge der mit der Implementierung von Art. 35a Rating-Verordnung zwangsläufig einher gegangenen und nicht mehr bestreitbaren individualschützenden Prägung der Verhaltenspflichten bejaht wird.[2185] Denn die Erwägungen des Unionsgesetzgebers aus der zweiten Reform-Verordnung lauten dahin, dass günstigere Haftungsansprüche nach nationalem Recht „beibehalten"[2186] werden können. Dies deutet darauf hin, dass mit Art. 35a Rating-Verordnung zwar die bei seiner Einführung bereits *de lege lata* existierenden günstigeren nationalen Bestimmung nicht verdrängt oder zum Nachteil der Anspruchsteller eingeschränkt werden sollten; allerdings sollte Art. 35a Rating-Verordnung offenbar nicht erst die Erschaffung oder Begründung derartiger nationaler Ansprüche herbeiführen, anderenfalls nicht von der „Beibehaltung" nationaler Ansprüche gesprochen worden wäre. Sieht man indes den Schutzgesetzcharakter der Verhaltenspflichten aus der Rating-Verordnung erst im Zeitpunkt der Implementierung des Art. 35a Rating-Verordnung als gegeben an, so besäße der Haftungstatbestand eine eben solche, nicht bezweckte konstituierende Wirkung. Dann aber könnte die Haftung aus § 823 Abs. 2 BGB nicht weiter reichen – und auch nicht als günstiger „beibehalten" werden – als sie Art. 35a Rating-Verordnung mit der Beschränkung auf Vorsatz und grobe Fahrlässigkeit vorsieht, da beide Ansprüche „gleichzeitig" entstanden wären. Nationales Recht könnte und dürfte die Wertungsentscheidungen des Art. 35a Rating-Verordnung in diesem Falle nicht aufweichen. Im Hinblick auf das hier geltende partielle Exklusivitätsverhältnis[2187] zwischen Unionsrecht und nationalem Recht ist nach alledem festzuhalten, dass nationales Haftungsrecht, das an die Rating-Verordnung anknüpft, durch Art. 35a Rating-Verordnung dann nicht verdrängt wird, wenn es zum Zeitpunkt der Einfügung des Tatbestands schon gegolten hat (also „beibehalten" werden kann) und günstiger für die Anspruchsteller ausfällt.

2182 Hierzu oben F. III. 1. c) aa).
2183 Art. 35a Abs. 5 Rating-VO; Erwägungsgrund Nr. 35 der 2. Reform-VO, siehe hierzu oben F. III. 1. c) aa).
2184 Siehe oben D. III. 1.
2185 Zur Schutzgesetzeigenschaft siehe oben F. III. 1. c) bb) (1) (a).
2186 Erwägungsgrund Nr. 35 der 2. Reform-VO.
2187 Siehe oben F. III. 1. c) aa).

Vorliegend überzeugend ist sodann, dass § 823 Abs. 2 BGB als günstigeres nationales Recht mit dem geringeren Verschuldensmaßstab einfacher Fahrlässigkeit neben Art. 35a Rating-Verordnung anzuwenden und „beizubehalten" ist. Denn die Verhaltensvorgaben der Rating-Verordnung waren bereits vor Einführung des Art. 35a Rating-Verordnung wegen des gesetzgeberisch bezweckten zielgerichteten Anlegerschutzes und der von Beginn an vorausgesetzten Möglichkeit der haftungsrechtlichen Inanspruchnahme von Ratingagenturen bei Verstößen gegen die Rating-Verordnung nach nationalem Recht als Schutzgesetze im Sinne von § 823 Abs. 2 BGB zu qualifizieren.[2188] Anhang III der Rating-Verordnung hat dementsprechend nicht erst durch die – mit der zweiten Reform-Verordnung geschehenen – Einfügung von Art. 35a Rating-Verordnung eine konkrete anlegerschützende Funktion verliehen bekommen, sondern besaß diese schon zum Zeitpunkt der Implementierung mit der ersten Reform-Verordnung. Folgerichtig hatten die entsprechenden Verhaltenspflichten auch vor Einfügung von Art. 35a Rating-Verordnung schon Schutzgesetzcharakter.

Die mithin vor der Einführung von Art. 35a Rating-Verordnung bereits mögliche Haftung aus § 823 Abs. 2 BGB i.V.m. dem bereits in der ersten Reform-Verordnung beigefügten Anhang III fiel damit originär „günstiger", weil am gewöhnlichen Verschuldensmaßstab des BGB (§ 276) orientiert,[2189] aus und ist als solche nach Erwägungsgrund Nr. 35 der zweiten Reform-Verordnung nunmehr ausdrücklich „beizubehalten".[2190] Nach dem Willen des Unionsgesetzgebers darf insoweit von den Wertungen des Art. 35a Rating-Verordnung abgewichen werden, so dass das hier gefundene Ergebnis nicht im Widerspruch zu, sondern gerade im Einklang mit dem europarechtlichen Haftungsgerüst steht. Auch die aufsichtsrechtlichen Sanktionsvorschriften geben keinen anderweitigen Verschuldensmaßstab vor, da sie ihrerseits gleichfalls schon bei einfacher Fahrlässigkeit greifen.[2191]

Der Haftung aus § 823 Abs. 2 BGB i.V.m. Anhang III der Rating-Verordnung ist nach alledem der allgemeine Verschuldensmaßstab des § 276 BGB zugrunde zu legen, so dass eine Fahrlässigkeitshaftung der Ratingagenturen für Vermögensschäden Dritter grundsätzlich in Betracht käme. Auf dieser Grundlage ist die Tragbarkeit der Haftung im Gesamtsystem des Haftungsrechts mithin zu prüfen.

(b) Fahrlässigkeitshaftung für reine Vermögensschäden

Auf Grundlage der vorstehend erläuterten Annahme, dass die Haftung aus § 823 Abs. 2 BGB i.V.m. Anhang III der Rating-Verordnung bereits bei einfacher Fahrlässigkeit der Ratingagenturen greift, ist nun zu prüfen, ob diese avisierte

---

2188 Siehe insbesondere Erwägungsgrund Nr. 69 Rating-VO; im Übrigen oben F. III. 1. c) bb) (1) (a).

2189 *Palandt/Sprau*, § 823, Rn. 61.

2190 Im Ergebnis ebenso *Dutta*, WM 2013, S. 1729 (1735); a.A. *Berger/Ryborz*, WM 2014, S. 2241 (2245).

2191 Siehe Art. 36a Abs. 1 UAbs. 1 Rating-VO; dies ist zu übernehmen, vgl. *Spickhoff*, Gesetzesverstoß und Haftung, S. 213.

Haftung dem Erfordernis der Einfügung in das haftpflichtrechtliche Gesamtsystem gerecht wird.

Wie im Rahmen der exemplarisch untersuchten Bestimmungen des Kapitalmarktrechts gezeigt, verbieten sich dabei allzu schnelle und pauschale Annahmen und Rückschlüsse.[2192] Der Umstand, dass eine Fahrlässigkeitshaftung über § 823 Abs. 2 BGB begründet würde, rechtfertigt nicht automatisch den Ausschluss der avisierten Haftung. Die Rechtsprechung hält es insoweit allerdings für erforderlich, dass eine Wertungsäquivalenz zu den §§ 823, 826 BGB vorliegt und die Anwendung des § 823 Abs. 2 BGB „in Abstimmung mit § 823 Abs. 1 und § 826 BGB interpretiert" wird.[2193]

Vorliegend kommt vor allem eine Abstimmung mit § 826 BGB in Betracht. Soweit die über die Rating-Verordnung avisierte Haftung den Schutzvoraussetzungen des § 826 BGB gleichkommt, mithin bezüglich des Unrechtsgehalts eine Nähe zu § 826 BGB besteht,[2194] vermag sie sich auch in das deliktische Haftungssystem einzufügen. Dies setzt voraus, dass die etwaig haftungsbegründenden Verstöße und die damit einhergehende Ratingagenturenhaftung auch im Falle ihrer fahrlässigen Begehung ein sittenwidriges Verhalten sanktionierten.[2195] Die erforderliche wertungsmäßige Nähe zu § 826 BGB ist vorliegend zu erkennen: Die Bewertung sittenwidriger Pflichtverstöße im Sinne des § 826 BGB richtet sich vor allem (auch) nach der Rechtswidrigkeit des jeweiligen Mittels.[2196] Die Sittenwidrigkeit kann sich insbesondere daraus ergeben, dass der Schädiger professionellen Verhaltensstandards für die Leistung seiner Expertise (auch) zum Schutze Dritter unterliegt und gegen eben diese verstößt, insbesondere wenn sie sogar gesetzlich normiert sind und nicht nur auf vertraglichen Vereinbarungen oder gewöhnlichen Verkehrssicherungspflichten basieren.[2197] Die Verhaltensstandards, denen Ratingagenturen im EU-Raum unterliegen, erfüllen diese Anforderungen. Es handelt sich insoweit um einen unmittelbar gültigen und uneingeschränkt verbindlichen Verhaltenskatalog, dem sich Ratingagenturen im EU-Raum keinesfalls entziehen können. Die Pflichten dienen final gerade auch dem Schutz derer, die die Ratings verwenden und benutzen.[2198] Verstöße gegen die Verhaltenspflichten für Ratingagenturen werden auch mit einer Geldbuße, mithin einer ordnungsrechtlichen Sanktion geahndet, was in die Bewertung des Unrechtsgehalts mit einfließen

---

2192 Siehe etwa zu § 32 KWG oben F. III. 1. b) bb).

2193 Siehe BGH NJW 2008, S. 1734 (1736); *Canaris* in: FS-Larenz, S. 27 (48); siehe auch *Spindler* in: Bamberger/Roth, § 823 BGB, Rn. 158.

2194 Vgl. *Canaris* in: FS-Larenz, S. 27 (48); *Spindler* in: Bamberger/Roth, § 823 BGB, Rn. 158.

2195 Vgl. *BGH* NJW 2008, 1734 (1736).

2196 Vgl. *Spindler* in: Bamberger/Roth, § 826 BGB, Rn. 8; *Wagner* in: Münchener Kommentar, BGB, § 826, Rn. 9.

2197 Vgl. *Hellgardt*, Kapitalmarktdeliktsrecht, S. 65; *Sauer*, Haftung für Falschinformation des Sekundärmarktes, S. 53.

2198 Siehe oben F. III. 1. c) bb) (1) (a).

muss.[2199] Die Verletzung derartiger unmittelbar verpflichtender Handlungsregeln für die Ausübung einer bestimmten Profession weist folglich einen hohen Unrechtsgehalt auf. Wegen der besonderen Bedeutung derartiger Verhaltensregeln für sachkundiges Expertenhandeln mit Auswirkungen für Dritte, insbesondere bei der Erteilung von Auskünften, weicht die Rechtsprechung sogar im Binnensystem des § 826 BGB dessen Voraussetzungen auf und geht für die Inanspruchnahme des Experten bei einem entsprechenden Fehlverhalten vom strengen Vorsatzerfordernis auf leichtfertiges Handeln über.[2200] Wie im Rahmen der Haftungsbetrachtung nach deutschem Zivilrecht bereits ausgeführt, kommt aus diesen Gründen die Inanspruchnahme von Ratingagenturen durch Anleger oder Emittenten aufgrund des § 826 BGB wegen Verstößen gegen die Rating-Verordnung in entsprechenden Fallkonstellationen auch grundsätzlich in Betracht.[2201] Soweit die Verletzung professioneller und gesetzlich normierter Verhaltensstandards in den Haftungsbereich des § 826 BGB fällt, ist der mögliche Übergang zu einer Haftung aus § 823 Abs. 2 BGB daher auch fließend.[2202]

Gerade auch der kapitalmarktrechtliche Charakter der Ratingvorgaben stützt diese Wertung.[2203] Im Bereich der Haftung für Fehlinformationen der Märkte ist – neben speziellen kapitalmarktrechtlichen Regelungen – der Anwendungsbereich des § 826 BGB häufig eröffnet, da der Verstoß gegen entsprechende Aufklärungs- und Verhaltenspflichten typischerweise auch eine sittenwidrige Handlung nahelegt,[2204] wenngleich die finale Inanspruchnahme angesichts des strengen Verschuldensmaßstabs und der hohen Beweisanforderungen schwierig bleibt. Am Unrechtsgehalt der Pflichtwidrigkeit ändert dies freilich nichts.

Wertungsmäßig liegt die Verletzung der Verhaltenspflichten aus Anhang III der Rating-Verordnung daher dem durch § 826 BGB sanktionierten Unrechtsgehalt hinreichend nahe. Die avisierte Haftung aus § 823 Abs. 2 BGB fügt sich mithin in das haftpflichtrechtliche Gesamtsystem des Deliktsrechts – ausnahmsweise – auch mit einer Fahrlässigkeitshaftung für Vermögensschäden ein.

2199 Vgl. zum Einfluss des Ordnungswidrigkeitscharakters auf die Bewertung des Verstoßes *BGH* NJW 1983, S. 2935 (2936); grundsätzlich zum Einfluss der straf- und ordnungsrechtlichen Sanktionierung auf die Bewertung als Schutzgesetz *Spickhoff*, Gesetzesverstoß und Haftung, S. 132 f.; *Spindler* in: Bamberger/Roth, § 823 BGB, Rn. 157.

2200 Vgl. nur *BGH* NJW 1992, S. 2821 (2822); NJW 1991, S. 3282 (3283).

2201 Siehe oben F. I. 2. a) cc) und II. 2. e) aa).

2202 Vgl. zum „fließenden Übergang" *Bachmann/Casper/Schäfer/Veil*, Steuerungsfunktion des Haftungsrechts, S. 93, 133 f.

2203 Insbesondere da hier das Erfordernis der Vergleichbarkeit mit § 826 BGB in der Rechtsprechung nicht konsequent gefordert oder durchgehalten wird, wie die Betrachtung von § 32 KWG gezeigt hat, siehe oben F. III. 1. b) bb).

2204 Vgl. *Hellgardt*, Kapitalmarktdeliktsrecht, S. 65; Sauer, Haftung für Falschinformation des Sekundärmarktes, S. 54; *Wagner* in: Münchener Kommentar, BGB, § 826, Rn. 112.

(c) Eigenhaftung von Vertretern

Wie im Rahmen der Darstellung einiger exemplarisch behandelter kapitalmarktrechtlicher Vorschriften deutlich geworden ist, hat die Rechtsprechung die Tragbarkeit der avisierten Haftung im Gesamtsystem vereinzelt auch deshalb verneint, weil hierdurch eine Eigenhaftung von Organen und Vertretern der durch das Schutzgesetz verpflichteten juristischen Personen geschaffen würde, die in dieser Form nicht vorgesehen sei und es daher zu vermeiden gelte.[2205]

Eine solche Wirkungsweise folgte auch im Falle der hier untersuchten Haftung von Ratingagenturen nach § 823 Abs. 2 i.V.m. Anhang III der Rating-Verordnung. Über § 14 StGB, § 9 OWiG i.V.m. § 840 BGB würde somit auch das Organ oder der jeweilige Vertreter, dem der Einzelverstoß aus Anhang III der Rating-Verordnung zur Last zu legen ist, als Gesamtschuldner mit in Haftung genommen werden können.[2206] Dies ist wegen der weit überwiegend organisatorisch geprägten Pflichten vor allem für die Organe der Agenturen von Bedeutung. Die Eigenhaftung der Vertreter über § 823 Abs. 2 BGB würde ebenfalls schon bei einfacher Fahrlässigkeit eingreifen. Dementsprechend könnte eine systemwidrige Einfügung in das deliktische Haftungssystem vorliegen.

Gegen ein solches Ergebnis sind indes zwei Einwände zu erheben: Zum einen müssen die Bedenken wiederholt werden, die gegen die zugrunde liegende Rechtsprechung zu den §§ 31 ff. WpHG bereits formuliert wurden, darunter insbesondere die fehlende Kontinuität dieser Argumentation in der schutzgesetzlichen Betrachtung ander Vorschriften wie § 32 KWG,[2207] denn es fällt schwer, in der Rechtsfolge der möglichen Eigenhaftung von Vertretern ein allgemeingültiges Ausschlusskriterium für die Schutzgesetzhaftung zu erkennen, wenn dies in der Rechtsprechung des Bundesgerichtshofs gar nicht durchgängig formuliert und geprüft wird.[2208] Zum anderen kann die etwaig unerwünschte Rechtsfolge der Eigenhaftung von Organen und Vertretern dadurch vermieden werden, dass die Anwendung der Haftung aus § 823 Abs. 2 BGB auf die Inanspruchnahme der Agenturen beschränkt wird. Eine solche Aufspaltung des Schutzgesetzbegriffs ist auch dogmatisch belastbar.[2209] Sie rechtfertigt sich durch den Schutzzweck der in Bezug genommenen Vorschriften, deren Adressaten nur die Ratingagenturen und nicht (unmittelbar) auch deren Mitarbeiter sind.[2210] Daher kann der Einwand der Eigenhaftung von Vertretern die Ablehnung der Schutzgesetzhaftung nicht begründen.

2205 Siehe hierzu oben F. III. 1. b) aa).

2206 Zur persönlichen Haftung des Organs etwa bei § 32 KWG siehe *BGH* NJW 2005, S. 2703 (2704); zur Zurechnung und Mithaftung als externe Lücke des Art. 35a Rating-VO siehe oben E. I. 5. b).

2207 Hierzu oben F. III. 1. b) bb).

2208 Zur fraglichen Verallgemeinerungsfähigkeit auch *Schmidt* in: FS-Schwark, S. 753 (756 f.) hin.

2209 Vgl. *Wagner* in: Münchener Kommentar, BGB, § 823, Rn. 512.

2210 Ähnlich bzgl. der vergleichbaren §§ 31 ff. WpHG *Wagner* in: Münchener Kommentar, BGB, § 823, Rn. 512.

(d) Subsidiarität der Schutzgesetzhaftung

Zuletzt klingt bei der Überprüfung der tragbaren Einfügung der jeweils avisierten Haftung in das Gesamtsystem deliktischer Haftung häufig die Einschränkung auf, dass die Schutzgesetzhaftung subsidiär erst dann eingreife, wenn ein alternativer Schutz nicht vorhanden ist oder nicht ausreicht, wobei hier insbesondere die Gewährleistung von Individualschutz durch aufsichtsrechtliche Sanktionsmaßnahmen in Betracht kommt.[2211] Auch wenn vereinzelt berechtigte Bedenken gegen ein solches Subsidiaritätsgebot der Haftung aus § 823 Abs. 2 BGB geäußert werden,[2212] gebietet es eine praxisnahe Betrachtungsweise, diesen möglichen Einwand gegen die entsprechende Haftung der Ratingagenturen in den Blick zu nehmen.

Dabei ist eine vorrangige und die individuelle privatrechtliche Inanspruchnahme als subsidiär zurückdrängende Gewährleistung hinreichenden Individualschutzes im Falle der Ratinghaftung nicht gegeben. Das insoweit zur Regulierung der Agenturen implementierte *public enforcement* wurde gerade um die privatrechtliche Verhaltenssteuerung ergänzt, weil es als für das bezweckte „hohe Maß an Anleger- und Verbraucherschutz"[2213] für unzureichend und lückenhaft gehalten wurde.[2214] Es wäre daher widersprüchlich, die privatrechtliche Inanspruchnahme mit dieser Begründung zurücktreten zu lassen. Zudem würde die Versagung der Haftung unter Hinweis auf deren Subsidiarität gegenüber den aufsichtsrechtlichen Steuerungsmechanismen übergehen, dass die Rating-Verordnung und auch Art. 35a Abs. 6 Rating-Verordnung gerade das Nebeneinander aufsichtsrechtlicher Pflichten und individueller Inanspruchnahme durch den geschützten Personenkreis vorsieht.[2215] Es widerspräche mithin der unionsgesetzgeberischen Konzeption, hier eine Hierarchie der verhaltenssteuernden Mittel zu konstruieren, die die privatrechtliche Inanspruchnahme der Ratingagenturen aus § 823 Abs. 2 BGB als subsidiär zurücktreten ließe.

Soweit daneben in der Rechtsprechung eine ähnliche Schlussfolgerung im Hinblick auf eine der Haftung nach § 823 Abs. 2 BGB vorrangige, weil den Anspruchsteller bereits hinreichend schützende vertragliche Verantwortlichkeit getroffen wird,[2216] ist auch dieser Einwand nicht geeignet, die vorliegend untersuchte Schutzgesetzhaftung auszuschließen. Denn das etwa im Falle der Verletzung der §§ 31 ff. WpHG ohne Zweifel bestehende und die jeweiligen Parteiinteressen womöglich bereits hinreichend schützende parallele Vertragsverhältnis ist in den Haftungskonstellationen des Art. 35a Rating-Verordnung nicht (immer) gegeben,

2211 Vgl. *BGH* NJW 2010, S. 3651 (3653); NJW 2000, S. 359 (361); DNotZ 1994, S. 638 (642); NJW 1982, S. 2780 (2781).
2212 *Wagner* in: Münchener Kommentar, BGB, § 823, Rn. 512.
2213 Erwägungsgrund Nr. 75 der Rating-VO.
2214 Zur 2. Reform-VO oben D. III. 1. b).
2215 Siehe insbesondere auch Erwägungsgrund Nr. 69 der Rating-VO.
2216 Etwa bzgl. §§ 31 ff. WpHG *BGH* DNotZ 1994, S. 638 (642); NJW 1982, S. 2780 (2781).

insbesondere wenn die Haftung gegenüber dem vertraglich nicht gebundenen allgemeinen Anlegerpublikum im Mittelpunkt steht.

Zuletzt kann eine Subsidiarität der Haftung aus § 823 Abs. 2 i.V.m. Anhang III der Rating-Verordnung auch nicht aus der Existenz von Art. 35a Rating-Verordnung geschlossen werden. Dies stünde zum einen im Widerspruch zu der unionsgesetzgeberischen Vorgabe der Beibehaltung nationaler Haftungsansprüche[2217] und würde mithin die unionsgesetzgeberische Konzeption konterkarieren; zum anderen überginge dies die in der vorliegenden Arbeit festgestellten und ausführlich erörterten Schwächen des Art. 35a Rating-Verordnung.[2218] Da an der Verbesserung der anlegerschützenden Wirkung des Haftungsrechts gegenüber Ratingagenturen durch Art. 35a Rating-Verordnung massive Zweifel bestehen, kann gerade kein hinreichendes Maß an Individualschutz erkannt werden. Es wäre angesichts dieser Erkenntnisse widersinnig, die Haftung aus § 823 Abs. 2 BGB als subsidiär dahinter zurücktreten zu lassen.

Auch aus der Erwägung etwaiger Subsidiarität der Schutzgesetzhaftung resultiert folglich kein Widerspruch zum haftpflichtrechtlichen Gesamtsystem des Deliktsrechts.

d) Zwischenergebnis

Nach alledem können die Verhaltenspflichten aus Anhang III der Rating-Verordnung als Schutzgesetze im Sinne des § 823 Abs. 2 BGB qualifiziert werden. Ratingagenturen könnten damit dem Grunde nach unter Anwendung deutschen Haftungsrechts bei einem Verstoß gegen die Verhaltenspflichten der Rating-Verordnung auch über § 823 Abs. 2 BGB in Anspruch genommen werden. Dabei gilt der Verschuldensmaßstab des § 276 BGB, so dass die privatrechtliche Sanktionierung schon bei einfacher Fahrlässigkeit möglich ist.

2. Weitere Anspruchsvoraussetzungen

Weitere Voraussetzung einer gelingenden Inanspruchnahme über § 823 Abs. 2 BGB ist sodann das Vorliegen eines kausal auf der schuldhaften Verletzung der Verhaltenspflichten beruhenden Vermögensschadens von Emittenten oder Anlegern. Für diese Voraussetzungen – Kausalität und Vermögensschaden – gilt in materiellrechtlicher Hinsicht grundsätzlich dasjenige, was in der vorangegangenen Haftungsbetrachtung bereits zu Art. 35a Rating-Verordnung wie auch zu § 826 BGB ausgeführt wurde.[2219] Die tatsächliche Haftungsrelevanz der einzelnen Verstöße gegen Anhang III der Rating-Verordnung ist dabei auf einige besondere Verhaltenspflichten beschränkt, während im Übrigen überwiegend abstrakt gehaltene und häufig organisatorisch geprägte Pflichten normiert sind, die wegen nur schwerlich

2217 Siehe Erwägungsgrund Nr. 35 der 2. Reform-VO.
2218 Siehe oben etwa E. IV. 2.
2219 Siehe zu Art. 35a Rating-VO oben E. I. 2. e).

vorstellbarer Auswirkung auf ein konkretes Rating oder das Vermögen eines Anspruchstellers sich kaum haftungsrelevant auswirken dürfte.[2220]

3. Beweislast

Die für die Haftung von Ratingagenturen so wichtige Frage der Beweislastverteilung ist selbstverständlich auch bei der Untersuchung von § 823 Abs. 2 BGB virulent. Für eine Inanspruchnahme des Schädigers auf Basis von § 823 Abs. 2 BGB gilt dabei im Grundsatz, dass die Beweislast auf Seiten des Anspruchstellers liegt.[2221] Damit müssen die Verletzung des Schutzgesetzes, die Schuldhaftigkeit des Verstoßes sowie der eingetretene Schaden und die Kausalität zwischen Verletzung und Schaden grundsätzlich vollständig durch den Anspruchsteller bewiesen werden.[2222] Insbesondere von dem Erfordernis des Nachweises des Schutzgesetzverstoßes können Anspruchsteller des § 823 Abs. 2 BGB nicht befreit werden. Die im Rahmen von Art. 35a Rating-Verordnung hierzu besprochenen Schwierigkeiten gelten daher fort, allerdings auch die erörterten möglichen Relativierungen.[2223]

Davon abgesehen sind im Rahmen von § 823 Abs. 2 BGB einige Besonderheiten bei der Beweislastverteilung zu beachten. Dies gilt zunächst für den Verschuldensnachweis. Nach einschlägiger Rechtsprechung des Bundesgerichtshofs kann es hier zu einer Entlastung der Anspruchsteller kommen, wenn und soweit der Verstoß gegen das Schutzgesetz objektiv feststeht, d. h. durch den Geschädigten bewiesen werden kann.[2224] In diesem Fall muss der Schädiger die Indizierung seines Verschuldens wegen des erwiesenen objektiven Verstoßes gegen die ihn treffenden Verhaltenspflichten selbst ausräumen.[2225] Voraussetzung für die Anstellung dieser Vermutung ist, dass das Schutzgesetz das geforderte Verhalten so konkret umschreibt, dass die entsprechende Zuwiderhandlung einen Rückschluss auf das Handlungsunrecht zulässt, und das Schutzgesetz nicht nur einen bestimmten Verletzungserfolg verbietet.[2226] Dies ist bei den Verhaltenspflichten für Ratingagenturen gegeben, da in Anhang III in einzelnen Geboten festgehalten ist, welches Verhalten und welche Handlungen erfolgen müssen bzw. verboten sind, etwa geeignete Verfahren umsetzen zu müssen, die die gründliche Analyse aller Informationen sicherstellen,[2227]

2220 Hierzu oben E. I. 2. a) bb); *Wagner* in: FS-Blaurock, S. 467 (489 f.).

2221 Vgl. *BGH* NJW 1987, S. 2008 (2009); NJW 1985, S. 1774 (1775); *Spickhoff*, Gesetzesverstoß und Haftung, S. 284.

2222 Vgl. *Spindler* in: Bamberger/Roth, § 823 BGB, Rn. 166.

2223 Hierzu oben E. III.

2224 *BGH* NJW 1985, S. 1774 (1775); NJW 1969, S. 269 (274).

2225 *BGH* NJW 1969, S. 269 (274); *Wagner* in: Münchener Kommentar, BGB, § 823, Rn. 545.

2226 *BGH* NJW 1992, S. 1039 (1042); *Palandt/Sprau*, § 823, Rn. 81; *Spindler* in: Bamberger/Roth, § 823 BGB, Rn. 166, 168; *Wagner* in: Münchener Kommentar, BGB, § 823, Rn. 545.

2227 Anhang III Abschnitt I Nr. 42 Rating-VO.

strenge, systematische und beständige Methoden zu verwenden[2228] oder bestimmte Ratingarten besonders zu kennzeichnen.[2229] Verletzt eine Ratingagentur ihre entsprechenden Pflichten, ist im Rahmen von § 823 Abs. 2 BGB grundsätzlich davon auszugehen, dass dies auch auf einer zumindest einfach fahrlässigen Pflichtwidrigkeit beruht. Das Gegenteil muss von der Ratingagentur dargelegt und bewiesen werden.

Weiterhin sind Besonderheiten bei dem Erfordernis des Nachweises der Schadenskausalität zu berücksichtigen, welcher ebenfalls grundsätzlich durch den Geschädigten zu führen ist.[2230] Allerdings billigt die Rechtsprechung den Anspruchstellern auch hier eine Beweiserleichterung zu, wenn die Verhaltenspflicht, gegen die nachweislich objektiv verstoßen wurde, gerade denjenigen Schaden zu verhüten oder dasjenige Risiko zu vermeiden versucht, der bzw. das beim Geschädigten in zeitlich engem Zusammenhang eingetreten ist.[2231] Liegt mit anderen Worten eine Kongruenz zwischen dem Schutzzweck des übertretenen Gebots und der tatsächlich eingetretenen Verletzung vor, soll dies die Annahme begründen, dass eine entsprechende Kausalität auch tatsächlich gegeben war. Das Gegenteil ist dann vom Schädiger zu beweisen.[2232] Diese Überlegung scheint grundsätzlich auch auf die vorliegende Ratingagenturenhaftung anwendbar: Wie gezeigt bezwecken die Verhaltenspflichten des Anhang III der Rating-Verordnung den individuellen Vermögensschutz von Anlegern und Emittenten, mithin derjenigen, die mit Ratings in Berührung kommen.[2233] Die Einhaltung der Ratingvorgaben dient daher zumindest auch der Vermeidung des Eintritts von Vermögensschäden bei Dritten. Kommt es mithin nachweislich zu einer objektiven Verletzungshandlung durch eine Ratingagentur auf der einen Seite sowie zu einem typischen und durch die Verhaltenspflichten insoweit gerade zu verhindernden Vermögensschaden bei Anlegern oder Emittenten auf der anderen Seite, könnte die vorgenannte Beweislastumkehrung zulasten von Ratingagenturen grundsätzlich greifen.

Diesbezüglich sind allerdings zwei Einschränkungen zu formulieren: Zum einen muss das Aufstellen einer solchen tatsächlichen (Kausalitäts-)Vermutung auch dem Inhalt der Schutzgesetze gerecht werden. Im Falle der Pflichten aus Anhang III der Rating-Verordnung ergibt sich die Besonderheit, dass sich eine Vielzahl der Vorgaben wegen ihrer parallelen Verwendung zum *public enforcement* der Agenturen bei lebensnaher Betrachtung nicht haftungsrelevant auswirken kann oder wird.[2234]

2228 Anhang III Abschnitt I Nr. 43 Rating-VO.

2229 Anhang III Abschnitt III Nr. 10 Rating-VO.

2230 *BGH* NJW 1985, S. 1774 (1775); *Palandt/Sprau*, § 823, Rn. 81; *Wagner* in: Münchener Kommentar, BGB, § 823, Rn. 546.

2231 *BGH* NJW 1991, S. 2021 (2022); NJW 1987, S. 1694 (1695); NJW-RR 1986, S. 1350; NJW 1985, S. 1774 (1775); siehe auch *Spindler* in: Bamberger/Roth, § 823 BGB, Rn. 167 m.w.N.

2232 *Wagner* in: Münchener Kommentar, BGB, § 823, Rn. 546.

2233 Ausführlich oben F. III. 1. c) bb) (a).

2234 Zu dieser Thematik bereits oben F. I. 2. a) bb).

In solchen Fällen wäre eine Beweislastumkehrung für die Schadenskausalität nach vorbeschriebenem Muster eine zu formale und nur aus der pauschalen Verweisung geborene Herangehensweise. Die Einzelpflichten jedoch lassen bei isolierter Betrachtung eine solche Kausalitätsvermutung in großer Zahl nicht zu.[2235] Sie muss daher beschränkt werden auf diejenigen Pflichten aus Anhang III der Rating-Verordnung, die einen konkreten Bezug zum Ratingverfahren und dem Ratingergebnis aufweisen und mithin bei lebensnaher Betrachtung auch tatsächliche Vermutungen über die Ursächlichkeit eines Verstoßes für einen individuellen Schaden zulassen, namentlich diejenigen, die die zu verwendende Methodik[2236], die zugrunde zu legenden Informationen[2237] oder die fachlichen Qualifikationen für das Ratingverfahren normieren.[2238]

Zum anderen kann die beschriebene Kausalitätsvermutung auch nur Differenzschäden und keine Transaktionsschäden von Anlegern erfassen. Zwar sollen die Ratingpflichten Anleger insgesamt in ihrem Vermögen schützen, was Transaktionsschäden theoretisch mit umfasste, allerdings müssen für die Ersatzfähigkeit von Transaktionsschäden weitere Umstände wie die nachweisliche Verwendung des Ratings und dessen maßgebliche Bedeutung für die konkrete Investitionsentscheidung hinzutreten.[2239] Die Kausalitätsvermutung nach vorstehend beschriebenem Muster würde jedoch in unangemessener Weise auf Sachverhalte ausgedehnt werden, die zwischen der Schutzgesetzverletzung und dem eingetretenen Schaden weitere tatsächliche und vor allem beweispflichtige Zwischenschritte beinhalten, wenn sie auch für Transaktionsschäden fruchtbar gemacht würde. Differenzschäden dagegen stellen typische und von den Verhaltenspflichten für Ratingagenturen zu verhindernde Schäden dar, die bei nachweislichem Vorliegen auf Basis der vorgenannten Rechtsprechung grundsätzlich die Vermutung zulassen, dass sie auf einer nachgewiesenen objektiven Zuwiderhandlung beruhen.

Nach Maßgabe dieser Einschränkungen kann es in entsprechenden Einzelfällen zu einer Privilegierung von Anspruchstellern beim Nachweis der Schadenskausalität sowie hinsichtlich des Verschuldensnachweises kommen. Damit erfährt die grundsätzlich wie üblich zulasten der Anspruchsteller gehende Beweislastverteilung hier einige nicht unerhebliche Besonderheiten, die die Haftungsrelevanz und damit die Eignung zur Verhaltenssteuerung steigern können.

2235 Vgl. *Wagner* in: FS-Blaurock, S. 467 (490) zum damaligen Entwurf für den Haftungstatbestand aus Art. 35a Rating-VO, der eine ähnliche Kausalitätsvermutung noch vorgesehen hatte, die von *Wagner* wegen der Reichweite über den gesamten Katalog des Anhang III zutreffend als „sachlich kaum zu rechtfertigen" bezeichnet wurde.

2236 Vgl. Anhang III Abschnitt I Nr. 43 Rating-VO.

2237 Vgl. Anhang III Abschnitt I Nr. 42 und 42a Rating-VO.

2238 Vgl. Anhang III Abschnitt I Nr. 27 Rating-VO.

2239 Siehe hierzu oben F. III. 2. b).

4. Zusammenfassung

Ratingagenturen können im EU-Raum mithin gemäß § 823 Abs. 2 i.V.m. Anhang III der Rating-Verordnung durch Anleger und Emittenten in Anspruch genommen werden. Der Verhaltenskatalog ist Schutzgesetz und Zuwiderhandlungen hiergegen sind haftungsbegründend. Art. 35a Rating-Verordnung lässt diese parallele und theoretisch günstigere Haftung auch zu. Für eine Inanspruchnahme müssen Geschädigte einen Verstoß der Ratingagentur gegen den Verhaltenskatalog und mindestens auch ihren Vermögensschaden nachweisen können. Hinsichtlich des Verschuldensnachweises und eventuell auch der Kausalität zwischen der Schutzgesetzverletzung und dem Schaden können gegebenenfalls Beweiserleichterungen greifen.

IV. Ergebnis für das *private enforcement* nach deutschem Zivilrecht

Damit ist die Untersuchung des *private enforcement* für Ratingagenturen nach deutschem Zivilrecht abgeschlossen.

In den hier behandelten Ratingkonstellationen besteht die Besonderheit, dass es das herrschende Dreipersonenverhältnis zwischen Ratingagentur, Emittent und Investor bedingt, dass die zur Qualitätssicherung zu fordernden Verhaltensstandards „zwei Herren dienen" müssen, um als *private enforcement* deviantes Verhalten und Individualschäden für beide Zielgruppen vermeiden zu können. Es muss derart ausgestaltet sein, dass es zu beiden Gruppen – Emittenten und Anlegern – parallel verlaufende, gleichwertige und äquivalente Haftungsrisiken für die Ratingagenturen erzeugt. Anderenfalls wird eine ökonomische Vorgehensweise dazu anhalten, sich auf die Fehlervermeidung nur zugunsten derjenigen Seite zu konzentrieren, gegenüber der ein erhöhtes oder konkreteres Haftungsrisiko besteht.[2240] Ratingagenturen müssten daher aus dem Blickwinkel des *private enforcement* in eine „Haftungszange"[2241] gegenüber Emittenten einerseits und gegenüber Investoren andererseits versetzt werden. Da das deutsche Haftungsrecht keine dem Art. 35a Rating-Verordnung vergleichbare Norm kennt, muss sich diese „Zangenwirkung" aus dem allgemeinen Haftungsregime ergeben.

Nach Prüfung des deutschen materiellen Zivilrechts ist im Ergebnis zu konstatieren, dass eine solche „Haftungszange" materiell-rechtlich grundsätzlich besteht: Gegenüber vertraglich verbundenen Emittenten gewährt die als werkvertraglich zu qualifizierende schuldrechtliche Bindung einen weitgehenden Vermögensschutz des Emittenten, den auch die gängigen Haftungsausschlüsse wegen AGB-Rechtsverstößen nicht mindern können.[2242] Auch bei *unsolicited ratings* muss sich die Ratingagentur im Rahmen eines deliktischen Haftungsinstituts maßgeblich aus

2240 Vgl. *Wagner* in: FS-Blaurock, S. 467 (478 f.).
2241 *Habersack*, ZHR 160 (2005), S. 185 (207).
2242 Hierzu oben F. I. 1. a) dd) (1).

§§ 823 Abs. 1 und 826 BGB an einem objektiven, neutralen und sachlichen Verfahren messen lassen, welches insbesondere den Anforderungen der Rating-Verordnung Rechnung tragen muss.[2243] In beiden Fällen ist die Haftung grundsätzlich schon bei einfacher Fahrlässigkeit der Ratingagentur einschlägig. Bezüglich der Haftung gegenüber Investoren gilt, dass für Ratingabonnenten ein vertragliches Gewährleistungsrecht und damit ein dem Haftungsumfang gegenüber Emittenten gleichwertiger Vermögensschutz greift.[2244] Dem allgemeinen Anlegerpublikum gegenüber haften die Ratingagenturen dagegen zwar nur nach Deliktsrecht und hier eigentlich nur in Fällen nachweislicher Leichtfertigkeit der Ratingagenturen bei der Erstellung und Veröffentlichung ihrer Ratings (§ 826 BGB) oder bei vorsätzlichem Kapitalanlagebetrug (§ 823 Abs. 2 BGB i.V.m. § 264a StGB).[2245] Die Implementierung der Verhaltenspflichten in der Rating-Verordnung hat die deutsche Haftungsbetrachtung aber noch einmal entscheidend verändert, denn im EU-Raum haften Ratingagenturen nunmehr grundsätzlich gemäß § 823 Abs. 2 BGB schon bei einem einfacher Fahrlässigkeit, wenn sie gegen den europäischen Verhaltenskatalog verstoßen.[2246]

Damit besteht ein dem Grunde nach symmetrisches Haftungsdreieck zulasten der Ratingagenturen, die Sorgfaltsmaßstäbe für beide Gruppen von Ratingnutzern in gleicher Intensität aufstellt. Dies gilt sowohl für den Inhalt des Pflichtenkatalogs, da sich die vertragliche und auch die außervertragliche Haftung weitgehend an dem Verhaltenskatalog des Anhang III der Rating-Verordnung orientiert,[2247] als auch für den insoweit kongruenten Verschuldensmaßstab für die etwaig haftende Ratingagentur. Diese Symmetrie ist rechtspolitisch zu begrüßen, dient sie doch sowohl der Verhinderung einer zu emittenten- als auch einer zu anlegerfreundlichen Ratingtätigkeit und mithin idealiter einer ordnungsgemäßen Ratingerstellung.

Folglich ist die Feststellung, die in der rechtswissenschaftlichen Literatur zur verhaltenssteuernden Wirkung des deutschen Haftungsrechts teilweise noch vor Implementierung des Anhang III und Art. 35a der Rating-Verordnung noch mehrheitlich getroffen wurde, wonach das Haftungsregime asymmetrisch einseitig zugunsten von Emittenten geriete und daher kein hinreichender Anlegerschutz zu erwarten sei,[2248] bis zu einem gewissen Grad zu relativieren. Durch die Verhaltens-

---

2243 Siehe ausführlich oben F. I. 2. a) aa) und cc).

2244 Hierzu oben F. II. 1. a).

2245 Hierzu oben F. II. 2. e) aa) und bb).

2246 Hierzu oben F. III. 1.

2247 Die europäischen Verhaltenspflichten strahlen insoweit sowohl auf die vertraglichen Pflichten der Ratingagenturen aus (hierzu oben F. I. 1. a) bb) und II. 1. a) bb)) und konturieren auch die deliktische Haftung, etwa im Rahmen von § 823 Abs. 1 BGB bei der Interessenabwägung zur Feststellung der Rechtswidrigkeit des Eingriffs in den Gewerbebetrieb oder bei § 823 Abs. 2 BGB als relevante Schutzgesetze, hierzu oben F. I. 2. a) aa) (1) und F. III. 1.

2248 Vgl. etwa *Wagner* in: FS-Blaurock, S. 467 (479); siehe auch *Dutta*, IPrax 2014, S. 33 (35) („*Die Ratingagenturen besitzen einen haftungsrechtlichen Anreiz zu einem möglichst positiven Rating*").

pflichten der Rating-Verordnung hat sich die Position der Anspruchsteller mittelbar über § 823 Abs. 2 BGB verbessert, auch wenn das eigentlich hierfür vorgesehene Mittel in Gestalt der Haftung aus Art. 35a Rating-Verordnung nach den in dieser Arbeit getroffenen Feststellungen hierzu nicht geeignet war.[2249]

Das Haftungsregime nach deutschem Recht fällt für Anspruchsteller ungleich vorteilhafter aus als Art. 35a Rating-Verordnung, da fahrlässige Pflichtverstöße regelmäßig einfacher zu beweisen sind und § 823 Abs. 2 BGB die Anwendung gewisser Beweiserleichterungen erlaubt, die die Realisierungswahrscheinlichkeit erhöhen können.[2250]

Gleichwohl sind nicht sämtliche Schwierigkeiten der Inanspruchnahme und damit einhergehend des tatsächlichen Haftungsdrucks für Ratingagenturen beseitigt. Die der Haftungsbetrachtung immanenten Beweisprobleme für Anspruchsteller wirken auch bei Hinzufügung des § 823 Abs. 2 BGB in das Haftungsregime insoweit fort, als sie den Nachweis des Pflichtverstoßes der Ratingagentur betreffen. Von dieser Beweislast werden Anspruchsteller jeder Couleur jenseits der diskutierten möglichen Privilegierungen[2251] nicht befreit.[2252] Ein Fehlverhalten der Agenturen auf Basis der Einzelpflichten aus Anhang III der Rating-Verordnung zu beweisen, wird geschädigte Anleger und Emittenten in der Praxis auch weiterhin vor hohe Hürden stellen, die geeignet sind, etwaige Prozessrisiken als zu groß erscheinen zu lassen und damit den Haftungsdruck auf Ratingagenturen überschaubar zu halten[2253] Eine Inanspruchnahme von Ratingagenturen wird daher voraussichtlich auch in Zukunft eher Einzelfällen vorbehalten bleiben, in denen Anleger zur Beweisführung wegen Sachumständen nahe des Anscheinsbeweises, wegen behördlich festgestellten Fehlverstößen oder wegen sachgerechter Anwendung der Grundsätze sekundärer Beweislast und von § 286 ZPO in der Lage sind.[2254]

Im Ergebnis bietet das deutsche Haftungsrecht in der Prägung, die es durch die Rating-Verordnung erhalten hat, nach alledem zwar grundsätzlich den notwendigen Boden für eine symmetrische Haftungszange und ein insoweit erfolgversprechendes *private enforcement*; allerdings sind die der Haftungsbetrachtung immanenten Beweisschwierigkeiten Grund für ein insgesamt pessimistisches Fazit im Hinblick auf das *private enforcement* der Ratingagenturen. Da die Beweissituation für vertraglich verbundene Emittenten wegen ihrer Involvierung in das Ratingverfahren tendenziell besser ausfallen wird, sind verhaltenssteuernde Wirkungen bei praxisnaher Betrachtung eher zugunsten von Emittenten – und damit doch asym-

2249 Hierzu oben E. IV. 2.

2250 Siehe oben F. III. 3.

2251 Zu den möglichen Beweisprivilegierungen oben F. III. 2.

2252 Zur Beweislast oben F. III. 3.

2253 Ebenfalls skeptisch *Berger/Ryborz*, WM 2014, S. 2241 (2248); *Haar*, DB 2013, S. 2489 (2494); *Deipenbrock*, WM 2013, S. 2289 (2292); *Möllers/Niedorf*, ECFR 2014, S. 333 (348).

2254 Zu derartigen Beweislastrelativierungen oben E. III. 2. a) bb) und cc).

metrisch – zu erwarten.[2255] Dies ist angesichts dessen, dass gerade eine zu emittentenfreundliche Bewertung vor allem vor und während der Finanzkrise 2007/2008 das wesentliche Regulierungsbedürfnis der Ratingbranche hervorgerufen und den Agenturen den Vorwurf der Mitschuld eingebracht haben,[2256] äußerst misslich. Weder Art. 35a Rating-Verordnung noch das Haftungsregime nach deutschem Zivilrecht setzen dem ein wehrhaftes Korrektiv entgegen.

2255 Vgl. *Dutta*, IPrax 2014, S. 33 (35); *Wagner* in: FS-Blaurock, S. 467 (479).
2256 Hierzu oben D. II. 1.

G. Die Zivilrechtliche Haftung von Ratingagenturen gegenüber Anlegern nach US-amerikanischem Recht

Im folgenden Kapitel soll ein Teilausschnitt der auf Basis des deutschen und des europäischen Rechts angestellten Haftungsbetrachtung zuletzt auch auf Basis des US-amerikanischen Haftungsrechts untersucht werden. Bei diesem Ausschnitt handelt es sich um die rechtlich besonders interessante Frage der Haftung von Ratingagenturen gegenüber dem allgemeinen – vertraglich nicht verbundenen – Anlegerpublikum.[2257] Es soll analysiert werden, in welchem Umfang und Rahmen das US-Recht potenziell geschädigten Anlegern die Möglichkeit der Schadloshaltung bei Ratingagenturen in Fällen sorgfaltswidriger Ratingtätigkeit eröffnet. Dabei ist das US-amerikanische Haftungsrecht nicht nur deshalb ein relevanter Untersuchungsgegenstand, weil die USA Heimat und Ursprung der Ratingbranche sind,[2258] sondern vor allem auch weil die drei großen Ratingagenturen, namentlich *Standard & Poor's*, *Moody's Investor Service* und auch *Fitch Ratings* – neben London – ihren Sitz in New York City, USA, haben.[2259] Die Frage nach dem Rechtsrahmen einer Haftung nach deren „Heimatrecht" drängt sich daher auf.

In der nachfolgenden Untersuchung werden zunächst die Rechtslage beleuchtet und etwaig einschlägige Anspruchsgrundlagen analysiert (nachfolgend unter I.) und hiernach dem verfassungsrechtlichen Schutz der Meinungs- und Pressefreiheit wegen dessen besonderer Bedeutung auch im privaten Haftungsrecht ein eigener Abschnitt gewidmet (unter II.). Hiernach wird eine zusammenfassende Würdigung des haftungsrechtlichen Anlegerschutzes und ein Vergleich mit dem europäischen Haftungsregime möglich sein (unter III.), so dass im Ergebnis die Rechtslage auf zwei wichtigen Schauplätzen internationaler Kapitalmärkte im Hinblick auf den Anlegerschutz gegenüber Ratingagenturen in den Blick genommen worden sein wird.

I. Die Rechtslage im US-amerikanischem Recht

Nachfolgend soll die Rechtslage im US-amerikanischen Recht im Hinblick auf Möglichkeiten der Inanspruchnahme von Ratingagenturen durch das allgemeine An-

2257 Die Haftung gegenüber Emittenten sowie gegenüber Abonnenten nach US-amerikanischen Recht wird in der vorliegenden Arbeit nicht weiter thematisiert werden; diesbezüglich kann etwa auf die Darstellung bei *Schroeter*, Ratings, S. 791 ff., 852 ff. hingewiesen werden.

2258 Zur Historie der Ratingbranche oben C. II.

2259 Auch *Schroeter*, Ratings, S. 11, betont die „besondere Ausstrahlungswirkung" des US-Rechts für die rechtliche Untersuchung der Ratingbranche; ebenso *Deipenbrock*, WM 2005, S. 261 (263 f.) bzgl. der aufsichtsrechtlichen Regulierung.

legerpublikum im Falle fehlerhafter Ratingtätigkeit hin untersucht werden. Da sich die Rechtslage und Judikatur in den einzelnen Mitgliedsstaaten der USA zum Teil erheblich voneinander unterscheidet, wird dabei – soweit notwendig – das Recht des Bundesstaats New York Berücksichtigung finden, da die großen Agenturen dort ihren Gesellschaftssitz haben. Dies ist auch der Anknüpfungspunkt für die Anwendung materiellen US-Rechts, da dem Sitz des Beklagten kollisionsrechtlich regelmäßig entscheidende Bedeutung zukommt.[2260]

Das US-amerikanische Haftungsrecht bleibt auch und gerade nach der Implementierung des Art. 35a Rating-Verordnung in die europäische Ratingregulierung weiterhin von großer Bedeutung für Anleger aus dem EU-Raum, denn Agenturen mit Sitz außerhalb der EU-Mitgliedsstaaten werden von der Rating-Verordnung nicht erfasst, so dass diese den Regularien nicht unterworfen sind.[2261] Sie sind insbesondere keine tauglichen Anspruchsgegner einer Forderung aus Art. 35a Rating-Verordnung. Im Einzelfall kann es für europäische Investoren jedoch von Interesse sein, die amerikanischen Mutteragenturen in Anspruch zu nehmen, sei es, weil ein von den europäischen Tochteragenturen nicht übernommenes Rating schadenauslösend war und sie folglich nicht als „Vertreterin“ der US-Mutteragentur in Anspruch genommen werden können, oder sei es weil die mäßige Kapitalausstattung der Tochtergesellschaften eine Inanspruchnahme der Mutteragenturen relevant werden lässt.[2262]

Für geschädigte Investoren ergibt sich gegebenenfalls sogar eine Art Wahlrecht bei Ratings der US-Agenturen, die von den europäischen Tochtergesellschaften übernommen wurden, diese entweder auf Basis des europäischen Tatbestands in Anspruch zu nehmen oder direkt die Mutteragenturen auf Basis des jeweils im Einzelfall anzuwendenden Rechts anzugehen.[2263] Mit der Betrachtung des US-amerikanischen Rechts wird daher auch eine Einschätzung darüber möglich sein, welche Regularien vorteilhafter geraten und für eine tatsächliche Inanspruchnahme durch Investoren vorzugswürdig sind. Dies hat auch Auswirkungen auf das Ausmaß der verhaltenssteuernden Wirkung der entsprechenden Haftungsregime im Sinne des *private enforcement*.[2264]

Für Investoren aus Deutschland kommt hinzu, dass nach einschlägiger Rechtsprechung des Bundesgerichtshofs die Klage eines in Deutschland ansässigen Investors gegen die großen amerikanischen Agenturen[2265] auch vor einem deutschen

2260 Vgl. *Schroeter*, Ratings, S. 783 f.

2261 Siehe Art. 2 Abs. 1 Rating-VO sowie oben E. I. 1. b) bb).

2262 So etwa auch *Dutta*, IPRax 2014, S. 33 (34).

2263 Für übernommene Ratings haften die europäischen Niederlassungen vollumfänglich, hierzu oben E. I. 1. b) bb).

2264 Wobei *private enforcement* im US-amerikanischem Rechtsraum grundsätzlich ein höherer Stellenwert beigemessen wird als im kontinentaleuropäischen Raum, *Coffee*, 1 Harvard Business Law Review (2011), S. 231 (235).

2265 Bei einer Ratingagentur mit Sitz in der EU wäre die EuGVVO einschlägig ist, was zum Ausschluss der Anwendbarkeit von § 23 ZPO führt, siehe *BGH* NJW-RR 1988, S. 172 (173); *Wildmoser/Schiffer/Langoth*, RIW 2009, S. 657 (662).

Zivilgericht wegen der Anwendbarkeit des § 23 ZPO zulässig ist.[2266] Für den erforderlichen Inlandsbezug genügt die Ansässigkeit des Investors in Deutschland;[2267] die erforderliche inländische Vermögensbelegenheit besitzen die großen Ratingagenturen ebenfalls, da sie vermögensrelevante Vertragsbeziehungen in Deutschland – etwa mit Abonnenten oder Emittenten – unterhalten[2268] und zudem eine vermögenswerte notorische Marke im Sinne von § 4 Nr. 3 MarkenG im Inland betreiben.[2269] Letzteres gilt für die großen Agenturen wegen ihres außergewöhnlich hohen Bekanntheitsgrads.[2270]

Im Mittelpunkt der nachfolgenden Betrachtung stehen Ansprüche wegen der Verletzung von sec. 10(b) Securities Exchange Act of 1934[2271] i.V.m. Rule 10b-5 (nach-

---

2266 Siehe den Beschluss des *BGH* vom 13.12.2012, III ZR 282/11 und das Urteil des *OLG Frankfurt* vom 28.11.2011, 21 U 23/11; die Entscheidung hat auch ein großes mediales Interesse jenseits rechtswissenschaftlicher Publikationen gefunden, siehe etwa *Bognanni* in: Handelsblatt v. 16.01.2013, http://www.handelsblatt.com/finanzen/steuern-recht/recht/bgh-urteil-anleger-koennen-in-deutschland-gegen-ratingagenturen-klagen/7644100.html (abgerufen am 06.10.2017); *o.V.*, FAZ-online v. 17.01.2013, http://www.faz.net/aktuell/finanzen/aktien/bgh-urteil-anleger-duerfen-ratingagenturen-verklagen-12028203.html (abgerufen am: 06.10.2017); als „wegweisende" Entscheidung überdies bezeichnet von *Amort*, EuR 2013, S. 272 (280). Neben § 23 ZPO ist im Übrigen auch an § 21 und 32 ZPO zu denken, hierzu *Eisen*, Haftung und Regulierung, S. 213 f.; *Wildmoser/Schiffer/Langoth*, RIW 2009, S. 657 (662).

2267 *BGH*, Beschluss vom 13.12.2012, III ZR 282 /11; die Rechtsprechung im Hinblick auf die Inlandsbezogenheit durch klägerischen Wohnsitz entspricht gefestigter Rechtsprechung, siehe *BGH* NJW 1989, S. 1431.

2268 So *OLG Frankfurt*, Urteil vom 28.11.2011, 21 U 23/11.

2269 So *OLG Frankfurt*, Urteil vom 12.09.2012, 9 U 36/11. Die notorische Bekanntheit i.S.v. § 4 Nr. 3 MarkenG ist gegeben, wenn eine gesteigerte Verkehrsgeltung in allen angesprochenen Verkehrskreisen besteht, vgl. *BGH* GRUR Int 1969, S. 257 (258). Erforderlich ist eine Allbekanntheit der Marke, siehe *Fezer* in: Fezer, § 4 MarkenG, Rn. 227; grundsätzlich wird die Schwelle für einen genügenden Bekanntheitsgrad bei 70 % Bekanntheit in der Allgemeinheit liegen, so *Müller* in: Spindler/Schuster, § 4 MarkenG, Rn. 25. Notorische Marken sind Vermögen i.S.v. § 23 ZPO, da sie Gegenstand der Zwangsvollstreckung sein können, § 29 Abs. 1 Nr. 2 MarkenG. Ob es für § 23 ZPO des Umwegs über § 4 MarkenG wirklich bedarf, ist fraglich, da sich Vermögensgegenstände der US-amerikanischen Agenturen schon deshalb im Inland befinden, weil sie hier Niederlassungen betreiben, so auch *Dutta*, IPrax 2014, S. 33 (37); *Wildmoser/Schiffer/Langoth*, RIW 2009, S. 657 (662).

2270 Vom OLG Frankfurt gar als gerichtsbekannt vorausgesetzt, siehe *OLG Frankfurt*, Urteil vom 12.09.2012, 9 U 36/11; entscheidend ist, dass ihre Zeichen im Geschäftsverkehr gängig sind, intensiv verwendet und benutzt werden und gerade im Wirtschaftsverkehr sowie selbst bei nicht institutionellen Anlegern Bekanntheit besitzen. Hinzu kommt die durch die enormen Marktanteile ausgewiesene flächendeckende weltweite Ratingnutzung.

2271 Nachfolgend: „SE Act".

folgend unter 1.), da es sich – wie zu zeigen sein wird – um die bedeutendste Anspruchsgrundlage für die vorliegende Untersuchung handelt. Sodann sollen weitere speziell kapitalmarktrechtliche Vorschriften in den Blick genommen werden (nachfolgend 2.). Es folgt die Analyse allgemeiner quasi-vertrags- und deliktsrechtlicher Ansprüche als mögliche Haftungsinstitute (nachfolgend 3. und 4.).[2272] Abzuschließen sein wird die Betrachtung mit der Beleuchtung des prozessualen Mittels der sog. *class actions*, die für die Anspruchsdurchsetzung und Realisierungswahrscheinlichkeit von Ansprüchen geschädigter Investoren von Bedeutung ist (nachfolgend 5.).

1. *Securities fraud*: Section 10(b) SE Act i.V.m. Rule 10b-5

Eine wichtige Rolle in der rechtvergleichenden Betrachtung der möglichen Inanspruchnahme von Ratingagenturen nach US-amerikanischem Recht spielt die Haftung für *securities fraud* nach sec. 10(b) SE Act i.V.m. Rule 10b-5. Gemäß sec. 10(b) SE Act ist jedwede Form von Manipulation oder Irreführung des Wertpapiermarktes im Zusammenhang mit dem Kauf oder Verkauf von Wertpapieren rechtswidrig, insbesondere bei einem Verstoß gegen Regelungen, die im öffentlichen Interesse oder zum Zwecke des Anlegerschutzes erlassen wurden.[2273] Die hier insoweit maßgebliche Rule 10b-5 wurde als eben solche Regelung im Jahre 1942 von der Aufsichtsbehörde SEC auf Basis der Kompetenznorm aus Sec. 10(b) SE Act erlassen.[2274] Rule 10b-5 normiert die Rechtswidrigkeit einer im Zusammenhang mit dem Kauf oder Verkauf von Wertpapieren geschehenen unwahren Aussage über einen bedeutenden Umstand oder das Unterlassen der Mitteilung eines bedeutenden Umstands, der zur Vermeidung einer Irreführung nach den jeweiligen Gegebenheiten hätte mitgeteilt werden müssen.[2275] Es handelt sich demnach insgesamt um

---

2272 Bei der folgenden materiell-rechtlichen Betrachtung wird zunächst noch ausgeklammert, inwieweit sich der Grundrechtsschutz der Meinugsäußerungs- und Pressefreiheit nach dem ersten Zusatzartikel zur US-amerikanischen Bundesverfassung auf die zivilrechtliche Inanspruchnahme von Ratingagenturen auswirkt; dieser wichtigen Frage wird ein eigenständiger Teil in der vorliegenden Prüfung gewidmet, hierzu unten G. II.

2273 Sec. 10(b) SE Act.: "*It shall be unlawful for any person [...] (b) to use or employ, in connection with the purchase or sale of any security [...] any manipulative or deceptive device or contrivance in contravention of such rules and regulations as the Commission may prescribe as necessary or appropriate in the public interest or for the protection of investors.*"

2274 Ausführlich *Stübinger*, Teilnehmerhaftung bei fehlerhafter Kapitalmarktinformation, S. 155 ff.; *Barth*, Schadensberechnung bei Haftung wegen fehlerhafter Kapitalmarktinformation, S. 87 f.; *Ebenroth/Dillon*, 24 Law & Policy in International Business 1993, S. 783 (806); *Sauer*, Haftung für Falschinformation des Sekundärmarktes, S. 99; von *Rimon*, Ratings in Deutschland und USA, S. 246.

2275 Rule 10b-5: "*Employment of Manipulative and Deceptive Practices: It shall be unlawful for any person, directly or indirectly, by the use of any means or instrumentality of interstate commerce, or of the mails or of any facility of any national securities*

das Verbot manipulierender oder irreführender Angaben. Die Regelung erinnert an § 20a Abs. 1 S. 1 Nr. 1 WpHG und § 264a StGB.[2276]

Im Gegensatz zum deutschen Haftungsrecht, in dem es für die privatrechtliche Fruchtbarmachung eines etwaigen Verstoßes gegen ein derartiges Marktmanipulationsverbot der Transformationsnorm des § 823 Abs. 2 BGB bedarf,[2277] können im US-amerikanischen Rechtsraum Investoren eine Verletzung der Rule 10b-5 anerkanntermaßen unmittelbar haftungsrechtlich geltend machen und Schäden, die auf dem Verstoß beruhen, ersetzt verlangen.[2278] Das Verbot kann daher Anspruchsgrundlage einer Schadensersatzforderung sein, wenn eine Marktmanipulation stattgefunden hat und ein Dritter hierdurch geschädigt wurde. Der Kreis potenzieller Anspruchsteller wird dabei begrenzt auf Personen, die Käufer oder Verkäufer eines betroffenen Wertpapiers gewesen sind, da nur solche durch den Verstoß gegen das Manipulationsverbot individuell geschädigt worden sein können.[2279] Damit wird die Rule 10b-5 zu einem der zentralen Haftungsinstitute auch gegenüber Ratingagenturen.[2280] Zu prüfen ist im Folgenden, ob eine mangelhafte Ratingtätigkeit, mithin eine fälschlicherweise „zu gut" ausgewiesene Bonität, unter den Tatbestand des *securities fraud* subsumiert werden kann.

a) Untrue statement of a material fact

Ratings können dann von der Rule 10b-5 als haftungsrelevante Verletzungshandlung erfasst werden, wenn es sich hierbei um *(untrue) statements of material facts in connection with the purchase or sale of any security* – also Aussagen über wesentliche Umstände im Zusammenhang mit dem Kauf oder Verkauf von Wertpapieren handelte.[2281] Der erforderliche Zusammenhang zwischen dem jeweiligen

---

exchange, [...] (b) to make any untrue statement of a material fact or to omit to state a material fact necessary in order to make the statements made, in the light of the circumstances under which they were made, not misleading, [...] in connection with the purchase or sale of any security."

2276 Zu § 264a StGB oben F. II. 2. e) bb).

2277 zu § 823 Abs. 2 BGB zuvor unter F. III.

2278 *Blue Chip Stamps v. Manor Drug Stores*, 09.06.1975, 421 U.S. 723, 729 ff. (1975); *Barth*, Schadensberechnung bei Haftung wegen fehlerhafter Kapitalmarktinformation, S. 88 f.; *Ebenroth/Dillon*, 24 Law & Policy in International Business 1993, S. 783 (807) (Fn. 120); *Sauer*, Haftung für Falschinformation des Sekundärmarktes, S. 100; kritisch hierzu *Stübinger*, Teilnehmerhaftung bei fehlerhafter Kapitalmarktinformation, S. 173 ff.

2279 *Blue Chip Stamps v. Manor Drug Stores*, 09.06.1975, 421 U.S. 723, 737 f. (1975); hierzu auch *Sauer*, Haftung für Falschinformation des Sekundärmarktes, S. 117 f.

2280 Von einer „zentralen Rolle" der Rule 10b-5 spricht auch *Schroeter*, Ratings, S. 893; grundsätzlich auch *Stübinger*, Teilnehmerhaftung bei fehlerhafter Kapitalmarktinformation, S. 153.

2281 Inwieweit der etwaige Meinungsäußerungscharakter von Ratings einer Haftung wegen des Erfordernisses der Mitteilung von „*untrue facts*" entgegen steht, ist

Rating als *statement* und einer Wertpapiertransaktion wird sich dabei regelmäßig schon aus Wesen der Ratings als Bonitätsbewertungen von Emittenten oder ihren Wertpapieren ergeben, die gerade auf den Handel, mithin den Erwerb und die Veräußerung von Emissionen, abzielen und diesen fördern. Zudem sind die Anforderungen an die Person des Schädigers bei sec. 10b SE Act als „*catch-all*"-Regelung ohnehin nicht allzu hoch, so dass jedwede Person, die in irgendeiner Weise irreführend im Zusammenhang mit Wertpapiergeschäften agiert, erfasst werden kann.[2282]

Unter *material facts* sind daneben solche Inhalte zu verstehen, bei denen eine erhebliche Wahrscheinlichkeit dafür besteht, dass ein vernünftiger Anleger sie im Rahmen seiner Investitionsentscheidung für bedeutsam halten würde.[2283] Dies wird vor allem dann der Fall sein, wenn die jeweilige Information geeignet ist, den Marktpreis bzw. Wert der Wertpapiere zu beeinflussen.[2284] Auf Ratings treffen diese Merkmale angesichts der breiten Verwendung durch – vor allem institutionelle – Investoren und die teilweise empirisch belegte Kursrelevanz von Ratings[2285] zu, so dass sie grundsätzlich als wichtige Marktinformationen im Sinne der Rule 10b-5 gelten können.[2286] Handelt es sich bei dem in Rede stehenden wesentlichen Umstand im Sinne der Rule 10b-5 indes um ein zukünftiges Ereignis und liegt seiner Veröffentlichung daher ein prognostisches Element zugrunde, wird, um festzustellen, ob es sich bei dem zu erwartenden Umstand um einen *material fact* handelt, regelmäßig auf die *magnitude/probability*-Formel zurückgegriffen.[2287] Hierbei werden die Wahrscheinlichkeit des Eintritts des Ereignisses einerseits und die Bedeutung seines etwaigen Eintritts für die Geschäftstätigkeit des Emittenten andererseits in

Gegenstand der noch folgenden Untersuchung betreffend das *First Amendment* zur US-amerikanischen Verfassung, hierzu unten G. II.

2282 *Herman MacLean v. Huddleston*, 24.01.1983, 459 U.S. 375, 382 (1983); vgl. auch *Schulte* in: Möllers/Rotter, Ad-hoc-Publizität, § 6, Rn. 57; zur Anwendung auf Ratingagenturen auch *Ebenroth/Dillon*, 24 Law & Policy in International Business 1993, S. 783 (808) (Fn. 120).

2283 Vgl. *TSC Industries, Inc. v. Northway, Inc.*, 14.06.1976, 426 U.S. 438, 449 (1976); *Affiliated Ute Citizens v. United States*, 24.04.1972, 406 U.S. 128, 153 f. (1972); zum Wesentlichkeitsbegriff ausführlich auch *Schulte* in: Möllers/Rotter, Ad-hoc-Publizität, § 6, Rn. 71 ff.; *Stübinger*, Teilnehmerhaftung bei fehlerhafter Kapitalmarktinformation, S. 160.

2284 *SEC v. Texas Gulf Sulphur Co.*, 13.08.1968, 401 F.2d 833, 848 (2nd Cir. 1968).

2285 Siehe *Blaurock*, ZGR 2007, S. 603 (636); ausführlich zu Marktreaktionen auf *Ratings* Schroeter, Ratings, S. 60 ff.

2286 Entsprechend vorausgesetzt in *In re National Century Financial Enterprises, Inc. Investment Litig.*, 22.07.2008, 580 F.Supp.2d 630, 637 f., 644 (S.D. Ohio 2008); siehe auch *Ebenroth/Dillon*, 24 Law & Policy in International Business 1993, S. 783 (806 f.); *von Rimon*, Ratings in Deutschland und USA, S. 247.

2287 Siehe *SEC v. Texas Gulf Sulphur Co.*, 13.08.1968, 401 F.2d 833, 849 (2nd Cir. 1968); *Basic, Inc. v. Levinson*, 07.03.1988, 485 U.S. 224, 238 (1988).

ein Verhältnis gebracht.[2288] Je stärker eines der beiden Elemente zu gewichten ist desto weniger kommt es auf das jeweils andere an.[2289] Die Formel ist zugeschnitten auf den Eintritt ungewisser Ereignisse beispielsweise im Zusammenhang mit einer fortdauernden Übernahmeverhandlung.[2290] Vereinzelt wird die Anwendung des *magnitude/probability*-Tests auch in Zusammenhang mit Ratings angesprochen,[2291] da Ratings das besagte prognostische Element innewohnt. Dies verkennt jedoch, dass schon das Rating selbst, also die zum jeweiligen Zeitpunkt durch eine Ratingagentur veröffentliche Bonitätseinschätzung des Emittenten, der *material fact* ist, dessen etwaige Fehlerhaftigkeit womöglich zu einer Marktmanipulation im Sinne des sec. 10(b) SE Act führen kann. Es wäre sachlich verfehlt, die Ratings ihrerseits einer *magnitude/probability*-Prüfung zu unterziehen, da die Bedeutung, die ihnen schon zum Zeitpunkt ihrer Veröffentlichung auf den Märkten zuteil wird, sie zu *material facts* macht. Wegen ihrer Kursrelevanz führte die *magnitude/probability*-Prüfung indes auch inhaltlich zu keinem anderen Ergebnis.[2292]

Vor diesem Hintergrund erfüllen Ratings grundsätzlich die aus Rule 10b-5 folgenden Anforderungen einer sich auf wesentliche Umstände beziehenden Aussage und des geforderten Zusammenhangs mit dem Kauf oder Verkauf von Wertpapieren.[2293] Ist das Rating unwahr und weist die Agentur die Bonität somit – aus Sicht von Anlegern – fälschlicherweise und unvertretbar „zu gut" aus, kommt eine Inanspruchnahme der jeweiligen Ratingagentur wegen eines objektiven Verstoßes gegen Sec. 10b SE Act i.V.m. Rule 10b-5 grundsätzlich in Betracht.[2294] Dem steht auch die *safe-harbour*-Regel aus sec. 21E SE Act nicht im Wege. Nach sec. 21E(c) SE Act werden bestimmte Arten von Prognosen, sogenannte *forward-looking-statements*[2295], von der Haftung und der Verantwortlichkeit der Marktmanipulation ausgenommen, wenn sie bei ihrer Veröffentlichung mit einem Warnhinweis versehen werden, in dem auf wichtige Faktoren hingewiesen wird, aus denen sich eine von der jeweiligen Prognose abweichende tatsächliche Entwicklung ergeben könnte (*cautionary statements*).[2296] Diese zum Gesetz gewordene Umsetzung der in der Rechtsprechung

2288 *Barth*, Schadensberechnung bei Haftung wegen fehlerhafter Kapitalmarktinformation, S. 90; *Sauer*, Haftung für Falschinformation des Sekundärmarktes, S. 116.

2289 *Basic, Inc. v. Levinson*, 07.03.1988, 485 U.S. 224, 238 ff. (1988).

2290 So bei *Basic, Inc. v. Levinson*, 07.03.1988, 485 U.S. 224, 238 ff. (1988); siehe auch *Sauer*, Haftung für Falschinformation des Sekundärmarktes, S. 104, 116.

2291 *von Rimon*, Ratings in Deutschland und USA, S. 247.

2292 Im Ergebnis ebenso *von Rimon*, Ratings in Deutschland und USA, S. 247.

2293 *Mallinckrodt Chemical Works v. Goldman, Sachs & Co.*, 13.09.1976, 420 F.Supp. 231, 241 (S.D.N.Y. 1976).

2294 Inwieweit Ratings unwahr (*untrue*) sein können, ist einmal mehr eine Frage des verfassungsrechtlichen Meinungsschutzes, der in seinen Auswirkungen auf die privatrechtliche Haftung unter G. II. näher thematisiert wird.

2295 Siehe sec. 21E(a) SE Act.

2296 Sec. 21E(c)(1) SE Act.: "*[...] in any private action arising under this title that is based on an untrue statement of a material fact [...] a person [...] shall not be liable*

entwickelten Grundsätze der „*bespeaks caution*"-Doktrin[2297] soll dem Charakter von Prognosen, denen die Unsicherheit ihres Eintritts immanent ist, Rechnung tragen und sie haftungstechnisch privilegieren.[2298] Dieser *safe harbour* aus sec. 21E(c) SE Act scheint auf den ersten Blick wie geschaffen für Ratingagenturen, da diese ihren Ratings typischerweise vergleichbare Warnhinweise beifügen.[2299] Allerdings sind gerade Ratings gemäß sec. 15E(m)(1) SE Act aus dem Anwendungsbereich der *safe-harbour-rule* ausdrücklich herausgenommen worden,[2300] so dass sich die Agenturen auf diese Privilegierung nicht berufen können.

b) Scienter

Der Schwerpunkt der Haftungsbetrachtung aus einem Verstoß gegen sec. 10(b) SE Act i.V.m. Rule 10b-5 liegt indes auf dem subjektiven Tatbestandselement. Ratingagenturen müssen hier mit *scienter* gehandelt haben, um von geschädigten Investoren in Anspruch genommen werden zu können.

aa) Verschuldensmaßstab

Es ist anerkannt und Gegenstand gefestigter Rechtsprechung in den USA, dass der subjektive Verschuldensmaßstab für eine Haftung aus *securities fraud* bei sog. *scienter* liegt.[2301] *Scienter* meint grundsätzlich die wissentliche Vornahme einer Handlung, mithin in Bezug auf die Haftung für Marktmanipulationen das Vorliegen von

---

with respect to any forward-looking statement [...] if and to the extent that (A) the forward-looking statement is (i) identified as a forward-looking statement, and is accompanied by meaningful cautionary statements identifying important factors that could cause actual results to differ materially from those in the forward-looking statement"; hierzu auch *Barth*, Schadensberechnung bei Haftung wegen fehlerhafter Kapitalmarktinformation, S. 90; *Sauer*, Haftung für Falschinformation des Sekundärmarktes, S. 105 ff.; *Schulte* in: Möllers/Rotter, Ad-hoc-Publizität, § 6, Rn. 76.

2297 Vgl. nur *Huddleston v. Herman & MacLean*, 09.03.1981, 640 F2d 534, 543 f. (5th Cir. 1981); m.w.N. bei *Sauer*, Haftung für Falschinformationen des Sekundärmarktes, S. 105; siehe auch *Blumberg/Wirth/Litsoukov*, Journal of Structured Finance, Winter 2011, S. 34 (43).

2298 Ausführlich *Sauer*, Haftung für Falschinformation des Sekundärmarktes, S. 105 f.

2299 *von Rimon*, Ratings in Deutschland und USA, S. 244.

2300 Sec. 15E(m)(1) SE Act.: "*[...] such statements [made by a credit rating agency] shall not be deemed forward-looking statements for the purposes of section 21E.*", eingefügt durch sec. 933(a) des Dodd Frank Wall Street Reform and Consumer Protection Act, hierzu näher unten G. I. 1. b) bb).

2301 Grundlegend *Ernst & Ernst v. Hochfelder*, 30.03.1976, 425 U.S. 185 (1976); vgl. auch *Abu Dhabi Commercial Bank v. Morgan Stanley & Co. Inc.*, 02.09.2009, 651 F.Supp.2d 155, 179 (2009); In *re Time Warner Inc. Securities Litigation*, 30.11.1993, 9 F.3d 259, 268 (2d Cir. 1993); *Blumberg/Wirth/Litsoukov*, Journal of Structured Finance, Winter 2011, S. 34 (39); *Husisian*, 75 Cornell Law Review (1990), S. 411 (415) (Fn. 21); *Möllers/Niedorf*, ECFR 2014, S. 333 (357).

Vorsatz zur Täuschung, erfasst jedoch auch die grob fahrlässige Irreführung der Marktteilnehmer und Anlegerschaft.[2302] Frühere Meinungsstreitigkeiten darüber, ob auch einfach fahrlässige Verletzungen des Manipulationsverbots für die haftungsrechtliche Inanspruchnahme genügen,[2303] sind aus heutiger Sicht überholt. Der Grund für den strengen Verschuldensmaßstab des *scienter* liegt in dem Vergleich mit den Anforderungen an einen *Common Law fraud*, der derartiges subjektives Handlungsrecht ebenfalls erfordert, sowie in der Verwendung von Begriffen wie Manipulation oder Täuschung in sec. 10(b) SE Act („*manipulative or deceptive device or contrivance*"), welche auf ein gesteigertes subjektives Handlungsunrecht hinweisen.[2304]

Scienter ist unweigerlich erfüllt, wenn eine Ratingagentur wissentlich ein Rating veröffentlicht, dessen Inhalt nicht derjenigen Bonitätseinschätzung entspricht, die sie eigentlich für zutreffend hält.[2305] Grobe oder bewusste Fahrlässigkeit („*recklessness*"[2306]) umschreibt daneben ein Verhalten, das eine schwerwiegende Abweichung von Sorgfaltsstandards darstellt, und das die Gefahr der Irreführung von Marktakteuren in sich birgt, welche dem Schädiger dabei entweder bewusst oder angesichts der Umstände für ihn erkennbar gewesen sein muss.[2307] Eine Ratingagentur muss daher neben einer schwerwiegenden Verletzung ihrer Sorgfaltspflichten um den jeweiligen unzutreffenden und unvertretbaren Charakter ihres Ratings gewusst oder sich dem in grob fahrlässiger Weise verschlossen haben, um *reckless* gehandelt zu haben. Es muss für sie erkennbar und vorhersehbar gewesen sein, dass eine Irreführung von Anlegern die not-

2302 Zur groben Fahrlässigkeit ("*recklessness*") als von *scienter* erfasster Verschuldensgrad *Anixter v. Home-Stake Production Co.*, 77 F.3d 1215, 1232 (10th Cir. 1996); *Hackbart v. Holmes*, 675 F.2d 1114, 1117 (10th Cir. 1982); *In re Advanta Corp. Securities Litigation*, 180 F.3d 525, 539 (3rd Cir. 1999); siehe auch *Barth*, Schadensberechnung bei Haftung wegen fehlerhafter Kapitalmarktinformation, S. 91 f. m.w.N.

2303 Siehe hierzu *Möllers/Niedorf*, ECFR 2014, S. 333 (357) m.w.N.

2304 So *Ernst & Ernst v. Hochfelder*, 30.03.1976, 425 U.S. 185, 185 f., 197 (1976); vgl. auch *Möllers/Niedorf*, ECFR 2014, S. 333 (357); *Schulte* in: Möllers/Rotter, Ad-hoc-Publizität, § 6, Rn. 63.

2305 Im Hinblick auf den Prognosecharakter von Ratings grundsätzlich kritisch *Hunt*, Columbia Business Law Review (2009), S. 109 (190 ff.).

2306 Die genaue begriffliche Einordnung von *recklessness* im deutschen Verschuldenssystem ist unklar; typischerweise wird es als grobe oder bewusste Fahrlässigkeit, gelegentlich als Leichtfertigkeit verstanden, siehe *Sauer*, Haftung für Falschinformation des Sekundärmarktes, S. 119 m.w.N.; vorliegend wird es mit grober Fahrlässigkeit übersetzt werden.

2307 *Hackbart v. Holmes*, 675 F. 2d 1114, 1118 (10th Cir. 1982): "*extreme departure from the standards of ordinary care, and which presents a danger of misleading buyers or sellers that is either known to the defendant or is so obvious that the actor must have been aware of it.*"; *Broad v. Rockwell International Corp.*, 17.04.1981, 642 F.2d 929, 961 f. (5th Cir. 1981).

wendige Folge der Ratingveröffentlichung sein würde.[2308] Damit ist die Haftung im Wesentlichen auf Fälle beschränkt, in denen sich die Agentur an einem etwaigen fraudulösen Verhalten des von ihr bewerteten Emittenten beteiligt[2309] oder in denen sie zur Erreichung sachfremder Ziele – wie der Erlangung oder Sicherung lukrativer Ratingaufträge oder der gezielten Bevorteilung des Emittenten – wissentlich oder grob fahrlässig schmeichelhafte, zu gute und sachlich nicht mehr vertretbare Bonitätsnoten zugunsten ihrer Vertragspartner verteilt.[2310] Dass derartige Fälle nicht praxisfern sind, haben indes die Vorgänge vor und während der Finanzkrise gezeigt.[2311]

bb) Beweislast und Substantiierung

Für die Realisierungswahrscheinlichkeit der Haftung ungleich bedeutsamer ist sodann, welche Partei das subjektive Handlungsunrecht nachweisen und darlegen muss und mit welchem Substantiierungsgrad dies zu geschehen hat, um prozessuale Erfolgsaussichten zu besitzen. Für die Haftung aus *securities fraud* gilt, dass den Investoren die Beweislast dafür obliegt, dass die Ratingagentur mit *scienter* agiert hat.[2312] Die diesbezüglich für Kläger geltenden Anforderungen an den Darlegungsinhalt ergeben sich grundsätzlich aus sec. 21D(b)(2)(A) SE Act, wonach Anspruchsteller spezifische Tatsachen vortragen müssen, die für eine starke Überzeugung („*strong interference*“) davon sorgen, dass der Schädiger mit dem jeweiligen Verschuldensgrad, vorliegend also mit *scienter*, gehandelt hat.[2313] Dies beinhaltet die Darlegung von Tatsachen, die sowohl das Motiv als auch die Möglichkeit des Schädigers zur Vornahme der betrügerischen Handlung belegen.[2314] Da es hier um den Nachweis wissentlich falscher Informationsverbreitung geht, muss auch die Kenntnis der Agentur von den tatsächlich herrschenden Umständen, mithin ihren realen Kenntnisstand im Gegensatz zu den von ihr verbreiteten Inhalten, durch

2308 *Möllers/Niedorf*, ECFR 2014, S. 333 (358); *Schulte* in: Möllers/Rotter, Ad-hoc-Publizität, § 6, Rn. 65.

2309 Vgl. *In re Republic National Life Insurance Co.*, 14.01.1975, 387 F.Supp. 902, 905 (1975).

2310 Vgl. etwa *Abu Dhabi Commercial Bank v. Morgan Stanley & Co. Inc.*, 02.09.2009, 651 F.Supp.2d 155, 179 f. (2009).

2311 Siehe hierzu oben D. II. 1.

2312 *Blumberg/Wirth/Litsoukov*, The Journal of Structured Finance, Winter 2011, S. 34 (39); *Ebenroth/Dillon*, 24 Law & Policy in International Business 1993, S. 783 (808); *Hunt*, Columbia Business Law Review (2009), S. 109 (190); *Schulte* in: Möllers/Rotter, Ad-hoc-Publizität, § 6, Rn. 66.

2313 Sec. 21D(b)(2)(A) SE Act: *“[...] the complaint shall, with respect to each act or omission alleged to violate this title, state with particularity facts giving rise to a strong interference that the defendant acted with the required state of mind.”*

2314 *Acito v. Imcera Group, Inc.*, 01.02.1995, 47 F.3d 47, 52 (2nd Cir. 1995); *In re Time Warner Inc. Securities Litigation*, 30.11.1993, 9 F.3d 259, 268 (2d Cir. 1993).

präzise Tatsachenbelege substantiiert werden.[2315] Es liegt auf der Hand, dass dieser Nachweis für außen stehende Dritte praktisch kaum oder nur höchst selten zu führen ist.[2316] Die Darlegung wird allenfalls durch den Beleg objektiver Tatsachen und Umstände möglich sein, wenn diese den Rückschluss auf ein solches subjektives Handlungsunrecht auf Seiten der Ratingagenturen nahe legen und zulassen.[2317] Auf subjektives Handlungsunrecht geschlossen werden kann etwa bei der Verletzung einer von der Ratingagentur übernommenen Aufsichtspflicht über ein Finanzinstrument wegen des Übersehens eines auch für die Agentur offensichtlich erkennbaren betrügerischen Verhaltens des Emittenten, wenn sie also im Rahmen ihrer Überwachung, so sie ordnungsgemäß durchgeführt worden wäre, zwangsläufig auf die Unvereinbarkeit ihres Ratings mit der tatsächlichen Faktenlage hätte stoßen müssen.[2318] Dagegen lässt der bloße Umstand, dass die Ratingagentur bei einer fragwürdigen oder gar nachweislich fraudulösen Emission vom Emittenten bezahlt wurde, noch keinen sicheren Rückschluss darauf zu, dass sie sich auch an dem entsprechenden Betrug beteiligt hat und subjektives Handlungsunrecht auch auf ihrer Seite vorlag.[2319]

Speziell für Schadensersatzklagen gegen Ratingagenturen gilt mittlerweile jedoch eine geringere Darlegungsintensität als diejenige aus sec. 21D(b)(2)(A) SE Act. Hintergrund dessen ist der Dodd-Frank Wall Street Reform and Consumer Protection Act[2320] aus dem Jahre 2010, eine der zentralen kapitalmarktrechtlichen Reformen in den USA, die insbesondere die Regulierung von Ratingagenturen zum Gegenstand hatte[2321] und durch den die Beweisregelungen in sec. 21D(b)(2) SE Act ergänzt wurden.[2322] Seitdem heißt es in sec. 21D(b)(2)(B) SE Act, dass es für Vermögensschäden, die gegenüber einer Ratingagentur geltend gemacht werden, hinsichtlich des Nachweises von *scienter* genügt, dass der Tatsachenvortrag das

2315 *In re Boston Technology Securities Litigation,* 8 F.Supp.2d 43, 57 (D.Mass. 1998); *In re First Union Corp. Securities Litigation*, 128 F.Supp.2d 871, 888 (W.D.N.C. 2001); *Ebenroth/Dillon*, 24 Law & Policy in International Business 1993, S. 783 (807); *Möllers/Niedorf*, ECFR 2014, S. 333 (358).

2316 So auch *Blumberg/Wirth/Litsoukov*, The Journal of Structured Finance, Winter 2011, S. 34 (39); *Husisian*, 75 Cornell Law Review (1990), S. 411 (415) (Fn. 21); *Möllers/Niedorf*, ECFR 2014, S. 333 (358) ("*difficult if not impossible*"); *Schulte* in: Möllers/Rotter, Ad-hoc-Publizität, § 6, Rn. 66; *Schroeter*, Ratings, S. 894; *von Rimon*, Ratings in Deutschland und USA, S. 248.

2317 *Möllers/Niedorf*, ECFR 2014, S. 333 (358).

2318 Vgl. *LaSalle National Bank v. Duff & Phelps Credit Rating Co.*, 26.11.1996, 951 F. Supp 1071, 1086 (S.D.N.Y. 1996).

2319 Siehe etwa *In re National Century Financial Enterprises, Inc. Investment Litigation*, 22.07.2008, 580 F.Supp2d 630, 644 (S.D. Ohio 2008).

2320 Dodd-Frank Wall Street Reform and Consumer Protection Act, Pub. L. 111–203 (2010), nachfolgend: „Dodd-Frank Act".

2321 Zum Dodd-Frank Act *Haar*, civil liability, S. 7 ff.; *Möllers/Niedorf*, ECFR 2014, S. 333 (358 ff.).

2322 Siehe sec. 933(a) und (b) des Dodd-Frank Act.

wissentliche oder grob fahrlässige Versäumnis einer angemessenen Prüfung des bewerteten Produkts im Hinblick auf die Tatsachenelemente, auf die sich die Agentur zur Bonitätsprüfung verlassen hat, oder einer angemessenen Verifikation dieser Tatsachenelemente durch andere kompetente und unabhängige Quellen belegt.[2323] Die Darlegung des subjektiven Handlungsunrechts kann sich daher, vereinfacht gesagt, auf den Nachweis des Fehlens hinreichender Tatsachenprüfungen (*due dilligence*) durch die Ratingagentur beschränken.[2324] Mit dieser Neuregelung geht zum einen eine nicht zu unterschätzende Abnahme der Substantiierungslast von Klägern einher, die die Realisierungswahrscheinlichkeit vor allem in Fällen, in denen die mangelnde Qualität oder Vollständigkeit der von einer Ratingagentur zugrunde gelegten Tatsachen etwa wegen behördlicher Ermittlungsergebnisse womöglich geführt werden kann,[2325] nicht unwesentlich erhöht.[2326] Zum anderen wird die Argumentationslast auf Seiten der beklagten Ratingagentur intensiviert, da sie sich angesichts des herabgesenkten Darlegungsmaßstabs durch den Dodd-Frank Act substantiiert zu etwaigen Vorwürfen erklären muss und sich nicht auf der für gewöhnlich überfordernden Beweislast von Anspruchstellern „ausruhen" kann. Daher wird im Zusammenhang mit der Darlegungsprivilegierung durch den Dodd-Frank Act mitunter von einer gewissen Revolutionierung des Haftungsregimes für Ratingagenturen gesprochen.[2327] Allerdings eröffnet dieser Darlegungsinhalt den

2323 Sec. 21D(b)(2)(B) SE Act.: *"[...] it shall be sufficient, for purposes of pleading any required state of mind in relation to such action, that the complaint state with particularity facts giving rise to a strong interference that the credit rating agency knowingly or recklessly failed (i) to conduct a reasonable investigation of the rated security with respect to the factual elements relied upon by its own methodology for evaluating credit risks or (ii) to obtain reasonable verification of such factual elements [...] from other sources that the credit rating agency considered to be competent and that were independent of the issuer and underwriter."*

2324 Die Verfassungsmäßigkeit dieser Substantiierungsbestimmung wird zum Teil in Zweifel gezogen, da sie mit dem Schutz der Meinungsfreiheit zu kollidieren scheint – hierzu unten G. II. 3. b) dd) –, wenn sie dazu führt, dass die Darlegung fahrlässiger Pflichtverletzung im Hinblick auf die Tatsachenprüfungen durch die Ratingagentur für die Haftung genügt, obwohl die Meinungsfreiheit eine Haftung grundsätzlich nur bei *actual malice* vorsieht, siehe hierzu m.w.N. *Schroeter*, Ratings, S. 895 f.; *Coffee*, 1 Harvard Business Law Review (2011), S. 231 (252); dies verkennt allerdings, dass die Darlegung nach sec. 21D(b)(2)(B) trotz allem den Nachweis eines wissentlichen oder grob fahrlässigen Fehlers („*knowingly or recklessly failed to...*") erfordert, so dass einfache Fahrlässigkeit auch weiterhin nicht genügt.

2325 Ähnlich *Schroeter*, Ratings, S. 894.

2326 Für positiv befunden auch von *Blumberg/Wirth/Litsoukov*, The Journal of Structured Finance, Winter 2011, S. 34 (39); *von Rimon*, Ratings in Deutschland und USA, S. 248.

2327 *Blumberg/Wirth/Litsoukov*, The Journal of Structured Finance, Winter 2011, S. 34 (39).

Ratingagenturen zugleich auch einen *safe harbour*:[2328] Kommen sie in angemessenem Umfange den Überprüfungspflichten, wie sie in sec. 21D(b)(2)(B) indirekt festgelegt werden, nach und dokumentieren sie dies hinreichend, wird eine Inanspruchnahme durch Investoren wieder äußerst unwahrscheinlich, müsste sie doch auf Basis des „gewöhnlichen" Darlegungsmaßstab bezüglich *scienter* erfolgen. Anderweitige Sorgfaltsvergehen werden, da sie in sec. 21D(b)(2)(B) nicht angesprochen werden, haftungsrechtlich nicht gleichermaßen sanktioniert. Dadurch werden relativ einseitige Sorgfaltsanreize geschaffen, die eine Konzentration (nur) auf eine hinreichende *due dilligence* der ratingbezogenen Fakten bewirken.[2329] Hinzu kommt, dass der schwierige Nachweis eines wissentlichen oder grob fahrlässigen Versäumnisses der Ratingagenturen auch weiterhin zu führen ist, auch wenn sich dieses nun auf mangelhafte *due dilligence* beschränken kann.[2330] Insgesamt bleibt es daher bei einer als prekär zu bezeichnenden Beweissituation für Anspruchsteller im Hinblick auf das subjektive Handlungsunrecht.

c) Reliance *und kausaler Schaden*

Die haftungsrechtliche Geltendmachung eines Verstoßes gegen sec. 10(b) SE Act i.V.m. Rule 10b-5 setzt ferner eine individuelle Schadensposition des Investors voraus.[2331] Daher bedarf es des Eintritts eines kausal auf der ratingbedingten Irreführung beruhenden Schadens des jeweiligen Anspruchstellers. Klagende Anleger müssen bei ihrer jeweiligen Investitionsentscheidung nachweislich auf das fehlerhafte Rating vertraut haben (*„reliance"*) und aufgrund dessen einen Vermögensschaden erlitten haben.[2332]

Dabei wird nicht jedwedes Vertrauen auf Kapitalmarktinformationen, insbesondere auf Ratings, geschützt. Investitionsentscheidungen müssen mit der erforderlichen und angemessenen Sorgfalt geprüft und dürfen nicht durch blindes Vertrauen etwa auf Ratings oder in grober Unvernunft getroffen worden sein.[2333] Es sind insoweit zwar

---

2328 In diese Richtung *Coffee*, 1 Harvard Business Law Review (2011), S. 231 (252, 268).

2329 Vgl. *Coffee*, 1 Harvard Business Law Review (2011), S. 231 (268).

2330 Sec. 21D(b)(2)(B) SE Act.: *"[...] state with particularity facts giving rise to a strong interference that the credit rating agency knowingly or recklessly failed to [...]".*

2331 Vgl. *Sauer*, Haftung für Falschinformation des Sekundärmarktes, S. 120.

2332 *Ernst & Ernst v. Hochfelder*, 30.03.1976, 425 U.S. 185, 211 (Fn. 31) (1976); *Gurary v. Winehouse*, 24.08.1999, 190 F.3d 37, 45 (2nd Cir. 1999); *Wynn v. AC Rochester General Motors Corp.*, 19.11.2001, 273 F.3d 153, 156 (2nd Cir. 2001); *Blue Chip Stamps v. Manor Drug Stores*, 09.06.1975, 421 U.S. 723, 770 (1975); *Abu Dhabi Commercial Bank v. Morgan Stanley & Co. Inc.*, 02.09.2009, 651 F.Supp.2d 155, 171 (2009); siehe auch *Barth*, Schadensberechnung bei Haftung wegen fehlerhafter Kapitalmarktinformation, S. 92; *Ebenroth/Dillon*, 24 Law & Policy in International Business 1993, S. 783 (806 f.); *Husisian*, 75 Cornell Law Review (1990), S. 411 (415) (Fn. 21).

2333 *Abu Dhabi Commercial Bank v. Morgan Stanley & Co. Inc.*, 02.09.2009, 651 F.Supp.2d 155, 172 (2009); *Merrill Lynch v. Allegheny Energy*, 31.08.2007, 500 F.3d 171, 182 (2nd Cr. 2007); *Banque Franco-Hellenique v. Christophides*, 24.01.1997,

keine übermäßigen Nachforschungen und Überprüfungen durch den Geschädigten im Hinblick auf die etwaige Fehlerhaftigkeit der jeweiligen Auskunft zu fordern;[2334] sobald aber objektive Anhaltspunkte für die Fehlerhaftigkeit der jeweiligen Auskunft vorliegen, steigt auch der Grad der zu verlangenden Sorgfalt zur Überprüfung der Informationen, auf die sich der Betroffene zu verlassen gedenkt.[2335] Dabei sind die Mittel, die dem Betroffenen nach den jeweiligen Umständen zur Verfügung stehen, um die Fehlerhaftigkeit erkennen und aufdecken zu können, zu berücksichtigen.[2336] Von besonderer Bedeutung für die Bewertung der Entscheidungsgrundlagen sind insoweit vor allem allgemein bekannte oder bekannt gewordene Fakten, Informationen oder Umstände jenseits des Ratings, wenn diese Anhaltspunkte dafür oder konkrete Hinweise darauf enthalten haben und für den jeweiligen Anleger erkennbar waren, dass das Rating inakkurat gewesen sein könnte.[2337] Waren demnach Umstände, die das Rating fehlerhaft erscheinen ließen, bereits marktbekannt oder konnte das fehlerhafter Rating wegen anderweitiger Marktinformationen bei der Anlageentscheidung nicht ins Gewicht gefallen sein, müssen erhebliche Zweifel an der Einhaltung der erforderlichen Sorgfalt bei der Investitionsentscheidung und mithin am Vorliegen eines schutzwürdigen Vertrauens in das jeweilige Rating entstehen.[2338] Dagegen fallen nicht-öffentliche Tatsachen oder Informationen, die die Ratingagentur im Zuge ihrer zu positiven Ratingnote (bewusst) zurückgehalten hat, freilich nicht zulasten des Investors ins Gewicht.[2339] Auch professionellen und institutionellen Investoren kann zudem nicht ohne weiteres vorgehalten werden, sie besäßen besondere (Markt-)

---

106 F.3d 22, 27 (2nd Cr. 1997); dies erinnert freilich an das qualifizierte Mitverschulden aus Art. 35a Rating-VO, hierzu oben E. I. 3.

2334 *Banque Franco-Hellenique v. Christophides*, 24.01.1997, 106 F.3d 22, 26 (2nd Cr. 1997): *"[...] the law does not require that a defrauded party go to the ends of the earth to discover the falsity of a statement [...]"*.

2335 Vgl. *Banque Franco-Hellenique v. Christophides*, 24.01.1997, 106 F.3d 22, 27 (2nd Cr. 1997); *Mallis v. Bankers Trust Co.*, 25.01.1980, 615 F.2d 68, 80 f. (2nd Cir. 1980).

2336 *Mallis v. Bankers Trust Co.*, 25.01.1980, 615 F.2d 68, 80 f. (2nd Cir. 1980).

2337 Vgl. *Merrill Lynch v. Allegheny Energy*, 31.08.2007, 500 F.3d 171, 182 (2nd Cir. 2007); keine *reasonable reliance* bei Kenntnis oder fahrlässiger Unkenntnis der Fehlerhaftigkeit der Information, siehe auch *Gurary v. Winehouse*, 24.08.1999, 190 F.3d 37, 45 (2nd Cir. 1999); *Quinn v. McGraw Hill*, 16.02.1999, 168 F.3d 331, 336 (7th Cir. 1999), wo dem klagenden Anleger vorgehalten wurde, er hätte wegen ihm bekannter Zweifel an der Richtigkeit der im Rating ausgewiesenen Bonität eigene Nachforschungen anstellen müssen („*he was responsible for doing his own homework about the risks he was assuming*").

2338 *von Rimon*, Ratings in Deutschland und USA, S. 249; vgl. zum Ausschluss von *reliance* bei öffentlich bekannter wahrer Sachlage *Semerenko v. Cendant Corp.*, 10.08.2000, 223 F.3d 165 (3rd Cir. 2000); vgl. auch *Quinn v. McGraw Hill*, 16.02.1999, 168 F.3d 331, 336 (7th Cir. 1999) („*in the light of these facts no reasonable jury could find that Quinn reasonably relied on S&P's evaluation of the quality of bonds*")..

2339 *Abu Dhabi Commercial Bank v. Morgan Stanley & Co. Inc.*, 02.09.2009, 651 F.Supp.2d 155, 172 (2009).

Kenntnisse und müssten fehlerhafte Ratings daher selbst erkennen, da sich auch institutionelle Anleger grundsätzlich auf Ratings verlassen dürfen, insbesondere weil auch nicht-öffentliche Informationen, auf die Anleger keiner Couleur ohne weiteres Zugriff haben, in Ratings einfließen können.[2340]

Der Nachweis eines kausal auf einem Rating beruhenden Schadens ist, wie bereits im Rahmen von Art. 35a Rating-Verordnung ausführlich besprochen worden ist, insgesamt mit erheblichen Schwierigkeiten verbunden.[2341] Zugunsten von klagenden Anlegern greift bezüglich des Nachweises des kausalen Schadens im US-Recht indes die *fraud-on-the-market theory*.[2342] Diese basiert ihrerseits auf der Theorie effizienter Kapitalmärkte („*efficient market hypothesis*“[2343]), zu welcher sich das US-amerikanische Kapitalmarktrecht klar bekennt.[2344] Hiernach wird unterstellt, dass sämtliche öffentlich bekannten und verfügbaren Informationen umgehend in den gegenwärtigen Marktpreis eingehen und eingespeist werden.[2345] Es herrsche demnach eine informationelle Effizienz auf den Kapitalmärkten.[2346] Investoren vertrauen dabei grundsätzlich auf die Integrität der redlichen Preisbildung auf den Märkten und darauf, dass der Marktpreis den tatsächlichen Wert des Produkts zutreffend wiederspiegelt.[2347] Auf Basis dieser Annahme ist die *fraud-on-the-market theory* zu entwickeln: Wenn sämtliche verfügbaren Informationen unverzüglich in den Marktpreis eines Finanzprodukts eingespeist werden, werden auch falsche oder irreführende Informationen reflektiert und der Preis dadurch verzerrt.[2348] Zu den verfügbaren und insoweit relevanten Informationen gehören dabei selbstverständlich auch Ratings.[2349] Ist ein Rating (oder eine andere kursrelevante Information)

2340 *Abu Dhabi Commercial Bank v. Morgan Stanley & Co. Inc.*, 02.09.2009, 651 F.Supp.2d 155, 181 (2009).

2341 Siehe oben E. III. 1.; allgemein auch *Barth*, Schadensberechnung bei Haftung wegen fehlerhafter Kapitalmarktinformation, S. 93 f.; *Möllers/Niedorf*, ECFR 2014, S. 333 (361); *Sauer*, Haftung für Falschinformation des Sekundärmarktes, S. 123; *Stübinger*, Teilnehmerhaftung bei fehlerhafter Kapitalmarktinformation, S. 168.

2342 Grundlegend *Basic, Inc. v. Levinson*, 07.03.1988, 485 U.S. 224 (1988); zu Reichweite und Grenze der *fraud-on-the-market theory* siehe *Shulman*, 74 Cornell Law Review (1989), S. 964 (979 ff.).

2343 Grundlegend *Fama*, Journal of Finance, Vol. 25 (1970), No. 2, p. 383 ff.; vgl. auch *Sauer*, Haftung für Falschinformation des Sekundärmarktes, S. 127 ff.

2344 *Schroeter*, Ratings, S. 80; zu den Kontroversen um die Anerkennung *Barth*, Schadensberechnung bei Haftung wegen fehlerhafter Kapitalmarktinformation, S. 94 f. m.w.N.

2345 *Fama*, Journal of Finance, Vol. 25 (1970), No. 2, p. 383 ff.; *Basic, Inc. v. Levinson*, 07.03.1988, 485 U.S. 224, 241 f. (1988); *Shulman*, 74 Cornell Law Review (1989), S. 964 (977); *von Schweinitz*, WM 2008, S. 953 (955).

2346 *Schroeter*, Ratings, S. 72.

2347 *Basic, Inc. v. Levinson*, 07.03.1988, 485 U.S. 224, 247 (1988); *Barth*, Schadensberechnung bei Haftung wegen fehlerhafter Kapitalmarktinformation, S. 94, 179; *Sauer*, Haftung für Falschinformation des Sekundärmarktes, S. 125.

2348 *Sauer*, Haftung für Falschinformation des Sekundärmarktes, S. 179.

2349 *Blaurock*, ZGR 2007, S. 603 (636); *Wagner* in: FS-Blaurock, S. 467 (495).

fehlerhaft, verfälscht es nach dieser Theorie zwangsläufig den Marktpreis, da es als kursrelevante Information zügig eingespeist wurde.[2350] Ein Investor entrichtet daher durch ein fehlerhaft zu positives Rating automatisch einen zu hohen Preis für das jeweilige Finanzinstrument[2351] und wird in seinem Vertrauen auf die Redlichkeit der Preisbildung und indirekt der Richtigkeit der in den Marktpreis einfließenden Informationen enttäuscht.[2352] Darauf, dass der Investor die jeweilige Auskunft konkret zur Kenntnis und zu Grundlage seiner Investitionsentscheidung gemacht hat, kommt es nicht an;[2353] dieses Vertrauen wird (widerlegbar) vermutet.[2354] Im Ergebnis muss ein klagender Anleger daher den Beweis dessen, dass er seinen Vermögensschaden gerade aufgrund seines Vertrauens in das konkrete fehlerhafte Rating erlitten hat, nicht führen.

Die Widerlegung dieser Vermutung obliegt als *truth-on-the-market*-Einwand zulasten dem Beklagten, dem der Nachweis einer der vorgenannten Anhaltspunkte für ein unvernünftiges oder gänzlich fehlendes Vertrauen in die Redlichkeit der jeweiligen Preisbildung gelingen muss.[2355] Dabei kommt es entscheidend darauf an, ob die vermutete Preisverzerrung tatsächlich erfolgt ist oder ob dem Markt die wahre Sachlage aus anderen Informationen bekannt gewesen ist.[2356] Letzteres führte dazu, dass sich der Marktpreis unabhängig von der Fehlinformation gebildet hat, so dass das Vertrauen des Anlegers in die redliche Preisbildung nicht enttäuscht worden sein kann.[2357] Daneben ist denkbar und müsste durch die Ratingagentur nachgewiesen werden, dass der jeweilige Investor das Wertpapiergeschäft trotz Kenntnis der Preisverzerrung aus anderen, nicht rein ökonomisch motivierten Beweggründen getätigt hat, oder dass die Entscheidung zum Wertpapierkauf bereits vor der Ratingveröffentlichung gefallen ist.[2358]

2350 Vgl. *Basic, Inc. v. Levinson*, 07.03.1988, 485 U.S. 224, 241 f. (1988).

2351 *Blaurock*, ZGR 2007, S. 603 (636); *Sauer*, Haftung für Falschinformation des Sekundärmarktes, S. 179; *Wagner* in: FS-Blaurock, S. 467 (495).

2352 *Barth*, Schadensberechnung bei Haftung wegen fehlerhafter Kapitalmarktinformation, S. 179 f.; *Stübinger*, Teilnehmerhaftung bei fehlerhafter Kapitalmarktinformation, S. 169.

2353 *Sauer*, Haftung für Falschinformation des Sekundärmarktes, S. 125; *Schulte* in: Möllers/Rotter, Ad-hoc-Publizität, § 6, Rn. 79.

2354 *Basic, Inc. v. Levinson*, 07.03.1988, 485 U.S. 224, 241 f. (1988); *Barth*, Schadensberechnung bei Haftung wegen fehlerhafter Kapitalmarktinformation, S. 179; *Stübinger*, Teilnehmerhaftung bei fehlerhafter Kapitalmarktinformation, S. 168 f.; *von Schweinitz*, WM 2008, S. 953 (955).

2355 Die Widerlegung für „fast ausgeschlossen" haltend *von Schweinitz*, WM 2008, S. 953 (955).

2356 *Barth*, Schadensberechnung bei Haftung wegen fehlerhafter Kapitalmarktinformation, S. 104 f.

2357 *Basic, Inc. v. Levinson*, 07.03.1988, 485 U.S. 224, 248 (1988).

2358 *Basic, Inc. v. Levinson*, 07.03.1988, 485 U.S. 224, 251 (1988); dies erinnert an die Beweislastumkehrung bei der Figur des aufklärungsrichtigen Verhaltens, hierzu oben E. III. b) bb).

Die Anwendung der *fraud-on-the-market theory* für den Schadensnachweis entlastet klagende Anleger massiv und nimmt ihnen den schwierigen Schadensnachweis weitgehend ab.[2359] Dies ist eine erhebliche Besserstellung von Anlegern im Vergleich zur Beweissituation nach europäischem bzw. deutschem Recht.

d) Zusammenfassung

Ratingagenturen können nach alledem wegen fehlerhafter, die Bonität eines Emittenten oder einer Emission zu positiv ausweisender Ratings grundsätzlich wegen eines Verstoßes gegen sec. 10(b) SE Act i.V.m. Rule 10b-5 von geschädigten Anlegern in Anspruch genommen werden. Es handelt sich hierbei um das zentrale Haftungswerkzeug gegenüber Ratingagenturen, um die – typischerweise auf die Differenz zwischen dem durch das Rating verzerrten und dem eigentlich zutreffenden Transaktionspreis gerichteten[2360] – Vermögensschäden von Anlegern auszugleichen.[2361] Die Inanspruchnahme von Ratingagenturen über den *securities fraud* ist dabei einerseits geprägt durch relativ hohe Anspruchshürden (insbesondere bzgl. *scienter*), eröffnet klagenden Anlegern jedoch andererseits auch einige nicht zu unterschätzende Vorteile bei der Anspruchsdarlegung (Substantiierungserleichterung aus sec. 21D(b)(2)(B) SE Act, *fraud on the market-theory*). Bei praxisnaher Betrachtung dürfte es sich gleichwohl nur um Ausnahmefälle handeln, in denen der Beweis der Anspruchsvoraussetzungen in Bezug auf die vorsätzliche oder grob fahrlässige Falschinformation und damit die Durchsetzung des Anspruchs gelingt.

2. Weitere kapitalmarktrechtliche Haftung

Neben sec. 10(b) SE Act i.V.m. Rule 5b-10 sind weitere kapitalmarktrechtliche Haftungstatbestände anzusprechen, über die eine Inanspruchnahme von Ratingagenturen durch Investoren erfolgen könnte. Dazu gehören die nachfolgend behandelten sec. 11 Securities Act of 1933[2362] und sec. 18 SE Act.[2363]

2359 *Barth*, Schadensberechnung bei Haftung wegen fehlerhafter Kapitalmarktinformation, S. 96 („*überragende Bedeutung in prozessualer Hinsicht*"); *Shulman*, 74 Cornell Law Review (1989), S. 964 („*powerful tool*").

2360 *Affiliated Ute Citizens v. United States*, 24.04.1972, 406 U.S. 128, 155 (1972); *Schulte* in: Möllers/Rotter, Ad-hoc-Publizität, § 6, Rn. 87 f.; im Einzelfall kann auch der Transaktionsschaden ersetzt werden (*recission*), siehe etwa *Randall v. Loftsgarden*, 02.07.1986, 478 U.S. 647, 648 (1986).

2361 Zu berücksichtigen sind allerdings die Haftungscaps in sec. 21D(e)(1)und(2) SE Act; hierzu kritisch *Sauer*, Haftung für Falschinformation des Sekundärmarktes, S. 334 f.

2362 Nachfolgend: „Securities Act".

2363 Dagegen ist nicht näher einzugehen auf sec. 12(a) Securities Act, da dieser nur die Anbieter oder Verkäufer von Wertpapieren betrifft, was Ratingagenturen nicht sind.

a) *Haftung aus sec. 11 Securities Act*

Zunächst ist eine mögliche Inanspruchnahme von Ratingagenturen über sec. 11 Securities Act in den Blick zu nehmen. Die Vorschrift knüpft an fehlerhafte, d. h. unwahre oder unvollständige Angaben und Mitteilungen über wesentliche Umstände oder die Unterlassung derartiger Mitteilungen im sog. „*registration statement*" für die jeweiligen Wertpapieremissionen an.[2364] Das *registration statement* ist im Rahmen der Zulassung von Wertpapieren zum Börsenhandel durch den Emittenten abzugeben.[2365] Sec. 11 Securities Act erlaubt bei unwahren Angaben im *registration statement* ein rechtliches Vorgehen durch den Käufer des entsprechenden Wertpapiers.[2366] Zu den erforderlichen Inhalten dieser Registrierungserklärung gehört vor allem das Emissionsprospekt,[2367] woraus sich unverkennbare Parallelen zur Börsenprospekthaftung nach deutschem Recht ergeben. Gelegentlich müssen zudem auch Ratings einer NRSRO im *registration statement* eingereicht werden, insbesondere bei *asset-backed-securities*-Emissionen.[2368] Hieraus folgt die Relevanz der Norm für die hier anzustellende Betrachtung, sollte das insoweit beigefügte Rating einer NRSRO-Agentur und damit eine Angabe im *registration statement* fehlerhaft sein.

Nach sec. 11(a)(1) und (2) Securities Act können in erster Linie die Unterzeichner der fehlerhaften Registrierungserklärung[2369] sowie Vertreter des Emittenten für Falschangaben in die Verantwortung gezogen werden. Für die Ratingagenturenhaftung sind indes sec. 11(a)(4) und (5) Securities Act von Relevanz. Hiernach können auch Experten und sog. *underwriter* potenziell für Falschangaben im *registration statement* haftbar gemacht werden.

aa) *Ratingagenturen als Experten im Sinne von sec. 11(a)(4) Securities Act*

Experten sind nach der gesetzlichen Aufzählung in sec. 11(a)(4) Securities Act etwa Wirtschaftsprüfer oder Sachverständige sowie im Übrigen jede Person, deren berufliche Tätigkeit ihren jeweiligen Auskünften besondere Glaubwürdigkeit verleiht.[2370]

2364 Sec. 11(a) Securities Act: "*In any case any part of the registration statement [...] contained an untrue statement of a material fact or omitted to state a material fact required to be stated therein [...] any person acquiring such security [...] may [...] sue [...]*".

2365 *von Rimon*, Ratings in Deutschland und USA, S. 237.

2366 Zu den möglichen Formen unrichtiger oder unvollständiger Angaben siehe *Barth*, Schadensberechnung bei Haftung wegen fehlerhafter Kapitalmarktinformation, S. 67.

2367 *Barth*, Schadensberechnung bei Haftung wegen fehlerhafter Kapitalmarktinformation, S. 65; *Schroeter*, Ratings, S. 890.

2368 *Möllers/Niedorf*, ECFR 2014, S. 333 (359).

2369 Unterzeichner sind dabei insbesondere der Emittent und seine wichtigsten Angestellten und Organe, siehe sec. 6(a) Securities Act.

2370 Sec. 11(a)(4) Securities Act: "*[...] every accountant, engineer, or appraiser, or any person whose profession gives authority to a statement made by him [...]*".

Es liegt auf der Hand, dass auch Ratingagenturen unter diesen Expertenbegriff zu fassen sein könnten, da den Agenturen grundsätzlich eine besondere Expertise für die Abgabe von Bonitätsurteilen zugeschrieben wird, sie daher eine besondere Autorität auf ihrem Tätigkeitsgebiet ausstrahlen und nicht zuletzt auch als *Gatekeeper* für die Kapitalmärkte agieren.[2371] Sie werden daher als Experten für die Abgabe von Bonitätsprognosen im Zusammenhang mit Wertpapieremissionen angesehen und entsprechend behandelt. Ihre Inanspruchnahme über sec. 11(a) Securities Act als Experten scheint mithin grundsätzlich möglich.[2372] Dem steht auch Rule 436(g) Securities Act nicht mehr entgegen, wonach Ratingagenturen, die von der SEC als NRSRO anerkannt werden, von der Verantwortlichkeit aus sec. 11 Securities Act ausgenommen wurden, selbst wenn ihre Ratings in der Registrierungserklärung enthalten waren.[2373] Denn diese Privilegierung von Ratingagenturen ist durch den Dodd Frank Act im Zuge der Verschärfung der Regulierung der Ratingbranche aufgehoben worden.[2374]

Gleichwohl ist in sec. 11 Securities Act kein praktikables Haftungsinstrument zur Verhaltenssteuerung von Ratingagenturen zu erkennen. Die Verantwortlichkeit von Experten für Falschangaben im Zusammenhang mit den Registrierungsinformationen ist nur dann eröffnet, wenn der Experte sein Einverständnis in seine namentliche Aufführung als Beteiligter oder Mitwirkender des *registration statement*, mithin vorliegend das Einverständnis in die entsprechende Ratingnutzung erklärt hat.[2375] Dieses Einverständnis versagen Ratingagenturen spätestens seit der vorgenannten Haftungsverschärfung durch den Dodd Frank Act regelmäßig und schließen ihre potenzielle Verantwortlichkeit dadurch aus.[2376] Dass infolge dessen der Markt strukturierter Finanzinstrumente auszutrocknen drohte,[2377] bewegte die SEC im Juli 2010 dazu, sog. *„no-action-letters“* zu veröffentlichen, wonach von der Verfolgung von Verstößen von Emittenten gegen die Offenlegungspflichten bei betroffenen Emissionen, insbesondere den Pflichten zur Einholung von Ratings im *registration statement*, abgesehen werde.[2378] Faktisch wurden hierdurch vor allem

---

2371 *Blumberg/Wirth/Litsoukov*, Journal of Structured Finance, Winter 2011, S. 34 (41); ähnlich *von Rimon*, Ratings in Deutschland und USA, S. 239.

2372 So auch *Schroeter*, Ratings, S. 890.

2373 Hierzu *Blumberg/Wirth/Litsoukov*, Journal of Structured Finance, Winter 2011, S. 34 (40); *Partnoy* in: Levich/Manjoni/Reinhart, Ratings, S. 65 (78).

2374 Sec. 939G Dodd Frank Act; *Blumberg/Wirth/Litsoukov*, Journal of Structured Finance, Winter 2011, S. 34 (41).

2375 Sec 11(a) (4) Securities Act.: *"[...] who has with his consent been named as having prepared or certified any part of the registration statement, or as having prepared or certified any report or valuation which is used in connection with the registration statement [...]"*; *Möllers/Niedorf*, ECFR 2014, S. 333 (359).

2376 *Haar*, civil liability, S. 8; *Schroeter*, Ratings, S. 890.

2377 *Möllers/Niedorf*, ECFR 2014, S. 333 (359).

2378 *Haar*, civil liability, S. 8; *Möllers/Niedorf*, ECFR 2014, S. 333 (359).

ungeratete *asset-backed-securites*-Emissionen ermöglicht.[2379] Das *no-action*-Prinzip sollte ursprünglich eine zeitlich begrenzte Ausnahme sein, ist jedoch später auf unbestimmte Zeit verlängert worden.[2380]

Diese Umstände führen dazu, dass eine Inanspruchnahme von Ratingagenturen als Experten im Sinne von sec. 11(a)(4) Securities Act bei praxisnaher Betrachtung im Ergebnis ausscheidet, da diese das haftungsbegründende Einverständnis nicht abgeben.

bb) Ratingagenturen als underwriter *im Sinne von sec. 11(a)(5) Securities Act*

Es bliebe vor diesem Hintergrund noch die Einstufung von Ratingagenturen als *underwriter* im Sinne von sec. 11(a)(5) Securities Act, um die Norm haftungstechnisch für Ratingagenturen verwertbar zu machen. *Underwriter* sind Personen, die mit Blick auf und im Zusammenhang mit dem Vertrieb von Wertpapieren ebensolche von Emittenten kaufen oder für Emittenten verkaufen oder die an einer solchen Unternehmung direkt oder indirekt beteiligt sind.[2381] Diese Legaldefinition lässt Interpretationsspielraum, vor allem im Hinblick auf die „indirekte Teilnahme" an Wertpapierveräußerungen.[2382] Schon die durch irgendeine Handlung erfolgte Förderung des Absatzes des Emittenten könnte unter Umständen zur Qualifizierung einer Person als *underwriter* genügen.[2383] Auch wenn ein derart großzügiges Begriffsverständnis die Einordnung von Ratingagenturen wegen einer irgendwie gearteten Teilnahme an der Wertpapierveräußerung durch den Emittenten bei geneigter Auslegung womöglich erlauben würde,[2384] ist in der Rechtsprechung weitgehend anerkannt und entschieden worden, dass Ratingagenturen wegen der fehlenden eigenen Beteiligung am An- oder Verkauf der bewerteten Emissionen keine *underwriter* sind.[2385]

2379 *Möllers/Niedorf*, ECFR 2014, S. 333 (359).

2380 *Haar*, civil liability, S. 8; *Möllers/Niedorf*, ECFR 2014, S. 333 (359).

2381 Vgl. Sec. 2(11) Securities Act: "*underwriter means any person who has purchased from an issuer with a view to, or offers or sells for an issuer in connection with, the distribution of any security, or participates or has a direct or indirect participation in any such undertaking [...].*"

2382 Vgl. *Blumberg/Wirth/Litsoukov*, Journal of Structured Finance, Winter 2011, S. 34 (40).

2383 Siehe *In re Refco, Inc. Securities Litigation*, 30.04.2007, 503 F.Supp.2d 611, 629 (S.D.N.Y. 2007).

2384 Ähnlich *Schroeter*, Ratings, S. 890 (Fn. 47); *von Rimon*, Ratings in Deutschland und USA, S. 238.

2385 Siehe umfassend begründet *In re Lehman Brothers Mortgage-Backed Securities Litigation*, 11.05.2011, F.3d 167, 175 ff. (2nd Cir. 2011): "*In sum, we conclude that the text, case law, legislative history, and purpose of the statute demonstrate that Congress intended the participation clause of the underwriter definition to reach those who participate in purchasing securities with a view towards distribution, or in offering or selling securities for an issuer in connection with a distribution, but not*

cc) *Zwischenergebnis*

Sec. 11 Securities Act bietet daher im Ergebnis keine Möglichkeit zur Inanspruchnahme von Ratingagenturen durch geschädigte Investoren, da die Agenturen typischerweise nicht passivlegitimiert sind.[2386]

b) *Haftung aus sec. 18(a) SE Act*

Aus dem spezifischen Kapitalmarktrecht ist zudem sec. 18(a) SE Act herauszugreifen. Hierbei handelt es sich gleichfalls um einen Haftungstatbestand, der an die Verbreitung falscher oder irreführender Auskünfte anknüpft und eine Inanspruchnahme desjenigen ermöglicht, der die Falschinformation getätigt hat. Allerdings legt sec. 18(a) SE Act die genauen Anspruchsvoraussetzungen und -grenzen ungleich detaillierter dar als die zuvor behandelten, relativ kurz gehaltenen (Haftungs-)Tatbestände, insbesondere aus sec. 10(b) SE Act.[2387] Außerdem werden nur Falschangaben aus Unterlagen erfasst, die verpflichtend bei der SEC eingereicht werden müssen.[2388] Nach sec. 18(a) SE Act ist jede Person haftbar, die eine zum jeweiligen Zeitpunkt und nach den jeweiligen Umständen fehlerhafte oder irreführende Angabe in irgendeiner Art von gesetzlich verpflichtendem Bericht, Antrag oder Dokument tätigt, wenn sich die Falschangabe auf einen wesentlichen Umstand bezieht.[2389] Potenzieller Gläubiger eines solchen Haftungsanspruchs kann jeder sein, der sich auf die jeweilige Falschinformation verlassen hat und darauf basierend Wertpapiere zu einem Preis ge- oder verkauft hat, der durch die Falschangabe beeinflusst worden ist.[2390] Ersatzfähig sind Schäden, die auf diesem verletzten Vertrauen beruhen, es sei denn der Anspruchsteller wusste um die Falschheit der Auskunft oder der Beklagte kann nachweisen, dass er selbst gutgläubig gehandelt hat und nicht um die

---

further."; *In re Lehmann Bros. Securities Erisa Litigation*, 01.02.2010, 681 F.Supp.2d 495, 499; *Schroeter*, Ratings, S. 891 (Fn. 48) m.w.N.

2386 Noch aus weiteren Gründen zweifelnd *Blumberg/Wirth/Litsoukov*, Journal of Structured Finance, Winter 2011, S. 34 (44).

2387 Hierzu oben G. I. 1.

2388 *Barth*, Schadensberechnung bei Haftung wegen fehlerhafter Kapitalmarktinformation, S. 145; speziell für Ratingagenturen sind insoweit die Inhalte der Anträge zur Anerkennung als NRSRO gemäß sec. 15E SE Act von Bedeutung.

2389 Sec. 18(a) SE Act: "*Any person who shall make or cause to be made any statement in any application, report, or document filed pursuant to this title or any rule or regulation thereunder or any undertaking contained in a registration statement as provided in subsection (d) of section 15 of this title, which statement was at the time and in the light of the circumstances under which it was made false or misleading with respect to any material fact, shall be liable[...]*".

2390 Sec. 18(a) SE Act: "*[...] liable to any person [...] who, in reliance upon such statement shall have purchased or sold a security at a price which was affected by such statement [...]*"

Falschheit seiner Auskunft wusste.[2391] Auf ein Verschulden des Schädigers kommt es grundsätzlich nicht an.[2392]

Auch wenn die Inanspruchnahme von Ratingagenturen über sec. 18(a) SE Act theoretisch möglich erscheint,[2393] bedarf die Vorschrift vorliegend keiner tiefer gehenden Exegese, da es ihr an substanzieller Praxisrelevanz fehlt. Liegen die Voraussetzungen des sec. 18(a) SE Act nämlich einmal vor, ist zwangsläufig zugleich auch ein auf denselben Schaden gerichteter Anspruch aus dem abstrakter gehaltenen *securities fraud* nach sec. 10(b) SE Act gegeben.[2394] Die beiden Haftungstatbestände schließen sich insoweit nicht gegenseitig aus, sondern stehen in Konkurrenz zueinander.[2395] In dieser Anspruchskonkurrenz werden sich potenzielle Kläger jedoch typischerweise für die Geltendmachung von Forderungen aus sec. 10(b) SE Act entscheiden,[2396] da die Beweislast für das Vorliegen der Voraussetzungen von sec. 18(a) SE Act vollständig beim Kläger liegt. Anders als bei sec. 10(b) SE Act kommen den Anspruchstellern bei sec. 18(a) SE Act hier keine Beweiserleichterungen zugute, insbesondere die *fraud-on-the-market theory* findet hinsichtlich der Darlegungs- und Beweislast zum kausalen Vermögensschaden keine Anwendung,[2397] da sec. 18(a) SE Act gerade nicht das allgemeine Vertrauen in die redliche Preisbildung, sondern *expressis verbis* nur das (enttäuschte) Vertrauen in eine konkrete Fehlinformation schützt.[2398] Klagenden Anlegern obläge daher neben der ohnehin schwierigen Darlegung eines fehlerhaften Ratings auch der erforderliche Nachweis, dass und inwieweit eine bestimmte Fehlinformation durch eine Ratingagentur den Marktpreis beeinflusst hat und dass und inwieweit sich der Investor bei seiner Entscheidung zum Kauf oder Verkauf von Wertpapieren gerade auf diese fehlerhafte

---

2391 Sec. 18(a) SE Act: "*[...] for damages caused by such reliance, unless the person sued shall prove that he acted in good faith and had no knowledge that such statement was false or misleading.*"

2392 Allerdings kommt eine Haftung bei *forward-looking statements* nur bei Kenntnis der Falschheit der Angabe in Betracht, siehe sec. 21E(c) SE Act.

2393 Siehe auch *von Rimon*, Ratings in Deutschland und USA, S. 245.

2394 *Barth*, Schadensberechnung bei Haftung wegen fehlerhafter Kapitalmarktinformation, S. 145 f.; *Schulte* in: Möllers/Rotter, Ad-hoc-Publizität, § 6, Rn. 47.

2395 Vgl. *Hudleston v. Herman & MacLean*, 09.03.1981, 640 F.2d 534, 543 (5th Cir. 1981); *Ross v. A.H. Robins Company, Inc.*, 24.09.1979, 607 F.2d 545, 555 (2nd Cir. 1979); *In re Ames Department Stores Inc. Stock Litigation*, 991 F.2d 953, 966 (2nd Cir. 1993); siehe auch *Stübinger*, Teilnehmerhaftung bei fehlerhafter Kapitalmarktinformation, S. 154.

2396 *Barth*, Schadensberechnung bei Haftung wegen fehlerhafter Kapitalmarktinformation, S. 146.

2397 *Schulte* in: Möllers/Rotter, Ad-hoc-Publizität, § 6, Rn. 47.

2398 Daher spielt der Nachweis der Kenntnis vom und das Vertrauen (*reliance*) auf die fehlerhafte Information eine besondere Rolle für Klagen auf Basis von sec. 18(a) SE Act, siehe *Heit v. Weitzen*, 03.10.1968, 402 F.2d 909, 916 (2nd Cir. 1968); *Ross v. A.H. Robins Company*, 24.09.1979, 607 F.2d 545, 552 (2nd Cir. 1979).

Auskunft verlassen hat.[2399] Ungeachtet der in sec. 18(a) SE Act zudem geregelten Entlastungsmöglichkeiten der beklagten Agentur im Hinblick auf ein Handeln mit „*good faith*“ wird eine Inanspruchnahme typischerweise an dem Gelingen dieses Kausalitätsnachweises scheitern.[2400] Für die vorliegend anzustellende Haftungsbetrachtung gilt daher im Ergebnis, dass sec. 18(a) SE Act wegen der ungleich günstigeren parallelen Regelung aus sec. 10(b) SE Act nicht als praktikables Haftungsinstrument in Frage kommt.

c) Ergebnis

Nach alledem ist festzuhalten, dass das US-amerikanische Kapitalmarktrecht neben sec. 10(b) SE Act i.V.m. Rule 10b-5 keine weitergehenden Haftungsinstrumente gegen Ratingagenturen, die unzutreffend positive Bonitätsprognosen abgegeben haben, für geschädigte Investoren bereit hält. Damit beschränkt sich die kapitalmarktrechtliche Haftungsbetrachtung im US-amerikanischen Recht auf *securities fraud.*

3. *Third-party beneficiary theory*

Neben den zuvor untersuchten speziellen Tatbeständen aus dem US-Kapitalmarktrecht ist eine Haftung nach der sog. *third-party beneficiary theory* anzusprechen. Nach der *third-party beneficiary theory* kann eine dritte Person, die nicht Partei eines bestimmten Vertragsverhältnisses ist, gleichwohl Drittbegünstigter dieses Vertrags sein und somit Rechte und insbesondere Ersatzansprüche bei der Verletzung des Vertrags durch eine der eigentlichen Vertragsparteien geltend machen.[2401] Dieses Haftungsinstitut weist unverkennbare Parallelen zum Vertrag zugunsten Dritter nach deutschem Zivilrecht auf (§ 328 BGB) und setzt denselben Regelungsgedanken um.[2402] In der hier untersuchten Konstellation kommt eine Drittbegünstigung von Investoren durch das Vertragsverhältnis zwischen Ratingagentur und Emittent in Betracht.[2403] Ein Vertragsverhältnis wird in der US-amerikanischen Rechtsprechung regelmäßig dann als drittbegünstigend eingestuft, wenn der Ein-

---

2399 Allgemein *Barth*, Schadensberechnung bei Haftung wegen fehlerhafter Kapitalmarktinformation, S. 146; *Schulte* in: Möllers/Rotter, Ad-hoc-Publizität, § 6, Rn. 91.

2400 Vgl. allgemein *Barth*, Schadensberechnung bei Haftung wegen fehlerhafter Kapitalmarktinformation, S. 146; im Ratingzusammenhang *von Rimon*, Ratings in Deutschland und USA, S. 246.

2401 Vgl. grundlegend *Summers*, 67 Cornell Law Review (1982), S. 880 (880 f.); siehe sec. 302 Restatement (Second) of Contracts, anwendbar unter New Yorker Recht; vgl. *Fourth Ocean v. Interstate*, 15.10.1985, 66 N.Y.2d 38, 44 f. (N.Y. 1985).

2402 So auch *Schroeter*, Ratings, S. 943. Wegen der „echten“ Drittbegünstigung ist § 328 BGB die richtige materiell-rechtliche Parallele und nicht etwa die Figur des Vertrags mit Schutzwirkung zugunsten Dritter.

2403 *Blumberg/Wirth/Litsoukov*, Journal of Structured Finance, Winter 2011, S. 34 (34 f.); *Pinto*, 54 American Journal of Comparative Law (2006), S. 341 (353) (Fn. 70); *Sullivan*, 94 Minn. Law Review (2010), S. 2136 (2147 f.).

bezug des oder der jeweiligen Dritten ausdrücklich im Vertrag festgehalten worden ist[2404] oder sich ein solcher Regelungswille eindeutig – d. h. vergleichbar mit einer ausdrücklichen Regelung – aus dem Vertrag und den Umständen ergibt.[2405] Dabei soll es nicht genügen, dass Dritte indirekt von dem Vertrag oder der darin vereinbarten Leistung profitieren; vielmehr muss eine tatsächlich beabsichtigte Drittbegünstigung vorgelegen haben („*intent to benefit-rule*").[2406]

Im Ratingzusammenhang ist bei Anwendung der *third-party beneficiary theory* Zurückhaltung geboten.[2407] Die insoweit einschlägige US-Judikatur verneint die Anwendung der *third-party beneficiary theory* auf Ratingverträge.[2408] Der nur indirekte Nutzen, den Investoren aus den Ratingverträgen mit Emittenten ziehen, genügt grundsätzlich nicht den Anforderungen der *third-party beneficiary theory* an eine Drittbegünstigung. Sowohl die Ratingagenturen als auch die Emittenten verfolgen eigene und von Investoren unabhängige Ziele mit der Eingehung eines Ratingvertrags und der Bestellung der Vertragsleistung.[2409] Die US-amerikanische Rechtsprechung geht insoweit deutlich strenger bei der Auslegung der Parteiinteressen vor als es in der deutschen Rechtsprechung im Zusammenhang mit der Figur des Vertrags mit Schutzwirkung zugunsten Dritter gelegentlich der Fall ist.[2410]

Vor diesem Hintergrund wird die *third-party-beneficiary theory* geschädigten Anlegern bei praxisnaher Betrachtung als Haftungsinstrument nicht zur Verfügung stehen.

2404 Dies wird in Ratingverträgen nicht getan, siehe auch *Schroeter*, Ratings, S. 928 m.w.N.

2405 *Quinn v. McGraw-Hill*, 16.02.199, 168 F.3d 331, 333 (7th Cir. 1999); *Abu Dhabi Commercial Bank v. Morgan Stanley & Co. Inc.*, 02.09.2009, 651 F.Supp.2d 155, 174 (2009).

2406 *Quinn v. McGraw-Hill*, 16.02.199, 168 F.3d 331, 334 f. (7th Cir. 1999); *Subaru Distributors Corporation v. Subaru of America, Inc.*, 21.09.2005, 425 F.3d 119, 124 (2d Cir. 2005); *State of California v. Shearman Sterling*, 16.11.2000, 95 N.Y.2d 427, 434 f. (N.Y. 2000); grundlegend *Summers*, 67 Cornell Law Review (1982), S. 880 (887 ff.); siehe auch sec. 302 Restatement (Second) of Contracts.

2407 *Blumberg/Wirth/Litsoukov*, Journal of Structured Finance, Winter 2011, S. 34 (34 f.); *Schroeter*, Ratings, S. 944 f.; vgl. aber die Klägerargumentation aus *Quinn v. McGraw-Hill*, 16.02.199, 168 F.3d 331, 334 (7th Cir. 1999): "*[plaintiff] asserts that the parties must have known that investors like him were the beneficiaries of the rating contract, because SP's very existence as an independent rating agency is doubtful without investor reliance on its ratings*".

2408 *Abu Dhabi Commercial Bank v. Morgan Stanley & Co. Inc.*, 02.09.2009, 651 F.Supp.2d 155 (2009); *Quinn v. McGraw-Hill*, 16.02.199, 168 F.3d 331 (7th Cir. 1999); hierzu auch *Blumberg/Wirth/Litsoukov*, Journal of Structured Finance, Winter 2011, S. 34 (34 f.).

2409 *Quinn v. McGraw-Hill*, 16.02.199, 168 F.3d 331, 334 f. (7th Cir. 1999) ("*perfectly reasonable contract [...] for [the issuer] to have entered for its own purposes*").

2410 Hierzu ausführlich oben F. II. 2. c) bb) (2); ebenso *Schroeter*, Ratings, S. 943.

4. *Tort Law*

Die haftungsrechtliche Inanspruchnahme von Ratingagenturen für fehlerhafte Ratings ist auch aus dem Blickwinkel des allgemeinen US-Deliktsrechts (*tort law*) zu untersuchen. Hierbei steht eine etwaige Haftung von Ratingagenturen aus sec. 552 Restatement (Second) of Torts (unter a)) sowie einer *Common Law negligent misrepresentation* (unter b)) im Mittelpunkt der Untersuchung.[2411]

a) Sec. 552 Restatement (Second) of Torts

Nach der in den meisten US-Bundesstaaten umgesetzten[2412] Haftungsnorm aus sec. 552 Restatement (Second) of Torts aus dem Jahre 1977 kann, wer im Rahmen seiner geschäftlichen, beruflichen oder dienstlichen Tätigkeit oder in irgendeiner anderen Art von Geschäft, bei dem eigene finanzielle Interessen verfolgt werden, zur Unterstützung der Geschäftstätigkeit eines anderen, diesem gegenüber eine fehlerhafte Information abgibt, auf die er sich berechtigter Weise verlässt, für finanzielle Schäden haftbar gemacht werden, wenn der Auskunftsgebende es versäumt hat, angemessene Sorgfalt und Sachkunde bei der Erstellung oder Verbreitung der Information auszuüben.[2413] Es handelt sich um eine Art deliktische Expertenhaftung für fehlerhafte Auskünfte im unternehmerischen Verkehr.[2414]

Die Norm ist dem Grunde nach auf Ratingagenturen und mithin auf die Abgabe fehlerhafter Ratings anwendbar, woraus sich eine theoretische Möglichkeit der

---

2411 Bei diesen Tatbeständen handelt es sich um diejenigen, die für die Haftung von Ratingagenturen die größte praktische Bedeutung besitzen oder die wegen ihrer tatbestandlichen Nähe zu den hier untersuchten Ratingkonstellationen von Interesse sind, wenngleich es selbstverständlich nicht die einzigen deliktischen Haftungsinstitute sind; vgl. zur notwendigen Eingrenzung etwaiger Haftungsansprüche auf die für die Ratingbranche relevantesten auch *Blumberg/Wirth/Litsoukov*, Journal of Structured Finance, Winter 2011, S. 34 (36).

2412 Das Deliktsrecht fällt in die Gesetzgebungskompetenz der US-Bundesstaaten. Sec. 552 Restatement (Second) of Torts ist dabei in dem für die vorliegende Betrachtung besonders relevanten Bundesstaat New York jedoch nicht umgesetzt worden, vgl. hierzu *Schroeter*, Ratings, S. 901.

2413 Sec. 552 (1) Restatement (Second) of Torts: "*One who, in the course of his business, profession or employment, or in any other transaction in which he has a pecuniary interest, supplies false information for the guidance of others in their business transactions, is subject to liability for pecuniary loss caused to them by their justifiable reliance upon the information, if he fails to exercise reasonable care or competence in obtaining or communicating the information.*"

2414 Wenngleich, wie *Schroeter*, Ratings, S. 902, richtig festhält, eine Experteneigenschaft des Anspruchsschuldners nicht vorausgesetzt wird; die Norm ist im deutschen Recht am ehesten mit § 311 Abs. 3 BGB zu vergleichen, die ebenfalls keine Expertenhaftung normiert, aber für eine solche häufig herangezogen wird, hierzu oben F. II. 2. b) bb) (3).

Inanspruchnahme durch geschädigte Investoren ergeben würde:[2415] Haftungsgegenstand sind Informationen, die im Rahmen der geschäftlichen Tätigkeit an einen anderen zur Unterstützung wiederum seiner Geschäftstätigkeit übermittelt werden. Ratings sowie insbesondere die in ihnen und den Ratingberichten enthaltenen Angaben[2416] kommen als solche Informationen in Betracht, da sie gerade auf Basis des Geschäftszwecks der Ratingagenturen abgegeben und an interessierte Investoren für deren eigene wirtschaftliche Transaktionen übermittelt werden. Die Verbreitung von Ratings erfüllt dabei auch das Merkmal der Anleitung oder Unterstützung (*guidance*) Dritter, da die Bonitätsauskünfte individuelle Risikoeinschätzungen und die Überwindung des auf Investorenseite herrschenden Informationsdefizits ermöglichen und daher eine Hilfestellung bei individuellen Vermögensdispositionen bieten.[2417] Soweit sich die jeweilige Information – das Rating – als falsch herausstellt, wird eine Schadensersatzpflicht der Agenturen überdies nur dann ausgelöst, wenn sich der oder die jeweiligen Anleger auch in berechtigter Weise auf das Rating oder die hierin enthaltenen Informationen verlassen haben.[2418] Dabei gilt dasjenige, was im Rahmen der Kausalität (*reliance*) bei der Untersuchung von sec. 10(b) SE Act i.V.m. Rule 10b-5 bereits ausgeführt wurde.[2419] Schließlich muss dem Auskunftsgeber, mithin der Ratingagentur, ein Versäumnis im Hinblick auf die Einhaltung angemessener Sorgfalt und Sachkunde vorzuwerfen sein. Dabei sind im Ratingzusammenhang die diversen denkbaren Verfahrensfehler zu nennen, die zu einer fehlerhaften Bonitätsprognose führen können, namentlich insbesondere die unzureichende Informationsbeschaffung und -überprüfung, mangelhafte Methodik oder unsachgemäße Überwachung abgegebener Ratings.[2420] Es genügt für sec. 552(1) Restatement (Second) of Torts bereits die einfach fahrlässige Begehung der sorgfaltswidrigen Informationsdienstleistung, was die Norm aus Sicht geschädigter Anleger und aus dem Blickwinkel des *private enforcement* besonders relevant erscheinen lässt.[2421]

Problematisch für die tatsächliche Inanspruchnahme von Ratingagenturen und im Ergebnis zum Nachteil potenzieller Anspruchsgläubiger durchschlagend ist je-

---

2415 *Blumberg/Wirth/Litsoukov*, Journal of Structured Finance, Winter 2011, S. 34 (36); *Pinto*, 54 American Journal of Comparative Law (2006), S. 341 (353) ("*possible basis of liability*"); *Sullivan*, 94 Minn. Law Review (2010), S. 2136 (2147); grundsätzlich auch *Hunt*, Columbia Business Law Review 2009, S. 109 (195).

2416 Diese Differenzierung ist insbesondere wegen des typischerweise fehlenden Tatsachencharakters von Ratings notwendig; eine bloße Meinungsäußerung dürfte grundsätzlich nicht unter sec. 552 Restatement (Second) of Torts fallen, so auch *Schroeter*, Ratings, S. 902; hierzu näher unten unter G. II. 3. a).

2417 Siehe *Commercial Financial Services v. Arthur Andersen*, 06.04.2004, 94 P.3d 106, 112 (Okla.Civ.App.Div. 4 2004) ("*ratings could be said to benefit investors*").

2418 *Blumberg/Wirth/Litsoukov*, Journal of Structured Finance, Winter 2011, S. 34 (37).

2419 Siehe oben G. I. 1. c).

2420 Zu möglichem haftungsrelevantem Fehlverhalten oben D. IV. 2. b).

2421 *Schroeter*, Ratings, S. 901.

doch die Begrenzung der Haftung durch sec. 552(2)(a) Restatement (Second) of Torts, wonach nur Schäden von Einzelpersonen oder Einzelnen aus einem begrenzten Kreis von Personen ersetzt werden, zu dessen oder deren Gunsten und für dessen oder deren Anleitung die Auskunft gerade erteilt wurde *(„loss suffered by the person or one of a limited group of persons")*.[2422] Sec. 552 Restatement (Second) of Torts setzt somit eine hinreichend konkretisierte Informationsdienstleistungsbeziehung zwischen zwei Personen, zumindest aber zu einer abgrenzbaren Empfängergruppe voraus, denen gegenüber eine Einstandspflicht bei Fehlinformation normiert wird. Hintergrund dieses Ausschlusstatbestands ist der auch dem deutschen Recht nicht fremde Gedanke, keine unbeschränkte außervertragliche (Vermögens-)Haftung gegenüber jedermann zu kreieren,[2423] sondern die Haftung für fehlerhafte Auskünfte auf *face-to-face*-Geschäfte oder weitgehend vergleichbare Rechtsbeziehungen zu reduzieren.[2424] Nur gegenüber Personen, zu denen eine hinreichend materialisierte Rechtsbeziehung der Informationsdienstleistung unterhalten wird, ist auch die Definierung von Sorgfaltspflichten und die Verantwortlichkeit für Schäden aus dem Verstoß derartiger Pflichten begründbar.[2425] Dass Ratings grundsätzlich nicht gezielt gegenüber einzelnen Individuen auf Investorenseite abgegeben, mithin nicht in einem nur auf zwei Personen beschränkten Binnenverhältnis abgegeben werden, steht außer Frage. Doch die Haftung scheitert auch an der Einschränkung hinsichtlich der Informationsweitergabe an einen begrenzten Kreis von Personen, für die die Auskunft bestimmt gewesen sein muss.[2426] Ratings sind zwar indirekt immer für Investoren – also einen Personenkreis – bestimmt und an diese gerichtet, allerdings handelt es sich hierbei nicht um einen *begrenzten* Kreis von Empfängern („*limited group*"). Ratings werden insbesondere durch die Veröffentlichung im Internet regelmäßig einer weltweiten Anlegerschaft gegenüber kommuniziert. Diese ist im Vorhinein weder bestimm- oder individualisierbar noch ist den Ratingagenturen im Voraus bekannt, welche konkreten Personen sich auf ihre Ratings verlassen oder

---

2422 Sec. 552(2)(a) Restatement (Second) of Torts: *"[...] the liability stated in Subsection (1) is limited to loss suffered (a) by the person or one of a limited group of persons for whose benefit and guidance he intends to supply the information or knows that the recipient intends to supply it"*.

2423 Vgl. im deutschen Recht §§ 826, 675 Abs. 2 BGB.

2424 Zur zurückhaltenden Handhabung der *„Haftung von Informationsdienstleistern gegenüber einer unbegrenzten Zahl von Informationsempfängern"* im US-Recht auch *Schroeter*, Ratings, S. 901; grundlegend *Ultramares Corp. v. Touche*, 06.01.1931, 255 N.Y. 170, 179, 181 (1931); zu den negativen Aspekten einer unbegrenzten Ratingagenturenhaftung *Husisian*, 75 Cornell Law Review (1990), S. 411 (445 f.).

2425 Auch *Hunt*, Columbia Business Law Review (2009), S. 109 (195) spricht bzgl. des allgemeinen Investorenpublikums von der "*absence of duty to investors and on their statements*".

2426 So auch *Schroeter*, Ratings, S. 902; a.A. ohne nähere Begründung *Blumberg/Wirth/Litsoukov*, Journal of Structured Finance, Winter 2011, S. 34 (37).

diese auch nur zur Kenntnis nehmen werden.[2427] Damit fallen Ratings, die unbeschränkt gegenüber der Investorenöffentlichkeit abgegeben werden, keinesfalls unter diejenigen Konstellationen, für die sec. 552 Restatement (Second) of Torts eine Ersatzpflicht normiert.[2428]

Eine Einschränkung ist grundsätzlich bezüglich solchen Ratings zu formulieren, die ausnahmsweise – und etwa bei strukturierten Finanzinstrumenten nicht unüblich – als „private" Ratings von vorne herein nur einem beschränkten Investorenkreis im Rahmen einer Privatplatzierung der jeweiligen Emission zur Verfügung gestellt werden.[2429] In diesem Fall liegt eine hinreichende Begrenztheit des Empfängerkreises der Ratings vor, so dass die Haftungsbegrenzung aus sec. 552(2)(a) Restatement (Second) of Torts nicht mehr zu einem faktischen Ausschluss jeglicher Inanspruchnahme führte.[2430] Einen Automatismus zwischen Privatplatzierung und „privatem" Rating auf der einen und der Begrenztheit des entsprechenden Empfängerkreises im Sinne von sec. 552(2)(a) Restatement (Second) of Torts auf der anderen Seite gibt es jedoch nicht.[2431] Dies ist davon abhängig, wie streng das Merkmal der Begrenztheit des betroffenen Personenkreises durch das jeweils befasste Gericht ausgelegt wird. Das Vorliegen einer Privatplatzierung gegenüber einem zwar beschränkten, jedoch im Vorhinein nicht weiter individualisierbaren oder anhand konkreter Merkmale nicht näher bestimmbaren, bloß interessierten – wenngleich institutionellen – Anlegerkreis wird für die hinreichende Begrenztheit der Empfängerschaft grundsätzlich noch nicht genügen.[2432]

Dem hier besprochenen und relevanten allgemeinen Investorenpublikum bleibt eine Kompensationsmöglichkeit für Schäden, die auf dem enttäuschten Vertrauen in ein Rating beruhen, nach sec. 552(2)(a) Restatement (Second) of Torts dagegen versagt.

2427 *Ohio Police & Fire Pension Fund v. Standard & Poor's Financial Services*, 26.09.2011, 813 F.Supp.2d 871, 880 (S.D.Ohio 2011).

2428 Vgl. *In re National Century Financial Enterprises, Inc. Investment Litigation*, 22.07.2008, 580 F.Supp.2d 630, 647 (S.D. Ohio 2008); *Ohio Police & Fire Pension Fund v. Standard & Poor's Financial Services*, 26.09.2011, 813 F.Supp.2d 871, 880 f. (S.D.Ohio 2011); ebenso *Schroeter*, Ratings, S. 902.

2429 *Schroeter*, Ratings, S. 902; vgl. auch *In re National Century Financial Enterprises, Inc. Investment Litigation*, 22.07.2008, 580 F.Supp.2d 630, 652 f. (S.D. Ohio 2008). „Privatratings" sind – jedenfalls nach dem Verständnis des europäischen Gesetzgebers – solche Bewertungen, die aufgrund eines Einzelauftrags abgegeben und ausschließlich an die Personen weitergegeben werden, die den Auftrag erteilt haben, und die nicht zur öffentlichen Bekanntgabe oder zur Weitergabe an Abonnenten bestimmt sind, Art. 2 Abs. 2 lit. a) Rating-VO.

2430 *Schroeter*, Ratings, S. 902.

2431 Anders wohl *Schroeter*, Ratings, S. 902.

2432 Siehe *Ohio Police & Fire Pension Fund v. Standard & Poor's Financial Services*, 26.09.2011, 813 F.Supp.2d 871, 880 ff. (S.D.Ohio 2011).

b) Negligent misrepresentation *nach* Common Law

Als Haftungsinstitut gegenüber Ratingagenturen in Betracht kommt ferner die deliktische Verantwortlichkeit für *negligent misrepresentation*, mithin für fahrlässig fehlerhafte Darstellungen, nach *Common Law*. Die Voraussetzungen für eine Haftung wegen *negligent misrepresentation* werden zwar in den einzelnen US-Bundesstaaten nicht immer einheitlich gehandhabt,[2433] lassen sich jedoch zu einigen wiederkehrenden und unverzichtbaren Merkmalen zusammenfassen, welche der Betrachtung nachfolgend zugrunde gelegt werden. Hierbei handelt es sich zunächst um die Abgabe einer fehlerhaften Auskunft über einen wesentlichen Umstand, welche das anspruchsbegründende Fehlverhalten verkörpern soll.[2434] Sodann muss sich der Empfänger oder Rezipient der Information auf dieselbe verlassen haben,[2435] wobei einmal mehr nur eine *reasonable reliance* geschützt wird und nicht jedwedes – insbesondere kein blindes – Vertrauen auf Informationen von dem Ersatzrecht umfasst wird.[2436] Zuletzt muss eine Art Sonderverbindung zwischen Auskunftsgeber und Empfänger bestehen, aus dem die haftungsbegründenden Sorgfaltspflichten zur Abgabe akkurater Informationen hervorgehen können.[2437]

Die beiden erstgenannten Voraussetzungen begründen grundsätzlich die Annahme, dass Ratings bzw. Ratingagenturen mit ihrer Tätigkeit in den Bereich einer *negligent misrepresentation* eindringen und dementsprechend theoretisch haftbar gemacht werden können, da sie – wie im Rahmen von sec. 10(b) SE Act bereits erörtert – Mitteilungen in Gestalt von Ratings über wesentliche Umstände gegenüber Dritten abgeben.[2438] Sofern sich ein Anleger auf ein fehlerhaftes Rating in vertretbarer

---

2433 Vgl. *Blumberg/Wirth/Litsoukov*, Journal of Structured Finance, Winter 2011, S. 34 (36); *Schroeter*, Ratings, S. 903.

2434 „*false statement of a material fact*", siehe *Board of Education v. A, c & S, Inc.*, 25.10.1989, 131 Ill.2d 428, 452 (1989); *Rosenstein v. Standard & Poor's Corp.*, 26.05.1993, 636 N.E.2d 665, 667 (Ill.App.1Dist. 1993); *Quinn v. McGraw Hill*, 16.02.1999, 168 F.3d 331, 335 (7th Cir. 1999).

2435 *Soules v. General Motors Corp.*, 21.03.1981, 79 Ill.2d 282, 286 (1981); *Quinn v. McGraw Hill*, 16.02.1999, 168 F.3d 331, 335 f. (7th Cir. 1999); *MEI International Inc. v, Schenkers International Forwarders, Inc.*, 15.07.1992, 807 F.Supp. 979, 985 f. (S.D.N.Y. 1992); *Rosenstein v. Standard & Poor's Corp.*, 26.05.1993, 636 N.E.2d 665, 668 (Ill.App.1Dist. 1993).

2436 Hierzu bereits oben G. I. 1. c); *Schroeter*, Ratings, S. 903.

2437 "*a duty to communicate accurate information*", siehe *Rosenstein v. Standard & Poor's Corp.*, 26.05.1993, 636 N.E.2d 665, 667 (Ill.App.1Dist. 1993); *Quinn v. McGraw Hill*, 16.02.1999, 168 F.3d 331, 335 (7th Cir. 1999); siehe auch *LaSalle National Bank v. Duff & Phelps Credit Rating Co.*, 26.11.1996, 951 F.Supp 1071, 1092 (S.D.N.Y. 1996); *White v. Guarente*, 21.12.1977, 43 N.Y.2d 356, 363 (1977) ("*bound by some relation of duty*"); *Anschutz Corp. v. Merrill Lynch & Co. Inc.*, 14.08.2012, 690 F.3d 98, 114 (2d Cir. 2012) ("*special relationship*").

2438 Siehe oben G. I. 1. a); *Pinto*, 54 American Journal of Comparative Law (2006), S. 341 (353).

Weise verlässt und hierauf basierend einen Vermögensschaden erleidet, stünde die Inanspruchnahme aus *Common Law negligent misrepresentation* grundsätzlich offen.

Allerdings wird auch im Rahmen dieses Haftungsinstituts dem Gedanken Rechnung getragen, keine unbeschränkte außervertragliche (Vermögens-)Haftung gegenüber jedermann zu kreieren: Anders als bei sec. 552 Restatement (Second) of Torts, wo die Haftungsbeschränkung durch eine personale Grenzziehung im Hinblick auf potenzielle Anspruchsteller geschieht,[2439] erfolgt die Vermeidung einer Übermaßhaftung bei *negligent misrepresentations* über das Merkmal der Sonderverbindung. Gefordert wird regelmäßig, dass zwischen den Parteien der jeweiligen Informationsdienstleistung eine besondere Rechtsbeziehung besteht, die die haftungsrechtliche Inanspruchnahme des Auskunftsgebers bei schon einfach fahrlässigem Fehlverhalten rechtfertigt.[2440] Hierdurch geschieht indirekt eine wesensgleiche Beschränkung der Haftung wie sie auch sec. 552(1) Restatement (Second) of Torts durch die Begrenzung der Haftpflicht auf Personen(kreise), für die die jeweilige Auskunft bestimmt war, vorsieht, da die geforderte Sonderverbindung – vorbehaltlich der nachfolgenden Annäherung an dieses Merkmal – gleichfalls immer nur gegenüber bestimmten Personen oder bestimmbaren Personenkreisen bestehen kann, anderenfalls es der Verbindung an der erforderlichen Besonderheit gerade fehlte.[2441] In der Sache erfordert die Sonderverbindung das Vorliegen von *privity* oder *near-privity*, also das Bestehen einer „Interessengemeinschaft" zwischen den Haftungsparteien.[2442] *Privity* liegt regelmäßig vor, wenn eine vertragliche Verbindung geschlossen wurde.[2443] Dies ist in der hier untersuchten Konstellation der Verantwortlichkeit von Ratingagenturen gegenüber dem allgemeinen Investorenpublikum jedoch gerade nicht gegeben. Relevant ist daher vorliegend nur, was unter *near-privity* zu verstehen ist und ob sich dies im vorgenannten Verhältnis zu Anlegern wiederfindet.

Eine Sonderverbindung wird als *near-privity* erkannt, wenn eine Rechtsbeziehung vorliegt, die einer vertraglichen Verbindung sehr nahe kommt, ohne eine solche zu sein.[2444] In einer Grundsatzentscheidung des *New York Court of Appeals*

2439 Sec. 552(2)(a) Restatement (Second) of Torts, hierzu zuvor unter G. I. 4. a).

2440 Vgl. *Ossining School v. Anderson*, 04.05.1989, 73 N.Y.2d 417, 419 (1989*); Prudential Insurance v. Dewey*, 15.01.1991, 170 A.D.2d 108, 118 (1991); *White v. Guarente*, 21.12.1977, 43 N.Y.2d 356, 363 (1977).

2441 Vgl. *Schroeter*, Ratings, S. 904.

2442 *LaSalle National Bank v. Duff & Phelps Credit Rating Co.*, 26.11.1996, 951 F. Supp 1071, 1092 (S.D.N.Y. 1996); *MEI International Inc. v, Schenkers International Forwarders, Inc.*, 15.07.1992, 807 F.Supp. 979, 985 (S.D.N.Y. 1992); *Ossining School v. Anderson*, 04.05.1989, 73 N.Y.2d 417, 424 (N.Y.1989); *In re Time Warner Inc. Securities Litigation*, 30.11.1993, 9 F.3d 259, 271 (2d Cir. 1993).

2443 *„actual privity of contract"*, *LaSalle National Bank v. Duff & Phelps Credit Rating Co.*, 26.11.1996, 951 F.Supp 1071, 1092 (S.D.N.Y. 1996).

2444 *Prudential Insurance Co. of America v. Dewey, Ballantine, Bushby, Palmer & Wood*, 19.11.1992, 80 N.Y.2d 377, 382 (1992): "*a relationship so close as to approach that of privity*".

wurden diverse Kriterien herausgearbeitet, um die Anforderungen an eine solche nicht-vertragliche Beziehung zu konturieren:[2445] Demnach muss sich die Beziehung grundsätzlich dadurch manifestiert haben, dass die Parteien einander bekannt sind und es zwischen ihnen zu einem irgendwie gearteten Kontakt gekommen ist;[2446] zudem muss dem Informationsdienstleister bewusst gewesen sein, dass seine jeweilige Auskunft durch den betroffenen Empfänger für bestimmte Zwecke verwendet werden und dieser sich auf die Auskunft auch verlassen würde.[2447] Die Subsumtion der Beziehung zwischen Ratingagenturen und dem allgemeinen Investorenpublikum unter diese Voraussetzungen für *near-privity* begegnet mehreren Schwierigkeiten: Zwar kann noch ohne weiteres davon ausgegangen werden, dass auf Seiten der Ratingagenturen als Informationsvermittler das Bewusstsein herrscht, dass Investoren ihre Ratings zu bestimmten Zwecken, namentlich der Risikoeinschätzung oder dem Vergleich von Emissionen, benutzen und sich – in gewissem Umfange hinsichtlich Sachlichkeit, Objektivität und Neutralität der Agentur – auch hierauf verlassen werden, schließlich ist dies eine der zentralen Funktionen von Ratings.[2448] Allerdings führt schon das Erfordernis, dass die Nutzer der Information dem Auskunftsgebenden bekannt gewesen sein sollen („*known party or parties*“[2449]), vorliegend zu Reibungen bei der Anerkennung von *near-privity*. Die Einschränkung bezweckt den Schutz der Experten vor der Inanspruchnahme durch eine unbestimmte Zahl von individuell unbekannten Klägern, namentlich alle denkbaren Empfänger einer Information.[2450] Die erforderliche Kenntnis von der Identität der Ratingnutzer fehlt Ratingagenturen jedoch in der Regel. Auch ist der Agentur außerhalb ihrer abonnementsvertraglichen Beziehungen eine Individualisierung derjenigen Personen, die ihre Ratings empfangen und zur Kenntnis nehmen, nicht möglich. Diese wesentliche Voraussetzung für die Anerkennung von *near-privity* erfüllt die typischerweise herrschende Beziehung zwischen Ratingagenturen und

2445 *Credit Alliance Corporation v. Arthur Andersen*, 02.07.1985, 65 N.Y.2d 536, 551 (N.Y. 1985); siehe auch *LaSalle National Bank v. Duff & Phelps Credit Rating Co.*, 26.11.1996, 951 F.Supp 1071, 1092 f. (S.D.N.Y. 1996).

2446 *Credit Alliance Corporation v. Arthur Andersen*, 02.07.1985, 65 N.Y.2d 536, 551 (N.Y. 1985); siehe auch *MEI International Inc. v, Schenkers International Forwarders, Inc.*, 15.07.1992, 807 F.Supp. 979, 985 f. (S.D.N.Y. 1992).

2447 *Credit Alliance Corporation v. Arthur Andersen*, 02.07.1985, 65 N.Y.2d 536, 551 (N.Y. 1985).

2448 Vgl. *LaSalle National Bank v. Duff & Phelps Credit Rating Co.*, 26.11.1996, 951 F. Supp 1071, 1093 (S.D.N.Y. 1996); *Blumberg/Wirth/Litsoukov*, Journal of Structured Finance, Winter 2011, S. 34 (37).

2449 *Credit Alliance Corporation v. Arthur Andersen*, 02.07.1985, 65 N.Y.2d 536, 551 (N.Y. 1985).

2450 Grundsatz des US-amerikanischen Deliktsrechts, siehe *Ultramares Corp. v. Touche*, 06.01.1931, 255 N.Y. 170, 179, 181 (1931); vgl. auch *First Equity Corp. of Florida v. Standard & Poor's Corp.*, 02.03.1989, 869 F.2d 175, 181 (2d Cir. 1989).

Anlegern daher nicht.[2451] Über das Fehlen persönlicher Bekanntheit wird allenfalls dann hinweggesehen werden können, wenn das Rating von vorne herein nur an eine ausgewählte Gruppe qualifizierter Investoren gerichtet war, mithin bei Vorliegen eines Privatratings.[2452]

Schließlich fehlt es in den hier zugrunde liegenden Ratingkonstellationen auch an einer weiteren Voraussetzung für *near-privitiy*, namentlich am Vorliegen eines irgendwie gearteten Verhaltens des Auskunftsgebenden, durch das eine Verbindung zu dem oder den Geschädigten hergestellt wurde („*conduct linking to the party*").[2453] An dem sich für die Bestimmung eines solchen Verhaltens aufdrängenden persönlichen oder direkten Kontakt zwischen Experte und Empfänger fehlt es bei Ratingagenturen und Anlegern typischerweise.[2454] Der Umstand der Ratingveröffentlichung als solcher dürfte noch kein hinreichendes Bindeglied zum allgemeinen Investorenpublikum darstellen, insbesondere dann nicht, wenn von den Gerichten tatsächlich eine direkte Kommunikation zwischen den Haftungsparteien als „*conduct linking to the party*" gefordert wird,[2455] denn zu einem persönlichen Kontakt zwischen Ratingagentur und Anleger kommt es normalerweise nicht.[2456]

Insgesamt scheitert die Inanspruchnahme von Ratingagenturen über die *Common Law negligent misrepresentation* bei unbeschränkt veröffentlichten Ratings mithin am Fehlen der erforderlichen Sonderverbindung zwischen Agentur und allgemeinem Investorenpublikum.[2457] Es bleiben demnach nur Fälle „privater" Ratings an einen begrenzten Investorenkreis, die geeignet sein könnten, den Erfordernissen einer *near-privity* zu entsprechen.[2458]

2451 So auch *Blumberg/Wirth/Litsoukov*, Journal of Structured Finance, Winter 2011, S. 34 (37); vgl. auch *First Equity Corp. of Florida v. Standard & Poor's Corp.*, 02.03.1989, 869 F.2d 175, 181 (2d Cir. 1989); hierzu auch *Ebenroth/Dillon*, 24 Law & Policy in International Business 1993, S. 783 (804).

2452 Vgl. *LaSalle National Bank v. Duff & Phelps Credit Rating Co.*, 26.11.1996, 951 F. Supp 1071, 1093 (S.D.N.Y. 1996); *MEI International Inc. v, Schenkers International Forwarders, Inc.*, 15.07.1992, 807 F.Supp. 979, 985 (S.D.N.Y. 1992); vgl. auch *Kidd v. Havens*, 15.11.1991, 171 A.D.2d 336, 340 (1991); *Rosenstein v. Standard & Poor's Corp.*, 26.05.1993, 636 N.E.2d 665, 668 (Ill.App.1Dist. 1993).

2453 Hierzu *LaSalle National Bank v. Duff & Phelps Credit Rating Co.*, 26.11.1996, 951 F. Supp 1071, 1094 (S.D.N.Y. 1996); *Credit Alliance Corporation v. Arthur Andersen*, 02.07.1985, 65 N.Y.2d 536, 551 (N.Y. 1985).

2454 *Blumberg/Wirth/Litsoukov*, Journal of Structured Finance, Winter 2011, S. 34 (36); *Schroeter*, Ratings, S. 905; *von Rimon*, Ratings in Deutschland und USA, S. 236.

2455 Etwa *MEI International Inc. v, Schenkers International Forwarders, Inc.*, 15.07.1992, 807 F.Supp. 979, 985 f. (S.D.N.Y. 1992) ("*communicated directly to the plaintiff*"); *Anschutz Corp. v. Merrill Lynch & Co. Inc.*, 14.08.2012, 690 F.3d 98, 115 (2d Cir. 2012).

2456 *Schroeter*, Ratings, S. 905.

2457 Ebenso *Schroeter*, Ratings, S. 905; vgl. auch *First Equity Corp. of Florida v. Standard & Poor's Corp.*, 02.03.1989, 869 F.2d 175, 181 (2d Cir. 1989).

2458 Dabei scheint die Rechtsprechung anders als bei sec. 552 Restatement (Second) of Torts etwas großzügiger im Hinblick auf die Bestimmbarkeit der Empfängergruppe

c) *Zusammenfassung*

Im Ergebnis ist festzuhalten, dass Anleger sich gegenüber Ratingagenturen grundsätzlich nicht aufgrund allgemeiner deliktsrechtlicher Haftungstatbestände schadlos halten können, wenn sie sich auf fehlerhafte Ratings verlassen haben. Dieses Ergebnis überrascht angesichts des bereits angesprochenen Grundsatzes der Vermeidung unbeschränkter Dritthaftung im US-Recht nicht.[2459] Dieses im US-Recht besonders bedeutsame Gebot steht einer entsprechenden Inanspruchnahme grundsätzlich im Wege.

5. Class Actions

Eine wichtige prozessuale Besonderheit, die für die Inanspruchnahme von Ratingagenturen durch Investoren im US-amerikanischen Prozessrecht von Bedeutung sein kann, ist das in den *Federal Rules of Civil Procedure*[2460] geregelte Verfahren der Sammelklage, sog. *class actions*, bei der sich eine Vielzahl von Anspruchstellern mit ihrem Anspruchsgegenstand in einem Masseverfahren vereinen und ihre auf denselben Gegenstand gerichteten Interessen prozessual bündeln.[2461] Dabei treten eine oder mehrere Personen als Repräsentanten im Namen aller Mitglieder einer Interessengemeinschaft (*class*) auf und fechten die Klage stellvertretend und mit Bindungswirkung für diese *class* aus.[2462] Sammelklagen sind für Einzelpersonen von Vorteil, für die sich die individuelle Inanspruchnahme nicht lohnen würde oder mit unattraktiven Kostenrisiken verbunden wäre, und verhindern im Interesse der Öffentlichkeit zugleich, dass einem Schädiger die Zersplitterung des von ihm verursachten Schadens auf eine Vielzahl von Einzelpersonen zugutekommt.[2463] Da eine Sammelklage immer dann im Raume steht, wenn eine größere

---

zu sein, wenn bereits die Gerichtetheit an eine „*selected group of qualified investors*" für ausreichend gehalten wird, siehe *LaSalle National Bank v. Duff & Phelps Credit Rating Co.*, 26.11.1996, 951 F.Supp 1071, 1093 (S.D.N.Y. 1996); ähnlich *MEI International Inc. v, Schenkers International Forwarders, Inc.*, 15.07.1992, 807 F.Supp. 979, 985 (S.D.N.Y. 1992); zu sec. 552 Restatement (Second) of Torts oben G. I. 4. a).

2459 *Schroeter*, Ratings, S. 902 bezeichnet diese unbeschränkte Haftung als „Schreckgespenst" des US-Deliktsrechts seit *Ultramares Corp. v. Touche*, 06.01.1931, 255 N.Y. 170 (1931); vgl. auch *Rozny v. Marnul*, 28.05.1969, 250 N.E.2d 656, 664 f. (Ill. 1969); *First Equity Corp. of Florida v. Standard & Poor's Corp.*, 02.03.1989, 869 F.2d 175, 181 (2d Cir. 1989).

2460 Die FRCP beruhen auf der Ermächtigung aus sec. 2072 der Judiciary And Judicial Procedure", hierzu *Pfeiffer*, GRUR Int. 1999, S. 598 (599).

2461 Siehe grundlegend Rule 23 FRCP; freilich kann die Sammlung der Parteien auch auf Beklagtenseite stattfinden.

2462 Rule 23(a) FRCP: "*One or more members of a class may sue or be sued as representative parties on behalf of all members [...]*"; vgl. *Hay*, US-amerikanisches Recht, Rn. 179 f.; *Orgel*, Class Arbitration, S. 15.

2463 Vgl. *Hohl*, Die US-amerikanische Sammelklage im Wandel, S. 14 f.; *Liegsalz*, Die US-amerikanische Class Action, S. 46, 52 ff.; *Orgel*, Class Arbitration, S. 13; *Schack*, Einführung in das US-amerikanische Zivilprozessrecht, Rn. 203.

Zahl von möglichen Klägern wegen sehr ähnlicher oder identischer Sachverhalte Ersatzansprüche geltend machen will oder kann, die auf demselben haftungsbegründenden Fehlverhalten beruhen,[2464] liegt die Relevanz dieses prozessualen Mittels für die vorliegende Haftungsbetrachtung unbeschränkt veröffentlichter Bonitätsurteile auf der Hand.

Class actions bedürfen wegen ihrer besonderen prozessualen Rechtsfolgen der richterlichen Zulassung.[2465] Voraussetzungen dafür sind zunächst die hinreichende Größe der hypothetischen Gemeinschaft (*class*), die die Einleitung eines solchen Masseverfahrens in Abgrenzung zu einer subjektiven Klagehäufung – Streitgenossenschaft – rechtfertigt (*impracticability*)[2466], das Vorliegen übereinstimmender Rechts- und Tatsachenfragen bei den Ansprüchen der Mitglieder der *class (commonality)*[2467] sowie dass die Forderung, die der Repräsentant geltend macht, typisch ist für die Ansprüche, die die Mitglieder der *class* besitzen (*typicality*),[2468] und dass eben dieser Repräsentant eine faire und angemessene Interessenvertretung der fiktiven Streitgenossen verspricht.[2469] Das Vorliegen dieser Voraussetzungen muss von demjenigen, der im Wege der *class action* vorgehen will, bewiesen werden.[2470]

Das prozessuale Mittel der *class action* kommt vor dem Hintergrund dieser Voraussetzungen in den vorliegend zugrunde gelegten Haftungskonstellationen eines fehlerhaften Ratings, welches eine Vielzahl von Anlegern geschädigt hat, durchaus in Betracht: An dem möglichen Vorliegen der erforderlichen *impracticability*, die voraussetzt, dass ein Vorgehen im Wege subjektiver Klagehäufung wegen der Vielzahl der potenziellen Kläger und der schwierige Identifizierbarkeit

2464 Hauptanwendungsfälle für *class actions* sind etwa Massendelikte, Paten- und Kartellverfahren, hierzu *Liegsalz*, Die US-amerikanische Class Action, S. 48 f. m.w.N.

2465 Rule 23(c)(1)(A) FRCP. In Wertpapierstreitigkeiten um eine sec. 10(b) SE Act *securities fraud* sind zudem einige besondere prozessuale Regelungen aus sec. 21D(a) SE Act zu beachten und einzuhalten, auf die hier jedoch nicht näher eingegangen werden muss.

2466 Rule 23(a)(1) FRCP (*impracticability*): "*if the class so numberous that joinder of all members is impracticable*".

2467 Rule 23(a)(2) FRCP (*commonality*): "*if there are questions of law or fact common to the class*".

2468 Rule 23(a)(3) FRCP (*typicality*).: "*if the claims or defenses of the representative parties are typical of the claims or defenses of the class*".

2469 Rule 23(a)(4) FRCP: "*if the representative parties will fairly and adequately protect the interests of the class*".

2470 *Redhouse v. Quality Ford Sales Inc.*, 03.02.1975, 511 F.2d 230, 235 (10th Cir. 1975); *Albertsons Inc. v. Amal Gamated Sugar Company*, 02.10.1974, 503 F.2d 459, 463 (10th Cir. 1974); *Taylor v. Safeway Stores Inc.*, 03.10.1975, 524 F.2d 263, 270 (10th Cir. 1975). Gegebenenfalls kommt es zur Prüfung des Vorliegens der Voraussetzungen zu einer *pre-certification discovery*, also einem *discovery*-Verfahren vor der eigentlichen *pretrial discovery* zum Zwecke der Eruierung des Vorliegens der Voraussetzungen einer *class action*, *Hohl*, Die US-amerikanische Sammelklage im Wandel, S. 21.

aller Geschädigten gegenüber einer Sammelklage nicht sachdienlich erscheint,[2471] bestehen keine Zweifel. Es ist offensichtlich, dass das Fehlrating eines Emittenten oder Finanzinstruments potenziell eine Vielzahl von Anlegern betreffen kann, namentlich theoretisch sämtliche Investoren, deren entsprechende Investitionsentscheidung prägend auf eben jener Fehlbeurteilung gestützt wurde und die in einem zeitlichen Zusammenhang mit derselben geschehen ist.[2472] Die personelle und geografische Streuung[2473] dieses Personenkreises, gerade auch ein Zusammentun von sich untereinander völlig unbekannten Investoren,[2474] sowie die Komplexität eines solchen Rechtsstreits lassen ein gemeinsames Vorgehen im Wege der Streitgenossenschaft ganz im Sinne der Rule 23(a)(1) FRCP als nicht mehr praktikabel erscheinen.

Auch die notwendige *commonality*, wonach die individuellen Ansprüche der Mitglieder der *class* eine innere Verbindung und erkennbare Kongruenzen in ihrem Gegenstand aufweisen müssen,[2475] – wobei die Forderungen nicht gänzlich identisch, jedoch bestimmte übereinstimmende Fragestellungen enthalten müssen[2476] – ist im Hinblick auf alle Investoren als erfüllt anzusehen, die den typischen Schadens-

---

2471 Siehe *Orgel*, Class Arbitration, S. 20. Eine absolute Zahlengrenze, bei der *impracticability* stets anzunehmen ware, gibt es allerdings nicht, siehe *General Tel. Co. of the Northwest v. EEOC*, 12.05.1980, 446 U.S. 318, 330 (1980): "*The numerosity requirement [...] imposes no absolute limitations*"; *Armstead v. Pingree*, 629 F.Supp. 273, 279 (M.D.Fla. 1986); *Phillips v. Joint Legislative Committee*, 23.02.1981, 637 F.2d 1014, 1022 (5th Cir. 1981); *Liegsalz*, Die US-amerikanische Class Action, S. 64; die mangelnde Praktikabilität ist daher stets an den Umständen des Einzelfalls zu messen, vgl. *Garcia v. Gloor*, 22.05.1980, 618 F.2d 264, 267 (5th Cir. 1980); *Liegsalz*, Die US-amerikanische Class Action, S. 65.

2472 Vgl. *First Equity Corp. of Florida v. Standard & Poor's Corp.*, 02.03.1989, 869 F.2d 175, 181 (2d Cir. 1989) ("*The class of potential plaintiffs is multitudinous*"). Der Kläger muss dem Gericht dabei keine konkrete Zahl nennen, aber eine Schätzung ermöglichen, *Vergara v. Hampton*, 24.08.1978, 581 F.2d 1281, 1283 (7th Cir. 1978); *Doe v. Charleston Area Medical Center, Inc.*, 06.11.1975, 529 F.2d 638, 644 (4th Cir. 1975); *Hohl*, Die US-amerikanische Sammelklage im Wandel, S. 22.

2473 Die "*geographic dispersion*" ausdrücklich nennend *Garcia v. Gloor*, 22.05.1980, 618 F.2d 264, 267 (5th Cir. 1980); vgl. auch *Liegsalz*, Die US-amerikanische Class Action, S. 65.

2474 Vgl. *Phillips v. Joint Legislative Committee*, 23.02.1981, 637 F.2d 1014, 1022 (5th Cir. 1981).

2475 Vgl. *Hay*, US-amerikanisches Recht, Rn. 181 (Fn. 117); *Liegsalz*, Die US-amerikanische Class Action, S. 65; *Orgel*, Class Arbitration, S. 21. Das Urteil über den geltend gemachten Anspruch muss denklogisch auch Auswirkungen für die Ansprüche der class-Mitglieder haben, vgl. *Califano v. Yamasaki*, 20.06.1979, 442 U.S. 682, 701 (1979); *General Tel. Co. v. Falcon*, 14.06.1982, 457 U.S. 147, 155 (1982); *Hohl*, Die US-amerikanische Sammelklage im Wandel, S. 23.

2476 *Forbush v. J. C. Penney Company, Inc.*, 25.06.1993, 994 F.2d 1101, 1106 (5th Cir. 1993); *Stewart v. Winter*, 05.03.1982, 669 F.2d 328, 335 (5th Cir. 1982); *Johnson v. American Credit Company of Georgia*, 06.10.1978, 581 F.2d 526, 532 (5th Cir. 1978).

ersatzanspruch wegen eines enttäuschten Vertrauens auf ein fehlerhaftes Rating geltend machen – mithin vornehmlich Ansprüche aus der *securities fraud* –, denn hier stellen sich bei allen potenziellen Anspruchstellern ähnliche tatsächliche Fragen nach der Pflichtwidrigkeit des Handelns der Ratingagentur, der Fehlerhaftigkeit des Ratings und der subjektiven Wissenselemente auf Seiten der Ratingagentur und ihrer Mitarbeiter und ähnliche Rechtsfragen hinsichtlich der rechtlichem Rahmenbedingungen der Inanspruchnahme und der Auswirkungen des *First Amendment* auf die Verantwortlichkeit der Agenturen. Besondere Bedeutung kommt dabei der Anwendung der *fraud on the market-theory* zu: Ohne deren prozessuale Fruchtbarmachung obläge es jedem einzelnen Anspruchsteller, seinen konkreten Vermögensschaden und insbesondere die Kausalität des Ratings für seinen individuellen Schaden konkret darzulegen und zu beweisen. Dies würde die einzelnen Ansprüche der Mitglieder der *class* tatsachenspezifisch aufspalten und der *commonality* der Forderungen entgegen stehen.[2477] Durch die *fraud on the market-theory* werden die Investoren dagegen schadensbeweistechnisch gleichgestellt und es treten bei allen Geschädigten dieselben Fragen der durch die Falschinformation verursachten Kursschäden auf.

Hinreichende *typicality* ist ferner dann anzunehmen, wenn der vom Kläger geltend gemachte Anspruch auf demselben Schadensereignis beruht wie diejenigen der übrigen *class member* und diesbezüglich eine weitgehende Identität zwischen Anspruchsgründen und -zielen herrscht.[2478] Anderenfalls fehlte es an der Vertretungstauglichkeit des Klägers und auch der Gleichgerichtetheit der Interessen.[2479] Tritt ein Investor als Kläger auf, der den vorgenannten typischen Schadensersatzanspruch vornehmlich aus der *securities fraud* geltend macht, würde diese Typizität gegeben sein. Die Forderung steht exemplarisch für die Ansprüche, die Investoren in Fällen eines vermögensschädigenden Vertrauens auf ein fehlerhaftes Rating typischerweise geltend machen werden.[2480]

Zuletzt müsste die *class action* von einer Partei betrieben werden, die als Repräsentant der übrigen *class member* eine faire und angemessene Vertretung verspricht.[2481] Ob die jeweilige Partei die Voraussetzungen der Eignung zum Re-

---

2477 *Barth*, Schadensberechnung bei Haftung wegen fehlerhafter Kapitalmarktinformation, S. 96.

2478 Vgl. *Eisen v. Carlisle Jacquelin*, 08.03.1968, 391 F.2d 555, 562 (2nd Cir. 1968); *Penn v. San Juan Hospital*, Inc., 31.12.1975, 528 F.2d 1181, 1189 (10th Cir. 1975); *General Tel. Co. v. Falcon*, 14.06.1982, 457 U.S. 147, 156 f. (1982); *Reese v. Bahash*, 11.02.2008, 248 F.R.D. 58, 63 (D.D.C. 2008).

2479 Vgl. *Liegsalz*, Die US-amerikanische Class Action, S. 66; *Orgel*, Class Arbitration, S. 23 f.

2480 Eine divergierende Schadenshöhe ist dabei unbeachtlich, sieh *Gunnels v. Healthplan Services, Inc.*, 30.10.2003, 348 F.3d 417, 429 (4th Cir. 2003).

2481 Dies dient evident dem Schutz der übrigen class member zur ordnungsgemäßen Vertretung, vgl. *Liegsalz*, Die US-amerikanische Class Action, S. 66 f.; *Orgel*, Class Arbitration, S. 25; *Eisen v. Carlisle Jacquelin*, 08.03.1968, 391 F.2d 555, 562 (2nd Cir.

präsentanten besitzt, ist eine Frage des Einzelfalls.[2482] Es hängt maßgeblich von der Qualität, Intensität und dem Engagement der Prozessführung und Interessenvertretung durch den Betroffenen ab und wird auch von persönlichen Faktoren wie der individuellen Glaubwürdigkeit des Repräsentanten beeinflusst.[2483] Auf die Anzahl der Kläger, insbesondere darauf, dass eine Mehrheit der Mitglieder der *class* prozessual beteiligt ist, kommt es nicht an.[2484] Das Augenmerk ist bei der Prüfung der adäquaten Vertretung der Interessengemeinschaft zudem nicht nur auf die repräsentierende Partei, sondern ganz wesentlich auch auf den oder die prozessbevollmächtigten Anwälte gerichtet, die gleichfalls hinreichende Gewähr für eine ordentliche Prozessführung bieten müssen.[2485]

Finden sich ein oder mehrere in dieser Hinsicht geeignete Investoren als Kläger und liegen die übrigen vorgenannten Voraussetzungen vor, so ist für die vorliegende Betrachtung festzuhalten, dass Prozesse gegen Ratingagenturen wegen fehlerhafter Ratings durch geschädigte Investoren durchaus im Rahmen und in Gestalt einer *class action* geführt werden können.[2486]

Das prozessuale Mittel der *class action* ist allerdings nur dann ein scharfes Schwert in den Händen des Kollektivs und eine Bereicherung für *private enforcement*-Effekte, wenn die materielle Rechtslage ein Vorgehen bzw. eine Schadloshaltung auch erlaubt. Daher wird diese prozessuale Besonderheit US-amerikanischen Verfahrensrechts für sich genommen keine weichenstellenden Effekte in der vorliegenden Haftungsbetrachtung mit sich bringen, wenn und solange eine Klage geschädigter Anleger gegen Ratingagenturen wegen der materiellen Rechtslage geringe Erfolgsaussichten besitzt.

6. Fazit für die Haftungsrechtslage

Investoren, die sich auf ein – unbeschränkt veröffentlichtes und nicht nur „privates" – fehlerhaftes Rating verlassen haben und infolge dessen in ihrem

---

1968). Zudem sind die Anforderungen aus sec. 21D(a)(2)(A) SE Act zu für den Antrag auf Zulassung als Repräsentant zu beachten.

2482 *Orgel*, Class Arbitration, S. 27.

2483 Vgl. *Reese v. Bahash*, 11.02.2008, 248 F.R.D. 58, 61 f. (D.D.C. 2008); hierzu auch *Orgel*, Class Arbitration, S. 27 m.w.N.

2484 *Eisen v. Carlisle Jacquelin*, 08.03.1968, 391 F.2d 555, 563 (2nd Cir. 1968).

2485 *Liegsalz*, Die US-amerikanische Class Action, S. 67; *Hohl*, Die US-amerikanische Sammelklage im Wandel, S. 24; vgl. auch *Eisen v. Carlisle Jacquelin*, 08.03.1968, 391 F.2d 555, 562 (2nd Cir. 1968); ausführlich hierzu *Orgel*, Class Arbitration, S. 30 ff.; siehe auch Rule 23(g) FRCP.

2486 So geschehen etwa in *Abu Dhabi Commercial Bank v. Morgan Stanley & Co. Inc.*, 02.09.2009, 651 F.Supp.2d 155 (2009); ähnlich auch *Reese v. Bahash*, 11.02.2008, 248 F.R.D. 58, 63 (D.D.C. 2008); dabei dürfte es sich um die in Rule 23(b)(3) FRCP vorgesehen Kategorie der Sammelklage handeln, da diese in ihrem Rechtsschutzziel auf Zahlung von Schadensersatz gerichtet ist, siehe *Liegsalz*, Die US-amerikanische Class Action, S. 69; *Orgel*, Class Arbitration, S. 34.

Vermögen geschädigt wurden, steht nach alledem im US-amerikanischen Haftungsrecht allenfalls über sec. 10(b) SE Act i.V.m. Rule 10b-5 eine Möglichkeit zur Schadloshaltung gegenüber der jeweiligen Ratingagentur zur Verfügung. Die daneben in Betracht kommenden Anspruchsgrundlagen greifen allesamt im Ergebnis nicht durch oder besitzen keine weitergehende Praxisrelevanz. Investoren können prozessual über *class actions* vorgehen, was den Haftungsdurck für Ratingagenturen spürbar erhöht und ein wichtiges prozessuales Mittel in den Händen geschädigter Anleger darstellt. Die in Frage kommende Anspruchsgrundlage aus sec. 10(b) SE Act i.V.m. Rule 10b-5 normiert allerdings hohe Hürden der Inanspruchnahme und leidet unter erheblichen Schwierigkeiten der praktischen Durchsetzbarkeit, so dass der prozessuale Rahmen von *class actions* für sich genommen noch keinen Durchbruch in der Anspruchsrealisierung mit sich bringen dürfte.

II. Der besondere Schutz der Meinungsäußerungs- und Pressefreiheit durch das *First Amendement*

Von besonderer und gerade im Vergleich zur Haftungsbetrachtung nach deutschem und europäischem Recht überragender Bedeutung ist sodann die Analyse, inwieweit Ratingagenturen dem Schutz der Meinungsäußerungs- und Pressefreiheit nach dem ersten Zusatzartikel zur US-amerikanischen Bundesverfassung – dem *First Amendment* – unterfallen. Die Antwort auf diese Frage hat direkte und erhebliche Auswirkungen auf die haftungsrechtliche Inanspruchnahme von Ratingagenturen und ihre praktische Durchsetzbarkeit. Die Folgen einer Berufung auf das *First Amendment* sind – anders als etwa nach deutschem Verfassungsrecht[2487] – im US-Recht sehr weitreichend. Unabhängig von der jeweiligen Anspruchsgrundlage – wobei als solche aufgrund der vorangegangenen Untersuchungen bei praxisnaher Betrachtung grundsätzlich nur eine Haftung nach sec. 10(b) SE Act i.V.m. Rule 10b-5 in Betracht kommt[2488] – kann die Verteidigung des Schutzes freier Meinungsäußerung, soweit sich Ratingagenturen hierauf berufen können, sogar zum faktischen Ausschluss der Möglichkeit der privatrechtlichen Inanspruchnahme führen. Nachfolgend sind zunächst der Schutzbereich des *First Amendment* (unter 1.) und hiernach die etwaige Einbeziehung von Ratings in den Schutzbereich zu untersuchen (unter 2.). Sodann sind die möglichen Auswirkungen des Grundrechtsschutzes auf die privatrechtliche Inanspruchnahme von Ratingagenturen zu beleuchten (unter 3.) und diese abschließend zu bewerten (unter 4.).

2487 Die Auswirkungen von Art. 5 GG auf die privatrechtliche Haftung beschränken sich im Wesentlichen auf die Prüfung der Rechtswidrigkeit eines Eingriffs in den Gewerbebetrieb nach § 823 Abs. 1 BGB sowie auf § 824 BGB, siehe hierzu oben F. I. 2. a) aa) (1) und bb).

2488 Hierzu oben G. I. 6.

1. Inhalt und sachlicher Schutzbereich des *First Amendment*

Nach dem ersten Zusatzartikel zur US-amerikanischen Bundesverfassung darf die Freiheit der Meinungsäußerung und die Freiheit der Presse nicht durch Gesetz eingeschränkt werden.[2489] Neben der Meinungs- und Pressefreiheit finden sich hier auch weitere Freiheitsgarantien,[2490] die jedoch für die vorliegende Betrachtung nicht entscheidend sind. Zugleich kann die Meinungsäußerungs- und die Pressefreiheit hier als einheitliches Schutzgut behandelt werden. Der Grundrechtsschutz nach dem *First Amendment* wird nicht einer bestimmten Person oder Institution per se gewährt, sondern ist immer abhängig von dem konkreten Betrachtungsgegenstand und der in Rede stehenden ausgeübten Tätigkeit, welche(r) als Meinungsäußerung oder als von der Pressefreiheit umfasste(r) Äußerung oder Information gelten können muss, um unter das *First Amendment* zu fallen.[2491] Daher können Ratingagenturen nicht automatisch als Organe, die sich stets auf die Meinungs- und Pressefreiheit berufen dürfen, behandelt werden und insoweit keine institutionelle Garantie beanspruchen, sondern nur für ihre jeweiligen Ratings als einzelne Äußerungsgegenstände oder für ihre konkrete Tätigkeit den Grundrechtsschutz für sich einnehmen.[2492]

Dem *First Amendment* liegt der Gedanke eines freien Austauschs von Meinungen und Informationen zugrunde[2493] – der „Marktplatz der Ideen"[2494] –, in dem sich die Wahrheit in einer Art Wettstreit um Meinungen und Gedanken durchsetzen können soll.[2495] Meinungsäußerungen sollen nicht durch Gerichte oder Gesetze kontrolliert oder korrigiert werden, sondern sich in einem freien Wettbewerb mit anderen Ideen behaupten dürfen.[2496] Der Grundrechtsschutz gerät daher nicht nur zum Vorteil

2489 "*Congress shall make no law [...] abridging the freedom of speech, or of the press*".

2490 Religions- und Religionsausübungsfreiheit, Versammlungsfreiheit und Petitionsrecht.

2491 Siehe *First National Bank of Boston v. Bellotti*, 26.04.1978, 435 U.S. 765, 802 (1978) ("*The First Amendment does not 'belong' to any definable category of persons or entities: it belongs to all who exercise its freedoms*"); *County of Orange v. McGraw Hill Companies*, 18.03.1999, 245 B.R. 151, 154 (C.D.Cal. 1999) ("*Thus [Standard & Poor's] status as a financial publisher does not necessarily entitle it to heightened protection under First Amendmen*t").

2492 *In Re Enron Corop. Securities, Derivative Litigation*, 16.02.2005, 511 F.Supp.2d 742, 817 (S.D.Tex. 2005) ("*[...] there is no automatic, blanket, absolute First Amendment protection for reports from the credit rating agencies*").

2493 *Hustler Magazine, Inc. v. Falwell*, 24.02.1988, 485 U.S. 46, 50 (1988): "*free flow of ideas and opinions on matters of public interest and concern*"; *Husisian*, 75 Cornell Law Review (1990), S. 411 (446).

2494 *Red Lion Broadcasting Co., Inc. v. FCC*, 09.06.1969, 395 U.S. 367, 390 (1969); *Husisian*, 75 Cornell Law Review (1990), S. 411 (451).

2495 "*marketplace of ideas in which truth will ultimately prevail*", *Red Lion Broadcasting Co., Inc. v. FCC*, 09.06.1969, 395 U.S. 367, 390 (1969).

2496 Vgl. *Gertz v. Robert Welch, Inc.*, 25.06.1974, 418 U.S. 323, 340 (1974); *Milkovich v. Lorain Journal Co.*, 21.06.1990, 497 U.S. 1, 18 (1990).

individueller Freiheiten – und ist damit eigentlich schon ein Wert für sich[2497] –, sondern versteht sich als Gewährleistung und Bestandteil eines vitalen gesellschaftlichen Austauschs.[2498] In den Schutzbereich des *First Amendment* fallen daher alle Äußerungen, die eine Teilnahme an diesem freien Austausch von Meinungen und Ideen beinhalten und/oder auf die Information der Öffentlichkeit abzielen.[2499]

Hierzu sind wegen des vorliegenden Betrachtungsgegenstands in Gestalt von Ratings zwei Feststellungen „vor die Klammer" zu ziehen: Zum einen ist auch im US-amerikanischen Grundrechtsschutz der Meinungsfreiheit die Frage nach der Abgrenzung zwischen Meinungs- und Tatsachenbehauptungen zu thematisieren und deren Einordnung von Bedeutung.[2500] Dabei umfasst der Grundrechtsschutz selbstverständlich die Veröffentlichung subjektiver Werturteile und Meinungen als Bestandteil des öffentlichen Meinungsdiskurses, allerdings gleichfalls auch Tatsachenbehauptungen, da gerade diese geeignet sind, dem wichtigen Grundrechtsziel der Information der Öffentlichkeit zu dienen.[2501] Eine trennscharfe Differenzierung zwischen Tatsachen- und Meinungsäußerungen ist ohnehin nur selten vornehmbar, weshalb unter das *First Amendment* grundsätzlich vorderhand jede Äußerung, egal ob Tatsachenbehauptung oder reines Werturteil, gefasst wird.[2502] Eine Privilegierung von Meinungen gegenüber Tatsachenäußerungen folgt im Hinblick auf den Schutzumfang des *First Amendment* erst aus dem Umstand, dass eine reine Meinungsäußerung nicht nachweisbar „falsch" sein kann,[2503] mithin haftungstechnisch nicht als Falschinformation zulasten des Äußernden fruchtbar gemacht werden kann.[2504]

2497 *Bose Corp. v. Consumers Union*, 30.04.1984, 466 U.S. 485, 503 f. (1984).

2498 "*quest for truth and the vitality of society as a whole*", *Bose Corp. v. Consumers Union*, 30.04.1984, 466 U.S. 485, 503 f. (1984).

2499 *Thornhill v. Alabama*, 22.04.1940, 310 U.S. 88, 102 (1940): "*issues about which information is needed or appropriate to enable the members of society to cope with the exigencies of their period*"; *Lovell v. City of Griffin*, 23.03.1938, 303 U.S. 444, 452 (1938): "*The press [...] comprehends every sort of publication which affords a vehicle of information and opinion.*"

2500 Siehe etwa *Gertz v. Robert Welch, Inc.*, 25.06.1974, 418 U.S. 323, 339 f. (1974).

2501 Der Bedarf an öffentlichen Informationen ist insoweit der tragende Leitgedanke, vgl. *In re Pan Am Corp.*, 07.12.1993, 161 B.R. 577, 580 (S.D.N.Y. 1993) ("*public's need to be informed*"); vgl. im Ratingzusammenhang zur Kombination aus Tatsachen- und Meinungsäußerung *In Re Enron Corop. Securities, Derivative Litigation*, 16.02.2005, 511 F.Supp.2d 742, 825 (S.D.Tex. 2005).

2502 Siehe ausführlich hierzu *Milkovich v. Lorain Journal Co.*, 21.06.1990, 497 U.S. 1, 18 f. (1990); vgl. auch *Dun Bradstreet, Inc., v. Greenmoss Builders, Inc.*, 26.06.1985, 472 U.S. 749, 770 (1985); *Ebenroth/Dillon*, 24 Law & Policy in International Business 1993, S. 783 (819).

2503 Prägnant in *Gertz v. Robert Welch, Inc.*, 25.06.1974, 418 U.S. 323, 339 f. (1974): "*Under the First Amendment, there is no such thing as a false idea*"; *Milkovich v. Lorain Journal Co.*, 21.06.1990, 497 U.S. 1, 18 (1990).

2504 Zu den hier relevanten Rechtsfolgen des Grundrechtsschutzes insoweit unten G. II. 3. a); *Pinto*, 54 American Journal of Comparative Law (2006), S. 341 (352).

Zum anderen ist es für die Einbeziehung einer Äußerung in den Schutzbereich des *First Amendment* unschädlich, dass und wenn sie im Rahmen geschäftlicher Vorgänge und/oder zu werblichen Zwecken getätigt wird.[2505] Wenngleich derartiger *commercial speech* hinsichtlich der Rechtsfolgen des Grundrechtsschutzes schlechter gestellt sein mag,[2506] ändert dies nichts daran, dass auch wettbewerblich motivierte Aussagen, auch solche, für die – was vorliegend von Bedeutung ist – eine Vergütung bezahlt wird, grundsätzlich unter die Meinungsäußerungs- und Pressefreiheit zu fassen sind.[2507]

2. Einbeziehung von Ratingagenturen und Ratings in den Schutzbereich des *First Amendment*

Vor dem Hintergrund dieses Verständnisses von Meinungsäußerungs- und Pressefreiheit sind Ratings grundsätzlich unter den Schutz des First Amendment zu stellen.[2508] Am grundsätzlichen Meinungsäußerungscharakter von Ratingveröffentlichungen bestehen keine Zweifel.[2509] Dass die in die Zukunft gerichtete Prognose über die wahrscheinliche Zahlungsfähigkeit und -willigkeit eines Emittenten einem subjektiven Werturteil näher steht als einer tatsächlichen Behauptung, ergibt sich schon daraus, dass sie aufgrund ihrer Zukunftsgerichtetheit dem Wahrheitsbeweis nicht zugänglich ist.[2510] Die Feststellungen decken sich insoweit weitgehend mit denjenigen, die im Rahmen der Prüfung deutschen Verfassungsrecht getroffen wurden.[2511] Auch die zum Teil mit publizierten Ratingberichte, in denen

---

2505 Vgl. *National Life Ins. Co. v. Phillips Pub. Inc.*, 09.06.1992, 793 F.Supp. 627, 644 (D.Md. 1992): "*The idea that financial gain is associated with matters involving protected speech does not jeopardize its standing*"; *Bigelow v. Virginia*, 16.06.1975, 421 U.S. 809, 818 (1975); *Pittsburgh Press Co. v. Human Relations. Commission*, 21.06.1973, 413 U.S. 376, 384 (1973); *Virginia Pharmacy Board v. Virginia Consumer Council*, 24.05.1975, 425 U.S. 748, 761 (1976).

2506 Hierzu sogleich unter G. II. 3. b) cc).

2507 *National Life Ins. Co. v. Phillips Pub. Inc.*, 09.06.1992, 793 F.Supp. 627, 644 (D.Md. 1992).

2508 Vgl. *First Equity Corp. of Florida v. Standard & Poor's Corp.*, 02.03.1989, 869 F.2d 175, 180 (2d Cir. 1989); *Husisian*, 75 Cornell Law Review (1990), S. 411 (454).

2509 *Compuware Corp. v. Moody's Investors Services*, 23.08.2007, 499 F.2d 520, 529 (6th Cir. 2007) ("*predictive opinion*"); *Jefferson County School District No. R-1 v. Moody's Investors Services*, 04.04.1997, 988 F.Supp. 1341, 1348 (D.Colo. 1997); *Deats*, 110 Columbia Law Review (2010), S. 1818 (1858); *Husisian*, 75 Cornell Law Review (1990), S. 411 (454) ("*editorial opinions*"); *von Rimon*, Ratings in Deutschland und USA, S. 252; abwägend und eher ablehnend *Ebenroth/Dillon*, 24 Law & Policy in International Business 1993, S. 783 (821 ff.); *Nagy*, 94 Minn.Law Review (2009), S. 140 (159 ff.).

2510 Vgl. *Compuware Corp. v. Moody's Investors Services*, 23.08.2007, 499 F.2d 520, 529 (6th Cir. 2007).

2511 Siehe oben D. IV. 2. a).

tatsächliche Behauptungen enthalten sein können, sind in Kombination mit der Veröffentlichung der Ratingnote zu bewerten und führen grundsätzlich zu einer Gesamtbetrachtung der Ratingpublikation als Meinungsäußerung.[2512] Selbst ein im Einzelfall womöglich sogar überwiegend tatsachenbezogener Charakter eines Ratings[2513] verschließt den Zugang zum Grundrechtsschutz des *First Amendment*, wie gezeigt, noch nicht.[2514]

Ratings erfüllen überdies – im Einklang mit dem Grundrechtsziel der Meinungs- und Pressefreiheit – auch einen Informationszweck und sind dabei an ein unbeschränktes Publikum, mithin an die Öffentlichkeit gerichtet.[2515] Beides kann angesichts des Zwecks und der Veröffentlichungspraxis von Ratings nicht in Abrede gestellt werden: Ratings können grundsätzlich von jedermann zur Kenntnis genommen werden und dienen dabei in ganz wesentlichem Maße gerade dem Abbau bestehender Informationsasymmetrien auf den Kapitalmärkten zwischen Emittenten von Wertpapieren und Investoren.[2516] Sie bezwecken mithin zweifellos die Aufklärung der Öffentlichkeit über investitionsrelevante Angelegenheiten der Kapitalmärkte und sind folglich Bestandteil des öffentlichen Informationsaustauschs. Dieser Informationszweck wird besonders deutlich, wenn es sich um *unsolicited Ratings* handelt, die – in Ermangelung einer Vereinbarung mit dem Emittenten und womöglich sogar gegen dessen Willen – evident auf die öffentliche Aufklärung zielen.[2517] Zudem beziehen sich Ratingagenturen typischerweise nicht nur auf Informationen, die sie vom Emittenten erhalten haben, sondern auch auf anderweitige Quellen und behalten dabei die finale Bewertungshoheit, weshalb sie nicht nur Sprachrohr des bewerteten Emittenten sind, sondern – idealiter – eine unabhängige

---

2512 *In Re Enron Corp. Securities, Derivative Litigation*, 16.02.2005, 511 F.Supp.2d 742, 825 (S.D.Tex. 2005) ("*combination of subjective [...] evaluation and verifiable facts*").

2513 Etwa wegen einer Aussage über unmittelbar bevorstehende Ereignisse wie es beispielsweise bei negativ ausfallenden Ratingnoten der Fall sein kann, oder wegen der faktischen Behauptung bereits eingetretener Zahlungsunfähigkeit des Emittenten einer Tatsachenbehauptung; zu dieser Abgrenzung ausführlich im Zusammenhang mit deutschem Verfassungsrecht oben D. IV. 2. a).

2514 Siehe oben G. II. 1.; *Milkovich v. Lorain Journal Co.*, 21.06.1990, 497 U.S. 1, 18 f. (1990).

2515 Ebenso *Bottini*, 30 San Diego Law Review (1993), S. 579 (619); *Husisian*, 75 Cornell Law Review (1990), S. 411 (454); *Schroeter*, Ratings, S. 560; *First Equity Corp. of Florida v. Standard & Poor's Corp.*, 02.03.1989, 869 F.2d 175, 180 f. (2d Cir. 1989); *In re Pan Am Corp.*, 07.12.1993, 161 B.R. 577, 583 f. (S.D.N.Y. 1993); auf den Aspekt der unbeschränkten Veröffentlichung maßgeblich abstellend *First Equity Corp. of Florida v. Standard & Poor's Corp.*, 02.03.1989, 869 F.2d 175, 180 f. (2d Cir. 1989).

2516 Zur diesbezüglichen Funktion von Ratings oben C. III. 1.

2517 Vgl. zu dieser Argumentation *In re Pan Am Corp.*, 07.12.1993, 161 B.R. 577, 583 (S.D.N.Y. 1993); nach *Nagy*, 94 Minn. Law Review (2009), S. 140 (163) sollen sogar nur *unsolicited ratings* unter das *First Amendment* fallen; dazu mit Recht kritisch *Schroeter*, Ratings, S. 562.

und presseähnliche Aufklärung zugunsten der Öffentlichkeit praktizieren.[2518] Diese „Marktinformationsfunktion“[2519] von Ratings muss zu der Erkenntnis führen, dass Ratings als Teil des öffentlichen Diskurses der Information der Allgemeinheit dienen und daher in den Schutzbereich des *First Amendment* fallen.[2520] Der kommerzielle Charakter von *solicited Ratings* ändert hieran – wie gezeigt – ebenso wenig wie der Umstand, dass Anleger als Informationsempfänger womöglich für die Ratings im Rahmen von Abonnementsverträgen bezahlen.[2521]

Eine Ausnahme von dem vorgenannten Ergebnis ist allenfalls dann vorzunehmen, wenn Ratings als „private“ Ratings nicht der Öffentlichkeit, sondern nur einem begrenzten Kreis von Investoren im Rahmen der Privatplatzierung einer Emission zur Kenntnis gereicht werden.[2522] Dabei werden die Ratingagenturen häufig auch an der Strukturierung der jeweiligen Emission mitgewirkt haben.[2523] In einem solchen Fall „privater“ Ratings liegt die Erwägung nahe, dass keine Teilhabe am öffentlichen Diskurs und auch keine Informierung der Öffentlichkeit erfolgt, da diese durch die gezielte Exklusivität der Publikation gegenüber einem begrenzten Empfängerkreis gerade ausgeschlossen wird, so dass der Grundrechtsschutz des *First Amendment*

2518 *In re Pan Am Corp.*, 07.12.1993, 161 B.R. 577, 583 (S.D.N.Y. 1993): “*S&P [...] conducts its own independent research with an eye toward publishing objective ratings for the benefit of the public.*”; *Husisian*, 75 Cornell Law Review (1990), S. 411 (453) (*“[...] the general community benefits from the wide circulation of credit ratings*”).

2519 *Schroeter*, Ratings, S. 560.

2520 In der US-amerikanischen Rechtsprechung ebenfalls der Schutz des *First Amendment* für anwendbar gehalten in: *First Equity Corp. of Florida v. Standard & Poor's Corp.*, 22.07.1988, 690 F.Supp. 256, 259 (S.D.N.Y. 1988); *In re Pan Am Corp.*, 07.12.1993, 161 B.R. 577, 583 f. (S.D.N.Y. 1993); *Abu Dhabi Commercial Bank v. Morgan Stanley & Co. Inc.*, 02.09.2009, 651 F.Supp.2d 155, 175 f. (2009); *Compuware Corp. v. Moody's Investors Services*, 23.08.2007, 499 F.2d 520, 531 (6th Cir. 2007); *Corp. Securities, Derivative Litigation*, 16.02.2005, 511 F.Supp.2d 742, 825; *Jefferson County School District No. R-1 v. Moody's Investors Services*, 04.04.1997, 988 F.Supp. 1341, 1348 (D.Colo. 1997); grundsätzlich ablehnend *Nagy*, 94 Minn. Law Review (2009), S. 140 (154).

2521 Siehe zuvor unter G. II. 1.; *In re Pan Am Corp.*, 07.12.1993, 161 B.R. 577, 584 (Fn. 6) (S.D.N.Y. 1993): “*That a speaker seeks payment for his or her speech does not push him or her outside the realm of the Constitution.*”; ähnlich *New York Times v. Sullivan*, 09.03.1964, 376 U.S. 254, 266 (1964); a.A. *Nagy*, 94 Minn. Law Review (2009), S. 140 (155 ff.); zur haftungsrechtlichen Schlechterstellung von *commercial speech* siehe unten G. II. 3. b) cc).

2522 *Blumberg/Wirth/Litsoukov*, Journal of Structured Finance, Winter 2011, S. 34 (35); *Coffee*, 1 Harvard Business Law Review 2011, S. 231 (252); vgl. vor allem auch *Dun Bradstreet, Inc. v. Greenmoss Builders*, 26.06.1985, 472 U.S. 749, 762 (1985).

2523 Vgl. *Blumberg/Wirth/Litsoukov*, Journal of Structured Finance, Winter 2011, S. 34 (35), wonach dies Teil eines Anspruchsvortrags in einem Haftungsprozess sein muss, um Erfolgsaussichten zu besitzen; hierzu auch *Nagy*, 94 Minn. Law Review (2009), S. 140 (158 f.).

verwehrt bleibt.[2524] Hieraus wird deutlich, dass das *First Amendment* keinen Persilschein zugunsten bestimmter Institutionen, wie Ratingagenturen, erteilt, sondern immer am konkreten Äußerungsgegenstand zu messen ist.[2525] Anders als es gelegentlich anklingt, ist in der Ablehnung des Grundrechtsschutzes für „private" Ratings daher auch nicht der Ausdruck einer Entwicklung in der Rechtsprechung hin zur Versagung der Sonderbehandlung von Ratingagenturen zu erkennen,[2526] sondern die konsequente Anwendung des Verfassungsrechts, welche womöglich vermehrt zuungunsten der Ratingagenturen Anwendung gefunden hat, da Privatplatzierungen in vergangenen Jahren häufiger zum Gegenstand der Betrachtung geworden sind.[2527]

Der „Normalfall" öffentlicher Ratings, die unbeschränkt publiziert werden, ist hiervon jedoch zu unterscheiden und als eine nach dem *First Amendment* geschützte Äußerung zu behandeln. Ratingagenturen werden wegen dieser Erkenntnisse nicht selten als Mitglieder der Presse[2528] und (öffentliche) Ratings als „*the world's shortest editorials*"[2529] bezeichnet.

3. Auswirkungen auf die privatrechtliche Haftung von Ratingagenturen

Im Anschluss an die vorstehende Feststellung stellt sich die Frage, wie sich dieser Grundrechtsschutz in der vorliegend anzustellenden Haftungsbetrachtung tatsächlich auswirkt. Grundsätzlich stellt das *First Amendment* als Teil der US-Bundesverfassung primär – wie Grundrechte nach dem deutschen Grundgesetz auch – ein Abwehrrecht gegen staatliche Eingriffe dar, was die Formulierung des

---

2524 *Dun Bradstreet, Inc. v. Greenmoss Builders*, 26.06.1985, 472 U.S. 749, 762 (1985): "*There is simply no credible argument that this type of credit reporting [credit report made available to only five subscribers] requires special protection*"; *In re National Century Financial Enterprises, Inc. Investment Litigation*, 22.07.2008, 580 F.Supp.2d 630, 640 (S.D. Ohio 2008); *Abu Dhabi Commercial Bank v. Morgan Stanley & Co. Inc.*, 02.09.2009, 651 F.Supp.2d 155, 176 (2009).

2525 *Schroeter*, Ratings, S. 563; nach *Blumberg/Wirth/Litsoukov*, Journal of Structured Finance, Winter 2011, S. 34 (35) erhöht dies die Praxisrelevanz von privaten Haftungsprozessen erheblich, da vor allem bei strukturierten Finanzinstrumenten die Privatplatzierung den Regelfall darstellt.

2526 In diese Richtung jedoch *Blumberg/Wirth/Litsoukov*, Journal of Structured Finance, Winter 2011, S. 34 (35); *Coffee*, 1 Harvard Business Law Review (2011), S. 231 (252).

2527 Vgl. *Schroeter*, Ratings, S. 564.

2528 Vgl. *First Equity Corp. of Florida v. Standard & Poor's Corp.*, 02.03.1989, 869 F.2d 175, 176 (2d Cir. 1989), welche Ratingagenturen ihrem Wesen nach zwischen Wirtschaftsprüfern und Publikumszeitungen ansiedeln; *Pinto*, 54 American Journal of Comparative Law (2006), S. 341 (352); vgl. auch *Husisian*, 75 Cornell Law Review (1990), S. 411 (414) m.w.N.; in diese Richtung *Bottini*, 30 San Diego Law Review (1993), S. 579 (616 f.).

2529 *Husisian*, 75 Cornell Law Review (1990), S. 411 (446, 454).

ersten Zusatzartikels, wonach der Kongress kein Gesetz erlassen dürfe, durch das – unter anderem – die Meinungs- und Pressefreiheit beeinträchtigt wird,[2530] auch unverkennbar belegt.[2531] Gleichwohl wirkt sich der Grundrechtsschutz auch in der haftungsrechtlichen Inanspruchnahme von Ratingagenturen durch Anleger, mithin im Verhältnis privater Parteien, aus.[2532] Diese potenziellen Folgen werden nachfolgend in drei Komplexe unterteilt, wonach durch das *First Amendment* erstens ein Schutz reiner Meinungsäußerungen stattfindet (nachfolgend unter a)), zweitens ein erhöhter Verschuldensmaßstab zugunsten von Ratingagenturen zur Anwendung kommen kann (nachfolgend b)) und drittens prozessuale Auswirkungen zum Tragen kommen (unter c)).

a) Der Schutz reiner Meinungsäußerungen

Wie ausgeführt, ist für die verfassungsrechtliche Erfassung einer Äußerung unter das *First Amendment* eine trennscharfe Abgrenzung zwischen reinem Werturteil und objektiver Tatsachenbehauptung häufig weder möglich noch notwendig, da auch Tatsachenäußerungen unter den Grundrechtsschutz fallen können.[2533] Relevant wird die Abgrenzung jedoch in haftungsrechtlicher Hinsicht: Hier gilt, dass eine reine Meinungsäußerung wegen des Schutzes aus dem *First Amendment* von vorne herein nicht zum Gegenstand einer Haftungsklage gegen den Äußernden unter dem Gesichtspunkt fehlerhafter Aufklärung oder Information gemacht werden kann, denn Voraussetzung hierfür ist die Veröffentlichung einer nachweislich falschen Äußerung wegen einer Fehlinformation der Öffentlichkeit.[2534] Eine in diesem Verständnis „falsche Meinung" gibt es jedoch nicht.[2535] Nur ein tatsächlicher Behauptungsinhalt kann auch nachweislich falsch gewesen sein.[2536] Obwohl also für die Frage der grundsätzlichen Erfassung von Äußerungen durch das *First Amendment* die Dichotomie zwischen Meinungs- und Tatsachenäußerung nicht entscheidend ist,[2537] muss sie gleichwohl spätestens für die Bestimmung der Reichweite der Auswirkungen des Grundrechtsschutzes auf privatrechtliche Haftung wieder aufgegriffen werden.

2530 "*Congress shall make no law [...] abridging the freedom of speech, or of the press [...]*".

2531 So auch *Schroeter*, Ratings, S. 565.

2532 *Husisian*, 75 Cornell Law Review (1990), S. 411 (451) (Fn. 175) m.w.N.

2533 Vgl. nur *Milkovich v. Lorain Journal Co.*, 21.06.1990, 497 U.S. 1, 18 f. (1990); im Übrigen oben unter G. II. 1.

2534 Vgl. *Milkovich v. Lorain Journal Co.*, 21.06.1990, 497 U.S. 1, 19 (1990) ("*provable as false*"); *Hustler Magazine, Inc. v. Falwell*, 24.02.1988, 485 U.S. 46, 50 (1988) ("*false statement of a fact*"); *Nagy*, 94 Minn. Law Review (2009), S. 140 (160); *Pinto*, 54 American Journal of Comparative Law (2006), S. 341 (352).

2535 *Gertz v. Robert Welch, Inc.*, 25.06.1974, 418 U.S. 323, 339 f. (1974): "*Under the First Amendment, there is no such thing as a false idea*".

2536 *Milkovich v. Lorain Journal Co.*, 21.06.1990, 497 U.S. 1, 20 (1990).

2537 So ausdrücklich *Milkovich v. Lorain Journal Co.*, 21.06.1990, 497 U.S. 1, 18 f. (1990).

Reine Meinungsäußerungen werden indirekt doch stärker geschützt, da sie keine Haftung wegen einer Fehlinformation begründen können.[2538]

Diese Erkenntnis wirkt sich in erheblichem Maße auf die mögliche Inanspruchnahme von Ratingagenturen wegen des Vorwurfs fehlerhafter Marktinformation aus: Soweit Ratings als reine Meinungsäußerungen anzusehen sind, müsste der Grundrechtsschutz des *First Amendment* konsequenter Weise zu einem Ausschluss der Möglichkeit zur zivilrechtlichen Inanspruchnahme von Ratingagenturen führen, da ihre Bonitätsurteile nicht „falsch“ sein könnten.[2539] Wie zuvor ausgeführt, müssen Ratings dabei grundsätzlich als Meinungsäußerungen qualifiziert werden.[2540] Inakkurate Ratings könnten daher keine zivilrechtliche Verantwortlichkeit gegenüber Investoren auslösen.[2541]

Dies bedarf allerdings einiger Differenzierungen: Eine erste Differenzierung ist dahin gehend zu formulieren, dass jedenfalls die in den begleitenden Ratingberichten häufig getätigten Angaben und Informationen tatsächlicher Art Gegenstand eines Haftungsanspruchs sein können, da die besondere Privilegierung für sie nicht gilt.[2542] Entsprechende Tatsachenangaben sind dem Wahrheitsbeweis zugänglich und können mithin auch faktisch „falsch“ und aus Sicht der Rezipienten irreführend sein.[2543] Das Gleiche muss gelten, wenn die in der jeweiligen Ratingnote verkörperte Erklärung de facto eine tatsächliche Behauptung darstellt, etwa weil die untersuchte Bonität mit einer erheblichen Negativnote versehen wird, was angesichts einschlägiger Notenbeschreibungen der großen Agenturen die (tatsächliche) Behauptung bereits eingetretener oder unmittelbar bevorstehender Zahlungsunfähigkeit bedeutet.[2544]

2538 Vgl. *Ebenroth/Dillon*, 24 Law & Policy in International Business 1993, S. 783 (819) m.w.N.

2539 Dabei lehnt *Schroeter*, Ratings, S. 574 die Differenzierung zwischen Meinungsäußerung und Tatsachenbehauptung ab und stellt einzig auf das Merkmal der Beweisbarkeit der Falschheit der Äußerung ab, was im Ergebnis allerdings keinen Unterschied macht; siehe im Übrigen *Ebenroth/Dillon*, 24 Law & Policy in International Business 1993, S. 783 (822); *von Rimon*, Ratings in Deutschland und USA, S. 251.

2540 Siehe zuvor unter G. II. 2.

2541 So *Schroeter*, Ratings, S. 575; auf dieser Basis könnte ein Investor nicht einmal in das prozessuale Stadium der *pretrial discovery* – hierzu sogleich unter G. II. 3. c) aa) – vordringen, sondern würde mit seiner Klage schon wegen Unschlüssigkeit abgewiesen werden (Rule 12(b)(6) Federal Rules of Civil Procedure).

2542 Siehe etwa *Compuware Corp. v. Moody's Investors Services*, 23.08.2007, 499 F.2d 520, 529 (6th Cir. 2007); *First Equity Corp. of Florida v. Standard & Poor's Corp.*, 22.07.1988, 690 F.Supp. 256, 259 (S.D.N.Y. 1988); generell für mit der Meinungsäußerungen verbundene tatsächliche Angaben auch *Pinto*, 54 American Journal of Comparative Law (2006), S. 341 (352).

2543 Damit kann es sich insbesondere um *„untrue statements of a material fact“* handeln, hierzu im Zusammenhang mit sec. 10(b) SE Act i.V.m. Rule 10b-5 oben G. I. 1. a).

2544 Zu dieser Differenzierung im Zusammenhang mit deutschem Verfassungsrecht bereits oben D. IV. 2. a); ebenso zu nennen ist ein *downgrading*, durch das auf ein

Eine weitere Differenzierung ergibt sich daraus, dass die grundsätzlich als Meinungsäußerung zu qualifizierende Ratingnote ihrerseits – unter Umständen sogar ganz wesentlich – auf Fakten und Tatsachen basiert, mithin eine *„opinion based upon facts“*[2545] darstellen kann. Beinhaltet eine Meinungsäußerung auch Tatsachen und sind diese Tatsachen, auf denen die Meinung maßgeblich fußt, ihrerseits fehlerhaft oder unvollständig, sei es, weil sie aufgrund unzureichender Methodik unzureichend festgestellt oder eruiert wurden, oder sei es, weil die Informationen sorgfaltswidrig geprüft wurden, so wird auch das Endergebnis, mithin das Werturteil, womöglich fehlerbehaftet sein und kann dann eine Basis für zivilrechtliche Verantwortlichkeit trotz des Grundrechtsschutzes durch das *First Amendment* bilden.[2546] Das jeweilige Werturteil wird in diesen Fällen auf seinen „Wahrheitsgehalt“ hin in gewisser Hinsicht doch überprüfbar.[2547] Diese Erwägung ist für die vorliegende Betrachtung der Behandlung von Ratings und Ratingagenturen entscheidend. Ratings scheiden damit nicht von vorne herein als taugliche Haftungsgegenstände aus.[2548]

Damit muss sich der erste hier untersuchte Komplex möglicher Konsequenzen des Grundrechtsschutzes aus dem *First Amendment* nicht zwingend zuungunsten klagender Investoren auswirken. Es wird insoweit auf die Umstände des Einzelfalls, d. h. auf das konkret in Rede stehende Rating ankommen. Feststeht gleichwohl, dass Ratingagenturen die *First Amendment Defense* in Haftungsprozessen typischerweise ergreifen und dadurch – unabhängig von dem letzten Endes zu formulierenden Ergebnis – eine erste erhebliche Hürde für die privatrechtliche Inanspruchnahme von Ratingagenturen durch Investoren schaffen.[2549]

---

tatsächliches Ereignis reagiert wird und mithin eine Tatsachenäußerung enthalten kann, siehe *Ebenroth/Dillon*, 24 Law & Policy in International Business 1993, S. 783 (832). Allerdings besitzt diese Fallgruppe negativer Ratingnoten in der vorliegend angestellten Haftungsbetrachtung zugunsten von Investoren keine größere Praxisrelevanz, da haftungsbegründend typischerweise nur „zu gut“ ausfallende Ratingnoten sind.

2545 *Pinto*, 54 American Journal of Comparative Law (2006), S. 341 (353).

2546 *Pinto*, 54 American Journal of Comparative Law (2006), S. 341 (353); in eine ähnliche Richtung *Ebenroth/Dillon*, 24 Law & Policy in International Business 1993, S. 783 (822); siehe auch *Nagy*, 94 Minn. Law Review (2009), S. 140 (159 ff., 164), die darauf abstellt, dass der Markt Ratings nicht wie bloße Meinungsäußerungen behandelt, sondern ihnen eine größere Wertschätzung zuteilwerden lässt.

2547 *Ebenroth/Dillon*, 24 Law & Policy in International Business 1993, S. 783 (822) (“*in a sense the rating is ‘verifiable’*”).

2548 Ebenso *Pinto*, 54 American Journal of Comparative Law (2006), S. 341 (353); ähnlich *Abu Dhabi Commercial Bank v. Morgan Stanley & Co. Inc.*, 02.09.2009, 651 F.Supp.2d 155, 175 f. (2009), für den Fall, dass die Ratingagentur unabhängig vom Meinungs- oder Tatsachencharakter ihrer Äußerung selbst nicht davon ausgeht, dass das Rating stimmt; hierzu auch *Deats*, 110 Columbia Law Review (2010), S. 1818 (1858).

2549 Entsprechende Negativbeispiele, in denen die Klage bereits wegen des besonderen Meinungsschutzes gescheitert sind, finden sich zuhauf, vgl. nur *In Re Enron Corop.*

b) Anwendung eines erhöhten Verschuldensmaßstabs: „actual malice"

Der zweite Komplex möglicher Auswirkungen des Grundrechtsschutzes aus dem *First Amendment* zugunsten von Ratingagenturen im Rahmen privatrechtlicher Haftung ist sodann die Anwendung eines besonderen Verschuldensmaßstabs bei der potenziellen Haftung wegen etwaiger Falschinformation. Um den Grundrechtsschutz auch in privatrechtlichen Haftungsverfahren zur Geltung zu bringen, wird seit der Leitentscheidung *New York Times v. Sullivan*[2550] aus dem Jahre 1964 davon ausgegangen, dass ein Presseorgan unter Berufung auf das *First Amendment* nur dann für eine Fehlinformation haftbar gemacht werden kann, wenn bei der Veröffentlichung mit „*actual malice*" gehandelt wurde.[2551]

aa) Der actual malice*-Standard*

Actual malice beinhaltet einen besonderen subjektiven Verschuldensgrad, der unabhängig von der zugrunde liegenden Anspruchsgrundlage als zusätzliche subjektive Haftungsvoraussetzung zu formulieren ist.[2552] Die wortgenaue Übersetzung und juristische Übertragung von *actual malice* in das deutsche Rechtsverständnis wird unterschiedlich beurteilt.[2553] Gemeint ist nach der einschlägigen US-amerikanischen Rechtsprechung, dass entweder positive Kenntnis von der Unrichtigkeit der veröffentlichten Information geherrscht hat oder in rücksichtsloser Missachtung der Wahrheit gehandelt wurde.[2554] Dabei wird eine solche rücksichtslose Missachtung der Wahrheit dann angenommen, wenn eine zielgerichtete Verschließung vor der Wahrnehmung der tatsächlich zutreffenden Umstände erfolgt ist.[2555] Der Betroffene

---

Securities, Derivative Litigation, 16.02.2005, 511 F.Supp.2d 742, 825 (S.D.Tex. 2005); *Compuware Corp. v. Moody's Investors Services*, 23.08.2007, 499 F.2d 520, 529 (6th Cir. 2007); siehe auch *Deats*, 110 Columbia Law Review (2010), S. 1818 (1834) ("*rating agencies almost certainly do not face [...] liability*"); *Sullivan*, 94 Minn. Law Review (2010), S. 2136 (2149) ("*greatest barrier to liability for investors*").

2550 *New York Times v. Sullivan*, 09.03.1964, 376 U.S. 254 (1964).

2551 *New York Times v. Sullivan*, 09.03.1964, 376 U.S. 254, 279 f. (1964): "*The constitutional guarantees require, we think, a federal rule that prohibits a public official from recovering damages for a defamatory falsehood relating to his official conduct unless he proves that the statement was made with 'actual malice'*"; siehe auch *Gertz v. Robert Welch, Inc.*, 25.06.1974, 418 U.S. 323, 348 f. (1974).

2552 *New York Times v. Sullivan*, 09.03.1964, 376 U.S. 254, 279 f. (1964); *Hustler Magazine, Inc. v. Falwell*, 24.02.1988, 485 U.S. 46, 56 (1988).

2553 Vgl. etwa *Schroeter*, Ratings, S. 576 („gröbstes Verschulden"); *von Rimon*, Ratings in Deutschland und USA, S. 253 („grobe Fahrlässigkeit"); *von Schweinitz*, WM 2008, S. 953 (954) („entspricht Sittenwidrigkeit nach § 826 BGB").

2554 *New York Times v. Sullivan*, 09.03.1964, 376 U.S. 254, 280 (1964); *Hustler Magazine, Inc. v. Falwell*, 24.02.1988, 485 U.S. 46, 56 (1988); *County of Orange v. McGraw Hill Companies*, 18.03.1999, 245 B.R. 151, 158 (C.D.Cal. 1999).

2555 *Harte-Hanks Communications v. Connaughton*, 22.06.1989, 491 U.S. 657, 692 (1989); vgl. auch *County of Orange v. McGraw Hill Companies*, 18.03.1999, 245 B.R. 151, 158

muss ernsthafte Zweifel am Wahrheitsgehalt seiner Äußerung besessen und sich bei der Veröffentlichung über diese hinweggesetzt haben.[2556] Vor diesem Hintergrund wird man *actual malice* am ehesten mit dem Vorsatzbegriff nach deutschem Rechtsverständnis umschreiben können, da dieser sowohl den Aspekt der positiven Kenntnis und Arglist umfasst als auch bedingt vorsätzliches Handeln mit einbezieht, wodurch dem Erfordernis rücksichtsloser Missachtung der Wahrheit in Gestalt einer billigend in Kauf genommenen Unwahrheit Rechnung getragen wird. Dagegen dürfte grobe Fahrlässigkeit ein zu milder Verschuldensmaßstab sein, um die statuierte Rücksichtslosigkeit der Unkenntnis zum Ausdruck zu bringen,[2557] während die Übersetzung mit „Sittenwidrigkeit" auf der anderen Seite wiederum zu eng geriete.[2558] Außer Frage steht, dass jedenfalls einfache oder mittelschwere Fahrlässigkeit bei der Publizierung fehlerhafter Informationen keinesfalls dem *actual malice*-Standard genügen kann.[2559]

Der Anwendung dieses erhöhten Maßstabs liegt die Überlegung zugrunde, dass die durch das *First Amendment* privilegierten Personen zum Schutze des freien Informationsaustauschs nur dann für die Fehlerhaftigkeit ihrer Aussage haftbar gemacht werden sollen, wenn sie ein vorwerfbares Bewusstsein für die Unrichtigkeit ihrer Auskunft besessen haben.[2560] Dadurch soll der Ausübung der Meinungsäußerungs- und Pressefreiheit hinreichender Raum zur Entfaltung – *„breathing space"*[2561] – gelassen und dem Umstand Rechnung getragen werden, dass eine absolute Fehlerfreiheit jedweder Veröffentlichung unmöglich ist.

Die Rechtsprechung zur Anwendung des *actual malice*-Standards wird gemeinhin auch bei der Haftung gegenüber Ratingagenturen fruchtbar gemacht, deren Tätigkeit insoweit als presseähnliche Veröffentlichungen unter den Schutz des *First*

(C.D.Cal. 1999); *Blaurock*, ZGR 2007, S. 603 (631); *Husisian*, 75 Cornell Law Review (1990), S. 411 (449).

2556 *St. Amant v. Thompson*, 29.04.1968, 390 U.S. 727, 731 (1968) ("*entertained serious doubts as to the truth of his publication*"); *First Equity Corp. of Florida v. Standard & Poor's Corp.*, 02.03.1989, 869 F.2d 175, 178 (2d Cir. 1989); *Pinto*, 54 American Journal of Comparative Law (2006), S. 341 (353) (Fn. 68).

2557 Anders *von Rimon*, Ratings in Deutschland und USA, S. 253; *„recklessness"* als „zwischen dem deutschen Vorsatz und der groben Fahrlässigkeit" liegend bezeichnet von *Sauer*, Haftung für Falschinformation des Sekundärmarkts, S. 119.

2558 Anders wohl *von Schweinitz*, WM 2008, S. 953 (954), was allerdings außer Acht lässt, dass schon positive Kenntnis für *actual malice* genügt.

2559 Vgl. *Schroeter*, Ratings, S. 577; *County of Orange v. McGraw Hill Companies*, 18.03.1999, 245 B.R. 151, 158 (C.D.Cal. 1999): "*[...] requires more than a departure from reasonably prudent conduct*".

2560 Vgl. die Leitentscheidung *New York Times v. Sullivan*, 09.03.1964, 376 U.S. 254, 279 f. (1964).

2561 *Hustler Magazine, Inc. v. Falwell*, 24.02.1988, 485 U.S. 46, 56 (1988); asudrücklich für Ratingagenturen in Anspruch genommen in *In Re Enron Corop. Securities, Derivative Litigation*, 16.02.2005, 511 F.Supp.2d 742, 822 (S.D.Tex. 2005).

Amendment gefasst wird.[2562] Etwas anderes gilt – wie gezeigt – allenfalls bei „privaten“ Ratings, die gerade nicht auf die Information der breiten Öffentlichkeit gerichtet sind.[2563] Gegen die Presseähnlichkeit der Ratingtätigkeit[2564] geäußerte Bedenken überzeugen im Ergebnis nicht, da, wie ebenfalls ausgeführt, an der grundsätzlichen Informationsfunktion von unbeschränkt veröffentlichten Ratings zugunsten der allgemeinen Öffentlichkeit ihrem Wesen nach nicht zu zweifeln ist.[2565]

bb) Matters of public interest and concern

Die Anwendung des *actual malice*-Standards setzt allerdings – gewissermaßen als Tatbestandsmerkmal – voraus, dass die jeweils streitgegenständliche Äußerung als „*matter of public interest and concern*“[2566] – als eine Angelegenheit von öffentlichem Interesse und Belang – anzusehen ist.[2567] Dies unterstreicht die Zweckrichtung der *actual malice*-Rechtsprechung zum Schutze solcher Veröffentlichungen, die die Öffentlichkeit informieren bzw. solcher Organe, die die Informationsversorgung der Allgemeinheit sicherstellen wollen.[2568] Ob ein solcher *matter of public concern* betroffen ist, wird grundsätzlich nach Inhalt, Form und Kontext der Äußerung ergründet.[2569] Handelt es sich insoweit um eine Veröffentlichung, die nur individuelle Interessen des Äußernden und eines bestimmten Empfängers oder Empfängerkreises betrifft, liegt kein *matter of public concern* vor.[2570]

2562 Siehe *Abu Dhabi Commercial Bank v. Morgan Stanley & Co. Inc.*, 02.09.2009, 651 F.Supp.2d 155, 175 f. (2009); *In Re Enron Corop. Securities, Derivative Litigation*, 16.02.2005, 511 F.Supp.2d 742, 822 (S.D.Tex. 2005); *First Equity Corp. of Florida v. Standard & Poor's Corp.*, 02.03.1989, 869 F.2d 175, 180 (2d Cir. 1989); *County of Orange v. McGraw Hill Companies*, 18.03.1999, 245 B.R. 151, 155 f. (C.D.Cal. 1999).

2563 Siehe oben G. II. 2.

2564 Ausführlich *Nagy*, 94 Minn. Law Review (2009), S. 140 (154 ff.).

2565 Hierzu oben G. II. 2.

2566 *Milkovich v. Lorain Journal Co.*, 21.06.1990, 497 U.S. 1, 20 (1990); *Dun Bradstreet, Inc., v. Greenmoss Builders, Inc.*, 26.06.1985, 472 U.S. 749, 755 ff. (1985); *Ebenroth/Dillon*, 24 Law & Policy in International Business 1993, S. 783 (824); *Schroeter*, Ratings, S. 571.

2567 Alternativ wird *actual malice* auch angewendet, wenn sich die Aussage auf eine *public figure*, also eine Person des öffentlichen Lebens bezieht; dies ist jedoch im Ratingzusammenhang selten relevant und wird daher vorliegend weitgehend ausgeklammert; siehe ebenso *Husisian*, 75 Cornell Law Review (1990), S. 411 (450); mit dem Vorliegen einer *public figure* auseinander gesetzt wurde sich etwa in *Compuware Corp. v. Moody's Investors Services*, 23.08.2007, 499 F.2d 520, 525 f. (6th Cir. 2007); ausführlich behandelt wird die Frage im Ratingzusammenhang von *Ebenroth/Dillon*, 24 Law & Policy in International Business 1993, S. 783 (824 ff.).

2568 Zu dieser verfassungsrechtlichen Herleitung ausführlich und m.w.N. *Schroeter*, Ratings, S. 570.

2569 Vgl. *Dun Bradstreet, Inc., v. Greenmoss Builders, Inc.*, 26.06.1985, 472 U.S. 749, 761 (1985).

2570 Vgl. *Dun Bradstreet, Inc., v. Greenmoss Builders, Inc.*, 26.06.1985, 472 U.S. 749, 762 (1985).

Fraglich und entscheidend ist daher, ob Ratings typischerweise als solche Äußerungen über Angelegenheiten öffentlichen Interesses anzusehen sind. Dabei kann man dieses Merkmal in jedem Einzelfall anhand des jeweiligen Ratingobjekts beurteilen, so dass ein *matter of public concern* jedenfalls dann erkannt werden muss, wenn sich das streitgegenständliche Rating auf ein größeres Unternehmen oder ein solches der öffentlichen Hand bezieht.[2571] Allerdings kommt es auf das konkrete Ratingobjekt letztlich nicht an. Ratings der großen Agenturen sind nämlich, soweit sie unbeschränkt veröffentlicht werden und sich auf einen Emittenten oder eine Emission beziehen, die an Kapitalmärkten gehandelt werden bzw. sich über diese finanzieren, stets als *matters of public concern* anzusehen.[2572] Dies ergibt sich aus der besonderen Bedeutung von Ratings für den Handel mit Wertpapieren und der außergewöhnlich breiten Wahrnehmung, die ihnen auf den Kapitalmärkten widerfährt. Zudem leisten sie aufgrund ihrer Indienstnahme zur aufsichtsrechtlichen Banken- und Kapitalmarktregulierung und zur Förderung der optimalen Kapitalallokation einen gewichtigen Beitrag zu der Funktionalität der Kapitalmärkte.[2573] Ihre Veröffentlichung ist daher in nahezu allen Fällen von nicht unerheblichem öffentlichem Interesse und betrifft nie nur individuelle oder rein private Interessen.[2574] Es geriete daher zu kurz, nur auf die Größe des jeweils bewerteten Emittenten als dem (einzigen) entscheidenden Parameter in der Beurteilung des Vorliegens eines *matters or public concern* abzustellen. Ratings sind daher grundsätzlich Informationen, die öffentliches Interesse hervorrufen und mithin *matters of public concern* betreffen.

cc) Ratings als Commercial speech

Ein verfassungsrechtlich geringeres Schutzniveau im Rahmen privatrechtlicher Haftung kommt indes zur Anwendung, wenn es sich bei der veröffentlichten Information – wenngleich dem Grunde nach immer noch Teil der durch das *First*

2571 Auf eine solche Betrachtung des Ratingobjekts abstellend auch *Schroeter*, Ratings, S. 572 f.

2572 So auch *Abu Dhabi Commercial Bank v. Morgan Stanley & Co. Inc.*, 02.09.2009, 651 F. Supp.2d 155, 175 (2009): "*ratings are considered matters of public concern*"; *Husisian*, 75 Cornell Law Review (1990), S. 411 (452): *"[...] it is difficult to imagine a type of speech that presents a stronger interest in the free flow of information"*; siehe auch *In Re Enron Corop. Securities, Derivative Litigation*, 16.02.2005, 511 F.Supp.2d 742, 829 f. (S.D.Tex. 2005); a.A. *Ebenroth/Dillon*, 24 Law & Policy in International Business 1993, S. 783 (831).

2573 Darauf abstellend auch *Husisian*, 75 Cornell Law Review (1990), S. 411 (452).

2574 Vgl. *Abu Dhabi Commercial Bank v. Morgan Stanley & Co. Inc.*, 02.09.2009, 651 F. Supp.2d 155, 175 (2009); *In Re Enron Corop. Securities, Derivative Litigation*, 16.02.2005, 511 F.Supp.2d 742, 829 f. (S.D.Tex. 2005); *County of Orange v. McGraw Hill Companies*, 18.03.1999, 245 B.R. 151, 155 (C.D.Cal. 1999); *Husisian*, 75 Cornell Law Review (1990), S. 411 (452).

Amendment geschützten Inhalte[2575] – um reinen *commercial speech* handelt.[2576] In diesem Falle soll der strenge Verschuldensmaßstab aus *actual malice* als zusätzliche Anspruchsvoraussetzung entfallen. Stattdessen wirkt sich die Fehlinformation womöglich schon dann haftungsbegründend zulasten des Auskunftsgebenden aus, wenn dieser im Hinblick auf die Fehlerhaftigkeit seiner Tatsachenäußerungen bloß fahrlässig gehandelt hat.[2577] *Commercial speech* liegt dabei nicht schon deshalb vor, weil es einen irgendwie gearteten ökonomischen Bezug oder Hintergrund der Äußerung gibt,[2578] jedoch dann, wenn es sich bei der veröffentlichten Information in der Sache nur um Werbung handelt und sie ihrem Inhalt nach nichts anderes als eine Empfehlung oder werbliche Anregung zugunsten eines bestimmten Geschäfts oder einer Transaktion ausspricht.[2579] Derartigem „Werbesprech" werden unter dem Blickwinkel des *First Amendment* nicht dieselben Privilegien eingeräumt, wie einer auf die sachliche Information der Öffentlichkeit gerichteten Äußerung.[2580]

Wegen der Absenkung des Verschuldensmaßstabs ist für die hier angestellte Haftungsbetrachtung von besonders herausragender Bedeutung, ob Ratings als eben solcher *commercial speech* anzusehen sind. Ein gewichtiges Indiz für das Vorliegen von *commercial speech* im Falle von Ratings – was verschiedentlich bejaht wird[2581] – sind insoweit die enge Beziehung zum und die Bezahlung der Ratingagen-

2575 Hierzu bereits oben G. II. 1.

2576 *Bottini*, 30 San Diego Law Review (1993), S. 579 (618); *Deats*, 110 Columbia Law Review (2010), S. 1818 (1856 f.); *Pinto*, 54 American Journal of Comparative Law (2006), S. 341 (353) (Fn. 69).

2577 *Deats*, 110 Columbia Law Review (2010), S. 1818 (1857).

2578 *Commodity Trend Service v. CFTC*, 17.06.1998, 149 F.3d 679, 686 (7th Cir. 1998); vgl. auch *Bigelow v. Virginia*, 16.06.1975, 421 U.S. 809, 833 (1975).

2579 Vgl. *Pittsburgh Press Co. v. Human Relations Commission*, 21.06.1973, 413 U.S. 376, 384 f. (1973); *Commodity Trend Service v. CFTC*, 17.06.1998, 149 F.3d 679, 686 (7th Cir. 1998); *Central Hudson Gas & Electric Corp. v. Public Service Commission of New York*, 20.06.1980, 447 U.S. 557, 561 (1980); *Posadas de Puerto Rico Associates v. Tourism Company of Puerto Rico*, 01.07.1986, 478 U.S., 328 340 (1986); *Virginia Pharmacy Board v. Virginia Consumer Council*, 24.05.1975, 425 U.S. 748, 762 (1976).

2580 *Dun Bradstreet, Inc., v. Greenmoss Builders, Inc.*, 26.06.1985, 472 U.S. 749, 790 (1985) ("*Commercial speech [...] may be more closely regulated than other types of speech*"); vgl. auch *Virginia Pharmacy Board v. Virginia Consumer Council*, 24.05.1975, 425 U.S. 748, 762 (1976); es handelt sich dann nicht mehr um eine „*exposition of ideas*", hierzu *Chaplinsky v. New Hampshire*, 09.03.1942, 315 U.S. 568, 572 (1942).

2581 Siehe etwa *In re Taxable Municipal Bond Securities Litigation*, 29.12.12.1993, 1993 WL 591418, 4 (E.D.La. 1993); *LaSalle National Bank v. Duff & Phelps Credit Rating Co.*, 26.11.1996, 951 F.Supp 1071, 1096 (S.D.N.Y. 1996); *Bottini*, 30 San Diego Law Review (1993), S. 579 (618) ("*might be considered commercial speech*"); *Deats*, 110 Columbia Law Review (2010), S. 1818 (1854 f.); *von Rimon*, Ratings in Deutschland und USA, S. 254 („*unter bestimmten Voraussetzungen*"); nicht ausdrücklich, jedoch in der Argumentation ähnlich dem *commercial speech*-Einwand *Dun Bradstreet, Inc., v. Greenmoss Builders, Inc.*, 26.06.1985, 472 U.S. 749, 762 (1985).

turen durch die bewerteten Emittenten.[2582] Diese finanzielle und unternehmerische Abhängigkeit begründet den Verdacht des „Im-Lager-Stehens" der Ratingagenturen beim Emittenten und legt den Rückschluss nahe, in Ratings lediglich eine Kaufempfehlung zugunsten des bewerteten Objekts und in Ratingagenturen ein werbliches Sprachrohr des Emittenten zu erkennen.[2583] Nicht umsonst resultieren aus dem *issuer pays*-Modell die besprochenen Interessenkonflikte für die sachgerechte Ratingerstellung.[2584] Zudem steht außer Frage, dass Ratings für Emittenten de facto auch ein Werbemittel darstellen können und werbliche Verwendungszwecke mithin nicht von der Hand zu weisen sind.[2585]

Bei genauer Betrachtung sind diese Erwägungen jedoch im Ergebnis nicht überzeugend.[2586] Dabei ist zuvorderst festzuhalten, dass selbst nach den vorgenannten Überlegungen jedenfalls *unsolicited* Ratings keinen *commercial speech* darstellen könnten, da es hier an dem vermeintlich kompromittierenden Band zum Emittenten gerade fehlt. Doch auch im Hinblick auf *solicited* Ratings gilt nichts anderes. Alleine aus dem Umstand, dass für die jeweilige Äußerung eine Bezahlung vereinbart wird, folgt nach einschlägiger Rechtsprechung noch keine Degradierung der Information zu *commercial speech*.[2587] Auch unabhängig davon darf nicht verkannt werden, dass Ratings in der Sache gerade keine Anlageempfehlungen oder -werbung darstellen.[2588] Sie vermitteln vielmehr Informationen über Emittenten und Emissionen und sorgen für Aufklärung bei Ratingnutzern über mögliche Bonitätsrisiken potenzieller Anlagen.[2589] Freilich folgt aus dieser

---

2582 *Deats*, 110 Columbia Law Review (2010), S. 1818 (1850, 1854 f.) unter Bezugnahme auf den engen Informationsaustausch, die etwaige Beratungstätigkeit der Ratingagentur und die Verwendung von Ratings als Werbemittel; *Nagy*, 94 Minn. Law Review (2009), S. 140 (156 f.) ("*agents of the issuer, paid to speak on the issuer's behalf*").

2583 *Deats*, 110 Columbia Law Review (2010), S. 1818 (1855); *Nagy*, 94 Minn. Law Review (2009), S. 140 (156 f.).

2584 Hierzu oben C. IV. 2. b).

2585 Vgl. *Deats*, 110 Columbia Law Review (2010), S. 1818 (1850); zur Funktion von Ratings aus Emittentensicht oben C. III. 3.

2586 Ratings ebenfalls nicht als *commercial speech* ansehend *Dun Bradstreet, Inc., v. Greenmoss Builders, Inc.*, 26.06.1985, 472 U.S. 749, 792 (1985) (Justice Brennan dissenting); *Husisian*, 75 Cornell Law Review (1990), S. 411 (453) (Fn. 182); *Schroeter*, Ratings, S. 562 f.

2587 Siehe oben G. II. 1.; *Commodity Trend Service v. CFTC*, 17.06.1998, 149 F.3d 679, 686 (7th Cir. 1998); *National Life Ins. Co. v. Phillips Pub. Inc.*, 09.06.1992, 793 F.Supp. 627, 644 (D.Md. 1992).

2588 *Dun Bradstreet, Inc., v. Greenmoss Builders, Inc.*, 26.06.1985, 472 U.S. 749, 792 (1985) (Justice Brennan dissenting); *Husisian*, 75 Cornell Law Review (1990), S. 411 (453) (Fn. 182); *Schroeter*, Ratings, S. 563.

2589 Treffend *Husisian*, 75 Cornell Law Review (1990), S. 411 (453) (Fn. 182): "*Rather, [rating agency's speech] disseminates information so that others may enter into commercial transactions on their own*".

Informationsfunktion, dem Wesen von Ratings entsprechend, auch ein Nutzen im Hinblick auf individuelle Anlageentscheidungen und mithin eine Beeinflussung späterer Transaktionen, da ein positives Rating einen risikoaversen Anleger zu einer Investition anregen mag. Gleichwohl verbürgt sich eine Ratingagentur mit ihren Ratings nicht werblich für das konkrete Anlageobjekt und macht sich mit diesem auch nicht gemein, was sich schon in dem Umstand zeigt, dass auch negative Ratingnoten abgegeben und veröffentlich werden. Dies ist mit dem Wesen von *commercial speech*, der seinen Gegenstand typischerweise ausschließlich positiv anpreisen will, nicht vereinbar. Zudem ist werbenden Äußerungen die Zielrichtung zur Herbeiführung einer positiven Transaktionsentscheidung beim Kunden oder Konsumenten immanent. Ratings hingegen können je nach Risikobereitschaft des jeweiligen Anlegers unterschiedliche Reaktionen hervorrufen und zielen nicht zwingend oder ausschließlich auf eine positive Kaufentscheidung ab. Schließlich werden nicht nur Angaben des Emittenten zum Gegenstand und zur Grundlage eines Rating(verfahren)s gemacht, sondern auch öffentlich zugängliche Informationen oder eigene Datenbestände verwertet.[2590] Auch dieses Vorgehen ist mit dem Wesen werblicher Äußerungen nicht vereinbar, denen es typischerweise an einem objektiv-sachlichen Informationskorrektiv fehlt. In Zweifelsfällen gebieten es im Übrigen das besonders hohe Schutzgut des *First Amendment* und der Schutz der Teilnahme am öffentlichen Informationsaustausch, Ratings nicht pauschal als reinen *commercial speech* zu behandeln.[2591]

Eine Ausnahme ist (einmal mehr) dann zu formulieren, wenn es sich um „private" Ratings handelt, die zu einem Finanzinstrument abgegeben werden, an deren Strukturierung die jeweilige Ratingagentur selbst mitgewirkt hat und die nur gegenüber einem begrenzten und ausgewählten Empfängerkreis abgegeben wird.[2592] In derartigen Konstellationen liegt die Vermutung nahe, dass die Ratingagenturen in der Sache nur ihr eigenes Produkt anpreisen und bewerben und auf die Anregung zu positiven Investitionsentscheidungen bei den Ratingnutzern abzielen.[2593] Die vorstehenden Erwägungen greifen dann nicht, da es an einem objektiven Korrektiv bei der Ratingerstellung fehlt und die Möglichkeit einer Negativbewertung faktisch ausgeschlossen ist, anderenfalls die Agentur ihr quasi-eigenes Finanzinstrument

---

2590 Zum Ratingverfahren insoweit oben C. II. 3.

2591 Ähnlich wegen des Mehrwerts von Ratings für die öffentliche Meinungsbildung *Schroeter*, Ratings, S. 563; vgl. auch *Bigelow v. Virginia*, 16.06.1975, 421 U.S. 809, 833 (1975), wonach werbende Äußerungen kein *commercials speech* sind, wenn sie auch Informationen von öffentlicher Relevanz beinhalten, was Ratings wiederum unterstellt werden kann.

2592 Vgl. *Deats*, 110 Columbia Law Review (2010), S. 1818 (1850); vgl. auch *Blumberg/Wirth/Litsoukov*, Journal of Structured Finance, Winter 2011, S. 34 (35) zu entsprechenden Sachverhaltskonstellationen, in denen eine Haftungsklage Erfolgsaussichten besitzen kann.

2593 *Deats*, 110 Columbia Law Review (2010), S. 1818 (1855).

schlecht bewerten würde.[2594] „Private“ Ratings dienen auch nicht der Teilhabe am öffentlichen Diskurs.[2595]

In dem „Normalfall“ unbeschränkt publizierter öffentlicher Ratings ist dagegen kein *commercial speech* zu erkennen, so dass die Haftungsprivilegierung durch Anwendung des *actual malice*-Standards grundsätzlich nicht zugunsten einer Haftung womöglich schon für einfach fahrlässig begangene Fehlinformationen aufzugeben ist.

dd) Folgen für die Haftung von Ratingagenturen

Dementsprechend kommt es bei der privatrechtlichen Inanspruchnahme von Ratingagenturen grundsätzlich zur Anwendung des *actual malice*-Standards.[2596] Eine Klage gegen Ratingagenturen muss daher zusätzlich zu den jeweiligen Anspruchsvoraussetzungen auch auf eine mit *actual malice* abgegebene Falschinformation gestützt werden können, um den Schutz des *First Amendment* zu überwinden und Erfolgsaussichten zu besitzen. Eine Ratingagentur müsste etwa einem Emittenten oder seiner Emission nachweislich eine gute Bonität bescheinigt haben, obwohl sie wusste oder bewusst ignoriert hat, dass dieser sich in Zahlungsschwierigkeiten befand oder mit hoher Wahrscheinlichkeit bald befunden hätte.

Der *actual malice*-Standard kommt ungeachtet der jeweils in Rede stehenden Anspruchsgrundlage zugunsten des beklagten Veröffentlichungsorgans zur Anwendung,[2597] also auch im Rahmen der hier besonders relevanten Haftung aus sec. 10(b) SE Act i.V.m. Rule 10b-5. Im Hinblick auf diese Anspruchsgrundlage könnte auf den ersten Blick sodann fraglich sein, ob hiermit überhaupt eine Schlechterstellung geschädigter Anleger einher geht, da diese Haftung, wie gezeigt, ohnehin nur bei nachgewiesenem Vorliegen von *scienter* seitens der Ratingagentur anzuwenden ist.[2598] *Actual malice* und *scienter* sind jedoch in ihren Maßstäben nicht identisch, da *scienter* nach überkommenem Verständnis in der US-amerikanischen Rechtsprechung auch grobe Fahrlässigkeit umfasst.[2599] Davon unterscheidet sich der *actual malice*-Standard, da hiernach allenfalls bedingt vorsätzliches Handeln noch zu einer theoretischen Inanspruchnahme des jeweiligen Beklagten führen kann.[2600] Viel entscheidender ist jedoch, dass wegen der im Zuge des Dodd Frank-Act eingeführten Erleichterungen für die haftungsrechtliche Inanspruchnahme von Ratingagenturen betreffend des Nachweises von *scienter* schon die Darlegung jedenfalls grob fahrlässiger Fehler bei der *due diligence* der dem Ratingverfahren

2594 Vgl. *Deats*, 110 Columbia Law Review (2010), S. 1818 (1854 f.).
2595 Hierzu bereits oben G. II. 2. zur Frage der Einbeziehung von Ratings in den Schutzbereich des *First Amendment*.
2596 *Von Schweinitz*, WM 2008, S. 953 (954).
2597 *Schroeter*, Ratings, S. 578 m.w.N.
2598 Hierzu ausführlich oben unter G. I. 1. b).
2599 Siehe oben G. I. 1. b) aa).
2600 Siehe oben G. II. 3. b) aa); a.A. wohl *von Schweinitz*, WM 2008, S. 953 (954).

zugrunde gelegten Informationen genügen soll.[2601] Diese – nicht zu unterschätzende – Substantiierungserleichterung wird über die Anwendung des *actual malice*-Standards im Ergebnis wieder aufgehoben, da die Substantiierungserleichterung aus sec. 21D(b)(2)(B) SE Act keinesfalls auch auf die Darlegung von *actual malice* übertragen werden kann,[2602] anderenfalls erhebliche – und im Ergebnis wohl durchgreifende – Bedenken an der Verfassungskonformität der Regelung in sec. 21D(b)(2)(B) SE Act aufkommen müssten.[2603] Die Anwendung des *actual malice*-Standards beeinflusst daher ohne Ansehen der jeweiligen Anspruchsgrundlage jedwede potenzielle Inanspruchnahme von Ratingagenturen, auch und gerade aufgrund von sec. 10(b) SE Act.

c) Auswirkungen auf das pretrial discovery*-Verfahren*

Der *First Amendment*-Schutz prägt auch den Zivilprozess einer etwaigen Haftungsklage. Hiervon betroffen ist das wichtige prozessuale Element der *pretrial discovery*. Ein Zivilprozess vor US-amerikanischen Zivilgerichten beginnt gemäß den *Federal Rules of Civil Procedure* grundsätzlich mit dem Einreichen einer Klageschrift bei Gericht,[2604] welche indes prozessualen Anforderungen bereits dann genügt, wenn sie den Streitstoff und die abgeleiteten Ansprüche grob zusammenfasst, ohne dass es einer tiefer gehenden Konkretisierung oder direkten Beweisangeboten bedürfte.[2605] Sie muss allerdings die streitrelevanten Tatsachen so weit darstellen, dass eine Plausibilitätsprüfung möglich ist.[2606] Auf die Klageschrift kann der Beklagte sodann innerhalb gesetzter Frist replizieren und sich dabei auf ein pauschales Bestreiten beschränken oder bereits Einwendungen geltend machen.[2607] Die eigentliche Konkretisierung des Streitstoffs und Gegenstands sowie die Ermittlung der streitrelevanten Tatsachen erfolgt erst in dem auf die vorbeschriebene *pleading*-Phase

2601 Siehe sec. 21D(b)(2)(B) SE Act; ausführlich hierzu oben G. I. 1. b) bb).

2602 Denn grobe Fahrlässigkeit genügt für *actual malice* nicht; zudem geht *actual malice* bei der Veröffentlichung der Äußerung über bloße Fehler bei der vorangehenden Prüfung der Unterlagen (*due diligence*) hinaus.

2603 Zur etwaigen Verfassungswidrigkeit von sec. 21D(b)(2)(B) SE Act siehe *Coffee*, 1 Harvard Business Law Review (2011), S. 231 (252); *Deats*, 110 Columbia Law Review (2010), S. 1818 (1838); *Schroeter*, Ratings, S. 895 f.

2604 *Hök*, Discovery-proceedings, S. 67; *Junker*, Discovery im deutsch-amerikanischen Rechtsverkehr, S. 98; *Schack*, Einführung in das US-amerikanische Zivilprozessrecht, Rn. 89.

2605 *Junker*, Discovery im deutsch-amerikanischen Rechtsverkehr, S. 101; *Schack*, Einführung in das US-amerikanische Zivilprozessrecht, Rn. 99.

2606 Siehe Rule 8(a)(2) FRCP: "*a short and plain statement of the claim showing that the pleader is entitled to relief*"; vgl. *Bell Atlantic Corp. v. Twombly*, 21.05.2007, 127 S. Ct. 1955, 1974 (2007) ("*enough facts to state a claim to relief that is plausible*"); ausführlich zum Grad der Substantiierungslast *Hök*, Discovery-proceedings, S. 67 ff.

2607 *Schack*, Einführung in das US-amerikanische Zivilprozessrecht, Rn. 100.

folgenden *pretrial discovery*-Verfahren.[2608] Erst nach Abschluss dieses – gemeinhin als wichtigster angesehenen[2609] – Verfahrensabschnitts kommt es gegebenenfalls zur eigentlichen Gerichtsverhandlung (*trial*). Wegen der besonderen Bedeutung der pretrial discovery soll nachfolgend zunächst deren Wesen dargestellt (unter aa)) und hiernach deren Relevanz für die Ratingagenturenhaftung herausgearbeitet werden (unter bb)). Hiernach werden die Auswirkungen des First Amendment-Schutzes untersucht (unter cc)).

aa) Wesen der pretrial discovery

In der *pretrial discovery* findet eine vorgeschaltete Beweisaufnahme und Beweiserhebung zur Ermittlung und Eingrenzung des Streitstoffs statt.[2610] Die Parteien erheben, sammeln und bewerten weitgehend in Eigenregie die prozessrelevanten Tatsachen; auf das Gericht wird nur begleitend und in Ausnahmefällen zurückgegriffen.[2611] Die *pretrial discovery* dient der effizienten Vorbereitung des eigentlichen Gerichtsverfahrens (*trial*), der Vermeidung von Überraschungen in selbigem und der weitestgehenden Wahrheitsermittlung und Beweissicherung.[2612] Eine solche Verfahrensart, die dem eigentlichen Gerichtsprozess vorgeschaltet ist, ist dem deutschen Verfahrensrecht fremd.[2613]

Um die benötigten Tatsachen zu eruieren und die notwendigen Beweise zu führen, stehen den Prozessparteien diverse (Beweis-)Mittel zur Verfügung, darunter insbesondere sog. *depositions*[2614] und *interrogatories*[2615] sowie die Einziehung

2608 Rules 26 ff. FRCP.

2609 *Junker*, Discovery im deutsch-amerikanischen Rechtsverkehr, S. 37.

2610 *Schack*, Einführung in das US-amerikanische Zivilprozessrecht, Rn. 110; *Schroeter*, Ratings, S. 567; *Stadler*, Der Schutz des Unternehmensgeheimnisses, S. 63; anschaulich verglichen mit der Produktion eines Films (*discovery*) und dessen Vorführung vor Publikum (*trial*) von *Junker*, Discovery im deutsch-amerikanischen Rechtsverkehr, S. 36.

2611 *Junker*, Discovery im deutsch-amerikanischen Rechtsverkehr, S. 84; *Stadler*, Der Schutz des Unternehmensgeheimnisses, S. 63; zu möglichen Einsätzen des Richters vgl. *Schack*, Einführung in das US-amerikanische Zivilprozessrecht, Rn. 123 ff.

2612 Vgl. *Hickman v. Taylor*, 13.01.1947, 329 U.S., 495, 507 (1947); *Hay*, US-amerikanisches Recht, Rn. 184 f.; *Junker*, Discovery im deutsch-amerikanischen Rechtsverkehr, S. 112 f.; *Pfeiffer*, GRUR Int. 1999, S. 598; *Stadler*, Der Schutz des Unternehmensgeheimnisses, S. 67.

2613 Vgl. *Pfeiffer*, GRUR Int. 1999, S. 598 (599) (*„für deutsche Augen ungewöhnlich"*); eine Parallele lässt sich allenfalls im selbstständigen Beweisverfahren, §§ 485 ff. ZPO, erkennen, welches jedoch freilich eigens eingeleitet werden muss und typischerweise auf einzelne konkrete Beweismittel beschränkt ist, deren Verlust vermieden werden soll.

2614 Siehe Rules 30 und 31 FRCP.

2615 Siehe Rule 33 FRCP.

und Vorlegung von Urkunden[2616]. *Depositions* sind mündliche oder schriftliche Partei- und Zeugenvernehmungen unter Eid aufgrund von Fragen der jeweiligen beweisführenden Partei zuzüglich eines Kreuzverhörs (*cross examination*) unter Protokollierung der Vernehmung.[2617] Mit diesen Vernehmungen können relevante Tatsachen herausgefiltert, die jeweiligen Aussagen als Beweise gesichert und nicht selten auch Glaubhaftigkeits- und Glaubwürdigkeitseinwände gegen Parteien oder Zeugen für das eigentliche Hauptverfahren vorbereitet werden.[2618] *Interrogatories* sind daneben schriftliche Fragen einer Partei an die Gegenseite, die diese wahrheitsgemäß und unter Eid beantworten muss, wobei sie hierfür gegebenenfalls auch umfassende eigene Nachforschungen anzustellen hat.[2619] Die entsprechenden Fragenkataloge,[2620] mit denen die gegnerische Partei insoweit konfrontiert werden kann, sind wehrhafte Werkzeuge im *discovery*-Verfahren und können insbesondere die beklagte Partei zu einer weitreichenden Offenlegung interner Vorgänge und Umstände zwingen und der beweisführenden Partei eine aufschlussreiche Ausforschung ihres Prozessgegners ermöglichen.[2621] Auch die Erzwingung der Vorlegung von oder Einsichtsgewährung in Urkunden und Unterlagen durch den Prozessgegner gehört zu den wichtigen Mitteln der *pretrial discovery.*[2622] Gegenstand und Ziel der Beweisermittlung in der *discovery* können alle Tatsachen und Behauptungen sein, die für die Klage oder eine Einwendung von irgendeiner Relevanz sind oder sein könnten.[2623] Dabei können auch unbeteiligte Dritte, mithin Nicht-Parteien, zur Aussage als Zeuge oder zur Vorlegung von Urkunden in den Mittelpunkt der *pretrial discovery* geraten.[2624] Die Befugnisse in der *pretrial discovery* entlasten vor allem die klagende Partei mitunter massiv.[2625]

2616 Siehe Rule 34 FRCP.

2617 *Junker*, Discovery im deutsch-amerikanischen Rechtsverkehr, S. 149; *Pfeiffer*, GRUR Int. 1999, S. 598 (601); *Schack*, Einführung in das US-amerikanische Zivilprozessrecht, Rn. 116; *Stadler*, Der Schutz des Unternehmensgeheimnisses, S. 71 f.

2618 Vgl. *Junker*, Discovery im deutsch-amerikanischen Rechtsverkehr, S. 113 f.

2619 *Junker*, Discovery im deutsch-amerikanischen Rechtsverkehr, S. 176 f.; *Pfeiffer*, GRUR Int. 1999, S. 598 (601); *Schack*, Einführung in das US-amerikanische Zivilprozessrecht, Rn. 118; *Stadler*, Der Schutz des Unternehmensgeheimnisses, S. 74.

2620 Grundsätzlich begrenzt auf 25 Fragen, siehe Rule 33(a)(1) FRCP.

2621 Vgl. *Junker*, Discovery im deutsch-amerikanischen Rechtsverkehr, S. 177 ff.

2622 *Junker*, Discovery im deutsch-amerikanischen Rechtsverkehr, S. 165; *Pfeiffer*, GRUR Int. 1999, S. 598 (601); *Stadler*, Der Schutz des Unternehmensgeheimnisses, S. 76.

2623 Rule 26(b)(1) FRCP: "*Parties may obtain discovery regarding any nonprivileged matter that is relevant to any party's claim or defense [...]*"; *Hay*, US-amerikanisches Recht, Rn. 189; *Hök*, Discovery-proceedings, S. 88; *Schack*, Einführung in das US-amerikanische Zivilprozessrecht, Rn. 111.

2624 *Junker*, Discovery im deutsch-amerikanischen Rechtsverkehr, S. 37; *Schack*, Einführung in das US-amerikanische Zivilprozessrecht, Rn. 111.

2625 Vgl. *Pfeiffer*, GRUR Int. 1999, S. 598 (599).

Bemerkenswert und charakteristisch für das *discovery*-Verfahren ist insoweit die erzwingbare Mithilfe des Prozessgegners bei der Ermittlung des streitrelevanten Beweismaterials durch direkte und indirekte Offenlegungs- und Einlassungspflichten bzw. die Sanktionierung von Untätigkeit oder Verletzungen dieser Pflichten.[2626] Dem liegt die Überlegung zugrunde, dass es einer beklagten Partei nicht zum Vorteil gereichen soll, dass sich potenziell relevantes Beweismaterial (nur) in ihren Händen befindet.[2627] Das kann so weit führen, dass eine Art Ausforschungsermittlung zulasten des Beklagten stattfindet, in deren Folge sich überhaupt erst valide Anhaltspunkte für mögliche Klagegründe hervortun.[2628] Der insbesondere dem deutschen Prozessrecht fremde Gedanke, den Prozessgegner zur Substantiierung der eigenen Klage und dem Beweis der darin enthaltenen Behauptungen zu zwingen,[2629] ist für das US-amerikanische Zivilprozessrecht prägend. Die *pretrial discovery* gereicht daher evident zum Vorteil des jeweiligen Klägers. Von entscheidender Bedeutung ist zudem, dass im US-amerikanischen Kostenrecht grundsätzlich keine Kostenerstattung der Prozesskosten des Gegners im Falle des eigenen Unterliegens stattfindet[2630] und die Kosten der Ermittlungen in der *discovery* grundsätzlich von den Parteien selbst zu tragen sind,[2631] so dass in Ermangelung disziplinierender Kostenrisiken die großzügigen Möglichkeiten des *discovery*-Verfahrens zum Zwecke sogenannter „*fishing expeditions*"[2632], in der Hoffnung, die *discovery* werde irgendetwas Relevantes zutage fördern, oder zur Abnötigung von Vergleichsgesprächen genutzt werden, auch wenn dies eigentlich keinen zulässigen Verfahrenszweck der *discovery* darstellt.[2633] Der *discovery*-Abschnitt ist nicht selten das eigentliche Herzstück des Prozesses.[2634]

2626 Siehe Rule 37 FRCP; *Pfeiffer*, GRUR Int. 1999, S. 598 (599); die Parteien werden besonders getroffen durch prozessuale Sanktionierungen wie den Ausschluss von Beweismitteln, die Für-Wahr-Unterstellung von Behauptungen oder nachteilige Beweiswürdigung, hierzu *Schack*, Einführung in das US-amerikanische Zivilprozessrecht, Rn. 128 m.w.N.

2627 *Schack*, Einführung in das US-amerikanische Zivilprozessrecht, Rn. 111.

2628 *Junker*, Discovery im deutsch-amerikanischen Rechtsverkehr, S. 116.

2629 Vgl. nur *BGH* NJW 1958, S. 1491 (1492): „*Keine Partei ist gehalten, dem Gegner für seinen Prozesssieg das Material zu verschaffen, über das er nicht schon von sich aus verfügt.*"

2630 Vgl. *Alyeska Pipeline Service Company v. Wilderness Society*, 12.05.1975, 421 U.S. 240, 270 f. (1975) („*American Rule*"); *Bolt*, Der Zugang zum Recht in den Vereinigten Staaten von Amerika, S. 19; *Pfeiffer*, GRUR Int. 1999, S. 598 (602).

2631 Vgl. *Bolt*, Der Zugang zum Recht in den Vereinigten Staaten von Amerika, S. 10, auch zu den enormen Kosten, die die *discovery* verursachen kann; *Pfeiffer*, GRUR Int. 1999, S. 598 (602).

2632 *Hickman v. Taylor*, 13.01.1947, 329 U.S., 495, 507 (1947).

2633 *Hay*, US-amerikanisches Recht, Rn. 186; *Hök*, Discovery-proceedings, S. 92 f.; *Schack*, Einführung in das US-amerikanische Zivilprozessrecht, Rn. 114; zu Versuchen der Einschränkung siehe *Stübinger*, Teilnehmerhaftung bei fehlerhafter Kapitalmarktinformation, S. 169 (Fn. 172).

2634 Vgl. *Junker*, Discovery im deutsch-amerikanischen Rechtsverkehr, S. 37 („*wichtigster Verfahrensabschnitt*").

bb) Relevanz für die vorliegende Betrachtung

Die Existenz und das Wesen der *pretrial discovery* im US-amerikanischen Prozessrecht sind für die vorliegend angestellte Betrachtung von erheblicher Bedeutung. Sowohl im Rahmen der Untersuchung der Haftung von Ratingagenturen nach deutschem als auch nach europäischem Recht ist immer wieder als ganz zentraler Schwachpunkt eines wehrhaften *private enforcement* die mangelhafte, wenn nicht weitgehend faktisch ausgeschlossene Beweisbarkeit eines haftungsbegründenden Fehlverhaltens der Ratingagenturen, insbesondere subjektiver Anspruchsmerkmale, genannt und bewertet worden.[2635]

Auf den ersten Blick könnten sich diese eklatanten Beweisprobleme im US-Recht in gewissem Maße relativieren und der praktischen Umsetzung theoretischer Ansprüche nicht mehr in vergleichbarer Intensität im Wege stehen: Das *pretrial discovery*-Verfahren wäre grundsätzlich ein scharfes Schwert in den Händen klagender Anleger gegenüber den Ratingagenturen, da sie hierdurch auf Basis eines noch weitgehend pauschal gehaltenen Klagevorwurfs – notfalls „ins Blaue hinein"[2636] – in die *discovery* eintreten können, um die Ratingagentur hier im Zuge der *depositions, interrogatories* und der Beanspruchung von relevanten Unterlagen zur Vorlegung und Ermittlung der anspruchsrelevanten und „fehlenden" Tatsachen zu zwingen. So könnten etwa Ratingmitarbeiter als Zeugen vernommen, interner Schriftverkehr mit dem Emittenten angefordert oder den Ratingagenturen gezielt Fragen zu den Hintergründen und Grundlagen des jeweiligen Ratingverfahrens gestellt werden.[2637] Im Wege sogenannter *e-discovery* können zudem auch elektronische Daten im Rahmen der (erzwingbaren) Vorlegung von Urkunden und Dokumenten zutage gefördert werden.[2638] Dies erlaubt etwa auch die Einsicht in unternehmensinterne E-Mail-Korrespondenz der Agentur, was typischerweise wegen des häufig belastenden Charakters derartiger interner Kommunikation von besonderem Interesse für Außenstehende sein kann und geeignet ist, Rückschlüsse auf subjektive Kenntnisstände und Willensrichtungen bei repräsentativen Mitarbeitern zu ziehen.[2639] Ferner ließen sich Erkenntnisse und Unterlagen der Aufsichtsbehörde SEC, die

---

2635 Siehe zusammenfassend oben E. IV. 2.

2636 *Junker*, Discovery im deutsch-amerikanischen Rechtsverkehr, S. 116; kritisch zu einer solch niedrigen Substantiierungslast *Hök*, Discovery-proceedings, S. 76.

2637 Die Vernehmung von juristischen Personen ist in Gestalt ihrer Repräsentanten oder vom Kläger konkret benannter Personen möglich, hierzu *Junker*, Discovery im deutsch-amerikanischen Rechtsverkehr, S. 153 ff.

2638 Siehe Rule 34(a)(1)(A) FRCP.

2639 Vgl. *Bolt*, Der Zugang zum Recht in den Vereinigten Staaten von Amerika, S. 10; *Schack*, Einführung in das US-amerikanische Zivilprozessrecht, Rn. 120; es ist insoweit unweigerlich an die zu unfreiwilliger Berühmtheit gekommene interne E-Mail einer Ratingagentur zu denken, in der zu den Sorgfaltsbemühungen bei der Bewertung eines Finanzinstruments konstatiert wurde: *„it could be structured by cows and we would rate it"*, zitiert nach *SEC*, Summary Report, 07/2008, S. 12; ähnliche Beispiele bei *Haar*, civil liability (2013), S. 2.

etwaiges Fehlverhalten der Agenturen dokumentieren, in den Prozess einführen.[2640] Die *pretrial discovery* ist damit geeignet, die Lücke zwischen abstrakt bleibenden Verdachtsmomenten auf Anlegerseite hinsichtlich etwaiger Sorgfaltsverstöße einerseits und deren konkretem Nachweis andererseits zu schließen, mithin den Weg zwischen der Schlüssigkeit einer Klage und ihrer beweissicheren Substantiierung, typischerweise die Achillesferse der Inanspruchnahme von Ratingagenturen, zu ebnen. Im *discovery*-Verfahren könnte daher das eklatante Informationsgefälle zwischen klagenden Investoren und beklagten Ratingagenturen relativiert werden, ohne dass die Kläger die Kosten der Ermittlungen der Ratingagenturen zu tragen hätten.[2641] Dies liegt grundsätzlich auch im Interesse eines gelingenden *private enforcement.*

cc) First Amendment-*Schutz der Ratingagenturen*

Im Ergebnis bleibt diese Verbesserung der prozessualen Beweissituation geschädigter Anleger indes eine theoretische, denn auch hier entfaltet das *First Amendment* und der hieraus erwachsende Grundrechtsschutz zur freien Meinungsäußerung und Pressefreiheit seine Schutzwirkungen.[2642] Ratingagenturen sind, soweit sie im jeweiligen Falle den Grundrechtsschutz für sich und die jeweiligen Ratings in Anspruch nehmen können,[2643] berechtigt, die Mitwirkung und Beteiligung am *pretrial discovery*-Verfahren zu verweigern.[2644] Ihnen erwächst aus ihrer typischerweise grundrechtlich geschützten Tätigkeit zum Schutze der Kommunikation mit Emittenten eine Art Aussage- oder Auskunftsverweigerungsrecht im Hinblick auf die Beweiserhebungsmittel, von denen ein klagender Investorin der *discovery* Gebrauch machen könnte.[2645] Damit ist Klägern die attraktive Möglichkeit zur Erforschung interner Vorgänge und Ereignisse der Ratingagentur, die für eine gelingende Darlegung vor allem subjektiver Merkmale – *scienter* oder *actual malice* – regelmäßig dringend benötigt

2640 Hierzu *Schroeter*, Ratings, S. 894.

2641 Allgemein *Bolt*, Der Zugang zum Recht in den Vereinigten Staaten von Amerika, S. 10.

2642 Siehe hierzu auch *Schroeter*, Ratings, S. 568, 894.

2643 Was zumindest bei gewöhnlichen, öffentlichen Ratings grundsätzlich der Fall ist, siehe oben G. II. 2.

2644 *In re Pan Am Corporation*, 07.12.1993, 161 B.R. 577, 585 f. (S.D.N.Y. 1993); *In re Scott Paper Company Securities Litigation*, 30.11.1992, 145 F.R.D. 366, 367 (E.D.Pa. 1992); vgl. auch bzgl. dem dieser Rechtsauffassung eigentlich zugrunde liegenden Quellenschutz für Journalisten *Application of Behar*, 18.10.1991, 779 F.Supp. 273, 275 f. (C.D. Cal. 1991).

2645 Der Überwindung dieses Verweigerungsrechts sind sehr hohe Hürden gesetzt, siehe In *re Pan Am Corporation*, 07.12.1993, 161 B.R. 577, 585 (S.D.N.Y. 1993): "*At the very least, a party seeking to overcome a constitutional privilege [...] must show that it has exhausted all other available non-privileged sources for the information.*"

werden,[2646] grundsätzlich verwehrt. Sie sind auf Beweismittel beschränkt, die sich nicht gegen die grundrechtlich geschützte Agentur richten.[2647] Aus diesem faktischen Institutionenschutz resultiert eine erhebliche Privilegierung von Ratingagenturen gegenüber etwaig durch ihr Fehlverhalten geschädigten Investoren. Klagende Anleger leiden daher im Ergebnis trotz der eigentlich vorteilhaften Ausgestaltung prozessualer Beweiserhebung im US-amerikanischen Rechtsraum letztlich unter denselben Beweisschwierigkeiten wie Anspruchsteller des Art. 35a Rating-Verordnung,[2648] was dementsprechend identische Bedenken im Hinblick auf die Realisierungswahrscheinlichkeit und die Effektivität eines *private enforcement* hervorrufen muss.[2649]

Eine Ausnahme gilt auch hier im Hinblick auf „private“ Ratings, für die die Agenturen sich grundsätzlich nicht auf das *First Amendment* berufen dürfen.[2650] Bilden derartige Ratings daher den Streitgegenstand, können Kläger sich die Vorzüge der *pretrial discovery* zunutze machen. Im Übrigen und in dem „Normalfall“ öffentlicher Ratings gilt dagegen, dass die Beweisschwierigkeiten für klagende Anleger auch im US-amerikanischen Prozessrecht virulent bleiben.

4. Zusammenfassende Bewertung

Soweit Anleger sich um eine Schadloshaltung bei Ratingagenturen wegen ratingindizierter gescheiterter Investments bemühen, müssen sie sich nach den vorstehenden Ausführungen zwangsläufig mit der *First Amendment Defense* der beklagten Ratingagentur auseinandersetzen. Der Verteidigungseinwand aus dem *First Amendment* stellt in materiell-rechtlicher Hinsicht zwei hohe Hürden für die Inanspruchnahme von Ratingagenturen auf, indem er zum einen reine Meinungsäußerungen unter einen besonderen Schutz stellt und zum anderen den Nachweis erfordert, dass die Agentur bei der Veröffentlichung des fehlerhaften Ratings mit *actual malice* gehandelt hat.[2651] Vor allem Letzteres stellt Anspruchsteller vor enorme Probleme. Die Beweislast für *actual malice* liegt vollständig auf Seiten des jeweiligen Klägers.[2652] Sie erfordert den profunden Nachweis, dass positive Kenntnis von der Falschheit der Information oder rücksichtslose Verkennung des fehlenden Wahrheitsgehalts der Information bei der Ratingagentur vorgelegen hat.[2653] Hierfür müssen klare und belastbare Beweise vorgelegt werden,

---

2646 Vgl. *Schroeter*, Ratings, S. 894.

2647 Vgl. *In re Pan Am Corporation*, 07.12.1993, 161 B.R. 577, 585 f. (S.D.N.Y. 1993).

2648 So auch *Schroeter*, Ratings, S. 568.

2649 Hierzu oben E. IV. 2.

2650 Siehe oben G. II. 2.

2651 Siehe zuvor unter G. II. 3.

2652 *New York Times v. Sullivan*, 09.03.1964, 376 U.S. 254, 279 f. (1964); im Ratingzusammenhang *Compuware Corp. v. Moody's Investors Services*, 23.08.2007, 499 F.2d 520, 526 (6th Cir. 2007); *Nagy*, 94 Minn. Law Review (2009), S. 140 (150).

2653 *Pinto*, 54 American Journal of Comparative Law (2006), S. 341 (353) (Fn. 68).

die zeigen, dass auf Seiten der Agentur erhebliche Zweifel an der Wahrhaftigkeit ihrer Äußerungen bestanden haben und diese ignoriert wurden.[2654] Damit zielt die Beweislast vorwiegend auf den Nachweis subjektiver Merkmale und innerer Willensrichtungen.[2655] Es liegt auf der Hand, dass dieses Darlegungserfordernis – unabhängig von seiner Berechtigung vor dem Hintergrund des besonders ausgeprägten Schutzes aus dem *First Amendment* – eine äußerst hohe Barriere für das Gelingen der Inanspruchnahme von Ratingagenturen darstellt. Klagenden Investoren wird es bei praxisnaher Betrachtung fast unmöglich sein, *actual malice* auf Seiten der Ratingagenturen einmal nachweisen zu können.[2656] Ernsthaft in Betracht kommt insoweit allenfalls der Nachweis einer *reckless disregard for the truth*.[2657] Der Beweisführer wird insoweit auf das Vorliegen von Beweismitteln für objektives Fehlerhalten angewiesen sein, das einen Rückschluss auf subjektives Handlungsunrecht auf Seiten der Ratingagentur zulässt. Eine solche Konstellation wird nur in Ausnahmefällen einmal vorliegen.[2658] Erschwerend kommt hinzu, dass Klägern auch die Vorteile der *pretrial discovery* wegen des *First Amendment*-Schutzes verwehrt bleiben, so dass die Beweislücken hier regelmäßig nicht überwunden werden können.[2659]

Der aus diesen Hürden resultierende besonders ausgeprägte Schutz von Ratingagenturen vor privatrechtlicher Inanspruchnahme ist vor dem Hintergrund des Stellenwerts der Meinungsäußerungs- und Pressefreiheit im US-amerikanischen Rechtsverständnis indes konsequent und nachvollziehbar.[2660] Gleichwohl erscheint das besondere Protegieren von Ratingagenturen vor dem Hintergrund der Entwicklungen in der Ratingbranche und den Erkenntnissen aus der internationalen Finanzkrise 2007/2008 hinsichtlich des Fehlverhaltens gerade der großen Agenturen in dieser Intensität nicht mehr angemessen und ein wenig aus der Zeit gefallen.[2661] Es spiegelt nicht wieder, dass sich die Ratingtätigkeit mehr und mehr entfernt hat von der nur neutralen und sachlichen – mithin presseähnlichen – Marktinformation hin zur Teilnahme der Agenturen am Verfahren der Strukturierung von Finanzinstru-

2654 Vgl. *St. Amant v. Thompson*, 29.04.1968, 390 U.S. 727, 731 (1968); *First Equity Corp. of Florida v. Standard & Poor's Corp.*, 02.03.1989, 869 F.2d 175, 178 (2d Cir. 1989).

2655 *Schroeter*, Ratings, S. 577.

2656 So auch *Pinto*, 54 American Journal of Comparative Law (2006), S. 341 (353); *Schroeter*, Ratings, S. 577; *von Schweinitz*, WM 2008, S. 953 (954).

2657 So auch *Schroeter*, Ratings, S. 576 f.

2658 Vgl. *Schroeter*, Ratings, S. 578; *von Schweinitz*, WM 2008, S. 953 (954).

2659 Hierzu oben G. II. 3. c) cc).

2660 Die Intensität dieses Grundrechtsschutzes geht deutlich über das Maß hinaus, das im deutschen oder kontinentaleuropäischen Rechtsordnungen vorherrscht und führt zu einem umfassenden Institutionenschutz zugunsten von Ratingagenturen, so *Schroeter*, Ratings, S. 571, 579.

2661 Ebenfalls kritisch *von Rimon*, Ratings in Deutschland und USA, S. 254.

menten und der teilweisen Übereinstimmung mit den Interessen der Emittenten, die sie eigentlich unabhängig bewerten sollen.[2662]

Die verfassungsbedingte Machtlosigkeit des Gesetzgebers wird besonders deutlich an dem Widerstreit zwischen dem *First Amendment* und den regulatorischen Vorgaben, die im Zuge der durch den Dodd Frank-Act initiierten Bemühungen um eine verstärkte Regulierung von Ratingagenturen eingeführt wurden.[2663] Hierdurch ist in sec. 21D(b)(2)(B) SE Act etwa eine für die Praxisrelevanz von Haftungsprozessen nicht zu unterschätzende Substantiierungserleichterung im Hinblick auf die Darlegung subjektiven Verschuldens (*scienter*) explizit für Ratingagenturen eingeführt worden, die durch den *actual malice*-Standard, den der Grundrechtsschutz aus dem *First Amendment* grundsätzlich gebietet, gänzlich konterkariert und im Ergebnis gegenstandslos gemacht wird.[2664] Der Gesetzgeber ist mithin gar nicht dazu in der Lage, ein wehrhaftes *private enforcement* zu implementieren. Den Entwicklungen auf dem Markt strukturierter Finanzinstrumente kann allenfalls dadurch begegnet werden, dass – insbesondere wenn die Ratingagenturen tatsächlich in die Strukturierung involviert waren – die Fälle „privater" Ratings, also solcher, die nicht unbeschränkt veröffentlicht werden, vom „Normalfall" öffentlich publizierter Ratings gezielt getrennt und im Hinblick auf den Grundrechtsschutz abweichend strenger behandelt werden.[2665]

Im Übrigen gilt, dass Ratingagenturen einen „umfassenden Institutionenschutz"[2666] genießen, der sie vor der materiell-rechtlich theoretisch möglichen Inanspruchnahme weitgehend schützt. Es ist nicht zu erwarten, dass auf Basis dieses Schutzniveaus eine disziplinierende Wirkung von privatrechtlicher Haftung ausgehen kann. Nicht ohne Grund sind diverse Gerichtsverfahren gerade an der *First Amendment Defense* von Ratingagenturen gescheitert.[2667]

2662 Aus diesem Grund besonders kritisch zur Gleichstellung von Ratingagenturen mit Presseveröffentlichungen *Nagy*, 94 Minn. Law Review (2009), S. 140 (154 ff.).

2663 Hierzu oben G. I. 1. b) bb).

2664 Insoweit verfassungsrechtliche Bedenken formulierend *Coffee*, 1 Harvard Business Law Review 2011, S. 231 (252); *Deats*, 110 Columbia Law Review (2010), S. 1818 (1838); *Schroeter*, Ratings, S. 895 f.

2665 Vgl. *Blumberg/Wirth/Litsoukov*, The Journal of Structured Finance, Winter 2011, S. 34 (35); in der Rechtsprechung entsprechend behandelt *Dun Bradstreet, Inc. v. Greenmoss Builders*, 26.06.1985, 472 U.S. 749, 762 (1985; *In re National Century Financial Enterprises, Inc. Investment Litigation*, 22.07.2008, 580 F.Supp.2d 630, 640 (S.D. Ohio 2008); *Abu Dhabi Commercial Bank v. Morgan Stanley & Co. Inc.*, 02.09.2009, 651 F.Supp.2d 155, 176 (2009).

2666 *Schroeter*, Ratings, S. 579.

2667 Siehe etwa *In Re Enron Corop. Securities, Derivative Litigation*, 16.02.2005, 511 F.Supp.2d 742, 817 (S.D.Tex. 2005); *County of Orange v. McGraw Hill Companies*, 18.03.1999, 245 B.R. 151, 154 (C.D.Cal. 1999).

III. Vergleich der zivilrechtlichen Verantwortlichkeit von Ratingagenturen gegenüber Anlegern nach europäischem und US-amerikanischem Recht

Im vorangehenden Abschnitt wurde die haftungsbezogene Rechtslage nach US-amerikanischem Recht aus Sicht potenziell durch Ratingagenturen geschädigter Anleger untersucht. Damit sind in der vorliegenden Arbeit die wichtigen anlegerschützenden Haftungsregime nach europäischem und nach US-amerikanischem Zivilrecht beleuchtet und analysiert worden. Es lassen sich nun verschiedene Erkenntnisse im Hinblick auf den Umfang und die Intensität des privatrechtlichen Anlegerschutzes, die Wirkungsfähigkeit des *private enforcement* der Ratingagenturen sowie die Vor- und Nachteile der jeweiligen Haftungsregime formulieren, was insbesondere im Falle einer Wahlmöglichkeit für geschädigte Anleger, entweder die US-amerikanische Muttergesellschaft oder ihre im EU-Raum registrierte, das jeweilige Rating übernehmende Tochteragentur in Anspruch zu nehmen,[2668] von Bedeutung sein kann. Da Art. 35a Rating-Verordnung in der konkreten Normanwendung auch von dem jeweils subsidiär anzuwendenden nationalen Recht abhängig ist,[2669] beinhaltet ein Vergleich der beiden Haftungsregime allerdings immer den Vorbehalt, dass sich die Rechtslage womöglich je nach anzuwendendem nationalem Recht von Mitgliedsstaat zu Mitgliedsstaat unterscheidet. Der nachfolgenden Betrachtung wird insoweit zugrunde gelegt, dass deutsches Zivilrecht subsidiär Anwendung findet.

1. Der Stellenwert der Meinungsäußerungs- und Pressefreiheit

In einem Vergleich der beiden Haftungsregime ist zunächst der ungleich höhere Stellenwert, der dem Schutz der Meinungs- und Pressefreiheit nach US-amerikanischem Recht eingeräumt wird, bemerkenswert und auffällig. Dies hat, wie gezeigt, unmittelbare Auswirkungen auf die privatrechtliche Verantwortlichkeit von Ratingagenturen, soweit diese oder ihre Tätigkeit unter den entsprechenden Schutz des *First Amendment* gestellt werden.[2670] Zwar ist die Meinungs- und Pressefreiheit auch im kontinentaleuropäischen Raum zweifellos ebenfalls von großer Bedeutung und keinesfalls nur eine Nebensächlichkeit;[2671] jedoch wirkt sich dies in der konkreten Haftung von Ratingagenturen nach Art. 35a Rating-Verordnung nicht ansatzweise vergleichbar aus.[2672] Entsprechende Grundrechtserwägungen sind dem europäischen Haftungstatbestand vielmehr vorgeschaltet, indem sie bei der Rechtssetzung im Sinne eines angemessenen und verhältnismäßigen Eingriffs in entsprechende Frei-

2668 Übernahme von Ratings aus einem Drittland nach Art. 4 Abs. 3 Rating-VO.

2669 Hierzu ausführlich oben E. I. 5.

2670 Siehe oben G. II. 2.

2671 Vgl. Art. 11 Abs. 1 und 2 Charta der Grundrechte der Europäischen Union sowie Art. 10 Abs. 1 S. 1 EMRK.

2672 Vgl. *Blaurock*, ZGR 2007, S. 603 (631); ähnlich *von Rimon*, Ratings in Deutschland und USA, S. 261.

heiten und Rechte zu berücksichtigen waren, so dass Art. 35a Rating-Verordnung idealiter bereits das Resultat eines hinreichend berücksichtigten und zum Ausdruck gekommenen Freiheitsschutzes der Ratingagenturen ist. Ausfluss einer solchen Abwägung ist es insoweit etwa, dass die Haftung von vorne herein nur auf Vorsatz und grobe Fahrlässigkeit beschränkt ist oder dass entlastende Beweisregelungen zugunsten der in ihren Grundrechten eingeschränkten Person geschaffen wurden, wie es im in Art. 35a Rating-Verordnung hinsichtlich Ratingagenturen geschehen ist.[2673] In der Normanwendung selbst spielt der Schutz der Meinungs- oder Pressefreiheit sodann keine eigenständige Rolle mehr, insbesondere kommt es nicht zu einer zusätzlichen Abwägung oder zu tatbestandlichen Einschränkungen bei der Subsumtion des Haftungssachverhalts unter die Norm.[2674]

Gänzlich konträr hierzu präsentiert sich die Haftung von Ratingagenturen nach US-amerikanischem Recht. Der Schutz aus dem *First Amendment*, den Ratingagenturen typischerweise für sich beanspruchen können, spielt eine herausragende Rolle in der Haftungsbetrachtung und ist letztlich ausschlaggebend und prägend für das insgesamt pessimistische Fazit für das Gelingen eines *private enforcement* von Ratingagenturen.[2675] Die *First Amendment Defense* wird damit zum zentralen „Stolperstein" nahezu jedweder Haftung. Ein gezielt zulasten von Ratingagenturen geratender Haftungstatbestand nach europäischem Vorbild würde nach US-amerikanischem Rechtsverständnis vor diesem Hintergrund auch erhebliche und wohl durchgreifende Bedenken im Hinblick auf seine Verfassungsmäßigkeit aufkommen lassen.[2676]

Der europäische Regulierungsansatz ist jedoch konsequenter. Er nimmt Ratings unabhängig davon, ob sie im Einzelfall als reine Meinungsäußerung, Mischäußerung oder Tatsachenbehauptung anzusehen sind, als besonders marktrelevante Informationen in die Pflicht und anerkennt damit den hohen Stellenwert von Ratings für moderne Kapitalmärkte und die Risiken, die mit einer fehlerbehafteten Ratingtätigkeit verbunden sind.[2677] Sie verwehrt Ratingagenturen damit konsequenter Weise eine Generalexkulpation aufgrund des Meinungsschutzes, gestattet dadurch die inhaltliche und sachliche Auseinandersetzung mit Ratings und eröffnet eine not-

2673 Siehe etwa Erwägungsgrund Nr. 33 der 2. Reform-VO.

2674 Insoweit sieht der EU-Gesetzgeber Ratings schon nicht als „bloße Meinungen" an, siehe Erwägungsgrund Nr. 8 der 2. Reform-VO.

2675 Siehe oben G. II. 4.

2676 Eine solche Haftung für Meinungsäußerungen dürfte dem Grundsatz – "*Congress shall make no law [...] abridging the freedom of speech, or of the press*" – aus dem First Amendment widersprechen.

2677 Entsprechend Erwägungsgrund Nr. 8 der 2. Reform-VO: „*Ratings sind anders als Anlageanalysen keine bloßen Meinungen über den Wort oder den Preis eines Finanzinstruments [...]. Ratings haben für der Regulierung unterliegende Anleger [...] einen aufsichtsrechtlichen Wert. Obwohl die Anreize, sich in allzu hohem Maße auf Ratings zu stützen, abgebaut werden, bestimmen Ratings aufgrund von Informationsasymmetrien und aus Effizienzgründen nach wie vor Anlageentscheidungen.*"

wendige Regulierungschance. Dagegen sind Ratings, soweit es sich um Meinungsäußerungen handelt, nach US-amerikanischem Recht durch privatrechtliche Haftung von vorne herein quasi nicht regulierbar. Dieser Schutzumfang erscheint – wie bereits angedeutet – anachronistisch und verhindert einen angemessenen Ausgleich widerstreitender Interessen, da nicht nur die freie Meinungsäußerung, sondern auch öffentliche Schutzgüter und individuelle Vermögensinteressen schutzwürdig sind, jedoch zugunsten des umfassenden *First Amendment*-Schutzes untergraben werden.[2678]

2. Materiell-rechtlicher Haftungsrahmen

Was die materiell-rechtlichen Rahmenbedingungen betrifft, sind beide Haftungsregime auf den ersten Blick nicht wesentlich voneinander verschieden, wobei sich Art. 35a Rating-Verordnung im US-amerikanischen Recht letztlich nur mit sec. 10(b) SE Act in der Gestalt, die die Haftung durch den *First-Amendment*-Schutz annimmt, als Anspruchsgrundlage messen muss. Hiernach liegen evidente Parallelen insbesondere in dem subjektiven Verschuldensmaßstab vor. Nach beiden Rechtsordnungen findet dem Grunde nach keine Haftung für einfach fahrlässig begangenes Fehlverhalten statt, da in beiden Fällen die Überlegungen zur Vermeidung einer deliktischen Übermaßhaftung und die Anerkennung der spezifischen Umstände der Ratingtätigkeit dominieren.[2679] Ebenso einig sind sich die Rechtsordnungen darüber, dass jedenfalls vorsätzliches Fehlverhalten immer haftungsbegründend wirken muss.[2680] Dieser subjektive Haftungsrahmen geht nach beiden Rechtsordnungen freilich zulasten des Anlegerschutzes, da keine Verhaltensanreize zur Vermeidung „normaler" Fahrlässigkeit gesetzt werden.[2681] Zudem gehen mit einer entsprechenden Verschuldensprivilegierung stets empfindliche Nachweisschwierigkeiten einher, da Vorsatz, Absichten, Kenntnis- oder Wissensstände Dritter oder anderweitige subjektive Willensrichtungen bewiesen werden müssen.

Unterschiede zwischen den beiden Rechtsordnungen im Hinblick auf den materiellen Rechtsrahmen ergeben sich sodann bei dem Blick auf die objektiven Tatbestandsmerkmale. Die nach US-amerikanischem Recht einschlägigen Anspruchsgrundlagen weisen dabei eine klare Zielrichtung im Hinblick auf inhaltlich falsche, d.h. unzutreffende Ratingergebnisse,[2682] soweit Ratings vor dem Hintergrund des *First Amendment*-Schutzes überhaupt Gegenstand einer Haftungsklage werden können, und sind mithin *ergebnisbezogen*. Es herrscht eine unmissver-

2678 Siehe bereits oben G. II. 4.

2679 Siehe Erwägungsgrund Nr. 33 der 2. Reform-VO zur europäischen Haftung und *Ultramares Corp. v. Touche*, 06.01.1931, 255 N.Y. 170, 179, 181 (1931) zum US-amerikanischen Haftungsrecht.

2680 *Schroeter*, Ratings, S. 952.

2681 Kritisch zum Verschuldensmaßstab aus Art. 35a Rating-VO etwa auch *Haar*, DB 2013, S. 2489 (2495).

2682 Das „*untrue statement of a material fact*", sec. 10(b) SE Act i.V.m. Rule 10b-5.

ständliche Fixierung auf die Richtigkeit oder Vertretbarkeit des Ratingergebnisses sowie auf falsche Tatsachenbehauptungen und damit auf die Gewährleistung einer akkuraten tatsächlichen Marktinformation.[2683] Dagegen lenkt der europäische Haftungstatbestand – nach dem hier vertretenen Verständnis des Wortlauts – die Aufmerksamkeit nicht nur auf das Ratingergebnis, sondern auf das ordnungsgemäße Verhalten der Agenturen bei der Erstellung und der Veröffentlichung ihrer Ratings[2684] und ist mithin *verhaltensbezogen*. Der europäische Gesetzgeber nimmt demnach die Sorgfalt und die Arbeitsweise während der Ratingerstellung und die damit in Zusammenhang stehende betriebliche Organisation und Struktur der Agentur präventiv in den Blick. In der Sache ist diese Zielrichtung von Art. 35a Rating-Verordnung, dass auch ein Pflichtverstoß, der sich nicht rechnerisch auf die Ratingnote ausgewirkt hat, haftungsbegründend wirken kann, aus dem Blickwinkel des *private enforcement* zu begrüßen, da Sorgfaltsanreize jenseits der konkreten Ratingnote gesetzt und damit eine wehrhafte Verhaltenssteuerung bewirkt werden kann.

3. Der Umgang mit der Beweislast und Beweisschwierigkeiten

Einen weiteren ganz entscheidenden Aspekt im Vergleich der beiden Haftungsregime stellen ferner das Bestehen von Beweisschwierigkeiten und der Umgang mit der Beweislast auf Seiten klagender Investoren dar. Wie des Öfteren angesprochen, steht und fällt *private enforcement* mit der Beweisbarkeit des Fehlverhaltens von Ratingagenturen und darauf beruhender Schäden. Der europäische Gesetzgeber hat auf die eklatanten Beweisschwierigkeiten dabei insgesamt keine überzeugenden Antworten finden können.[2685] Anspruchsteller einer Forderung aus Art. 35a Rating-Verordnung werden sich typischerweise enormen Hürden in der Darlegung, Substantiierung und in dem Nachweis der haftungsbegründenden und haftungsausfüllenden Merkmale gegenüber stehen sehen. Es ist den jeweils befassten Gerichten überlassen, diese Substantiierungserleichterung mit Leben zu füllen und von prozessualen Mitteln, die in Fällen übermäßiger Beweisbelastung zur Verfügung stehen, angemessen Gebrauch zu machen.[2686] Entsprechende Schwierigkeiten treten auch beim Nachweis eines kausal auf dem Fehlverhalten der Ratingagentur basierenden Vermögensschadens eines Investors auf.[2687] Diese Beweishürden sind die letztlich durchgreifenden und maßgeblichen Bedenken, die gegen die Eignung von Art. 35a Rating-Verordnung zur Verhaltenssteuerung und zum Anlegerschutz formuliert werden müssen.

2683 Auch erkennbar wegen der Deliktsbezeichnungen „*securities fraud*" oder „*manipulative or deceptive device or contrivance*".
2684 Siehe die haftungsbegründenden Pflichten aus Anhang III der Rating-VO, hierzu oben E. I. 2. b).
2685 Siehe oben E. III. 1.
2686 Zu diesen E. III. 2.
2687 Hierzu oben III. 2. b).

Im US-amerikanischen Recht konzentrieren sich die selbstverständlich dem Grunde nach gleichfalls auftretenden Beweishindernisse im Wesentlichen auf den Nachweis des subjektiven Handlungsunrechts auf Seiten der Ratingagentur. Wegen des *First Amendment*-Schutzes muss ihr ungeachtet des jeweiligen Haftungsgrundes *actual malice* vorgeworfen werden können, was wegen des damit einhergehenden Ausschlusses grober Fahrlässigkeit sogar noch strenger gerät als nach Art. 35a Rating-Verordnung.[2688] Zwar dürfte es für die Nachweisbarkeit des Handlungsunrechts nicht die entscheidende Frage sein, ob grobe Fahrlässigkeit noch ausreicht oder bedingter Vorsatz zu verlangen ist, da beides gleichermaßen schwierig, jedoch im Ergebnis wohl mit dem identischem Tatsachenvortrag und Beweismaterial zu belegen sein dürfte;[2689] allerdings divergiert der Bezugsgegenstand des subjektiven Handlungsunrechts in den beiden Rechtsordnungen: Im Rahmen von Art. 35a Rating-Verordnung genügt der Beleg vorsätzlichen oder grob fahrlässigen Verstoßes gegen eine konkrete Verhaltenspflicht, was sich bei nachweislich geschehenem Erfolgsunrecht womöglich durch entsprechende Vermutungen darlegen lässt,[2690] wohingegen dem Erfordernis von *actual malice* ein vorsätzliches Element im Hinblick auf die Täuschung Dritter innewohnt.[2691] Auf ein nur objektiv sorgfaltswidriges Rating kommt es nicht an, vielmehr muss die Ratingagentur nachweislich etwa zur Erreichung sachfremder Ziele oder zur in Kauf genommenen Irreführung des Marktes agiert haben. Dies ist durch den Anspruchsteller zu belegen und wird damit im Vergleich zu Art. 35a Rating-Verordnung zu einer zusätzlichen Belastung für klagende Investoren. Wie gezeigt werden sich Anleger dabei grundsätzlich auch nicht auf einen Erkenntnisgewinn im *pretrial discovery*-Verfahren verlassen können, so dass auch diese Beweiserleichterung ausscheidet.[2692]

Ein anderes Bild ist im Hinblick auf den Nachweis eines kausalen Vermögensschadens zu zeichnen. Hier sind Anspruchsteller nach US-amerikanischem Recht wegen der Anwendung der *fraud-on-the-market theory* im Gegensatz zu Klägern eines Anspruchs aus Art. 35a Rating-Verordnung in erheblichem Maße privilegiert.[2693] In der Analyse der Beweissituation in beiden Rechtsordnungen ist dies der entscheidende Unterschied.[2694] Gelingt einmal der Nachweis des haftungsbegründenden Fehlverhaltens haben Investoren nach US-amerikanischem Recht eine ungleich größere Erfolgsaussicht im Hinblick auf die prozesssichere Darlegung eines ersatzfähigen Vermögensschadens. In Prozessen vor deutschen Gerichten sind dagegen

2688 Zum Begriffsverständnis von *acutal malice* oben G. II. 3. b) aa).
2689 Vgl. *Wagner* in: FS-Blaurock, S. 467 (489).
2690 Hierzu im Rahmen der Haftung aus § 823 Abs. 2 BGB oben F. III. 3.
2691 Zum *actual malice*-Standard oben G. II. 3. b) aa).
2692 Hierzu oben G. II. 3. c) cc).
2693 Grundsätzlich *Barth*, Schadensberechnung bei Haftung wegen fehlerhafter Kapitalmarktinformation, S. 96; *Shulman*, 74 Cornell Law Review (1989), S. 964.
2694 Ähnlich *von Rimon*, Ratings in Deutschland und USA, S. 262.

womöglich kostspielige und langwierige Gutachten zu Kursdifferenzschäden beizubringen, um eine ansatzweise vergleichbare Sachlage herzustellen.[2695]

Während also der haftungsbegründende Tatbestand um Pflichtverletzung und Verschulden in der europäischen Haftung tendenziell eine größere Aussicht auf tatsächliche Beweisbarkeit besitzt, ist es bezüglich des Nachweises eines kausalen Vermögensschadens das US-amerikanische Haftungsregime, das Anlegern entgegen kommt. Eine ganzheitliche systematische Antwort auf grundlegende strukturelle Beweisschwierigkeiten für Anleger definiert indes keines der beiden Haftungsregime.

4. Realisierungswahrscheinlichkeit der Haftung

In beiden Rechtsordnungen tritt der grundsätzliche gesetzgeberische Wille zur Stärkung des *private enforcement* für Ratingagenturen unverkennbar hervor.[2696] Es stellt sich jedoch die Frage, welches Haftungsregime sich im Einzelfall für einen geschädigten Investor vorteilhafter darstellt und sich dementsprechend zur prozessualen Durchsetzung im Einzelfall anbietet. Aus Sicht eines im EU-Raum aufgrund des Ratings einer großen US-amerikanischen Ratingagentur, das von einer europäischen Tochter übernommenen wurde, geschädigten Anlegers wird nach den spezifischen Umständen des Einzelfalls zu entscheiden sein, nach welchem Statut er etwaige Ansprüche durchzusetzen versucht. Dabei sind die vorgenannten Unterschiede in dem Umgang mit Beweisschwierigkeiten in den Blick zu nehmen. Liegen hinreichende Anhaltspunkte und Beweise für ein zu verschuldendes Fehlverhalten der Ratingagentur einmal vor, dürfte sich wegen der übrigen prozessualen Privilegien die Inanspruchnahme nach US-amerikanischem Recht empfehlen. Gerade wenn „private" Ratings im Fokus stehen, entfallen die wesentlichen Durchsetzungshürden für klagende Investoren nach US-amerikanischem Recht.[2697] Zudem ist die Einleitung von *class actions* möglich, was die Effektivität der Inanspruchnahme signifikant erhöhen kann.[2698] In den übrigen Fällen, in denen sich die Beweislage für das haftungsbegründende Fehlverhalten als schwierig darstellt und in denen deshalb eine Inanspruchnahme nach US-amerikanischem Recht schon wegen des *actual malice*-Standards aussichtslos erscheint, sowie insbesondere in Zweifelsfällen dürfte der europäische Rechtsrahmen dagegen den besseren Anlegerschutz und die größeren

2695 Zu dem entsprechenden Beweisvortrag oben E. III. 2. b) cc).

2696 Im US-amerikanischen Recht zuletzt deutlich geworden durch Einfügung von sec. 21D(b)(2)(B) SE Act; im EU-Raum steht dieser gesetzgeberische Wille wegen Art. 35a Rating-VO außer Frage.

2697 Bei „privaten" Ratings kommt neben dem *securities fraud* auch eine Haftung nach sec. 552 Restatement (Second) of Torts und der *Common Law negligent misrepresentation* in Betracht; zudem wird sich eine Ratingagentur bei „privaten" Ratings nicht auf das *First Amendment* berufen können, vgl. *Abu Dhabi Commercial Bank v. Morgan Stanley & Co. Inc.*, 02.09.2009, 651 F.Supp.2d 155, 176 (2009).

2698 Siehe oben unter G. I. 5.

Erfolgsaussichten bereithalten.[2699] Dies folgt zum einen daraus, dass die diversen Vorgaben zur Transparenz der Ratingtätigkeit im EU-Raum auf Basis der Rating-Verordnung zu einer Verbesserung der Position klagender Investoren führt, die zumindest theoretisch in der Lage sein könnten, methodische Fehler angesichts der verpflichtenden Offenlegung von Modellen und Methoden aufzudecken oder qualitätsbedrohende Interessenkonflikte zu identifizieren.[2700] Dies vermag im Einzelfall die Substantiierung des Anspruchsvortrags zu erleichtern. Zum anderen resultiert diese Annahme aus der Überlegung, dass wegen der die Ratingagenturen gezielt in die Verantwortung nehmenden Haftung aus Art. 35a Rating-Verordnung der gesetzgeberische Wille zur Regulierung und Haftbarmachung von Ratingagenturen ungleich deutlicher zutage tritt als durch ähnliche gesetzgeberische Unternehmung im US-amerikanischen Raum und damit den befassten Zivilgerichten signalisiert, den theoretischen Anspruch im Einzelfall auch einer praktischen Realisierung zuzuführen, indem von den Freiräumen, die die Norm den Gerichten im Hinblick auf die Handhabung der Substantiierungserleichterung lässt und die nationales Prozessrecht bezüglich Schätzungen, Beweiswürdigung und Vermutungen womöglich gewährt, in angemessenem Umfange Gebrauch zu machen und entsprechende Klagen nicht vorschnell zu abzuweisen.[2701] Die Bereitschaft, den Beweisnöten von Klägern zu begegnen, dürfte bei einer Inanspruchnahme nach Art. 35a Rating-Verordnung vor dem Zivilgericht eines Mitgliedsstaats größer sein als ein Haftungsprozess nach US-amerikanischen Recht, welcher im Ergebnis scheinbar unabhängig von konkreten gesetzgeberischen Vorhaben und Anspruchsgrundlagen letzten Endes maßgeblich immer durch das *First Amendment* und dem daraus resultierenden Institutionenschutz geprägt wird und eine erfolgsversprechende Inanspruchnahme von Ratingagenturen damit verhindert.

Wegen dieser Überlegungen wird man Art. 35a Rating-Verordnung und damit dem europäischen Regulierungsansatz im Ergebnis die größeren verhaltenssteuernden Wirkungen und die größere Realisierungswahrscheinlichkeit attestieren müssen.

5. Fazit

Insgesamt leidet der Anlegerschutz gegenüber Ratingagenturen nach beiden Rechtsordnungen unter ähnlichen Defiziten. In beiden Fällen genießen Ratingagenturen einen nicht unerheblichen institutionellen Schutz, der auf Kosten eines angemessenen Interessensausgleichs und einer hinreichenden Berücksichtigung der spezifischen Schwierigkeiten geht, denen klagende Anleger ausgesetzt sind.[2702] Damit wird für

2699 Dagegen kritisch, allerdings nicht im direkten Vergleich mit US-amerikanischem Recht, *Schroeter*, Ratings, S. 954.

2700 Zu diesen Pflichten oben D. III. 1. a) aa).

2701 Hierzu bereits oben E. III. 2.

2702 *Schroeter*, Ratings, S. 579, spricht bzgl. des US-amerikanischen Rechts von einem *„nahezu umfassenden Institutionenschutz"*.

die in Blick genommenen Ratingagenturen weitgehend kein spürbarer Haftungsdruck und mithin auch keine disziplinierende Verhaltenssteuerung bewirkt, da diese entweder mit einer Inanspruchnahme schon nicht rechnen oder diese zumindest nicht weiter fürchten müssen. Eine geringfügig größere praktische Realisierbarkeit materiell-rechtlicher Haftung mag dabei dem europäischen Haftungsregime zugesprochen werden. Das Fazit lautet für beide Rechtsordnungen aus dem Blickwinkel des Anlegerschutzes und *private enforcement* im Ergebnis allerdings ähnlich: Anleger genießen einen insgesamt nur geringfügig ausgeprägten Vermögensschutz. Ratingagenturen sind grundsätzlich keiner gesteigerten Gefahr privatrechtlicher Inanspruchnahme durch Investoren ausgeliefert. Ein wehrhaftes, praxisnahes und realisierbares Haftungsregime existiert grundsätzlich nicht. Regulierende Effekte müssen daher *de lege lata* nur von anderen Mechanismen ausgehen.

H. Schlussbetrachtung

Ratingagenturen und Ratings sind aus den heutigen Finanzmärkten nicht mehr wegzudenken. Das traditionsreiche Geschäftsmodell der Bonitätsbeurteilung von Emittenten und Emissionen, das sich bis in das Ende des 19. Jahrhunderts zurückverfolgen lässt, ist wegen der effizienten Marktinformation vornehmlich zugunsten von Investoren sowie aufgrund der regulatorischen Indienstnahme durch nationale Gesetzgeber – in den USA bereits seit den 1930er Jahren – zu einer nahezu unverzichtbaren Leistung für Kapitalmärkte und ihre Teilnehmer geworden. Dabei hat sich die Zielrichtung der Ratingtätigkeit im Laufe der Zeit von der reinen Anlegeraufklärung hin zu einer Dienstleistung für und zugunsten der bewerteten Emittenten selbst verschoben, was sich anhand der in den 1970er Jahren erfolgten Umstellung des Finanzierungsmodells der großen Ratingagenturen vom *investor pays-* zum *issuer pays*-Modell nachvollziehen lässt.[2703] Aus den mit dieser Finanzierung verbundenen Interessen- und Qualitätskonflikten sowie aus der traditionellen Marktdominanz der drei großen Ratingagenturen *Moody's Investor Services*, *Standard & Poor's* und *Fitch Ratings* folgt indes das Bedürfnis und die Notwendigkeit einer Regulierung des Ratingwesens und seiner Anbieter.[2704] Anderenfalls drohen minderwertige oder fehlerhafte Ratings wegen ihrer breiten Rezeption auf den Märkten und infolge ihrer aufsichtsrechtlichen Verwendung die Funktionalität und Rentabilität der Kapitalmärkte zu beeinträchtigen und ihre Teilnehmer wirtschaftlich zu schädigen. Zwar sind markteigene Mechanismen der Verhaltensregulierung und Qualitätssicherung grundsätzlich vorzugswürdig; sie stehen jedoch unter dem Vorbehalt ihrer Effektivität, bei deren Fehlen gesetzgeberisches Eingreifen gefragt ist. Aus heutiger Sicht und nach der in dieser Arbeit vertretenen Auffassung ist ein solches hoheitliches Regulierungsbedürfnis zu bejahen, da insbesondere die internationale Finanzkrise 2007/2008 eindrucksvoll deutlich gemacht hat, dass eine markteigene Regulierung der Ratingagenturen aufgrund disziplinierender Effekte drohenden Reputationsverlusts nicht funktioniert (hat).[2705] Zugleich ist im Rahmen der Finanzkrise das Gefährdungspotenzial systematisch sorgfaltswidriger Ratingtätigkeit erkennbar geworden.

Die gezielte hoheitliche Regulierung von Ratingagenturen hat aufgrund dieser Erkenntnisse aus der Finanzkrise 2007/2008 auch international an Bedeutung gewonnen. Maßgeblich sind in diesem Zusammenhang die Regulierungsvorstöße auf US-amerikanischer sowie auf europäischer Ebene zu nennen.[2706] Jene unionsrechtliche Regulierung durch die europäische Rating-Verordnung steht insoweit beispielhaft für ein umfassendes *public enforcement* von Ratingagenturen. Es statuiert eine

2703 Hierzu oben C. IV. 2. a).
2704 Hierzu oben C. IV. 1. und 2.
2705 Hierzu oben D. II.
2706 Zur europäischen Regulierung oben D. III.; zu entsprechenden Verschärfungen im US-Recht oben G. I. 1. b) bb) und 2. a) aa).

Registrierungspflicht für Agenturen, die Ratings im europäischen Raum abgeben und aufsichtsrechtlich fruchtbar machen wollen, und unterwirft sie einem umfassenden Pflichtenregime hinsichtlich ihrer Organisation, Operation, Kommunikation und Transparenz.[2707] Dadurch sollen vor allem die Symptome der aufgezeigten Interessenkonflikte und der aus dem Marktoligopol resultierenden Missstände bekämpft werden, um eine möglichst akkurate und transparente Ratingtätigkeit zu gewährleisten und Ratingnutzer durch umfassenden Informationszugang zu stärken.

Die europäische Ratingregulierung zeichnet sich daneben vor allem dadurch aus, dass sie seit ihrer zweiten Reformierung einen konkreten Haftungstatbestand zulasten von Ratingagenturen bei sorgfaltswidriger Ratingtätigkeit und zugunsten von Anlegern und Emittenten enthält. Damit hat der europäische Gesetzgeber dem *public enforcement* ein *private enforcement* zur hoheitlichen Regulierung von Ratingagenturen hinzugefügt, was zentraler Betrachtungsgegenstand der vorliegenden Arbeit war. Unterliegen Ratingagenturen bei Fehlleistungen nämlich einem spürbaren Haftungsrisiko gegenüber Emittenten – bei sorgfaltswidrig zu negativ prognostizierter Bonität – und gegenüber Anlegern – bei sorgfaltswidrig zu optimistisch prognostizierter Bonität – erzeugt dies idealiter symmetrische Sorgfaltsanreize zur ausgeglichenen und sachgerechten Anstellung der Bonitätsprognosen. Verhaltensregulierung durch *private enforcement* entlastet zudem die Aufsichtsbehörden und führt zu einer sachgerechten Schadenskompensation zugunsten geschädigter Ratingnutzer. Gerade auf dem Gebiet des Kapitalmarktrechts besitzt eine solche Regulierung durch privatrechtliche Haftung zudem ein erhebliches Disziplinierungspotenzial angesichts der theoretischen Vielzahl potenziell Geschädigter und der Varianz der hypothetischen Schadenshöhe. Ob eine Verhaltensregulierung durch private Haftung tatsächlich erfolgt, hängt jedoch von den konkreten materiellrechtlichen Rahmenbedingungen der jeweiligen Rechtsordnungen ab.

Im Bereich der Haftung von Ratingagenturen ergeben sich einige grundsätzliche Fragen und Problemstellungen, die das Potenzial der entsprechenden Verhaltenssteuerung im Rahmen jeder Rechtsordnung bedrohen können.[2708] Diese Aspekte begründen sich im Wesentlichen in dem Prognosecharakter von Ratings, aus dem – im Normalfall – die rechtliche Einstufung von Ratings als Meinungsäußerungen resultiert.[2709] Aus dieser Qualifizierung resultieren nach den vorliegend untersuchten Rechtsordnungen zum einen Besonderheiten hinsichtlich des verfassungsrechtlichen Schutzes der Ratingtätigkeit, die auch – wenngleich in unterschiedlicher Intensität – auf die private Haftung durchgreifen und deren Disziplinierungswirkungen abschwächen können. Zum anderen folgen hieraus Schwierigkeiten der Festschreibung eines haftungsbegründenden Tatbestands zur Vermeidung „falscher" Ratings, da den Agenturen keine ex post festgestellte Fehlprognose, sondern allenfalls verfahrens- oder methodenbezogene Fehler im Vorfeld eines Ratings oder wäh-

2707 Ausführlich oben D. III. 1.
2708 Hierzu oben D. IV.
2709 Siehe oben D. IV. 2. a).

rend des *Monitorings* eines abgegebenen Ratings haftungsrechtlich zum Vorwurf gemacht werden können.[2710] Dies wirft Fragen der Konturierung entsprechender Verhaltenspflichten auf und führt zugleich zu augenfälligen Beweisproblemen für geschädigte Dritte, da sich die anspruchserheblichen Umstände auf weitgehend interne Vorgänge beziehen. Diese und andere Konsequenzen des Verständnisses von Ratings durchziehen die Haftungsstrukturen in jeder der vorliegend untersuchten Rechtsordnungen und schränken die verhaltenssteuernden Wirkungen des jeweiligen Haftungsrechts im Ergebnis – wenn auch auf unterschiedliche Weise und in unterschiedlicher Intensität – ein.

Zu den insoweit untersuchten Rechtsordnungen gehören vorliegend das europäische Recht auf Basis der Rating-Verordnung,[2711] das deutsche Zivilrecht[2712] und zuletzt – aus dem Blickwinkel der Haftung gegenüber dem Anlegerpublikum – das US-amerikanische Recht[2713]. Das europäische Recht stellt dabei als einzige Rechtsordnung mit Art. 35a Rating-Verordnung einen konkreten Haftungstatbestand nur für Ratingagenturen zur Verfügung. Die mit der Regelung intendierte Verhaltenssteuerung ist indes bei näherer Betrachtung der Wirkungsweise der Norm nicht zu erwarten. Dies ist im Wesentlichen der gewählten Verschuldensprivilegierung von Ratingagenturen, die eine Haftung nur bei zumindest grober Fahrlässigkeit vorsieht,[2714] der Ausgestaltung des haftungsausschließenden Mitverschuldens der Anspruchsteller[2715] sowie den Beweisschwierigkeiten, denen sich Anspruchsteller stets ausgesetzt sehen und die signifikante Zweifel an der praktischen Durchsetzbarkeit des Ersatzanspruchs begründen,[2716] geschuldet. Vor allem letzteren Beweisschwierigkeiten ist der Unionsgesetzgeber nur sehr zurückhaltend begegnet, indem er eine in der praktischen Umsetzung unklare und Anspruchsteller aller Voraussicht nach nur bedingt unterstützende Substantiierungserleichterung geschaffen hat, die für Anspruchsteller nachteilige Beweislastverteilung im Übrigen aber unberührt gelassen geblieben ist.[2717] Für eine Verbesserung der Beweissituation von Ratingnutzern sorgen zwar grundsätzlich die umfassenden Transparenzpflichten, denen Ratingagenturen nunmehr unterliegen und auf Basis derer die Informationsgrundlage außenstehender Dritter verbessert wird; allerdings bleibt den Agenturen – grundsätzlich freilich zu Recht – immer der Einwand des Schutzes ihrer Geschäftsgeheimnisse, um sich allzu weitgehenden Einblicken in ihre Tätigkeit zu erwehren. Zudem ist äußerst fraglich, inwieweit Investoren und Emittenten mit den veröffentlichten Informationen tatsächlich ein konkretes internes Fehlverhalten und dessen Auswirkungen auf das jeweils konkret betroffene Rating

2710 Hierzu oben D. IV. 2. b).
2711 Siehe Kapitel E.
2712 Siehe Kapitel F.
2713 Siehe Kapitel G.
2714 Siehe oben E. I. 2. c).
2715 Hierzu oben E. I. 3.
2716 Hierzu oben E. IV. 2.
2717 Hierzu oben E. III. 1.

belegen können. Diese Zweifel an der praktischen Durchsetzbarkeit des Haftungstatbestands verringern zwangsläufig dessen Disziplinierungspotenzial. Daneben begründen die zahlreichen Rückverweisungen in das nationale Recht der Mitgliedsstaaten – die internen und externen Lücken der Norm – eine weitere bedeutsame Schwachstelle im Haftungssystem des Art. 35a Rating-Verordnung.[2718] Sie führen zum einen dazu, dass in jedem einzelnen Haftungsfall eine mitunter komplexe Betrachtung zur Identifizierung des jeweils subsidiär anzuwendenden nationalen Rechts anzustellen ist, wobei ein einzelnes Rating je nach Haftungskonstellation theoretisch auf Basis verschiedener nationaler Rechtsordnungen zu beurteilen sein kann.[2719] Zum anderen folgt aus den Normlücken die formelle Europarechtswidrigkeit der zweiten Reform-Verordnung der Rating-Verordnung und damit auch des Art. 35a Rating-Verordnung, da die Reform – anders als vom Unionsgesetzgeber intendiert und zur Grundlage der Rechtssetzung gemacht – gerade keine Harmonisierung der Rechtslage in den Mitgliedsstaaten geschaffen hat.[2720] Dies verhindert die mit den Rückverweisungen in nationales Recht einhergehende Fragmentierung der Normanwendung und die Abkehr vom Prinzip autonomer Auslegung von EU-Recht. Insgesamt wird die Verhaltenssteuerung von Ratingagenturen durch *private enforcement* nach Art. 35a Rating-Verordnung daher nicht gestärkt oder ergänzt. Vielmehr offenbart sich bei näherer Betrachtung ein erheblicher Reformbedarf, will man dem Haftungstatbestand zu einer merklichen Praxisrelevanz und damit auch zu einem spürbaren Regulierungspotenzial verhelfen.[2721]

Keineswegs positiver fällt das Fazit für das *private enforcement* von Ratingagenturen aus Sicht geschädigter Anleger nach US-amerikanischem Recht aus. Dieses wegen der US-amerikanischen Prägung der Ratingbranche wichtige Haftungsregime sieht zur Schadloshaltung von Investoren letztlich nur die Inanspruchnahme von Ratingagenturen aufgrund eines *securities fraud* nach sec. 10b SE Act i.V.m. Rule 10b-5 vor.[2722] Bereits dessen materiellen Anspruchsvoraussetzungen stellen dabei allerdings – ähnlich wie Art. 35a Rating-Verordnung – eine erhebliche Hürde für die Inanspruchnahme dar. Das insgesamt pessimistische Fazit hinsichtlich der Verhaltenssteuerung durch private Haftung resultiert im US-amerikanischen Recht jedoch weniger aus der materiellen Rechtslage als vielmehr aus dem stark ausgeprägten verfassungsrechtlichen Meinungsschutz nach dem *First Amendment*, auf das sich Ratingagenturen bei unbeschränkt publizierten Ratings weitgehend berufen können.[2723] Dieses schränkt die praktische Durchsetzbarkeit einer theoretischen Haftung von Ratingagenturen massiv ein, da ihnen in diesem Zuge grundsätzlich vorsätzliches Handeln – *actual malice* – nachgewiesen werden muss und zugleich

2718 Hierzu oben E. I. 5.
2719 Ausführlich oben E. II. 1.
2720 Hierzu oben E. I. 5. e) aa).
2721 Hierzu oben E. V.
2722 Hierzu oben G. I. 1.
2723 Ausführlich oben G. II.

die Vorteile der Beweisbeschaffung, wie sie Klägern im US-amerikanischem Prozessrecht aus dem Institut der *pretrial discovery* erwächst, verwehrt bleiben.[2724] Wegen dieser für eine erfolgreiche Anspruchsdurchsetzung höchst hinderlichen Rechtslage vermag auch die im US-amerikanischen Rechtsraum vorherrschende *fraud on the market-theory*[2725] keinen entscheidenden Richtungswechsel im haftungsrechtlichen Vermögensschutz von Anlegern herbeizuführen.

Aus dem Blickwinkel der Verhaltenssteuerung ungleich positiver fällt indes das Urteil über die Haftungsrechtslage nach deutschem Zivilrecht aus. Hier unterfallen Ratingagenturen grundsätzlich einem symmetrischen Haftungsregime gegenüber Emittenten und Anlegern. Im Rahmen vertraglicher Verbindungen aufgrund von Ratingverträgen mit Emittenten oder Abonnementsverträgen mit Investoren haften sie gegenüber beiden Gruppen für Ratingfehler schon bei einfacher Fahrlässigkeit im Rahmen kauf- bzw. werkvertraglicher Gewährleistung;[2726] außerhalb vertraglicher Verbindungen greift ein deliktsrechtliches Haftungsregime zugunsten von Anlegern und Emittenten, welches Fehlverhalten ebenfalls schon bei einfacher Fahrlässigkeit sanktionieren kann.[2727] Gegenüber Emittenten gilt dies bereits wegen des deliktischen Schutzes ihres eingerichteten und ausgeübten Gewerbebetriebs.[2728] Daneben und insbesondere aus der Perspektive des allgemeinen Anlegerpublikums ist von wesentlicher Bedeutung, dass die Rating-Verordnung und ihr Verhaltenskatalog aus Anhang III über die „Haftungsbrücke" des § 823 Abs. 2 BGB fruchtbar gemacht werden können und damit zu derjenigen Relevanz gelangen, die Art. 35a Rating-Verordnung ihnen nicht verleihen konnte. Denn die Rating-Verordnung ist Schutzgesetz im Sinne des § 823 Abs. 2 BGB, woraus eine sich auch in das Gesamtgefüge des Deliktsrechts einfügende Haftung der Ratingagenturen resultiert.[2729] Das deutsche Zivilrecht setzt daher grundsätzlich die materiell-rechtliche Basis für ein wehrhaftes *private enforcement* von Ratingagenturen. Allerdings haftet der Verantwortlichkeit von Ratingagenturen auch nach deutschem Recht die bereits angesprochene Beweisproblematik an. Den typischen Nachweisschwierigkeiten eines Verhaltens- oder Sorgfaltsverstoßes der Ratingagentur, ihres Verschuldens sowie eines kausal darauf beruhenden Vermögensschadens wird voraussichtlich nur in Einzelfällen begegnet werden können; im Übrigen wird es auf eine verständige Anwendung der §§ 286, 287 ZPO und der Grundsätze der sekundären Behauptungs- und Beweislast durch die befassten Zivilgerichte ankommen, um der theoretischen Haftung zu praktischer Relevanz zu verhelfen.[2730] Diese Erkenntnisse gelten wegen der in Art. 35a Rating-Verordnung enthaltenen Rückverweisungen in nationales Recht auch für die Haftung nach europäischem Recht, soweit in diesem Zusammenhang deutsches Prozessrecht Anwendung findet.

2724 Hierzu oben G. II. 3.
2725 Hierzu oben G. I. 1. c).
2726 Hierzu oben F. I. 1. a) und II.1. a).
2727 Hierzu oben F. I. 2. a) und II. 2. e).
2728 Siehe oben F. I. 2. a) aa) (1).
2729 Ausführlich oben F. III. 1.
2730 Hierzu oben E. III. 2. a) bb), cc) und b) cc).

Auf Grundlage der Untersuchung der verschiedenen Rechtsordnungen bleibt daher im Ergebnis zu konstatieren, dass eine Regulierung des Verhaltens von Ratingagenturen durch privatrechtliche Haftungstatbestände zwar verschiedene Vorzüge mit sich bringt und ein theoretisch effektives Mittel der Verhaltenssteuerung darstellen könnte, jedoch zumindest im Rahmen der vorliegend untersuchten Rechtsordnungen weitgehend nicht praktisch erfolgreich sein kann. Insbesondere das Versagen der Haftungstatbestände auf US-amerikanischer und europäischer Ebene ist wegen der dortigen Belegenheit wichtiger Schauplätze internationaler Kapitalmärkte und der Notwendigkeit, den global agierenden Agenturen auch ein global konsistentes Sorgfaltsregime gegenüberzustellen, für die Regulierungszwecke fatal. Zur Zahnlosigkeit der untersuchten Haftungsregime führt – neben anderem – im Wesentlichen die schwierige Beweisbarkeit der Anspruchsvoraussetzungen. Insbesondere der Nachweis eines haftungsbegründenden Fehlverhaltens der Ratingagentur gestaltet sich nach allen untersuchten Rechtsordnungen als äußerst schwierig. Deshalb werden Ratingagenturen nur unzureichend diszipliniert oder sie werden – was angesichts der anreizbedingten Neigungen in der Ratingbranche zur tendenziellen Gefälligkeit gegenüber den bewerteten Emittenten als äußerst misslich zu bezeichnen ist – eher zur Einhaltung von Sorgfaltsstandards gegenüber Emittenten anhalten, da diese wegen ihrer Involvierung in den Ratingprozess bei *solicited ratings* besser dazu in der Lage sein werden, Fehlverhalten aufzudecken und nachzuweisen.

Da ein signifikanter Bedeutungsverlust von Ratings in absehbarer Zeit kaum zu erwarten steht und auch die wesentlichen kompromittierenden Marktumstände des *issuer pays*-Modells und des herrschenden Marktoligopols weiter fortbestehen, wird die Frage nach einer sinnvollen Ausgestaltung hoheitlicher Regulierung der Ratingbranche virulent bleiben. *Private enforcement* wird dabei wegen verschiedener Vorzüge als Regulierungswerkzeug voraussichtlich auch weiterhin im Fokus der Gesetzgebung bleiben. Für eine wirksame Verhaltenssteuerung bedarf es jedoch vor allem auf europäischer Ebene eines ernsthaften und zielgerichteten Regulierungswillens, der die bekannten Schwierigkeiten der privatrechtlichen Inanspruchnahme anerkennt und ihnen angemessen Rechnung trägt. Erst wenn die praktische Durchsetzung theoretischer Haftung nicht mehr nur besonders gelagerten Einzelfällen vorbehalten bleibt, können sich dringend notwendige Disziplinierungseffekte entfalten. Dabei kann eine solche Haftung auch den berechtigten und schützenswerten Interessen von Ratingagenturen Rechnung tragen, etwa indem sachgerechte Entlastungsbeweise und/oder Haftungshöchstgrenzen eingeführt werden.[2731] Die auf europäischer Ebene geltende Haftung aus Art. 35a Rating-Verordnung kann daher nicht das letzte Wort in der Regulierung von Ratingagenturen durch *private enforcement* gewesen sein. Das große Potenzial der Verhaltensregulierung durch private Haftung sollte dringend ausgeschöpft werden.

2731 Siehe zu entsprechenden Reformüberlegungen bezüglich Art. 35a Rating-VO oben E. V. 1.

Göttinger Schriften zum Wirtschaftsrecht

Herausgegeben von Olaf Deinert, Torsten Körber, Rüdiger Krause, Gerald Spindler und Andreas Wiebe

Die Schriftenreihe *Göttinger Schriften zum Wirtschaftsrecht* bietet ein Forum für herausragende Dissertationen, Monographien und Sammelbände. Inhaltlich deckt die Reihe das zivile deutsche und internationale Wirtschaftsrecht in seiner ganzen Bandbreite ab. Neben dem klassischen Handels- und Gesellschaftsrecht ist Raum für Versicherungs- und Kapitalmarktrecht sowie – den Schwerpunkten der Göttinger Fakultät entsprechend – insbesondere für medien-, wettbewerbs- und arbeitsrechtliche Thematiken.

Die Reihe richtet sich an Wissenschaftler und Praktiker in Anwaltschaft, Behörden, Verbänden und Unternehmen.

Band	1	Andreas Reißmann: Äußerungsrechtliche Schutzpflichten. Der Schutz vor herabsetzenden, unwahren und indiskreten Äußerungen im Vertragsrecht durch § 241 Abs. 2 BGB. 2012.
Band	2	Kathrin Brandt: Gleichstellungsquote im Aufsichtsrat der Aktiengesellschaft. 2012.
Band	3	Julius Raapke: Die Regulierung der Vergütung von Organmitgliedern und Angestellten im Aktien- und Kapitalmarktrecht. 2012.
Band	4	Henning Hilke: Risiko und Bankenaufsicht. Eine rechtsvergleichende Analyse der präventiven Begrenzung bankbetrieblicher und systemischer Risiken. 2014.
Band	5	Patrick Alexander Andrä: Bilanzierung von Immaterialgüterrechten nach HGB und IFRS. 2014.
Band	6	Mohamed Bou Sleiman: Contingent Convertible Bonds. Zweck, Ausgestaltung und rechtliche Rahmenbedingungen. 2015.
Band	7	Florian Krack: Möglichkeiten individueller Aufsichtsratsvergütungen in der deutschen Aktiengesellschaft. 2015.
Band	8	Sara Tancredi: Die Regulierung von Hedge-Fonds und Private Equity in Europa und den USA. Eine rechtsvergleichende Untersuchung der AIFM-Richtlinie und des Dodd-Frank-Act unter ergänzender Einbeziehung des AIFM-Umsetzungsgesetzes und der EuVECA-VO. 2016.
Band	9	Alexandra Gabriela Botez: Kontrolle von privatrechtlichen Wasserpreisen und öffentlich-rechtlichen Wassergebühren nach der 8. GWB-Novelle. 2016.
Band	10	Christian Kiel: Kartellrechtscompliance in Wirtschaftsverbänden. 2016.
Band	11	Klaus Christian Jürgensen: Die Prüfung des Corporate Governance-Reportings. 2017.
Band	12	André Dumont du Voitel: Die zivilrechtliche Verantwortlichkeit von Ratingagenturen nach deutschem, europäischem und US-amerikanischem Recht. 2018.
Band	13	Anna Kristina Schwerdfeger: Die Regulierung des offenen Immobilienfonds nach dem Kapitalanlagegesetzbuch (KAGB). 2018.

www.peterlang.com

www.ingramcontent.com/pod-product-compliance
Ingram Content Group UK Ltd.
Pitfield, Milton Keynes, MK11 3LW, UK
UKHW022106051026
15623UKWH00003B/714

9 783631 746547